AMERICA VOTES 11

A HANDBOOK OF CONTEMPORARY
AMERICAN ELECTION STATISTICS

COMPILED AND EDITED BY
RICHARD M. SCAMMON

1974

ELECTIONS RESEARCH CENTER

CONGRESSIONAL QUARTERLY   WASHINGTON   1975

© 1975 ELECTIONS RESEARCH CENTER
1619 Massachusetts Ave. N.W., Washington, D.C. 20036

All rights reserved — no part of this book may be reproduced in any form without permission in writing from the publisher, except by a reviewer who wishes to quote brief passages in connection with a review written for inclusion in magazine or newspaper.

Copies available from: Congressional Quarterly Inc., 1414 22nd St. N.W., Washington, D.C. 20037

Printed in the United States of America

Library of Congress Catalog Card Number: 56-10132
International Standard Book Number: 0-87187-033-9

CONTENTS

United States	President, 1948-1972	1	Missouri	186
1972 Presidential Preference Primaries		15	Montana	192
Post Election Changes		21	Nebraska	196
			Nevada	202
Alabama		23	New Hampshire	207
Alaska		29	New Jersey	213
Arizona		34	New Mexico	220
Arkansas		39	New York	225
California		47	North Carolina	241
Colorado		59	North Dakota	247
Connecticut		65	Ohio	252
Delaware		71	Oklahoma	260
Florida		75	Oregon	268
Georgia		82	Pennsylvania	274
Hawaii		92	Rhode Island	286
Idaho		97	South Carolina	291
Illinois		103	South Dakota	297
Indiana		113	Tennessee	303
Iowa		119	Texas	309
Kansas		127	Utah	317
Kentucky		135	Vermont	322
Louisiana		141	Virginia	328
Maine		146	Washington	335
Maryland		152	West Virginia	340
Massachusetts		157	Wisconsin	344
Michigan		166	Wyoming	352
Minnesota		176		
Mississippi		182	District of Columbia	357

Cities will be found in their appropriate state sections.

INTRODUCTION

This eleventh volume of AMERICA VOTES follows the general pattern used in the first ten handbooks. Users will note a continuation of the state chapter system, including a "profile" sheet, maps, county and ward breakdowns of voting data, time sequence detail in the vote for Congress, and primary figures. The Congressional figures, as in earlier volumes of AMERICA VOTES, are in the form of a time series, running back to 1946 or to the date of formation of each Congressional District in its present boundaries. Due to the extensive redistricting undertaken after the 1970 Census, there are only 19 districts in which data are at hand for elections prior to the 1972 voting. Both county-by-county and time sequence data are printed in comparable formats and the new processing technique first used in AMERICA VOTES 9 has been continued to make the data as readable as possible.

Attention of AMERICA VOTES 11 users is directed particularly to the note sections near the close of each state chapter. Many special situations develop in the politics of the various states, and these are detailed in these note sections. Distribution of the non-major-party vote, boundary changes, discrepancies in the canvassed returns — these and similar state peculiarities are listed here.

Users will also note several slight discrepancies in the population data, caused usually by recounting and recapitulation problems after data had been employed to realign local districts. Since the plurality data in AMERICA VOTES 11 are Republican-Democratic, care should be taken in using these figures in those cases in which non-major party candidates ran first or second in a jurisdiction. In voting for Governor in Maine and Texas, to give two examples, candidates did win or run second in several counties. Finally, users should not be taken aback by the few counties (all very small) in which more votes were cast than there were people in the 1970 Census count. Such circumstances are due to changeable residences and employment circumstances.

Originally the note section was intended to include for each state a source reference as well as comments on special state electoral situations, but this has appeared to be unnecessary. American elections data, organized as they are by the states rather than by Federal authority, come almost entirely from state sources. With a few exceptions, examples of which are North Carolina, Oklahoma, and Virginia, materials come from the Secretary of State, the official responsible in most states for election administration and election reporting. Some Secretaries report their elections voluminously, some in very limited detail, but all states make out at least a minimum type of reporting document.

The special section has been continued in this volume to detail the voting in the 1972 Presidential preference primaries and the tables for Presidential voting back to 1948 have been continued. Statistics of voting in New England by larger cities and towns have also been continued for 1974. However, because of the decreasing share of the vote cast in large cities, the AMERICA VOTES coverage of such voting has been cut back to cities of over one million population in which voting data is available by ward or district.

AMERICA VOTES 11 seeks to draw from all these sources the raw material of American elections behavior. From that raw material is built a national reference volume on American politics. To make this reference volume of maximum efficiency in meeting the needs of its users, suggestions as to new materials, together with any corrections of data in this volume, are solicited.

It is encouraging to note here the growing number of individual state studies appearing in the AMERICA VOTES pattern. Data collections now exist for a number of states and work is in progress on still more such undertakings. These are essential studies for those concerned with the politics of the states they cover and their appearance represents a most useful additional source of detailed information on American political behavior.

For AMERICA VOTES 11, as for its predecessors, it would be impossible to list all those to whom acknowledgment is due for aid in bringing this volume to the public. To all who have helped in gathering this material and preparing it for publication must go the gratitude of the Editor and of all those who will use this newest volume in the series AMERICA VOTES.

Richard M. Scammon

Washington, D.C.
July, 1975.

UNITED STATES

President 1948

State	Electoral Vote			Total Vote	Republican	Democratic	Other	Plurality	Percentage			
	Rep.	Dem.	Other						Total Vote		Major Vote	
									Rep.	Dem.	Rep.	Dem.
Alabama			11	214,980	40,930		174,050	130,513 SR	19.0%		100.0%	
Alaska												
Arizona		4		177,065	77,597	95,251	4,217	17,654 D	43.8%	53.8%	44.9%	55.1%
Arkansas		9		242,475	50,959	149,659	41,857	98,700 D	21.0%	61.7%	25.4%	74.6%
California		25		4,021,538	1,895,269	1,913,134	213,135	17,865 D	47.1%	47.6%	49.8%	50.2%
Colorado		6		515,237	239,714	267,288	8,235	27,574 D	46.5%	51.9%	47.3%	52.7%
Connecticut	8			883,518	437,754	423,297	22,467	14,457 R	49.5%	47.9%	50.8%	49.2%
Delaware	3			139,073	69,588	67,813	1,672	1,775 R	50.0%	48.8%	50.6%	49.4%
Florida		8		577,643	194,280	281,988	101,375	87,708 D	33.6%	48.8%	40.8%	59.2%
Georgia		12		418,844	76,691	254,646	87,507	169,511 D	18.3%	60.8%	23.1%	76.9%
Hawaii												
Idaho		4		214,816	101,514	107,370	5,932	5,856 D	47.3%	50.0%	48.6%	51.4%
Illinois		28		3,984,046	1,961,103	1,994,715	28,228	33,612 D	49.2%	50.1%	49.6%	50.4%
Indiana	13			1,656,212	821,079	807,831	27,302	13,248 R	49.6%	48.8%	50.4%	49.6%
Iowa		10		1,038,264	494,018	522,380	21,866	28,362 D	47.6%	50.3%	48.6%	51.4%
Kansas	8			788,819	423,039	351,902	13,878	71,137 R	53.6%	44.6%	54.6%	45.4%
Kentucky		11		822,658	341,210	466,756	14,692	125,546 D	41.5%	56.7%	42.2%	57.8%
Louisiana			10	416,336	72,657	136,344	207,335	67,946 SR	17.5%	32.7%	34.8%	65.2%
Maine	5			264,787	150,234	111,916	2,637	38,318 R	56.7%	42.3%	57.3%	42.7%
Maryland	8			596,748	294,814	286,521	15,413	8,293 R	49.4%	48.0%	50.7%	49.3%
Massachusetts		16		2,107,146	909,370	1,151,788	45,988	242,418 D	43.2%	54.7%	44.1%	55.9%
Michigan	19			2,109,609	1,038,595	1,003,448	67,566	35,147 R	49.2%	47.6%	50.9%	49.1%
Minnesota		11		1,212,226	483,617	692,966	35,643	209,349 D	39.9%	57.2%	41.1%	58.9%
Mississippi			9	192,190	5,043	19,384	167,763	148,154 SR	2.6%	10.1%	20.6%	79.4%
Missouri		15		1,578,628	655,039	917,315	6,274	262,276 D	41.5%	58.1%	41.7%	58.3%
Montana		4		224,278	96,770	119,071	8,437	22,301 D	43.1%	53.1%	44.8%	55.2%
Nebraska	6			488,940	264,774	224,165	1	40,609 R	54.2%	45.8%	54.2%	45.8%
Nevada		3		62,117	29,357	31,291	1,469	1,934 D	47.3%	50.4%	48.4%	51.6%
New Hampshire	4			231,440	121,299	107,995	2,146	13,304 R	52.4%	46.7%	52.9%	47.1%
New Jersey	16			1,949,555	981,124	895,455	72,976	85,669 R	50.3%	45.9%	52.3%	47.7%
New Mexico		4		187,063	80,303	105,464	1,296	25,161 D	42.9%	56.4%	43.2%	56.8%
New York	47			6,177,337	2,841,163	2,780,204	555,970	60,959 R	46.0%	45.0%	50.5%	49.5%
North Carolina		14		791,209	258,572	459,070	73,567	200,498 D	32.7%	58.0%	36.0%	64.0%
North Dakota	4			220,716	115,139	95,812	9,765	19,327 R	52.2%	43.4%	54.6%	45.4%
Ohio		25		2,936,071	1,445,684	1,452,791	37,596	7,107 D	49.2%	49.5%	49.9%	50.1%
Oklahoma		10		721,599	268,817	452,782		183,965 D	37.3%	62.7%	37.3%	62.7%
Oregon	6			524,080	260,904	243,147	20,029	17,757 R	49.8%	46.4%	51.8%	48.2%
Pennsylvania	35			3,735,348	1,902,197	1,752,426	80,725	149,771 R	50.9%	46.9%	52.0%	48.0%
Rhode Island		4		327,702	135,787	188,736	3,179	52,949 D	41.4%	57.6%	41.8%	58.2%
South Carolina			8	142,571	5,386	34,423	102,762	68,184 SR	3.8%	24.1%	13.5%	86.5%
South Dakota	4			250,105	129,651	117,653	2,801	11,998 R	51.8%	47.0%	52.4%	47.6%
Tennessee		11	1	550,283	202,914	270,402	76,967	67,488 D	36.9%	49.1%	42.9%	57.1%
Texas		23		1,249,577	303,467	824,235	121,875	520,768 D	24.3%	66.0%	26.9%	73.1%
Utah		4		276,306	124,402	149,151	2,753	24,749 D	45.0%	54.0%	45.5%	54.5%
Vermont	3			123,382	75,926	45,557	1,899	30,369 R	61.5%	36.9%	62.5%	37.5%
Virginia		11		419,256	172,070	200,786	46,400	28,716 D	41.0%	47.9%	46.1%	53.9%
Washington		8		905,058	386,314	476,165	42,579	89,851 D	42.7%	52.6%	44.8%	55.2%
West Virginia		8		748,750	316,251	429,188	3,311	112,937 D	42.2%	57.3%	42.4%	57.6%
Wisconsin		12		1,276,800	590,959	647,310	38,531	56,351 D	46.3%	50.7%	47.7%	52.3%
Wyoming		3		101,425	47,947	52,354	1,124	4,407 D	47.3%	51.6%	47.8%	52.2%
United States	189	303	39	48,793,826	21,991,291	24,179,345	2,623,190	2,188,054 D	45.1%	49.6%	47.6%	52.4%

President 1948

The electoral votes of Alabama, Louisiana, Mississippi, and South Carolina were cast for the States Rights nominees. In addition, one of the 12 Democratic electors chosen in Tennessee cast his Electoral College vote for the States Rights nominees rather than for the national Democratic candidates.

In Alabama the Democratic electors were pledged to the States Rights candidates. There were no national Democratic electors on the ballot in that state.

The Republican figure in Mississippi includes votes cast for two elector tickets. In New York the Democratic figure includes Liberal votes.

The full list of candidates for President and Vice-President was:

24,179,345	Harry S. Truman and Alben W. Barkley, Democratic.
21,991,291	Thomas E. Dewey and Earl Warren, Republican.
1,176,125	Strom Thurmond and Fielding L. Wright, States Rights.
1,157,326	Henry A. Wallace and Glen H. Taylor, Progressive.
139,572	Norman Thomas and Tucker P. Smith, Socialist.
103,900	Claude A. Watson and Dale H. Learn, Prohibition.
29,241	Edward A. Teichert and Stephen Emery, Socialist Labor.
13,614	Farrell Dobbs and Grace Carlson, Socialist Workers.

In addition, 3,412 scattered votes were reported from various states.

UNITED STATES

President 1952

| | Electoral Vote | | | Total | | | | | Percentage | | | |
| | | | | | | | | | Total Vote | | Major Vote | |
State	Rep.	Dem.	Other	Vote	Republican	Democratic	Other	Plurality	Rep.	Dem.	Rep.	Dem.
Alabama		11		426,120	149,231	275,075	1,814	125,844 D	35.0%	64.6%	35.2%	64.8%
Alaska												
Arizona	4			260,570	152,042	108,528		43,514 R	58.3%	41.7%	58.3%	41.7%
Arkansas		8		404,800	177,155	226,300	1,345	49,145 D	43.8%	55.9%	43.9%	56.1%
California	32			5,141,849	2,897,310	2,197,548	46,991	699,762 R	56.3%	42.7%	56.9%	43.1%
Colorado	6			630,103	379,782	245,504	4,817	134,278 R	60.3%	39.0%	60.7%	39.3%
Connecticut	8			1,096,911	611,012	481,649	4,250	129,363 R	55.7%	43.9%	55.9%	44.1%
Delaware	3			174,025	90,059	83,315	651	6,744 R	51.8%	47.9%	51.9%	48.1%
Florida	10			989,337	544,036	444,950	351	99,086 R	55.0%	45.0%	55.0%	45.0%
Georgia		12		655,785	198,961	456,823	1	257,862 D	30.3%	69.7%	30.3%	69.7%
Hawaii												
Idaho	4			276,254	180,707	95,081	466	85,626 R	65.4%	34.4%	65.5%	34.5%
Illinois	27			4,481,058	2,457,327	2,013,920	9,811	443,407 R	54.8%	44.9%	55.0%	45.0%
Indiana	13			1,955,049	1,136,259	801,530	17,260	334,729 R	58.1%	41.0%	58.6%	41.4%
Iowa	10			1,268,773	808,906	451,513	8,354	357,393 R	63.8%	35.6%	64.2%	35.8%
Kansas	8			896,166	616,302	273,296	6,568	343,006 R	68.8%	30.5%	69.3%	30.7%
Kentucky		10		993,148	495,029	495,729	2,390	700 D	49.8%	49.9%	50.0%	50.0%
Louisiana		10		651,952	306,925	345,027		38,102 D	47.1%	52.9%	47.1%	52.9%
Maine	5			351,786	232,353	118,806	627	113,547 R	66.0%	33.8%	66.2%	33.8%
Maryland	9			902,074	499,424	395,337	7,313	104,087 R	55.4%	43.8%	55.8%	44.2%
Massachusetts	16			2,383,398	1,292,325	1,083,525	7,548	208,800 R	54.2%	45.5%	54.4%	45.6%
Michigan	20			2,798,592	1,551,529	1,230,657	16,406	320,872 R	55.4%	44.0%	55.8%	44.2%
Minnesota	11			1,379,483	763,211	608,458	7,814	154,753 R	55.3%	44.1%	55.6%	44.4%
Mississippi		8		285,532	112,966	172,566		59,600 D	39.6%	60.4%	39.6%	60.4%
Missouri	13			1,892,062	959,429	929,830	2,803	29,599 R	50.7%	49.1%	50.8%	49.2%
Montana	4			265,037	157,394	106,213	1,430	51,181 R	59.4%	40.1%	59.7%	40.3%
Nebraska	6			609,660	421,603	188,057		233,546 R	69.2%	30.8%	69.2%	30.8%
Nevada	3			82,190	50,502	31,688		18,814 R	61.4%	38.6%	61.4%	38.6%
New Hampshire	4			272,950	166,287	106,663		59,624 R	60.9%	39.1%	60.9%	39.1%
New Jersey	16			2,418,554	1,373,613	1,015,902	29,039	357,711 R	56.8%	42.0%	57.5%	42.5%
New Mexico	4			238,608	132,170	105,661	777	26,509 R	55.4%	44.3%	55.6%	44.4%
New York	45			7,128,239	3,952,813	3,104,601	70,825	848,212 R	55.5%	43.6%	56.0%	44.0%
North Carolina		14		1,210,910	558,107	652,803		94,696 D	46.1%	53.9%	46.1%	53.9%
North Dakota	4			270,127	191,712	76,694	1,721	115,018 R	71.0%	28.4%	71.4%	28.6%
Ohio	25			3,700,758	2,100,391	1,600,367		500,024 R	56.8%	43.2%	56.8%	43.2%
Oklahoma	8			948,984	518,045	430,939		87,106 R	54.6%	45.4%	54.6%	45.4%
Oregon	6			695,059	420,815	270,579	3,665	150,236 R	60.5%	38.9%	60.9%	39.1%
Pennsylvania	32			4,580,969	2,415,789	2,146,269	18,911	269,520 R	52.7%	46.9%	53.0%	47.0%
Rhode Island	4			414,498	210,935	203,293	270	7,642 R	50.9%	49.0%	50.9%	49.1%
South Carolina		8		341,087	168,082	173,004	1	4,922 D	49.3%	50.7%	49.3%	50.7%
South Dakota	4			294,283	203,857	90,426		113,431 R	69.3%	30.7%	69.3%	30.7%
Tennessee	11			892,553	446,147	443,710	2,696	2,437 R	50.0%	49.7%	50.1%	49.9%
Texas	24			2,075,946	1,102,878	969,228	3,840	133,650 R	53.1%	46.7%	53.2%	46.8%
Utah	4			329,554	194,190	135,364		58,826 R	58.9%	41.1%	58.9%	41.1%
Vermont	3			153,557	109,717	43,355	485	66,362 R	71.5%	28.2%	71.7%	28.3%
Virginia	12			619,689	349,037	268,677	1,975	80,360 R	56.3%	43.4%	56.5%	43.5%
Washington	9			1,102,708	599,107	492,845	10,756	106,262 R	54.3%	44.7%	54.9%	45.1%
West Virginia		8		873,548	419,970	453,578		33,608 D	48.1%	51.9%	48.1%	51.9%
Wisconsin	12			1,607,370	979,744	622,175	5,451	357,569 R	61.0%	38.7%	61.2%	38.8%
Wyoming	3			129,253	81,049	47,934	270	33,115 R	62.7%	37.1%	62.8%	37.2%
United States	442	89		61,550,918	33,936,234	27,314,992	299,692	6,621,242 R	55.1%	44.4%	55.4%	44.6%

President 1952

The Republican figure in South Carolina includes votes cast for two elector tickets; in Mississippi the Republican total is the vote cast for an Independent elector ticket "pledged to vote for the nominees of the National Republican Party". In New York the Democratic figure includes Liberal votes.

The full list of candidates for President and Vice-President was:

33,936,234	Dwight D. Eisenhower and Richard M. Nixon, Republican.
27,314,992	Adlai E. Stevenson and John J. Sparkman, Democratic.
140,023	Vincent Hallinan and Charlotta Bass, Progressive.
72,949	Stuart Hamblen and Enoch A. Holtwick, Prohibition.
30,267	Eric Hass and Stephen Emery, Socialist Labor.
20,203	Darlington Hoopes and Samuel H. Friedman, Socialist.
10,312	Farrell Dobbs and Myra Tanner Weiss, Socialist Workers.
4,203	Henry B. Krajewski and Frank Jenkins, Poor Man's Party.

In addition, 17,205 votes were cast for various elector tickets filed on behalf of General Douglas MacArthur, including Christian Nationalist (with Jack B. Tenney as candidate for Vice-President), Constitution (with Vivien Kellems), and America First (with Senator Harry Flood Byrd). In California, Missouri, and Texas the MacArthur vote was cast for two elector tickets. 4,530 scattered votes were reported from various states.

UNITED STATES

President 1956

State	Electoral Vote Rep.	Electoral Vote Dem.	Electoral Vote Other	Total Vote	Republican	Democratic	Other	Plurality	Percentage Total Vote Rep.	Total Vote Dem.	Major Vote Rep.	Major Vote Dem.
Alabama		10	1	496,861	195,694	280,844	20,323	85,150 D	39.4%	56.5%	41.1%	58.9%
Alaska												
Arizona	4			290,173	176,990	112,880	303	64,110 R	61.0%	38.9%	61.1%	38.9%
Arkansas		8		406,572	186,287	213,277	7,008	26,990 D	45.8%	52.5%	46.6%	53.4%
California	32			5,466,355	3,027,668	2,420,135	18,552	607,533 R	55.4%	44.3%	55.6%	44.4%
Colorado	6			657,074	394,479	257,997	4,598	136,482 R	60.0%	39.3%	60.5%	39.5%
Connecticut	8			1,117,121	711,837	405,079	205	306,758 R	63.7%	36.3%	63.7%	36.3%
Delaware	3			177,988	98,057	79,421	510	18,636 R	55.1%	44.6%	55.3%	44.7%
Florida	10			1,125,762	643,849	480,371	1,542	163,478 R	57.2%	42.7%	57.3%	42.7%
Georgia		12		669,655	222,778	444,688	2,189	221,910 D	33.3%	66.4%	33.4%	66.6%
Hawaii												
Idaho	4			272,989	166,979	105,868	142	61,111 R	61.2%	38.8%	61.2%	38.8%
Illinois	27			4,407,407	2,623,327	1,775,682	8,398	847,645 R	59.5%	40.3%	59.6%	40.4%
Indiana	13			1,974,607	1,182,811	783,908	7,888	398,903 R	59.9%	39.7%	60.1%	39.9%
Iowa	10			1,234,564	729,187	501,858	3,519	227,329 R	59.1%	40.7%	59.2%	40.8%
Kansas	8			866,243	566,878	296,317	3,048	270,561 R	65.4%	34.2%	65.7%	34.3%
Kentucky	10			1,053,805	572,192	476,453	5,160	95,739 R	54.3%	45.2%	54.6%	45.4%
Louisiana	10			617,544	329,047	243,977	44,520	85,070 R	53.3%	39.5%	57.4%	42.6%
Maine	5			351,706	249,238	102,468		146,770 R	70.9%	29.1%	70.9%	29.1%
Maryland	9			932,827	559,738	372,613	476	187,125 R	60.0%	39.9%	60.0%	40.0%
Massachusetts	16			2,348,506	1,393,197	948,190	7,119	445,007 R	59.3%	40.4%	59.5%	40.5%
Michigan	20			3,080,468	1,713,647	1,359,898	6,923	353,749 R	55.6%	44.1%	55.8%	44.2%
Minnesota	11			1,340,005	719,302	617,525	3,178	101,777 R	53.7%	46.1%	53.8%	46.2%
Mississippi		8		248,104	60,685	144,453	42,966	83,768 D	24.5%	58.2%	29.6%	70.4%
Missouri		13		1,832,562	914,289	918,273		3,984 D	49.9%	50.1%	49.9%	50.1%
Montana	4			271,171	154,933	116,238		38,695 R	57.1%	42.9%	57.1%	42.9%
Nebraska	6			577,137	378,108	199,029		179,079 R	65.5%	34.5%	65.5%	34.5%
Nevada	3			96,689	56,049	40,640		15,409 R	58.0%	42.0%	58.0%	42.0%
New Hampshire	4			266,994	176,519	90,364	111	86,155 R	66.1%	33.8%	66.1%	33.9%
New Jersey	16			2,484,312	1,606,942	850,337	27,033	756,605 R	64.7%	34.2%	65.4%	34.6%
New Mexico	4			253,926	146,788	106,098	1,040	40,690 R	57.8%	41.8%	58.0%	42.0%
New York	45			7,095,971	4,345,506	2,747,944	2,521	1,597,562 R	61.2%	38.4%	61.3%	38.7%
North Carolina		14		1,165,592	575,062	590,530		15,468 D	49.3%	50.7%	49.3%	50.7%
North Dakota	4			253,991	156,766	96,742	483	60,024 R	61.7%	38.1%	61.8%	38.2%
Ohio	25			3,702,265	2,262,610	1,439,655		822,955 R	61.1%	38.9%	61.1%	38.9%
Oklahoma	8			859,350	473,769	385,581		88,188 R	55.1%	44.9%	55.1%	44.9%
Oregon	6			736,132	406,393	329,204	535	77,189 R	55.2%	44.7%	55.2%	44.8%
Pennsylvania	32			4,576,503	2,585,252	1,981,769	9,482	603,483 R	56.5%	43.3%	56.6%	43.4%
Rhode Island	4			387,609	225,819	161,790		64,029 R	58.3%	41.7%	58.3%	41.7%
South Carolina		8		300,583	75,700	136,372	88,511	47,863 D	25.2%	45.4%	35.7%	64.3%
South Dakota	4			293,857	171,569	122,288		49,281 R	58.4%	41.6%	58.4%	41.6%
Tennessee	11			939,404	462,288	456,507	20,609	5,781 R	49.2%	48.6%	50.3%	49.7%
Texas	24			1,955,168	1,080,619	859,958	14,591	220,661 R	55.3%	44.0%	55.7%	44.3%
Utah	4			333,995	215,631	118,364		97,267 R	64.6%	35.4%	64.6%	35.4%
Vermont	3			152,978	110,390	42,549	39	67,841 R	72.2%	27.8%	72.2%	27.8%
Virginia	12			697,978	386,459	267,760	43,759	118,699 R	55.4%	38.4%	59.1%	40.9%
Washington	9			1,150,889	620,430	523,002	7,457	97,428 R	53.9%	45.4%	54.3%	45.7%
West Virginia	8			830,831	449,297	381,534		67,763 R	54.1%	45.9%	54.1%	45.9%
Wisconsin	12			1,550,558	954,844	586,768	8,946	368,076 R	61.6%	37.8%	61.9%	38.1%
Wyoming	3			124,127	74,573	49,554		25,019 R	60.1%	39.9%	60.1%	39.9%
United States	457	73	1	62,026,908	35,590,472	26,022,752	413,684	9,567,720 R	57.4%	42.0%	57.8%	42.2%

President 1956

One of the 11 Democratic electors chosen in Alabama cast his Electoral College vote for Walter B. Jones and Herman Talmadge rather than for the national Democratic candidates.

The Republican figure in Mississippi includes votes cast for two elector tickets. In New York the Democratic figure includes Liberal votes.

The full list of candidates for President and Vice-President was:

35,590,472	Dwight D. Eisenhower and Richard M. Nixon, Republican.
26,022,752	Adlai E. Stevenson and Estes Kefauver, Democratic.
111,178	T. Coleman Andrews and Thomas H. Werdel, States Rights.
44,450	Eric Hass and Georgia Cozzini, Socialist Labor.
41,937	Enoch A. Holtwick and Edwin M. Cooper, Prohibition.
7,797	Farrell Dobbs and Myra Tanner Weiss, Socialist Workers.
2,657	Harry Flood Byrd and William E. Jenner, States Rights.
2,126	Darlington Hoopes and Samuel H. Friedman, Socialist.
1,829	Henry B. Krajewski and Anne Marie Yezo, American Third Party.
8	Gerald L. K. Smith and Charles F. Robertson, Christian Nationalist.

In addition, 196,318 votes were cast in Alabama, Louisiana, Mississippi, and South Carolina for Independent electors or for States Rights elector tickets not officially pledged to any candidate, and 5,384 scattered votes were reported from various states.

UNITED STATES

President 1960

State	Electoral Vote Rep.	Electoral Vote Dem.	Electoral Vote Other	Total Vote	Republican	Democratic	Other	Plurality	Total Vote Rep.	Total Vote Dem.	Major Vote Rep.	Major Vote Dem.
Alabama		5	6	570,225	237,981	324,050	8,194	86,069 D	41.7%	56.8%	42.3%	57.7%
Alaska	3			60,762	30,953	29,809		1,144 R	50.9%	49.1%	50.9%	49.1%
Arizona	4			398,491	221,241	176,781	469	44,460 R	55.5%	44.4%	55.6%	44.4%
Arkansas		8		428,509	184,508	215,049	28,952	30,541 D	43.1%	50.2%	46.2%	53.8%
California	32			6,506,578	3,259,722	3,224,099	22,757	35,623 R	50.1%	49.6%	50.3%	49.7%
Colorado	6			736,236	402,242	330,629	3,365	71,613 R	54.6%	44.9%	54.9%	45.1%
Connecticut		8		1,222,883	565,813	657,055	15	91,242 D	46.3%	53.7%	46.3%	53.7%
Delaware		3		196,683	96,373	99,590	720	3,217 D	49.0%	50.6%	49.2%	50.8%
Florida	10			1,544,176	795,476	748,700		46,776 R	51.5%	48.5%	51.5%	48.5%
Georgia		12		733,349	274,472	458,638	239	184,166 D	37.4%	62.5%	37.4%	62.6%
Hawaii		3		184,705	92,295	92,410		115 D	50.0%	50.0%	50.0%	50.0%
Idaho	4			300,450	161,597	138,853		22,744 R	53.8%	46.2%	53.8%	46.2%
Illinois		27		4,757,409	2,368,988	2,377,846	10,575	8,858 D	49.8%	50.0%	49.9%	50.1%
Indiana	13			2,135,360	1,175,120	952,358	7,882	222,762 R	55.0%	44.6%	55.2%	44.8%
Iowa	10			1,273,810	722,381	550,565	864	171,816 R	56.7%	43.2%	56.7%	43.3%
Kansas	8			928,825	561,474	363,213	4,138	198,261 R	60.4%	39.1%	60.7%	39.3%
Kentucky	10			1,124,462	602,607	521,855		80,752 R	53.6%	46.4%	53.6%	46.4%
Louisiana		10		807,891	230,980	407,339	169,572	176,359 D	28.6%	50.4%	36.2%	63.8%
Maine	5			421,767	240,608	181,159		59,449 R	57.0%	43.0%	57.0%	43.0%
Maryland		9		1,055,349	489,538	565,808	3	76,270 D	46.4%	53.6%	46.4%	53.6%
Massachusetts		16		2,469,480	976,750	1,487,174	5,556	510,424 D	39.6%	60.2%	39.6%	60.4%
Michigan		20		3,318,097	1,620,428	1,687,269	10,400	66,841 D	48.8%	50.9%	49.0%	51.0%
Minnesota		11		1,541,887	757,915	779,933	4,039	22,018 D	49.2%	50.6%	49.3%	50.7%
Mississippi			8	298,171	73,561	108,362	116,248	7,886 U	24.7%	36.3%	40.4%	59.6%
Missouri		13		1,934,422	962,221	972,201		9,980 D	49.7%	50.3%	49.7%	50.3%
Montana	4			277,579	141,841	134,891	847	6,950 R	51.1%	48.6%	51.3%	48.7%
Nebraska	6			613,095	380,553	232,542		148,011 R	62.1%	37.9%	62.1%	37.9%
Nevada		3		107,267	52,387	54,880		2,493 D	48.8%	51.2%	48.8%	51.2%
New Hampshire	4			295,761	157,989	137,772		20,217 R	53.4%	46.6%	53.4%	46.6%
New Jersey		16		2,773,111	1,363,324	1,385,415	24,372	22,091 D	49.2%	50.0%	49.6%	50.4%
New Mexico		4		311,107	153,733	156,027	1,347	2,294 D	49.4%	50.2%	49.6%	50.4%
New York		45		7,291,079	3,446,419	3,830,085	14,575	383,666 D	47.3%	52.5%	47.4%	52.6%
North Carolina		14		1,368,556	655,420	713,136		57,716 D	47.9%	52.1%	47.9%	52.1%
North Dakota	4			278,431	154,310	123,963	158	30,347 R	55.4%	44.5%	55.5%	44.5%
Ohio	25			4,161,859	2,217,611	1,944,248		273,363 R	53.3%	46.7%	53.3%	46.7%
Oklahoma	7		1	903,150	533,039	370,111		162,928 R	59.0%	41.0%	59.0%	41.0%
Oregon	6			776,421	408,060	367,402	959	40,658 R	52.6%	47.3%	52.6%	47.4%
Pennsylvania		32		5,006,541	2,439,956	2,556,282	10,303	116,326 D	48.7%	51.1%	48.8%	51.2%
Rhode Island		4		405,535	147,502	258,032	1	110,530 D	36.4%	63.6%	36.4%	63.6%
South Carolina		8		386,688	188,558	198,129	1	9,571 D	48.8%	51.2%	48.8%	51.2%
South Dakota	4			306,487	178,417	128,070		50,347 R	58.2%	41.8%	58.2%	41.8%
Tennessee	11			1,051,792	556,577	481,453	13,762	75,124 R	52.9%	45.8%	53.6%	46.4%
Texas		24		2,311,084	1,121,310	1,167,567	22,207	46,257 D	48.5%	50.5%	49.0%	51.0%
Utah	4			374,709	205,361	169,248	100	36,113 R	54.8%	45.2%	54.8%	45.2%
Vermont	3			167,324	98,131	69,186	7	28,945 R	58.6%	41.3%	58.6%	41.4%
Virginia	12			771,449	404,521	362,327	4,601	42,194 R	52.4%	47.0%	52.8%	47.2%
Washington	9			1,241,572	629,273	599,298	13,001	29,975 R	50.7%	48.3%	51.2%	48.8%
West Virginia		8		837,781	395,995	441,786		45,791 D	47.3%	52.7%	47.3%	52.7%
Wisconsin	12			1,729,082	895,175	830,805	3,102	64,370 R	51.8%	48.0%	51.9%	48.1%
Wyoming	3			140,782	77,451	63,331		14,120 R	55.0%	45.0%	55.0%	45.0%
United States	219	303	15	68,838,219	34,108,157	34,226,731	503,331	118,574 D	49.5%	49.7%	49.9%	50.1%

President 1960

Senator Harry Flood Byrd received 15 votes for President in the Electoral College; these were the votes of 6 of the 11 Democratic electors in Alabama, all 8 unpledged Democratic electors in Mississippi, and one of the 8 Republican electors in Oklahoma. The Alabama and Mississippi electors also cast 14 votes for Senator Strom Thurmond for Vice-President; the single Oklahoma elector voted for Senator Barry M. Goldwater for Vice-President.

In New York the Democratic figure includes Liberal votes.

The full list of candidates for President and Vice-President was:

Votes	Candidates
34,226,731	John F. Kennedy and Lyndon B. Johnson, Democratic.
34,108,157	Richard M. Nixon and Henry Cabot Lodge, Republican.
47,522	Eric Hass and Georgia Cozzini, Socialist Labor.
46,203	Rutherford L. Decker and E. Harold Munn, Prohibition.
44,977	Orval E. Faubus and John G. Crommelin, National States Rights.
40,165	Farrell Dobbs and Myra Tanner Weiss, Socialist Workers.
18,162	Charles L. Sullivan and Merritt B. Curtis, Constitution.
8,708	J. Bracken Lee and Kent H. Courtney, Conservative.
4,204	C. Benton Coiner and Edward J. Silverman, Conservative.
1,767	Lar Daly and B. M. Miller, Tax Cut.
1,485	Clennon King and Reginald Carter, Independent Afro-American.
1,401	Merritt B. Curtis and B. M. Miller, Constitution.

In addition, 169,572 votes were cast in Louisiana for Independent electors and 116,248 in Mississippi for an unpledged Democratic elector ticket. 539 votes were cast in Michigan for an Independent American ticket and 2,378 scattered votes were reported from various states.

UNITED STATES

President 1964

State	Electoral Vote Rep.	Electoral Vote Dem.	Electoral Vote Other	Total Vote	Republican	Democratic	Other	Plurality	Total Vote Rep.	Total Vote Dem.	Major Vote Rep.	Major Vote Dem.
Alabama	10			689,818	479,085		210,733	268,353 R	69.5%		100.0%	
Alaska		3		67,259	22,930	44,329		21,399 D	34.1%	65.9%	34.1%	65.9%
Arizona	5			480,770	242,535	237,753	482	4,782 R	50.4%	49.5%	50.5%	49.5%
Arkansas		6		560,426	243,264	314,197	2,965	70,933 D	43.4%	56.1%	43.6%	56.4%
California		40		7,057,586	2,879,108	4,171,877	6,601	1,292,769 D	40.8%	59.1%	40.8%	59.2%
Colorado		6		776,986	296,767	476,024	4,195	179,257 D	38.2%	61.3%	38.4%	61.6%
Connecticut		8		1,218,578	390,996	826,269	1,313	435,273 D	32.1%	67.8%	32.1%	67.9%
Delaware		3		201,320	78,078	122,704	538	44,626 D	38.8%	60.9%	38.9%	61.1%
Florida		14		1,854,481	905,941	948,540		42,599 D	48.9%	51.1%	48.9%	51.1%
Georgia	12			1,139,335	616,584	522,556	195	94,028 R	54.1%	45.9%	54.1%	45.9%
Hawaii		4		207,271	44,022	163,249		119,227 D	21.2%	78.8%	21.2%	78.8%
Idaho		4		292,477	143,557	148,920		5,363 D	49.1%	50.9%	49.1%	50.9%
Illinois		26		4,702,841	1,905,946	2,796,833	62	890,887 D	40.5%	59.5%	40.5%	59.5%
Indiana		13		2,091,606	911,118	1,170,848	9,640	259,730 D	43.6%	56.0%	43.8%	56.2%
Iowa		9		1,184,539	449,148	733,030	2,361	283,822 D	37.9%	61.9%	38.0%	62.0%
Kansas		7		857,901	386,579	464,028	7,294	77,449 D	45.1%	54.1%	45.4%	54.6%
Kentucky		9		1,046,105	372,977	669,659	3,469	296,682 D	35.7%	64.0%	35.8%	64.2%
Louisiana	10			896,293	509,225	387,068		122,157 R	56.8%	43.2%	56.8%	43.2%
Maine		4		380,965	118,701	262,264		143,563 D	31.2%	68.8%	31.2%	68.8%
Maryland		10		1,116,457	385,495	730,912	50	345,417 D	34.5%	65.5%	34.5%	65.5%
Massachusetts		14		2,344,798	549,727	1,786,422	8,649	1,236,695 D	23.4%	76.2%	23.5%	76.5%
Michigan		21		3,203,102	1,060,152	2,136,615	6,335	1,076,463 D	33.1%	66.7%	33.2%	66.8%
Minnesota		10		1,554,462	559,624	991,117	3,721	431,493 D	36.0%	63.8%	36.1%	63.9%
Mississippi	7			409,146	356,528	52,618		303,910 R	87.1%	12.9%	87.1%	12.9%
Missouri		12		1,817,879	653,535	1,164,344		510,809 D	36.0%	64.0%	36.0%	64.0%
Montana		4		278,628	113,032	164,246	1,350	51,214 D	40.6%	58.9%	40.8%	59.2%
Nebraska		5		584,154	276,847	307,307		30,460 D	47.4%	52.6%	47.4%	52.6%
Nevada		3		135,433	56,094	79,339		23,245 D	41.4%	58.6%	41.4%	58.6%
New Hampshire		4		288,093	104,029	184,064		80,035 D	36.1%	63.9%	36.1%	63.9%
New Jersey		17		2,847,663	964,174	1,868,231	15,258	904,057 D	33.9%	65.6%	34.0%	66.0%
New Mexico		4		328,645	132,838	194,015	1,792	61,177 D	40.4%	59.0%	40.6%	59.4%
New York		43		7,166,275	2,243,559	4,913,102	9,614	2,669,543 D	31.3%	68.6%	31.3%	68.7%
North Carolina		13		1,424,983	624,844	800,139		175,295 D	43.8%	56.2%	43.8%	56.2%
North Dakota		4		258,389	108,207	149,784	398	41,577 D	41.9%	58.0%	41.9%	58.1%
Ohio		26		3,969,196	1,470,865	2,498,331		1,027,466 D	37.1%	62.9%	37.1%	62.9%
Oklahoma		8		932,499	412,665	519,834		107,169 D	44.3%	55.7%	44.3%	55.7%
Oregon		6		786,305	282,779	501,017	2,509	218,238 D	36.0%	63.7%	36.1%	63.9%
Pennsylvania		29		4,822,690	1,673,657	3,130,954	18,079	1,457,297 D	34.7%	64.9%	34.8%	65.2%
Rhode Island		4		390,091	74,615	315,463	13	240,848 D	19.1%	80.9%	19.1%	80.9%
South Carolina	8			524,779	309,048	215,723	8	93,325 R	58.9%	41.1%	58.9%	41.1%
South Dakota		4		293,118	130,108	163,010		32,902 D	44.4%	55.6%	44.4%	55.6%
Tennessee		11		1,143,946	508,965	634,947	34	125,982 D	44.5%	55.5%	44.5%	55.5%
Texas		25		2,626,811	958,566	1,663,185	5,060	704,619 D	36.5%	63.3%	36.6%	63.4%
Utah		4		401,413	181,785	219,628		37,843 D	45.3%	54.7%	45.3%	54.7%
Vermont		3		163,089	54,942	108,127	20	53,185 D	33.7%	66.3%	33.7%	66.3%
Virginia		12		1,042,267	481,334	558,038	2,895	76,704 D	46.2%	53.5%	46.3%	53.7%
Washington		9		1,258,556	470,366	779,881	8,309	309,515 D	37.4%	62.0%	37.6%	62.4%
West Virginia		7		792,040	253,953	538,087		284,134 D	32.1%	67.9%	32.1%	67.9%
Wisconsin		12		1,691,815	638,495	1,050,424	2,896	411,929 D	37.7%	62.1%	37.8%	62.2%
Wyoming		3		142,716	61,998	80,718		18,720 D	43.4%	56.6%	43.4%	56.6%
Dist. of Col.		3		198,597	28,801	169,796		140,995 D	14.5%	85.5%	14.5%	85.5%
United States	52	486		70,644,592	27,178,188	43,129,566	336,838	15,951,378 D	38.5%	61.1%	38.7%	61.3%

President 1964

In New York the Democratic figure includes Liberal votes.

The full list of candidates for President and Vice-President was:

43,129,566	Lyndon B. Johnson and Hubert H. Humphrey,	Democratic.
27,178,188	Barry M. Goldwater and William E. Miller,	Republican.
45,219	Eric Hass and Henning A. Blomen,	Socialist Labor.
32,720	Clifton DeBerry and Edward Shaw,	Socialist Workers.
23,267	E. Harold Munn and Mark R. Shaw,	Prohibition.
6,953	John Kasper and J. B. Stoner,	National States Rights.
5,060	Joseph B. Lightburn and T. C. Billings,	Constitution.
19	James Hensley and John O. Hopkins,	Universal.

In addition, 210,732 votes were cast in Alabama for an unpledged Democratic elector ticket and 12,868 scattered votes were reported from various states.

UNITED STATES

President 1968

State	Electoral Vote Rep.	Electoral Vote Dem.	Electoral Vote AIP	Total Vote	Republican	Democratic	AIP	Other	Plurality	Percentage Total Vote Rep.	Percentage Total Vote Dem.	Percentage Total Vote AIP
Alabama			10	1,049,922	146,923	196,579	691,425	14,995	494,846 A	14.0%	18.7%	65.9%
Alaska	3			83,035	37,600	35,411	10,024		2,189 R	45.3%	42.6%	12.1%
Arizona	5			486,936	266,721	170,514	46,573	3,128	96,207 R	54.8%	35.0%	9.6%
Arkansas			6	619,969	190,759	188,228	240,982		50,223 A	30.8%	30.4%	38.9%
California	40			7,251,587	3,467,664	3,244,318	487,270	52,335	223,346 R	47.8%	44.7%	6.7%
Colorado	6			811,199	409,345	335,174	60,813	5,867	74,171 R	50.5%	41.3%	7.5%
Connecticut		8		1,256,232	556,721	621,561	76,650	1,300	64,840 D	44.3%	49.5%	6.1%
Delaware	3			214,367	96,714	89,194	28,459		7,520 R	45.1%	41.6%	13.3%
Florida	14			2,187,805	886,804	676,794	624,207		210,010 R	40.5%	30.9%	28.5%
Georgia			12	1,250,266	380,111	334,440	535,550	165	155,439 A	30.4%	26.7%	42.8%
Hawaii		4		236,218	91,425	141,324	3,469		49,899 D	38.7%	59.8%	1.5%
Idaho	4			291,183	165,369	89,273	36,541		76,096 R	56.8%	30.7%	12.5%
Illinois	26			4,619,749	2,174,774	2,039,814	390,958	14,203	134,960 R	47.1%	44.2%	8.5%
Indiana	13			2,123,597	1,067,885	806,659	243,108	5,945	261,226 R	50.3%	38.0%	11.4%
Iowa	9			1,167,931	619,106	476,699	66,422	5,704	142,407 R	53.0%	40.8%	5.7%
Kansas	7			872,783	478,674	302,996	88,921	2,192	175,678 R	54.8%	34.7%	10.2%
Kentucky	9			1,055,893	462,411	397,541	193,098	2,843	64,870 R	43.8%	37.6%	18.3%
Louisiana			10	1,097,450	257,535	309,615	530,300		220,685 A	23.5%	28.2%	48.3%
Maine		4		392,936	169,254	217,312	6,370		48,058 D	43.1%	55.3%	1.6%
Maryland		10		1,235,039	517,995	538,310	178,734		20,315 D	41.9%	43.6%	14.5%
Massachusetts		14		2,331,752	766,844	1,469,218	87,088	8,602	702,374 D	32.9%	63.0%	3.7%
Michigan		21		3,306,250	1,370,665	1,593,082	331,968	10,535	222,417 D	41.5%	48.2%	10.0%
Minnesota		10		1,588,506	658,643	857,738	68,931	3,194	199,095 D	41.5%	54.0%	4.3%
Mississippi			7	654,509	88,516	150,644	415,349		264,705 A	13.5%	23.0%	63.5%
Missouri	12			1,809,502	811,932	791,444	206,126		20,488 R	44.9%	43.7%	11.4%
Montana	4			274,404	138,835	114,117	20,015	1,437	24,718 R	50.6%	41.6%	7.3%
Nebraska	5			536,851	321,163	170,784	44,904		150,379 R	59.8%	31.8%	8.4%
Nevada	3			154,218	73,188	60,598	20,432		12,590 R	47.5%	39.3%	13.2%
New Hampshire	4			297,298	154,903	130,589	11,173	633	24,314 R	52.1%	43.9%	3.8%
New Jersey	17			2,875,395	1,325,467	1,264,206	262,187	23,535	61,261 R	46.1%	44.0%	9.1%
New Mexico	4			327,350	169,692	130,081	25,737	1,840	39,611 R	51.8%	39.7%	7.9%
New York		43		6,791,688	3,007,932	3,378,470	358,864	46,422	370,538 D	44.3%	49.7%	5.3%
North Carolina	12		1	1,587,493	627,192	464,113	496,188		131,004 R	39.5%	29.2%	31.3%
North Dakota	4			247,882	138,669	94,769	14,244	200	43,900 R	55.9%	38.2%	5.7%
Ohio	26			3,959,698	1,791,014	1,700,586	467,495	603	90,428 R	45.2%	42.9%	11.8%
Oklahoma	8			943,086	449,697	301,658	191,731		148,039 R	47.7%	32.0%	20.3%
Oregon	6			819,622	408,433	358,866	49,683	2,640	49,567 R	49.8%	43.8%	6.1%
Pennsylvania		29		4,747,928	2,090,017	2,259,405	378,582	19,924	169,388 D	44.0%	47.6%	8.0%
Rhode Island		4		385,000	122,359	246,518	15,678	445	124,159 D	31.8%	64.0%	4.1%
South Carolina	8			666,978	254,062	197,486	215,430		38,632 R	38.1%	29.6%	32.3%
South Dakota	4			281,264	149,841	118,023	13,400		31,818 R	53.3%	42.0%	4.8%
Tennessee	11			1,248,617	472,592	351,233	424,792		47,800 R	37.8%	28.1%	34.0%
Texas		25		3,079,216	1,227,844	1,266,804	584,269	299	38,960 D	39.9%	41.1%	19.0%
Utah	4			422,568	238,728	156,665	26,906	269	82,063 R	56.5%	37.1%	6.4%
Vermont	3			161,404	85,142	70,255	5,104	903	14,887 R	52.8%	43.5%	3.2%
Virginia	12			1,361,491	590,319	442,387	321,833	6,952	147,932 R	43.4%	32.5%	23.6%
Washington		9		1,304,281	588,510	616,037	96,990	2,744	27,527 D	45.1%	47.2%	7.4%
West Virginia		7		754,206	307,555	374,091	72,560		66,536 D	40.8%	49.6%	9.6%
Wisconsin	12			1,691,538	809,997	748,804	127,835	4,902	61,193 R	47.9%	44.3%	7.6%
Wyoming	3			127,205	70,927	45,173	11,105		25,754 R	55.8%	35.5%	8.7%
Dist. of Col.		3		170,578	31,012	139,566			108,554 D	18.2%	81.8%	
United States	301	191	46	73,211,875	31,785,480	31,275,166	9,906,473	244,756	510,314 R	43.4%	42.7%	13.5%

President 1968

In North Carolina one Republican elector voted in the Electoral College for the American Independent candidates for President and Vice-President.

In New York the Democratic figure includes Liberal votes and in Alabama the Democratic vote is the total of the Alabama Independent Democratic and National Democratic Party of Alabama vote. In certain states candidates appeared under variants of the party name used below and in most states the Vice-Presidential candidate of the American Independent party was listed as Marvin Griffin rather than Curtis E. LeMay.

The full list of candidates for President and Vice-President was:

Votes	Candidates
31,785,480	Richard M. Nixon and Spiro T. Agnew, Republican.
31,275,166	Hubert H. Humphrey and Edmund S. Muskie, Democratic.
9,906,473	George C. Wallace and Curtis E. LeMay, American Independent.
52,588	Henning A. Blomen and George S. Taylor, Socialist Labor.
47,133	Dick Gregory, Peace and Freedom, with various Vice-Presidential candidates.
41,388	Fred Halstead and Paul Boutelle, Socialist Workers.
36,563	Eldridge Cleaver, Peace and Freedom, with various Vice-Presidential candidates.
25,552	Eugene J. McCarthy, under various titles and written-in, but without indication of Vice-Presidential candidates.
15,123	E. Harold Munn and Rolland E. Fisher, Prohibition.
1,519	Ventura Chavez and Adelicio Moya, People's Constitutional.
1,075	Charlene Mitchell and Michael Zagarell, Communist.
142	James Hensley and Roscoe B. MacKenna, Universal.
34	Richard K. Troxell and Merle Thayer, Constitution.
17	Kent M. Soeters and James P. Powers, Berkeley Defense Group.

In the vote listed above for Eldridge Cleaver, two states are included (California and Utah) in which only the party Vice-Presidential candidate appeared on the ballot.

In addition to these votes, 12,430 were cast for elector tickets for which there were no formal Presidential or Vice-Presidential candidates, and 11,192 scattered votes were reported from various states.

UNITED STATES

President 1972

State	Electoral Vote Rep.	Electoral Vote Dem.	Electoral Vote Other	Total Vote	Republican	Democratic	Other	Plurality	Percentage Total Vote Rep.	Percentage Total Vote Dem.	Percentage Major Vote Rep.	Percentage Major Vote Dem.
Alabama	9			1,006,111	728,701	256,923	20,487	471,778 R	72.4%	25.5%	73.9%	26.1%
Alaska	3			95,219	55,349	32,967	6,903	22,382 R	58.1%	34.6%	62.7%	37.3%
Arizona	6			622,926	402,812	198,540	21,574	204,272 R	64.7%	31.9%	67.0%	33.0%
Arkansas	6			651,320	448,541	199,892	2,887	248,649 R	68.9%	30.7%	69.2%	30.8%
California	45			8,367,862	4,602,096	3,475,847	289,919	1,126,249 R	55.0%	41.5%	57.0%	43.0%
Colorado	7			953,884	597,189	329,980	26,715	267,209 R	62.6%	34.6%	64.4%	35.6%
Connecticut	8			1,384,277	810,763	555,498	18,016	255,265 R	58.6%	40.1%	59.3%	40.7%
Delaware	3			235,516	140,357	92,283	2,876	48,074 R	59.6%	39.2%	60.3%	39.7%
Florida	17			2,583,283	1,857,759	718,117	7,407	1,139,642 R	71.9%	27.8%	72.1%	27.9%
Georgia	12			1,174,772	881,496	289,529	3,747	591,967 R	75.0%	24.6%	75.3%	24.7%
Hawaii	4			270,274	168,865	101,409		67,456 R	62.5%	37.5%	62.5%	37.5%
Idaho	4			310,379	199,384	80,826	30,169	118,558 R	64.2%	26.0%	71.2%	28.8%
Illinois	26			4,723,236	2,788,179	1,913,472	21,585	874,707 R	59.0%	40.5%	59.3%	40.7%
Indiana	13			2,125,529	1,405,154	708,568	11,807	696,586 R	66.1%	33.3%	66.5%	33.5%
Iowa	8			1,225,944	706,207	496,206	23,531	210,001 R	57.6%	40.5%	58.7%	41.3%
Kansas	7			916,095	619,812	270,287	25,996	349,525 R	67.7%	29.5%	69.6%	30.4%
Kentucky	9			1,067,499	676,446	371,159	19,894	305,287 R	63.4%	34.8%	64.6%	35.4%
Louisiana	10			1,051,491	686,852	298,142	66,497	388,710 R	65.3%	28.4%	69.7%	30.3%
Maine	4			417,042	256,458	160,584		95,874 R	61.5%	38.5%	61.5%	38.5%
Maryland	10			1,353,812	829,305	505,781	18,726	323,524 R	61.3%	37.4%	62.1%	37.9%
Massachusetts		14		2,458,756	1,112,078	1,332,540	14,138	220,462 D	45.2%	54.2%	45.5%	54.5%
Michigan	21			3,489,727	1,961,721	1,459,435	68,571	502,286 R	56.2%	41.8%	57.3%	42.7%
Minnesota	10			1,741,652	898,269	802,346	41,037	95,923 R	51.6%	46.1%	52.8%	47.2%
Mississippi	7			645,963	505,125	126,782	14,056	378,343 R	78.2%	19.6%	79.9%	20.1%
Missouri	12			1,855,803	1,153,852	697,147	4,804	456,705 R	62.2%	37.6%	62.3%	37.7%
Montana	4			317,603	183,976	120,197	13,430	63,779 R	57.9%	37.8%	60.5%	39.5%
Nebraska	5			576,289	406,298	169,991		236,307 R	70.5%	29.5%	70.5%	29.5%
Nevada	3			181,766	115,750	66,016		49,734 R	63.7%	36.3%	63.7%	36.3%
New Hampshire	4			334,055	213,724	116,435	3,896	97,289 R	64.0%	34.9%	64.7%	35.3%
New Jersey	17			2,997,229	1,845,502	1,102,211	49,516	743,291 R	61.6%	36.8%	62.6%	37.4%
New Mexico	4			386,241	235,606	141,084	9,551	94,522 R	61.0%	36.5%	62.5%	37.5%
New York	41			7,165,919	4,192,778	2,951,084	22,057	1,241,694 R	58.5%	41.2%	58.7%	41.3%
North Carolina	13			1,518,612	1,054,889	438,705	25,018	616,184 R	69.5%	28.9%	70.6%	29.4%
North Dakota	3			280,514	174,109	100,384	6,021	73,725 R	62.1%	35.8%	63.4%	36.6%
Ohio	25			4,094,787	2,441,827	1,558,889	94,071	882,938 R	59.6%	38.1%	61.0%	39.0%
Oklahoma	8			1,029,900	759,025	247,147	23,728	511,878 R	73.7%	24.0%	75.4%	24.6%
Oregon	6			927,946	486,686	392,760	48,500	93,926 R	52.4%	42.3%	55.3%	44.7%
Pennsylvania	27			4,592,106	2,714,521	1,796,951	80,634	917,570 R	59.1%	39.1%	60.2%	39.8%
Rhode Island	4			415,808	220,383	194,645	780	25,738 R	53.0%	46.8%	53.1%	46.9%
South Carolina	8			673,960	477,044	186,824	10,092	290,220 R	70.8%	27.7%	71.9%	28.1%
South Dakota	4			307,415	166,476	139,945	994	26,531 R	54.2%	45.5%	54.3%	45.7%
Tennessee	10			1,201,182	813,147	357,293	30,742	455,854 R	67.7%	29.7%	69.5%	30.5%
Texas	26			3,471,281	2,298,896	1,154,289	18,096	1,144,607 R	66.2%	33.3%	66.6%	33.4%
Utah	4			478,476	323,643	126,284	28,549	197,359 R	67.6%	26.4%	71.9%	28.1%
Vermont	3			186,947	117,149	68,174	1,624	48,975 R	62.7%	36.5%	63.2%	36.8%
Virginia	11		1	1,457,019	988,493	438,887	29,639	549,606 R	67.8%	30.1%	69.3%	30.7%
Washington	9			1,470,847	837,135	568,334	65,378	268,801 R	56.9%	38.6%	59.6%	40.4%
West Virginia	6			762,399	484,964	277,435		207,529 R	63.6%	36.4%	63.6%	36.4%
Wisconsin	11			1,852,890	989,430	810,174	53,286	179,256 R	53.4%	43.7%	55.0%	45.0%
Wyoming	3			145,570	100,464	44,358	748	56,106 R	69.0%	30.5%	69.4%	30.6%
Dist. of Col.		3		163,421	35,226	127,627	568	92,401 D	21.6%	78.1%	21.6%	78.4%
United States	520	17	1	77,718,554	47,169,911	29,170,383	1,378,260	17,999,528 R	60.7%	37.5%	61.8%	38.2%

President 1972

In Virginia one Republican elector voted in the Electoral College for the Libertarian candidates for President and Vice-President.

In New York the Republican figures include Conservative votes and the Democratic figures include Liberal votes. In Alabama the Democratic figures include votes cast on the National Democratic Party of Alabama ticket, and in South Carolina include United Citizens Party votes.

In certain states candidates appeared on the ballot under party names other than those used below; for the Socialist Workers party the votes listed for Jenness and Pulley were actually cast for substitute candidates (Reed and DeBerry) or without named candidates in several states.

The Democratic Vice-Presidential candidate originally was Senator Thomas F. Eagleton; on his withdrawal shortly after the party convention, R. Sargent Shriver was named by the Democratic National Committee as candidate.

The full list of candidates for President and Vice-President was:

Votes	Candidates
47,169,911	Richard M. Nixon and Spiro T. Agnew, Republican.
29,170,383	George S. McGovern and R. Sargent Shriver, Democratic.
1,099,482	John G. Schmitz and Thomas J. Anderson, American.
78,756	Benjamin Spock and Julius Hobson, People's.
66,677	Linda Jenness and Andrew Pulley, Socialist Workers.
53,814	Louis Fisher and Genevieve Gunderson, Socialist Labor.
25,595	Gus Hall and Jarvis Tyner, Communist.
13,505	E. Harold Munn and Marshall E. Uncapher, Prohibition.
3,673	John Hospers and Theodora Nathan, Libertarian.
1,743	John V. Mahalchik and Irving Homer, America First.
220	Gabriel Green and Daniel Fry, Universal.

In addition to the above, 34,795 scattered votes were reported from various states.

Vice-President Agnew resigned in October 1973 and Representative Gerald R. Ford of Michigan was nominated by President Nixon to fill the vacancy. In November (Senate) and December (House of Representatives) this action was approved by Congress.

In August 1974 President Nixon resigned and was succeeded by Vice-President Ford. In the same month Nelson A. Rockefeller, former Governor of New York, was nominated to be Vice-President and was confirmed by Congress in December 1974.

1972 PRESIDENTIAL PREFERENCE PRIMARIES

In 1972 twenty states and the District of Columbia held preferential primaries. California, South Dakota and the District of Columbia held slate-type preferential primaries. In the other eighteen states the voter marked his ballot for his preference among the candidates listed and in some states could write in his choice if the candidate he preferred was not on the ballot. In a few states the voter had an additional option for uncommitted or for none of the listed candidates. In Alabama and New York, delegates to the national party conventions were elected in primaries, but neither state provided for a specific expression of Presidential preference by the voter, nor printed on the ballot any indication of the Presidential preference of the candidates for convention delegates.

In each state the vote used is the preferential vote if there was such a vote. In Ohio, where no specific preference vote was authorized, the major candidates ran state-wide at-large blocks of delegate candidates, and the vote given is that for the highest vote winner in each of these blocks. In several states there were both a preference and a delegate vote. In such cases the preference vote is indicated here, even though the delegate contest was controlling in terms of individuals chosen to go to the party national conventions in Miami Beach.

The tables included here give the vote in each state for those candidates on the ballot in ten or more states. Other votes, for ballot candidates or written-in, are included in the general "Other" category.

    Republican candidates on the ballot in at least one state were John M. Ashbrook, Paul N. McCloskey, Richard M. Nixon, Patrick Paulsen.

    Democratic candidates on the ballot in at least one state were Shirley Chisholm, Edward T. Coll, Walter E. Fauntroy, R. Vance Hartke, Hubert H. Humphrey, Henry M. Jackson, Edward M. Kennedy, John V. Lindsay, Eugene J. McCarthy, George S. McGovern, Wilbur D. Mills, Patsy Mink, Edmund S. Muskie, Terry Sanford, George C. Wallace, Samuel W. Yorty.

CALIFORNIA JUNE 6

Republican   2,058,825 Nixon slate; 224,922 Ashbrook slate; 175 scattered.

Democratic   1,550,652 McGovern slate; 1,375,064 Humphrey slate; 268,551 Wallace (write-in); 157,435 Chisholm slate; 72,701 Muskie slate; 50,745 Yorty slate; 34,203 McCarthy slate; 28,901 Jackson slate; 26,246 Lindsay slate; 20 scattered.

FLORIDA MARCH 14

Republican   360,278 Nixon; 36,617 Ashbrook; 17,312 McCloskey.

Democratic   526,651 Wallace; 234,658 Humphrey; 170,156 Jackson; 112,523 Muskie; 82,386 Lindsay; 78,232 McGovern; 43,989 Chisholm; 5,847 McCarthy; 4,539 Mills; 3,009 Hartke; 2,564 Yorty.

ILLINOIS MARCH 21

Republican   No Presidential candidates on the ballot. Write-in votes were 32,550 Nixon; 170 Ashbrook; 47 McCloskey; 802 scattered.

Democratic   766,914 Muskie; 444,260 McCarthy; 7,017 Wallace (write-in); 3,687 McGovern (write-in); 1,476 Humphrey (write-in); 777 Chisholm (write-in); 442 Jackson (write-in); 242 Kennedy (write-in); 118 Lindsay (write-in); 211 scattered.

INDIANA MAY 2

Republican   417,069 Nixon, unopposed.

Democratic   354,244 Humphrey; 309,495 Wallace; 87,719 Muskie.

MARYLAND MAY 16

Republican   99,308 Nixon; 9,223 McCloskey; 6,718 Ashbrook.

Democratic   219,687 Wallace; 151,981 Humphrey; 126,978 McGovern; 17,728 Jackson; 13,584 Yorty; 13,363 Muskie; 12,602 Chisholm; 4,776 Mills; 4,691 McCarthy; 2,168 Lindsay; 573 Mink.

MASSACHUSETTS APRIL 25

Republican   99,150 Nixon; 16,435 McCloskey; 4,864 Ashbrook; 1,690 scattered.

Democratic   325,673 McGovern; 131,709 Muskie; 48,929 Humphrey; 45,807 Wallace; 22,398 Chisholm; 19,441 Mills; 8,736 McCarthy; 8,499 Jackson; 2,348 Kennedy (write-in); 2,107 Lindsay; 874 Hartke; 646 Yorty; 589 Coll; 760 scattered.

MICHIGAN MAY 16

Republican   321,652 Nixon; 9,691 McCloskey; 5,370 Uncommitted; 30 scattered.

Democratic   809,239 Wallace; 425,694 McGovern; 249,798 Humphrey; 44,090 Chisholm; 38,701 Muskie; 10,700 Uncommitted; 6,938 Jackson; 2,862 Hartke; 51 scattered.

NEBRASKA MAY 9

Republican   179,464 Nixon; 9,011 McCloskey; 4,996 Ashbrook; 801 scattered.

Democratic   79,309 McGovern; 65,968 Humphrey; 23,912 Wallace; 6,886 Muskie; 5,276 Jackson; 3,459 Yorty; 3,194 McCarthy; 1,763 Chisholm; 1,244 Lindsay; 377 Mills; 293 Kennedy (write-in); 249 Hartke; 207 scattered.

NEW HAMPSHIRE MARCH 7

Republican   79,239 Nixon; 23,190 McCloskey; 11,362 Ashbrook; 1,211 Paulsen; 2,206 scattered.

Democratic   41,235 Muskie; 33,007 McGovern; 5,401 Yorty; 3,563 Mills (write-in); 2,417 Hartke; 954 Kennedy (write-in); 348 Humphrey (write-in); 280 Coll; 197 Jackson (write-in); 175 Wallace (write-in); 1,277 scattered.

NEW JERSEY JUNE 6

Republican   No Presidential candidates on the ballot.

Democratic   51,433 Chisholm; 25,401 Sanford.

NEW MEXICO JUNE 6

Republican   49,067 Nixon; 3,367 McCloskey; 3,035 None of the Names Shown.

Democratic   51,011 McGovern; 44,843 Wallace; 39,768 Humphrey; 6,411 Muskie; 4,236 Jackson; 3,819 None of the Narnes Shown; 3,205 Chisholm.

NORTH CAROLINA MAY 6

Republican   159,167 Nixon; 8,732 McCloskey.

Democratic   413,518 Wallace; 306,014 Sanford; 61,723 Chisholm; 30,739 Muskie; 9,416 Jackson.

OHIO MAY 2

Republican   692,828 Nixon, unopposed.

Democratic   499,680 Humphrey; 480,320 McGovern; 107,806 Muskie; 98,498 Jackson; 26,026 McCarthy.

OREGON MAY 23

Republican   231,151 Nixon; 29,365 McCloskey; 16,696 Ashbrook; 4,798 scattered.

Democratic   205,328 McGovern; 81,868 Wallace; 51,163 Humphrey; 22,042 Jackson; 12,673 Kennedy; 10,244 Muskie; 8,943 McCarthy; 6,500 Mink; 5,082 Lindsay; 2,975 Chisholm; 1,208 Mills; 618 scattered.

PENNSYLVANIA APRIL 25

Republican   No Presidential candidates on the ballot. Write-in votes were 153,886 Nixon; 30,915 scattered. Of the latter, most were for candidates for the Democratic nomination, including 20,472 Wallace.

Democratic   481,900 Humphrey; 292,437 Wallace; 280,861 McGovern; 279,983 Muskie; 38,767 Jackson; 306 Chisholm (write-in); 585 scattered.

RHODE ISLAND MAY 23

Republican   4,953 Nixon; 337 McCloskey; 175 Ashbrook; 146 Uncommitted.

Democratic   15,603 McGovern; 7,838 Muskie; 7,701 Humphrey; 5,802 Wallace; 490 Uncommitted; 245 McCarthy; 138 Jackson; 41 Mills; 6 Yorty.

SOUTH DAKOTA JUNE 6

Republican   52,820 Nixon slate, unopposed.

Democratic   28,017 McGovern slate, unopposed.

TENNESSEE MAY 4

Republican   109,696 Nixon; 2,419 Ashbrook; 2,370 McCloskey; 4 scattered.

Democratic   335,858 Wallace; 78,350 Humphrey; 35,551 McGovern; 18,809 Chisholm; 9,634 Muskie; 5,896 Jackson; 2,543 Mills; 2,267 McCarthy; 1,621 Hartke; 1,476 Lindsay; 692 Yorty; 24 scattered.

WEST VIRGINIA MAY 9

Republican   No Presidential candidates on the ballot.

Democratic   246,596 Humphrey; 121,888 Wallace.

WISCONSIN APRIL 4

Republican   277,601 Nixon; 3,651 McCloskey; 2,604 Ashbrook; 2,315 None of the Names Shown; 273 scattered.

Democratic   333,528 McGovern; 248,676 Wallace; 233,748 Humphrey; 115,811 Muskie; 88,068 Jackson; 75,579 Lindsay; 15,543 McCarthy; 9,198 Chisholm; 2,450 None of the Names Shown; 2,349 Yorty; 1,213 Mink; 913 Mills; 766 Hartke; 183 Kennedy (write-in); 559 scattered.

DISTRICT OF COLUMBIA MAY 2

Republican   No slates entered.

Democratic   21,217 Fauntroy slate; 8,343 Uncommitted slate.

REPUBLICAN PREFERENCE PRIMARIES

Date		State	Total Vote	Ashbrook	McCloskey	Nixon	Other
March	7	New Hampshire	117,208	11,362	23,190	79,239	3,417
	14	Florida	414,207	36,617	17,312	360,278	—
	21	Illinois	33,569	170	47	32,550	802
April	4	Wisconsin	286,444	2,604	3,651	277,601	2,588
	25	Massachusetts	122,139	4,864	16,435	99,150	1,690
	25	Pennsylvania	184,801	—	—	153,886	30,915
May	2	District of Columbia	No Slates Entered				
	2	Indiana	417,069	—	—	417,069	—
	2	Ohio	692,828	—	—	692,828	—
	4	Tennessee	114,489	2,419	2,370	109,696	4
	6	North Carolina	167,899	—	8,732	159,167	—
	9	Nebraska	194,272	4,996	9,011	179,464	801
	9	West Virginia	No Candidates Entered				
	16	Maryland	115,249	6,718	9,223	99,308	—
	16	Michigan	336,743	—	9,691	321,652	5,400
	23	Rhode Island	5,611	175	337	4,953	146
	23	Oregon	282,010	16,696	29,365	231,151	4,798
June	6	California	2,283,922	224,922	—	2,058,825	175
	6	New Jersey	No Candidates Entered				
	6	New Mexico	55,469	—	3,367	49,067	3,035
	6	South Dakota	52,820	—	—	52,820	—
			5,876,749	311,543	132,731	5,378,704	53,771

Other vote includes 1,211 Paulsen; 52,559 Uncommitted, None, and scattered.

DEMOCRATIC PREFERENCE PRIMARIES

Date		State	Total Vote	Chisholm	Humphrey	Jackson	McCarthy	McGovern	Muskie	Wallace	Other
March	7	New Hampshire	88,854	—	348	197	—	33,007	41,235	175	13,892
	14	Florida	1,264,554	43,989	234,658	170,156	5,847	78,232	112,523	526,651	92,498
	21	Illinois	1,225,144	777	1,476	442	444,260	3,687	766,914	7,017	571
April	4	Wisconsin	1,128,584	9,198	233,748	88,068	15,543	333,528	115,811	248,676	84,012
	25	Massachusetts	618,516	22,398	48,929	8,499	8,736	325,673	131,709	45,807	26,765
	25	Pennsylvania	1,374,839	306	481,900	38,767	—	280,861	279,983	292,437	585
May	2	District of Columbia	29,560	—	—	—	—	—	—	—	29,560
	2	Indiana	751,458	—	354,244	—	—	—	87,719	309,495	—
	2	Ohio	1,212,330	—	499,680	98,498	26,026	480,320	107,806	—	—
	4	Tennessee	492,721	18,809	78,350	5,896	2,267	35,551	9,634	335,858	6,356
	6	North Carolina	821,410	61,723	—	9,416	—	—	30,739	413,518	306,014
	9	Nebraska	192,137	1,763	65,968	5,276	3,194	79,309	6,886	23,912	5,829
	9	West Virginia	368,484	—	246,596	—	—	—	—	121,888	—
	16	Maryland	568,131	12,602	151,981	17,728	4,691	126,978	13,363	219,687	21,101
	16	Michigan	1,588,073	44,090	249,798	6,938	—	425,694	38,701	809,239	13,613
	23	Rhode Island	37,864	—	7,701	138	245	15,603	7,838	5,802	537
	23	Oregon	408,644	2,975	51,163	22,042	8,943	205,328	10,244	81,868	26,081
June	6	California	3,564,518	157,435	1,375,064	28,901	34,203	1,550,652	72,701	268,551	77,011
	6	New Jersey	76,834	51,433	—	—	—	—	—	—	25,401
	6	New Mexico	153,293	3,205	39,768	4,236	—	51,011	6,411	44,843	3,819
	6	South Dakota	28,017	—	—	—	—	28,017	—	—	—
			15,993,965	430,703	4,121,372	505,198	553,955	4,053,451	1,840,217	3,755,424	733,645

Other vote includes 331,415 Sanford; 196,406 Lindsay; 79,446 Yorty; 37,401 Mills; 21,217 Fauntroy; 16,693 Kennedy; 11,798 Hartke; 8,286 Mink; 869 Coll; 30,114 Uncommitted, None, and scattered.

UNITED STATES

POST ELECTION CHANGES

Following the 1974 elections several changes took place among the Governors and the members of Congress. Summarized below are all such changes up to August 10, 1975.

GOVERNORS

Kentucky. Governor Wendell H. Ford (D) resigned after his election to the United States Senate; succeeded by Lieutenant-Governor Julian Carroll (D).

SENATORS

New Hampshire. Due to the closeness of the vote in November, this seat was contested in the Senate and no member was seated. After much discussion, the Senate declared the seat vacant "as of August 8, 1975". Former Senator Norris Cotton (R) was appointed ad interim to fill the vacancy until a successor could be qualified at a new election scheduled for September, 1975.

REPRESENTATIVES

37th California. Representative Jerry L. Pettis (R) died in February 1975; Mrs. Jerry L. Pettis (R) was elected in April 1975 to succeed him.

5th Illinois. Representative John Kluczynski (D) died in January 1975; John D. Fary (D) was elected in July 1975 to succeed him.

5th Oklahoma. Representative John Jarman (D) changed his party affiliation from Democratic to Republican in January 1975.

ALABAMA

GOVERNOR
George C. Wallace (D). Re-elected 1974 to a four-year term. Previously elected 1970, 1962.

SENATORS
James B. Allen (D). Re-elected 1974 to a six-year term. Previously elected 1968.

John J. Sparkman (D). Re-elected 1972 to a six-year term. Previously elected 1966, 1960, 1954, 1948, and in 1946 to fill out term vacated by the death of Senator John H. Bankhead.

REPRESENTATIVES
1. Jack Edwards (R)
2. William Dickinson (R)
3. Bill Nichols (D)
4. Tom Bevill (D)
5. Robert E. Jones (D)
6. John Buchanan (R)
7. Walter Flowers (D)

POSTWAR VOTE FOR GOVERNOR

Year	Total Vote	Republican Vote	Republican Candidate	Democratic Vote	Democratic Candidate	Other Vote	Rep.-Dem. Plurality	Total Vote Rep.	Total Vote Dem.	Major Vote Rep.	Major Vote Dem.
1974	598,305	88,381	McCary, Elvin	497,574	Wallace, George C.	12,350	409,193 D	14.8%	83.2%	15.1%	84.9%
1970	854,952	—	—	637,046	Wallace, George C.	217,906	637,046 D	—	74.5%	—	100.0%
1966	848,101	262,943	Martin, James D.	537,505	Wallace, Mrs. Lurleen	47,653	274,562 D	31.0%	63.4%	32.8%	67.2%
1962	315,776	—	—	303,987	Wallace, George C.	11,789	303,987 D	—	96.3%	—	100.0%
1958	270,952	30,415	Longshore, W. L.	239,633	Patterson, John	904	209,218 D	11.2%	88.4%	11.3%	88.7%
1954	333,090	88,688	Abernethy, Tom	244,401	Folsom, James E.	1	155,713 D	26.6%	73.4%	26.6%	73.4%
1950	170,541	15,127	Crowder, John S.	155,414	Persons, Gordon	—	140,287 D	8.9%	91.1%	8.9%	91.1%
1946	197,324	22,362	Ward, Lyman	174,962	Folsom, James E.	—	152,600 D	11.3%	88.7%	11.3%	88.7%

POSTWAR VOTE FOR SENATOR

Year	Total Vote	Republican Vote	Republican Candidate	Democratic Vote	Democratic Candidate	Other Vote	Rep.-Dem. Plurality	Total Vote Rep.	Total Vote Dem.	Major Vote Rep.	Major Vote Dem.
1974	523,290	—	—	501,541	Allen, James B.	21,749	501,541 D	—	95.8%	—	100.0%
1972	1,051,099	347,523	Blount, Winton M.	654,491	Sparkman, John J.	49,085	306,968 D	33.1%	62.3%	34.7%	65.3%
1968	912,708	201,227	Hooper, Perry	638,774	Allen, James B.	72,707	437,547 D	22.0%	70.0%	24.0%	76.0%
1966	802,608	313,018	Grenier, John	482,138	Sparkman, John J.	7,452	169,120 D	39.0%	60.1%	39.4%	60.6%
1962	397,079	195,134	Martin, James D.	201,937	Hill, Lister	8	6,803 D	49.1%	50.9%	49.1%	50.9%
1960	554,081	164,868	Elgin, Julian	389,196	Sparkman, John J.	17	224,328 D	29.8%	70.2%	29.8%	70.2%
1956	330,191	—	—	330,182	Hill, Lister	9	330,182 D	—	100.0%	—	100.0%
1954	314,459	55,110	Guin, J. Foy	259,348	Sparkman, John J.	1	204,238 D	17.5%	82.5%	17.5%	82.5%
1950	164,011	—	—	125,534	Hill, Lister	38,477	125,534 D	—	76.5%	—	100.0%
1948	220,875	35,341	Parsons, Paul G.	185,534	Sparkman, John J.	—	150,193 D	16.0%	84.0%	16.0%	84.0%
1946s	163,217	—	—	163,217	Sparkman, John J.	—	163,217 D	—	100.0%	—	100.0%

The 1946 election was for a short term to fill a vacancy.

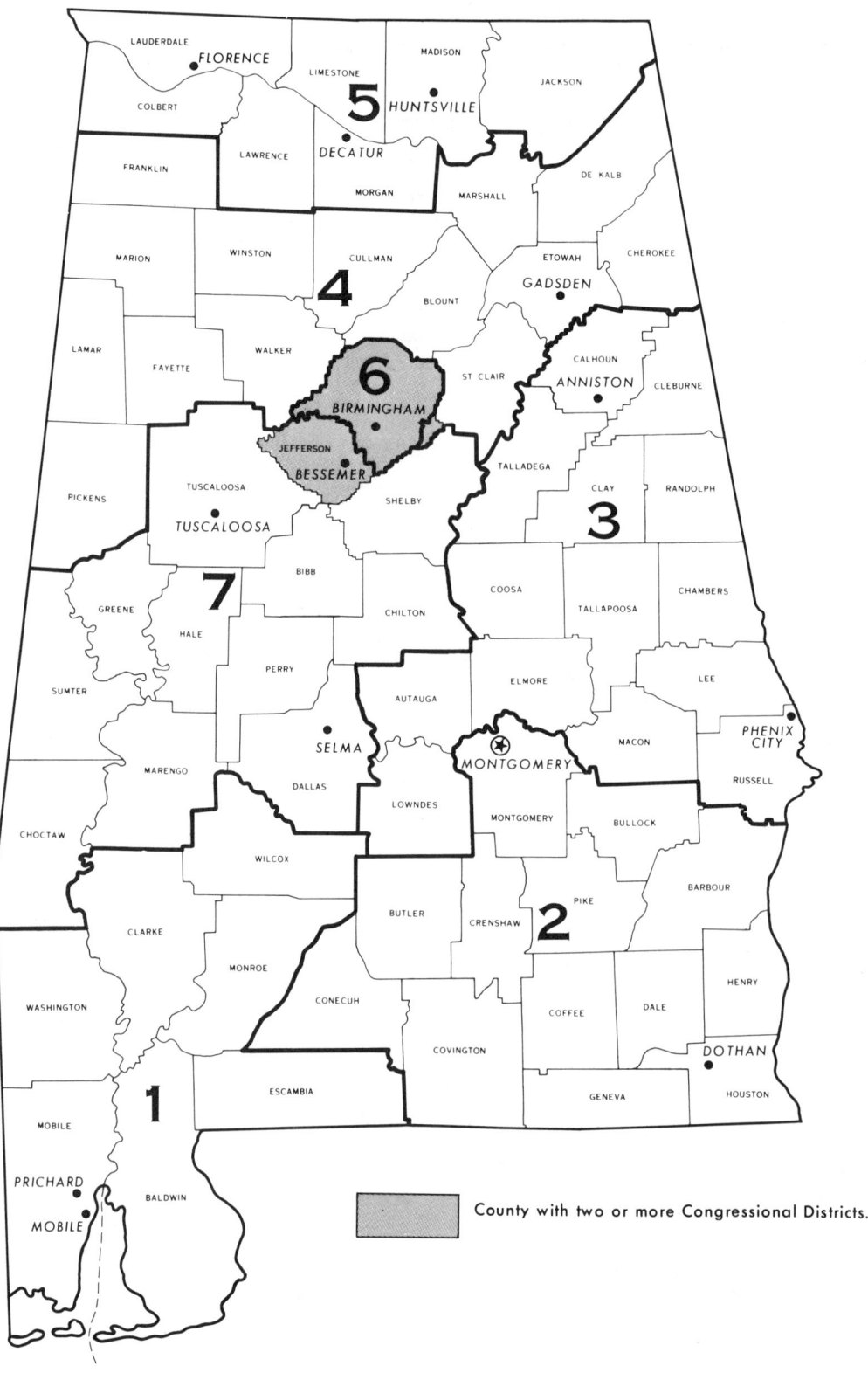

ALABAMA

GOVERNOR 1974

1970 Census Population	County	Total Vote	Republican	Democratic	Other	Rep.-Dem. Plurality	Percentage Total Vote Rep.	Dem.	Major Vote Rep.	Dem.
24,460	AUTAUGA	4,702	746	3,868	88	3,122 D	15.9%	82.3%	16.2%	83.8%
59,382	BALDWIN	12,566	1,665	10,701	200	9,036 D	13.3%	85.2%	13.5%	86.5%
22,543	BARBOUR	4,715	294	4,319	102	4,025 D	6.2%	91.6%	6.4%	93.6%
13,812	BIBB	2,892	157	2,722	13	2,565 D	5.4%	94.1%	5.5%	94.5%
26,853	BLOUNT	7,919	1,254	6,571	94	5,317 D	15.8%	83.0%	16.0%	84.0%
11,824	BULLOCK	3,045	427	2,540	78	2,113 D	14.0%	83.4%	14.4%	85.6%
22,007	BUTLER	3,834	377	3,395	62	3,018 D	9.8%	88.5%	10.0%	90.0%
103,092	CALHOUN	16,801	2,665	13,887	249	11,222 D	15.9%	82.7%	16.1%	83.9%
36,356	CHAMBERS	6,494	511	5,842	141	5,331 D	7.9%	90.0%	8.0%	92.0%
15,606	CHEROKEE	2,956	295	2,614	47	2,319 D	10.0%	88.4%	10.1%	89.9%
25,180	CHILTON	5,816	994	4,779	43	3,785 D	17.1%	82.2%	17.2%	82.8%
16,589	CHOCTAW	4,564	114	4,403	47	4,289 D	2.5%	96.5%	2.5%	97.5%
26,724	CLARKE	5,072	367	4,651	54	4,284 D	7.2%	91.7%	7.3%	92.7%
12,636	CLAY	3,166	330	2,803	33	2,473 D	10.4%	88.5%	10.5%	89.5%
10,996	CLEBURNE	1,673	273	1,372	28	1,099 D	16.3%	82.0%	16.6%	83.4%
34,872	COFFEE	7,269	675	6,460	134	5,785 D	9.3%	88.9%	9.5%	90.5%
49,632	COLBERT	5,918	718	5,047	153	4,329 D	12.1%	85.3%	12.5%	87.5%
15,645	CONECUH	2,576	208	2,346	22	2,138 D	8.1%	91.1%	8.1%	91.9%
10,662	COOSA	2,054	245	1,770	39	1,525 D	11.9%	86.2%	12.2%	87.8%
34,079	COVINGTON	5,556	601	4,918	37	4,317 D	10.8%	88.5%	10.9%	89.1%
13,188	CRENSHAW	2,751	298	2,427	26	2,129 D	10.8%	88.2%	10.9%	89.1%
52,445	CULLMAN	14,106	3,533	10,451	122	6,918 D	25.0%	74.1%	25.3%	74.7%
52,938	DALE	5,398	520	4,782	96	4,262 D	9.6%	88.6%	9.8%	90.2%
55,296	DALLAS	8,169	920	7,168	81	6,248 D	11.3%	87.7%	11.4%	88.6%
41,981	DE KALB	11,417	3,120	8,200	97	5,080 D	27.3%	71.8%	27.6%	72.4%
33,535	ELMORE	6,754	1,145	5,454	155	4,309 D	17.0%	80.8%	17.4%	82.6%
34,906	ESCAMBIA	6,928	476	6,399	53	5,923 D	6.9%	92.4%	6.9%	93.1%
94,144	ETOWAH	14,685	1,382	13,053	250	11,671 D	9.4%	88.9%	9.6%	90.4%
16,252	FAYETTE	2,377	266	2,091	20	1,825 D	11.2%	88.0%	11.3%	88.7%
23,933	FRANKLIN	5,164	963	4,137	64	3,174 D	18.6%	80.1%	18.9%	81.1%
21,924	GENEVA	3,975	191	3,757	27	3,566 D	4.8%	94.5%	4.8%	95.2%
10,650	GREENE	1,915	76	1,820	19	1,744 D	4.0%	95.0%	4.0%	96.0%
15,888	HALE	3,331	263	3,000	68	2,737 D	7.9%	90.1%	8.1%	91.9%
13,254	HENRY	2,289	123	2,139	27	2,016 D	5.4%	93.4%	5.4%	94.6%
56,574	HOUSTON	7,648	614	6,959	75	6,345 D	8.0%	91.0%	8.1%	91.9%
39,202	JACKSON	3,939	270	3,604	65	3,334 D	6.9%	91.5%	7.0%	93.0%
644,991	JEFFERSON	114,609	22,555	88,571	3,483	66,016 D	19.7%	77.3%	20.3%	79.7%
14,335	LAMAR	2,173	84	2,074	15	1,990 D	3.9%	95.4%	3.9%	96.1%
68,111	LAUDERDALE	7,234	1,130	5,895	209	4,765 D	15.6%	81.5%	16.1%	83.9%
27,281	LAWRENCE	2,950	167	2,766	17	2,599 D	5.7%	93.8%	5.7%	94.3%
61,268	LEE	5,648	935	4,562	151	3,627 D	16.6%	80.8%	17.0%	83.0%
41,699	LIMESTONE	4,454	306	4,076	72	3,770 D	6.9%	91.5%	7.0%	93.0%
12,897	LOWNDES	3,602	348	3,196	58	2,848 D	9.7%	88.7%	9.8%	90.2%
24,841	MACON	3,708	722	2,799	187	2,077 D	19.5%	75.5%	20.5%	79.5%
186,540	MADISON	33,093	6,046	26,189	858	20,143 D	18.3%	79.1%	18.8%	81.2%
23,819	MARENGO	5,272	254	4,967	51	4,713 D	4.8%	94.2%	4.9%	95.1%
23,788	MARION	6,159	577	5,497	85	4,920 D	9.4%	89.3%	9.5%	90.5%
54,211	MARSHALL	5,885	909	4,855	121	3,946 D	15.4%	82.5%	15.8%	84.2%
317,308	MOBILE	59,539	6,264	52,039	1,236	45,775 D	10.5%	87.4%	10.7%	89.3%
20,883	MONROE	4,467	474	3,965	28	3,491 D	10.6%	88.8%	10.7%	89.3%
167,790	MONTGOMERY	31,685	8,291	22,488	906	14,197 D	26.2%	71.0%	26.9%	73.1%
77,306	MORGAN	9,177	1,229	7,737	211	6,508 D	13.4%	84.3%	13.7%	86.3%
15,388	PERRY	3,013	178	2,813	22	2,635 D	5.9%	93.4%	6.0%	94.0%
20,326	PICKENS	3,507	136	3,346	25	3,210 D	3.9%	95.4%	3.9%	96.1%
25,038	PIKE	5,891	789	4,972	130	4,183 D	13.4%	84.4%	13.7%	86.3%
18,331	RANDOLPH	3,122	290	2,775	57	2,485 D	9.3%	88.9%	9.5%	90.5%
45,394	RUSSELL	3,680	256	3,335	89	3,079 D	7.0%	90.6%	7.1%	92.9%
27,956	ST. CLAIR	5,544	911	4,474	159	3,563 D	16.4%	80.7%	16.9%	83.1%
38,037	SHELBY	9,917	1,498	8,129	290	6,631 D	15.1%	82.0%	15.6%	84.4%
16,974	SUMTER	3,460	91	3,363	6	3,272 D	2.6%	97.2%	2.6%	97.4%
65,280	TALLADEGA	9,361	865	8,267	229	7,402 D	9.2%	88.3%	9.5%	90.5%
33,840	TALLAPOOSA	4,734	584	4,055	95	3,471 D	12.3%	85.7%	12.6%	87.4%
116,029	TUSCALOOSA	14,683	2,094	12,080	509	9,986 D	14.3%	82.3%	14.8%	85.2%
56,246	WALKER	9,716	1,234	8,415	67	7,181 D	12.7%	86.6%	12.8%	87.2%
16,241	WASHINGTON	3,669	156	3,488	25	3,332 D	4.3%	95.1%	4.3%	95.7%
16,303	WILCOX	2,883	113	2,763	7	2,650 D	3.9%	95.8%	3.9%	96.1%
16,654	WINSTON	5,036	1,819	3,174	43	1,355 D	36.1%	63.0%	36.4%	63.6%
3,444,165	TOTAL	598,305	88,381	497,574	12,350	409,193 D	14.8%	83.2%	15.1%	84.9%

ALABAMA

SENATOR 1974

1970 Census Population	County	Total Vote	Republican	Democratic	Other	Rep.-Dem. Plurality	Percentage Total Vote Rep.	Percentage Total Vote Dem.	Major Vote Rep.	Major Vote Dem.
24,460	AUTAUGA	4,181		4,012	169	4,012 D		96.0%		100.0%
59,382	BALDWIN	11,002		10,683	319	10,683 D		97.1%		100.0%
22,543	BARBOUR	3,766		3,684	82	3,684 D		97.8%		100.0%
13,812	BIBB	2,804		2,772	32	2,772 D		98.9%		100.0%
26,853	BLOUNT	6,390		6,247	143	6,247 D		97.8%		100.0%
11,824	BULLOCK	2,183		2,088	95	2,088 D		95.6%		100.0%
22,007	BUTLER	3,454		3,364	90	3,364 D		97.4%		100.0%
103,092	CALHOUN	14,847		14,162	685	14,162 D		95.4%		100.0%
36,356	CHAMBERS	5,838		5,636	202	5,636 D		96.5%		100.0%
15,606	CHEROKEE	2,490		2,417	73	2,417 D		97.1%		100.0%
25,180	CHILTON	4,868		4,730	138	4,730 D		97.2%		100.0%
16,589	CHOCTAW	3,688		3,655	33	3,655 D		99.1%		100.0%
26,724	CLARKE	4,654		4,593	61	4,593 D		98.7%		100.0%
12,636	CLAY	2,757		2,694	63	2,694 D		97.7%		100.0%
10,996	CLEBURNE	1,341		1,269	72	1,269 D		94.6%		100.0%
34,872	COFFEE	6,559		6,336	223	6,336 D		96.6%		100.0%
49,632	COLBERT	5,336		5,014	322	5,014 D		94.0%		100.0%
15,645	CONECUH	1,995		1,951	44	1,951 D		97.8%		100.0%
10,662	COOSA	1,909		1,854	55	1,854 D		97.1%		100.0%
34,079	COVINGTON	4,650		4,509	141	4,509 D		97.0%		100.0%
13,188	CRENSHAW	2,149		2,100	49	2,100 D		97.7%		100.0%
52,445	CULLMAN	11,337		10,975	362	10,975 D		96.8%		100.0%
52,938	DALE	4,620		4,438	182	4,438 D		96.1%		100.0%
55,296	DALLAS	7,884		7,559	325	7,559 D		95.9%		100.0%
41,981	DE KALB	8,400		8,204	196	8,204 D		97.7%		100.0%
33,535	ELMORE	6,045		5,783	262	5,783 D		95.7%		100.0%
34,906	ESCAMBIA	5,503		5,409	94	5,409 D		98.3%		100.0%
94,144	ETOWAH	13,492		12,934	558	12,934 D		95.9%		100.0%
16,252	FAYETTE	2,111		2,063	48	2,063 D		97.7%		100.0%
23,933	FRANKLIN	3,917		3,798	119	3,798 D		97.0%		100.0%
21,924	GENEVA	3,245		3,185	60	3,185 D		98.2%		100.0%
10,650	GREENE	1,521		1,474	47	1,474 D		96.9%		100.0%
15,888	HALE	2,806		2,740	66	2,740 D		97.6%		100.0%
13,254	HENRY	1,696		1,659	37	1,659 D		97.8%		100.0%
56,574	HOUSTON	6,499		6,316	183	6,316 D		97.2%		100.0%
39,202	JACKSON	3,603		3,471	132	3,471 D		96.3%		100.0%
644,991	JEFFERSON	99,888		95,847	4,041	95,847 D		96.0%		100.0%
14,335	LAMAR	1,914		1,899	15	1,899 D		99.2%		100.0%
68,111	LAUDERDALE	6,519		6,101	418	6,101 D		93.6%		100.0%
27,281	LAWRENCE	2,738		2,717	21	2,717 D		99.2%		100.0%
61,268	LEE	5,176		4,785	391	4,785 D		92.4%		100.0%
41,699	LIMESTONE	4,150		4,011	139	4,011 D		96.7%		100.0%
12,897	LOWNDES	3,175		3,125	50	3,125 D		98.4%		100.0%
24,841	MACON	3,189		2,943	246	2,943 D		92.3%		100.0%
186,540	MADISON	30,919		28,205	2,714	28,205 D		91.2%		100.0%
23,819	MARENGO	4,960		4,893	67	4,893 D		98.6%		100.0%
23,788	MARION	5,250		4,868	382	4,868 D		92.7%		100.0%
54,211	MARSHALL	5,138		4,917	221	4,917 D		95.7%		100.0%
317,308	MOBILE	52,740		50,974	1,766	50,974 D		96.7%		100.0%
20,883	MONROE	3,698		3,653	45	3,653 D		98.8%		100.0%
167,790	MONTGOMERY	28,353		26,451	1,902	26,451 D		93.3%		100.0%
77,306	MORGAN	8,492		7,770	722	7,770 D		91.5%		100.0%
15,388	PERRY	2,696		2,674	22	2,674 D		99.2%		100.0%
20,326	PICKENS	3,316		3,291	25	3,291 D		99.2%		100.0%
25,038	PIKE	5,084		4,881	203	4,881 D		96.0%		100.0%
18,331	RANDOLPH	2,580		2,505	75	2,505 D		97.1%		100.0%
45,394	RUSSELL	3,237		3,107	130	3,107 D		96.0%		100.0%
27,956	ST. CLAIR	4,754		4,585	169	4,585 D		96.4%		100.0%
38,037	SHELBY	8,766		8,272	494	8,272 D		94.4%		100.0%
16,974	SUMTER	3,225		3,214	11	3,214 D		99.7%		100.0%
65,280	TALLADEGA	8,144		7,846	298	7,846 D		96.3%		100.0%
33,840	TALLAPOOSA	4,306		4,142	164	4,142 D		96.2%		100.0%
116,029	TUSCALOOSA	13,455		12,666	789	12,666 D		94.1%		100.0%
56,246	WALKER	8,804		8,595	209	8,595 D		97.6%		100.0%
16,241	WASHINGTON	3,265		3,228	37	3,228 D		98.9%		100.0%
16,303	WILCOX	2,681		2,665	16	2,665 D		99.4%		100.0%
16,654	WINSTON	3,138		2,933	205	2,933 D		93.5%		100.0%
3,444,165	TOTAL	523,290		501,541	21,749	501,541 D		95.8%		100.0%

ALABAMA

CONGRESS

			Republican		Democratic		Other	Rep.-Dem.	Percentage Total Vote		Major Vote	
CD	Year	Total Vote	Vote	Candidate	Vote	Candidate	Vote	Plurality	Rep.	Dem.	Rep.	Dem.
1	1974	102,066	60,710	EDWARDS, JACK	37,718	WILSON, AUGUSTA E.	3,638	22,992 R	59.5%	37.0%	61.7%	38.3%
1	1972	136,710	104,606	EDWARDS, JACK	24,357	MCCRORY, O. W.	7,747	80,249 R	76.5%	17.8%	81.1%	18.9%
2	1974	81,818	54,089	DICKINSON, WILLIAM	27,729	CHISLER, CLAIR		26,360 R	66.1%	33.9%	66.1%	33.9%
2	1972	146,508	80,362	DICKINSON, WILLIAM	60,769	REEVES, BEN C.	5,377	19,593 R	54.9%	41.5%	56.9%	43.1%
3	1974	66,312			63,582	NICHOLS, BILL	2,730	63,582 D		95.9%		100.0%
3	1972	132,383	27,253	KERR, ROBERT M.	100,045	NICHOLS, BILL	5,085	72,792 D	20.6%	75.6%	21.4%	78.6%
4	1974	78,118			77,925	BEVILL, TOM	193	77,925 D		99.8%		100.0%
4	1972	155,301	46,551	NELSON, ED	108,039	BEVILL, TOM	711	61,488 D	30.0%	69.6%	30.1%	69.9%
5	1974	56,381			56,375	JONES, ROBERT E.	6	56,375 D		100.0%		100.0%
5	1972	136,553	33,352	SCHRADER, DIETER J.	101,303	JONES, ROBERT E.	1,898	67,951 D	24.4%	74.2%	24.8%	75.2%
8	1970	90,058			76,413	JONES, ROBERT E.	13,645	76,413 D		84.8%		100.0%
8	1968	112,449			85,528	JONES, ROBERT E.	26,921	85,528 D		76.1%		100.0%
8	1966	91,386	25,404	MAYHALL, DONALD G.	65,982	JONES, ROBERT E.		40,578 D	27.8%	72.2%	27.8%	72.2%
8	1964	43,842			43,842	JONES, ROBERT E.		43,842 D		100.0%		100.0%
6	1974	96,237	54,505	BUCHANAN, JOHN	39,444	MIGLIONICO, NINA	2,288	15,061 R	56.6%	41.0%	58.0%	42.0%
6	1972	153,133	91,499	BUCHANAN, JOHN	54,497	ERDREICH, BEN	7,137	37,002 R	59.8%	35.6%	62.7%	37.3%
7	1974	80,468			73,203	FLOWERS, WALTER	7,265	73,203 D		91.0%		100.0%
7	1972	112,041			95,060	FLOWERS, WALTER	16,981	95,060 D		84.8%		100.0%

ALABAMA

1974 GENERAL ELECTION

Governor Other vote was Prohibition (Partain).

Senator Other vote was Prohibition (Abercrombie).

Congress Other vote was NDPA (McCarthy) in CD 1; scattered in CD's 4 and 5. In other CD's as follows:

  CD 3 2,729 Prohibition (Connell); 1 scattered.
  CD 6 1,595 Prohibition (Dillard); 693 NDPA (Boone).
  CD 7 5,175 Conservative (Walls); 2,085 NDPA (Black); 5 scattered.

1974 PRIMARIES

MAY 7 REPUBLICAN

Governor Elvin McCary, unopposed.

Senator None. No candidate.

Congress Unopposed in three CD's. No candidates in CD's 3, 4, 5, and 7.

MAY 7 DEMOCRATIC

Governor 536,235 George C. Wallace; 249,695 Gene McLain; 24,821 James E. Folsom; 9,834 Ralph Price; 7,726 Thomas W. Robinson.

Senator 572,584 James B. Allen; 118,848 John Taylor.

Congress Unopposed in five CD's. Contested as follows:

  CD 6 55,554 Nina Miglionico; 15,989 Alec W. Lawson; 7,244 David G. Dyer; 6,844 Gladys Burns.
  CD 7 73,190 Walter Flowers; 35,999 Alberta Murphy.

ALASKA

GOVERNOR
Jay S. Hammond (R). Elected 1974 to a four-year term.

SENATORS
Mike Gravel (D). Re-elected 1974 to a six-year term. Previously elected 1968.

Ted Stevens (R). Re-elected 1972 to a six-year term. Previously elected 1970 to fill out term vacated by the death of Senator E. L. Bartlett; had been appointed December 1968 to fill this vacancy.

REPRESENTATIVE
At-Large. Don Young (R)

POSTWAR VOTE FOR GOVERNOR

| | | | | | | | | | Percentage | | | |
| | Total | Republican | | Democratic | | Other | Rep.-Dem. | Total Vote | | Major Vote | |
Year	Vote	Vote	Candidate	Vote	Candidate	Vote	Plurality	Rep.	Dem.	Rep.	Dem.
1974	96,163	45,840	Hammond, Jay S.	45,553	Egan, William A.	4,770	287 R	47.7%	47.4%	50.2%	49.8%
1970	80,779	37,264	Miller, Keith	42,309	Egan, William A.	1,206	5,045 D	46.1%	52.4%	46.8%	53.2%
1966	66,294	33,145	Hickel, Walter J.	32,065	Egan, William A.	1,084	1,080 R	50.0%	48.4%	50.8%	49.2%
1962	56,681	27,054	Stepovich, Mike	29,627	Egan, William A.	—	2,573 D	47.7%	52.3%	47.7%	52.3%
1958	48,968	19,299	Butrovich, John	29,189	Egan, William A.	480	9,890 D	39.4%	59.6%	39.8%	60.2%

POSTWAR VOTE FOR SENATOR

| | | | | | | | | | Percentage | | | |
| | Total | Republican | | Democratic | | Other | Rep.-Dem. | Total Vote | | Major Vote | |
Year	Vote	Vote	Candidate	Vote	Candidate	Vote	Plurality	Rep.	Dem.	Rep.	Dem.
1974	93,275	38,914	Lewis, C. R.	54,361	Gravel, Mike	—	15,447 D	41.7%	58.3%	41.7%	58.3%
1972	96,007	74,216	Stevens, Ted	21,791	Guess, Gene	—	52,425 R	77.3%	22.7%	77.3%	22.7%
1970s	80,364	47,908	Stevens, Ted	32,456	Kay, Wendell P.	—	15,452 R	59.6%	40.4%	59.6%	40.4%
1968	80,931	30,286	Rasmuson, Elmer	36,527	Gravel, Mike	14,118	6,241 D	37.4%	45.1%	45.3%	54.7%
1966	65,250	15,961	McKinley, Lee L.	49,289	Bartlett, E. L.	—	33,328 D	24.5%	75.5%	24.5%	75.5%
1962	58,181	24,354	Stevens, Ted	33,827	Gruening, Ernest	—	9,473 D	41.9%	58.1%	41.9%	58.1%
1960	59,978	21,937	McKinley, Lee L.	38,041	Bartlett, E. L.	—	16,104 D	36.6%	63.4%	36.6%	63.4%
1958s	49,525	23,462	Stepovich, Mike	26,063	Gruening, Ernest	—	2,601 D	47.4%	52.6%	47.4%	52.6%
1958s	48,837	7,299	Robertson, R. E.	40,939	Bartlett, E. L.	599	33,640 D	14.9%	83.8%	15.1%	84.9%

The two 1958 elections were held to indeterminate terms and the Senate later determined by lot that Senator Gruening would serve four years, Senator Bartlett two. The 1970 election was for a short term to fill a vacancy.

ALASKA

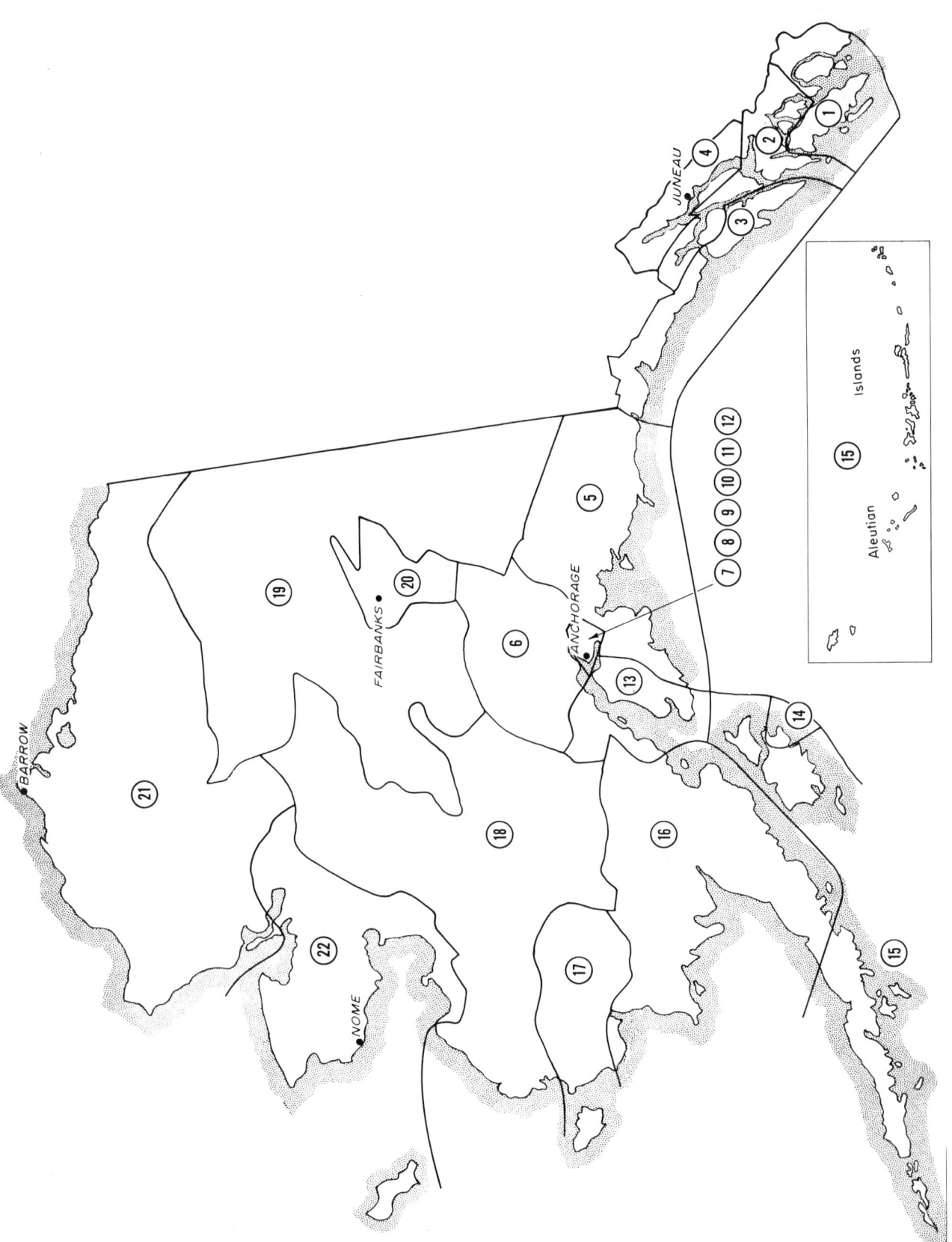

ALASKA

GOVERNOR 1974

1970 Census Population	District	Total Vote	Republican	Democratic	Other	Rep.-Dem. Plurality	Percentage Total Vote Rep.	Dem.	Major Vote Rep.	Dem.
	DISTRICT 1	4,558	1,855	2,530	173	675 D	40.7%	55.5%	42.3%	57.7%
	DISTRICT 2	2,164	824	1,280	60	456 D	38.1%	59.1%	39.2%	60.8%
	DISTRICT 3	2,674	1,229	1,408	37	179 D	46.0%	52.7%	46.6%	53.4%
	DISTRICT 4	7,916	3,173	4,572	171	1,399 D	40.1%	57.8%	41.0%	59.0%
	DISTRICT 5	2,818	1,242	1,442	134	200 D	44.1%	51.2%	46.3%	53.7%
	DISTRICT 6	3,380	1,736	1,338	306	398 R	51.4%	39.6%	56.5%	43.5%
	DISTRICT 7	6,158	2,744	3,131	283	387 D	44.6%	50.8%	46.7%	53.3%
	DISTRICT 8	6,623	3,229	2,925	469	304 R	48.8%	44.2%	52.5%	47.5%
	DISTRICT 9	4,036	1,865	1,954	217	89 D	46.2%	48.4%	48.8%	51.2%
	DISTRICT 10	7,721	4,121	3,229	371	892 R	53.4%	41.8%	56.1%	43.9%
	DISTRICT 11	7,753	4,020	3,234	499	786 R	51.9%	41.7%	55.4%	44.6%
	DISTRICT 12	7,546	4,023	3,170	353	853 R	53.3%	42.0%	55.9%	44.1%
	DISTRICT 13	4,975	3,011	1,711	253	1,300 R	60.5%	34.4%	63.8%	36.2%
	DISTRICT 14	1,630	878	728	24	150 R	53.9%	44.7%	54.7%	45.3%
	DISTRICT 15	1,084	348	687	49	339 D	32.1%	63.4%	33.6%	66.4%
	DISTRICT 16	1,785	749	994	42	245 D	42.0%	55.7%	43.0%	57.0%
	DISTRICT 17	2,252	842	1,346	64	504 D	37.4%	59.8%	38.5%	61.5%
	DISTRICT 18	1,621	715	844	62	129 D	44.1%	52.1%	45.9%	54.1%
	DISTRICT 19	2,680	1,264	1,244	172	20 R	47.2%	46.4%	50.4%	49.6%
	DISTRICT 20	12,862	6,753	5,146	963	1,607 R	52.5%	40.0%	56.8%	43.2%
	DISTRICT 21	1,753	506	1,216	31	710 D	28.9%	69.4%	29.4%	70.6%
	DISTRICT 22	2,174	713	1,424	37	711 D	32.8%	65.5%	33.4%	66.6%
302,173	TOTAL	96,163	45,840	45,553	4,770	287 R	47.7%	47.4%	50.2%	49.8%

ALASKA

SENATOR 1974

1970 Census Population	District	Total Vote	Republican	Democratic	Other	Rep.-Dem. Plurality	Percentage Total Vote Rep.	Dem.	Major Vote Rep.	Dem.
	DISTRICT 1	4,434	1,634	2,800		1,166 D	36.9%	63.1%	36.9%	63.1%
	DISTRICT 2	2,116	735	1,381		646 D	34.7%	65.3%	34.7%	65.3%
	DISTRICT 3	2,554	802	1,752		950 D	31.4%	68.6%	31.4%	68.6%
	DISTRICT 4	7,585	2,935	4,650		1,715 D	38.7%	61.3%	38.7%	61.3%
	DISTRICT 5	2,714	1,239	1,475		236 D	45.7%	54.3%	45.7%	54.3%
	DISTRICT 6	3,217	1,754	1,463		291 R	54.5%	45.5%	54.5%	45.5%
	DISTRICT 7	6,002	2,377	3,625		1,248 D	39.6%	60.4%	39.6%	60.4%
	DISTRICT 8	6,405	2,983	3,422		439 D	46.6%	53.4%	46.6%	53.4%
	DISTRICT 9	3,941	1,671	2,270		599 D	42.4%	57.6%	42.4%	57.6%
	DISTRICT 10	7,509	4,060	3,449		611 R	54.1%	45.9%	54.1%	45.9%
	DISTRICT 11	7,550	3,827	3,723		104 R	50.7%	49.3%	50.7%	49.3%
	DISTRICT 12	7,285	4,045	3,240		805 R	55.5%	44.5%	55.5%	44.5%
	DISTRICT 13	4,820	2,487	2,333		154 R	51.6%	48.4%	51.6%	48.4%
	DISTRICT 14	1,591	618	973		355 D	38.8%	61.2%	38.8%	61.2%
	DISTRICT 15	1,088	210	878		668 D	19.3%	80.7%	19.3%	80.7%
	DISTRICT 16	1,750	371	1,379		1,008 D	21.2%	78.8%	21.2%	78.8%
	DISTRICT 17	2,242	347	1,895		1,548 D	15.5%	84.5%	15.5%	84.5%
	DISTRICT 18	1,639	331	1,308		977 D	20.2%	79.8%	20.2%	79.8%
	DISTRICT 19	2,645	926	1,719		793 D	35.0%	65.0%	35.0%	65.0%
	DISTRICT 20	12,296	4,800	7,496		2,696 D	39.0%	61.0%	39.0%	61.0%
	DISTRICT 21	1,747	260	1,487		1,227 D	14.9%	85.1%	14.9%	85.1%
	DISTRICT 22	2,145	502	1,643		1,141 D	23.4%	76.6%	23.4%	76.6%
302,173	TOTAL	93,275	38,914	54,361		15,447 D	41.7%	58.3%	41.7%	58.3%

ALASKA

CONGRESS

CD	Year	Total Vote	Republican Vote	Candidate	Democratic Vote	Candidate	Other Vote	Rep.-Dem. Plurality	Percentage Total Vote Rep.	Dem.	Percentage Major Vote Rep.	Dem.
AL	1974	95,921	51,641	YOUNG, DON	44,280	HENSLEY, WILLIAM L.		7,361 R	53.8%	46.2%	53.8%	46.2%
AL	1972	95,401	41,750	YOUNG, DON	53,651	BEGICH, N. J.		11,901 D	43.8%	56.2%	43.8%	56.2%
AL	1970	80,084	35,947	MURKOWSKI, FRANK H.	44,137	BEGICH, N. J.		8,190 D	44.9%	55.1%	44.9%	55.1%
AL	1968	80,362	43,577	POLLOCK, HOWARD W.	36,785	BEGICH, N. J.		6,792 R	54.2%	45.8%	54.2%	45.8%
AL	1966	65,907	34,040	POLLOCK, HOWARD W.	31,867	RIVERS, RALPH J.		2,173 R	51.6%	48.4%	51.6%	48.4%
AL	1964	67,146	32,556	THOMAS, LOWELL	34,590	RIVERS, RALPH J.		2,034 D	48.5%	51.5%	48.5%	51.5%
AL	1962	58,591	26,638	THOMAS, LOWELL	31,953	RIVERS, RALPH J.		5,315 D	45.5%	54.5%	45.5%	54.5%
AL	1960	59,063	25,517	RETTIG, R. L.	33,546	RIVERS, RALPH J.		8,029 D	43.2%	56.8%	43.2%	56.8%
AL	1958	48,647	20,699	BENSON, HENRY A.	27,948	RIVERS, RALPH J.		7,249 D	42.5%	57.5%	42.5%	57.5%
AL	1956	28,266	9,332	GILLAM, BYRON A.	18,934	BARTLETT, E. L.		9,602 D	33.0%	67.0%	33.0%	67.0%
AL	1954	26,999	7,083	DIMOCK, BARBARA D.	19,916	BARTLETT, E. L.		12,833 D	26.2%	73.8%	26.2%	73.8%
AL	1952	25,112	10,893	REEVE, ROBERT C.	14,219	BARTLETT, E. L.		3,326 D	43.4%	56.6%	43.4%	56.6%
AL	1950	18,726	5,138	PETERSON, ALMER J.	13,588	BARTLETT, E. L.		8,450 D	27.4%	72.6%	27.4%	72.6%
AL	1948	22,309	4,789	STOCK, R. H.	17,520	BARTLETT, E. L.		12,731 D	21.5%	78.5%	21.5%	78.5%
AL	1946	16,384	4,868	PETERSON, ALMER J.	11,516	BARTLETT, E. L.		6,648 D	29.7%	70.3%	29.7%	70.3%

ALASKA

1974 GENERAL ELECTION

The election districts in Alaska were established in June 1974 and no population figures are given for these new districts.

Governor Other vote was Alaska Independence (Vogler). Vote by district is for the state-wide recount; original canvass was 45,602 Hammond, 45,381 Egan; 4,740 Vogler.

Senator

Congress Alaska elects a single Representative at-large; the data for the state on the previous page include the postwar voting for Delegate from 1946 to 1956 and for Representative at-large since statehood.

1974 PRIMARIES

AUGUST 27 REPUBLICAN

Governor 28,602 Jay S. Hammond; 20,728 Walter J. Hickel; 10,864 Keith Miller; 269 Donn Hopkins; 144 James R. Russell.

Senator 21,065 C. R. Lewis; 16,336 Terry Miller; 2,207 Red Stevens; 203 Bob M. Aaron; 192 Merle W. Gnagy.

Congress Unopposed at-large.

AUGUST 27 DEMOCRATIC

Governor 20,356 William A. Egan; 1,063 Donald R. Wright; 951 Eben Hopson.

Senator 22,834 Mike Gravel; 15,090 Gene Guess; 3,367 Richard J. Greuel; 756 Donald W. Hobbs.

Congress Contested as follows:

  AL 20,968 William L. Hensley; 20,083 John E. Havelock.

ARIZONA

GOVERNOR
Raul H. Castro (D). Elected 1974 to a four-year term.

SENATORS
Paul Fannin (R). Re-elected 1970 to a six-year term. Previously elected 1964.

Barry M. Goldwater (R). Re-elected 1974 to a six-year term. Previously elected 1968, 1958, 1952.

REPRESENTATIVES
1. John J. Rhodes (R)
2. Morris K. Udall (D)
3. Sam Steiger (R)
4. John B. Conlan (R)

POSTWAR VOTE FOR GOVERNOR

Year	Total Vote	Republican Vote	Republican Candidate	Democratic Vote	Democratic Candidate	Other Vote	Rep.-Dem. Plurality	Total Vote Rep.	Total Vote Dem.	Major Vote Rep.	Major Vote Dem.
1974	552,202	273,674	Williams, Russell	278,375	Castro, Raul H.	153	4,701 D	49.6%	50.4%	49.6%	50.4%
1970	411,409	209,522	Williams, John R.	201,887	Castro, Raul H.	—	7,635 R	50.9%	49.1%	50.9%	49.1%
1968	483,998	279,923	Williams, John R.	204,075	Goddard, Sam	—	75,848 R	57.8%	42.2%	57.8%	42.2%
1966	378,342	203,438	Williams, John R.	174,904	Goddard, Sam	—	28,534 R	53.8%	46.2%	53.8%	46.2%
1964	473,502	221,404	Kleindienst, Richard	252,098	Goddard, Sam	—	30,694 D	46.8%	53.2%	46.8%	53.2%
1962	365,841	200,578	Fannin, Paul	165,263	Goddard, Sam	—	35,315 R	54.8%	45.2%	54.8%	45.2%
1960	397,107	235,502	Fannin, Paul	161,605	Ackerman, Lee	—	73,897 R	59.3%	40.7%	59.3%	40.7%
1958	290,465	160,136	Fannin, Paul	130,329	Morrison, Robert	—	29,807 R	55.1%	44.9%	55.1%	44.9%
1956	288,592	116,744	Griffen, Horace B.	171,848	McFarland, Ernest W.	—	55,104 D	40.5%	59.5%	40.5%	59.5%
1954	243,970	115,866	Pyle, Howard	128,104	McFarland, Ernest W.	—	12,238 D	47.5%	52.5%	47.5%	52.5%
1952	260,285	156,592	Pyle, Howard	103,693	Haldiman, Joe C.	—	52,899 R	60.2%	39.8%	60.2%	39.8%
1950	195,227	99,109	Pyle, Howard	96,118	Frohmiller, Ana	—	2,991 R	50.8%	49.2%	50.8%	49.2%
1948	175,767	70,419	Brockett, Bruce	104,008	Garvey, Dan E.	1,340	33,589 D	40.1%	59.2%	40.4%	59.6%
1946	122,462	48,867	Brockett, Bruce	73,595	Osborn, Sidney P.	—	24,728 D	39.9%	60.1%	39.9%	60.1%

The term of office for Arizona's Governor was increased from two to four years effective with the 1970 election.

POSTWAR VOTE FOR SENATOR

Year	Total Vote	Republican Vote	Republican Candidate	Democratic Vote	Democratic Candidate	Other Vote	Rep.-Dem. Plurality	Total Vote Rep.	Total Vote Dem.	Major Vote Rep.	Major Vote Dem.
1974	549,919	320,396	Goldwater, Barry M.	229,523	Marshall, Jonathan	—	90,873 R	58.3%	41.7%	58.3%	41.7%
1970	407,796	228,284	Fannin, Paul	179,512	Grossman, Sam	—	48,772 R	56.0%	44.0%	56.0%	44.0%
1968	479,945	274,607	Goldwater, Barry M.	205,338	Elson, Roy L.	—	69,269 R	57.2%	42.8%	57.2%	42.8%
1964	468,801	241,089	Fannin, Paul	227,712	Elson, Roy L.	—	13,377 R	51.4%	48.6%	51.4%	48.6%
1962	362,605	163,388	Mecham, Evan	199,217	Hayden, Carl	—	35,829 D	45.1%	54.9%	45.1%	54.9%
1958	293,623	164,593	Goldwater, Barry M.	129,030	McFarland, Ernest W.	—	35,563 R	56.1%	43.9%	56.1%	43.9%
1956	278,263	107,447	Jones, Ross F.	170,816	Hayden, Carl	—	63,369 D	38.6%	61.4%	38.6%	61.4%
1952	257,401	132,063	Goldwater, Barry M.	125,338	McFarland, Ernest W.	—	6,725 R	51.3%	48.7%	51.3%	48.7%
1950	185,092	68,846	Brockett, Bruce	116,246	Hayden, Carl	—	47,400 D	37.2%	62.8%	37.2%	62.8%
1946	116,239	35,022	Powers, Ward S.	80,415	McFarland, Ernest W.	802	45,393 D	30.1%	69.2%	30.3%	69.7%

ARIZONA

Districts Established October 21, 1971

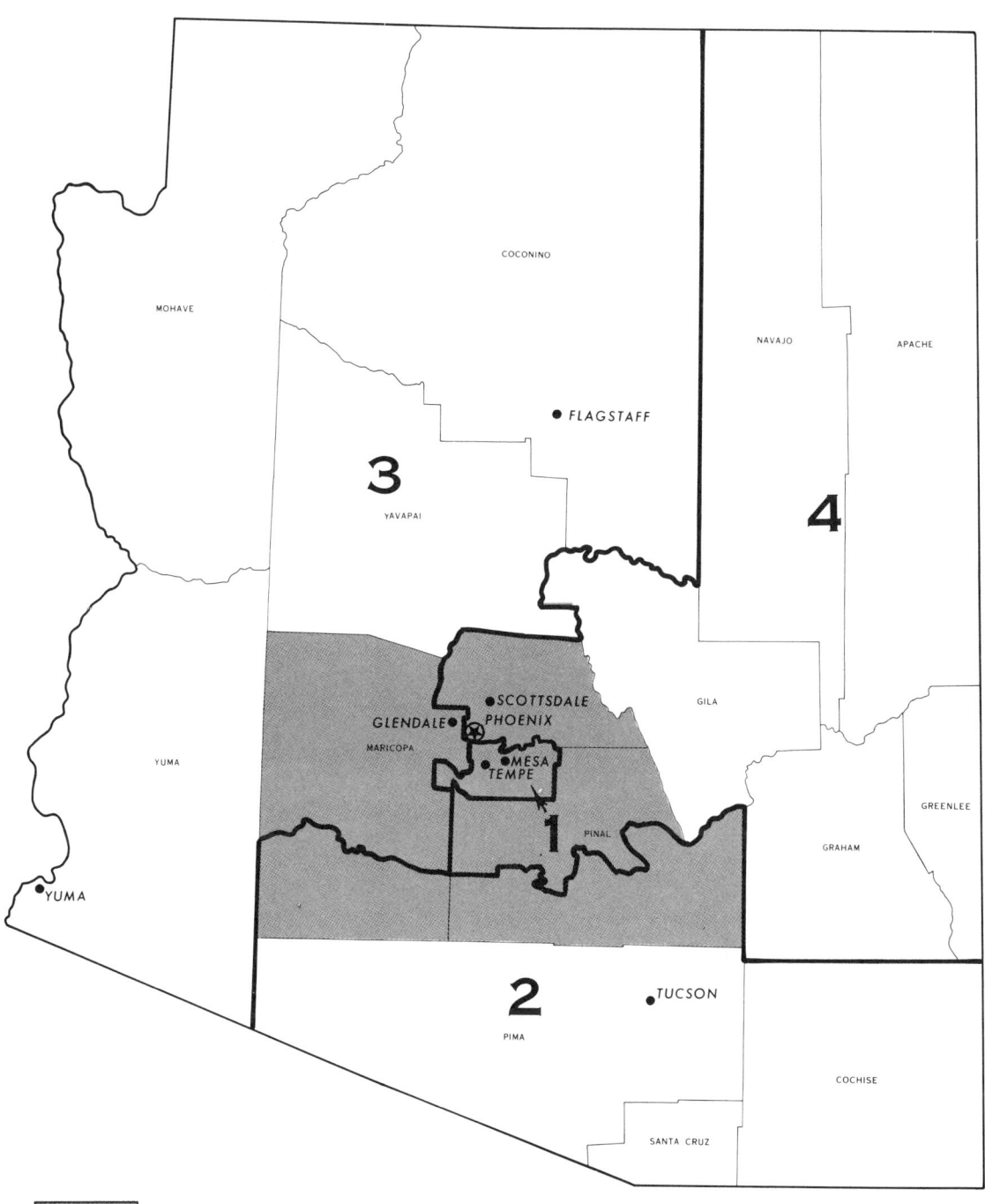

ARIZONA

GOVERNOR 1974

1970 Census Population	County	Total Vote	Republican	Democratic	Other	Rep.-Dem. Plurality	Percentage Total Vote Rep.	Percentage Total Vote Dem.	Major Vote Rep.	Major Vote Dem.
32,304	APACHE	6,485	2,003	4,482		2,479 D	30.9%	69.1%	30.9%	69.1%
61,910	COCHISE	16,476	7,695	8,779	2	1,084 D	46.7%	53.3%	46.7%	53.3%
48,326	COCONINO	16,085	6,483	9,601	1	3,118 D	40.3%	59.7%	40.3%	59.7%
29,255	GILA	9,072	4,015	5,056	1	1,041 D	44.3%	55.7%	44.3%	55.7%
16,578	GRAHAM	5,151	2,772	2,379		393 R	53.8%	46.2%	53.8%	46.2%
10,330	GREENLEE	3,659	1,397	2,262		865 D	38.2%	61.8%	38.2%	61.8%
968,487	MARICOPA	310,472	171,111	139,222	139	31,889 R	55.1%	44.8%	55.1%	44.9%
25,857	MOHAVE	9,079	4,449	4,623	7	174 D	49.0%	50.9%	49.0%	51.0%
47,559	NAVAJO	11,339	4,899	6,440		1,541 D	43.2%	56.8%	43.2%	56.8%
351,667	PIMA	114,881	43,962	70,919		26,957 D	38.3%	61.7%	38.3%	61.7%
68,579	PINAL	16,640	7,235	9,405		2,170 D	43.5%	56.5%	43.5%	56.5%
13,966	SANTA CRUZ	3,372	1,134	2,238		1,104 D	33.6%	66.4%	33.6%	66.4%
36,837	YAVAPAI	16,583	9,432	7,148	3	2,284 R	56.9%	43.1%	56.9%	43.1%
60,827	YUMA	12,908	7,087	5,821		1,266 R	54.9%	45.1%	54.9%	45.1%
1,772,482	TOTAL	552,202	273,674	278,375	153	4,701 D	49.6%	50.4%	49.6%	50.4%

ARIZONA

SENATOR 1974

1970 Census Population	County	Total Vote	Republican	Democratic	Other	Rep.-Dem. Plurality	Percentage Total Vote Rep.	Percentage Total Vote Dem.	Major Vote Rep.	Major Vote Dem.
32,304	APACHE	6,501	2,165	4,336		2,171 D	33.3%	66.7%	33.3%	66.7%
61,910	COCHISE	16,247	9,388	6,859		2,529 R	57.8%	42.2%	57.8%	42.2%
48,326	COCONINO	16,012	8,340	7,672		668 R	52.1%	47.9%	52.1%	47.9%
29,255	GILA	9,080	4,616	4,464		152 R	50.8%	49.2%	50.8%	49.2%
16,578	GRAHAM	5,112	3,070	2,042		1,028 R	60.1%	39.9%	60.1%	39.9%
10,330	GREENLEE	3,625	1,503	2,122		619 D	41.5%	58.5%	41.5%	58.5%
968,487	MARICOPA	309,568	192,137	117,431		74,706 R	62.1%	37.9%	62.1%	37.9%
25,857	MOHAVE	9,019	5,318	3,701		1,617 R	59.0%	41.0%	59.0%	41.0%
47,559	NAVAJO	11,311	5,320	5,991		671 D	47.0%	53.0%	47.0%	53.0%
351,667	PIMA	114,237	59,871	54,366		5,505 R	52.4%	47.6%	52.4%	47.6%
68,579	PINAL	16,535	8,476	8,059		417 R	51.3%	48.7%	51.3%	48.7%
13,966	SANTA CRUZ	3,241	1,798	1,443		355 R	55.5%	44.5%	55.5%	44.5%
36,837	YAVAPAI	16,577	10,779	5,798		4,981 R	65.0%	35.0%	65.0%	35.0%
60,827	YUMA	12,854	7,615	5,239		2,376 R	59.2%	40.8%	59.2%	40.8%
1,772,482	TOTAL	549,919	320,396	229,523		90,873 R	58.3%	41.7%	58.3%	41.7%

ARIZONA

CONGRESS

		Total	Republican		Democratic		Other	Rep.-Dem.	Percentage Total Vote		Major Vote	
CD	Year	Vote	Vote	Candidate	Vote	Candidate	Vote	Plurality	Rep.	Dem.	Rep.	Dem.
1	1974	124,961	63,847	RHODES, JOHN J.	52,897	FULLINWIDER, PATRICIA	8,217	10,950 R	51.1%	42.3%	54.7%	45.3%
1	1972	140,353	80,453	RHODES, JOHN J.	59,900	POLLOCK, GERALD A.		20,553 R	57.3%	42.7%	57.3%	42.7%
2	1974	136,377	51,886	DOLGAARD, KEITH	84,491	UDALL, MORRIS K.		32,605 D	38.0%	62.0%	38.0%	62.0%
2	1972	153,804	56,188	SAVOIE, GENE	97,616	UDALL, MORRIS K.		41,428 D	36.5%	63.5%	36.5%	63.5%
3	1974	139,921	71,497	STEIGER, SAM	68,424	BOSCH, PAT		3,073 R	51.1%	48.9%	51.1%	48.9%
3	1972	143,930	90,710	STEIGER, SAM	53,220	WYCKOFF, TED		37,490 R	63.0%	37.0%	63.0%	37.0%
4	1974	142,564	78,887	CONLAN, JOHN B.	63,677	BROWN, BYRON T.		15,210 R	55.3%	44.7%	55.3%	44.7%
4	1972	155,820	82,511	CONLAN, JOHN B.	73,309	BROWN, JACK E.		9,202 R	53.0%	47.0%	53.0%	47.0%

ARIZONA

1974 GENERAL ELECTION

Governor   Other vote was scattered.

Senator

Congress   Other vote in CD 1 was 8,199 Life-Liberty-Justice (Sanders); 18 scattered.

1974 PRIMARIES

SEPTEMBER 10 REPUBLICAN

Governor   53,132 Russell Williams; 30,266 Evan Mecham; 27,138 William C. Jacquin; 23,519 John R. Driggs; 15,315 Milton H. Graham.

Senator   Barry M. Goldwater, unopposed.

Congress   Unopposed in three CD's. Contested as follows:

  CD 2   14,352 Keith Dolgaard; 7,409 Richard E. Kaffenberger.

SEPTEMBER 10 DEMOCRATIC

Governor   115,268 Raul H. Castro; 31,250 Jack Ross; 19,143 David R. Moss; 5,843 Walter Caudill; 3 scattered.

Senator   79,225 Jonathan Marshall; 36,262 George Oglesby; 32,449 William M. Feighan.

Congress   Unopposed in two CD's. Contested as follows:

  CD 1   22,603 Patricia Fullinwider; 9,789 F. Joseph Killelea.
  CD 3   19,494 Pat Bosch; 19,409 Ted Wyckoff.

ARKANSAS

GOVERNOR
David H. Pryor (D). Elected 1974 to a two-year term.

SENATORS
Dale Bumpers (D). Elected 1974 to a six-year term.

John L. McClellan (D). Re-elected 1972 to a six-year term. Previously elected 1966, 1960, 1954, 1948, 1942.

REPRESENTATIVES
1. William Alexander (D)
2. Wilbur D. Mills (D)
3. John Hammerschmidt (R)
4. Ray Thornton (D)

POSTWAR VOTE FOR GOVERNOR

Year	Total Vote	Republican Vote	Republican Candidate	Democratic Vote	Democratic Candidate	Other Vote	Rep.-Dem. Plurality	Total Vote Rep.	Total Vote Dem.	Major Vote Rep.	Major Vote Dem.
1974	545,974	187,872	Coon, Ken	358,018	Pryor, David H.	84	170,146 D	34.4%	65.6%	34.4%	65.6%
1972	648,069	159,177	Blaylock, Len E.	488,892	Bumpers, Dale	–	329,715 D	24.6%	75.4%	24.6%	75.4%
1970	609,198	197,418	Rockefeller, Winthrop	375,648	Bumpers, Dale	36,132	178,230 D	32.4%	61.7%	34.4%	65.6%
1968	615,595	322,782	Rockefeller, Winthrop	292,813	Crank, Marion	–	29,969 R	52.4%	47.6%	52.4%	47.6%
1966	563,527	306,324	Rockefeller, Winthrop	257,203	Johnson, James D.	–	49,121 R	54.4%	45.6%	54.4%	45.6%
1964	592,113	254,561	Rockefeller, Winthrop	337,489	Faubus, Orval E.	63	82,928 D	43.0%	57.0%	43.0%	57.0%
1962	308,092	82,349	Ricketts, Willis	225,743	Faubus, Orval E.	–	143,394 D	26.7%	73.3%	26.7%	73.3%
1960	421,985	129,921	Britt, Henry M.	292,064	Faubus, Orval E.	–	162,143 D	30.8%	69.2%	30.8%	69.2%
1958	286,886	50,288	Johnson, George W.	236,598	Faubus, Orval E.	–	186,310 D	17.5%	82.5%	17.5%	82.5%
1956	399,012	77,215	Mitchell, Roy	321,797	Faubus, Orval E.	–	244,582 D	19.4%	80.6%	19.4%	80.6%
1954	335,176	127,004	Remmel, Pratt C.	208,121	Faubus, Orval E.	51	81,117 D	37.9%	62.1%	37.9%	62.1%
1952	391,592	49,292	Speck, Jefferson W.	342,292	Cherry, Francis	8	293,000 D	12.6%	87.4%	12.6%	87.4%
1950	317,087	50,309	Speck, Jefferson W.	266,778	McMath, Sidney S.	–	216,469 D	15.9%	84.1%	15.9%	84.1%
1948	249,301	26,500	Black, Charles R.	222,801	McMath, Sidney S.	–	196,301 D	10.6%	89.4%	10.6%	89.4%
1946	152,162	24,133	Mills, W. T.	128,029	Laney, Ben T.	–	103,896 D	15.9%	84.1%	15.9%	84.1%

POSTWAR VOTE FOR SENATOR

Year	Total Vote	Republican Vote	Republican Candidate	Democratic Vote	Democratic Candidate	Other Vote	Rep.-Dem. Plurality	Total Vote Rep.	Total Vote Dem.	Major Vote Rep.	Major Vote Dem.
1974	543,082	82,026	Jones, John H.	461,056	Bumpers, Dale	–	379,030 D	15.1%	84.9%	15.1%	84.9%
1972	634,636	248,238	Babbitt, Wayne H.	386,398	McClellan, John L.	–	138,160 D	39.1%	60.9%	39.1%	60.9%
1968	591,704	241,739	Bernard, Charles T.	349,965	Fulbright, J. W.	–	108,226 D	40.9%	59.1%	40.9%	59.1%
1966	–	–	–	–	McClellan, John L.	–	–	–	–	–	–
1962	312,880	98,013	Jones, Kenneth	214,867	Fulbright, J. W.	–	116,854 D	31.3%	68.7%	31.3%	68.7%
1960	–	–	–	–	McClellan, John L.	–	–	–	–	–	–
1956	399,695	68,016	Henley, Ben C.	331,679	Fulbright, J. W.	–	263,663 D	17.0%	83.0%	17.0%	83.0%
1954	291,058	–	–	291,058	McClellan, John L.	–	291,058 D	–	100.0%	–	100.0%
1950	302,582	–	–	302,582	Fulbright, J. W.	–	302,582 D	–	100.0%	–	100.0%
1948	216,401	–	–	216,401	McClellan, John L.	–	216,401 D	–	100.0%	–	100.0%

Senator McClellan was re-elected in 1966 and in 1960, but his vote was not canvassed in many counties.

ARKANSAS

Districts Established March 22, 1971

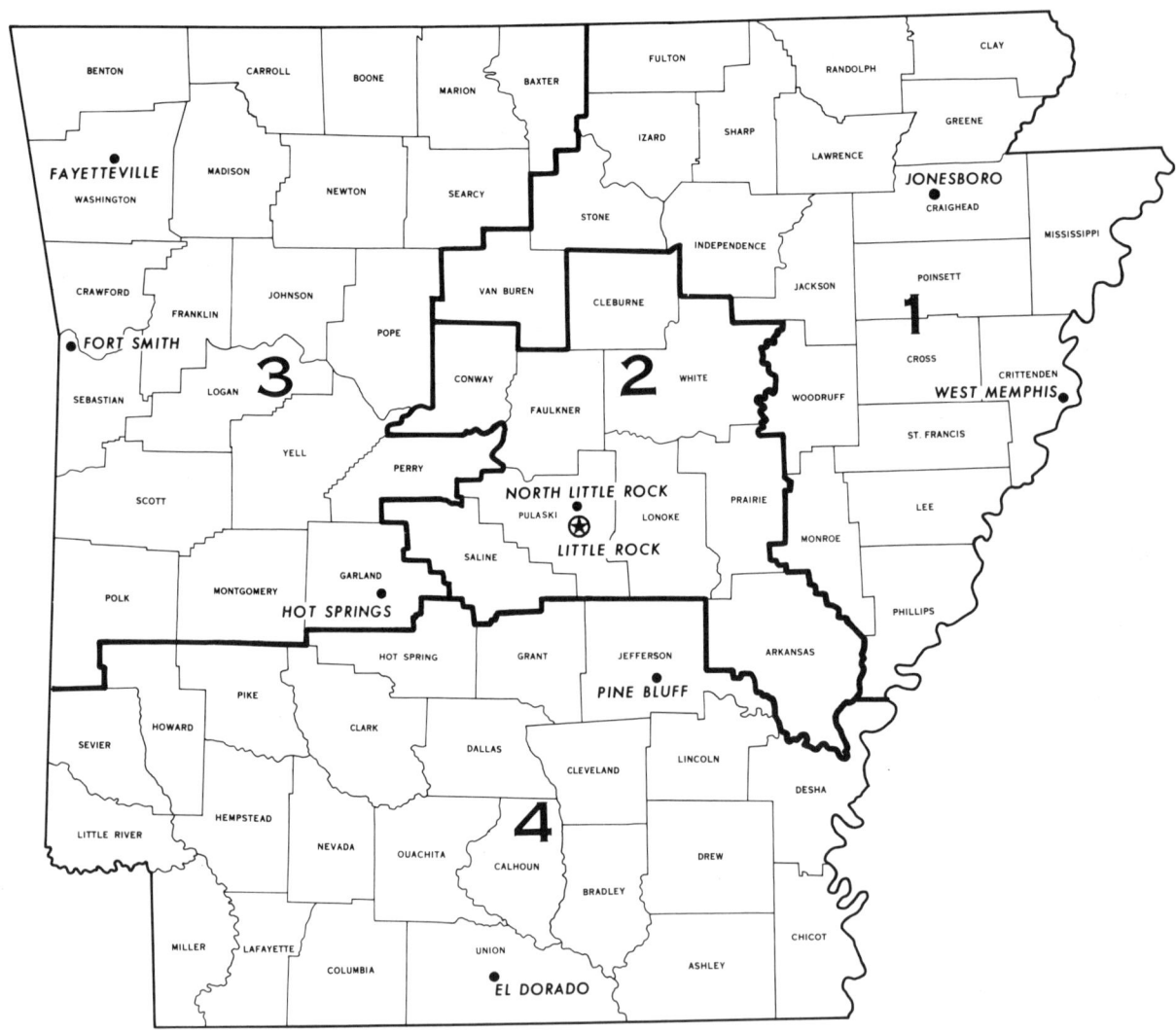

ARKANSAS

GOVERNOR 1974

1970 Census Population	County	Total Vote	Republican	Democratic	Other	Rep.-Dem. Plurality	Percentage Total Vote Rep.	Dem.	Major Vote Rep.	Dem.
23,347	ARKANSAS	6,351	2,483	3,868		1,385 D	39.1%	60.9%	39.1%	60.9%
24,976	ASHLEY	5,753	1,388	4,365		2,977 D	24.1%	75.9%	24.1%	75.9%
15,319	BAXTER	7,842	3,163	4,678	1	1,515 D	40.3%	59.7%	40.3%	59.7%
50,476	BENTON	16,771	8,079	8,692		613 D	48.2%	51.8%	48.2%	51.8%
19,073	BOONE	6,226	2,391	3,835		1,444 D	38.4%	61.6%	38.4%	61.6%
12,778	BRADLEY	3,366	685	2,681		1,996 D	20.4%	79.6%	20.4%	79.6%
5,573	CALHOUN	1,693	385	1,308		923 D	22.7%	77.3%	22.7%	77.3%
12,301	CARROLL	4,787	1,853	2,934		1,081 D	38.7%	61.3%	38.7%	61.3%
18,164	CHICOT	3,158	657	2,501		1,844 D	20.8%	79.2%	20.8%	79.2%
21,537	CLARK	5,830	1,767	4,063		2,296 D	30.3%	69.7%	30.3%	69.7%
18,771	CLAY	5,045	1,379	3,666		2,287 D	27.3%	72.7%	27.3%	72.7%
10,349	CLEBURNE	5,066	1,792	3,274		1,482 D	35.4%	64.6%	35.4%	64.6%
6,605	CLEVELAND	2,145	571	1,574		1,003 D	26.6%	73.4%	26.6%	73.4%
25,952	COLUMBIA	7,515	1,975	5,540		3,565 D	26.3%	73.7%	26.3%	73.7%
16,805	CONWAY	6,809	1,537	5,272		3,735 D	22.6%	77.4%	22.6%	77.4%
52,068	CRAIGHEAD	12,634	4,760	7,869	5	3,109 D	37.7%	62.3%	37.7%	62.3%
25,677	CRAWFORD	8,388	4,075	4,313		238 D	48.6%	51.4%	48.6%	51.4%
48,106	CRITTENDEN	8,022	1,993	6,029		4,036 D	24.8%	75.2%	24.8%	75.2%
19,783	CROSS	3,475	508	2,967		2,459 D	14.6%	85.4%	14.6%	85.4%
10,022	DALLAS	3,051	684	2,367		1,683 D	22.4%	77.6%	22.4%	77.6%
18,761	DESHA	4,953	1,211	3,742		2,531 D	24.4%	75.6%	24.4%	75.6%
15,157	DREW	3,705	973	2,732		1,759 D	26.3%	73.7%	26.3%	73.7%
31,572	FAULKNER	10,100	3,463	6,637		3,174 D	34.3%	65.7%	34.3%	65.7%
11,301	FRANKLIN	4,872	2,155	2,717		562 D	44.2%	55.8%	44.2%	55.8%
7,699	FULTON	2,612	690	1,910	12	1,220 D	26.4%	73.1%	26.5%	73.5%
54,131	GARLAND	18,090	8,240	9,850		1,610 D	45.6%	54.4%	45.6%	54.4%
9,711	GRANT	3,305	864	2,441		1,577 D	26.1%	73.9%	26.1%	73.9%
24,765	GREENE	6,027	1,638	4,389		2,751 D	27.2%	72.8%	27.2%	72.8%
19,308	HEMPSTEAD	6,710	1,332	5,378		4,046 D	19.9%	80.1%	19.9%	80.1%
21,963	HOT SPRING	6,921	1,849	5,072		3,223 D	26.7%	73.3%	26.7%	73.3%
11,412	HOWARD	3,231	808	2,423		1,615 D	25.0%	75.0%	25.0%	75.0%
22,723	INDEPENDENCE	6,690	2,599	4,000	5	1,487 D	38.8%	61.1%	38.9%	61.1%
7,381	IZARD	3,279	1,258	2,021		763 D	38.4%	61.6%	38.4%	61.6%
20,452	JACKSON	5,306	1,352	3,954		2,602 D	25.5%	74.5%	25.5%	74.5%
85,329	JEFFERSON	19,120	6,881	12,237	2	5,356 D	36.0%	64.0%	36.0%	64.0%
13,630	JOHNSON	5,923	2,400	3,523		1,123 D	40.5%	59.5%	40.5%	59.5%
10,018	LAFAYETTE	2,713	404	2,308	1	1,904 D	14.9%	85.1%	14.9%	85.1%
16,320	LAWRENCE	5,043	1,469	3,569	5	2,100 D	29.1%	70.8%	29.2%	70.8%
18,884	LEE	3,198	660	2,538		1,878 D	20.6%	79.4%	20.6%	79.4%
12,913	LINCOLN	3,011	821	2,190		1,369 D	27.3%	72.7%	27.3%	72.7%
11,194	LITTLE RIVER	2,854	327	2,527		2,200 D	11.5%	88.5%	11.5%	88.5%
16,789	LOGAN	7,194	3,006	4,188		1,182 D	41.8%	58.2%	41.8%	58.2%
26,249	LONOKE	7,796	2,734	5,062		2,328 D	35.1%	64.9%	35.1%	64.9%
9,453	MADISON	3,744	1,536	2,208		672 D	41.0%	59.0%	41.0%	59.0%
7,000	MARION	3,433	1,098	2,330	5	1,232 D	32.0%	67.9%	32.0%	68.0%
33,385	MILLER	6,625	990	5,635		4,645 D	14.9%	85.1%	14.9%	85.1%
62,060	MISSISSIPPI	11,287	1,596	9,691		8,095 D	14.1%	85.9%	14.1%	85.9%
15,657	MONROE	3,797	1,159	2,638		1,479 D	30.5%	69.5%	30.5%	69.5%
5,821	MONTGOMERY	2,288	766	1,522		756 D	33.5%	66.5%	33.5%	66.5%
10,111	NEVADA	2,774	692	2,082		1,390 D	24.9%	75.1%	24.9%	75.1%
5,844	NEWTON	3,443	1,599	1,844		245 D	46.4%	53.6%	46.4%	53.6%
30,896	OUACHITA	8,363	1,456	6,907		5,451 D	17.4%	82.6%	17.4%	82.6%
5,634	PERRY	2,636	893	1,743		850 D	33.9%	66.1%	33.9%	66.1%
40,046	PHILLIPS	8,807	1,424	7,380	3	5,956 D	16.2%	83.8%	16.2%	83.8%
8,711	PIKE	2,476	757	1,719		962 D	30.6%	69.4%	30.6%	69.4%
26,822	POINSETT	7,961	2,168	5,789	4	3,621 D	27.2%	72.7%	27.2%	72.8%
13,297	POLK	4,697	1,979	2,718		739 D	42.1%	57.9%	42.1%	57.9%
28,607	POPE	9,070	4,042	5,028		986 D	44.6%	55.4%	44.6%	55.4%
10,249	PRAIRIE	2,983	919	2,064		1,145 D	30.8%	69.2%	30.8%	69.2%
287,189	PULASKI	72,024	26,897	45,113	14	18,216 D	37.3%	62.6%	37.4%	62.6%
12,645	RANDOLPH	3,482	918	2,558	6	1,640 D	26.4%	73.5%	26.4%	73.6%
30,799	ST. FRANCIS	5,642	1,331	4,311		2,980 D	23.6%	76.4%	23.6%	76.4%
36,107	SALINE	12,638	4,094	8,544		4,450 D	32.4%	67.6%	32.4%	67.6%
8,207	SCOTT	3,127	1,114	2,013		899 D	35.6%	64.4%	35.6%	64.4%
7,731	SEARCY	4,163	2,135	2,028		107 R	51.3%	48.7%	51.3%	48.7%

ARKANSAS

GOVERNOR 1974

1970 Census Population	County	Total Vote	Republican	Democratic	Other	Rep.-Dem. Plurality	Percentage Total Vote Rep.	Percentage Total Vote Dem.	Percentage Major Vote Rep.	Percentage Major Vote Dem.
79,237	SEBASTIAN	26,890	15,117	11,769	4	3,348 R	56.2%	43.8%	56.2%	43.8%
11,272	SEVIER	2,741	491	2,250		1,759 D	17.9%	82.1%	17.9%	82.1%
8,233	SHARP	3,581	1,421	2,148	12	727 D	39.7%	60.0%	39.8%	60.2%
6,838	STONE	3,268	1,023	2,245		1,222 D	31.3%	68.7%	31.3%	68.7%
45,428	UNION	11,497	4,907	6,588	2	1,681 D	42.7%	57.3%	42.7%	57.3%
8,275	VAN BUREN	4,380	1,654	2,726		1,072 D	37.8%	62.2%	37.8%	62.2%
77,370	WASHINGTON	20,434	8,051	12,381	2	4,330 D	39.4%	60.6%	39.4%	60.6%
39,253	WHITE	12,821	3,986	8,834	1	4,848 D	31.1%	68.9%	31.1%	68.9%
11,566	WOODRUFF	3,145	722	2,423		1,701 D	23.0%	77.0%	23.0%	77.0%
14,208	YELL	5,177	1,678	3,499		1,821 D	32.4%	67.6%	32.4%	67.6%
1,923,295	TOTAL	545,974	187,872	358,018	84	170,146 D	34.4%	65.6%	34.4%	65.6%

ARKANSAS

SENATOR 1974

1970 Census Population	County	Total Vote	Republican	Democratic	Other	Rep.-Dem. Plurality	Percentage Total Vote Rep.	Dem.	Major Vote Rep.	Dem.
23,347	ARKANSAS	6,378	628	5,750		5,122 D	9.8%	90.2%	9.8%	90.2%
24,976	ASHLEY	5,733	680	5,053		4,373 D	11.9%	88.1%	11.9%	88.1%
15,319	BAXTER	7,864	2,260	5,604		3,344 D	28.7%	71.3%	28.7%	71.3%
50,476	BENTON	16,677	4,721	11,956		7,235 D	28.3%	71.7%	28.3%	71.7%
19,073	BOONE	5,693	1,169	4,524		3,355 D	20.5%	79.5%	20.5%	79.5%
12,778	BRADLEY	3,343	256	3,087		2,831 D	7.7%	92.3%	7.7%	92.3%
5,573	CALHOUN	1,668	189	1,479		1,290 D	11.3%	88.7%	11.3%	88.7%
12,301	CARROLL	4,684	1,110	3,574		2,464 D	23.7%	76.3%	23.7%	76.3%
18,164	CHICOT	3,077	367	2,710		2,343 D	11.9%	88.1%	11.9%	88.1%
21,537	CLARK	5,945	452	5,493		5,041 D	7.6%	92.4%	7.6%	92.4%
18,771	CLAY	5,056	852	4,204		3,352 D	16.9%	83.1%	16.9%	83.1%
10,349	CLEBURNE	5,084	616	4,468		3,852 D	12.1%	87.9%	12.1%	87.9%
6,605	CLEVELAND	2,166	220	1,946		1,726 D	10.2%	89.8%	10.2%	89.8%
25,952	COLUMBIA	7,388	1,122	6,266		5,144 D	15.2%	84.8%	15.2%	84.8%
16,805	CONWAY	6,808	514	6,294		5,780 D	7.5%	92.5%	7.5%	92.5%
52,068	CRAIGHEAD	12,475	1,655	10,820		9,165 D	13.3%	86.7%	13.3%	86.7%
25,677	CRAWFORD	8,411	1,910	6,501		4,591 D	22.7%	77.3%	22.7%	77.3%
48,106	CRITTENDEN	7,911	910	7,001		6,091 D	11.5%	88.5%	11.5%	88.5%
19,783	CROSS	3,485	284	3,201		2,917 D	8.1%	91.9%	8.1%	91.9%
10,022	DALLAS	3,062	318	2,744		2,426 D	10.4%	89.6%	10.4%	89.6%
18,761	DESHA	4,640	380	4,260		3,880 D	8.2%	91.8%	8.2%	91.8%
15,157	DREW	3,504	317	3,187		2,870 D	9.0%	91.0%	9.0%	91.0%
31,572	FAULKNER	10,094	985	9,109		8,124 D	9.8%	90.2%	9.8%	90.2%
11,301	FRANKLIN	4,899	890	4,009		3,119 D	18.2%	81.8%	18.2%	81.8%
7,699	FULTON	2,616	427	2,189		1,762 D	16.3%	83.7%	16.3%	83.7%
54,131	GARLAND	17,976	3,247	14,729		11,482 D	18.1%	81.9%	18.1%	81.9%
9,711	GRANT	3,336	324	3,012		2,688 D	9.7%	90.3%	9.7%	90.3%
24,765	GREENE	5,977	735	5,242		4,507 D	12.3%	87.7%	12.3%	87.7%
19,308	HEMPSTEAD	6,729	823	5,906		5,083 D	12.2%	87.8%	12.2%	87.8%
21,963	HOT SPRING	6,884	708	6,176		5,468 D	10.3%	89.7%	10.3%	89.7%
11,412	HOWARD	3,227	301	2,926		2,625 D	9.3%	90.7%	9.3%	90.7%
22,723	INDEPENDENCE	6,732	665	6,067		5,402 D	9.9%	90.1%	9.9%	90.1%
7,381	IZARD	3,289	604	2,685		2,081 D	18.4%	81.6%	18.4%	81.6%
20,452	JACKSON	5,209	444	4,765		4,321 D	8.5%	91.5%	8.5%	91.5%
85,329	JEFFERSON	17,999	2,961	15,038		12,077 D	16.5%	83.5%	16.5%	83.5%
13,630	JOHNSON	5,891	928	4,963		4,035 D	15.8%	84.2%	15.8%	84.2%
10,018	LAFAYETTE	2,763	307	2,456		2,149 D	11.1%	88.9%	11.1%	88.9%
16,320	LAWRENCE	5,105	727	4,378		3,651 D	14.2%	85.8%	14.2%	85.8%
18,884	LEE	3,280	517	2,763		2,246 D	15.8%	84.2%	15.8%	84.2%
12,913	LINCOLN	3,018	284	2,734		2,450 D	9.4%	90.6%	9.4%	90.6%
11,194	LITTLE RIVER	2,873	317	2,556		2,239 D	11.0%	89.0%	11.0%	89.0%
16,789	LOGAN	7,346	1,236	6,110		4,874 D	16.8%	83.2%	16.8%	83.2%
26,249	LONOKE	7,691	806	6,885		6,079 D	10.5%	89.5%	10.5%	89.5%
9,453	MADISON	3,702	1,234	2,468		1,234 D	33.3%	66.7%	33.3%	66.7%
7,000	MARION	3,474	735	2,739		2,004 D	21.2%	78.8%	21.2%	78.8%
33,385	MILLER	6,673	779	5,894		5,115 D	11.7%	88.3%	11.7%	88.3%
62,060	MISSISSIPPI	11,839	1,162	10,677		9,515 D	9.8%	90.2%	9.8%	90.2%
15,657	MONROE	3,640	374	3,266		2,892 D	10.3%	89.7%	10.3%	89.7%
5,821	MONTGOMERY	2,225	288	1,937		1,649 D	12.9%	87.1%	12.9%	87.1%
10,111	NEVADA	2,808	313	2,495		2,182 D	11.1%	88.9%	11.1%	88.9%
5,844	NEWTON	3,414	1,230	2,184		954 D	36.0%	64.0%	36.0%	64.0%
30,896	OUACHITA	7,877	751	7,126		6,375 D	9.5%	90.5%	9.5%	90.5%
5,634	PERRY	2,648	403	2,245		1,842 D	15.2%	84.8%	15.2%	84.8%
40,046	PHILLIPS	8,799	648	8,151		7,503 D	7.4%	92.6%	7.4%	92.6%
8,711	PIKE	2,450	318	2,132		1,814 D	13.0%	87.0%	13.0%	87.0%
26,822	POINSETT	7,959	904	7,055		6,151 D	11.4%	88.6%	11.4%	88.6%
13,297	POLK	4,708	925	3,783		2,858 D	19.6%	80.4%	19.6%	80.4%
28,607	POPE	9,140	1,249	7,891		6,642 D	13.7%	86.3%	13.7%	86.3%
10,249	PRAIRIE	2,969	275	2,694		2,419 D	9.3%	90.7%	9.3%	90.7%
287,189	PULASKI	71,632	9,724	61,908		52,184 D	13.6%	86.4%	13.6%	86.4%
12,645	RANDOLPH	3,577	452	3,125		2,673 D	12.6%	87.4%	12.6%	87.4%
30,799	ST. FRANCIS	5,632	838	4,794		3,956 D	14.9%	85.1%	14.9%	85.1%
36,107	SALINE	12,765	1,423	11,342		9,919 D	11.1%	88.9%	11.1%	88.9%
8,207	SCOTT	3,080	535	2,545		2,010 D	17.4%	82.6%	17.4%	82.6%
7,731	SEARCY	4,206	1,324	2,882		1,558 D	31.5%	68.5%	31.5%	68.5%

ARKANSAS

SENATOR 1974

1970 Census Population	County	Total Vote	Republican	Democratic	Other	Rep.-Dem. Plurality	Total Vote Rep.	Total Vote Dem.	Major Vote Rep.	Major Vote Dem.
79,237	SEBASTIAN	27,077	6,017	21,060		15,043 D	22.2%	77.8%	22.2%	77.8%
11,272	SEVIER	2,757	380	2,377		1,997 D	13.8%	86.2%	13.8%	86.2%
8,233	SHARP	3,581	751	2,830		2,079 D	21.0%	79.0%	21.0%	79.0%
6,838	STONE	3,306	393	2,913		2,520 D	11.9%	88.1%	11.9%	88.1%
45,428	UNION	10,868	2,143	8,725		6,582 D	19.7%	80.3%	19.7%	80.3%
8,275	VAN BUREN	4,472	529	3,943		3,414 D	11.8%	88.2%	11.8%	88.2%
77,370	WASHINGTON	20,615	4,743	15,872		11,129 D	23.0%	77.0%	23.0%	77.0%
39,253	WHITE	12,785	1,241	11,544		10,303 D	9.7%	90.3%	9.7%	90.3%
11,566	WOODRUFF	3,227	282	2,945		2,663 D	8.7%	91.3%	8.7%	91.3%
14,208	YELL	5,191	497	4,694		4,197 D	9.6%	90.4%	9.6%	90.4%
1,923,295	TOTAL	543,082	82,026	461,056		379,030 D	15.1%	84.9%	15.1%	84.9%

ARKANSAS

CONGRESS

CD	Year	Total Vote	Republican Vote	Candidate	Democratic Vote	Candidate	Other Vote	Rep.-Dem. Plurality	Percentage Total Vote Rep.	Dem.	Major Vote Rep.	Dem.
1	1974	115,068	10,821	DAUER, JAMES L.	104,247	ALEXANDER, WILLIAM		93,426 D	9.4%	90.6%	9.4%	90.6%
1	1972					ALEXANDER, WILLIAM						
2	1974	136,334	56,038	PETTY, JUDY	80,296	MILLS, WILBUR D.		24,258 D	41.1%	58.9%	41.1%	58.9%
2	1972					MILLS, WILBUR D.						
3	1974	172,354	89,324	HAMMERSCHMIDT, JOHN	83,030	CLINTON, BILL		6,294 R	51.8%	48.2%	51.8%	48.2%
3	1972	187,052	144,571	HAMMERSCHMIDT, JOHN	42,481	HATFIELD, GUY W.		102,090 R	77.3%	22.7%	77.3%	22.7%
4	1974					THORNTON, RAY						
4	1972					THORNTON, RAY						

ARKANSAS

1974 GENERAL ELECTION

Governor   Other vote was scattered.

Senator

Congress   Under present legislation, votes are not tallied in unopposed elections, so no total vote or candidate vote is available for unopposed Congressional elections.

1974 PRIMARIES

MAY 28 REPUBLICAN

Governor   3,698 Ken Coon; 815 Joseph H. Weston.

Senator   John H. Jones, unopposed.

Congress   Unopposed in three CD's. No candidate in CD 4.

MAY 28 DEMOCRATIC

Governor   297,673 David H. Pryor; 193,105 Orval E. Faubus; 92,612 Bob Riley.

Senator   380,748 Dale Bumpers; 204,630 J. W. Fulbright.

Congress   Unopposed in three CD's. Contested as follows:

  CD 3   59,697 Bill Clinton; 36,145 Gene Rainwater; 34,959 David Stewart; 6,121 James A. Scanlon.

JUNE 11 DEMOCRATIC RUN-OFF

Congress

  CD 3   37,788 Bill Clinton; 17,011 Gene Rainwater.

CALIFORNIA

GOVERNOR
Edmund G. Brown, Jr. (D). Elected 1974 to a four-year term.

SENATORS
Alan Cranston (D). Re-elected 1974 to a six-year term. Previously elected 1968.

John V. Tunney (D). Elected 1970 to a six-year term.

REPRESENTATIVES
1. Harold T. Johnson (D)
2. Don H. Clausen (R)
3. John E. Moss (D)
4. Robert L. Leggett (D)
5. John Burton (D)
6. Phillip Burton (D)
7. George Miller (D)
8. Ronald V. Dellums (D)
9. Fortney Stark (D)
10. Don Edwards (D)
11. Leo J. Ryan (D)
12. Paul N. McCloskey (R)
13. Norman Y. Mineta (D)
14. John J. McFall (D)
15. B. F. Sisk (D)
16. Burt L. Talcott (R)
17. John Krebs (D)
18. William M. Ketchum (R)
19. Robert J. Lagomarsino (R)
20. Barry M. Goldwater, Jr. (R)
21. James C. Corman (D)
22. Carlos J. Moorhead (R)
23. Thomas M. Rees (D)
24. Henry A. Waxman (D)
25. Edward R. Roybal (D)
26. John H. Rousselot (R)
27. Alphonzo E. Bell (R)
28. Yvonne Brathwaite Burke (D)
29. Augustus Hawkins (D)
30. George E. Danielson (D)
31. Charles H. Wilson (D)
32. Glenn M. Anderson (D)
33. Del Clawson (R)
34. Mark W. Hannaford (D)
35. Jim Lloyd (D)
36. George E. Brown (D)
37. Jerry L. Pettis (R)
38. Jerry M. Patterson (D)
39. Charles E. Wiggins (R)
40. Andrew J. Hinshaw (R)
41. Bob Wilson (R)
42. Lionel Van Deerlin (D)
43. Clair W. Burgener (R)

POSTWAR VOTE FOR GOVERNOR

Year	Total Vote	Republican Vote	Republican Candidate	Democratic Vote	Democratic Candidate	Other Vote	Rep.-Dem. Plurality	Total Vote Rep.	Total Vote Dem.	Major Vote Rep.	Major Vote Dem.
1974	6,248,070	2,952,954	Flournoy, Houston I.	3,131,648	Brown, Edmund G., Jr.	163,468	178,694 D	47.3%	50.1%	48.5%	51.5%
1970	6,510,072	3,439,664	Reagan, Ronald	2,938,607	Unruh, Jess	131,801	501,057 R	52.8%	45.1%	53.9%	46.1%
1966	6,503,445	3,742,913	Reagan, Ronald	2,749,174	Brown, Edmund G.	11,358	993,739 R	57.6%	42.3%	57.7%	42.3%
1962	5,853,270	2,740,351	Nixon, Richard M.	3,037,109	Brown, Edmund G.	75,810	296,758 D	46.8%	51.9%	47.4%	52.6%
1958	5,255,777	2,110,911	Knowland, William F.	3,140,076	Brown, Edmund G.	4,790	1,029,165 D	40.2%	59.7%	40.2%	59.8%
1954	4,030,368	2,290,519	Knight, Goodwin J.	1,739,368	Graves, Richard P.	481	551,151 R	56.8%	43.2%	56.8%	43.2%
1950	3,796,090	2,461,754	Warren, Earl	1,333,856	Roosevelt, James	480	1,127,898 R	64.8%	35.1%	64.9%	35.1%
1946	2,558,399	2,344,542	Warren, Earl	—	—	213,857	2,344,542 R	91.6%	—	100.0%	—

In 1946 the Republican candidate won both major party nominations.

POSTWAR VOTE FOR SENATOR

Year	Total Vote	Republican Vote	Republican Candidate	Democratic Vote	Democratic Candidate	Other Vote	Rep.-Dem. Plurality	Total Vote Rep.	Total Vote Dem.	Major Vote Rep.	Major Vote Dem.
1974	6,102,432	2,210,267	Richardson, H. L.	3,693,160	Cranston, Alan	199,005	1,482,893 D	36.2%	60.5%	37.4%	62.6%
1970	6,492,157	2,877,617	Murphy, George	3,496,558	Tunney, John V.	117,982	618,941 D	44.3%	53.9%	45.1%	54.9%
1968	7,102,465	3,329,148	Rafferty, Max	3,680,352	Cranston, Alan	92,965	351,204 D	46.9%	51.8%	47.5%	52.5%
1964	7,041,821	3,628,555	Murphy, George	3,411,912	Salinger, Pierre	1,354	216,643 R	51.5%	48.5%	51.5%	48.5%
1962	5,647,952	3,180,483	Kuchel, Thomas H.	2,452,839	Richards, Richard	14,630	727,644 R	56.3%	43.4%	56.5%	43.5%
1958	5,135,221	2,204,337	Knight, Goodwin J.	2,927,693	Engle, Clair	3,191	723,356 D	42.9%	57.0%	43.0%	57.0%
1956	5,361,467	2,892,918	Kuchel, Thomas H.	2,445,816	Richards, Richard	22,733	447,102 R	54.0%	45.6%	54.2%	45.8%
1954s	3,929,668	2,090,836	Kuchel, Thomas H.	1,788,071	Yorty, Samuel W.	50,761	302,765 R	53.2%	45.5%	53.9%	46.1%
1952	4,542,548	3,982,448	Knowland, William F.	—	—	560,100	3,982,448 R	87.7%	—	100.0%	—
1950	3,686,315	2,183,454	Nixon, Richard M.	1,502,507	Douglas, Helen	354	680,947 R	59.2%	40.8%	59.2%	40.8%
1946	2,639,465	1,428,067	Knowland, William F.	1,167,161	Rogers, Will	44,237	260,906 R	54.1%	44.2%	55.0%	45.0%

The 1954 election was for a short term to fill a vacancy. In 1952 the Republican candidate won both major party nominations.

CALIFORNIA

Districts Established November 28, 1973

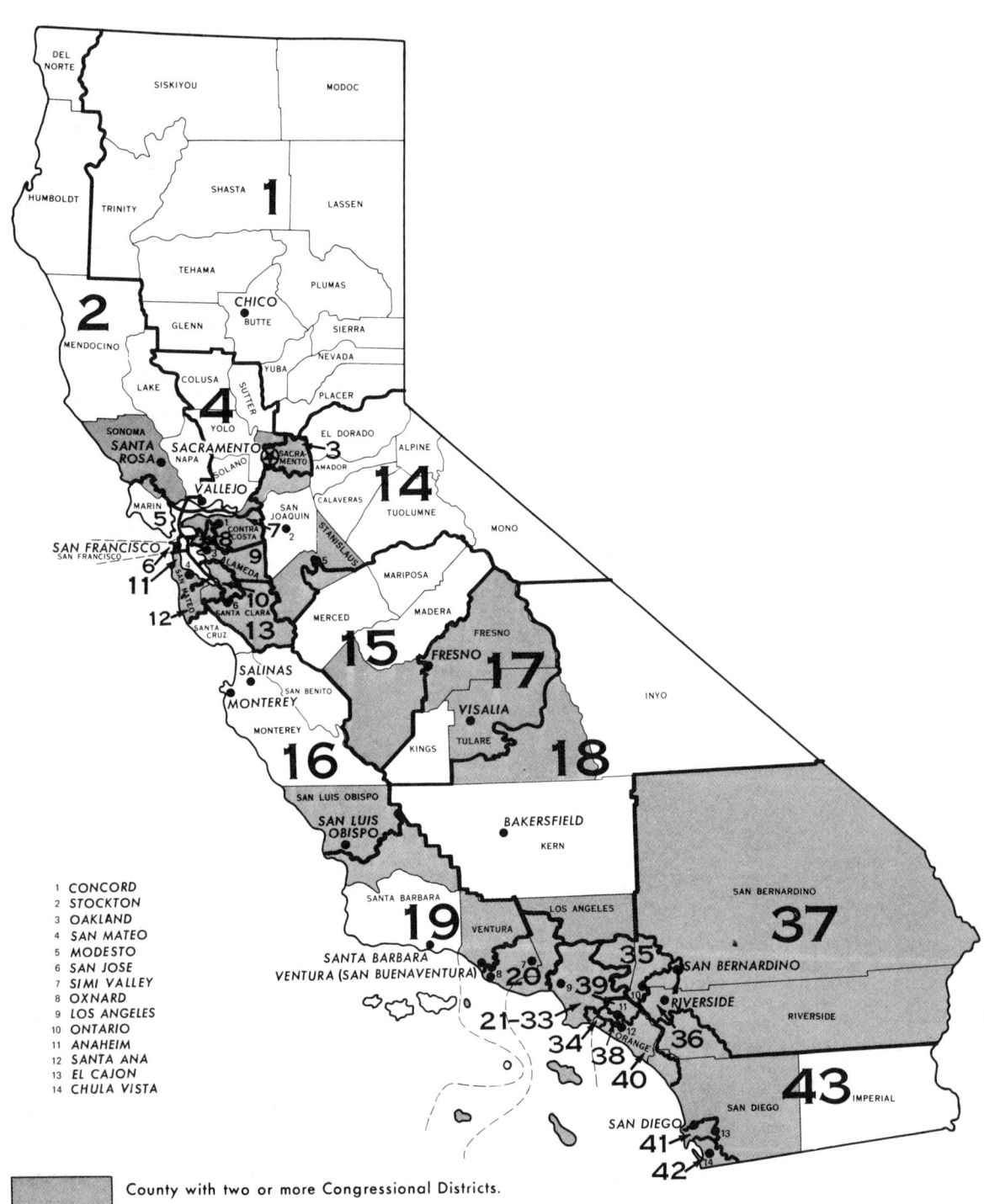

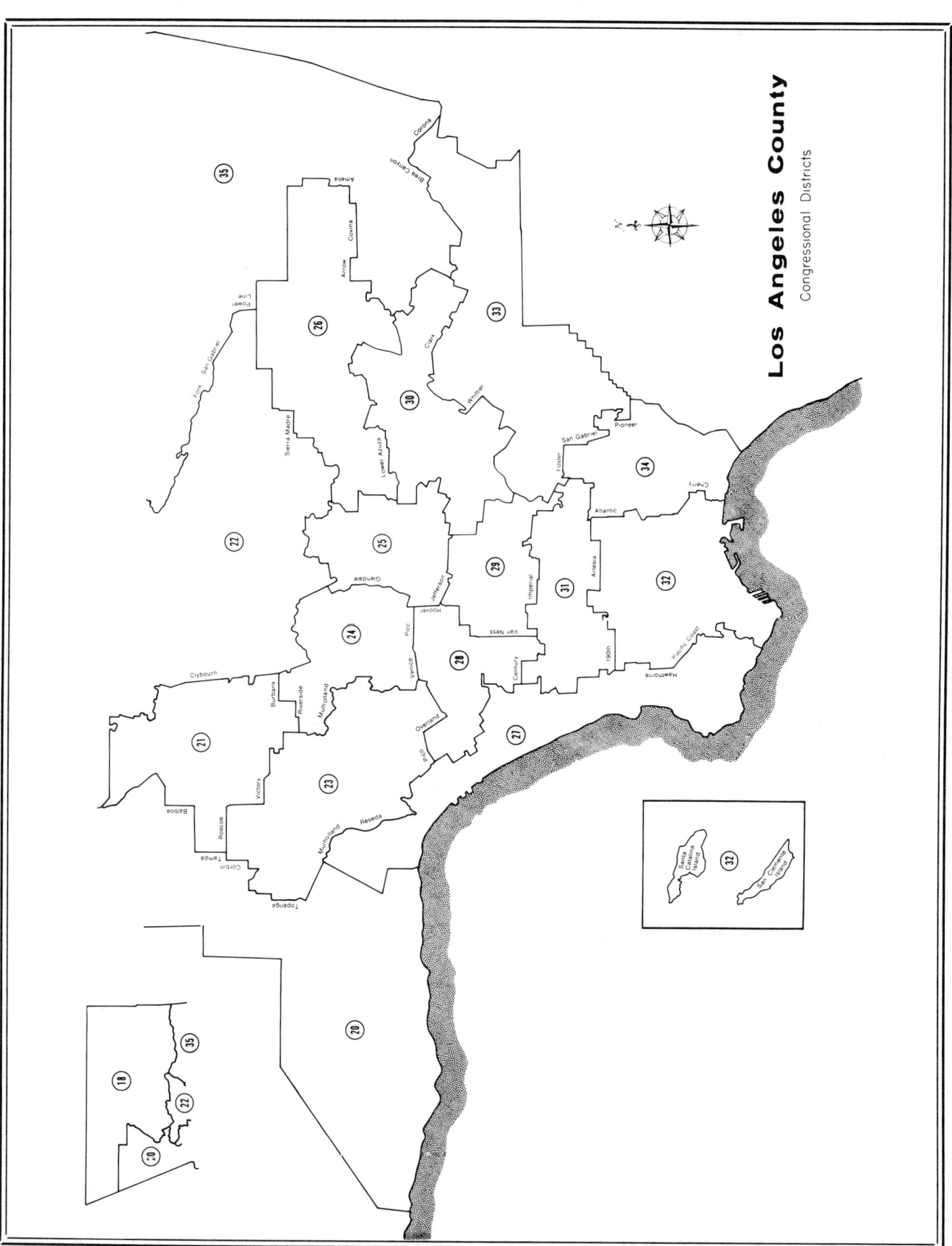

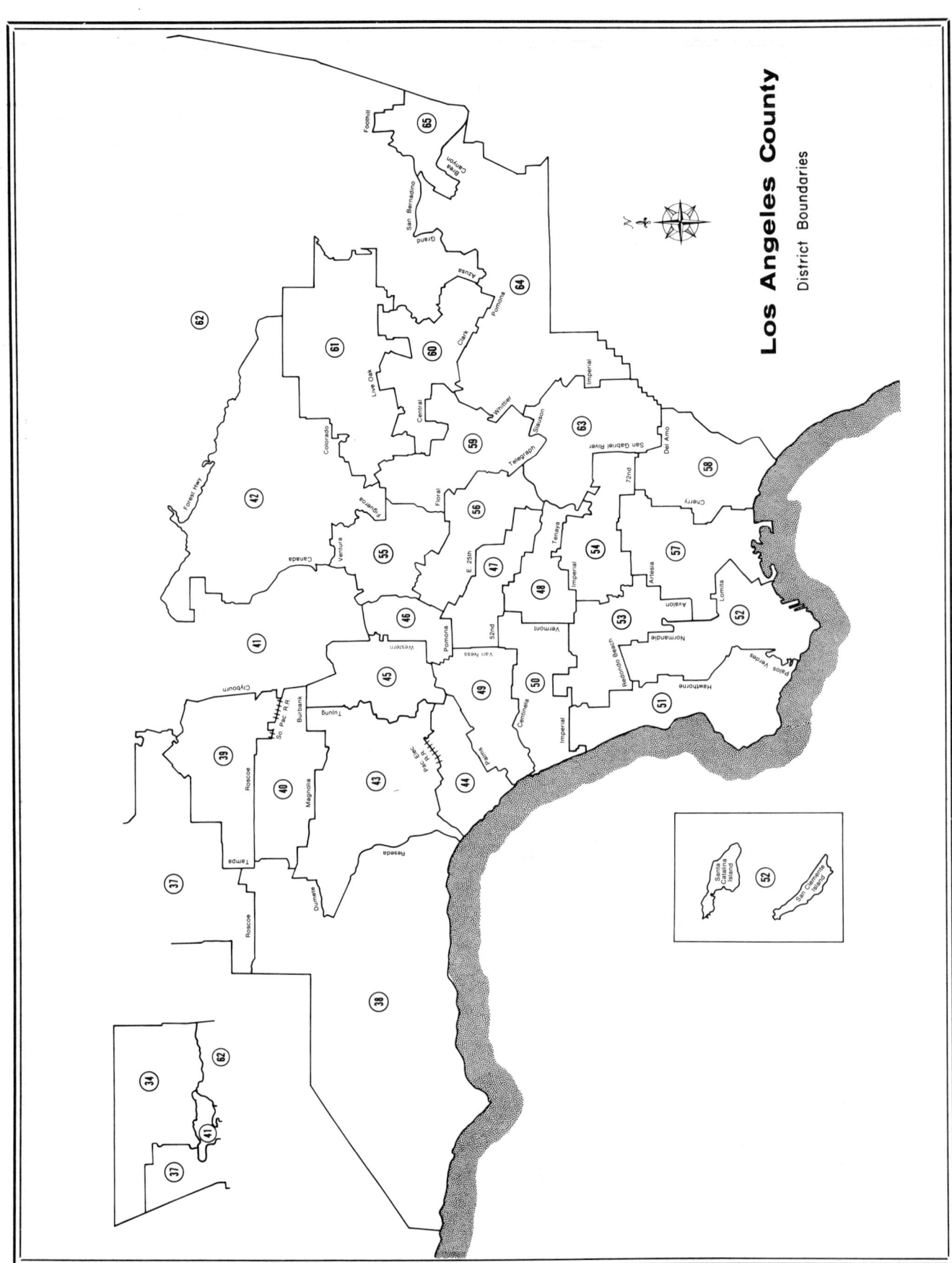

CALIFORNIA

GOVERNOR 1974

1970 Census Population	County	Total Vote	Republican	Democratic	Other	Rep.-Dem. Plurality	Percentage Total Vote Rep.	Dem.	Major Vote Rep.	Dem.
1,073,184	ALAMEDA	332,750	123,656	200,165	8,929	76,509 D	37.2%	60.2%	38.2%	61.8%
484	ALPINE	412	212	185	15	27 R	51.5%	44.9%	53.4%	46.6%
11,821	AMADOR	6,880	3,483	3,198	199	285 R	50.6%	46.5%	52.1%	47.9%
101,969	BUTTE	41,008	22,499	17,007	1,502	5,492 R	54.9%	41.5%	57.0%	43.0%
13,585	CALAVERAS	6,550	3,709	2,702	139	1,007 R	56.6%	41.3%	57.9%	42.1%
12,430	COLUSA	4,469	2,503	1,884	82	619 R	56.0%	42.2%	57.1%	42.9%
558,389	CONTRA COSTA	200,855	99,470	97,038	4,347	2,432 R	49.5%	48.3%	50.6%	49.4%
14,580	DEL NORTE	4,165	1,921	2,149	95	228 D	46.1%	51.6%	47.2%	52.8%
43,833	EL DORADO	17,523	8,922	8,076	525	846 R	50.9%	46.1%	52.5%	47.5%
413,053	FRESNO	117,518	53,308	61,596	2,614	8,288 D	45.4%	52.4%	46.4%	53.6%
17,521	GLENN	6,474	3,675	2,645	154	1,030 R	56.8%	40.9%	58.1%	41.9%
99,692	HUMBOLDT	38,875	14,958	22,805	1,112	7,847 D	38.5%	58.7%	39.6%	60.4%
74,492	IMPERIAL	18,418	9,011	9,033	374	22 D	48.9%	49.0%	49.9%	50.1%
15,571	INYO	5,819	3,238	2,417	164	821 R	55.6%	41.5%	57.3%	42.7%
329,162	KERN	92,840	45,775	44,828	2,237	947 R	49.3%	48.3%	50.5%	49.5%
64,610	KINGS	14,285	6,540	7,444	301	904 D	45.8%	52.1%	46.8%	53.2%
19,548	LAKE	10,354	5,381	4,733	240	648 R	52.0%	45.7%	53.2%	46.8%
14,960	LASSEN	5,445	2,165	3,111	169	946 D	39.8%	57.1%	41.0%	59.0%
7,032,075	LOS ANGELES	2,005,165	898,808	1,059,533	46,824	160,725 D	44.8%	52.8%	45.9%	54.1%
41,519	MADERA	10,912	5,137	5,584	191	447 D	47.1%	51.2%	47.9%	52.1%
206,038	MARIN	79,364	40,619	36,384	2,361	4,235 R	51.2%	45.8%	52.7%	47.3%
6,015	MARIPOSA	3,662	1,893	1,658	111	235 R	51.7%	45.3%	53.3%	46.7%
51,101	MENDOCINO	18,203	8,373	9,158	672	785 D	46.0%	50.3%	47.8%	52.2%
104,629	MERCED	24,625	11,339	12,779	507	1,440 D	46.0%	51.9%	47.0%	53.0%
7,469	MODOC	3,159	1,705	1,395	59	310 R	54.0%	44.2%	55.0%	45.0%
4,016	MONO	2,071	1,161	817	93	344 R	56.1%	39.4%	58.7%	41.3%
250,071	MONTEREY	62,562	32,218	28,832	1,512	3,386 R	51.5%	46.1%	52.8%	47.2%
79,140	NAPA	32,039	16,048	15,200	791	848 R	50.1%	47.4%	51.4%	48.6%
26,346	NEVADA	12,744	7,101	5,225	418	1,876 R	55.7%	41.0%	57.6%	42.4%
1,420,386	ORANGE	523,796	297,870	212,638	13,288	85,232 R	56.9%	40.6%	58.3%	41.7%
77,306	PLACER	31,178	14,510	15,744	924	1,234 D	46.5%	50.5%	48.0%	52.0%
11,707	PLUMAS	5,435	2,279	3,031	125	752 D	41.9%	55.8%	42.9%	57.1%
459,074	RIVERSIDE	147,106	73,102	70,515	3,489	2,587 R	49.7%	47.9%	50.9%	49.1%
631,498	SACRAMENTO	228,052	104,595	117,711	5,746	13,116 D	45.9%	51.6%	47.1%	52.9%
18,226	SAN BENITO	6,042	3,199	2,722	121	477 R	52.9%	45.1%	54.0%	46.0%
684,072	SAN BERNARDINO	174,782	82,611	87,133	5,038	4,522 D	47.3%	49.9%	48.7%	51.3%
1,357,854	SAN DIEGO	459,874	249,444	196,930	13,500	52,514 R	54.2%	42.8%	55.9%	44.1%
715,674	SAN FRANCISCO	221,470	78,759	136,896	5,815	58,137 D	35.6%	61.8%	36.5%	63.5%
290,208	SAN JOAQUIN	84,100	43,744	38,429	1,927	5,315 R	52.0%	45.7%	53.2%	46.8%
105,690	SAN LUIS OBISPO	40,633	20,300	19,429	904	871 R	50.0%	47.8%	51.1%	48.9%
556,234	SAN MATEO	185,026	88,235	91,808	4,983	3,573 D	47.7%	49.6%	49.0%	51.0%
264,324	SANTA BARBARA	91,808	47,263	42,221	2,324	5,042 R	51.5%	46.0%	52.8%	47.2%
1,064,714	SANTA CLARA	329,350	153,761	166,760	8,829	12,999 D	46.7%	50.6%	48.0%	52.0%
123,790	SANTA CRUZ	58,759	27,750	28,600	2,409	850 D	47.2%	48.7%	49.2%	50.8%
77,640	SHASTA	28,401	11,716	15,764	921	4,048 D	41.3%	55.5%	42.6%	57.4%
2,365	SIERRA	1,187	513	629	45	116 D	43.2%	53.0%	44.9%	55.1%
33,225	SISKIYOU	12,081	5,229	6,515	337	1,286 D	43.3%	53.9%	44.5%	55.5%
169,941	SOLANO	45,851	19,524	24,955	1,372	5,431 D	42.6%	54.4%	43.9%	56.1%
204,885	SONOMA	84,070	40,339	40,756	2,975	417 D	48.0%	48.5%	49.7%	50.3%
194,506	STANISLAUS	58,220	29,186	27,931	1,103	1,255 R	50.1%	48.0%	51.1%	48.9%
41,935	SUTTER	13,075	7,642	5,141	292	2,501 R	58.4%	39.3%	59.8%	40.2%
29,517	TEHAMA	11,297	5,373	5,618	306	245 D	47.6%	49.7%	48.9%	51.1%
7,615	TRINITY	3,439	1,519	1,762	158	243 D	44.2%	51.2%	46.3%	53.7%
188,322	TULARE	45,824	24,103	20,589	1,132	3,514 R	52.6%	44.9%	53.9%	46.1%
22,169	TUOLUMNE	10,372	5,952	4,165	255	1,787 R	57.4%	40.2%	58.8%	41.2%
376,430	VENTURA	119,049	60,122	56,189	2,738	3,933 R	50.5%	47.2%	51.7%	48.3%
91,788	YOLO	33,792	14,734	18,249	809	3,515 D	43.6%	54.0%	44.7%	55.3%
44,736	YUBA	10,260	4,752	5,237	271	485 D	46.3%	51.0%	47.6%	52.4%
19,953,134	TOTAL	6,248,070	2,952,954	3,131,648	163,468	178,694 D	47.3%	50.1%	48.5%	51.5%

CALIFORNIA

SENATOR 1974

1970 Census Population	County	Total Vote	Republican	Democratic	Other	Rep.-Dem. Plurality	Percentage Total Vote Rep.	Dem.	Major Vote Rep.	Dem.
1,073,184	ALAMEDA	324,830	79,740	234,438	10,652	154,698 D	24.5%	72.2%	25.4%	74.6%
484	ALPINE	397	145	229	23	84 D	36.5%	57.7%	38.8%	61.2%
11,821	AMADOR	6,744	2,413	4,074	257	1,661 D	35.8%	60.4%	37.2%	62.8%
101,969	BUTTE	40,528	16,402	22,203	1,923	5,801 D	40.5%	54.8%	42.5%	57.5%
13,585	CALAVERAS	6,110	2,364	3,487	259	1,123 D	38.7%	57.1%	40.4%	59.6%
12,430	COLUSA	4,038	1,553	2,326	159	773 D	38.5%	57.6%	40.0%	60.0%
558,389	CONTRA COSTA	196,751	62,039	129,472	5,240	67,433 D	31.5%	65.8%	32.4%	67.6%
14,580	DEL NORTE	3,896	1,549	2,177	170	628 D	39.8%	55.9%	41.6%	58.4%
43,833	EL DORADO	17,200	6,496	9,904	800	3,408 D	37.8%	57.6%	39.6%	60.4%
413,053	FRESNO	116,108	36,921	76,250	2,937	39,329 D	31.8%	65.7%	32.6%	67.4%
17,521	GLENN	6,290	2,665	3,450	175	785 D	42.4%	54.8%	43.6%	56.4%
99,692	HUMBOLDT	38,083	12,481	23,763	1,839	11,282 D	32.8%	62.4%	34.4%	65.6%
74,492	IMPERIAL	17,865	7,621	9,649	595	2,028 D	42.7%	54.0%	44.1%	55.9%
15,571	INYO	5,690	2,744	2,689	257	55 R	48.2%	47.3%	50.5%	49.5%
329,162	KERN	90,403	36,720	50,719	2,964	13,999 D	40.6%	56.1%	42.0%	58.0%
64,610	KINGS	13,691	4,367	8,907	417	4,540 D	31.9%	65.1%	32.9%	67.1%
19,548	LAKE	10,133	3,570	6,151	412	2,581 D	35.2%	60.7%	36.7%	63.3%
14,960	LASSEN	4,953	1,564	3,121	268	1,557 D	31.6%	63.0%	33.4%	66.6%
7,032,075	LOS ANGELES	1,961,418	736,423	1,175,843	49,152	439,420 D	37.5%	59.9%	38.5%	61.5%
41,519	MADERA	10,077	3,387	6,388	302	3,001 D	33.6%	63.4%	34.6%	65.4%
206,038	MARIN	78,902	25,688	50,926	2,288	25,238 D	32.6%	64.5%	33.5%	66.5%
6,015	MARIPOSA	3,506	1,301	2,055	150	754 D	37.1%	58.6%	38.8%	61.2%
51,101	MENDOCINO	17,766	5,450	11,385	931	5,935 D	30.7%	64.1%	32.4%	67.6%
104,629	MERCED	22,696	6,539	15,323	834	8,784 D	28.8%	67.5%	29.9%	70.1%
7,469	MODOC	3,069	1,215	1,734	120	519 D	39.6%	56.5%	41.2%	58.8%
4,016	MONO	1,930	861	957	112	96 D	44.6%	49.6%	47.4%	52.6%
250,071	MONTEREY	61,247	23,370	35,599	2,278	12,229 D	38.2%	58.1%	39.6%	60.4%
79,140	NAPA	31,355	11,037	19,320	998	8,283 D	35.2%	61.6%	36.4%	63.6%
26,346	NEVADA	12,028	5,165	6,293	570	1,128 D	42.9%	52.3%	45.1%	54.9%
1,420,386	ORANGE	516,213	243,741	254,294	18,178	10,553 D	47.2%	49.3%	48.9%	51.1%
77,306	PLACER	30,746	10,761	18,700	1,285	7,939 D	35.0%	60.8%	36.5%	63.5%
11,707	PLUMAS	5,092	1,388	3,375	329	1,987 D	27.3%	66.3%	29.1%	70.9%
459,074	RIVERSIDE	144,647	54,759	85,048	4,840	30,289 D	37.9%	58.8%	39.2%	60.8%
631,498	SACRAMENTO	226,064	74,350	141,896	9,818	67,546 D	32.9%	62.8%	34.4%	65.6%
18,226	SAN BENITO	5,527	1,902	3,450	175	1,548 D	34.4%	62.4%	35.5%	64.5%
684,072	SAN BERNARDINO	173,296	64,478	102,012	6,806	37,534 D	37.2%	58.9%	38.7%	61.3%
1,357,854	SAN DIEGO	452,306	203,576	231,479	17,251	27,903 D	45.0%	51.2%	46.8%	53.2%
715,674	SAN FRANCISCO	202,120	42,699	151,388	8,033	108,689 D	21.1%	74.9%	22.0%	78.0%
290,208	SAN JOAQUIN	82,788	29,465	50,433	2,890	20,968 D	35.6%	60.9%	36.9%	63.1%
105,690	SAN LUIS OBISPO	39,121	15,674	21,314	2,133	5,640 D	40.1%	54.5%	42.4%	57.6%
556,234	SAN MATEO	178,727	55,695	117,714	5,318	62,019 D	31.2%	65.9%	32.1%	67.9%
264,324	SANTA BARBARA	90,854	34,085	54,387	2,382	20,302 D	37.5%	59.9%	38.5%	61.5%
1,064,714	SANTA CLARA	326,236	95,219	220,507	10,510	125,288 D	29.2%	67.6%	30.2%	69.8%
123,790	SANTA CRUZ	57,699	18,716	36,132	2,851	17,416 D	32.4%	62.6%	34.1%	65.9%
77,640	SHASTA	27,857	10,760	15,990	1,107	5,230 D	38.6%	57.4%	40.2%	59.8%
2,365	SIERRA	1,156	334	757	65	423 D	28.9%	65.5%	30.6%	69.4%
33,225	SISKIYOU	11,767	4,034	7,234	499	3,200 D	34.3%	61.5%	35.8%	64.2%
169,941	SOLANO	44,893	11,810	31,568	1,515	19,758 D	26.3%	70.3%	27.2%	72.8%
204,885	SONOMA	81,783	25,619	51,803	4,361	26,184 D	31.3%	63.3%	33.1%	66.9%
194,506	STANISLAUS	54,091	17,857	34,112	2,122	16,255 D	33.0%	63.1%	34.4%	65.6%
41,935	SUTTER	12,228	5,647	5,927	654	280 D	46.2%	48.5%	48.8%	51.2%
29,517	TEHAMA	10,998	4,865	5,658	475	793 D	44.2%	51.4%	46.2%	53.8%
7,615	TRINITY	3,359	1,400	1,791	168	391 D	41.7%	53.3%	43.9%	56.1%
188,322	TULARE	45,104	18,327	25,308	1,469	6,981 D	40.6%	56.1%	42.0%	58.0%
22,169	TUOLUMNE	9,772	3,101	6,207	464	3,106 D	31.7%	63.5%	33.3%	66.7%
376,430	VENTURA	116,243	45,729	67,303	3,211	21,574 D	39.3%	57.9%	40.5%	59.5%
91,788	YOLO	32,981	8,961	22,886	1,134	13,925 D	27.2%	69.4%	28.1%	71.9%
44,736	YUBA	9,636	3,525	5,655	456	2,130 D	36.6%	58.7%	38.4%	61.6%
19,953,134	TOTAL	6,102,432	2,210,267	3,693,160	199,005	1,482,893 D	36.2%	60.5%	37.4%	62.6%

Los Angeles County

GOVERNOR 1974

1970 Census Population	Assembly District	Total Vote	Republican	Democratic	Other	Rep.-Dem. Plurality	Percentage Total Vote Rep.	Dem.	Major Vote Rep.	Dem.
	DISTRICT 34 (PART)	27,471	14,846	11,709	916	3,137 R	54.0%	42.6%	55.9%	44.1%
	DISTRICT 37 (PART)	58,692	32,081	25,122	1,489	6,959 R	54.7%	42.8%	56.1%	43.9%
	DISTRICT 38 (PART)	75,726	39,952	34,002	1,772	5,950 R	52.8%	44.9%	54.0%	46.0%
	DISTRICT 39	65,606	27,793	36,011	1,802	8,218 D	42.4%	54.9%	43.6%	56.4%
	DISTRICT 40	79,357	33,779	43,484	2,094	9,705 D	42.6%	54.8%	43.7%	56.3%
	DISTRICT 41	81,375	48,846	30,790	1,739	18,056 R	60.0%	37.8%	61.3%	38.7%
	DISTRICT 42	90,759	55,324	33,541	1,894	21,783 R	61.0%	37.0%	62.3%	37.7%
	DISTRICT 43	112,568	48,462	61,982	2,124	13,520 D	43.1%	55.1%	43.9%	56.1%
	DISTRICT 44	91,649	35,582	53,133	2,934	17,551 D	38.8%	58.0%	40.1%	59.9%
	DISTRICT 45	93,272	33,998	57,472	1,802	23,474 D	36.5%	61.6%	37.2%	62.8%
	DISTRICT 46	56,227	23,828	31,082	1,317	7,254 D	42.4%	55.3%	43.4%	56.6%
	DISTRICT 47	47,049	7,957	38,053	1,039	30,096 D	16.9%	80.9%	17.3%	82.7%
	DISTRICT 48	46,873	9,452	36,527	894	27,075 D	20.2%	77.9%	20.6%	79.4%
	DISTRICT 49	74,967	20,514	53,460	993	32,946 D	27.4%	71.3%	27.7%	72.3%
	DISTRICT 50	62,891	20,890	41,063	938	20,173 D	33.2%	65.3%	33.7%	66.3%
	DISTRICT 51	87,976	51,930	33,683	2,363	18,247 R	59.0%	38.3%	60.7%	39.3%
	DISTRICT 52	62,136	28,134	32,237	1,765	4,103 D	45.3%	51.9%	46.6%	53.4%
	DISTRICT 53	55,297	20,325	33,771	1,201	13,446 D	36.8%	61.1%	37.6%	62.4%
	DISTRICT 54	46,731	13,087	32,764	880	19,677 D	28.0%	70.1%	28.5%	71.5%
	DISTRICT 55	49,989	18,668	29,797	1,524	11,129 D	37.3%	59.6%	38.5%	61.5%
	DISTRICT 56	32,617	7,721	24,072	824	16,351 D	23.7%	73.8%	24.3%	75.7%
	DISTRICT 57	60,923	27,256	32,420	1,247	5,164 D	44.7%	53.2%	45.7%	54.3%
	DISTRICT 58	91,624	46,711	42,870	2,043	3,841 R	51.0%	46.8%	52.1%	47.9%
	DISTRICT 59	69,991	28,176	40,124	1,691	11,948 D	40.3%	57.3%	41.3%	58.7%
	DISTRICT 60	49,194	18,552	29,051	1,591	10,499 D	37.7%	59.1%	39.0%	61.0%
	DISTRICT 61	85,215	53,214	30,103	1,898	23,111 R	62.4%	35.3%	63.9%	36.1%
	DISTRICT 62	80,090	44,636	33,521	1,933	11,115 R	55.7%	41.9%	57.1%	42.9%
	DISTRICT 63	70,175	33,043	35,310	1,822	2,267 D	47.1%	50.3%	48.3%	51.7%
	DISTRICT 64	79,329	45,416	31,960	1,953	13,456 R	57.3%	40.3%	58.7%	41.3%
	DISTRICT 65 (PART)	19,396	8,635	10,419	342	1,784 D	44.5%	53.7%	45.3%	54.7%
7,032,075	TOTAL	2,005,165	898,808	1,059,533	46,824	160,726 D	44.0%	52.8%	45.9%	54.1%

Los Angeles County

SENATOR 1974

1970 Census Population	Assembly District	Total Vote	Republican	Democratic	Other	Rep.-Dem. Plurality	Percentage Total Vote Rep.	Dem.	Major Vote Rep.	Dem.
	DISTRICT 34 (PART)	27,076	13,297	12,631	1,148	666 R	49.1%	46.7%	51.3%	48.7%
	DISTRICT 37 (PART)	57,625	26,567	29,522	1,536	2,955 D	46.1%	51.2%	47.4%	52.6%
	DISTRICT 38 (PART)	74,589	31,629	40,932	2,028	9,303 D	42.4%	54.9%	43.6%	56.4%
	DISTRICT 39	64,470	22,687	40,113	1,670	17,426 D	35.2%	62.2%	36.1%	63.9%
	DISTRICT 40	78,091	26,901	49,087	2,103	22,186 D	34.4%	62.9%	35.4%	64.6%
	DISTRICT 41	79,449	42,750	34,601	2,098	8,149 R	53.8%	43.6%	55.3%	44.7%
	DISTRICT 42	89,286	48,563	39,073	1,650	9,490 R	54.4%	43.8%	55.4%	44.6%
	DISTRICT 43	111,106	35,716	73,498	1,892	37,782 D	32.1%	66.2%	32.7%	67.3%
	DISTRICT 44	90,211	26,874	60,723	2,614	33,849 D	29.8%	67.3%	30.7%	69.3%
	DISTRICT 45	91,717	27,813	61,857	2,047	34,044 D	30.3%	67.4%	31.0%	69.0%
	DISTRICT 46	54,983	19,803	33,608	1,572	13,805 D	36.0%	61.1%	37.1%	62.9%
	DISTRICT 47	44,281	6,401	37,014	866	30,613 D	14.5%	83.6%	14.7%	85.3%
	DISTRICT 48	44,570	7,912	35,876	782	27,964 D	17.8%	80.5%	18.1%	81.9%
	DISTRICT 49	72,781	16,107	55,276	1,398	39,169 D	22.1%	75.9%	22.6%	77.4%
	DISTRICT 50	60,771	17,633	41,886	1,252	24,253 D	29.0%	68.9%	29.6%	70.4%
	DISTRICT 51	86,773	43,158	41,311	2,304	1,847 R	49.7%	47.6%	51.1%	48.9%
	DISTRICT 52	60,956	22,848	36,257	1,851	13,409 D	37.5%	59.5%	38.7%	61.3%
	DISTRICT 53	54,101	16,312	36,039	1,750	19,727 D	30.2%	66.6%	31.2%	68.8%
	DISTRICT 54	45,453	10,107	34,317	1,029	24,210 D	22.2%	75.5%	22.8%	77.2%
	DISTRICT 55	47,488	15,701	30,269	1,518	14,568 D	33.1%	63.7%	34.2%	65.8%
	DISTRICT 56	30,573	6,121	23,586	866	17,465 D	20.0%	77.1%	20.6%	79.4%
	DISTRICT 57	59,865	21,639	36,697	1,529	15,058 D	36.1%	61.3%	37.1%	62.9%
	DISTRICT 58	90,330	34,812	53,056	2,462	18,244 D	38.5%	58.7%	39.6%	60.4%
	DISTRICT 59	68,354	22,945	43,741	1,668	20,796 D	33.6%	64.0%	34.4%	65.6%
	DISTRICT 60	48,352	15,855	31,048	1,449	15,193 D	32.8%	64.2%	33.8%	66.2%
	DISTRICT 61	83,518	47,557	34,220	1,741	13,337 R	56.9%	41.0%	58.2%	41.8%
	DISTRICT 62	78,525	38,306	38,293	1,926	13 R	48.8%	48.8%	50.0%	50.0%
	DISTRICT 63	69,153	26,393	40,854	1,906	14,461 D	38.2%	59.1%	39.2%	60.8%
	DISTRICT 64	78,073	37,191	38,912	1,970	1,721 D	47.6%	49.8%	48.9%	51.1%
	DISTRICT 65 (PART)	18,898	6,825	11,546	527	4,721 D	36.1%	61.1%	37.2%	62.8%
7,032,075	TOTAL	1,961,418	736,423	1,175,843	49,152	439,420 D	37.5%	59.9%	38.5%	61.5%

CALIFORNIA

CONGRESS

CD	Year	Total Vote	Republican Vote	Candidate	Democratic Vote	Candidate	Other Vote	Rep.-Dem. Plurality	Total Vote Rep.	Total Vote Dem.	Major Vote Rep.	Major Vote Dem.
1	1974	160,963			138,082	JOHNSON, HAROLD T.	22,881	138,082 D		85.8%		100.0%
2	1974	180,905	95,929	CLAUSEN, DON H.	77,232	KLEE, OSCAR H.	7,744	18,697 R	53.0%	42.7%	55.4%	44.6%
3	1974	168,846	46,712	LENCI, IVALDO	122,134	MOSS, JOHN E.		75,422 D	27.7%	72.3%	27.7%	72.3%
4	1974	101,152			101,152	LEGGETT, ROBERT L.		101,152 D		100.0%		100.0%
5	1974	149,260	56,274	CAYLOR, THOMAS	88,909	BURTON, JOHN	4,077	32,635 D	37.7%	59.6%	38.8%	61.2%
6	1974	120,248	26,260	SPINOSA, TOM	85,712	BURTON, PHILLIP	8,276	59,452 D	21.8%	71.3%	23.5%	76.5%
7	1974	149,379	66,325	FERNANDEZ, GARY	83,054	MILLER, GEORGE		16,729 D	44.4%	55.6%	44.4%	55.6%
8	1974	167,865	66,386	REDDEN, JACK	95,041	DELLUMS, RONALD V.	6,438	28,655 D	39.5%	56.6%	41.1%	58.9%
9	1974	130,957	38,521	ADAMS, EDSON	92,436	STARK, FORTNEY		53,915 D	29.4%	70.6%	29.4%	70.6%
10	1974	114,266	26,288	ENRIGHT, JOHN M.	87,978	EDWARDS, DON		61,690 D	23.0%	77.0%	23.0%	77.0%
11	1974	140,356	29,861	MERDINGER, BRAINARD G.	106,429	RYAN, LEO J.	4,066	76,568 D	21.3%	75.8%	21.9%	78.1%
12	1974	150,075	103,692	MCCLOSKEY, PAUL N.	46,383	GILLMOR, GARY G.		57,309 R	69.1%	30.9%	69.1%	30.9%
13	1974	150,099	63,573	MILIAS, GEORGE W.	78,858	MINETA, NORMAN Y.	7,668	15,285 D	42.4%	52.5%	44.6%	55.4%
14	1974	144,078	34,775	GIBSON, CHARLES M.	102,180	MCFALL, JOHN J.	7,123	67,405 D	24.1%	70.9%	25.4%	74.6%
15	1974	112,336	31,439	HARNER, CAROL O.	80,897	SISK, B. F.		49,458 D	28.0%	72.0%	28.0%	72.0%
16	1974	155,113	76,356	TALCOTT, BURT L.	74,168	CAMACHO, JULIAN	4,589	2,188 R	49.2%	47.8%	50.7%	49.3%
17	1974	128,487	61,812	MATHIAS, ROBERT B.	66,675	KREBS, JOHN		4,863 D	48.1%	51.9%	48.1%	51.9%
18	1974	128,383	67,650	KETCHUM, WILLIAM M.	60,733	SEIELSTAD, GEORGE A.		6,917 R	52.7%	47.3%	52.7%	47.3%
19	1974	149,718	84,249	LAGOMARSINO, ROBERT J.	65,469	LOEBL, JAMES D.		18,780 R	56.3%	43.7%	56.3%	43.7%
20	1974	160,736	98,410	GOLDWATER, BARRY M., JR.	62,326	MATHEWS, ARLINE		36,084 R	61.2%	38.8%	61.2%	38.8%
21	1974	120,957	32,038	NADELL, MEL	88,915	CORMAN, JAMES C.	4	56,877 D	26.5%	73.5%	26.5%	73.5%
22	1974	146,332	81,641	MOORHEAD, CARLOS J.	64,691	HALLIN, RICHARD		16,950 R	55.8%	44.2%	55.8%	44.2%
23	1974	170,902	48,826	ROBERTS, JACK E.	122,076	REES, THOMAS M.		73,250 D	28.6%	71.4%	28.6%	71.4%
24	1974	136,722	45,128	GRAHAM, ELLIOTT S.	87,521	WAXMAN, HENRY A.	4,073	42,393 D	33.0%	64.0%	34.0%	66.0%
25	1974	45,163			45,059	ROYBAL, EDWARD R.	104	45,059 D		99.8%		100.0%
26	1974	140,420	82,735	ROUSSELOT, JOHN H.	57,685	CONFORTI, PAUL A.		25,050 R	58.9%	41.1%	58.9%	41.1%
27	1974	160,605	102,663	BELL, ALPHONZO E.	52,236	DALESSIO, JOHN	5,706	50,427 R	63.9%	32.5%	66.3%	33.7%
28	1974	110,629	21,957	NEDDY, TOM	88,655	BURKE, YVONNE BRATHWAITE	17	66,698 D	19.8%	80.1%	19.9%	80.1%
29	1974	47,204			47,204	HAWKINS, AUGUSTUS		47,204 D		100.0%		100.0%
30	1974	90,711	23,383	PEREZ, JOHN J.	67,328	DANIELSON, GEORGE E.		43,945 D	25.8%	74.2%	25.8%	74.2%
31	1974	87,058	23,359	HODGES, NORMAN A.	61,322	WILSON, CHARLES H.	2,377	37,963 D	26.8%	70.4%	27.6%	72.4%
32	1974	96,265			84,428	ANDERSON, GLENN M.	11,837	84,428 D		87.7%		100.0%
33	1974	135,688	72,471	CLAWSON, DEL	58,492	WHITE, ROBERT E.	4,725	13,979 R	53.4%	43.1%	55.3%	44.7%
34	1974	163,003	75,426	BOND, BILL	81,151	HANNAFORD, MARK W.	6,426	5,725 D	46.3%	49.8%	48.2%	51.8%
35	1974	123,071	61,168	VEYSEY, VICTOR V.	61,903	LLOYD, JIM		735 D	49.7%	50.3%	49.7%	50.3%
36	1974	111,415	35,938	OSGOOD, JIM	69,766	BROWN, GEORGE E.	5,711	33,828 D	32.3%	62.6%	34.0%	66.0%
37	1974	142,202	89,849	PETTIS, JERRY L.	46,783	VINCENT, BOBBY RAY	5,570	43,066 R	63.2%	32.9%	65.8%	34.2%
38	1974	126,461	52,207	REHMANN, DAVID	68,335	PATTERSON, JERRY M.	5,919	16,128 D	41.3%	54.0%	43.3%	56.7%
39	1974	161,446	89,220	WIGGINS, CHARLES E.	65,170	FARRIS, WILLIAM E.	7,056	24,050 R	55.3%	40.4%	57.8%	42.2%
40	1974	183,797	116,449	HINSHAW, ANDREW J.	56,850	WILSON, RODERICK J.	10,498	59,599 R	63.4%	30.9%	67.2%	32.8%
41	1974	173,886	94,709	WILSON, BOB	74,823	O CONNOR, COLLEEN M.	4,354	19,886 R	54.5%	43.0%	55.9%	44.1%
42	1974	101,014	30,435	MARDEN, WES	70,579	VAN DEERLIN, LIONEL		40,144 D	30.1%	69.9%	30.1%	69.9%
43	1974	191,007	115,275	BURGENER, CLAIR W.	75,629	BANDES, BILL	103	39,646 R	60.4%	39.6%	60.4%	39.6%

CALIFORNIA

1974 GENERAL ELECTION

Governor   Other vote was 83,869 American Independent (Kaiser); 75,004 Peace and Freedom (Keathley); 4,595 scattered. The scattered votes are included in the total but are not available by county breakdown.

Senator   Other vote was 101,145 AI (McCoy); 96,436 PF (Justice); 1,424 scattered. The scattered votes are included in the total but are not available by county breakdown.

Congress   Other vote was scattered in CD's 21, 25, 28, and 43; American Independent in CD's 1 (Paradis), 11 (Kudrovzeff), 14 (Blain), 16 (Mauro), 24 (David Davis), 33 (Griffin), 36 (Pasley), 37 (Ortman), 39 (Scalera), 40 (Watkins), 41 (Franson); Peace and Freedom in CD's 2 (Glass), 27 (Rubin), and 31 (Taylor). In other CD's as follows:

- CD 5   4,033 PF (Broshears); 44 scattered.
- CD 6   4,814 PF (Siegel); 3,430 AI (Carl Davis); 32 scattered.
- CD 8   6,385 AI (Holland); 53 scattered.
- CD 13   3,866 PF (Barron); 3,748 AI (Stancliffe); 54 scattered.
- CD 32   8,874 AI (Badalich); 2,963 PF (Walker).
- CD 34   3,279 AI (Manis); 3,147 PF (Donohue).
- CD 38   4,034 AI (Rayburn); 1,885 PF (Kallenberger).

LOS ANGELES COUNTY

Assembly District lines were redrawn prior to the 1974 elections and 1970 population figures are omitted.

Governor   24,601 AI (Kaiser); 22,223 PF (Keathley).

Senator   25,104 PF (Justice); 24,048 AI (McCoy).

1974 PRIMARIES

JUNE 4 REPUBLICAN

Governor   1,164,015 Houston I. Flournoy; 556,259 Ed Reinecke; 36,784 James A. Ware; 31,518 Glenn D. Mitchel; 29,297 J. F. Stay; 22,597 William J. Nelson; 8,355 scattered.

Senator   1,061,986 H. L. Richardson; 273,636 Earl W. Brian; 118,715 James E. Johnson; 107,217 William H. Reinholz; 79,955 Thomas A. Malatesta; 1,512 scattered.

Congress   Unopposed in seventeen CD's. No candidates in CD's 1, 4, 25, 29 and 32. Contested as follows:

- CD 2   47,652 Don H. Clausen; 9,904 Barbara A. Richter; 157 scattered.
- CD 5   23,711 Thomas Caylor; 8,547 Jean M. Wall; 6,141 Sean McCarthy; 2 scattered.
- CD 8   17,854 Jack Redden; 10,534 Philip S. Breck; 9,703 Vossa E. Wysinger; 74 scattered.
- CD 10   10,674 John M. Enright; 9,861 Mark T. Montgomery; 53 scattered.
- CD 12   29,727 Paul N. McCloskey; 28,895 Gordon Knapp; 1,096 John K. Fredrich; 4 scattered.
- CD 13   21,368 George W. Milias; 13,316 Virginia C. Shaffer; 6,269 Anthony C. Gualtieri; 3,251 Mark A. Gallant; 1,928 James D. Hadreas; 18 scattered.
- CD 14   21,128 Charles M. Gibson; 12,014 Lloyd E. Gilbert; 39 scattered.
- CD 17   30,402 Robert B. Mathias; 6,601 Richard L. Ettner; 13 scattered.
- CD 18   28,879 William M. Ketchum; 7,219 Robert E. Nelson; 4,560 Jim Miller; 14 scattered.
- CD 19   45,155 Robert J. Lagomarsino; 4,460 Herbert A. Ford; 37 scattered.
- CD 20   50,877 Barry M. Goldwater, Jr.; 4,858 David L. G. Garner; 17 scattered.
- CD 22   54,540 Carlos J. Moorhead; 8,727 J. Dewitt Fox.
- CD 24   10,019 Elliott S. Graham; 8,711 Mary E. Frisina; 8,530 Patrick Coleman; 3,516 Robert M. Deritis; 2,189 Gordon G. Bennett; 3 scattered.
- CD 27   46,082 Alphonzo E. Bell; 10,348 Alex T. Mlikotin; 1 scattered.
- CD 30   5,723 John J. Perez; 5,567 Phil Ortiz; 3,863 Ricardo Espinosa; 3 scattered.

CALIFORNIA

CD 34 22,582 Bill Bond; 16,712 Don Phillips; 6,614 John P. Sousa; 3,502 Gil Stevens; 859 Bill Semeraro; 11 scattered.
CD 35 31,579 Victor V. Veysey; 5,730 Henry Gerardo; 4,513 Jim Barreca; 28 scattered.
CD 36 21,767 Jim Osgood; 4,894 Jim Austin; 16 scattered.
CD 38 14,352 David Rehmann; 10,044 Joy L. Neugebauer; 3,783 Beau Clemens; 2,956 J. Frederick Risser; 29 scattered.
CD 39 41,683 Charles E. Wiggins; 7,351 Robert C. Ashley; 7,024 Thurston A. Shinn; 8 scattered.
CD 40 52,929 Andrew J. Hinshaw; 13,150 David C. Gubler; 5,560 Roger G. Lanphear; 4,547 Earl H. Carraway; 17 scattered.

JUNE 4 DEMOCRATIC

Governor 1,085,752 Edmund G. Brown, Jr.; 544,007 Joseph L. Alioto; 478,469 Robert Moretti; 293,686 William M. Roth; 227,489 Jerome R. Waldie; 79,745 Baxter Ward; 77,505 Herbert Hafif; 18,400 Alex D. Aloia; 13,493 Conie R. Robertson; 8,955 George H. Wagner; 7,973 Jim Wedworth; 7,906 Joseph F. Brouillette; 6,961 John H. Abbott; 6,721 Josephum S. Ramos; 6,666 Eileen Anderson; 6,113 Raymond G. Chote; 3,495 Chris Musun; 1,427 Russ Priebe; 1,349 scattered.

Senator 2,262,574 Alan Cranston; 318,080 Howard L. Gifford; 127,149 Frank Kacsinta; 519 scattered.

Congress Unopposed in eight CD's. Contested as follows:

CD 1 63,354 Harold T. Johnson; 15,940 Marion W. Steele; 4 scattered.
CD 2 22,308 Oscar H. Klee; 19,013 Jim Brown; 13,620 M. John Boskovich; 13,396 James P. Hanratty; 8,800 Patricia H. Losh; 115 scattered.
CD 5 50,567 John Burton; 9,508 Terrence McGuire; 6,329 Alan D. French; 5,209 Alan F. Reeves; 7 scattered.
CD 7 28,735 George Miller; 16,957 Daniel C. Helix; 14,180 Art Carter; 9,689 Richard A. Beserra; 2,187 Joe A. Smith; 2,162 James G. Maguire; 1,608 Gary Reber; 20 scattered.
CD 8 58,340 Ronald V. Dellums; 18,381 Curtis C. Aller; 9,139 Frederick H. Murphy; 22 scattered.
CD 9 50,761 Fortney Stark; 11,722 Manuel F. Alvarado; 10 scattered.
CD 10 42,779 Don Edwards; 12,259 Marian M. Banducci; 2 scattered.
CD 11 55,945 Leo J. Ryan; 10,860 Lydia C. Merdinger; 1 scattered.
CD 12 17,851 Gary G. Gillmor; 16,386 Thomas A. Skornia; 11,338 Herbert Rhodes; 10,339 Laurence L. Spitters; 96 scattered.
CD 13 44,717 Norman Y. Mineta; 7,465 Corinne Friedman; 5,282 S. David Simpkins; 22 scattered.
CD 14 54,278 John J. McFall; 9,080 John E. Rogers; 4,060 William H. Romack; 1 scattered.
CD 16 38,712 Julian Camacho; 13,827 Philip W. Harry; 11,918 Morgan Flagg; 1,694 scattered.
CD 17 34,477 John Krebs; 10,997 Vincent J. Lavery; 7,849 Richard T. Morgan; 5 scattered.
CD 18 25,519 George A. Seielstad; 24,156 Mary Timmermans; 48 scattered.
CD 19 33,027 James D. Loebl; 11,813 R. W. Handley; 11,022 George H. Margolis; 100 scattered.
CD 20 21,838 Arline Mathews; 14,255 Edwin E. Lawrence; 5,942 Joseph R. Sweeney; 4,327 Robert J. Pelser; 2,759 Robert Goss; 1,850 David Whittingham; 2 scattered.
CD 22 28,648 Richard Hallin; 14,323 H. Starr Pak; 7 scattered.
CD 23 84,191 Thomas M. Rees; 6,157 Jack Yohanna.
CD 24 53,228 Henry A. Waxman; 10,455 Herb Selwyn; 8,115 Ross Hopkins; 4 scattered.
CD 26 22,204 Paul A. Conforti; 14,765 Nancy Seegmiller; 5,920 Pat Patton; 2,548 Rodger Regnier; 8 scattered.
CD 27 18,252 John Dalessio; 16,948 Tony De Cou; 6,733 Ralph J. Killmeyer; 6,301 Robert Brown; 2,307 Carl M. Miciak; 1 scattered.
CD 28 67,336 Yvonne Brathwaite Burke; 7,611 Leon E. Lofton.
CD 29 52,006 Augustus Hawkins; 7,832 Jim Young.
CD 30 31,201 George E. Danielson; 21,589 Esteban E. Torres; 5,558 Anthony M. Sanchez; 1 scattered.
CD 31 29,833 Charles H. Wilson; 12,658 Emily Card; 10,481 Walter R. Tucker.
CD 33 11,204 Robert E. White; 10,164 William C. O'Donnell; 9,725 Ted Snyder; 8,423 James A. McKechnie; 5,602 Jerry Olivet; 3,548 Dean Watson; 3,450 Philip Megdal; 901 Leigh C. Storey; 3 scattered.
CD 34 15,131 Mark W. Hannaford; 12,888 Dennis Murray; 6,302 Robert L. Sassone; 5,683 Russ Rubley; 5,072 Virginia M. Waters; 4,239 Wallace Edgerton; 3,599 Wallace B. Rodecker; 3,230 Conrad Housley; 2,908 Antonio F. Gigliotti; 2,253 Jared Sloan; 1,469 Henry Schultz; 10 scattered.

CALIFORNIA

CD 35   11,333 Jim Lloyd; 7,637 Bob Stafford; 6,604 George A. Kasem; 6,005 Mary Montes; 5,149 Tom McClure; 4,489 Leslie W. Craven; 2,412 Keith Shirey; 1,668 Myron Roberts; 1,465 Frank W. Cooper; 1,412 James F. Maurer; 38 scattered.

CD 36   38,517 George E. Brown; 6,746 Clodeon Adkins; 5,585 Fritz Mendoza; 4 scattered.

CD 37   18,168 Bobby Ray Vincent; 10,525 Glenn D. Richardson; 8,901 Rebel Randall; 8,008 Madeleine Sumpter; 21 scattered.

CD 38   22,051 Jerry M. Patterson; 17,134 Howard Adler; 5,850 Leonard R. Holland; 2,358 Albert E. Nasser; 32 scattered.

CD 39   17,141 William E. Farris; 11,935 Conrad G. Tuohey; 6,986 Douglas R. Davidson; 5,197 Kenneth L. Perkins; 3,134 Jerome Sheinblum; 13 scattered.

CD 40   19,543 Roderick J. Wilson; 12,144 John F. Graef; 8,165 Casper P. Hare; 24 scattered.

CD 41   17,207 Colleen M. O'Connor; 9,396 Mel Crain; 8,307 Dan Finnigan; 7,982 King Golden; 6,823 John A. Brady; 6,332 Frank Caprio; 1,444 Chuck Hoffman; 66 scattered.

CD 43   26,019 Bill Bandes; 15,516 David Rock; 11,395 Bill Ascherfeld; 50 scattered.

JUNE 4 AMERICAN INDEPENDENT

Governor   Edmon V. Kaiser, unopposed.

Senator   Jack McCoy, unopposed.

Congress   Unopposed in all CD's in which candidates were entered.

JUNE 4 PEACE AND FREEDOM

Governor   2,111 Elizabeth Keathley; 1,855 Lester H. Higby; 1,822 C. T. Weber; 1,417 Trudy Saposhnek; 319 scattered.

Senator   Gayle M. Justice, unopposed.

Congress   Unopposed in all CD's in which candidates were entered.

COLORADO

GOVERNOR
Richard D. Lamm (D). Elected 1974 to a four-year term.

SENATORS
Gary W. Hart (D). Elected 1974 to a six-year term.

Floyd K. Haskell (D). Elected 1972 to a six-year term.

REPRESENTATIVES
1. Patricia Schroeder (D)
2. Timothy E. Wirth (D)
3. Frank E. Evans (D)
4. James P. Johnson (R)
5. William L. Armstrong (R)

POSTWAR VOTE FOR GOVERNOR

Year	Total Vote	Republican Vote	Republican Candidate	Democratic Vote	Democratic Candidate	Other Vote	Rep.-Dem. Plurality	Total Vote Rep.	Total Vote Dem.	Major Vote Rep.	Major Vote Dem.
1974	828,968	378,907	Vanderhoof, John D.	441,199	Lamm, Richard D.	8,862	62,292 D	45.7%	53.2%	46.2%	53.8%
1970	668,496	350,690	Love, John A.	302,432	Hogan, Mark	15,374	48,258 R	52.5%	45.2%	53.7%	46.3%
1966	660,063	356,730	Love, John A.	287,132	Knous, Robert L.	16,201	69,598 R	54.0%	43.5%	55.4%	44.6%
1962	616,481	349,342	Love, John A.	262,890	McNichols, Stephen	4,249	86,452 R	56.7%	42.6%	57.1%	42.9%
1958	549,808	228,643	Burch, Palmer L.	321,165	McNichols, Stephen	—	92,522 D	41.6%	58.4%	41.6%	58.4%
1956	645,233	313,950	Brotzman, Donald G.	331,283	McNichols, Stephen	—	17,333 D	48.7%	51.3%	48.7%	51.3%
1954	489,540	227,335	Brotzman, Donald G.	262,205	Johnson, Ed C.	—	34,870 D	46.4%	53.6%	46.4%	53.6%
1952	613,034	349,924	Thornton, Dan	260,044	Metzger, John W.	3,066	89,880 R	57.1%	42.4%	57.4%	42.6%
1950	450,994	236,472	Thornton, Dan	212,976	Johnson, Walter	1,546	23,496 R	52.4%	47.2%	52.6%	47.4%
1948	501,680	168,928	Hamil, David A.	332,752	Knous, William Lee	—	163,824 D	33.7%	66.3%	33.7%	66.3%
1946	335,087	160,483	Lavington, Leon E.	174,604	Knous, William Lee	—	14,121 D	47.9%	52.1%	47.9%	52.1%

The term of office of Colorado's Governor was increased from two to four years effective with the 1958 election.

POSTWAR VOTE FOR SENATOR

Year	Total Vote	Republican Vote	Republican Candidate	Democratic Vote	Democratic Candidate	Other Vote	Rep.-Dem. Plurality	Total Vote Rep.	Total Vote Dem.	Major Vote Rep.	Major Vote Dem.
1974	824,166	325,508	Dominick, Peter H.	471,691	Hart, Gary W.	26,967	146,183 D	39.5%	57.2%	40.8%	59.2%
1972	926,093	447,957	Allott, Gordon	457,545	Haskell, Floyd K.	20,591	9,588 D	48.4%	49.4%	49.5%	50.5%
1968	785,536	459,952	Dominick, Peter H.	325,584	McNichols, Stephen	—	134,368 R	58.6%	41.4%	58.6%	41.4%
1966	634,898	368,307	Allott, Gordon	266,259	Romer, Roy	332	102,048 R	58.0%	41.9%	58.0%	42.0%
1962	613,444	328,655	Dominick, Peter H.	279,586	Carroll, John A.	5,203	49,069 R	53.6%	45.6%	54.0%	46.0%
1960	727,633	389,428	Allott, Gordon	334,854	Knous, Robert L.	3,351	54,574 R	53.5%	46.0%	53.8%	46.2%
1956	636,974	317,102	Thornton, Dan	319,872	Carroll, John A.	—	2,770 D	49.8%	50.2%	49.8%	50.2%
1954	484,188	248,502	Allott, Gordon	235,686	Carroll, John A.	—	12,816 R	51.3%	48.7%	51.3%	48.7%
1950	450,176	239,734	Millikin, Eugene D.	210,442	Carroll, John A.	—	29,292 R	53.3%	46.7%	53.3%	46.7%
1948	510,121	165,069	Nicholson, W. F.	340,719	Johnson, Ed C.	4,333	175,650 D	32.4%	66.8%	32.6%	67.4%

COLORADO

Districts Established May 11, 1972

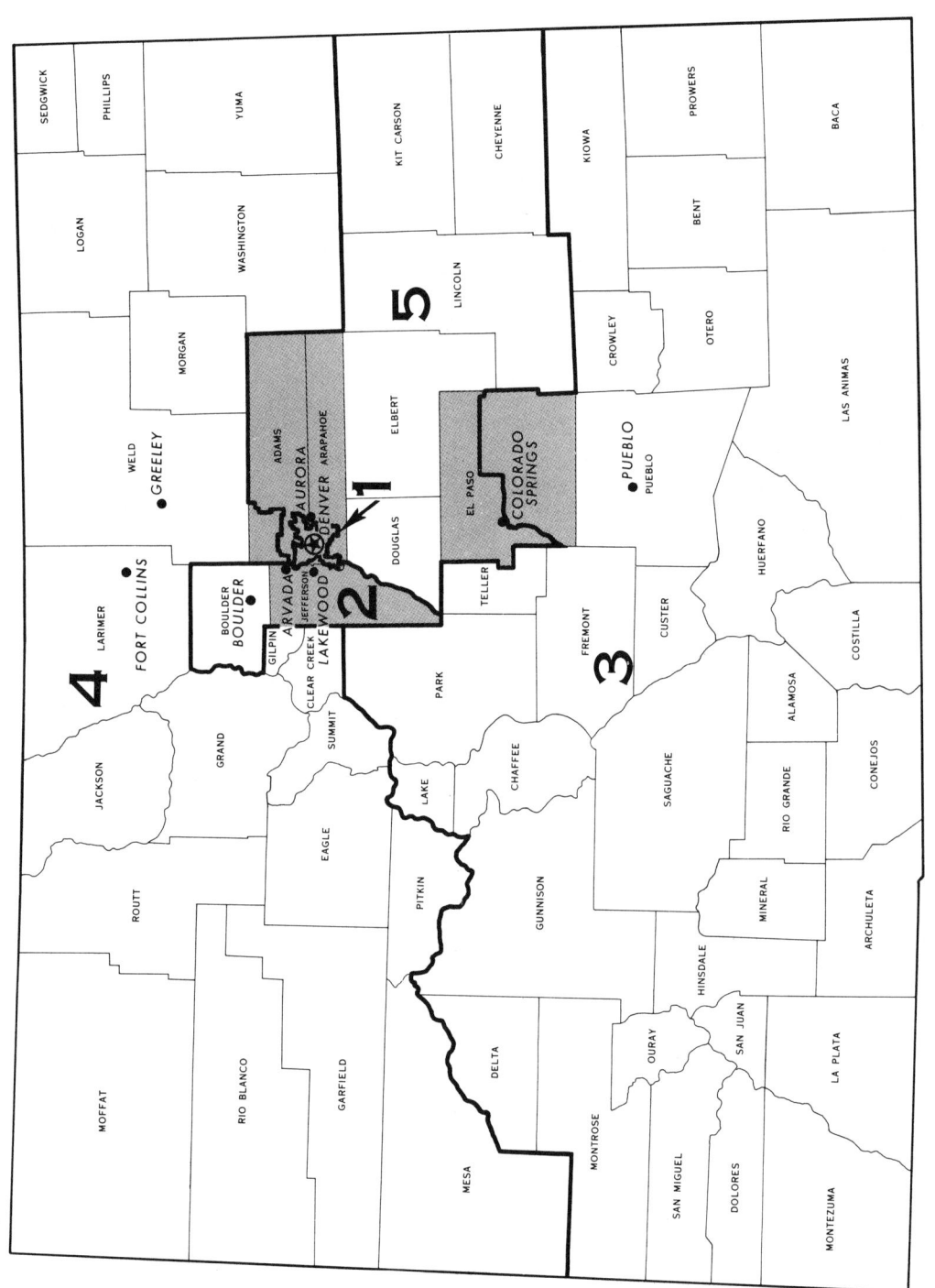

COLORADO

GOVERNOR 1974

1970 Census Population	County	Total Vote	Republican	Democratic	Other	Rep.-Dem. Plurality	Percentage Total Vote Rep.	Dem.	Major Vote Rep.	Dem.
185,789	ADAMS	58,910	22,346	35,865	699	13,519 D	37.9%	60.9%	38.4%	61.6%
11,422	ALAMOSA	3,552	1,798	1,730	24	68 R	50.6%	48.7%	51.0%	49.0%
162,142	ARAPAHOE	70,027	37,665	31,676	686	5,989 R	53.8%	45.2%	54.3%	45.7%
2,733	ARCHULETA	1,119	509	598	12	89 D	45.5%	53.4%	46.0%	54.0%
5,674	BACA	1,989	967	1,016	6	49 D	48.6%	51.1%	48.8%	51.2%
6,493	BENT	2,370	925	1,434	11	509 D	39.0%	60.5%	39.2%	60.8%
131,889	BOULDER	62,157	25,904	35,600	653	9,696 D	41.7%	57.3%	42.1%	57.9%
10,162	CHAFFEE	3,657	1,748	1,876	33	128 D	47.8%	51.3%	48.2%	51.8%
2,396	CHEYENNE	1,256	657	586	13	71 R	52.3%	46.7%	52.9%	47.1%
4,819	CLEAR CREEK	2,235	1,117	1,086	32	31 R	50.0%	48.6%	50.7%	49.3%
7,846	CONEJOS	2,599	1,281	1,274	44	7 R	49.3%	49.0%	50.1%	49.9%
3,091	COSTILLA	1,276	283	965	28	682 D	22.2%	75.6%	22.7%	77.3%
3,086	CROWLEY	1,465	702	756	7	54 D	47.9%	51.6%	48.1%	51.9%
1,120	CUSTER	725	389	329	7	60 R	53.7%	45.4%	54.2%	45.8%
15,286	DELTA	6,774	3,675	3,041	58	634 R	54.3%	44.9%	54.7%	45.3%
514,678	DENVER	189,655	81,053	106,152	2,450	25,099 D	42.7%	56.0%	43.3%	56.7%
1,641	DOLORES	643	282	356	5	74 D	43.9%	55.4%	44.2%	55.8%
8,407	DOUGLAS	5,413	3,115	2,264	34	851 R	57.5%	41.8%	57.9%	42.1%
7,498	EAGLE	2,803	1,463	1,322	18	141 R	52.2%	47.2%	52.5%	47.5%
3,903	ELBERT	1,817	1,043	764	10	279 R	57.4%	42.0%	57.7%	42.3%
235,972	EL PASO	61,043	27,113	33,237	693	6,124 D	44.4%	54.4%	44.9%	55.1%
21,942	FREMONT	8,901	2,999	5,767	135	2,768 D	33.7%	64.8%	34.2%	65.8%
14,821	GARFIELD	6,385	3,628	2,714	43	914 R	56.8%	42.5%	57.2%	42.8%
1,272	GILPIN	876	357	509	10	152 D	40.8%	58.1%	41.2%	58.8%
4,107	GRAND	2,237	1,280	942	15	338 R	57.2%	42.1%	57.6%	42.4%
7,578	GUNNISON	3,784	1,520	2,248	16	728 D	40.2%	59.4%	40.3%	59.7%
202	HINSDALE	228	125	101	2	24 R	54.8%	44.3%	55.3%	44.7%
6,590	HUERFANO	2,819	883	1,920	16	1,037 D	31.3%	68.1%	31.5%	68.5%
1,811	JACKSON	663	389	271	3	118 R	58.7%	40.9%	58.9%	41.1%
233,031	JEFFERSON	105,865	53,940	50,757	1,168	3,183 R	51.0%	47.9%	51.5%	48.5%
2,020	KIOWA	1,202	666	541	5	115 R	54.6%	45.0%	54.0%	45.2%
7,530	KIT CARSON	2,987	1,687	1,288	12	399 R	56.5%	43.1%	56.7%	43.3%
8,282	LAKE	2,584	1,237	1,288	59	51 D	47.9%	49.8%	49.0%	51.0%
19,199	LA PLATA	7,442	3,726	3,629	87	97 R	50.1%	48.8%	50.7%	49.3%
89,900	LARIMER	35,732	17,342	18,185	205	843 D	48.5%	50.9%	48.8%	51.2%
15,744	LAS ANIMAS	6,725	2,027	4,663	35	2,636 D	30.1%	69.3%	30.3%	69.7%
4,836	LINCOLN	2,205	1,232	961	12	271 R	55.9%	43.6%	56.2%	43.8%
18,852	LOGAN	6,510	3,476	2,994	40	482 R	53.4%	46.0%	53.7%	46.3%
54,374	MESA	20,682	11,197	9,253	232	1,944 R	54.1%	44.7%	54.8%	45.2%
786	MINERAL	414	153	258	3	105 D	37.0%	62.3%	37.2%	62.8%
6,525	MOFFAT	2,960	1,578	1,370	12	208 R	53.3%	46.3%	53.5%	46.5%
12,952	MONTEZUMA	4,034	1,933	2,062	39	129 D	47.9%	51.1%	48.4%	51.6%
18,366	MONTROSE	6,491	3,241	3,178	72	63 R	49.9%	49.0%	50.5%	49.5%
20,105	MORGAN	6,879	3,587	3,232	60	355 R	52.1%	47.0%	52.6%	47.4%
23,523	OTERO	7,336	3,273	3,962	101	689 D	44.6%	54.0%	45.2%	54.8%
1,546	OURAY	797	389	406	2	17 D	48.8%	50.9%	48.9%	51.1%
2,185	PARK	1,328	687	629	12	58 R	51.7%	47.4%	52.2%	47.8%
4,131	PHILLIPS	2,138	1,087	1,039	12	48 R	50.8%	48.6%	51.1%	48.9%
6,185	PITKIN	3,885	1,376	2,490	19	1,114 D	35.4%	64.1%	35.6%	64.4%
13,258	PROWERS	4,019	1,967	2,014	38	47 D	48.9%	50.1%	49.4%	50.6%
118,238	PUEBLO	37,067	11,525	25,139	403	13,614 D	31.1%	67.8%	31.4%	68.6%
4,842	RIO BLANCO	1,804	1,134	655	15	479 R	62.9%	36.3%	63.4%	36.6%
10,494	RIO GRANDE	3,357	1,943	1,391	23	552 R	57.9%	41.4%	58.3%	41.7%
6,592	ROUTT	3,851	1,810	2,024	17	214 D	47.0%	52.6%	47.2%	52.8%
3,827	SAGUACHE	1,828	1,012	803	13	209 R	55.4%	43.9%	55.8%	44.2%
831	SAN JUAN	377	130	247		117 D	34.5%	65.5%	34.5%	65.5%
1,949	SAN MIGUEL	1,278	413	859	6	446 D	32.3%	67.2%	32.5%	67.5%
3,405	SEDGWICK	1,474	834	636	4	198 R	56.6%	43.1%	56.7%	43.3%
2,665	SUMMIT	1,917	829	1,063	25	234 D	43.2%	55.5%	43.8%	56.2%
3,316	TELLER	2,086	971	1,090	25	119 D	46.5%	52.3%	47.1%	52.9%
5,550	WASHINGTON	2,187	1,314	853	20	461 R	60.1%	39.0%	60.6%	39.4%
89,297	WELD	28,375	13,819	14,263	293	444 D	48.7%	50.3%	49.2%	50.8%
8,544	YUMA	3,774	2,166	1,578	30	588 R	57.4%	41.8%	57.9%	42.1%
2,207,259	TOTAL	828,968	378,907	441,199	8,862	62,292 D	45.7%	53.2%	46.2%	53.8%

COLORADO

SENATOR 1974

1970 Census Population	County	Total Vote	Republican	Democratic	Other	Rep.-Dem. Plurality	Percentage Total Vote Rep.	Dem.	Major Vote Rep.	Dem.
185,789	ADAMS	58,239	17,229	38,925	2,085	21,696 D	29.6%	66.8%	30.7%	69.3%
11,422	ALAMOSA	3,539	1,552	1,889	98	337 D	43.9%	53.4%	45.1%	54.9%
162,142	ARAPAHOE	69,327	31,376	35,141	2,810	3,765 D	45.3%	50.7%	47.2%	52.8%
2,733	ARCHULETA	1,141	486	628	27	142 D	42.6%	55.0%	43.6%	56.4%
5,674	BACA	1,980	965	983	32	18 D	48.7%	49.6%	49.5%	50.5%
6,493	BENT	2,344	939	1,365	40	426 D	40.1%	58.2%	40.8%	59.2%
131,889	BOULDER	61,623	22,299	37,529	1,795	15,230 D	36.2%	60.9%	37.3%	62.7%
10,162	CHAFFEE	3,622	1,606	1,926	90	320 D	44.3%	53.2%	45.5%	54.5%
2,396	CHEYENNE	1,267	559	682	26	123 D	44.1%	53.8%	45.0%	55.0%
4,819	CLEAR CREEK	2,180	884	1,220	76	336 D	40.6%	56.0%	42.0%	58.0%
7,846	CONEJOS	2,693	1,319	1,259	115	60 R	49.0%	46.8%	51.2%	48.8%
3,091	COSTILLA	1,281	342	875	64	533 D	26.7%	68.3%	28.1%	71.9%
3,086	CROWLEY	1,455	706	716	33	10 D	48.5%	49.2%	49.6%	50.4%
1,120	CUSTER	722	402	295	25	107 R	55.7%	40.9%	57.7%	42.3%
15,286	DELTA	6,718	3,516	3,009	193	507 R	52.3%	44.8%	53.9%	46.1%
514,678	DENVER	186,987	65,571	115,415	6,001	49,844 D	35.1%	61.7%	36.2%	63.8%
1,641	DOLORES	636	260	349	27	89 D	40.9%	54.9%	42.7%	57.3%
8,407	DOUGLAS	5,396	2,691	2,546	159	145 R	49.9%	47.2%	51.4%	48.6%
7,498	EAGLE	2,802	1,120	1,606	76	486 D	40.0%	57.3%	41.1%	58.9%
3,903	ELBERT	1,816	905	852	59	53 R	49.8%	46.9%	51.5%	48.5%
235,972	EL PASO	60,759	24,709	33,329	2,721	8,620 D	40.7%	54.9%	42.6%	57.4%
21,942	FREMONT	8,973	3,526	5,163	284	1,637 D	39.3%	57.5%	40.6%	59.4%
14,821	GARFIELD	6,193	2,719	3,265	209	546 D	43.9%	52.7%	45.4%	54.6%
1,272	GILPIN	860	282	558	20	276 D	32.8%	64.9%	33.6%	66.4%
4,107	GRAND	2,243	1,053	1,056	134	3 D	46.9%	47.1%	49.9%	50.1%
7,578	GUNNISON	3,803	1,417	2,318	68	901 D	37.3%	61.0%	37.9%	62.1%
202	HINSDALE	222	99	118	5	19 D	44.6%	53.2%	45.6%	54.4%
6,590	HUERFANO	2,842	881	1,900	61	1,019 D	31.0%	66.9%	31.7%	68.3%
1,811	JACKSON	661	348	300	13	48 R	52.6%	45.4%	53.7%	46.3%
233,031	JEFFERSON	105,615	44,671	57,258	3,686	12,587 D	42.3%	54.2%	43.8%	56.2%
2,029	KIOWA	1,195	520	660	15	140 D	43.5%	55.2%	44.1%	55.9%
7,530	KIT CARSON	3,028	1,665	1,305	58	360 R	55.0%	43.1%	56.1%	43.9%
8,282	LAKE	2,588	885	1,619	84	734 D	34.2%	62.6%	35.3%	64.7%
19,199	LA PLATA	7,385	3,505	3,641	239	136 D	47.5%	49.3%	49.0%	51.0%
89,900	LARIMER	35,372	15,025	19,331	1,016	4,306 D	42.5%	54.7%	43.7%	56.3%
15,744	LAS ANIMAS	6,674	1,986	4,597	91	2,611 D	29.8%	68.9%	30.2%	69.8%
4,836	LINCOLN	2,210	1,056	1,118	36	62 D	47.8%	50.6%	48.6%	51.4%
18,852	LOGAN	6,512	2,895	3,490	127	595 D	44.5%	53.6%	45.3%	54.7%
54,374	MESA	20,314	9,967	9,897	450	70 R	49.1%	48.7%	50.2%	49.8%
786	MINERAL	418	160	241	17	81 D	38.3%	57.7%	39.9%	60.1%
6,525	MOFFAT	2,949	1,561	1,303	85	258 R	52.9%	44.2%	54.5%	45.5%
12,952	MONTEZUMA	4,028	1,813	2,062	153	249 D	45.0%	51.2%	46.8%	53.2%
18,366	MONTROSE	6,315	3,194	2,957	164	237 R	50.6%	46.8%	51.9%	48.1%
20,105	MORGAN	6,741	2,896	3,611	234	715 D	43.0%	53.6%	44.5%	55.5%
23,523	OTERO	7,280	3,239	3,836	205	597 D	44.5%	52.7%	45.8%	54.2%
1,546	OURAY	791	399	371	21	28 R	50.4%	46.9%	51.8%	48.2%
2,185	PARK	1,315	572	705	38	133 D	43.5%	53.6%	44.8%	55.2%
4,131	PHILLIPS	2,135	972	1,129	34	157 D	45.5%	52.9%	46.3%	53.7%
6,185	PITKIN	3,859	1,237	2,555	67	1,318 D	32.1%	66.2%	32.6%	67.4%
13,258	PROWERS	4,080	1,753	2,233	94	480 D	43.0%	54.7%	44.0%	56.0%
118,238	PUEBLO	38,158	12,312	24,694	1,152	12,382 D	32.3%	64.7%	33.3%	66.7%
4,842	RIO BLANCO	1,797	999	738	60	261 R	55.6%	41.1%	57.5%	42.5%
10,494	RIO GRANDE	3,365	1,800	1,475	90	325 R	53.5%	43.8%	55.0%	45.0%
6,592	ROUTT	3,827	1,610	2,148	69	538 D	42.1%	56.1%	42.8%	57.2%
3,827	SAGUACHE	1,823	828	942	53	114 D	45.4%	51.7%	46.8%	53.2%
831	SAN JUAN	379	127	241	11	114 D	33.5%	63.6%	34.5%	65.5%
1,949	SAN MIGUEL	1,264	495	741	28	246 D	39.2%	58.6%	40.0%	60.0%
3,405	SEDGWICK	1,482	763	698	21	65 R	51.5%	47.1%	52.2%	47.8%
2,665	SUMMIT	1,906	723	1,121	62	398 D	37.9%	58.8%	39.2%	60.8%
3,316	TELLER	2,099	946	1,096	57	150 D	45.1%	52.2%	46.3%	53.7%
5,550	WASHINGTON	2,187	1,085	1,036	66	49 R	49.6%	47.4%	51.2%	48.8%
89,297	WELD	28,975	12,122	15,876	977	3,754 D	41.8%	54.8%	43.3%	56.7%
8,544	YUMA	3,776	1,966	1,749	61	217 R	52.1%	46.3%	52.9%	47.1%
2,207,259	TOTAL	824,166	325,508	471,691	26,967	146,183 D	39.5%	57.2%	40.8%	59.2%

COLORADO

CONGRESS

CD	Year	Total Vote	Republican Vote	Republican Candidate	Democratic Vote	Democratic Candidate	Other Vote	Rep.-Dem. Plurality	Percentage Total Vote Rep.	Percentage Total Vote Dem.	Percentage Major Vote Rep.	Percentage Major Vote Dem.
1	1974	161,734	66,046	SOUTHWORTH, FRANK	94,583	SCHROEDER, PATRICIA	1,105	28,537 D	40.8%	58.5%	41.1%	58.9%
1	1972	197,495	93,733	MCKEVITT, JAMES D.	101,832	SCHROEDER, PATRICIA	1,930	8,099 D	47.5%	51.6%	47.9%	52.1%
2	1974	180,500	86,720	BROTZMAN, DONALD G.	93,728	WIRTH, TIMOTHY E.	52	7,008 D	48.0%	51.9%	48.1%	51.9%
2	1972	199,983	132,562	BROTZMAN, DONALD G.	66,817	BRUSH, FRANCIS W.	604	65,745 R	66.3%	33.4%	66.5%	33.5%
3	1974	135,081	43,298	RECORDS, E. KEITH	91,783	EVANS, FRANK E.		48,485 D	32.1%	67.9%	32.1%	67.9%
3	1972	162,067	54,556	BRADY, CHUCK	107,511	EVANS, FRANK E.		52,955 D	33.7%	66.3%	33.7%	66.3%
4	1974	159,434	82,982	JOHNSON, JAMES P.	76,452	CARROLL, JOHN		6,530 R	52.0%	48.0%	52.0%	48.0%
4	1972	186,145	94,994	JOHNSON, JAMES P.	91,151	MERSON, ALAN		3,843 R	51.0%	49.0%	51.0%	49.0%
5	1974	147,794	85,326	ARMSTRONG, WILLIAM L.	56,888	GALLOWAY, BEN	5,580	28,438 R	57.7%	38.5%	60.0%	40.0%
5	1972	167,190	104,214	ARMSTRONG, WILLIAM L.	60,948	JOHNSON, BYRON L.	2,028	43,266 R	62.3%	36.5%	63.1%	36.9%

COLORADO

1974 GENERAL ELECTION

Governor Other vote was 6,419 Prohibition (Dodge); 2,307 U.S. Labor (Meyers); 136 scattered.

Senator Other vote was 16,131 Independent (King); 8,410 Prohibition (Hyskell); 2,395 Independent American (Olshaw); 31 scattered.

Congress Other vote was American Heritage (Sachs) in CD 1; scattered in CD 2; Independent (Johnson) in CD 5.

1974 PRIMARIES

SEPTEMBER 10 REPUBLICAN

Governor 94,334 John D. Vanderhoof; 61,691 Robert W. Daniels.

Senator Peter H. Dominick, unopposed.

Congress Unopposed in all CD's.

SEPTEMBER 10 DEMOCRATIC

Governor 120,452 Richard D. Lamm; 84,796 Thomas Farley.

Senator 81,161 Gary W. Hart; 66,819 Herrick S. Roth; 55,339 Martin P. Miller.

Congress Unopposed in four CD's. Contested as follows:

  CD 3 29,385 Frank E. Evans; 17,808 Harvey W. Phelps.

CONNECTICUT

GOVERNOR
Ella T. Grasso (D). Elected 1974 to a four-year term.

SENATORS
Abraham A. Ribicoff (D). Re-elected 1974 to a six-year term. Previously elected 1968, 1962.

Lowell P. Weicker (R). Elected 1970 to a six-year term.

REPRESENTATIVES
1. William R. Cotter (D)
2. Christopher J. Dodd (D)
3. Robert N. Giaimo (D)
4. Stewart B. McKinney (R)
5. Ronald A. Sarasin (R)
6. Anthony T. Moffett (D)

POSTWAR VOTE FOR GOVERNOR

Year	Total Vote	Republican Vote	Republican Candidate	Democratic Vote	Democratic Candidate	Other Vote	Rep.-Dem. Plurality	Total Vote Rep.	Total Vote Dem.	Major Vote Rep.	Major Vote Dem.
1974	1,102,773	440,169	Steele, Robert H.	643,490	Grasso, Ella T.	19,114	203,321 D	39.9%	58.4%	40.6%	59.4%
1970	1,082,797	582,160	Meskill, Thomas J.	500,561	Daddario, Emilio	76	81,599 R	53.8%	46.2%	53.8%	46.2%
1966	1,008,557	446,536	Gengras, E. Clayton	561,599	Dempsey, John N.	422	115,063 D	44.3%	55.7%	44.3%	55.7%
1962	1,031,902	482,852	Alsop, John	549,027	Dempsey, John N.	23	66,175 D	46.8%	53.2%	46.8%	53.2%
1958	974,509	360,644	Zeller, Fred R.	607,012	Ribicoff, Abraham A.	6,853	246,368 D	37.0%	62.3%	37.3%	62.7%
1954	936,753	460,528	Lodge, John D.	463,643	Ribicoff, Abraham A.	12,582	3,115 D	49.2%	49.5%	49.8%	50.2%
1950	878,735	436,418	Lodge, John D.	419,404	Bowles, Chester	22,913	17,014 R	49.7%	47.7%	51.0%	49.0%
1948	875,170	429,071	Shannon, James C.	431,296	Bowles, Chester	14,803	2,225 D	49.0%	49.3%	49.9%	50.1%
1946	683,831	371,852	McConaughy, J. L.	276,335	Snow, Wilbert	35,644	95,517 R	54.4%	40.4%	57.4%	42.6%

The term of office of Connecticut's Governor was increased from two to four years effective with the 1950 election.

POSTWAR VOTE FOR SENATOR

Year	Total Vote	Republican Vote	Republican Candidate	Democratic Vote	Democratic Candidate	Other Vote	Rep.-Dem. Plurality	Total Vote Rep.	Total Vote Dem.	Major Vote Rep.	Major Vote Dem.
1974	1,084,918	372,055	Brannen, James H.	690,820	Ribicoff, Abraham A.	22,043	318,765 D	34.3%	63.7%	35.0%	65.0%
1970	1,089,353	454,721	Weicker, Lowell P.	368,111	Duffey, Joseph D.	266,521	86,610 R	41.7%	33.8%	55.3%	44.7%
1968	1,206,537	551,455	May, Edwin H.	655,043	Ribicoff, Abraham A.	39	103,588 D	45.7%	54.3%	45.7%	54.3%
1964	1,208,163	426,939	Lodge, John D.	781,008	Dodd, Thomas J.	216	354,069 D	35.3%	64.6%	35.3%	64.7%
1962	1,029,301	501,694	Seely-Brown, Horace	527,522	Ribicoff, Abraham A.	85	25,828 D	48.7%	51.3%	48.7%	51.3%
1958	965,463	410,622	Purtell, William A.	554,841	Dodd, Thomas J.	—	144,219 D	42.5%	57.5%	42.5%	57.5%
1956	1,113,819	610,829	Bush, Prescott	479,460	Dodd, Thomas J.	23,530	131,369 R	54.8%	43.0%	56.0%	44.0%
1952	1,093,467	573,854	Purtell, William A.	485,066	Benton, William	34,547	88,788 R	52.5%	44.4%	54.2%	45.8%
1952s	1,093,268	559,465	Bush, Prescott	530,505	Ribicoff, Abraham A.	3,298	28,960 R	51.2%	48.5%	51.3%	48.7%
1950	877,827	409,053	Talbot, Joseph E.	453,646	McMahon, Brien	15,128	44,593 D	46.6%	51.7%	47.4%	52.6%
1950s	877,135	430,311	Bush, Prescott	431,413	Benton, William	15,411	1,102 D	49.1%	49.2%	49.9%	50.1%
1946	682,921	381,328	Baldwin, Raymond	276,424	Tone, Joseph M.	25,169	104,904 R	55.8%	40.5%	58.0%	42.0%

One each of the 1952 and 1950 elections was for a short term to fill a vacancy.

CONNECTICUT

Districts Established July 18, 1972

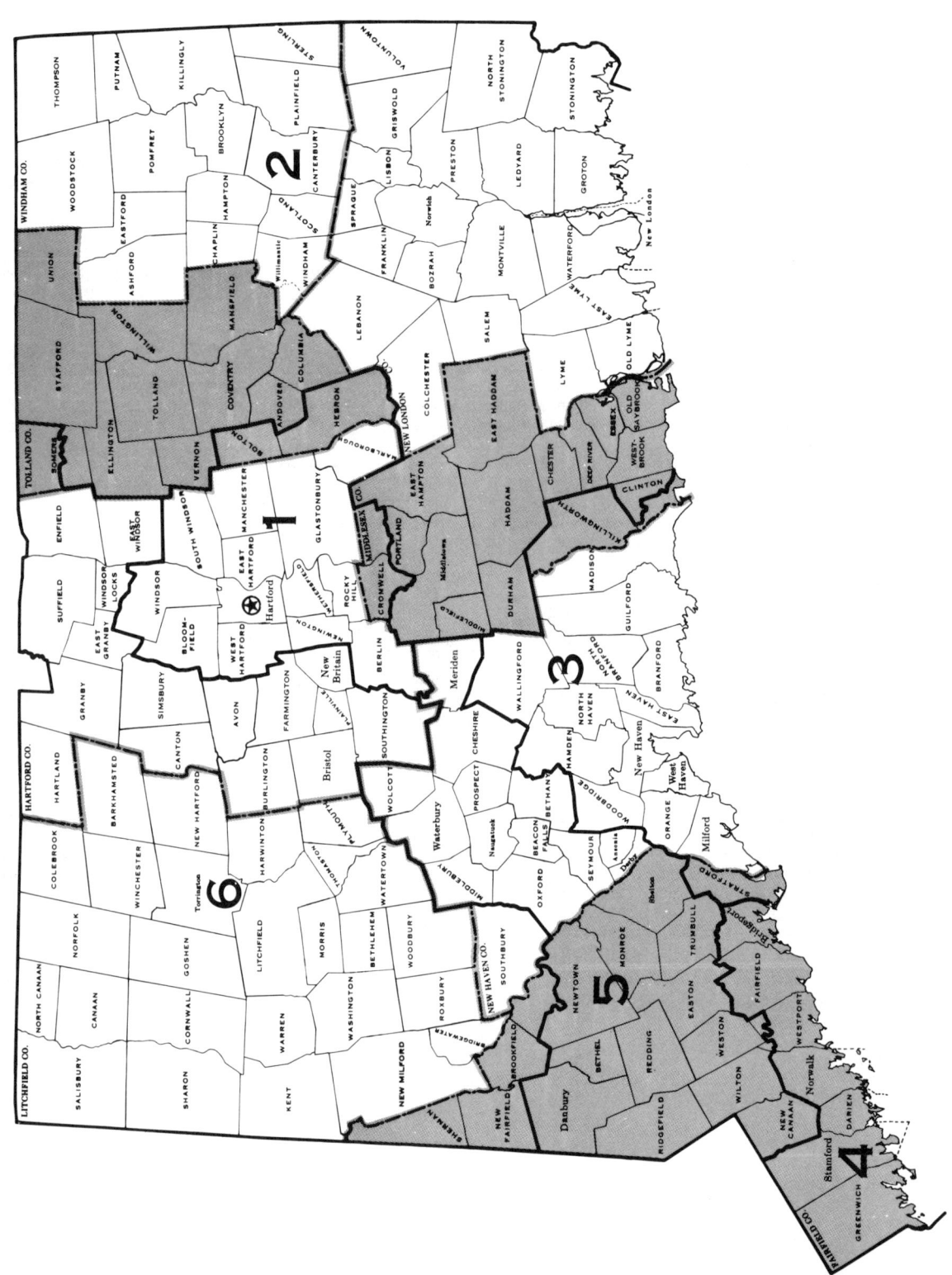

CONNECTICUT

GOVERNOR 1974

1970 Census Population	County	Total Vote	Republican	Democratic	Other	Rep.-Dem. Plurality	Percentage Total Vote Rep.	Dem.	Major Vote Rep.	Dem.
792,814	FAIRFIELD	271,713	115,712	150,847	5,154	35,135 D	42.6%	55.5%	43.4%	56.6%
816,737	HARTFORD	304,591	105,988	193,766	4,837	87,778 D	34.8%	63.6%	35.4%	64.6%
144,091	LITCHFIELD	61,823	25,562	35,411	850	9,849 D	41.3%	57.3%	41.9%	58.1%
115,018	MIDDLESEX	49,885	21,569	27,530	786	5,961 D	43.2%	55.2%	43.9%	56.1%
744,948	NEW HAVEN	270,477	103,340	161,013	6,124	57,673 D	38.2%	59.5%	39.1%	60.9%
230,654	NEW LONDON	73,655	36,656	36,385	614	271 R	49.8%	49.4%	50.2%	49.8%
103,440	TOLLAND	38,114	16,557	21,055	502	4,498 D	43.4%	55.2%	44.0%	56.0%
84,515	WINDHAM	32,515	14,785	17,483	247	2,698 D	45.5%	53.8%	45.8%	54.2%
3,032,217	TOTAL	1,102,773	440,169	643,490	19,114	203,321 D	39.9%	58.4%	40.6%	59.4%

CONNECTICUT

GOVERNOR 1974

1970 Census Population	City/Town	Total Vote	Republican	Democratic	Other	Rep.-Dem. Plurality	Percentage Total Vote Rep.	Dem.	Major Vote Rep.	Dem.
21,160	ANSONIA	7,828	2,745	4,800	283	2,055 D	35.1%	61.3%	36.4%	63.6%
20,444	BRANFORD	8,692	3,767	4,751	174	984 D	43.3%	54.7%	44.2%	55.8%
156,542	BRIDGEPORT	40,228	11,379	27,684	1,165	16,305 D	28.3%	68.8%	29.1%	70.9%
55,487	BRISTOL	20,344	5,369	14,672	303	9,303 D	26.4%	72.1%	26.8%	73.2%
50,781	DANBURY	16,793	5,285	11,298	210	6,013 D	31.5%	67.3%	31.9%	68.1%
20,411	DARIEN	7,533	5,286	2,214	33	3,072 R	70.2%	29.4%	70.5%	29.5%
57,583	EAST HARTFORD	19,604	5,695	13,556	353	7,861 D	29.1%	69.1%	29.6%	70.4%
25,120	EAST HAVEN	8,193	2,631	5,299	263	2,668 D	32.1%	64.7%	33.2%	66.8%
46,189	ENFIELD	14,601	3,963	10,425	213	6,462 D	27.1%	71.4%	27.5%	72.5%
56,487	FAIRFIELD TOWN	24,273	10,290	13,471	512	3,181 D	42.4%	55.5%	43.3%	56.7%
20,651	GLASTONBURY	10,033	4,715	5,195	123	480 D	47.0%	51.8%	47.6%	52.4%
59,755	GREENWICH	21,699	11,740	9,741	218	1,999 R	54.1%	44.9%	54.7%	45.3%
38,244	GROTON	8,661	4,701	3,898	62	803 R	54.3%	45.0%	54.7%	45.3%
49,357	HAMDEN	20,787	8,607	11,782	398	3,175 D	41.4%	56.7%	42.2%	57.8%
158,017	HARTFORD CITY	34,917	7,309	26,879	729	19,570 D	20.9%	77.0%	21.4%	78.6%
47,994	MANCHESTER	20,291	8,731	11,298	262	2,567 D	43.0%	55.7%	43.6%	56.4%
55,959	MERIDEN	21,012	7,395	13,215	402	5,820 D	35.2%	62.9%	35.9%	64.1%
36,924	MIDDLETOWN	14,050	4,402	9,460	188	5,058 D	31.3%	67.3%	31.8%	68.2%
50,858	MILFORD	17,235	6,687	10,101	447	3,414 D	38.8%	58.6%	39.8%	60.2%
23,034	NAUGATUCK	9,453	3,739	5,544	170	1,805 D	39.6%	58.6%	40.3%	59.7%
83,441	NEW BRITAIN	27,328	7,615	19,198	515	11,583 D	27.9%	70.3%	28.4%	71.6%
137,707	NEW HAVEN CITY	35,229	9,365	25,097	767	15,732 D	26.6%	71.2%	27.2%	72.8%
26,037	NEWINGTON	11,953	4,456	7,314	183	2,858 D	37.3%	61.2%	37.9%	62.1%
31,630	NEW LONDON CITY	8,536	3,668	4,769	99	1,101 D	43.0%	55.9%	43.5%	56.5%
22,194	NORTH HAVEN	9,795	4,352	5,194	249	842 D	44.4%	53.0%	45.6%	54.4%
79,113	NORWALK	22,824	9,261	13,137	426	3,876 D	40.6%	57.6%	41.3%	58.7%
41,739	NORWICH	11,999	5,569	6,348	82	779 D	46.4%	52.9%	46.7%	53.3%
27,165	SHELTON	10,267	4,306	5,536	425	1,230 D	41.9%	53.9%	43.8%	56.2%
30,946	SOUTHINGTON	11,568	3,866	7,546	156	3,680 D	33.4%	65.2%	33.9%	66.1%
108,798	STAMFORD	34,194	13,667	20,013	514	6,346 D	40.0%	58.5%	40.6%	59.4%
49,775	STRATFORD	19,984	7,294	12,115	575	4,821 D	36.5%	60.6%	37.6%	62.4%
31,952	TORRINGTON	13,599	4,172	9,229	198	5,057 D	30.7%	67.9%	31.1%	68.9%
31,394	TRUMBULL	12,833	5,580	6,963	290	1,383 D	43.5%	54.3%	44.5%	55.5%
27,237	VERNON	10,066	4,601	5,357	108	756 D	45.7%	53.2%	46.2%	53.8%
35,714	WALLINGFORD	13,218	5,435	7,472	311	2,037 D	41.1%	56.5%	42.1%	57.9%
108,033	WATERBURY	37,057	11,519	24,725	813	13,206 D	31.1%	66.7%	31.8%	68.2%
68,031	WEST HARTFORD	34,431	14,360	19,593	478	5,233 D	41.7%	56.9%	42.3%	57.7%
52,851	WEST HAVEN	19,897	6,448	12,908	541	6,460 D	32.4%	64.9%	33.3%	66.7%
27,414	WESTPORT	10,926	6,096	4,732	98	1,364 R	55.8%	43.3%	56.3%	43.7%
26,662	WETHERSFIELD	13,775	6,037	7,532	206	1,495 D	43.8%	54.7%	44.5%	55.5%
22,502	WINDSOR	10,218	3,675	6,357	186	2,682 D	36.0%	62.2%	36.6%	63.4%

CONNECTICUT

SENATOR 1974

1970 Census Population	County	Total Vote	Republican	Democratic	Other	Rep.-Dem. Plurality	Percentage Total Vote Rep.	Dem.	Major Vote Rep.	Dem.
792,814	FAIRFIELD	267,597	98,125	163,175	6,297	65,050 D	36.7%	61.0%	37.6%	62.4%
816,737	HARTFORD	299,738	94,182	199,971	5,585	105,789 D	31.4%	66.7%	32.0%	68.0%
144,091	LITCHFIELD	60,928	23,761	36,214	953	12,453 D	39.0%	59.4%	39.6%	60.4%
115,018	MIDDLESEX	49,139	18,333	29,920	886	11,587 D	37.3%	60.9%	38.0%	62.0%
744,948	NEW HAVEN	265,677	86,148	173,002	6,527	86,854 D	32.4%	65.1%	33.2%	66.8%
230,654	NEW LONDON	72,144	26,441	44,782	921	18,341 D	36.7%	62.1%	37.1%	62.9%
103,440	TOLLAND	37,782	13,805	23,402	575	9,597 D	36.5%	61.9%	37.1%	62.9%
84,515	WINDHAM	31,913	11,260	20,354	299	9,094 D	35.3%	63.8%	35.6%	64.4%
3,032,217	TOTAL	1,084,918	372,055	690,820	22,043	318,765 D	34.3%	63.7%	35.0%	65.0%

CONNECTICUT

SENATOR 1974

1970 Census Population	City/Town	Total Vote	Republican	Democratic	Other	Rep.-Dem. Plurality	Percentage Total Vote Rep.	Dem.	Major Vote Rep.	Dem.
21,160	ANSONIA	7,693	2,268	5,152	273	2,884 D	29.5%	67.0%	30.6%	69.4%
20,444	BRANFORD	8,606	3,001	5,388	217	2,387 D	34.9%	62.6%	35.8%	64.2%
156,542	BRIDGEPORT	39,650	10,307	27,972	1,371	17,665 D	26.0%	70.5%	26.9%	73.1%
55,487	BRISTOL	19,982	5,075	14,512	395	9,437 D	25.4%	72.6%	25.9%	74.1%
50,781	DANBURY	16,433	4,580	11,632	221	7,052 D	27.9%	70.8%	28.3%	71.7%
20,411	DARIEN	7,499	4,254	3,180	65	1,074 R	56.7%	42.4%	57.2%	42.8%
57,583	EAST HARTFORD	19,715	5,003	14,302	410	9,299 D	25.4%	72.5%	25.9%	74.1%
25,120	EAST HAVEN	8,136	2,150	5,724	262	3,574 D	26.4%	70.4%	27.3%	72.7%
46,189	ENFIELD	14,322	3,429	10,615	278	7,186 D	23.9%	74.1%	24.4%	75.6%
56,487	FAIRFIELD TOWN	24,140	8,887	14,622	631	5,735 D	36.8%	60.6%	37.8%	62.2%
20,651	GLASTONBURY	9,919	4,204	5,547	168	1,343 D	42.4%	55.9%	43.1%	56.9%
59,755	GREENWICH	21,449	10,274	10,902	273	628 D	47.9%	50.8%	48.5%	51.5%
38,244	GROTON	8,472	3,249	5,121	102	1,872 D	38.3%	60.4%	38.8%	61.2%
49,357	HAMDEN	20,506	6,820	13,262	424	6,442 D	33.3%	64.7%	34.0%	66.0%
158,017	HARTFORD CITY	33,631	7,033	25,931	667	18,898 D	20.9%	77.1%	21.3%	78.7%
47,994	MANCHESTER	20,023	7,041	12,640	342	5,599 D	35.2%	63.1%	35.8%	64.2%
55,959	MERIDEN	20,742	6,487	13,810	445	7,323 D	31.3%	66.6%	32.0%	68.0%
36,924	MIDDLETOWN	13,731	3,970	9,541	220	5,571 D	28.9%	69.5%	29.4%	70.6%
50,858	MILFORD	16,909	5,531	10,858	520	5,327 D	32.7%	64.2%	33.7%	66.3%
23,034	NAUGATUCK	9,214	3,176	5,862	176	2,686 D	34.5%	63.6%	35.1%	64.9%
83,441	NEW BRITAIN	26,402	7,150	18,627	625	11,477 D	27.1%	70.6%	27.7%	72.3%
137,707	NEW HAVEN CITY	34,379	8,018	25,604	757	17,586 D	23.3%	74.5%	23.8%	76.2%
26,037	NEWINGTON	11,767	3,874	7,637	256	3,763 D	32.9%	64.9%	33.7%	66.3%
31,630	NEW LONDON CITY	8,381	2,570	5,685	126	3,115 D	30.7%	67.8%	31.1%	68.9%
22,194	NORTH HAVEN	9,610	3,409	5,937	264	2,528 D	35.5%	61.8%	36.5%	63.5%
79,113	NORWALK	22,442	8,012	13,929	501	5,917 D	35.7%	62.1%	36.5%	63.5%
41,739	NORWICH	11,623	3,727	7,781	115	4,054 D	32.1%	66.9%	32.4%	67.6%
27,165	SHELTON	10,062	3,726	5,927	409	2,201 D	37.0%	58.9%	38.6%	61.4%
30,946	SOUTHINGTON	11,381	3,445	7,719	217	4,274 D	30.3%	67.8%	30.9%	69.1%
108,798	STAMFORD	33,533	11,061	21,808	664	10,747 D	33.0%	65.0%	33.7%	66.3%
49,775	STRATFORD	19,601	6,501	12,410	690	5,909 D	33.2%	63.3%	34.4%	65.6%
31,952	TORRINGTON	13,410	4,078	9,113	219	5,035 D	30.4%	68.0%	30.9%	69.1%
31,394	TRUMBULL	12,609	4,833	7,336	440	2,503 D	38.3%	58.2%	39.7%	60.3%
27,237	VERNON	10,039	3,627	6,282	130	2,655 D	36.1%	62.6%	36.6%	63.4%
35,714	WALLINGFORD	13,054	4,175	8,523	356	4,348 D	32.0%	65.3%	32.9%	67.1%
108,033	WATERBURY	36,387	11,117	24,390	880	13,273 D	30.6%	67.0%	31.3%	68.7%
68,031	WEST HARTFORD	34,121	12,122	21,483	516	9,361 D	35.5%	63.0%	36.1%	63.9%
52,851	WEST HAVEN	19,298	5,193	13,549	556	8,356 D	26.9%	70.2%	27.7%	72.3%
27,414	WESTPORT	10,829	4,368	6,308	153	1,940 D	40.3%	58.3%	40.9%	59.1%
26,662	WETHERSFIELD	13,612	5,214	8,140	258	2,926 D	38.3%	59.8%	39.0%	61.0%
22,502	WINDSOR	10,126	3,238	6,676	212	3,438 D	32.0%	65.9%	32.7%	67.3%

CONNECTICUT

CONGRESS

CD	Year	Total Vote	Republican Vote	Candidate	Democratic Vote	Candidate	Other Vote	Rep.-Dem. Plurality	Total Vote % Rep.	Total Vote % Dem.	Major Vote % Rep.	Major Vote % Dem.
1	1974	186,772	67,080	BUCKLEY, F. MAC	117,038	COTTER, WILLIAM R.	2,654	49,958 D	35.9%	62.7%	36.4%	63.6%
1	1972	229,682	96,188	RITTENBAND, RICHARD M.	130,701	COTTER, WILLIAM R.	2,793	34,513 D	41.9%	56.9%	42.4%	57.6%
2	1974	176,949	69,380	HELLIER, SAMUEL B.	104,436	DODD, CHRISTOPHER J.	3,133	35,056 D	39.2%	59.0%	39.9%	60.1%
2	1972	215,512	142,094	STEELE, ROBERT H.	73,400	HILSMAN, ROGER	18	68,694 R	65.9%	34.1%	65.9%	34.1%
3	1974	175,507	55,177	ALTHAM, JAMES	114,316	GIAIMO, ROBERT N.	6,014	59,139 D	31.4%	65.1%	32.6%	67.4%
3	1972	227,561	106,313	POVINELLI, HENRY A.	121,217	GIAIMO, ROBERT N.	31	14,904 D	46.7%	53.3%	46.7%	53.3%
4	1974	157,235	83,630	MCKINNEY, STEWART B.	71,047	KELLIS, JAMES G.	2,558	12,583 R	53.2%	45.2%	54.1%	45.9%
4	1972	215,433	135,883	MCKINNEY, STEWART B.	79,515	MCLOUGHLIN, JAMES P.	35	56,368 R	63.1%	36.9%	63.1%	36.9%
5	1974	188,489	94,998	SARASIN, RONALD A.	90,407	RATCHFORD, WILLIAM	3,084	4,591 R	50.4%	48.0%	51.2%	48.8%
5	1972	229,731	117,578	SARASIN, RONALD A.	112,142	MONAGAN, JOHN S.	11	5,436 R	51.2%	48.8%	51.2%	48.8%
6	1974	193,581	69,942	PISCOPO, PATSY J.	122,785	MOFFETT, ANTHONY T.	854	52,843 D	36.1%	63.4%	36.3%	63.7%
6	1972	233,082	92,783	WALSH, JOHN F.	140,290	GRASSO, ELLA T.	9	47,507 D	39.8%	60.2%	39.8%	60.2%

CONNECTICUT

1974 GENERAL ELECTION

In addition to the county-by-county figures, 1974 data are presented for selected Connecticut communities. Since not all jurisdictions of the state are listed in this special tabulation, state-wide totals are shown only with the county-by-county statistics.

Governor   Other vote was 16,660 George Wallace Party (Pallone); 2,291 American (Peichert); 163 scattered.

Senator   Other vote was 19,184 George Wallace Party (Capozzi); 2,682 American (Rochon); 177 scattered.

Congress   Other vote was as follows:

    CD 1   2,639 George Wallace Party (Burke); 15 scattered.
    CD 2   3,124 Independent (Discepolo); 9 scattered.
    CD 3   3,693 George Wallace Party (Koltypin); 2,307 Communist (Fishman); 14 scattered.
    CD 4   2,540 George Wallace Party (Fodeman); 18 scattered.
    CD 5   3,071 George Wallace Party (Knauf); 13 scattered.
    CD 6   823 Independent (Marietta); 31 scattered.

1974 PRIMARIES

Party conventions nominate Connecticut candidates, subject to a system of "challenge" primaries. Any candidate who receives more than 20 percent of the convention vote is entitled to challenge the endorsed candidate in a primary. There were two such primaries in 1974.

SEPTEMBER 10 DEMOCRATIC

Congress

    CD 5   20,241 William Ratchford; 11,642 Frank D. Santaguida.
    CD 6   19,448 Anthony T. Moffett; 14,070 Stanley J. Pac.

DELAWARE

GOVERNOR
Sherman W. Tribbitt (D). Elected 1972 to a four-year term.

SENATORS
Joseph R. Biden (D). Elected 1972 to a six-year term.

William V. Roth (R). Elected 1970 to a six-year term.

REPRESENTATIVE
At-Large. Pierre du Pont (R)

POSTWAR VOTE FOR GOVERNOR

Year	Total Vote	Republican Vote	Republican Candidate	Democratic Vote	Democratic Candidate	Other Vote	Rep.-Dem. Plurality	Total Vote Rep.	Total Vote Dem.	Major Vote Rep.	Major Vote Dem.
1972	228,722	109,583	Peterson, Russell W.	117,274	Tribbitt, Sherman W.	1,865	7,691 D	47.9%	51.3%	48.3%	51.7%
1968	206,834	104,474	Peterson, Russell W.	102,360	Terry, Charles L.	—	2,114 R	50.5%	49.5%	50.5%	49.5%
1964	200,171	97,374	Buckson, David P.	102,797	Terry, Charles L.	—	5,423 D	48.6%	51.4%	48.6%	51.4%
1960	194,835	94,043	Rollins, John W.	100,792	Carvel, Elbert N.	—	6,749 D	48.3%	51.7%	48.3%	51.7%
1956	177,012	91,965	Boggs, J. Caleb	85,047	McConnell, J. H. T.	—	6,918 R	52.0%	48.0%	52.0%	48.0%
1952	170,749	88,977	Boggs, J. Caleb	81,772	Carvel, Elbert N.	—	7,205 R	52.1%	47.9%	52.1%	47.9%
1948	140,335	64,996	George, Hyland P.	75,339	Carvel, Elbert N.	—	10,343 D	46.3%	53.7%	46.3%	53.7%

POSTWAR VOTE FOR SENATOR

Year	Total Vote	Republican Vote	Republican Candidate	Democratic Vote	Democratic Candidate	Other Vote	Rep.-Dem. Plurality	Total Vote Rep.	Total Vote Dem.	Major Vote Rep.	Major Vote Dem.
1972	229,828	112,844	Boggs, J. Caleb	116,006	Biden, Joseph R.	978	3,162 D	49.1%	50.5%	49.3%	50.7%
1970	161,439	94,979	Roth, William V.	64,740	Zimmerman, Jacob	1,720	30,239 R	58.8%	40.1%	59.5%	40.5%
1966	164,549	97,268	Boggs, J. Caleb	67,281	Tunnell, James M., Jr.	—	29,987 R	59.1%	40.9%	59.1%	40.9%
1964	200,703	103,782	Williams, John J.	96,850	Carvel, Elbert N.	71	6,932 R	51.7%	48.3%	51.7%	48.3%
1960	194,964	98,874	Boggs, J. Caleb	96,090	Frear, J. Allen	—	2,784 R	50.7%	49.3%	50.7%	49.3%
1958	154,432	82,280	Williams, John J.	72,152	Carvel, Elbert N.	—	10,128 R	53.3%	46.7%	53.3%	46.7%
1954	144,900	62,389	Warburton, H. B.	82,511	Frear, J. Allen	—	20,122 D	43.1%	56.9%	43.1%	56.9%
1952	170,705	93,020	Williams, John J.	77,685	Bayard, A. I. duP.	—	15,335 R	54.5%	45.5%	54.5%	45.5%
1948	141,362	68,246	Buck, C. Douglas	71,888	Frear, J. Allen	1,228	3,642 D	48.3%	50.9%	48.7%	51.3%
1946	113,513	62,603	Williams, John J.	50,910	Tunnell, James M.	—	11,693 R	55.2%	44.8%	55.2%	44.8%

DELAWARE

DELAWARE

CONGRESS

CD	Year	Total Vote	Republican Vote	Republican Candidate	Democratic Vote	Democratic Candidate	Other Vote	Rep.-Dem. Plurality	Total Vote Rep.	Total Vote Dem.	Major Vote Rep.	Major Vote Dem.
AL	1974	160,328	93,826	DUPONT, PIERRE	63,490	SOLES, JAMES	3,012	30,336 R	58.5%	39.6%	59.6%	40.4%
AL	1972	225,851	141,237	DUPONT, PIERRE	83,230	HANDLOFF, NORMA	1,384	58,007 R	62.5%	36.9%	62.9%	37.1%
AL	1970	160,313	86,125	DUPONT, PIERRE	71,429	DANIELLO, JOHN D.	2,759	14,696 R	53.7%	44.6%	54.7%	45.3%
AL	1968	200,820	117,827	ROTH, WILLIAM V.	82,993	MCDOWELL, HARRIS B.		34,834 R	58.7%	41.3%	58.7%	41.3%
AL	1966	163,103	90,961	ROTH, WILLIAM V.	72,142	MCDOWELL, HARRIS B.		18,819 R	55.8%	44.2%	55.8%	44.2%
AL	1964	198,691	86,254	SNOWDEN, JAMES H.	112,361	MCDOWELL, HARRIS B.	76	26,107 D	43.4%	56.6%	43.4%	56.6%
AL	1962	153,356	71,934	WILLIAMS, WILMER F.	81,166	MCDOWELL, HARRIS B.	256	9,232 D	46.9%	52.9%	47.0%	53.0%
AL	1960	194,564	96,337	MCKINSTRY, JAMES T.	98,227	MCDOWELL, HARRIS B.		1,890 D	49.5%	50.5%	49.5%	50.5%
AL	1958	152,896	76,099	HASKELL, HARRY G.	76,797	MCDOWELL, HARRIS B.		698 D	49.8%	50.2%	49.8%	50.2%
AL	1956	176,182	91,538	HASKELL, HARRY G.	84,644	MCDOWELL, HARRIS B.		6,894 R	52.0%	48.0%	52.0%	48.0%
AL	1954	144,236	65,035	MARTIN, LILLIAN	79,201	MCDOWELL, HARRIS B.		14,166 D	45.1%	54.9%	45.1%	54.9%
AL	1952	170,015	88,285	WARBURTON, H. B.	81,730	SCANNELL, JOSEPH S.		6,555 R	51.9%	48.1%	51.9%	48.1%
AL	1950	129,404	73,313	BOGGS, J. CALEB	56,091	WINCHESTER, H. M.		17,222 R	56.7%	43.3%	56.7%	43.3%
AL	1948	140,535	71,127	BOGGS, J. CALEB	68,909	MCGUIGAN, J. CARL	499	2,218 R	50.6%	49.0%	50.8%	49.2%
AL	1946	112,621	63,516	BOGGS, J. CALEB	49,105	TRAYNOR, PHILIP A.		14,411 R	56.4%	43.6%	56.4%	43.6%

DELAWARE

1974 GENERAL ELECTION

Congress   Delaware has elected a single Representative at-large during the entire postwar period. Other vote was 1,250 American (Gies); 1,241 Public Congress in Delaware (Trager); 370 Prohibition (Brown); 151 U.S. Labor (Dillard).

1974 PRIMARIES

Party conventions nominate Delaware candidates, subject to a system of "challenge" primaries. Any candidate who receives at least 35 percent of the convention vote is entitled to challenge the endorsed candidate in a primary. No "challenge" primaries were held in 1974.

FLORIDA

GOVERNOR
Reubin Askew (D). Re-elected 1974 to a four-year term. Previously elected 1970.

SENATORS
Lawton Chiles (D). Elected 1970 to a six-year term.

Richard Stone (D). Elected 1974 to a six-year term.

REPRESENTATIVES
1. Robert L. F. Sikes (D)
2. Don Fuqua (D)
3. Charles E. Bennett (D)
4. William V. Chappell (D)
5. Richard Kelly (R)
6. C. W. Young (R)
7. Sam M. Gibbons (D)
8. James A. Haley (D)
9. Louis Frey (R)
10. L. A. Bafalis (R)
11. Paul G. Rogers (D)
12. J. Herbert Burke (R)
13. William Lehman (D)
14. Claude Pepper (D)
15. Dante B. Fascell (D)

POSTWAR VOTE FOR GOVERNOR

Year	Total Vote	Republican Vote	Republican Candidate	Democratic Vote	Democratic Candidate	Other Vote	Rep.-Dem. Plurality	Total Vote Rep.	Total Vote Dem.	Major Vote Rep.	Major Vote Dem.
1974	1,828,392	709,438	Thomas, Jerry	1,118,954	Askew, Reubin	—	409,516 D	38.8%	61.2%	38.8%	61.2%
1970	1,730,813	746,243	Kirk, Claude R.	984,305	Askew, Reubin	265	238,062 D	43.1%	56.9%	43.1%	56.9%
1966	1,489,661	821,190	Kirk, Claude R.	668,233	High, Robert King	238	152,957 R	55.1%	44.9%	55.1%	44.9%
1964s	1,663,481	686,297	Holley, Charles R.	933,554	Burns, Haydon	43,630	247,257 D	41.3%	56.1%	42.4%	57.6%
1960	1,419,343	569,936	Petersen, George C.	849,407	Bryant, Farris	—	279,471 D	40.2%	59.8%	40.2%	59.8%
1956	1,014,733	266,980	Washburne, W. A.	747,753	Collins, LeRoy	—	480,773 D	26.3%	73.7%	26.3%	73.7%
1954s	357,783	69,852	Watson, J. Tom	287,769	Collins, LeRoy	162	217,917 D	19.5%	80.4%	19.5%	80.5%
1952	834,518	210,009	Swan, Harry S.	624,463	McCarty, Dan	46	414,454 D	25.2%	74.8%	25.2%	74.8%
1948	457,638	76,153	Acker, Bert Lee	381,459	Warren, Fuller	26	305,306 D	16.6%	83.4%	16.6%	83.4%

The 1954 election was for a short term to fill a vacancy. The 1964 vote was for a two-year term to permit shifting the vote for Governor to non-Presidential years.

POSTWAR VOTE FOR SENATOR

Year	Total Vote	Republican Vote	Republican Candidate	Democratic Vote	Democratic Candidate	Other Vote	Rep.-Dem. Plurality	Total Vote Rep.	Total Vote Dem.	Major Vote Rep.	Major Vote Dem.
1974	1,800,539	736,674	Eckerd, Jack M.	781,031	Stone, Richard	282,834	44,357 D	40.9%	43.4%	48.5%	51.5%
1970	1,675,378	772,817	Cramer, William C.	902,438	Chiles, Lawton	123	129,621 D	46.1%	53.9%	46.1%	53.9%
1968	2,024,136	1,131,499	Gurney, Edward J.	892,637	Collins, LeRoy	—	238,862 R	55.9%	44.1%	55.9%	44.1%
1964	1,560,337	562,212	Kirk, Claude R.	997,585	Holland, Spessard L.	540	435,373 D	36.0%	63.9%	36.0%	64.0%
1962	939,207	281,381	Rupert, Emerson H.	657,633	Smathers, George A.	193	376,252 D	30.0%	70.0%	30.0%	70.0%
1958	542,069	155,956	Hyzer, Leland	386,113	Holland, Spessard L.	—	230,157 D	28.8%	71.2%	28.8%	71.2%
1956	655,418	—	—	655,418	Smathers, George A.	—	655,418 D	—	100.0%	—	100.0%
1952	617,800	—	—	616,665	Holland, Spessard L.	1,135	616,665 D	—	99.8%	—	100.0%
1950	313,487	74,228	Booth, John P.	238,987	Smathers, George A.	272	164,759 D	23.7%	76.2%	23.7%	76.3%
1946	198,640	42,408	Schad, J. Harry	156,232	Holland, Spessard L.	—	113,824 D	21.3%	78.7%	21.3%	78.7%

FLORIDA

Districts Established April 26, 1972

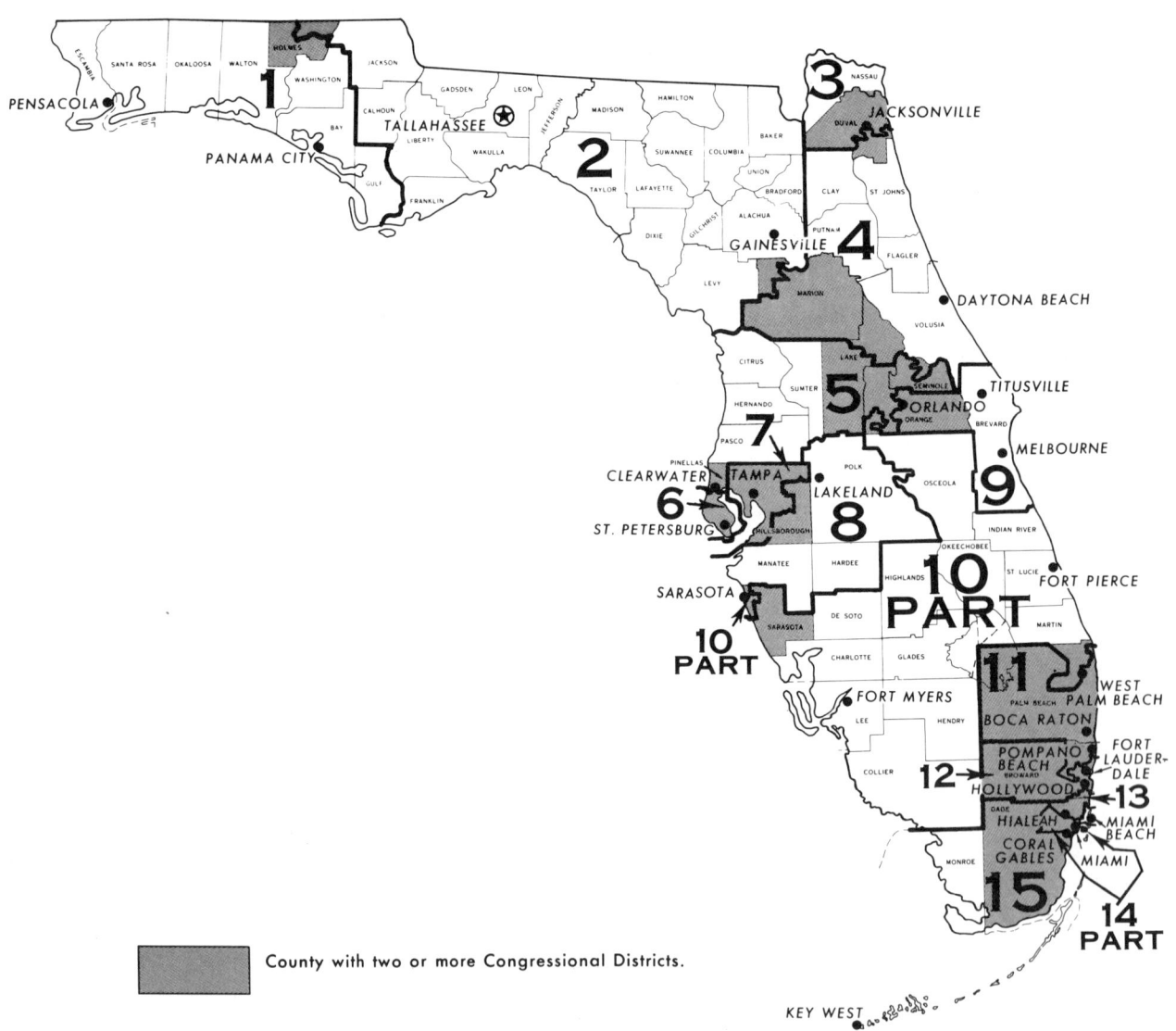

FLORIDA

GOVERNOR 1974

1970 Census Population	County	Total Vote	Republican	Democratic	Other	Rep.-Dem. Plurality	Percentage Total Vote Rep.	Dem.	Major Vote Rep.	Dem.
104,764	ALACHUA	21,761	5,417	16,344		10,927 D	24.9%	75.1%	24.9%	75.1%
9,242	BAKER	1,499	777	722		55 R	51.8%	48.2%	51.8%	48.2%
75,283	BAY	14,882	8,930	5,952		2,978 R	60.0%	40.0%	60.0%	40.0%
14,625	BRADFORD	3,186	1,476	1,710		234 D	46.3%	53.7%	46.3%	53.7%
230,006	BREVARD	59,844	22,730	37,114		14,384 D	38.0%	62.0%	38.0%	62.0%
620,100	BROWARD	192,649	74,416	118,233		43,817 D	38.6%	61.4%	38.6%	61.4%
7,624	CALHOUN	2,146	1,292	854		438 R	60.2%	39.8%	60.2%	39.8%
27,559	CHARLOTTE	14,928	5,871	9,057		3,186 D	39.3%	60.7%	39.3%	60.7%
19,196	CITRUS	10,078	3,893	6,185		2,292 D	38.6%	61.4%	38.6%	61.4%
32,059	CLAY	7,319	3,445	3,874		429 D	47.1%	52.9%	47.1%	52.9%
38,040	COLLIER	15,310	5,636	9,674		4,038 D	36.8%	63.2%	36.8%	63.2%
25,250	COLUMBIA	5,386	3,077	2,309		768 R	57.1%	42.9%	57.1%	42.9%
1,267,792	DADE	284,638	80,442	204,196		123,754 D	28.3%	71.7%	28.3%	71.7%
13,060	DE SOTO	2,904	1,242	1,662		420 D	42.8%	57.2%	42.8%	57.2%
5,480	DIXIE	1,557	679	878		199 D	43.6%	56.4%	43.6%	56.4%
528,865	DUVAL	97,496	39,513	57,983		18,470 D	40.5%	59.5%	40.5%	59.5%
205,334	ESCAMBIA	47,095	18,237	28,858		10,621 D	38.7%	61.3%	38.7%	61.3%
4,454	FLAGLER	1,486	549	937		388 D	36.9%	63.1%	36.9%	63.1%
7,065	FRANKLIN	1,724	961	763		198 R	55.7%	44.3%	55.7%	44.3%
39,184	GADSDEN	6,118	2,740	3,378		638 D	44.8%	55.2%	44.8%	55.2%
3,551	GILCHRIST	994	483	511		28 D	48.6%	51.4%	48.6%	51.4%
3,669	GLADES	1,025	507	518		11 D	49.5%	50.5%	49.5%	50.5%
10,096	GULF	2,596	1,734	862		872 R	66.8%	33.2%	66.8%	33.2%
7,787	HAMILTON	1,335	678	657		21 R	50.8%	49.2%	50.8%	49.2%
14,889	HARDEE	2,887	1,374	1,513		139 D	47.6%	52.4%	47.6%	52.4%
11,859	HENDRY	2,441	1,325	1,116		209 R	54.3%	45.7%	54.3%	45.7%
17,004	HERNANDO	7,684	2,845	4,839		1,994 D	37.0%	63.0%	37.0%	63.0%
29,507	HIGHLANDS	9,018	4,306	4,712		406 D	47.7%	52.3%	47.7%	52.3%
490,265	HILLSBOROUGH	95,290	28,780	66,510		37,730 D	30.2%	69.8%	30.2%	69.8%
10,720	HOLMES	2,720	1,905	815		1,090 R	70.0%	30.0%	70.0%	30.0%
35,992	INDIAN RIVER	11,479	5,004	6,475		1,471 D	43.6%	56.4%	43.6%	56.4%
34,434	JACKSON	6,963	4,252	2,711		1,541 R	61.1%	38.9%	61.1%	38.9%
8,778	JEFFERSON	2,340	1,145	1,195		50 D	48.9%	51.1%	48.9%	51.1%
2,892	LAFAYETTE	941	628	313		315 R	66.7%	33.3%	66.7%	33.3%
69,305	LAKE	21,143	11,764	9,379		2,385 R	55.6%	44.4%	55.6%	44.4%
105,216	LEE	40,668	18,540	22,128		3,588 D	45.6%	54.4%	45.6%	54.4%
103,047	LEON	29,850	10,652	19,198		8,546 D	35.7%	64.3%	35.7%	64.3%
12,756	LEVY	2,800	1,238	1,562		324 D	44.2%	55.8%	44.2%	55.8%
3,379	LIBERTY	1,051	619	432		187 R	58.9%	41.1%	58.9%	41.1%
13,481	MADISON	3,341	1,661	1,680		19 D	49.7%	50.3%	49.7%	50.3%
97,115	MANATEE	34,292	12,819	21,473		8,654 D	37.4%	62.6%	37.4%	62.6%
69,030	MARION	17,492	7,267	10,225		2,958 D	41.5%	58.5%	41.5%	58.5%
28,035	MARTIN	13,553	6,559	6,994		435 D	48.4%	51.6%	48.4%	51.6%
52,586	MONROE	11,021	4,014	7,007		2,993 D	36.4%	63.6%	36.4%	63.6%
20,626	NASSAU	3,385	1,548	1,837		289 D	45.7%	54.3%	45.7%	54.3%
88,187	OKALOOSA	16,583	8,343	8,240		103 R	50.3%	49.7%	50.3%	49.7%
11,233	OKEECHOBEE	2,152	1,093	1,059		34 R	50.8%	49.2%	50.8%	49.2%
344,311	ORANGE	79,842	36,359	43,483		7,124 D	45.5%	54.5%	45.5%	54.5%
25,267	OSCEOLA	8,502	4,147	4,355		208 D	48.8%	51.2%	48.8%	51.2%
348,753	PALM BEACH	131,347	59,849	71,498		11,649 D	45.6%	54.4%	45.6%	54.4%
75,955	PASCO	38,836	13,779	25,057		11,278 D	35.5%	64.5%	35.5%	64.5%
522,329	PINELLAS	195,556	69,546	126,010		56,464 D	35.6%	64.4%	35.6%	64.4%
227,222	POLK	50,446	20,550	29,896		9,346 D	40.7%	59.3%	40.7%	59.3%
36,290	PUTNAM	8,229	3,412	4,817		1,405 D	41.5%	58.5%	41.5%	58.5%
30,727	ST. JOHNS	7,228	3,478	3,750		272 D	48.1%	51.9%	48.1%	51.9%
50,836	ST. LUCIE	13,880	6,612	7,268		656 D	47.6%	52.4%	47.6%	52.4%
37,741	SANTA ROSA	9,666	4,949	4,717		232 R	51.2%	48.8%	51.2%	48.8%
120,413	SARASOTA	47,150	20,039	27,111		7,072 D	42.5%	57.5%	42.5%	57.5%
83,692	SEMINOLE	24,737	11,191	13,546		2,355 D	45.2%	54.8%	45.2%	54.8%
14,839	SUMTER	3,614	1,627	1,987		360 D	45.0%	55.0%	45.0%	55.0%
15,559	SUWANNEE	3,919	2,331	1,588		743 R	59.5%	40.5%	59.5%	40.5%
13,641	TAYLOR	2,964	1,764	1,200		564 R	59.5%	40.5%	59.5%	40.5%
8,112	UNION	1,173	686	487		199 R	58.5%	41.5%	58.5%	41.5%
169,487	VOLUSIA	54,050	20,369	33,681		13,312 D	37.7%	62.3%	37.7%	62.3%
6,308	WAKULLA	2,365	1,409	956		453 R	59.6%	40.4%	59.6%	40.4%
16,087	WALTON	4,665	2,935	1,730		1,205 R	62.9%	37.1%	62.9%	37.1%
11,453	WASHINGTON	3,173	2,000	1,173		827 R	63.0%	37.0%	63.0%	37.0%
6,789,443	TOTAL	1,828,392	709,438	1,118,954		409,516 D	38.8%	61.2%	38.8%	61.2%

FLORIDA

SENATOR 1974

1970 Census Population	County	Total Vote	Republican	Democratic	Other	Rep.-Dem. Plurality	Percentage Total Vote Rep.	Dem.	Major Vote Rep.	Dem.
104,764	ALACHUA	20,971	7,095	12,158	1,718	5,063 D	33.8%	58.0%	36.9%	63.1%
9,242	BAKER	1,484	402	744	338	342 D	27.1%	50.1%	35.1%	64.9%
75,283	BAY	14,413	4,685	5,306	4,422	621 D	32.5%	36.8%	46.9%	53.1%
14,625	BRADFORD	3,137	923	1,745	469	822 D	29.4%	55.6%	34.6%	65.4%
230,006	BREVARD	59,574	27,602	21,734	10,238	5,868 R	46.3%	36.5%	55.9%	44.1%
620,100	BROWARD	191,230	73,882	94,586	22,762	20,704 D	38.6%	49.5%	43.9%	56.1%
7,624	CALHOUN	2,086	345	964	777	619 D	16.5%	46.2%	26.4%	73.6%
27,559	CHARLOTTE	14,959	7,829	4,131	2,999	3,698 R	52.3%	27.6%	65.5%	34.5%
19,196	CITRUS	10,075	4,701	3,911	1,463	790 R	46.7%	38.8%	54.6%	45.4%
32,059	CLAY	6,895	3,175	2,880	840	295 R	46.0%	41.8%	52.4%	47.6%
38,040	COLLIER	15,315	8,202	3,339	3,774	4,863 R	53.6%	21.8%	71.1%	28.9%
25,250	COLUMBIA	5,288	2,016	2,050	1,222	34 D	38.1%	38.8%	49.6%	50.4%
1,267,792	DADE	277,403	79,879	171,312	26,212	91,433 D	28.8%	61.8%	31.8%	68.2%
13,060	DE SOTO	2,893	1,091	927	875	164 R	37.7%	32.0%	54.1%	45.9%
5,480	DIXIE	1,495	304	902	289	598 D	20.3%	60.3%	25.2%	74.8%
528,865	DUVAL	94,353	37,818	43,507	13,028	5,689 D	40.1%	46.1%	46.5%	53.5%
205,334	ESCAMBIA	45,573	12,759	23,459	9,355	10,700 D	28.0%	51.5%	35.2%	64.8%
4,454	FLAGLER	1,505	407	790	308	383 D	27.0%	52.5%	34.0%	66.0%
7,065	FRANKLIN	1,687	438	723	526	285 D	26.0%	42.9%	37.7%	62.3%
39,184	GADSDEN	6,025	1,466	3,262	1,297	1,796 D	24.3%	54.1%	31.0%	69.0%
3,551	GILCHRIST	985	201	617	167	416 D	20.4%	62.6%	24.6%	75.4%
3,669	GLADES	1,021	221	425	375	204 D	21.6%	41.6%	34.2%	65.8%
10,096	GULF	2,588	409	1,151	1,028	742 D	15.8%	44.5%	26.2%	73.8%
7,787	HAMILTON	1,294	458	637	199	179 D	35.4%	49.2%	41.8%	58.2%
14,889	HARDEE	2,913	920	694	1,299	226 R	31.6%	23.8%	57.0%	43.0%
11,859	HENDRY	2,359	562	708	1,089	146 D	23.8%	30.0%	44.3%	55.7%
17,004	HERNANDO	7,568	4,050	2,596	922	1,454 R	53.5%	34.3%	60.9%	39.1%
29,507	HIGHLANDS	9,175	4,394	2,104	2,677	2,290 R	47.9%	22.9%	67.6%	32.4%
490,265	HILLSBOROUGH	93,694	44,900	36,419	12,375	8,481 R	47.9%	38.9%	55.2%	44.8%
10,720	HOLMES	2,577	630	1,061	886	431 D	24.4%	41.2%	37.3%	62.7%
35,992	INDIAN RIVER	11,723	5,722	4,101	1,900	1,621 R	48.8%	35.0%	58.3%	41.7%
34,434	JACKSON	6,600	1,634	2,782	2,184	1,148 D	24.8%	42.2%	37.0%	63.0%
8,778	JEFFERSON	2,169	578	1,056	535	478 D	26.6%	48.7%	35.4%	64.6%
2,892	LAFAYETTE	924	254	377	293	123 D	27.5%	40.8%	40.3%	59.7%
69,305	LAKE	20,924	11,586	5,713	3,625	5,873 R	55.4%	27.3%	67.0%	33.0%
105,216	LEE	40,968	17,855	11,732	11,381	6,123 R	43.6%	28.6%	60.3%	39.7%
103,047	LEON	29,495	7,359	15,379	6,757	8,020 D	24.9%	52.1%	32.4%	67.6%
12,756	LEVY	2,769	859	1,309	601	450 D	31.0%	47.3%	39.6%	60.4%
3,379	LIBERTY	1,031	193	428	410	235 D	18.7%	41.5%	31.1%	68.9%
13,481	MADISON	3,271	900	1,660	711	760 D	27.5%	50.7%	35.2%	64.8%
97,115	MANATEE	34,001	19,045	9,760	5,196	9,285 R	56.0%	28.7%	66.1%	33.9%
69,030	MARION	17,162	5,000	6,540	5,622	1,540 D	29.1%	38.1%	43.3%	56.7%
28,035	MARTIN	13,246	6,113	4,442	2,691	1,671 R	46.1%	33.5%	57.9%	42.1%
52,586	MONROE	11,030	4,294	5,280	1,456	986 D	38.9%	47.9%	44.9%	55.1%
20,626	NASSAU	3,316	1,098	1,635	583	537 D	33.1%	49.3%	40.2%	59.8%
88,187	OKALOOSA	16,407	5,773	7,016	3,618	1,243 D	35.2%	42.8%	45.1%	54.9%
11,233	OKEECHOBEE	2,135	729	867	539	138 D	34.1%	40.6%	45.7%	54.3%
344,311	ORANGE	78,996	36,189	29,450	13,357	6,739 R	45.8%	37.3%	55.1%	44.9%
25,267	OSCEOLA	8,457	3,978	2,910	1,569	1,068 R	47.0%	34.4%	57.8%	42.2%
348,753	PALM BEACH	129,245	47,041	52,474	29,730	5,433 D	36.4%	40.6%	47.3%	52.7%
75,955	PASCO	39,226	19,714	14,416	5,096	5,298 R	50.3%	36.8%	57.8%	42.2%
522,329	PINELLAS	193,730	105,625	71,663	16,442	33,962 R	54.5%	37.0%	59.6%	40.4%
227,222	POLK	50,101	22,856	16,365	10,880	6,491 R	45.6%	32.7%	58.3%	41.7%
36,290	PUTNAM	8,139	2,292	3,556	2,291	1,264 D	28.2%	43.7%	39.2%	60.8%
30,727	ST. JOHNS	7,204	2,458	2,376	2,370	82 R	34.1%	33.0%	50.8%	49.2%
50,836	ST. LUCIE	14,091	6,143	5,670	2,278	473 R	43.6%	40.2%	52.0%	48.0%
37,741	SANTA ROSA	9,525	2,781	4,252	2,492	1,471 D	29.2%	44.6%	39.5%	60.5%
120,413	SARASOTA	47,109	28,881	12,422	5,806	16,459 R	61.3%	26.4%	69.9%	30.1%
83,692	SEMINOLE	24,256	11,324	8,947	3,985	2,377 R	46.7%	36.9%	55.9%	44.1%
14,839	SUMTER	3,436	1,184	1,464	788	280 D	34.5%	42.6%	44.7%	55.3%
15,559	SUWANNEE	3,806	1,368	1,504	934	136 D	35.9%	39.5%	47.6%	52.4%
13,641	TAYLOR	2,934	780	1,171	983	391 D	26.6%	39.9%	40.0%	60.0%
8,112	UNION	1,153	281	713	159	432 D	24.4%	61.8%	28.3%	71.7%
169,487	VOLUSIA	51,535	20,724	22,321	8,490	1,597 D	40.2%	43.3%	48.1%	51.9%
6,308	WAKULLA	2,347	567	967	813	400 D	24.2%	41.2%	37.0%	63.0%
16,087	WALTON	4,490	940	2,149	1,401	1,209 D	20.9%	47.9%	30.4%	69.6%
11,453	WASHINGTON	3,053	792	1,322	939	530 D	25.9%	43.3%	37.5%	62.5%
6,789,443	TOTAL	1,800,539	736,674	781,031	282,834	44,357 D	40.9%	43.4%	48.5%	51.5%

FLORIDA

CONGRESS

CD	Year	Total Vote	Republican Vote	Republican Candidate	Democratic Vote	Democratic Candidate	Other Vote	Rep.-Dem. Plurality	Total Vote Rep.	Total Vote Dem.	Major Vote Rep.	Major Vote Dem.
1	1974					SIKES, ROBERT L. F.						
1	1972					SIKES, ROBERT L. F.						
2	1974					FUQUA, DON						
2	1972					FUQUA, DON						
3	1974					BENNETT, CHARLES E.						
3	1972	123,660	22,219	BOWEN, JOHN F.	101,441	BENNETT, CHARLES E.		79,222 D	18.0%	82.0%	18.0%	82.0%
4	1974	109,587	34,867	HAUSER, WARREN	74,720	CHAPPELL, WILLIAM V.		39,853 D	31.8%	68.2%	31.8%	68.2%
4	1972	165,501	72,960	FLEUCHAUS, P. T.	92,541	CHAPPELL, WILLIAM V.		19,581 D	44.1%	55.9%	44.1%	55.9%
5	1974	142,088	74,954	KELLY, RICHARD	63,610	SAUNDERS, JOANN	3,524	11,344 R	52.8%	44.8%	54.1%	45.9%
5	1972	176,380	78,468	INSCO, JACK P.	97,902	GUNTER, WILLIAM D.	10	19,434 D	44.5%	55.5%	44.5%	55.5%
6	1974	144,188	109,302	YOUNG, C. W.	34,886	MONROSE, MICKEY		74,416 R	75.8%	24.2%	75.8%	24.2%
6	1972	205,549	156,150	YOUNG, C. W.	49,399	PLUNKETT, MICHAEL O.		106,751 R	76.0%	24.0%	76.0%	24.0%
7	1974					GIBBONS, SAM M.						
7	1972	135,274	43,343	CARTER, ROBERT A.	91,931	GIBBONS, SAM M.		48,588 D	32.0%	68.0%	32.0%	68.0%
8	1974	111,523	48,240	LOVINGOOD, JOE Z.	63,283	HALEY, JAMES A.		15,043 D	43.3%	56.7%	43.3%	56.7%
8	1972	153,988	64,920	THOMPSON, ROY	89,068	HALEY, JAMES A.		24,148 D	42.2%	57.8%	42.2%	57.8%
9	1974	112,481	86,226	FREY, LOUIS	26,255	ROWLAND, WILLIAM D.		59,971 R	76.7%	23.3%	76.7%	23.3%
9	1972			FREY, LOUIS								
10	1974	159,293	117,368	BAFALIS, L. A.	41,925	TUCKER, EVELYN		75,443 R	73.7%	26.3%	73.7%	26.3%
10	1972	182,963	113,461	BAFALIS, L. A.	69,502	SIKES, BILL		43,959 R	62.0%	38.0%	62.0%	38.0%
11	1974					ROGERS, PAUL G.						
11	1972	192,896	76,739	GUSTAFSON, JOEL KARL	116,157	ROGERS, PAUL G.		39,418 D	39.8%	60.2%	39.8%	60.2%
12	1974	120,090	61,191	BURKE, J. HERBERT	58,899	FRIEDMAN, CHARLES		2,292 R	51.0%	49.0%	51.0%	49.0%
12	1972	176,276	110,750	BURKE, J. HERBERT	65,526	STEPHANIS, JAMES T.		45,224 R	62.8%	37.2%	62.8%	37.2%
13	1974					LEHMAN, WILLIAM						
13	1972	149,676	57,418	BETHEL, PAUL D.	92,258	LEHMAN, WILLIAM		34,840 D	38.4%	61.6%	38.4%	61.6%
14	1974	65,862	20,383	CARRICARTE, MICHAEL A.	45,479	PEPPER, CLAUDE		25,096 D	30.9%	69.1%	30.9%	69.1%
14	1972	111,066	35,935	ESTRELLA, EVELIO S.	75,131	PEPPER, CLAUDE		39,196 D	32.4%	67.6%	32.4%	67.6%
15	1974	96,508	28,444	CAPUA, S. PETER	68,064	FASCELL, DANTE B.		39,620 D	29.5%	70.5%	29.5%	70.5%
15	1972	158,281	68,320	RUBIN, ELLIS S.	89,961	FASCELL, DANTE B.		21,641 D	43.2%	56.8%	43.2%	56.8%

FLORIDA

1974 GENERAL ELECTION

Governor

Senator   Other vote was 282,659 American (Grady); 175 scattered.

Congress Under present legislation, votes are not tallied in unopposed elections, so no total vote or candidate vote is available for unopposed Congressional elections. Other vote in CD 5 was 3,518 Glenn W. Turner (write-in); 6 scattered.

1974 PRIMARIES

SEPTEMBER 10 REPUBLICAN

Governor   Jerry Thomas, unopposed.

Senator   186,897 Jack M. Eckerd; 90,049 Paula Hawkins.

Congress   Unopposed in five CD's. No candidates in CD's 1, 2, 3, 7, 11 and 13. In CD 14 the Republican primary was declared invalid due to a ballot printing error. A new primary was held on October 1, and the figures below for CD 14 are as of that date.

- CD 5   16,177 Richard Kelly; 15,043 Lew Earle.
- CD 8   9,744 Joe Z. Lovingood; 5,604 T. David Burns; 4,402 A. Clarke Miller; 1,366 Frank N. Merklein.
- CD 12   15,593 J. Herbert Burke; 5,285 Richard C. Burket.
- CD 14   3,042 Michael A. Carricarte; 2,277 Evilio S. Estrella.

SEPTEMBER 10 DEMOCRATIC

Governor   579,137 Reubin Askew; 137,008 Ben H. Griffin; 85,557 Tom Adams; 39,758 Norman Bie.

Senator   236,185 William D. Gunter; 157,301 Richard Stone; 146,728 Richard A. Pettigrew; 90,684 Mallory E. Horne; 51,326 Glenn W. Turner; 24,408 George Balmer; 23,199 Burton Young; 19,913 Robert Brewster; 17,401 David B. Higginbottom; 14,961 Neal E. Justin; 10,525 Duaine E. Macon.

Congress   Unopposed in seven CD's. Contested as follows:

- CD 2   64,226 Don Fuqua; 10,528 Anthony P. Wesolowski.
- CD 3   34,924 Charles E. Bennett; 5,361 John F. Bowen.
- CD 5   18,979 JoAnn Saunders; 11,481 Gordon Brown; 9,483 Robert C. Coker; 3,416 Joseph F. Desmond.
- CD 8   31,439 James A. Haley; 10,368 Larry P. Echols.
- CD 9   15,336 William D. Rowland; 13,700 Wayne L. Byers.
- CD 11 32,956 Paul G. Rogers; 6,648 Robert D. McBain.
- CD 12 8,578 Charles Friedman; 7,989 Jack E. Milbery; 5,557 Richard E. Durr; 3,829 Joseph Bongiovanni; 3,796 Louis A. Charnow.
- CD 13 23,163 William Lehman; 15,663 Joyce Goldberg; 5,783 John M. Stembridge; 3,314 Charles A. Intriago; 2,988 Donna F. Hart.

FLORIDA

OCTOBER 1 REPUBLICAN RUN-OFF

Congress

   CD 8   5,989 Joe Z. Lovingood; 3,298 T. David Burns.

OCTOBER 1 DEMOCRATIC RUN-OFF

Senator   321,683 Richard Stone; 311,044 William D. Gunter.

Congress

   CD 5   20,418 JoAnn Saunders; 16,126 Gordon Brown.
   CD 12   12,093 Charles Friedman; 11,553 Jack E. Milbery.
   CD 13   32,677 William Lehman; 15,471 Joyce Goldberg.

GEORGIA

GOVERNOR
George Busbee (D). Elected 1974 to a four-year term.

SENATORS
Sam Nunn (D). Elected 1972 to a six-year term.

Herman Talmadge (D). Re-elected 1974 to a six-year term. Previously elected 1968, 1962, 1956.

REPRESENTATIVES
1. Ronald B. Ginn (D)
2. Dawson Mathis (D)
3. Jack Brinkley (D)
4. Elliott H. Levitas (D)
5. Andrew Young (D)
6. John J. Flynt (D)
7. Larry McDonald (D)
8. W. S. Stuckey (D)
9. Phil M. Landrum (D)
10. Robert G. Stephens (D)

POSTWAR VOTE FOR GOVERNOR

Year	Total Vote	Republican Vote	Republican Candidate	Democratic Vote	Democratic Candidate	Other Vote	Rep.-Dem. Plurality	Total Vote Rep.	Total Vote Dem.	Major Vote Rep.	Major Vote Dem.
1974	936,438	289,113	Thompson, Ronnie	646,777	Busbee, George	548	357,664 D	30.9%	69.1%	30.9%	69.1%
1970	1,046,663	424,983	Suit, Hal	620,419	Carter, Jimmy	1,261	195,436 D	40.6%	59.3%	40.7%	59.3%
1966	975,019	453,665	Callaway, Howard H.	450,626	Maddox, Lester	70,728	3,039 R	46.5%	46.2%	50.2%	49.8%
1962	311,691	—	—	311,524	Sanders, Carl E.	167	311,524 D	—	99.9%	—	100.0%
1958	168,497	—	—	168,414	Vandiver, Ernest	83	168,414 D	—	100.0%	—	100.0%
1954	331,966	—	—	331,899	Griffin, Marvin	67	331,899 D	—	100.0%	—	100.0%
1950	234,430	—	—	230,771	Talmadge, Herman	3,659	230,771 D	—	98.4%	—	100.0%
1948s	363,763	—	—	354,711	Talmadge, Herman	9,052	354,711 D	—	97.5%	—	100.0%
1946	145,403	—	—	143,279	Talmadge, Eugene	2,124	143,279 D	—	98.5%	—	100.0%

The 1948 election was for a short term to fill a vacancy. In 1966, in the absence of a majority for any candidate, the state legislature elected Lester Maddox to a four-year term.

POSTWAR VOTE FOR SENATOR

Year	Total Vote	Republican Vote	Republican Candidate	Democratic Vote	Democratic Candidate	Other Vote	Rep.-Dem. Plurality	Total Vote Rep.	Total Vote Dem.	Major Vote Rep.	Major Vote Dem.
1974	874,555	246,866	Johnson, Jerry R.	627,376	Talmadge, Herman	313	380,510 D	28.2%	71.7%	28.2%	71.8%
1972	1,178,708	542,331	Thompson, Fletcher	635,970	Nunn, Sam	407	93,639 D	46.0%	54.0%	46.0%	54.0%
1968	1,141,889	256,796	Patton, E. Earl	885,093	Talmadge, Herman	—	628,297 D	22.5%	77.5%	22.5%	77.5%
1966	622,371	—	—	622,043	Russell, Richard B.	328	622,043 D	—	99.9%	—	100.0%
1962	306,250	—	—	306,250	Talmadge, Herman	—	306,250 D	—	100.0%	—	100.0%
1960	576,495	—	—	576,140	Russell, Richard B.	355	576,140 D	—	99.9%	—	100.0%
1956	541,267	—	—	541,094	Talmadge, Herman	173	541,094 D	—	100.0%	—	100.0%
1954	333,936	—	—	333,917	Russell, Richard B.	19	333,917 D	—	100.0%	—	100.0%
1950	261,293	—	—	261,290	George, Walter F.	3	261,290 D	—	100.0%	—	100.0%
1948	362,504	—	—	362,104	Russell, Richard B.	400	362,104 D	—	99.9%	—	100.0%

GEORGIA

Districts Established March 16, 1972

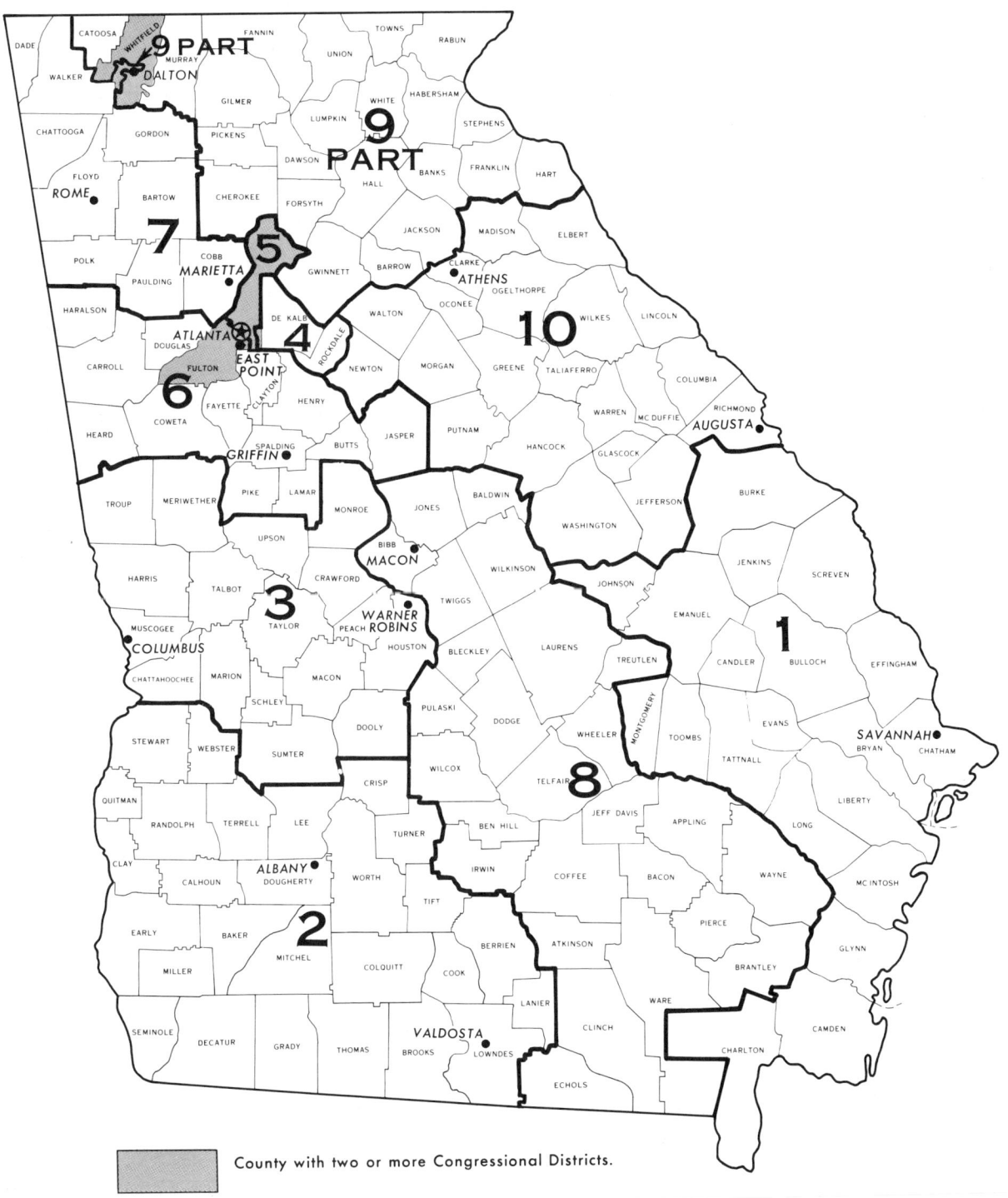

County with two or more Congressional Districts.

83

GEORGIA

GOVERNOR 1974

1970 Census Population	County	Total Vote	Republican	Democratic	Other	Rep.-Dem. Plurality	Percentage Total Vote Rep.	Dem.	Major Vote Rep.	Dem.
12,726	APPLING	1,998	483	1,515		1,032 D	24.2%	75.8%	24.2%	75.8%
5,879	ATKINSON	861	253	608		355 D	29.4%	70.6%	29.4%	70.6%
8,233	BACON	1,233	313	920		607 D	25.4%	74.6%	25.4%	74.6%
3,875	BAKER	691	174	517		343 D	25.2%	74.8%	25.2%	74.8%
34,240	BALDWIN	5,357	1,807	3,550		1,743 D	33.7%	66.3%	33.7%	66.3%
6,833	BANKS	1,521	412	1,108	1	696 D	27.1%	72.8%	27.1%	72.9%
16,859	BARROW	4,207	1,672	2,534	1	862 D	39.7%	60.2%	39.8%	60.2%
32,663	BARTOW	6,079	1,946	4,133		2,187 D	32.0%	68.0%	32.0%	68.0%
13,171	BEN HILL	2,122	443	1,679		1,236 D	20.9%	79.1%	20.9%	79.1%
11,556	BERRIEN	2,132	454	1,677	1	1,223 D	21.3%	78.7%	21.3%	78.7%
143,418	BIBB	34,019	11,982	22,026	11	10,044 D	35.2%	64.7%	35.2%	64.8%
10,291	BLECKLEY	2,154	922	1,232		310 D	42.8%	57.2%	42.8%	57.2%
5,940	BRANTLEY	792	201	591		390 D	25.4%	74.6%	25.4%	74.6%
13,739	BROOKS	2,112	500	1,612		1,112 D	23.7%	76.3%	23.7%	76.3%
6,539	BRYAN	1,337	414	923		509 D	31.0%	69.0%	31.0%	69.0%
31,585	BULLOCH	5,079	1,177	3,900	2	2,723 D	23.2%	76.8%	23.2%	76.8%
18,255	BURKE	2,786	740	2,045	1	1,305 D	26.6%	73.4%	26.6%	73.4%
10,560	BUTTS	2,225	851	1,371	3	520 D	38.2%	61.6%	38.3%	61.7%
6,606	CALHOUN	957	113	844		731 D	11.8%	88.2%	11.8%	88.2%
11,334	CAMDEN	1,591	392	1,199		807 D	24.6%	75.4%	24.6%	75.4%
6,412	CANDLER	941	313	628		315 D	33.3%	66.7%	33.3%	66.7%
45,404	CARROLL	9,862	3,591	6,265	6	2,674 D	36.4%	63.5%	36.4%	63.6%
28,271	CATOOSA	3,942	1,270	2,667	5	1,397 D	32.2%	67.7%	32.3%	67.7%
5,680	CHARLTON	695	136	559		423 D	19.6%	80.4%	19.6%	80.4%
187,767	CHATHAM	38,885	12,562	26,320	3	13,758 D	32.3%	67.7%	32.3%	67.7%
25,813	CHATTAHOOCHEE	490	91	398	1	307 D	18.6%	81.2%	18.6%	81.4%
20,541	CHATTOOGA	4,051	827	3,224		2,397 D	20.4%	79.6%	20.4%	79.6%
31,059	CHEROKEE	5,936	2,483	3,453		970 D	41.8%	58.2%	41.8%	58.2%
65,177	CLARKE	13,000	2,704	10,296		7,592 D	20.8%	79.2%	20.8%	79.2%
3,636	CLAY	607	75	532		457 D	12.4%	87.6%	12.4%	87.6%
98,043	CLAYTON	21,591	10,927	10,640	24	287 R	50.6%	49.3%	50.7%	49.3%
6,405	CLINCH	724	137	587		450 D	18.9%	81.1%	18.9%	81.1%
196,793	COBB	50,254	20,333	29,871	50	9,538 D	40.5%	59.4%	40.5%	59.5%
22,828	COFFEE	3,347	1,087	2,260		1,173 D	32.5%	67.5%	32.5%	67.5%
32,200	COLQUITT	5,605	1,463	4,142		2,679 D	26.1%	73.9%	26.1%	73.9%
22,327	COLUMBIA	4,576	1,689	2,885	2	1,196 D	36.9%	63.0%	36.9%	63.1%
12,129	COOK	2,113	561	1,552		991 D	26.5%	73.5%	26.5%	73.5%
32,310	COWETA	6,112	2,382	3,727	3	1,345 D	39.0%	61.0%	39.0%	61.0%
5,748	CRAWFORD	1,296	478	818		340 D	36.9%	63.1%	36.9%	63.1%
18,087	CRISP	3,346	726	2,620		1,894 D	21.7%	78.3%	21.7%	78.3%
9,910	DADE	1,240	346	894		548 D	27.9%	72.1%	27.9%	72.1%
3,639	DAWSON	787	242	543	2	301 D	30.7%	69.0%	30.8%	69.2%
22,310	DECATUR	3,086	728	2,358		1,630 D	23.6%	76.4%	23.6%	76.4%
415,387	DE KALB	106,871	33,130	73,579	162	40,449 D	31.0%	68.8%	31.0%	69.0%
15,658	DODGE	3,604	1,247	2,357		1,110 D	34.6%	65.4%	34.6%	65.4%
10,404	DOOLY	2,276	403	1,873		1,470 D	17.7%	82.3%	17.7%	82.3%
89,639	DOUGHERTY	13,867	2,058	11,809		9,751 D	14.8%	85.2%	14.8%	85.2%
28,659	DOUGLAS	7,508	3,973	3,534	1	439 R	52.9%	47.1%	52.9%	47.1%
12,682	EARLY	1,965	306	1,659		1,353 D	15.6%	84.4%	15.6%	84.4%
1,924	ECHOLS	236	60	176		116 D	25.4%	74.6%	25.4%	74.6%
13,632	EFFINGHAM	2,789	1,153	1,636		483 D	41.3%	58.7%	41.3%	58.7%
17,262	ELBERT	3,575	656	2,915	4	2,259 D	18.3%	81.5%	18.4%	81.6%
18,189	EMANUEL	3,317	754	2,563		1,809 D	22.7%	77.3%	22.7%	77.3%
7,290	EVANS	1,421	407	1,014		607 D	28.6%	71.4%	28.6%	71.4%
13,357	FANNIN	3,122	1,313	1,809		496 D	42.1%	57.9%	42.1%	57.9%
11,364	FAYETTE	4,230	1,991	2,238	1	247 D	47.1%	52.9%	47.1%	52.9%
73,742	FLOYD	16,613	5,108	11,504	1	6,396 D	30.7%	69.2%	30.7%	69.3%
16,928	FORSYTH	3,740	1,585	2,155		570 D	42.4%	57.6%	42.4%	57.6%
12,784	FRANKLIN	2,395	464	1,931		1,467 D	19.4%	80.6%	19.4%	80.6%
607,592	FULTON	132,312	33,107	99,036	169	65,929 D	25.0%	74.9%	25.1%	74.9%
8,956	GILMER	2,278	799	1,479		680 D	35.1%	64.9%	35.1%	64.9%
2,280	GLASCOCK	416	200	216		16 D	48.1%	51.9%	48.1%	51.9%
50,528	GLYNN	8,517	1,978	6,539		4,561 D	23.2%	76.8%	23.2%	76.8%
23,570	GORDON	4,465	1,384	3,081		1,697 D	31.0%	69.0%	31.0%	69.0%
17,826	GRADY	3,116	830	2,285	1	1,455 D	26.6%	73.3%	26.6%	73.4%

GEORGIA

GOVERNOR 1974

1970 Census Population	County	Total Vote	Republican	Democratic	Other	Rep.-Dem. Plurality	Percentage Total Vote Rep.	Dem.	Major Vote Rep.	Dem.
10,212	GREENE	1,996	638	1,358		720 D	32.0%	68.0%	32.0%	68.0%
72,349	GWINNETT	20,403	7,920	12,463	20	4,543 D	38.8%	61.1%	38.9%	61.1%
20,691	HABERSHAM	3,615	979	2,636		1,657 D	27.1%	72.9%	27.1%	72.9%
59,405	HALL	11,486	3,339	8,146	1	4,807 D	29.1%	70.9%	29.1%	70.9%
9,019	HANCOCK	2,923	769	2,154		1,385 D	26.3%	73.7%	26.3%	73.7%
15,927	HARALSON	3,492	1,276	2,216		940 D	36.5%	63.5%	36.5%	63.5%
11,520	HARRIS	3,028	808	2,220		1,412 D	26.7%	73.3%	26.7%	73.3%
15,814	HART	2,379	337	2,037	5	1,700 D	14.2%	85.6%	14.2%	85.8%
5,354	HEARD	1,118	406	711	1	305 D	36.3%	63.6%	36.3%	63.7%
23,724	HENRY	5,968	2,711	3,253	4	542 D	45.4%	54.5%	45.5%	54.5%
62,924	HOUSTON	12,942	4,154	8,785	3	4,631 D	32.1%	67.9%	32.1%	67.9%
8,036	IRWIN	1,444	456	988		532 D	31.6%	68.4%	31.6%	68.4%
21,093	JACKSON	4,769	1,459	3,310		1,851 D	30.6%	69.4%	30.6%	69.4%
5,760	JASPER	1,412	597	815		218 D	42.3%	57.7%	42.3%	57.7%
9,425	JEFF DAVIS	1,333	421	912		491 D	31.6%	68.4%	31.6%	68.4%
17,174	JEFFERSON	2,995	833	2,162		1,329 D	27.8%	72.2%	27.8%	72.2%
8,332	JENKINS	1,344	269	1,074	1	805 D	20.0%	79.9%	20.0%	80.0%
7,727	JOHNSON	2,448	863	1,585		722 D	35.3%	64.7%	35.3%	64.7%
12,218	JONES	3,008	1,262	1,746		484 D	42.0%	58.0%	42.0%	58.0%
10,688	LAMAR	2,318	924	1,394		470 D	39.9%	60.1%	39.9%	60.1%
5,031	LANIER	600	46	554		508 D	7.7%	92.3%	7.7%	92.3%
32,738	LAURENS	7,154	3,011	4,140	3	1,129 D	42.1%	57.9%	42.1%	57.9%
7,044	LEE	1,667	399	1,267	1	868 D	23.9%	76.0%	23.9%	76.1%
17,569	LIBERTY	2,713	440	2,273		1,833 D	16.2%	83.8%	16.2%	83.8%
5,895	LINCOLN	1,151	344	807		463 D	29.9%	70.1%	29.9%	70.1%
3,746	LONG	657	121	536		415 D	18.4%	81.6%	18.4%	81.6%
55,112	LOWNDES	6,436	1,313	5,123		3,810 D	20.4%	79.6%	20.4%	79.6%
8,728	LUMPKIN	1,754	519	1,235		716 D	29.6%	70.4%	29.6%	70.4%
15,276	MCDUFFIE	2,721	744	1,977		1,233 D	27.3%	72.7%	27.3%	72.7%
7,371	MCINTOSH	1,343	214	1,126	3	912 D	15.9%	83.8%	16.0%	84.0%
12,933	MACON	2,723	564	2,159		1,595 D	20.7%	70.3%	20.7%	79.3%
13,517	MADISON	2,443	809	1,574		705 D	35.6%	64.4%	35.6%	64.4%
5,099	MARION	722	169	553		384 D	23.4%	76.6%	23.4%	76.6%
19,461	MERIWETHER	3,741	1,170	2,570	1	1,400 D	31.3%	68.7%	31.3%	68.7%
6,397	MILLER	636	159	477		318 D	25.0%	75.0%	25.0%	75.0%
18,956	MITCHELL	3,219	687	2,530	2	1,843 D	21.3%	78.6%	21.4%	78.6%
10,991	MONROE	2,741	953	1,786	2	833 D	34.8%	65.2%	34.8%	65.2%
6,099	MONTGOMERY	1,332	404	928		524 D	30.3%	69.7%	30.3%	69.7%
9,904	MORGAN	2,423	901	1,521	1	620 D	37.2%	62.8%	37.2%	62.8%
12,986	MURRAY	1,938	369	1,569		1,200 D	19.0%	81.0%	19.0%	81.0%
167,377	MUSCOGEE	28,591	6,051	22,526	14	16,475 D	21.2%	78.8%	21.2%	78.8%
26,282	NEWTON	5,519	2,354	3,165		811 D	42.7%	57.3%	42.7%	57.3%
7,915	OCONEE	2,210	860	1,350		490 D	38.9%	61.1%	38.9%	61.1%
7,598	OGLETHORPE	1,851	841	1,010		169 D	45.4%	54.6%	45.4%	54.6%
17,520	PAULDING	3,715	1,658	2,053	4	395 D	44.6%	55.3%	44.7%	55.3%
15,990	PEACH	3,922	1,180	2,740	2	1,560 D	30.1%	69.9%	30.1%	69.9%
9,620	PICKENS	1,491	568	923		355 D	38.1%	61.9%	38.1%	61.9%
9,281	PIERCE	1,262	283	979		696 D	22.4%	77.6%	22.4%	77.6%
7,316	PIKE	1,863	839	1,023	1	184 D	45.0%	54.9%	45.1%	54.9%
29,656	POLK	5,364	1,817	3,546	1	1,729 D	33.9%	66.1%	33.9%	66.1%
8,066	PULASKI	1,589	470	1,119		649 D	29.6%	70.4%	29.6%	70.4%
8,394	PUTNAM	1,694	703	991		288 D	41.5%	58.5%	41.5%	58.5%
2,180	QUITMAN	469	77	392		315 D	16.4%	83.6%	16.4%	83.6%
8,327	RABUN	1,822	338	1,480	4	1,142 D	18.6%	81.2%	18.6%	81.4%
8,734	RANDOLPH	2,020	286	1,734		1,448 D	14.2%	85.8%	14.2%	85.8%
162,437	RICHMOND	27,723	10,089	17,634		7,545 D	36.4%	63.6%	36.4%	63.6%
18,152	ROCKDALE	4,849	2,014	2,833	2	819 D	41.5%	58.4%	41.6%	58.4%
3,097	SCHLEY	573	120	453		333 D	20.9%	79.1%	20.9%	79.1%
12,591	SCREVEN	2,045	470	1,575		1,105 D	23.0%	77.0%	23.0%	77.0%
7,059	SEMINOLE	1,312	201	1,111		910 D	15.3%	84.7%	15.3%	84.7%
39,514	SPALDING	8,761	3,303	5,458		2,155 D	37.7%	62.3%	37.7%	62.3%
20,331	STEPHENS	3,315	709	2,606		1,897 D	21.4%	78.6%	21.4%	78.6%
6,511	STEWART	978	233	745		512 D	23.8%	76.2%	23.8%	76.2%
26,931	SUMTER	4,463	1,110	3,352	1	2,242 D	24.9%	75.1%	24.9%	75.1%
6,625	TALBOT	1,265	292	971	2	679 D	23.1%	76.8%	23.1%	76.9%

GEORGIA

GOVERNOR 1974

1970 Census Population	County	Total Vote	Republican	Democratic	Other	Rep.-Dem. Plurality	Total Vote Rep.	Total Vote Dem.	Major Vote Rep.	Major Vote Dem.
2,423	TALIAFERRO	448	88	360		272 D	19.6%	80.4%	19.6%	80.4%
16,557	TATTNALL	2,341	692	1,649		957 D	29.6%	70.4%	29.6%	70.4%
7,865	TAYLOR	1,737	474	1,263		789 D	27.3%	72.7%	27.3%	72.7%
11,381	TELFAIR	2,358	803	1,555		752 D	34.1%	65.9%	34.1%	65.9%
11,416	TERRELL	1,985	446	1,539		1,093 D	22.5%	77.5%	22.5%	77.5%
34,515	THOMAS	5,523	1,279	4,244		2,965 D	23.2%	76.8%	23.2%	76.8%
27,288	TIFT	4,179	1,119	3,060		1,941 D	26.8%	73.2%	26.8%	73.2%
19,151	TOOMBS	3,784	1,296	2,488		1,192 D	34.2%	65.8%	34.2%	65.8%
4,565	TOWNS	1,605	460	1,145		685 D	28.7%	71.3%	28.7%	71.3%
5,647	TREUTLEN	1,343	285	1,057	1	772 D	21.2%	78.7%	21.2%	78.8%
44,466	TROUP	7,350	1,910	5,437	3	3,527 D	26.0%	74.0%	26.0%	74.0%
8,790	TURNER	1,559	360	1,199		839 D	23.1%	76.9%	23.1%	76.9%
8,222	TWIGGS	2,116	842	1,274		432 D	39.8%	60.2%	39.8%	60.2%
6,811	UNION	3,140	916	2,224		1,308 D	29.2%	70.8%	29.2%	70.8%
23,505	UPSON	5,137	1,802	3,331	4	1,529 D	35.1%	64.8%	35.1%	64.9%
50,691	WALKER	6,628	1,864	4,760	4	2,896 D	28.1%	71.8%	28.1%	71.9%
23,404	WALTON	4,423	1,730	2,693		963 D	39.1%	60.9%	39.1%	60.9%
33,525	WARE	4,952	975	3,977		3,002 D	19.7%	80.3%	19.7%	80.3%
6,669	WARREN	1,004	342	660	2	318 D	34.1%	65.7%	34.1%	65.9%
17,480	WASHINGTON	4,362	1,263	3,099		1,836 D	29.0%	71.0%	29.0%	71.0%
17,858	WAYNE	2,880	712	2,168		1,456 D	24.7%	75.3%	24.7%	75.3%
2,362	WEBSTER	411	108	303		195 D	26.3%	73.7%	26.3%	73.7%
4,596	WHEELER	1,724	514	1,210		696 D	29.8%	70.2%	29.8%	70.2%
7,742	WHITE	1,885	510	1,375		865 D	27.1%	72.9%	27.1%	72.9%
55,108	WHITFIELD	7,301	1,594	5,707		4,113 D	21.8%	78.2%	21.8%	78.2%
6,998	WILCOX	1,576	517	1,059		542 D	32.8%	67.2%	32.8%	67.2%
10,184	WILKES	2,388	532	1,856		1,324 D	22.3%	77.7%	22.3%	77.7%
9,393	WILKINSON	2,089	1,008	1,081		73 D	48.3%	51.7%	48.3%	51.7%
14,770	WORTH	2,637	683	1,954		1,271 D	25.9%	74.1%	25.9%	74.1%
4,589,575	TOTAL	936,438	289,113	646,777	548	357,664 D	30.9%	69.1%	30.9%	69.1%

GEORGIA

SENATOR 1974

1970 Census Population	County	Total Vote	Republican	Democratic	Other	Rep.-Dem. Plurality	Percentage Total Vote Rep.	Dem.	Major Vote Rep.	Dem.
12,726	APPLING	1,804	450	1,353	1	903 D	24.9%	75.0%	25.0%	75.0%
5,879	ATKINSON	815	197	618		421 D	24.2%	75.8%	24.2%	75.8%
8,233	BACON	1,136	275	861		586 D	24.2%	75.8%	24.2%	75.8%
3,875	BAKER	579	81	498		417 D	14.0%	86.0%	14.0%	86.0%
34,240	BALDWIN	4,728	1,365	3,363		1,998 D	28.9%	71.1%	28.9%	71.1%
6,833	BANKS	1,496	304	1,192		888 D	20.3%	79.7%	20.3%	79.7%
16,859	BARROW	3,988	1,112	2,876		1,764 D	27.9%	72.1%	27.9%	72.1%
32,663	BARTOW	5,687	1,493	4,194		2,701 D	26.3%	73.7%	26.3%	73.7%
13,171	BEN HILL	2,086	283	1,803		1,520 D	13.6%	86.4%	13.6%	86.4%
11,556	BERRIEN	2,066	341	1,725		1,384 D	16.5%	83.5%	16.5%	83.5%
143,418	BIBB	30,394	7,579	22,809	6	15,230 D	24.9%	75.0%	24.9%	75.1%
10,291	BLECKLEY	1,984	616	1,368		752 D	31.0%	69.0%	31.0%	69.0%
5,940	BRANTLEY	759	129	630		501 D	17.0%	83.0%	17.0%	83.0%
13,739	BROOKS	1,889	388	1,501		1,113 D	20.5%	79.5%	20.5%	79.5%
6,539	BRYAN	1,208	227	981		754 D	18.8%	81.2%	18.8%	81.2%
31,585	BULLOCH	4,622	756	3,864	2	3,108 D	16.4%	83.6%	16.4%	83.6%
18,255	BURKE	2,417	518	1,899		1,381 D	21.4%	78.6%	21.4%	78.6%
10,560	BUTTS	2,114	521	1,593		1,072 D	24.6%	75.4%	24.6%	75.4%
6,606	CALHOUN	845	69	776		707 D	8.2%	91.8%	8.2%	91.8%
11,334	CAMDEN	1,461	292	1,169		877 D	20.0%	80.0%	20.0%	80.0%
6,412	CANDLER	844	157	687		530 D	18.6%	81.4%	18.6%	81.4%
45,404	CARROLL	9,402	3,040	6,361	1	3,321 D	32.3%	67.7%	32.3%	67.7%
28,271	CATOOSA	3,883	748	3,135		2,387 D	19.3%	80.7%	19.3%	80.7%
5,680	CHARLTON	664	103	561		458 D	15.5%	84.5%	15.5%	84.5%
187,767	CHATHAM	36,299	7,147	29,150	2	22,003 D	19.7%	80.3%	19.7%	80.3%
25,813	CHATTAHOOCHEE	448	61	387		326 D	13.6%	86.4%	13.6%	86.4%
20,541	CHATTOOGA	3,995	553	3,442		2,889 D	13.8%	86.2%	13.8%	86.2%
31,059	CHEROKEE	5,620	1,834	3,785	1	1,951 D	32.6%	67.3%	32.6%	67.4%
65,177	CLARKE	12,620	3,320	9,300		5,980 D	26.3%	73.7%	26.3%	73.7%
3,636	CLAY	571	50	521		471 D	8.8%	91.2%	8.8%	91.2%
98,043	CLAYTON	21,104	9,015	12,083	6	3,068 D	42.7%	57.3%	42.7%	57.3%
6,405	CLINCH	700	102	598		496 D	14.6%	85.4%	14.6%	85.4%
196,793	COBB	49,133	19,228	29,879	26	10,651 D	39.1%	60.8%	39.2%	60.8%
22,828	COFFEE	2,852	730	2,122		1,392 D	25.6%	74.4%	25.6%	74.4%
32,200	COLQUITT	5,173	980	4,193		3,213 D	18.9%	81.1%	18.9%	81.1%
22,327	COLUMBIA	4,307	1,318	2,988	1	1,670 D	30.6%	69.4%	30.6%	69.4%
12,129	COOK	2,032	381	1,651		1,270 D	18.8%	81.3%	18.8%	81.3%
32,310	COWETA	5,935	1,799	4,133	3	2,334 D	30.3%	69.6%	30.3%	69.7%
5,748	CRAWFORD	1,063	231	832		601 D	21.7%	78.3%	21.7%	78.3%
18,087	CRISP	2,819	511	2,307	1	1,796 D	18.1%	81.8%	18.1%	81.9%
9,910	DADE	1,165	237	928		691 D	20.3%	79.7%	20.3%	79.7%
3,639	DAWSON	774	163	610	1	447 D	21.1%	78.8%	21.1%	78.9%
22,310	DECATUR	2,747	544	2,203		1,659 D	19.8%	80.2%	19.8%	80.2%
415,387	DE KALB	102,793	39,982	62,698	113	22,716 D	38.9%	61.0%	38.9%	61.1%
15,658	DODGE	3,210	654	2,556		1,902 D	20.4%	79.6%	20.4%	79.6%
10,404	DOOLY	1,865	277	1,588		1,311 D	14.9%	85.1%	14.9%	85.1%
89,639	DOUGHERTY	12,748	2,968	9,780		6,812 D	23.3%	76.7%	23.3%	76.7%
28,659	DOUGLAS	6,981	2,615	4,363	3	1,748 D	37.5%	62.5%	37.5%	62.5%
12,682	EARLY	1,933	227	1,706		1,479 D	11.7%	88.3%	11.7%	88.3%
1,924	ECHOLS	217	26	191		165 D	12.0%	88.0%	12.0%	88.0%
13,632	EFFINGHAM	2,505	526	1,979		1,453 D	21.0%	79.0%	21.0%	79.0%
17,262	ELBERT	3,437	399	3,038		2,639 D	11.6%	88.4%	11.6%	88.4%
18,189	EMANUEL	3,091	584	2,507		1,923 D	18.9%	81.1%	18.9%	81.1%
7,290	EVANS	1,269	180	1,089		909 D	14.2%	85.8%	14.2%	85.8%
13,357	FANNIN	2,929	1,192	1,737		545 D	40.7%	59.3%	40.7%	59.3%
11,364	FAYETTE	4,067	1,639	2,427	1	788 D	40.3%	59.7%	40.3%	59.7%
73,742	FLOYD	15,649	4,185	11,463	1	7,278 D	26.7%	73.3%	26.7%	73.3%
16,928	FORSYTH	3,626	1,082	2,544		1,462 D	29.8%	70.2%	29.8%	70.2%
12,784	FRANKLIN	2,363	459	1,904		1,445 D	19.4%	80.6%	19.4%	80.6%
607,592	FULTON	122,385	36,954	85,325	106	48,371 D	30.2%	69.7%	30.2%	69.8%
8,956	GILMER	2,069	694	1,374	1	680 D	33.5%	66.4%	33.6%	66.4%
2,280	GLASCOCK	392	110	282		172 D	28.1%	71.9%	28.1%	71.9%
50,528	GLYNN	8,012	1,801	6,211		4,410 D	22.5%	77.5%	22.5%	77.5%
23,570	GORDON	3,946	1,110	2,835	1	1,725 D	28.1%	71.8%	28.1%	71.9%
17,826	GRADY	2,797	492	2,305		1,813 D	17.6%	82.4%	17.6%	82.4%

GEORGIA

SENATOR 1974

1970 Census Population	County	Total Vote	Republican	Democratic	Other	Rep.-Dem. Plurality		Percentage Total Vote Rep.	Dem.	Major Vote Rep.	Dem.
10,212	GREENE	1,923	345	1,578		1,233	D	17.9%	82.1%	17.9%	82.1%
72,349	GWINNETT	19,884	7,004	12,858	22	5,854	D	35.2%	64.7%	35.3%	64.7%
20,691	HABERSHAM	3,275	748	2,527		1,779	D	22.8%	77.2%	22.8%	77.2%
59,405	HALL	11,307	2,925	8,381	1	5,456	D	25.9%	74.1%	25.9%	74.1%
9,019	HANCOCK	1,443	473	970		497	D	32.8%	67.2%	32.8%	67.2%
15,927	HARALSON	3,359	1,045	2,314		1,269	D	31.1%	68.9%	31.1%	68.9%
11,520	HARRIS	2,632	682	1,950		1,268	D	25.9%	74.1%	25.9%	74.1%
15,814	HART	2,337	319	2,018		1,699	D	13.6%	86.4%	13.6%	86.4%
5,354	HEARD	1,064	229	835		606	D	21.5%	78.5%	21.5%	78.5%
23,724	HENRY	5,667	1,883	3,782	2	1,899	D	33.2%	66.7%	33.2%	66.8%
62,924	HOUSTON	11,884	2,892	8,992		6,100	D	24.3%	75.7%	24.3%	75.7%
8,036	IRWIN	1,264	243	1,020	1	777	D	19.2%	80.8%	19.2%	80.8%
21,093	JACKSON	4,661	992	3,669		2,677	D	21.3%	78.7%	21.3%	78.7%
5,760	JASPER	1,288	327	961		634	D	25.4%	74.6%	25.4%	74.6%
9,425	JEFF DAVIS	1,163	227	936		709	D	19.5%	80.5%	19.5%	80.5%
17,174	JEFFERSON	2,509	577	1,932		1,355	D	23.0%	77.0%	23.0%	77.0%
8,332	JENKINS	1,264	109	1,155		1,046	D	8.6%	91.4%	8.6%	91.4%
7,727	JOHNSON	1,134	469	665		196	D	41.4%	58.6%	41.4%	58.6%
12,218	JONES	2,758	684	2,074		1,390	D	24.8%	75.2%	24.8%	75.2%
10,688	LAMAR	2,084	556	1,528		972	D	26.7%	73.3%	26.7%	73.3%
5,031	LANIER	580	54	526		472	D	9.3%	90.7%	9.3%	90.7%
32,738	LAURENS	6,654	2,150	4,504		2,354	D	32.3%	67.7%	32.3%	67.7%
7,044	LEE	1,490	298	1,192		894	D	20.0%	80.0%	20.0%	80.0%
17,569	LIBERTY	2,553	197	2,356		2,159	D	7.7%	92.3%	7.7%	92.3%
5,895	LINCOLN	1,068	235	833		598	D	22.0%	78.0%	22.0%	78.0%
3,746	LONG	606	53	553		500	D	8.7%	91.3%	8.7%	91.3%
55,112	LOWNDES	5,767	1,415	4,352		2,937	D	24.5%	75.5%	24.5%	75.5%
8,728	LUMPKIN	1,700	392	1,308		916	D	23.1%	76.9%	23.1%	76.9%
15,276	MCDUFFIE	2,492	634	1,858		1,224	D	25.4%	74.6%	25.4%	74.6%
7,371	MCINTOSH	1,242	122	1,120		998	D	9.8%	90.2%	9.8%	90.2%
12,933	MACON	2,246	404	1,842		1,438	D	18.0%	82.0%	18.0%	82.0%
13,517	MADISON	2,286	599	1,687		1,088	D	26.2%	73.8%	26.2%	73.8%
5,099	MARION	629	118	511		393	D	18.8%	81.2%	18.8%	81.2%
19,461	MERIWETHER	3,583	766	2,817		2,051	D	21.4%	78.6%	21.4%	78.6%
6,397	MILLER	594	96	498		402	D	16.2%	83.8%	16.2%	83.8%
18,956	MITCHELL	3,054	436	2,618		2,182	D	14.3%	85.7%	14.3%	85.7%
10,991	MONROE	2,557	553	2,004		1,451	D	21.6%	78.4%	21.6%	78.4%
6,099	MONTGOMERY	1,265	277	988		711	D	21.9%	78.1%	21.9%	78.1%
9,904	MORGAN	2,260	660	1,600		940	D	29.2%	70.8%	29.2%	70.8%
12,986	MURRAY	1,680	245	1,435		1,190	D	14.6%	85.4%	14.6%	85.4%
167,377	MUSCOGEE	27,220	6,563	20,651	6	14,088	D	24.1%	75.9%	24.1%	75.9%
26,282	NEWTON	5,164	1,523	3,641		2,118	D	29.5%	70.5%	29.5%	70.5%
7,915	OCONEE	2,137	623	1,513	1	890	D	29.2%	70.8%	29.2%	70.8%
7,598	OGLETHORPE	1,746	578	1,168		590	D	33.1%	66.9%	33.1%	66.9%
17,520	PAULDING	3,530	1,059	2,471		1,412	D	30.0%	70.0%	30.0%	70.0%
15,990	PEACH	3,386	643	2,743		2,100	D	19.0%	81.0%	19.0%	81.0%
9,620	PICKENS	1,282	377	905		528	D	29.4%	70.6%	29.4%	70.6%
9,281	PIERCE	1,159	201	958		757	D	17.3%	82.7%	17.3%	82.7%
7,316	PIKE	1,735	496	1,239		743	D	28.6%	71.4%	28.6%	71.4%
29,656	POLK	4,928	1,234	3,694		2,460	D	25.0%	75.0%	25.0%	75.0%
8,066	PULASKI	1,500	270	1,230		960	D	18.0%	82.0%	18.0%	82.0%
8,394	PUTNAM	1,523	415	1,108		693	D	27.2%	72.8%	27.2%	72.8%
2,180	QUITMAN	424	43	381		338	D	10.1%	89.9%	10.1%	89.9%
8,327	RABUN	1,746	275	1,470	1	1,195	D	15.8%	84.2%	15.8%	84.2%
8,734	RANDOLPH	1,918	207	1,711		1,504	D	10.8%	89.2%	10.8%	89.2%
162,437	RICHMOND	26,614	8,785	17,829		9,044	D	33.0%	67.0%	33.0%	67.0%
18,152	ROCKDALE	4,595	1,651	2,944		1,293	D	35.9%	64.1%	35.9%	64.1%
3,097	SCHLEY	510	69	441		372	D	13.5%	86.5%	13.5%	86.5%
12,591	SCREVEN	1,874	277	1,597		1,320	D	14.8%	85.2%	14.8%	85.2%
7,059	SEMINOLE	1,241	148	1,093		945	D	11.9%	88.1%	11.9%	88.1%
39,514	SPALDING	8,243	2,336	5,907		3,571	D	28.3%	71.7%	28.3%	71.7%
20,331	STEPHENS	3,131	850	2,281		1,431	D	27.1%	72.9%	27.1%	72.9%
6,511	STEWART	855	112	743		631	D	13.1%	86.9%	13.1%	86.9%
26,931	SUMTER	3,915	908	3,006	1	2,098	D	23.2%	76.8%	23.2%	76.8%
6,625	TALBOT	1,083	183	900		717	D	16.9%	83.1%	16.9%	83.1%

GEORGIA

SENATOR 1974

1970 Census Population	County	Total Vote	Republican	Democratic	Other	Rep.-Dem. Plurality	Percentage Total Vote Rep.	Dem.	Major Vote Rep.	Dem.
2,423	TALIAFERRO	412	57	355		298 D	13.8%	86.2%	13.8%	86.2%
16,557	TATTNALL	2,012	267	1,745		1,478 D	13.3%	86.7%	13.3%	86.7%
7,865	TAYLOR	1,654	285	1,369		1,084 D	17.2%	82.8%	17.2%	82.8%
11,381	TELFAIR	1,909	342	1,567		1,225 D	17.9%	82.1%	17.9%	82.1%
11,416	TERRELL	1,767	315	1,452		1,137 D	17.8%	82.2%	17.8%	82.2%
34,515	THOMAS	5,129	1,099	4,030		2,931 D	21.4%	78.6%	21.4%	78.6%
27,288	TIFT	3,643	850	2,793		1,943 D	23.3%	76.7%	23.3%	76.7%
19,151	TOOMBS	2,986	677	2,309		1,632 D	22.7%	77.3%	22.7%	77.3%
4,565	TOWNS	1,532	423	1,109		686 D	27.6%	72.4%	27.6%	72.4%
5,647	TREUTLEN	1,275	218	1,057		839 D	17.1%	82.9%	17.1%	82.9%
44,466	TROUP	7,113	1,592	5,521		3,929 D	22.4%	77.6%	22.4%	77.6%
8,790	TURNER	1,509	186	1,323		1,137 D	12.3%	87.7%	12.3%	87.7%
8,222	TWIGGS	1,839	447	1,391	1	944 D	24.3%	75.6%	24.3%	75.7%
6,811	UNION	3,068	794	2,274		1,480 D	25.9%	74.1%	25.9%	74.1%
23,505	UPSON	4,799	1,098	3,701		2,603 D	22.9%	77.1%	22.9%	77.1%
50,691	WALKER	6,413	1,110	5,303		4,193 D	17.3%	82.7%	17.3%	82.7%
23,404	WALTON	4,090	1,039	3,051		2,012 D	25.4%	74.6%	25.4%	74.6%
33,525	WARE	4,677	956	3,721		2,765 D	20.4%	79.6%	20.4%	79.6%
6,669	WARREN	889	259	630		371 D	29.1%	70.9%	29.1%	70.9%
17,480	WASHINGTON	3,558	743	2,815		2,072 D	20.9%	79.1%	20.9%	79.1%
17,858	WAYNE	2,585	559	2,026		1,467 D	21.6%	78.4%	21.6%	78.4%
2,362	WEBSTER	362	49	313		264 D	13.5%	86.5%	13.5%	86.5%
4,596	WHEELER	1,588	251	1,337		1,086 D	15.8%	84.2%	15.8%	84.2%
7,742	WHITE	1,782	430	1,352		922 D	24.1%	75.9%	24.1%	75.9%
55,108	WHITFIELD	6,864	1,458	5,406		3,948 D	21.2%	78.8%	21.2%	78.8%
6,998	WILCOX	1,560	268	1,292		1,024 D	17.2%	82.8%	17.2%	82.8%
10,184	WILKES	2,134	312	1,822		1,510 D	14.6%	85.4%	14.6%	85.4%
9,393	WILKINSON	1,849	669	1,180		511 D	36.2%	63.8%	36.2%	63.8%
14,770	WORTH	2,380	450	1,930		1,480 D	18.9%	81.1%	18.9%	81.1%
4,589,575	TOTAL	874,555	246,866	627,376	313	380,510 D	28.2%	71.7%	28.2%	71.8%

GEORGIA

CONGRESS

CD	Year	Total Vote	Republican Vote	Republican Candidate	Democratic Vote	Democratic Candidate	Other Vote	Rep.-Dem. Plurality	Total Vote Rep.	Total Vote Dem.	Major Vote Rep.	Major Vote Dem.
1	1974	75,444	10,485	GOWAN, WILLIAM L.	64,958	GINN, RONALD B.	1	54,473 D	13.9%	86.1%	13.9%	86.1%
1	1972	55,267			55,256	GINN, RONALD B.	11	55,256 D		100.0%		100.0%
2	1974	59,515			59,514	MATHIS, DAWSON	1	59,514 D		100.0%		100.0%
2	1972	65,999			65,997	MATHIS, DAWSON	2	65,997 D		100.0%		100.0%
3	1974	76,891	9,453	SAVAGE, CARL P.	67,438	BRINKLEY, JACK		57,985 D	12.3%	87.7%	12.3%	87.7%
3	1972	71,763			71,756	BRINKLEY, JACK	7	71,756 D		100.0%		100.0%
4	1974	111,139	49,922	BLACKBURN, BEN B.	61,211	LEVITAS, ELLIOTT H.	6	11,289 D	44.9%	55.1%	44.9%	55.1%
4	1972	135,886	103,155	BLACKBURN, BEN B.	32,731	WELBORN, F. ODELL		70,424 R	75.9%	24.1%	75.9%	24.1%
5	1974	96,667	27,397	LOWE, WYMAN C.	69,221	YOUNG, ANDREW	49	41,824 D	28.3%	71.6%	28.4%	71.6%
5	1972	136,810	64,495	COOK, RODNEY M.	72,289	YOUNG, ANDREW	26	7,794 D	47.1%	52.8%	47.2%	52.8%
6	1974	95,395	46,308	GINGRICH, NEWT	49,082	FLYNT, JOHN J.	5	2,774 D	48.5%	51.5%	48.5%	51.5%
6	1972	70,617			70,586	FLYNT, JOHN J.	31	70,586 D		100.0%		100.0%
7	1974	95,477	47,450	COLLINS, QUINCY	47,993	MCDONALD, LARRY	34	543 D	49.7%	50.3%	49.7%	50.3%
7	1972	101,306	42,265	SHERRILL, CHARLES B.	59,031	DAVIS, JOHN W.	10	16,766 D	41.7%	58.3%	41.7%	58.3%
8	1974	59,195			59,182	STUCKEY, W. S.	13	59,182 D		100.0%		100.0%
8	1972	114,272	42,986	THOMPSON, RONNIE	71,283	STUCKEY, W. S.	3	28,297 D	37.6%	62.4%	37.6%	62.4%
9	1974	85,642	21,540	REEVES, RONALD D.	64,096	LANDRUM, PHIL M.	6	42,556 D	25.2%	74.8%	25.2%	74.8%
9	1972	71,809			71,801	LANDRUM, PHIL M.	8	71,801 D		100.0%		100.0%
10	1974	67,058	21,214	PLEGER, GARY	45,843	STEPHENS, ROBERT G.	1	24,629 D	31.6%	68.4%	31.6%	68.4%
10	1972	68,097			68,096	STEPHENS, ROBERT G.	1	68,096 D		100.0%		100.0%

GEORGIA

1974 GENERAL ELECTION

Governor Other vote was scattered. Original uncorrected canvass gave the scattered vote as 549.

Senator Other vote was scattered. Although the data indicate a possible discrepancy in the Democratic vote in Hancock and Johnson counties, the official state canvass figures are used here.

Congress Other vote in all CD's was scattered.

1974 PRIMARIES

AUGUST 13 REPUBLICAN

Governor 19,691 Ronnie Thompson; 10,912 Harold A. Dye; 8,618 George W. Lankford; 6,078 Harry Geisinger; 2,723 W. M. Coolidge.

Senator Jerry R. Johnson, unopposed.

Congress Unopposed in six CD's. No candidates in CD's 2 and 8. Contested as follows:

  CD 7 3,848 Quincy Collins; 1,429 Ernie Norsworthy.
  CD 10 1,786 Gary Pleger; 998 Bobby G. Beazley.

AUGUST 13 DEMOCRATIC

Governor 310,384 Lester Maddox; 177,997 George Busbee; 147,026 Bert Lance; 66,000 David H. Gambrell; 43,196 George T. Smith; 42,121 Harry Jackson; 31,696 Bobby Rowan; 23,933 Ronnie Thompson; 4,650 B. J. Parker; 3,419 Bud Herrin; 2,224 Thomas J. Irwin; 1,987 Jennings Thompson.

Senator 523,133 Herman Talmadge; 119,011 Carlton Myers.

Congress Unopposed in six CD's. Contested as follows:

  CD 4 36,137 Elliott H. Levitas; 14,946 Bruce B. Gruber; 6,439 Nick M. Belluso.
  CD 7 43,675 Larry McDonald; 41,052 John W. Davis.
  CD 8 52,814 W. S. Stuckey; 28,369 Harry Powell.
  CD 9 56,611 Phil M. Landrum; 27,456 Herbert Jenkins.

SEPTEMBER 3 REPUBLICAN RUN-OFF

Governor 22,211 Ronnie Thompson; 21,669 Harold A. Dye.

SEPTEMBER 3 DEMOCRATIC RUN-OFF

Governor 551,106 George Busbee; 369,608 Lester Maddox.

HAWAII

GOVERNOR
George R. Ariyoshi (D). Elected 1974 to a four-year term.

SENATORS
Hiram L. Fong (R). Re-elected 1970 to a six-year term. Previously elected 1964, July 1959.

Daniel K. Inouye (D). Re-elected 1974 to a six-year term. Previously elected 1968, 1962.

REPRESENTATIVES
1. Spark M. Matsunaga (D)
2. Patsy Mink (D)

POSTWAR VOTE FOR GOVERNOR

Year	Total Vote	Republican Vote	Republican Candidate	Democratic Vote	Democratic Candidate	Other Vote	Rep.-Dem. Plurality	Total Vote Rep.	Total Vote Dem.	Major Vote Rep.	Major Vote Dem.
1974	249,650	113,388	Crossley, Randolph	136,262	Ariyoshi, George R.	—	22,874 D	45.4%	54.6%	45.4%	54.6%
1970	239,061	101,249	King, Samuel P.	137,812	Burns, John A.	—	36,563 D	42.4%	57.6%	42.4%	57.6%
1966	213,164	104,324	Crossley, Randolph	108,840	Burns, John A.	—	4,516 D	48.9%	51.1%	48.9%	51.1%
1962	196,015	81,707	Quinn, William F.	114,308	Burns, John A.	—	32,601 D	41.7%	58.3%	41.7%	58.3%
1959	168,662	86,213	Quinn, William F.	82,074	Burns, John A.	375	4,139 R	51.1%	48.7%	51.2%	48.8%

POSTWAR VOTE FOR SENATOR

Year	Total Vote	Republican Vote	Republican Candidate	Democratic Vote	Democratic Candidate	Other Vote	Rep.-Dem. Plurality	Total Vote Rep.	Total Vote Dem.	Major Vote Rep.	Major Vote Dem.
1974	250,221	—	—	207,454	Inouye, Daniel K.	42,767	207,454 D	—	82.9%	—	100.0%
1970	240,760	124,163	Fong, Hiram L.	116,597	Heftel, Cecil	—	7,566 R	51.6%	48.4%	51.6%	48.4%
1968	226,927	34,008	Thiessen, Wayne C.	189,248	Inouye, Daniel K.	3,671	155,240 D	15.0%	83.4%	15.2%	84.8%
1964	208,814	110,747	Fong, Hiram L.	96,789	Gill, Thomas P.	1,278	13,958 R	53.0%	46.4%	53.4%	46.6%
1962	196,361	60,067	Dillingham, Ben F.	136,294	Inouye, Daniel K.	—	76,227 D	30.6%	69.4%	30.6%	69.4%
1959	164,808	87,161	Fong, Hiram L.	77,647	Fasi, Frank F.	—	9,514 R	52.9%	47.1%	52.9%	47.1%
1959s	163,875	79,123	Tsukiyama, W. C.	83,700	Long, Oren E.	1,052	4,577 D	48.3%	51.1%	48.6%	51.4%

The two 1959 elections were held to indeterminate terms and the Senate later determined by lot that Senator Long would serve a short term, Senator Fong a full term.

HAWAII

Districts Established July 14, 1969

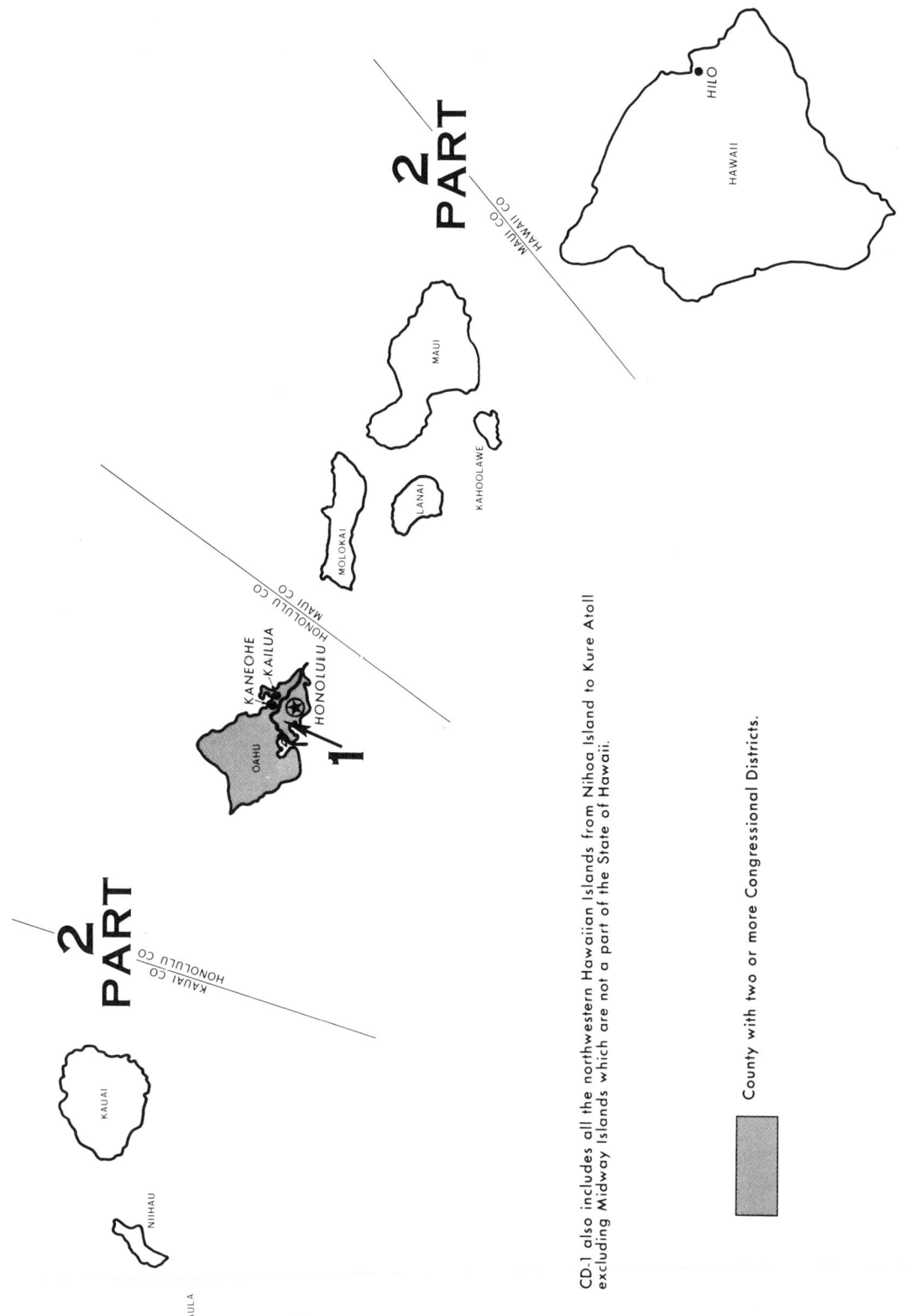

HAWAII

GOVERNOR 1974

1970 Census Population	County	Total Vote	Republican	Democratic	Other	Rep.-Dem. Plurality	Percentage Total Vote Rep.	Dem.	Major Vote Rep.	Dem.
63,468	HAWAII	28,440	10,261	18,179		7,918 D	36.1%	63.9%	36.1%	63.9%
630,528	HONOLULU	189,425	90,317	99,108		8,791 D	47.7%	52.3%	47.7%	52.3%
29,761	KAUAI	13,158	4,843	8,315		3,472 D	36.8%	63.2%	36.8%	63.2%
46,156	MAUI	18,627	7,967	10,660		2,693 D	42.8%	57.2%	42.8%	57.2%
769,913	TOTAL	249,650	113,388	136,262		22,874 D	45.4%	54.6%	45.4%	54.6%

HAWAII

SENATOR 1974

1970 Census Population	County	Total Vote	Republican	Democratic	Other	Rep.-Dem. Plurality	Percentage Total Vote Rep.	Dem.	Major Vote Rep.	Dem.
63,468	HAWAII	28,205		23,359	4,846	23,359 D		82.8%		100.0%
630,528	HONOLULU	190,699		157,261	33,438	157,261 D		82.5%		100.0%
29,761	KAUAI	12,615		10,973	1,642	10,973 D		87.0%		100.0%
46,156	MAUI	18,702		15,861	2,841	15,861 D		84.8%		100.0%
769,913	TOTAL	250,221		207,454	42,767	207,454 D		82.9%		100.0%

HAWAII

CONGRESS

CD	Year	Total Vote	Republican Vote	Republican Candidate	Democratic Vote	Democratic Candidate	Other Vote	Rep.-Dem. Plurality	Percentage Total Vote Rep.	Percentage Total Vote Dem.	Percentage Major Vote Rep.	Percentage Major Vote Dem.
1	1974	120,617	49,065	PAUL, WILLIAM B.	71,552	MATSUNAGA, SPARK M.		22,487 D	40.7%	59.3%	40.7%	59.3%
1	1972	134,964	61,138	ROHLFING, FRED W.	73,826	MATSUNAGA, SPARK M.		12,688 D	45.3%	54.7%	45.3%	54.7%
1	1970	117,175	31,764	COCKEY, RICHARD K.	85,411	MATSUNAGA, SPARK M.		53,647 D	27.1%	72.9%	27.1%	72.9%
2	1974	138,810	51,894	CORAY, CARLA W.	86,916	MINK, PATSY		35,022 D	37.4%	62.6%	37.4%	62.6%
2	1972	139,899	60,043	HANSEN, DIANA	79,856	MINK, PATSY		19,813 D	42.9%	57.1%	42.9%	57.1%
2	1970	91,038			91,038	MINK, PATSY		91,038 D		100.0%		100.0%

HAWAII

1974 GENERAL ELECTION

Governor

Senator   Other vote was Peoples (Kimmel).

Congress

1974 PRIMARIES

OCTOBER 5 REPUBLICAN

Governor   25,425 Randolph Crossley; 5,405 Joseph K. Hao.

Senator   None. No candidate.

Congress   Unopposed in both CD's.

OCTOBER 5 DEMOCRATIC

Governor   71,319 George R. Ariyoshi; 62,023 Frank F. Fasi; 59,280 Thomas P. Gill; 3,521 David McClung; 958 Henry deFries.

Senator   Daniel K. Inouye, unopposed.

Congress   Unopposed in CD 1. Contested as follows:

  CD 2   76,596 Patsy Mink; 19,998 George B. Carter.

OCTOBER 5 PEOPLES

Governor   None. No candidate.

Senator   61 James D. Kimmel; 33 Floyd Nachtwey.

Congress   No candidates.

IDAHO

GOVERNOR
Cecil D. Andrus (D). Re-elected 1974 to a four-year term. Previously elected 1970.

SENATORS
Frank Church (D). Re-elected 1974 to a six-year term. Previously elected 1968, 1962, 1956.

James A. McClure (R). Elected 1972 to a six-year term.

REPRESENTATIVES
1. Steven D. Symms (R)
2. George V. Hansen (R)

POSTWAR VOTE FOR GOVERNOR

Year	Total Vote	Republican Vote	Republican Candidate	Democratic Vote	Democratic Candidate	Other Vote	Rep.-Dem. Plurality	Total Vote Rep.	Total Vote Dem.	Major Vote Rep.	Major Vote Dem.
1974	259,632	68,731	Murphy, Jack M.	184,142	Andrus, Cecil D.	6,759	115,411 D	26.5%	70.9%	27.2%	72.8%
1970	245,112	117,108	Samuelson, Don	128,004	Andrus, Cecil D.	—	10,896 D	47.8%	52.2%	47.8%	52.2%
1966	252,593	104,586	Samuelson, Don	93,744	Andrus, Cecil D.	54,263	10,842 R	41.4%	37.1%	52.7%	47.3%
1962	255,454	139,578	Smylie, Robert E.	115,876	Smith, Vernon K.	—	23,702 R	54.6%	45.4%	54.6%	45.4%
1958	239,046	121,810	Smylie, Robert E.	117,236	Derr, A. M.	—	4,574 R	51.0%	49.0%	51.0%	49.0%
1954	228,685	124,038	Smylie, Robert E.	104,647	Hamilton, Clark	—	19,391 R	54.2%	45.8%	54.2%	45.8%
1950	204,792	107,642	Jordan, Len B.	97,150	Wright, Calvin E.	—	10,492 R	52.6%	47.4%	52.6%	47.4%
1946	181,364	102,233	Robins, C. A.	79,131	Williams, Arnold	—	23,102 R	56.4%	43.6%	56.4%	43.6%

POSTWAR VOTE FOR SENATOR

Year	Total Vote	Republican Vote	Republican Candidate	Democratic Vote	Democratic Candidate	Other Vote	Rep.-Dem. Plurality	Total Vote Rep.	Total Vote Dem.	Major Vote Rep.	Major Vote Dem.
1974	258,847	109,072	Smith, Robert L.	145,140	Church, Frank	4,635	36,068 D	42.1%	56.1%	42.9%	57.1%
1972	309,602	161,804	McClure, James A.	140,913	Davis, William E.	6,885	20,891 R	52.3%	45.5%	53.5%	46.5%
1968	287,876	114,394	Hansen, George V.	173,482	Church, Frank	—	59,088 D	39.7%	60.3%	39.7%	60.3%
1966	252,456	139,819	Jordan, Len B.	112,637	Harding, Ralph R.	—	27,182 R	55.4%	44.6%	55.4%	44.6%
1962	258,786	117,129	Hawley, Jack	141,657	Church, Frank	—	24,528 D	45.3%	54.7%	45.3%	54.7%
1962s	257,677	131,279	Jordan, Len B.	126,398	Pfost, Gracie	—	4,881 R	50.9%	49.1%	50.9%	49.1%
1960	292,096	152,648	Dworshak, Henry C.	139,448	McLaughlin, Bob	—	13,200 R	52.3%	47.7%	52.3%	47.7%
1956	265,292	102,781	Welker, Herman	149,096	Church, Frank	13,415	46,315 D	38.7%	56.2%	40.8%	59.2%
1954	226,408	142,269	Dworshak, Henry C.	84,139	Taylor, Glen H.	—	58,130 R	62.8%	37.2%	62.8%	37.2%
1950	201,417	124,237	Welker, Herman	77,180	Clark, D. Worth	—	47,057 R	61.7%	38.3%	61.7%	38.3%
1950s	201,970	104,068	Dworshak, Henry C.	97,902	Burtenshaw, Claude	—	6,166 R	51.5%	48.5%	51.5%	48.5%
1948	214,188	103,868	Dworshak, Henry C.	107,000	Miller, Bert H.	3,320	3,132 D	48.5%	50.0%	49.3%	50.7%
1946s	180,152	105,523	Dworshak, Henry C.	74,629	Donart, George E.	—	30,894 R	58.6%	41.4%	58.6%	41.4%

The 1946 election and one each of the 1962 and 1950 elections were for short terms to fill vacancies.

IDAHO

Districts Established April 13, 1971

County with two or more Congressional Districts.

IDAHO

GOVERNOR 1974

1970 Census Population	County	Total Vote	Republican	Democratic	Other	Rep.-Dem. Plurality	Percentage Total Vote Rep.	Dem.	Major Vote Rep.	Dem.
112,230	ADA	47,704	12,321	34,214	1,169	21,893 D	25.8%	71.7%	26.5%	73.5%
2,877	ADAMS	1,233	336	878	19	542 D	27.3%	71.2%	27.7%	72.3%
52,200	BANNOCK	18,321	3,443	14,387	491	10,944 D	18.8%	78.5%	19.3%	80.7%
5,801	BEAR LAKE	2,607	887	1,585	135	698 D	34.0%	60.8%	35.9%	64.1%
6,230	BENEWAH	2,404	481	1,909	14	1,428 D	20.0%	79.4%	20.1%	79.9%
29,167	BINGHAM	9,133	2,284	6,480	369	4,196 D	25.0%	71.0%	26.1%	73.9%
5,749	BLAINE	2,469	533	1,881	55	1,348 D	21.6%	76.2%	22.1%	77.9%
1,763	BOISE	1,292	356	902	34	546 D	27.6%	69.8%	28.3%	71.7%
15,560	BONNER	6,760	1,636	4,961	163	3,325 D	24.2%	73.4%	24.8%	75.2%
52,457	BONNEVILLE	17,109	5,122	11,559	428	6,437 D	29.9%	67.6%	30.7%	69.3%
5,484	BOUNDARY	2,366	430	1,902	34	1,472 D	18.2%	80.4%	18.4%	81.6%
2,925	BUTTE	1,187	311	857	19	546 D	26.2%	72.2%	26.6%	73.4%
728	CAMAS	408	102	296	10	194 D	25.0%	72.5%	25.6%	74.4%
61,288	CANYON	22,374	6,834	15,127	413	8,293 D	30.5%	67.6%	31.1%	68.9%
6,534	CARIBOU	2,379	802	1,470	107	668 D	33.7%	61.8%	35.3%	64.7%
17,017	CASSIA	5,317	1,831	3,066	420	1,235 D	34.4%	57.7%	37.4%	62.6%
741	CLARK	370	164	199	7	35 D	44.3%	53.8%	45.2%	54.8%
10,871	CLEARWATER	2,685	294	2,348	43	2,054 D	10.9%	87.4%	11.1%	88.9%
2,967	CUSTER	1,155	534	576	45	42 D	46.2%	49.9%	48.1%	51.9%
17,479	ELMORE	3,539	774	2,712	53	1,938 D	21.9%	76.6%	22.2%	77.8%
7,373	FRANKLIN	3,337	1,059	2,105	173	1,046 D	31.7%	63.1%	33.5%	66.5%
8,710	FREMONT	3,543	1,169	2,283	91	1,114 D	33.0%	64.4%	33.9%	66.1%
9,387	GEM	3,836	1,139	2,628	69	1,489 D	29.7%	68.5%	30.2%	69.8%
8,645	GOODING	3,744	1,192	2,461	91	1,269 D	31.8%	65.7%	32.6%	67.4%
12,891	IDAHO	4,300	1,066	3,150	84	2,084 D	24.8%	73.3%	25.3%	74.7%
11,740	JEFFERSON	4,383	1,801	2,460	122	659 D	41.1%	56.1%	42.3%	57.7%
10,253	JEROME	4,027	1,237	2,655	135	1,418 D	30.7%	65.9%	31.8%	68.2%
35,332	KOOTENAI	12,896	3,272	9,512	112	6,240 D	25.4%	73.8%	25.6%	74.4%
24,891	LATAH	8,720	1,307	7,301	112	5,994 D	15.0%	83.7%	15.2%	84.8%
5,566	LEMHI	2,276	1,148	1,017	111	131 R	50.4%	44.7%	53.0%	47.0%
3,867	LEWIS	1,393	240	1,147	6	907 D	17.2%	82.3%	17.3%	82.7%
3,057	LINCOLN	1,372	492	832	48	340 D	35.9%	60.6%	37.2%	62.8%
13,452	MADISON	4,736	1,634	2,964	138	1,330 D	34.5%	62.6%	35.5%	64.5%
15,731	MINIDOKA	4,812	1,338	3,215	259	1,877 D	27.8%	66.8%	29.4%	70.6%
30,376	NEZ PERCE	9,649	1,249	8,280	120	7,031 D	12.9%	85.8%	13.1%	86.9%
2,864	ONEIDA	1,453	440	967	46	527 D	30.3%	66.6%	31.3%	68.7%
6,422	OWYHEE	1,950	695	1,228	27	533 D	35.6%	63.0%	36.1%	63.9%
12,401	PAYETTE	4,061	1,239	2,759	63	1,520 D	30.5%	67.9%	31.0%	69.0%
4,864	POWER	1,924	404	1,476	44	1,072 D	21.0%	76.7%	21.5%	78.5%
19,718	SHOSHONE	5,294	1,186	4,056	52	2,870 D	22.4%	76.6%	22.6%	77.4%
2,351	TETON	1,164	424	722	18	298 D	36.4%	62.0%	37.0%	63.0%
41,807	TWIN FALLS	14,805	4,170	9,898	737	5,728 D	28.2%	66.9%	29.6%	70.4%
3,609	VALLEY	1,886	463	1,404	19	941 D	24.5%	74.4%	24.8%	75.2%
7,633	WASHINGTON	3,259	892	2,313	54	1,421 D	27.4%	71.0%	27.8%	72.2%
713,008	TOTAL	259,632	68,731	184,142	6,759	115,411 D	26.5%	70.9%	27.2%	72.8%

IDAHO

SENATOR 1974

1970 Census Population	County	Total Vote	Republican	Democratic	Other	Rep.-Dem. Plurality	Percentage Total Vote Rep.	Dem.	Major Vote Rep.	Dem.
112,230	ADA	47,575	20,357	26,439	779	6,082 D	42.8%	55.6%	43.5%	56.5%
2,877	ADAMS	1,231	597	613	21	16 D	48.5%	49.8%	49.3%	50.7%
52,200	BANNOCK	18,298	5,869	12,111	318	6,242 D	32.1%	66.2%	32.6%	67.4%
5,801	BEAR LAKE	2,594	1,150	1,395	49	245 D	44.3%	53.8%	45.2%	54.8%
6,230	BENEWAH	2,332	802	1,511	19	709 D	34.4%	64.8%	34.7%	65.3%
29,167	BINGHAM	9,132	3,398	5,484	250	2,086 D	37.2%	60.1%	38.3%	61.7%
5,749	BLAINE	2,449	803	1,615	31	812 D	32.8%	65.9%	33.2%	66.8%
1,763	BOISE	1,265	529	721	15	192 D	41.8%	57.0%	42.3%	57.7%
15,560	BONNER	6,712	2,241	4,350	121	2,109 D	33.4%	64.8%	34.0%	66.0%
52,457	BONNEVILLE	17,089	7,539	9,215	335	1,676 D	44.1%	53.9%	45.0%	55.0%
5,484	BOUNDARY	2,345	1,022	1,302	21	280 D	43.6%	55.5%	44.0%	56.0%
2,925	BUTTE	1,191	473	703	15	230 D	39.7%	59.0%	40.2%	59.8%
728	CAMAS	407	175	227	5	52 D	43.0%	55.8%	43.5%	56.5%
61,288	CANYON	22,305	11,614	10,428	263	1,186 R	52.1%	46.8%	52.7%	47.3%
6,534	CARIBOU	2,364	1,095	1,205	64	110 D	46.3%	51.0%	47.6%	52.4%
17,017	CASSIA	5,334	2,893	2,212	229	681 R	54.2%	41.5%	56.7%	43.3%
741	CLARK	359	168	183	8	15 D	46.8%	51.0%	47.9%	52.1%
10,871	CLEARWATER	2,667	577	2,039	51	1,462 D	21.6%	76.5%	22.1%	77.9%
2,967	CUSTER	1,161	711	428	22	283 R	61.2%	36.9%	62.4%	37.6%
17,479	ELMORE	3,525	1,169	2,311	45	1,142 D	33.2%	65.6%	33.6%	66.4%
7,373	FRANKLIN	3,335	1,794	1,441	100	353 R	53.8%	43.2%	55.5%	44.5%
8,710	FREMONT	3,518	1,649	1,832	37	183 D	46.9%	52.1%	47.4%	52.6%
9,387	GEM	3,829	1,722	2,046	61	324 D	45.0%	53.4%	45.7%	54.3%
8,645	GOODING	3,763	1,899	1,803	61	96 R	50.5%	47.9%	51.3%	48.7%
12,891	IDAHO	4,302	1,970	2,276	56	306 D	45.8%	52.9%	46.4%	53.6%
11,740	JEFFERSON	4,363	2,359	1,901	103	458 R	54.1%	43.6%	55.4%	44.6%
10,253	JEROME	4,008	2,252	1,693	63	559 R	56.2%	42.2%	57.1%	42.9%
35,332	KOOTENAI	12,797	4,741	7,952	104	3,211 D	37.0%	62.1%	37.4%	62.6%
24,891	LATAH	8,716	2,157	6,438	121	4,281 D	24.7%	73.9%	25.1%	74.9%
5,566	LEMHI	2,277	1,150	905	222	245 R	50.5%	39.7%	56.0%	44.0%
3,867	LEWIS	1,379	439	914	26	475 D	31.8%	66.3%	32.4%	67.6%
3,057	LINCOLN	1,353	696	628	29	68 R	51.4%	46.4%	52.6%	47.4%
13,452	MADISON	4,744	2,178	2,463	103	285 D	45.9%	51.9%	46.9%	53.1%
15,731	MINIDOKA	4,816	2,280	2,392	144	112 D	47.3%	49.7%	48.8%	51.2%
30,376	NEZ PERCE	9,644	2,558	6,928	158	4,370 D	26.5%	71.8%	27.0%	73.0%
2,864	ONEIDA	1,443	671	734	38	63 D	46.5%	50.9%	47.8%	52.2%
6,422	OWYHEE	1,941	926	994	21	68 D	47.7%	51.2%	48.2%	51.8%
12,401	PAYETTE	4,026	1,846	2,114	66	268 D	45.9%	52.5%	46.6%	53.4%
4,864	POWER	1,904	601	1,271	32	670 D	31.6%	66.8%	32.1%	67.9%
19,718	SHOSHONE	5,243	1,534	3,662	47	2,128 D	29.3%	69.8%	29.5%	70.5%
2,351	TETON	1,167	527	623	17	96 D	45.2%	53.4%	45.8%	54.2%
41,807	TWIN FALLS	14,875	7,794	6,778	303	1,016 R	52.4%	45.6%	53.5%	46.5%
3,609	VALLEY	1,848	772	1,053	23	281 D	41.8%	57.0%	42.3%	57.7%
7,633	WASHINGTON	3,221	1,375	1,807	39	432 D	42.7%	56.1%	43.2%	56.8%
713,008	TOTAL	258,847	109,072	145,140	4,635	36,068 D	42.1%	56.1%	42.9%	57.1%

IDAHO

CONGRESS

			Republican		Democratic		Other	Rep.-Dem.	Percentage Total Vote		Major Vote	
CD	Year	Total Vote	Vote	Candidate	Vote	Candidate	Vote	Plurality	Rep.	Dem.	Rep.	Dem.
1	1974	129,405	75,404	SYMMS, STEVEN D.	54,001	COX, J. RAY		21,403 R	58.3%	41.7%	58.3%	41.7%
1	1972	153,376	85,270	SYMMS, STEVEN D.	68,106	WILLIAMS, ED		17,164 R	55.6%	44.4%	55.6%	44.4%
2	1974	120,873	67,274	HANSEN, GEORGE V.	53,599	HANSON, MAX		13,675 R	55.7%	44.3%	55.7%	44.3%
2	1972	148,178	102,537	HANSEN, ORVAL H.	40,081	LUDLOW, WILLIS	5,560	62,456 R	69.2%	27.0%	71.9%	28.1%

IDAHO

1974 GENERAL ELECTION

Governor   Other vote was American (Victor). Early uncorrected canvass gave the Democratic total vote as 184,182.

Senator   Other vote was American (Stoddard).

Congress

1974 PRIMARIES

AUGUST 6 REPUBLICAN

Governor   Jack M. Murphy, unopposed.

Senator   45,553 Robert L. Smith; 13,406 Donald L. Winder; 4,331 Charles Bolstridge.

Congress   Unopposed in CD 1. Contested as follows:

   CD 2   22,114 George V. Hansen; 20,109 Orval H. Hansen.

AUGUST 6 DEMOCRATIC

Governor   Cecil D. Andrus, unopposed.

Senator   53,659 Frank Church; 8,904 Leon R. Olson.

Congress   Contested as follows:

   CD 1   14,453 J. Ray Cox; 14,386 Kenneth R. Miller.
   CD 2   18,360 Max Hanson; 6,055 Keith H. Holve.

AUGUST 6 AMERICAN

Governor   None. Candidate certified by party state committee.

Senator   Jean L. Stoddard, unopposed.

Congress   None. No candidates.

ILLINOIS

GOVERNOR
Daniel Walker (D). Elected 1972 to a four-year term.

SENATORS
Charles H. Percy (R). Re-elected 1972 to a six-year term. Previously elected 1966.

Adlai E. Stevenson, III (D). Re-elected 1974 to a six-year term. Previously elected 1970 to fill out term vacated by the death of Senator Everett M. Dirksen.

REPRESENTATIVES
1. Ralph H. Metcalfe (D)
2. Morgan F. Murphy (D)
3. Martin A. Russo (D)
4. Edward J. Derwinski (R)
5. John C. Kluczynski (D)
6. Henry J. Hyde (R)
7. Cardiss Collins (D)
8. Daniel Rostenkowski (D)
9. Sidney R. Yates (D)
10. Abner J. Mikva (D)
11. Frank Annunzio (D)
12. Philip M. Crane (R)
13. Robert McClory (R)
14. John N. Erlenborn (R)
15. Tim L. Hall (D)
16. John B. Anderson (R)
17. George M. O'Brien (R)
18. Robert H. Michel (R)
19. Tom Railsback (R)
20. Paul Findley (R)
21. Edward R. Madigan (R)
22. George E. Shipley (D)
23. Melvin Price (D)
24. Paul Simon (D)

POSTWAR VOTE FOR GOVERNOR

Year	Total Vote	Republican Vote	Candidate	Democratic Vote	Candidate	Other Vote	Rep.-Dem. Plurality	Total Vote Rep.	Total Vote Dem.	Major Vote Rep.	Major Vote Dem.
1972	4,678,804	2,293,809	Ogilvie, Richard B.	2,371,303	Walker, Daniel	13,692	77,494 D	49.0%	50.7%	49.2%	50.8%
1968	4,506,000	2,307,295	Ogilvie, Richard B.	2,179,501	Shapiro, Samuel H.	19,204	127,794 R	51.2%	48.4%	51.4%	48.6%
1964	4,657,500	2,239,095	Percy, Charles H.	2,418,394	Kerner, Otto	11	179,299 D	48.1%	51.9%	48.1%	51.9%
1960	4,674,187	2,070,479	Stratton, William G.	2,594,731	Kerner, Otto	8,977	524,252 D	44.3%	55.5%	44.4%	55.6%
1956	4,314,611	2,171,786	Stratton, William G.	2,134,909	Austin, Richard B.	7,916	36,877 R	50.3%	49.5%	50.4%	49.6%
1952	4,415,864	2,317,363	Stratton, William G.	2,089,721	Dixon, Sherwood	8,780	227,642 R	52.5%	47.3%	52.6%	47.4%
1948	3,940,257	1,678,007	Green, Dwight H.	2,250,074	Stevenson, Adlai E.	12,176	572,067 D	42.6%	57.1%	42.7%	57.3%

POSTWAR VOTE FOR SENATOR

Year	Total Vote	Republican Vote	Candidate	Democratic Vote	Candidate	Other Vote	Rep.-Dem. Plurality	Total Vote Rep.	Total Vote Dem.	Major Vote Rep.	Major Vote Dem.
1974	2,914,666	1,084,884	Burditt, George M.	1,811,496	Stevenson, Adlai E., III	18,286	726,612 D	37.2%	62.2%	37.5%	62.5%
1972	4,608,380	2,867,078	Percy, Charles H.	1,721,031	Pucinski, Roman C.	20,271	1,146,047 R	62.2%	37.3%	62.5%	37.5%
1970s	3,599,272	1,519,718	Smith, Ralph T.	2,065,054	Stevenson, Adlai E., III	14,500	545,336 D	42.2%	57.4%	42.4%	57.6%
1968	4,449,757	2,358,947	Dirksen, Everett M.	2,073,242	Clark, William G.	17,568	285,705 R	53.0%	46.6%	53.2%	46.8%
1966	3,822,725	2,100,449	Percy, Charles H.	1,678,147	Douglas, Paul H.	44,129	422,302 R	54.9%	43.9%	55.6%	44.4%
1962	3,709,216	1,961,202	Dirksen, Everett M.	1,748,007	Yates, Sidney R.	7	213,195 R	52.9%	47.1%	52.9%	47.1%
1960	4,632,796	2,093,846	Witwer, Samuel W.	2,530,943	Douglas, Paul H.	8,007	437,097 D	45.2%	54.6%	45.3%	54.7%
1956	4,264,830	2,307,352	Dirksen, Everett M.	1,949,883	Stengel, Richard	7,595	357,469 R	54.1%	45.7%	54.2%	45.8%
1954	3,368,025	1,563,683	Meek, Joseph T.	1,804,338	Douglas, Paul H.	4	240,655 D	46.4%	53.6%	46.4%	53.6%
1950	3,622,673	1,951,984	Dirksen, Everett M.	1,657,630	Lucas, Scott W.	13,059	294,354 R	53.9%	45.8%	54.1%	45.9%
1948	3,900,285	1,740,026	Brooks, C. Wayland	2,147,754	Douglas, Paul H.	12,505	407,728 D	44.6%	55.1%	44.8%	55.2%

The 1970 election was for a short term to fill a vacancy.

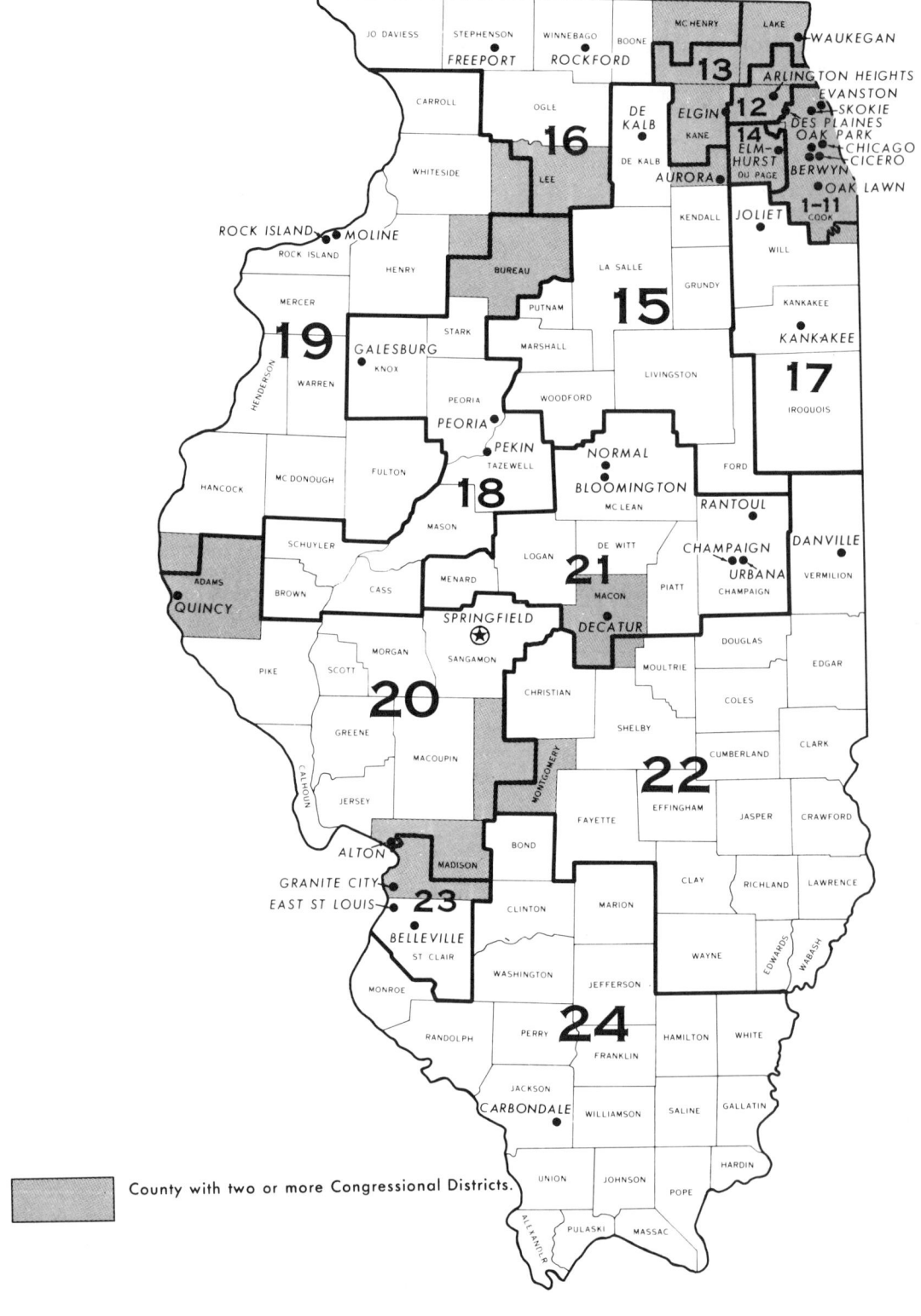

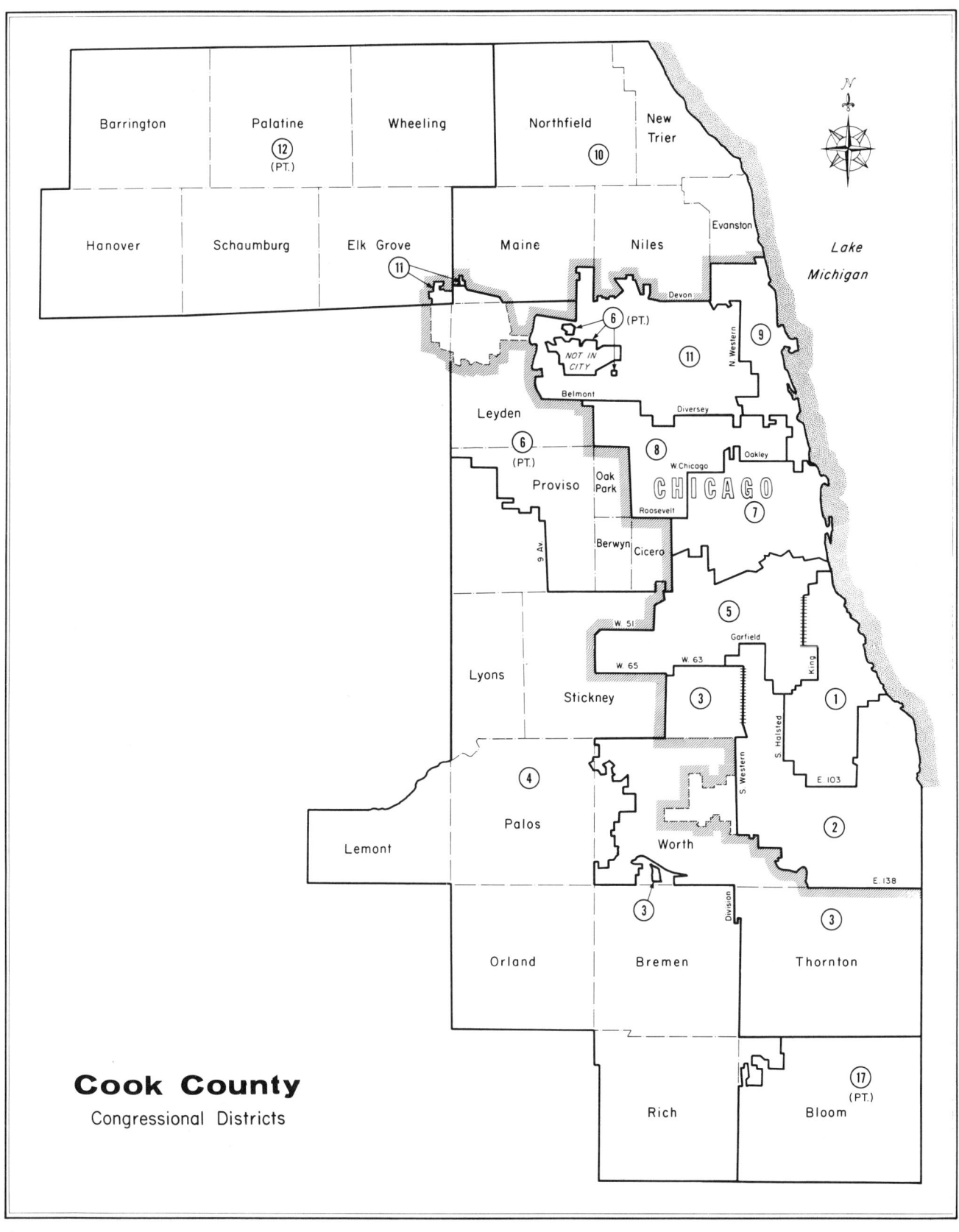

Cook County
Congressional Districts

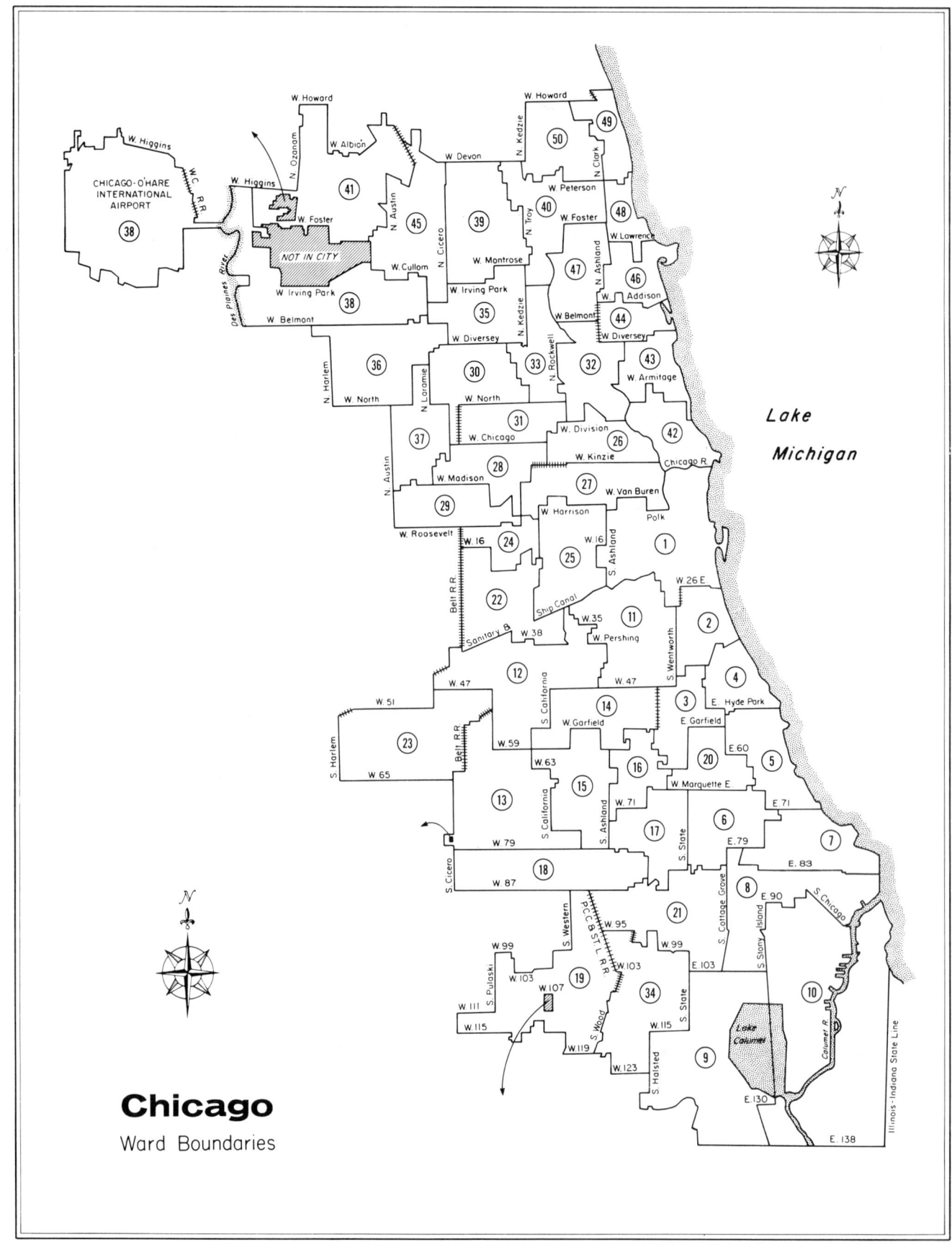

Chicago
Ward Boundaries

ILLINOIS

SENATOR 1974

1970 Census Population	County	Total Vote	Republican	Democratic	Other	Rep.-Dem. Plurality		Percentage Total Vote		Major Vote	
								Rep.	Dem.	Rep.	Dem.
70,861	ADAMS	20,140	8,071	11,959	110	3,888	D	40.1%	59.4%	40.3%	59.7%
12,015	ALEXANDER	4,806	1,945	2,819	42	874	D	40.5%	58.7%	40.8%	59.2%
14,012	BOND	5,323	2,317	2,995	11	678	D	43.5%	56.3%	43.6%	56.4%
25,440	BOONE	5,505	2,754	2,732	19	22	R	50.0%	49.6%	50.2%	49.8%
5,586	BROWN	2,641	937	1,701	3	764	D	35.5%	64.4%	35.5%	64.5%
38,541	BUREAU	14,692	6,620	8,072		1,452	D	45.1%	54.9%	45.1%	54.9%
5,675	CALHOUN	2,462	912	1,541	9	629	D	37.0%	62.6%	37.2%	62.8%
19,276	CARROLL	6,754	3,347	3,397	10	50	D	49.6%	50.3%	49.6%	50.4%
14,219	CASS	4,945	1,895	3,046	4	1,151	D	38.3%	61.6%	38.4%	61.6%
163,281	CHAMPAIGN	38,479	16,814	20,808	857	3,994	D	43.7%	54.1%	44.7%	55.3%
35,948	CHRISTIAN	10,753	3,494	7,237	22	3,743	D	32.5%	67.3%	32.6%	67.4%
16,216	CLARK	6,658	3,302	3,349	7	47	D	49.6%	50.3%	49.6%	50.4%
14,735	CLAY	6,386	2,984	3,387	15	403	D	46.7%	53.0%	46.8%	53.2%
28,315	CLINTON	10,190	3,793	6,386	11	2,593	D	37.2%	62.7%	37.3%	62.7%
47,815	COLES	13,193	6,083	7,055	55	972	D	46.1%	53.5%	46.3%	53.7%
5,492,369	COOK	1,359,118	409,780	938,323	11,015	528,543	D	30.2%	69.0%	30.4%	69.6%
19,824	CRAWFORD	7,600	3,254	4,338	8	1,084	D	42.8%	57.1%	42.9%	57.1%
9,772	CUMBERLAND	3,869	1,670	2,190	9	520	D	43.2%	56.6%	43.3%	56.7%
71,654	DE KALB	15,275	7,106	7,927	242	821	D	46.5%	51.9%	47.3%	52.7%
16,975	DE WITT	6,075	2,772	3,296	7	524	D	45.6%	54.3%	45.7%	54.3%
18,997	DOUGLAS	6,377	3,128	3,240	9	112	D	49.1%	50.8%	49.1%	50.9%
491,882	DU PAGE	122,365	69,480	52,004	881	17,476	R	56.8%	42.5%	57.2%	42.8%
21,591	EDGAR	8,618	3,960	4,652	6	692	D	46.0%	54.0%	46.0%	54.0%
7,090	EDWARDS	3,130	1,700	1,426	4	274	R	54.3%	45.6%	54.4%	45.6%
24,608	EFFINGHAM	9,113	3,915	5,184	14	1,269	D	43.0%	56.9%	43.0%	57.0%
20,752	FAYETTE	8,406	3,758	4,639	9	881	D	44.7%	55.2%	44.8%	55.2%
16,382	FORD	5,901	3,341	2,558	2	783	R	56.6%	43.3%	56.6%	43.4%
38,329	FRANKLIN	12,956	3,771	9,136	49	5,365	D	29.1%	70.5%	29.2%	70.8%
41,890	FULTON	13,015	4,892	8,071	52	3,179	D	37.6%	62.0%	37.7%	62.3%
7,418	GALLATIN	3,474	1,031	2,437	6	1,406	D	29.7%	70.1%	29.7%	70.3%
17,014	GREENE	5,685	2,109	3,569	7	1,460	D	37.1%	62.8%	37.1%	62.9%
26,535	GRUNDY	10,079	4,640	5,416	23	776	D	46.0%	53.7%	46.1%	53.9%
8,665	HAMILTON	4,553	1,979	2,559	15	580	D	43.5%	56.2%	43.6%	56.4%
23,645	HANCOCK	7,808	3,720	4,079	9	359	D	47.6%	52.2%	47.7%	52.3%
4,914	HARDIN	2,762	1,255	1,499	8	244	D	45.4%	54.3%	45.6%	54.4%
8,451	HENDERSON	3,704	1,619	2,083	2	464	D	43.7%	56.2%	43.7%	56.3%
53,217	HENRY	13,494	6,266	7,175	53	909	D	46.4%	53.2%	46.6%	53.4%
33,532	IROQUOIS	12,218	6,686	5,524	8	1,162	R	54.7%	45.2%	54.8%	45.2%
55,008	JACKSON	16,931	5,726	10,949	256	5,223	D	33.8%	64.7%	34.3%	65.7%
10,741	JASPER	4,205	1,695	2,501	9	806	D	40.3%	59.5%	40.4%	59.6%
31,446	JEFFERSON	11,292	4,539	6,738	15	2,199	D	40.2%	59.7%	40.3%	59.7%
18,492	JERSEY	6,810	2,659	4,137	14	1,478	D	39.0%	60.7%	39.1%	60.9%
21,766	JO DAVIESS	6,177	2,689	3,476	12	787	D	43.5%	56.3%	43.6%	56.4%
7,550	JOHNSON	3,421	1,787	1,623	11	164	R	52.2%	47.4%	52.4%	47.6%
251,005	KANE	48,581	25,212	23,007	362	2,205	R	51.9%	47.4%	52.3%	47.7%
97,250	KANKAKEE	29,364	13,593	15,592	179	1,999	D	46.3%	53.1%	46.6%	53.4%
26,374	KENDALL	6,874	4,292	2,563	19	1,729	R	62.4%	37.3%	62.6%	37.4%
61,280	KNOX	17,109	7,881	9,161	67	1,280	D	46.1%	53.5%	46.2%	53.8%
382,638	LAKE	82,849	38,128	44,191	530	6,063	D	46.0%	53.3%	46.3%	53.7%
111,409	LA SALLE	32,847	12,696	20,022	129	7,326	D	38.7%	61.0%	38.8%	61.2%
17,522	LAWRENCE	6,335	2,936	3,393	6	457	D	46.3%	53.6%	46.4%	53.6%
37,947	LEE	8,937	4,616	4,310	11	306	R	51.7%	48.2%	51.7%	48.3%
40,690	LIVINGSTON	10,888	6,047	4,823	18	1,224	R	55.5%	44.3%	55.6%	44.4%
33,538	LOGAN	9,727	4,898	4,818	11	80	R	50.4%	49.5%	50.4%	49.6%
36,653	MCDONOUGH	8,467	4,669	3,773	25	896	R	55.1%	44.6%	55.3%	44.7%
111,555	MCHENRY	30,964	15,882	14,881	201	1,001	R	51.3%	48.1%	51.6%	48.4%
104,389	MCLEAN	25,990	14,069	11,803	118	2,266	R	54.1%	45.4%	54.4%	45.6%
125,010	MACON	29,420	9,568	19,772	80	10,204	D	32.5%	67.2%	32.6%	67.4%
44,557	MACOUPIN	16,550	5,731	10,775	44	5,044	D	34.6%	65.1%	34.7%	65.3%
250,934	MADISON	50,439	15,050	35,231	158	20,181	D	29.8%	69.8%	29.9%	70.1%
38,986	MARION	13,187	4,832	8,321	34	3,489	D	36.6%	63.1%	36.7%	63.3%
13,302	MARSHALL	5,206	2,402	2,802	2	400	D	46.1%	53.8%	46.2%	53.8%
16,161	MASON	5,491	2,202	3,286	3	1,084	D	40.1%	59.8%	40.1%	59.9%
13,889	MASSAC	5,112	2,585	2,514	13	71	R	50.6%	40.2%	50.7%	40.3%
9,685	MENARD	4,133	2,146	1,974	13	172	R	51.9%	47.8%	52.1%	47.9%

ILLINOIS

SENATOR 1974

1970 Census Population	County	Total Vote	Republican	Democratic	Other	Rep.-Dem. Plurality	Percentage Total Vote Rep.	Dem.	Major Vote Rep.	Dem.
17,294	MERCER	6,142	2,682	3,457	3	775 D	43.7%	56.3%	43.7%	56.3%
18,831	MONROE	7,770	3,530	4,231	9	701 D	45.4%	54.5%	45.5%	54.5%
30,260	MONTGOMERY	12,081	4,720	7,345	16	2,625 D	39.1%	60.8%	39.1%	60.9%
36,174	MORGAN	12,131	5,367	6,751	13	1,384 D	44.2%	55.7%	44.3%	55.7%
13,263	MOULTRIE	4,567	1,821	2,729	17	908 D	39.9%	59.8%	40.0%	60.0%
42,867	OGLE	11,155	5,861	5,262	32	599 R	52.5%	47.2%	52.7%	47.3%
195,318	PEORIA	49,406	20,601	28,604	201	8,003 D	41.7%	57.9%	41.9%	58.1%
19,757	PERRY	9,101	3,602	5,491	8	1,889 D	39.6%	60.3%	39.6%	60.4%
15,509	PIATT	6,143	2,802	3,334	7	532 D	45.6%	54.3%	45.7%	54.3%
19,185	PIKE	7,324	2,918	4,402	4	1,484 D	39.8%	60.1%	39.9%	60.1%
3,857	POPE	1,807	938	867	2	71 R	51.9%	48.0%	52.0%	48.0%
8,741	PULASKI	3,502	1,472	2,021	9	549 D	42.0%	57.7%	42.1%	57.9%
5,007	PUTNAM	2,697	1,005	1,688	4	683 D	37.3%	62.6%	37.3%	62.7%
31,379	RANDOLPH	13,606	5,048	8,538	20	3,490 D	37.1%	62.8%	37.2%	62.8%
16,829	RICHLAND	6,350	2,779	3,556	15	777 D	43.8%	56.0%	43.9%	56.1%
166,734	ROCK ISLAND	43,355	14,903	28,282	170	13,379 D	34.4%	65.2%	34.5%	65.5%
285,176	ST. CLAIR	63,231	17,460	45,439	332	27,979 D	27.6%	71.9%	27.8%	72.2%
25,721	SALINE	10,352	4,112	6,239	1	2,127 D	39.7%	60.3%	39.7%	60.3%
161,335	SANGAMON	56,763	25,471	30,894	398	5,423 D	44.9%	54.4%	45.2%	54.8%
8,135	SCHUYLER	3,943	1,829	2,099	15	270 D	46.4%	53.2%	46.6%	53.4%
6,096	SCOTT	2,784	1,214	1,563	7	349 D	43.6%	56.1%	43.7%	56.3%
22,589	SHELBY	8,464	3,187	5,268	9	2,081 D	37.7%	62.2%	37.7%	62.3%
7,510	STARK	2,713	1,394	1,313	6	81 R	51.4%	48.4%	51.5%	48.5%
48,861	STEPHENSON	10,636	4,861	5,712	63	851 D	45.7%	53.7%	46.0%	54.0%
118,649	TAZEWELL	30,535	12,266	18,190	79	5,924 D	40.2%	59.6%	40.3%	59.7%
16,071	UNION	6,030	2,053	3,977		1,924 D	34.0%	66.0%	34.0%	66.0%
97,047	VERMILION	27,551	10,972	16,436	143	5,464 D	39.8%	59.7%	40.0%	60.0%
12,841	WABASH	5,414	2,346	3,063	5	717 D	43.3%	56.6%	43.4%	56.6%
21,595	WARREN	6,731	3,573	3,144	14	429 R	53.1%	46.7%	53.2%	46.8%
13,780	WASHINGTON	5,907	3,134	2,763	10	371 R	53.1%	46.8%	53.1%	46.9%
17,004	WAYNE	7,367	3,990	3,371	6	619 R	54.2%	45.8%	54.2%	45.8%
17,312	WHITE	8,369	3,689	4,662	18	973 D	44.1%	55.7%	44.2%	55.8%
62,877	WHITESIDE	15,421	7,826	7,530	65	296 R	50.7%	48.8%	51.0%	49.0%
249,498	WILL	59,691	24,149	35,234	308	11,085 D	40.5%	59.0%	40.7%	59.3%
49,021	WILLIAMSON	17,610	6,932	10,630	48	3,698 D	39.4%	60.4%	39.5%	60.5%
246,623	WINNEBAGO	64,093	24,322	39,505	266	15,183 D	37.9%	61.6%	38.1%	61.9%
28,012	WOODFORD	8,096	4,425	3,661	10	764 R	54.7%	45.2%	54.7%	45.3%
11,113,976	TOTAL	2,914,666	1,084,884	1,811,496	18,286	726,612 D	37.2%	62.2%	37.5%	62.5%

Chicago

SENATOR 1974

1970 Census Population	Ward	Total Vote	Republican	Democratic	Other	Rep.-Dem. Plurality	Percentage Total Vote Rep.	Dem.	Major Vote Rep.	Dem.
68,950	WARD 1	11,452	1,189	10,151	112	8,962 D	10.4%	88.6%	10.5%	89.5%
75,533	WARD 2	11,623	656	10,819	148	10,163 D	5.6%	93.1%	5.7%	94.3%
68,992	WARD 3	9,101	399	8,614	88	8,215 D	4.4%	94.6%	4.4%	95.6%
68,549	WARD 4	12,171	801	11,145	225	10,344 D	6.6%	91.6%	6.7%	93.3%
66,918	WARD 5	13,973	1,607	12,034	332	10,427 D	11.5%	86.1%	11.8%	88.2%
67,715	WARD 6	12,816	721	11,947	148	11,226 D	5.6%	93.2%	5.7%	94.3%
	WARD 7	11,890	1,274	10,444	172	9,170 D	10.7%	87.8%	10.9%	89.1%
	WARD 8	12,606	984	11,472	150	10,488 D	7.8%	91.0%	7.9%	92.1%
66,932	WARD 9	8,323	1,011	7,244	68	6,233 D	12.1%	87.0%	12.2%	87.8%
67,074	WARD 10	15,688	2,966	12,586	136	9,620 D	18.9%	80.2%	19.1%	80.9%
66,549	WARD 11	24,493	2,057	22,323	113	20,266 D	8.4%	91.1%	8.4%	91.6%
66,389	WARD 12	19,421	4,044	15,246	131	11,202 D	20.8%	78.5%	21.0%	79.0%
56,766	WARD 13	24,918	6,514	18,197	207	11,683 D	26.1%	73.0%	26.4%	73.6%
66,638	WARD 14	15,644	2,339	13,187	118	10,848 D	15.0%	84.3%	15.1%	84.9%
67,502	WARD 15	14,282	3,070	11,067	145	7,997 D	21.5%	77.5%	21.7%	78.3%
65,890	WARD 16	8,905	380	8,337	188	7,957 D	4.3%	93.6%	4.4%	95.6%
68,514	WARD 17	9,491	406	8,996	89	8,590 D	4.3%	94.8%	4.3%	95.7%
67,720	WARD 18	17,470	3,747	13,595	128	9,848 D	21.4%	77.8%	21.6%	78.4%
66,876	WARD 19	23,026	8,173	14,644	209	6,471 D	35.5%	63.6%	35.8%	64.2%
69,504	WARD 20	10,888	621	10,127	140	9,506 D	5.7%	93.0%	5.8%	94.2%
67,181	WARD 21	14,010	646	13,216	148	12,570 D	4.6%	94.3%	4.7%	95.3%
68,276	WARD 22	12,539	1,447	11,006	86	9,559 D	11.5%	87.8%	11.6%	88.4%
66,437	WARD 23	18,683	4,985	13,553	145	8,568 D	26.7%	72.5%	26.9%	73.1%
67,369	WARD 24	9,401	246	9,039	116	8,793 D	2.6%	96.1%	2.6%	97.4%
66,131	WARD 25	11,338	962	10,284	92	9,322 D	8.5%	90.7%	8.6%	91.4%
68,562	WARD 26	13,849	1,463	12,253	133	10,790 D	10.6%	88.5%	10.7%	89.3%
67,816	WARD 27	9,741	355	9,283	103	8,928 D	3.6%	95.3%	3.7%	96.3%
69,293	WARD 28	6,909	277	6,546	86	6,269 D	4.0%	94.7%	4.1%	95.9%
67,023	WARD 29	8,295	343	7,856	96	7,513 D	4.1%	94.7%	4.2%	95.8%
65,760	WARD 30	15,031	3,643	11,137	251	7,494 D	24.2%	74.1%	24.6%	75.4%
66,866	WARD 31	15,119	1,342	13,667	110	12,325 D	8.9%	90.4%	8.9%	91.1%
67,704	WARD 32	13,202	1,607	11,362	233	9,755 D	12.2%	86.1%	12.4%	87.6%
68,514	WARD 33	12,603	2,693	9,770	140	7,077 D	21.4%	77.5%	21.6%	78.4%
67,953	WARD 34	11,792	621	11,055	116	10,434 D	5.3%	93.8%	5.3%	94.7%
65,434	WARD 35	17,589	4,994	12,416	179	7,422 D	28.4%	70.6%	28.7%	71.3%
68,089	WARD 36	22,931	6,548	16,104	279	9,556 D	28.6%	70.2%	28.9%	71.1%
66,974	WARD 37	12,716	2,170	10,431	115	8,261 D	17.1%	82.0%	17.2%	82.8%
64,071	WARD 38	22,123	6,726	15,202	195	8,476 D	30.4%	68.7%	30.7%	69.3%
68,755	WARD 39	18,833	5,104	13,542	187	8,438 D	27.1%	71.9%	27.4%	72.6%
65,533	WARD 40	18,796	4,686	13,929	181	9,243 D	24.9%	74.1%	25.2%	74.8%
66,932	WARD 41	27,411	10,802	16,396	213	5,594 D	39.4%	59.8%	39.7%	60.3%
69,355	WARD 42	18,656	5,183	13,307	166	8,124 D	27.8%	71.3%	28.0%	72.0%
69,173	WARD 43	19,697	5,429	13,912	356	8,483 D	27.6%	70.6%	28.1%	71.9%
66,575	WARD 44	15,406	3,311	11,880	215	8,569 D	21.5%	77.1%	21.8%	78.2%
67,071	WARD 45	23,923	7,976	15,732	215	7,756 D	33.3%	65.8%	33.6%	66.4%
65,242	WARD 46	14,106	3,074	10,796	236	7,722 D	21.8%	76.5%	22.2%	77.8%
68,280	WARD 47	19,229	5,522	13,550	157	8,028 D	28.7%	70.5%	29.0%	71.0%
67,982	WARD 48	15,705	4,138	11,358	209	7,220 D	26.3%	72.3%	26.7%	73.3%
68,548	WARD 49	19,758	4,098	15,296	364	11,198 D	20.7%	77.4%	21.1%	78.9%
67,000	WARD 50	25,898	4,136	21,569	193	17,433 D	16.0%	83.3%	16.1%	83.9%
3,366,957	TOTAL	773,470	147,486	617,622	8,362	470,136 D	19.1%	79.9%	19.3%	80.7%

ILLINOIS

CONGRESS

CD	Year	Total Vote	Republican Vote	Candidate	Democratic Vote	Candidate	Other Vote	Rep.-Dem. Plurality	Total Vote Rep.	Dem.	Major Vote Rep.	Dem.
1	1974	80,225	4,399	HAYNES, OSCAR H.	75,206	METCALFE, RALPH H.	620	70,807 D	5.5%	93.7%	5.5%	94.5%
1	1972	149,634	12,877	COGGS, LOUIS	136,755	METCALFE, RALPH H.	2	123,878 D	8.6%	91.4%	8.6%	91.4%
2	1974	75,198	9,386	GINDERSKE, JAMES J.	65,812	MURPHY, MORGAN F.		56,426 D	12.5%	87.5%	12.5%	87.5%
2	1972	153,698	38,391	DOYLE, JAMES E.	115,306	MURPHY, MORGAN F.	1	76,915 D	25.0%	75.0%	25.0%	75.0%
3	1974	124,227	58,891	HANRAHAN, ROBERT	65,336	RUSSO, MARTIN A.		6,445 D	47.4%	52.6%	47.4%	52.6%
3	1972	206,147	128,329	HANRAHAN, ROBERT	77,814	COMAN, DANIEL P.	4	50,515 R	62.3%	37.7%	62.3%	37.7%
4	1974	115,524	68,428	DERWINSKI, EDWARD J.	47,096	RODGER, RONALD A.		21,332 R	59.2%	40.8%	59.2%	40.8%
4	1972	200,463	141,402	DERWINSKI, EDWARD J.	59,057	DORE, C. F.	4	82,345 R	70.5%	29.5%	70.5%	29.5%
5	1974	108,177	15,108	TOMS, WILLIAM	93,069	KLUCZYNSKI, JOHN C.		77,961 D	14.0%	86.0%	14.0%	86.0%
5	1972	166,544	45,264	JARZAB, LEONARD C.	121,278	KLUCZYNSKI, JOHN C.	2	76,014 D	27.2%	72.8%	27.2%	72.8%
6	1974	123,681	66,027	HYDE, HENRY J.	57,654	HANRAHAN, EDWARD V.		8,373 R	53.4%	46.6%	53.4%	46.6%
6	1972	203,501	124,486	COLLIER, HAROLD R.	79,002	GALASSO, MICHAEL R.	13	45,484 R	61.2%	38.8%	61.2%	38.8%
7	1974	72,762	8,800	METZGER, DONALD L.	63,962	COLLINS, CARDISS		55,162 D	12.1%	87.9%	12.1%	87.9%
7	1972	114,778	19,758	LENTO, THOMAS J.	95,018	COLLINS, GEORGE W.	2	75,260 D	17.2%	82.8%	17.2%	82.8%
8	1974	86,675	11,664	ODDO, SALVATORE E.	75,011	ROSTENKOWSKI, DANIEL		63,347 D	13.5%	86.5%	13.5%	86.5%
8	1972	149,219	38,758	STEPNOWSKI, EDWARD L.	110,457	ROSTENKOWSKI, DANIEL	4	71,699 D	26.0%	74.0%	26.0%	74.0%
9	1974	93,864			93,864	YATES, SIDNEY R.		93,864 D		100.0%		100.0%
9	1972	192,862	61,083	FETRIDGE, CLARK W.	131,777	YATES, SIDNEY R.	2	70,694 D	31.7%	68.3%	31.7%	68.3%
10	1974	164,054	80,597	YOUNG, SAMUEL H.	83,457	MIKVA, ABNER J.		2,860 D	49.1%	50.9%	49.1%	50.9%
10	1972	233,929	120,681	YOUNG, SAMUEL H.	113,222	MIKVA, ABNER J.	26	7,459 R	51.6%	48.4%	51.6%	48.4%
11	1974	141,723	39,182	ZADROZNY, MITCHELL G.	102,541	ANNUNZIO, FRANK		63,359 D	27.6%	72.4%	27.6%	72.4%
11	1972	222,415	103,773	HOELLEN, JOHN J.	118,637	ANNUNZIO, FRANK	5	14,864 D	46.7%	53.3%	46.7%	53.3%
12	1974	115,780	70,731	CRANE, PHILIP M.	45,049	SPENCE, BETTY C.		25,682 R	61.1%	38.9%	61.1%	38.9%
12	1972	206,000	152,938	CRANE, PHILIP M.	53,055	FRANK, EDWIN L.	7	99,883 R	74.2%	25.8%	74.2%	25.8%
13	1974	94,313	51,405	MCCLORY, ROBERT	42,903	BEETHAM, STANLEY W.	5	8,502 R	54.5%	45.5%	54.5%	45.5%
13	1972	159,738	98,201	MCCLORY, ROBERT	61,537	BEETHAM, STANLEY W.		36,664 R	61.5%	38.5%	61.5%	38.5%
14	1974	116,699	77,718	ERLENBORN, JOHN N.	38,981	RENSHAW, ROBERT H.		38,737 R	66.6%	33.4%	66.6%	33.4%
14	1972	212,668	154,794	ERLENBORN, JOHN N.	57,874	WALL, JAMES M.		96,920 R	72.8%	27.2%	72.8%	27.2%
15	1974	119,007	54,278	CARLSON, CLIFFARD D.	61,912	HALL, TIM L.	2,817	7,634 D	45.6%	52.0%	46.7%	53.3%
15	1972	193,950	111,022	ARENDS, LESLIE C.	82,925	HALL, TIM L.	3	28,097 R	57.2%	42.8%	57.2%	42.8%
16	1974	117,481	65,175	ANDERSON, JOHN B.	33,724	HUNGNESS, MARSHALL	18,582	31,451 R	55.5%	28.7%	65.9%	34.1%
16	1972	180,291	129,640	ANDERSON, JOHN B.	50,649	DEVINE, JOHN E.	2	78,991 R	71.9%	28.1%	71.9%	28.1%
17	1974	116,525	59,984	O BRIEN, GEORGE M.	56,541	HOULIHAN, JOHN J.		3,443 R	51.5%	48.5%	51.5%	48.5%
17	1972	180,016	100,175	O BRIEN, GEORGE M.	79,840	HOULIHAN, JOHN J.	1	20,335 R	55.6%	44.4%	55.6%	44.4%
18	1974	130,906	71,681	MICHEL, ROBERT H.	59,225	NORDVALL, STEPHEN L.		12,456 R	54.8%	45.2%	54.8%	45.2%
18	1972	191,921	124,407	MICHEL, ROBERT H.	67,514	NORDVALL, STEPHEN L.		56,893 R	64.8%	35.2%	64.8%	35.2%
19	1974	128,728	84,049	RAILSBACK, TOM	44,677	GENDE, JIM	2	39,372 R	65.3%	34.7%	65.3%	34.7%
19	1972	138,123	138,123	RAILSBACK, TOM				138,123 R	100.0%		100.0%	
20	1974	153,987	84,426	FINDLEY, PAUL	69,551	MACK, PETER F.	10	14,875 R	54.8%	45.2%	54.8%	45.2%
20	1972	215,868	148,419	FINDLEY, PAUL	67,445	O SHEA, ROBERT S.	4	80,974 R	68.8%	31.2%	68.8%	31.2%
21	1974	119,536	78,640	MADIGAN, EDWARD R.	40,896	SMALL, RICHARD N.		37,744 R	65.8%	34.2%	65.8%	34.2%
21	1972	182,496	99,966	MADIGAN, EDWARD R.	82,523	JOHNSON, LAWRENCE E.	7	17,443 R	54.8%	45.2%	54.8%	45.2%
22	1974	163,652	65,731	YOUNG, WILLIAM A.	97,921	SHIPLEY, GEORGE E.		32,190 D	40.2%	59.8%	40.2%	59.8%
22	1972	220,368	90,390	LAMKIN, ROBERT B.	124,589	SHIPLEY, GEORGE E.	5,389	34,199 D	41.0%	56.5%	42.0%	58.0%
23	1974	97,334	18,987	RANDOLPH, SCOTT R.	78,347	PRICE, MELVIN		59,360 D	19.5%	80.5%	19.5%	80.5%
23	1972	162,116	40,428	MAYS, ROBERT	121,682	PRICE, MELVIN	6	81,254 D	24.9%	75.1%	24.9%	75.1%
24	1974	182,051	73,634	OSHEL, VAL	108,417	SIMON, PAUL		34,783 D	40.4%	59.6%	40.4%	59.6%
24	1972	148,278			138,867	GRAY, KENNETH J.	9,411	138,867 D		93.7%		100.0%

ILLINOIS

1974 GENERAL ELECTION

Senator   Other vote was 12,413 Socialist Workers (Heisler); 5,873 Communist (Flory).

Congress   Other vote was scattered in CD's 13, 19, and 20; Socialist Workers (Reid) in CD 1; Independent (Lassiter) in CD 15; 18,580 Independent (Schade) and 2 scattered in CD 16.

CHICAGO

The boundary line between wards 7 and 8 was redrawn prior to the 1974 election and no population data is given for these wards.

Senator   Other vote was 4,895 Socialist Workers (Heisler); 3,467 Communist (Flory).

1974 PRIMARIES

MARCH 19 REPUBLICAN

Senator   432,796 George M. Burditt; 78,146 Lar Daly.

Congress   Unopposed in fifteen CD's. Robin K. Auld, the unopposed candidate in CD 9, withdrew after the primary and no substitution was made.

- CD 2   No candidates appeared on the ballot; there was 1 write-in vote for James E. Peterson. Mr. Peterson did not qualify and James J. Ginderske was substituted by the local party committee.
- CD 3   17,215 Robert Hanrahan; 4,103 Edward J. Sumanas.
- CD 6   15,192 Henry J. Hyde; 7,484 Roy C. Pechous; 3,206 Clifford T. Osborn; 2,834 Alex J. Zabrosky; 1,758 Thomas Pietrantonio; 728 Bengt E. Naslund.
- CD 7   No candidates appeared on the ballot; there were several write-in votes, but not one qualified as party nominee and Donald L. Metzger was certified by the local party committee.
- CD 13   29,368 Robert McClory; 11,980 Edward M. Vass.
- CD 15   10,441 Clifford D. Carlson; 9,834 Tom Corcoran; 9,597 William C. McConkey; 7,739 John A. Cunningham; 5,462 Carl W. Soderstrom.
- CD 22   22,641 William A. Young; 9,066 Cleo A. Duzan.
- CD 23   No candidates appeared on the ballot; there were 29 write-in votes for Scott R. Randolph who qualified as the candidate for the general election.
- CD 24   19,257 Val Oshel; 7,095 Robert H. Gaffner; 6,913 John Austin.

ILLINOIS

MARCH 19 DEMOCRATIC

Senator   822,248 Adlai E. Stevenson, III; 169,662 W. Dakin Williams.

Congress   Unopposed in ten CD's. Contested as follows:

CD 2	34,906 Morgan F. Murphy; 9,263 Perry H. Hutchinson.
CD 4	16,560 Ronald A. Rodger; 14,602 Carlos V. Lindsey.
CD 6	23,154 Edward V. Hanrahan; 18,184 Robert A. Miller.
CD 11	69,698 Frank Annunzio; 8,392 Aris F. Yanibas.
CD 13	10,740 Stanley W. Beetham; 5,216 Jimmy H. Martin.
CD 14	9,124 Robert H. Renshaw; 5,485 Edward S. Fisher; 4,821 William F. Kren.
CD 15	8,986 Tim L. Hall; 6,783 Martin D. Dubin; 4,275 Emmett J. Slingsby.
CD 17	15,498 John J. Houlihan; 5,716 Edwin N. Clark.
CD 18	16,640 Stephen L. Nordvall; 6,187 Bobby C. Rhines.
CD 19	10,550 Jim Gende; 10,443 John Craver.
CD 20	24,805 Peter F. Mack; 15,230 David Robinson; 7,172 Allen Ford.
CD 21	10,251 Richard N. Small; 9,400 Amy Kummerow.
CD 23	43,131 Melvin Price; 4,659 William R. Bordeaux.
CD 24	47,727 Paul Simon; 22,024 Joe R. Browning.

INDIANA

GOVERNOR
Otis R. Bowen (R). Elected 1972 to a four-year term.

SENATORS
Birch Bayh (D). Re-elected 1974 to a six-year term. Previously elected 1968, 1962.

R. Vance Hartke (D). Re-elected 1970 to a six-year term. Previously elected 1964, 1958.

REPRESENTATIVES
1. Ray J. Madden (D)
2. Floyd Fithian (D)
3. John Brademas (D)
4. J. Edward Roush (D)
5. Elwood H. Hillis (R)
6. David W. Evans (D)
7. John T. Myers (R)
8. Philip H. Hayes (D)
9. Lee H. Hamilton (D)
10. Philip R. Sharp (D)
11. Andrew Jacobs, Jr. (D)

POSTWAR VOTE FOR GOVERNOR

Year	Total Vote	Republican Vote	Republican Candidate	Democratic Vote	Democratic Candidate	Other Vote	Rep.-Dem. Plurality	Total Vote Rep.	Total Vote Dem.	Major Vote Rep.	Major Vote Dem.
1972	2,120,847	1,203,903	Bowen, Otis R.	900,489	Welsh, Matthew E.	16,455	303,414 R	56.8%	42.5%	57.2%	42.8%
1968	2,049,072	1,080,271	Whitcomb, Edgar D.	965,816	Rock, Robert L.	2,985	114,455 R	52.7%	47.1%	52.8%	47.2%
1964	2,072,915	901,342	Ristine, Richard O.	1,164,620	Branigin, Roger D.	6,953	263,278 D	43.5%	56.2%	43.6%	56.4%
1960	2,128,965	1,049,540	Parker, Crawford F.	1,072,717	Welsh, Matthew E.	6,708	23,177 D	49.3%	50.4%	49.5%	50.5%
1956	1,954,290	1,086,868	Handley, Harold W.	859,393	Tucker, Ralph	8,029	227,475 R	55.6%	44.0%	55.8%	44.2%
1952	1,931,869	1,075,685	Craig, George N.	841,984	Watkins, John A.	14,200	233,701 R	55.7%	43.6%	56.1%	43.9%
1948	1,652,321	745,892	Creighton, Hobart	884,995	Schricker, Henry F.	21,434	139,103 D	45.1%	53.6%	45.7%	54.3%

POSTWAR VOTE FOR SENATOR

Year	Total Vote	Republican Vote	Republican Candidate	Democratic Vote	Democratic Candidate	Other Vote	Rep.-Dem. Plurality	Total Vote Rep.	Total Vote Dem.	Major Vote Rep.	Major Vote Dem.
1974	1,752,978	814,117	Lugar, Richard G.	889,269	Bayh, Birch	49,592	75,152 D	46.4%	50.7%	47.8%	52.2%
1970	1,737,697	866,707	Roudebush, Richard	870,990	Hartke, R. Vance	—	4,283 D	49.9%	50.1%	49.9%	50.1%
1968	2,053,118	988,571	Ruckelshaus, William	1,060,456	Bayh, Birch	4,091	71,885 D	48.1%	51.7%	48.2%	51.8%
1964	2,076,963	941,519	Bontrager, D. Russell	1,128,505	Hartke, R. Vance	6,939	186,986 D	45.3%	54.3%	45.5%	54.5%
1962	1,800,038	894,547	Capehart, Homer E.	905,491	Bayh, Birch	—	10,944 D	49.7%	50.3%	49.7%	50.3%
1958	1,724,598	731,635	Handley, Harold W.	973,636	Hartke, R. Vance	19,327	242,001 D	42.4%	56.5%	42.9%	57.1%
1956	1,963,986	1,084,262	Capehart, Homer E.	871,781	Wickard, Claude	7,943	212,481 R	55.2%	44.4%	55.4%	44.6%
1952	1,946,118	1,020,605	Jenner, William E.	911,169	Schricker, Henry F.	14,344	109,436 R	52.4%	46.8%	52.8%	47.2%
1950	1,598,724	844,303	Capehart, Homer E.	741,025	Campbell, Alex M.	13,396	103,278 R	52.8%	46.4%	53.3%	46.7%
1946	1,347,434	739,809	Jenner, William E.	584,288	Townsend, M. Clifford	23,337	155,521 R	54.9%	43.4%	55.9%	44.1%

INDIANA

Districts Established February 16, 1972

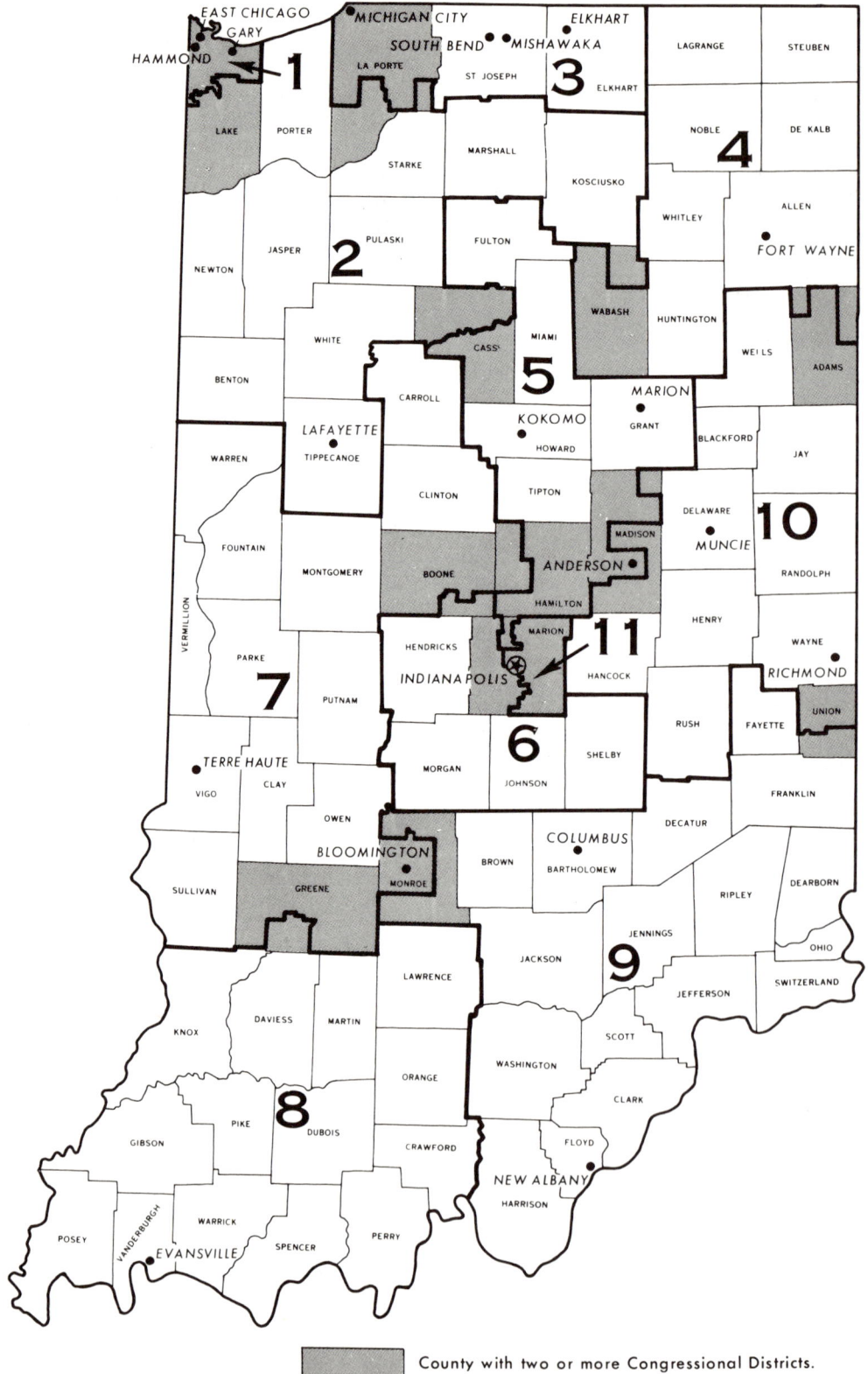

INDIANA

SENATOR 1974

1970 Census Population	County	Total Vote	Republican	Democratic	Other	Rep.-Dem. Plurality	Total Vote Rep.	Total Vote Dem.	Major Vote Rep.	Major Vote Dem.
26,871	ADAMS	9,332	4,077	5,045	210	968 D	43.7%	54.1%	44.7%	55.3%
280,455	ALLEN	95,338	50,538	42,426	2,374	8,112 R	53.0%	44.5%	54.4%	45.6%
57,022	BARTHOLOMEW	22,650	10,579	11,420	651	841 D	46.7%	50.4%	48.1%	51.9%
11,262	BENTON	4,688	2,378	2,233	77	145 R	50.7%	47.6%	51.6%	48.4%
15,888	BLACKFORD	4,881	2,036	2,741	104	705 D	41.7%	56.2%	42.6%	57.4%
30,870	BOONE	11,935	5,982	5,363	590	619 R	50.1%	44.9%	52.7%	47.3%
9,057	BROWN	3,947	1,640	2,153	154	513 D	41.6%	54.5%	43.2%	56.8%
17,734	CARROLL	7,161	3,366	3,534	261	168 D	47.0%	49.4%	48.8%	51.2%
40,456	CASS	16,009	8,122	7,074	813	1,048 R	50.7%	44.2%	53.4%	46.6%
75,876	CLARK	20,894	7,783	12,763	348	4,980 D	37.2%	61.1%	37.9%	62.1%
23,933	CLAY	9,874	4,594	5,128	152	534 D	46.5%	51.9%	47.3%	52.7%
30,547	CLINTON	12,599	5,956	6,406	237	450 D	47.3%	50.8%	48.2%	51.8%
8,033	CRAWFORD	4,517	1,948	2,507	62	559 D	43.1%	55.5%	43.7%	56.3%
26,602	DAVIESS	10,014	5,635	4,220	159	1,415 R	56.3%	42.1%	57.2%	42.8%
29,430	DEARBORN	10,083	4,173	5,824	86	1,651 D	41.4%	57.8%	41.7%	58.3%
22,738	DECATUR	8,654	4,057	4,489	108	432 D	46.9%	51.9%	47.5%	52.5%
30,837	DE KALB	11,237	5,417	5,414	406	3 R	48.2%	48.2%	50.0%	50.0%
129,219	DELAWARE	42,163	19,421	21,873	869	2,452 D	46.1%	51.9%	47.0%	53.0%
30,934	DUBOIS	12,147	4,054	7,776	317	3,722 D	33.4%	64.0%	34.3%	65.7%
126,529	ELKHART	33,620	17,861	15,011	748	2,850 R	53.1%	44.6%	54.3%	45.7%
26,216	FAYETTE	8,857	3,909	4,785	163	876 D	44.1%	54.0%	45.0%	55.0%
55,622	FLOYD	17,962	7,368	10,319	275	2,951 D	41.0%	57.4%	41.7%	58.3%
18,257	FOUNTAIN	8,115	3,709	4,299	107	590 D	45.7%	53.0%	46.3%	53.7%
16,943	FRANKLIN	5,526	2,406	3,018	102	612 D	43.5%	54.6%	44.4%	55.6%
16,984	FULTON	6,907	4,027	2,850	30	1,177 R	58.3%	41.3%	58.6%	41.4%
30,444	GIBSON	13,646	5,463	8,113	70	2,650 D	40.0%	59.5%	40.2%	59.8%
83,955	GRANT	24,905	11,772	12,552	581	780 D	47.3%	50.4%	48.4%	51.6%
26,894	GREENE	12,343	5,483	6,699	161	1,216 D	44.4%	54.3%	45.0%	55.0%
54,532	HAMILTON	22,041	13,269	7,518	1,254	5,751 R	60.2%	34.1%	63.8%	36.2%
35,096	HANCOCK	13,217	6,221	6,113	883	108 R	47.1%	46.3%	50.4%	49.6%
20,423	HARRISON	9,477	3,878	5,496	103	1,618 D	40.9%	58.0%	41.4%	58.6%
53,974	HENDRICKS	19,309	10,122	7,595	1,592	2,527 R	52.4%	39.3%	57.1%	42.9%
52,603	HENRY	18,387	8,681	9,273	433	592 D	47.2%	50.4%	48.4%	51.6%
83,198	HOWARD	27,324	14,307	12,024	993	2,283 R	52.4%	44.0%	54.3%	45.7%
34,970	HUNTINGTON	13,024	6,469	6,108	447	361 R	49.7%	46.9%	51.4%	48.6%
33,187	JACKSON	12,528	5,228	6,955	345	1,727 D	41.7%	55.5%	42.9%	57.1%
20,429	JASPER	7,292	3,953	2,929	410	1,024 R	54.2%	40.2%	57.4%	42.6%
23,575	JAY	7,876	3,763	3,970	143	207 D	47.8%	50.4%	48.7%	51.3%
27,006	JEFFERSON	10,174	4,396	5,644	134	1,248 D	43.2%	55.5%	43.8%	56.2%
19,454	JENNINGS	7,945	3,434	4,352	159	918 D	43.2%	54.8%	44.1%	55.9%
61,138	JOHNSON	19,839	9,550	8,500	1,789	1,050 D	48.1%	42.8%	52.9%	47.1%
41,546	KNOX	16,121	7,536	8,387	198	851 D	46.7%	52.0%	47.3%	52.7%
48,127	KOSCIUSKO	17,088	10,384	6,193	511	4,191 R	60.8%	36.2%	62.6%	37.4%
20,890	LA GRANGE	5,203	2,721	2,366	116	355 R	52.3%	45.5%	53.5%	46.5%
546,253	LAKE	130,056	47,290	79,207	3,559	31,917 D	36.4%	60.9%	37.4%	62.6%
105,342	LA PORTE	28,906	13,850	14,208	848	358 D	47.9%	49.2%	49.4%	50.6%
38,038	LAWRENCE	13,787	7,033	6,316	438	717 R	51.0%	45.8%	52.7%	47.3%
138,451	MADISON	53,199	23,322	28,570	1,307	5,248 D	43.8%	53.7%	44.9%	55.1%
792,299	MARION	259,762	120,882	127,436	11,444	6,554 D	46.5%	49.1%	48.7%	51.3%
34,986	MARSHALL	12,938	6,756	5,965	217	791 R	52.2%	46.1%	53.1%	46.9%
10,969	MARTIN	5,172	2,149	2,952	71	803 D	41.6%	57.1%	42.1%	57.9%
39,246	MIAMI	12,003	5,608	6,112	283	504 D	46.7%	50.9%	47.8%	52.2%
84,849	MONROE	26,983	11,675	14,939	369	3,264 D	43.3%	55.4%	43.9%	56.1%
33,930	MONTGOMERY	12,490	6,188	5,841	461	347 R	49.5%	46.8%	51.4%	48.6%
44,176	MORGAN	14,141	6,994	5,733	1,414	1,261 R	49.5%	40.5%	55.0%	45.0%
11,606	NEWTON	3,929	2,121	1,715	93	406 R	54.0%	43.6%	55.3%	44.7%
31,382	NOBLE	10,834	4,939	5,428	467	489 D	45.6%	50.1%	47.6%	52.4%
4,289	OHIO	2,164	862	1,275	27	413 D	39.8%	58.9%	40.3%	59.7%
16,968	ORANGE	7,870	3,959	3,830	81	129 R	50.3%	48.7%	50.8%	49.2%
12,163	OWEN	5,410	2,072	3,125	213	1,053 D	38.3%	57.8%	39.9%	60.1%
14,600	PARKE	6,712	3,320	3,302	90	18 R	49.5%	49.2%	50.1%	49.9%
19,075	PERRY	9,332	3,624	5,658	50	2,034 D	38.8%	60.6%	39.0%	61.0%
12,281	PIKE	6,476	2,763	3,680	33	917 D	42.7%	56.8%	42.9%	57.1%
87,114	PORTER	29,582	15,881	12,549	1,152	3,332 R	53.7%	42.4%	55.9%	44.1%
21,740	POSEY	9,149	3,667	5,426	56	1,759 D	40.1%	59.3%	40.3%	59.7%

INDIANA

SENATOR 1974

1970 Census Population	County	Total Vote	Republican	Democratic	Other	Rep.-Dem. Plurality	Percentage Total Vote Rep.	Dem.	Major Vote Rep.	Dem.
12,534	PULASKI	5,867	2,832	2,548	487	284 R	48.3%	43.4%	52.6%	47.4%
26,932	PUTNAM	9,261	4,459	4,736	66	277 D	48.1%	51.1%	48.5%	51.5%
28,915	RANDOLPH	10,040	5,215	4,616	209	599 R	51.9%	46.0%	53.0%	47.0%
21,138	RIPLEY	8,345	3,794	4,466	85	672 D	45.5%	53.5%	45.9%	54.1%
20,352	RUSH	6,514	3,332	2,987	195	345 R	51.2%	45.9%	52.7%	47.3%
245,045	ST. JOSEPH	80,559	34,389	45,216	954	10,827 D	42.7%	56.1%	43.2%	56.8%
17,144	SCOTT	4,540	1,558	2,903	79	1,345 D	34.3%	63.9%	34.9%	65.1%
37,797	SHELBY	13,776	6,005	7,114	657	1,109 D	43.6%	51.6%	45.8%	54.2%
17,134	SPENCER	8,581	3,911	4,644	26	733 D	45.6%	54.1%	45.7%	54.3%
19,280	STARKE	7,998	3,419	4,197	382	778 D	42.7%	52.5%	44.9%	55.1%
20,159	STEUBEN	6,616	3,558	2,943	115	615 R	53.8%	44.5%	54.7%	45.3%
19,889	SULLIVAN	7,548	3,021	4,486	41	1,465 D	40.0%	59.4%	40.2%	59.8%
6,306	SWITZERLAND	2,892	1,085	1,790	17	705 D	37.5%	61.9%	37.7%	62.3%
109,378	TIPPECANOE	39,196	19,981	18,316	899	1,665 R	51.0%	46.7%	52.2%	47.8%
16,650	TIPTON	7,268	3,409	3,591	268	182 D	46.9%	49.4%	48.7%	51.3%
6,582	UNION	2,430	1,260	1,148	22	112 R	51.9%	47.2%	52.3%	47.7%
168,772	VANDERBURGH	61,131	27,802	32,941	388	5,139 D	45.5%	53.9%	45.8%	54.2%
16,793	VERMILLION	7,617	2,969	4,582	66	1,613 D	39.0%	60.2%	39.3%	60.7%
114,528	VIGO	39,747	17,511	21,849	387	4,338 D	44.1%	55.0%	44.5%	55.5%
35,553	WABASH	11,927	6,204	5,505	218	699 R	52.0%	46.2%	53.0%	47.0%
8,705	WARREN	3,620	1,695	1,882	43	187 D	46.8%	52.0%	47.4%	52.6%
27,972	WARRICK	11,139	4,710	6,348	81	1,638 D	42.3%	57.0%	42.6%	57.4%
19,278	WASHINGTON	7,585	3,436	3,993	156	557 D	45.3%	52.6%	46.3%	53.7%
79,109	WAYNE	22,549	12,684	9,491	374	3,193 R	56.3%	42.1%	57.2%	42.8%
23,821	WELLS	8,391	3,905	4,304	182	399 D	46.5%	51.3%	47.6%	52.4%
20,995	WHITE	9,180	4,423	4,452	305	29 D	48.2%	48.5%	49.8%	50.2%
23,395	WHITLEY	10,917	4,929	5,496	492	567 D	45.1%	50.3%	47.3%	52.7%
5,193,669	TOTAL	1,752,978	814,117	889,269	49,592	75,152 D	46.4%	50.7%	47.8%	52.2%

INDIANA

CONGRESS

CD	Year	Total Vote	Republican Vote	Candidate	Democratic Vote	Candidate	Other Vote	Rep.-Dem. Plurality	Total Vote Rep.	Total Vote Dem.	Major Vote Rep.	Major Vote Dem.
1	1974	104,552	32,793	HARKIN, JOSEPH D.	71,759	MADDEN, RAY J.		38,966 D	31.4%	68.6%	31.4%	68.6%
1	1972	168,535	72,662	HALLER, BRUCE R.	95,873	MADDEN, RAY J.		23,211 D	43.1%	56.9%	43.1%	56.9%
2	1974	166,806	64,950	LANDGREBE, EARL F.	101,856	FITHIAN, FLOYD		36,906 D	38.9%	61.1%	38.9%	61.1%
2	1972	201,939	110,406	LANDGREBE, EARL F.	91,533	FITHIAN, FLOYD		18,873 R	54.7%	45.3%	54.7%	45.3%
3	1974	139,422	50,116	BLACK, VIRGINIA R.	89,306	BRADEMAS, JOHN		39,190 D	35.9%	64.1%	35.9%	64.1%
3	1972	188,202	81,369	NEWMAN, DON M.	103,949	BRADEMAS, JOHN	2,884	22,580 D	43.2%	55.2%	43.9%	56.1%
4	1974	161,219	75,031	HELMKE, WALTER P.	83,604	ROUSH, J. EDWARD	2,584	8,573 D	46.5%	51.9%	47.3%	52.7%
4	1972	194,819	94,492	BLOOM, ALLAN	100,327	ROUSH, J. EDWARD		5,835 D	48.5%	51.5%	48.5%	51.5%
5	1974	168,570	95,331	HILLIS, ELWOOD H.	73,239	SEBREE, WILLIAM T.		22,092 R	56.6%	43.4%	56.6%	43.4%
5	1972	194,438	124,692	HILLIS, ELWOOD H.	69,746	WILLIAMS, KATHLEEN Z.		54,946 R	64.1%	35.9%	64.1%	35.9%
6	1974	149,548	71,134	BRAY, WILLIAM G.	78,414	EVANS, DAVID W.		7,280 D	47.6%	52.4%	47.6%	52.4%
6	1972	173,595	112,525	BRAY, WILLIAM G.	61,070	EVANS, DAVID W.		51,455 R	64.8%	35.2%	64.8%	35.2%
7	1974	175,351	100,128	MYERS, JOHN T.	73,802	TIPTON, ELDEN C.	1,421	26,326 R	57.1%	42.1%	57.6%	42.4%
7	1972	208,833	128,688	MYERS, JOHN T.	80,145	HENEGAR, WARREN		48,543 R	61.6%	38.4%	61.6%	38.4%
8	1974	187,417	87,296	ZION, ROGER H.	100,121	HAYES, PHILIP H.		12,825 D	46.6%	53.4%	46.6%	53.4%
8	1972	211,221	133,850	ZION, ROGER H.	77,371	DEEN, RICHARD L.		56,479 R	63.4%	36.6%	63.4%	36.6%
9	1974	165,529	47,881	COX, DELSON	117,648	HAMILTON, LEE H.		69,767 D	28.9%	71.1%	28.9%	71.1%
9	1972	195,023	72,325	JOHNSON, WILLIAM A.	122,698	HAMILTON, LEE H.		50,373 D	37.1%	62.9%	37.1%	62.9%
10	1974	157,119	71,701	DENNIS, DAVID W.	85,418	SHARP, PHILIP R.		13,717 D	45.6%	54.4%	45.6%	54.4%
10	1972	186,554	106,798	DENNIS, DAVID W.	79,756	SHARP, PHILIP R.		27,042 R	57.2%	42.8%	57.2%	42.8%
11	1974	155,301	73,793	HUDNUT, WILLIAM H.	81,508	JACOBS, ANDREW, JR.		7,715 D	47.5%	52.5%	47.5%	52.5%
11	1972	187,077	95,839	HUDNUT, WILLIAM H.	91,238	JACOBS, ANDREW, JR.		4,601 R	51.2%	48.8%	51.2%	48.8%

INDIANA

1974 GENERAL ELECTION

Senator   Other vote was American (Lee).

Congress   Other vote was American Independent (Harris) in CD 4; Socialist Workers (Schlechtweg) in CD 7.

1974 PRIMARIES

State-wide party nominations are made by party convention.

MAY 7 REPUBLICAN

Congress   Unopposed in four CD's. Contested as follows:

- CD 1   3,840 Joseph D. Harkin; 1,848 Jerome Riskin; 1,015 Thaddeus Romanowski.
- CD 4   28,561 Walter P. Helmke; 9,568 Louis W. Bonsib; 3,759 Edward E. Kaiser.
- CD 6   26,152 William G. Bray; 3,387 Timothy B. Haines.
- CD 8   30,984 Roger H. Zion; 4,591 William A. Oglesby.
- CD 9   9,358 Delson Cox; 7,873 Janet M. Johnson; 6,471 Henry R. Kissling.
- CD 10   31,511 David W. Dennis; 4,197 Robert J. Luellen.
- CD 11   27,196 William H. Hudnut; 1,734 William D. Inlow.

MAY 7 DEMOCRATIC

Congress   Unopposed in two CD's. Contested as follows:

- CD 1   44,348 Ray J. Madden; 7,966 Charles G. Bannon; 3,864 Norris Chapman; 1,715 Stephanie B. Pietsch; 1,483 Michael P. Rogan.
- CD 3   35,617 John Brademas; 9,512 Helen M. Calvin.
- CD 4   28,469 J. Edward Roush; 3,107 Stephen G. Hope.
- CD 5   9,798 William T. Sebree; 6,074 Gene A. Slaymaker; 5,600 Ernest L. Bradley; 5,132 McAdoo W. Clouser; 4,995 Larry W. Oyler; 2,755 Paul H. Shedron; 1,027 Melvin E. Mahurin.
- CD 6   10,407 David W. Evans; 5,528 John Bardon; 2,526 George F. Cooper.
- CD 7   21,396 Elden C. Tipton; 12,542 Charlotte T. Zietlow; 10,584 James B. Wray; 10,351 Robert C. Farr; 9,183 Earl Applegate; 1,072 Ernest R. Boykin.
- CD 8   25,472 Philip H. Hayes; 18,588 David L. Cornwell; 6,057 Donald E. Buttram; 2,146 Charles T. Fuhrer.
- CD 10   24,307 Philip R. Sharp; 3,628 Cloyce L. Mangas; 2,943 Randall S. Harmon; 2,135 Robert L. Murphy; 1,905 A. Greer Williams.
- CD 11   18,821 Andrew Jacobs, Jr.; 2,352 Spain W. Hall; 600 Ivan Korunek.

IOWA

GOVERNOR
Robert Ray (R). Re-elected 1974 to a four-year term. Previously elected 1972, 1970, 1968.

SENATORS
Richard Clark (D). Elected 1972 to a six-year term.

John C. Culver (D). Elected 1974 to a six-year term.

REPRESENTATIVES
1. Edward Mezvinsky (D)
2. Michael Blouin (D)
3. Charles E. Grassley (R)
4. Neal Smith (D)
5. Tom Harkin (D)
6. Berkley Bedell (D)

POSTWAR VOTE FOR GOVERNOR

Year	Total Vote	Republican Vote	Republican Candidate	Democratic Vote	Democratic Candidate	Other Vote	Rep.-Dem. Plurality	Total Vote Rep.	Total Vote Dem.	Major Vote Rep.	Major Vote Dem.
1974	920,458	534,518	Ray, Robert	377,553	Schaben, James F.	8,387	156,965 R	58.1%	41.0%	58.6%	41.4%
1972	1,210,222	707,177	Ray, Robert	487,282	Franzenburg, Paul	15,763	219,895 R	58.4%	40.3%	59.2%	40.8%
1970	791,241	403,394	Ray, Robert	368,911	Fulton, Robert	18,936	34,483 R	51.0%	46.6%	52.2%	47.8%
1968	1,136,489	614,328	Ray, Robert	521,216	Franzenburg, Paul	945	93,112 R	54.1%	45.9%	54.1%	45.9%
1966	893,175	394,518	Murray, William G.	494,259	Hughes, Harold E.	4,398	99,741 D	44.2%	55.3%	44.4%	55.6%
1964	1,167,734	365,131	Hultman, Evan	794,610	Hughes, Harold E.	7,993	429,479 D	31.3%	68.0%	31.5%	68.5%
1962	819,854	388,955	Erbe, Norman A.	430,899	Hughes, Harold E.	—	41,944 D	47.4%	52.6%	47.4%	52.6%
1960	1,237,089	645,026	Erbe, Norman A.	592,063	McManus, E. J.	—	52,963 R	52.1%	47.9%	52.1%	47.9%
1958	859,095	394,071	Murray, William G.	465,024	Loveless, Herschel C.	—	70,953 D	45.9%	54.1%	45.9%	54.1%
1956	1,204,235	587,383	Hoegh, Leo A.	616,852	Loveless, Herschel C.	—	29,469 D	48.8%	51.2%	48.8%	51.2%
1954	848,592	435,944	Hoegh, Leo A.	410,255	Herring, Clyde E.	2,393	25,689 R	51.4%	48.3%	51.5%	48.5%
1952	1,230,045	638,388	Beardsley, William	587,671	Loveless, Herschel C.	3,986	50,717 R	51.9%	47.8%	52.1%	47.9%
1950	857,213	506,642	Beardsley, William	347,176	Gillette, Lester S.	3,395	159,466 R	59.1%	40.5%	59.3%	40.7%
1948	994,833	553,900	Beardsley, William	434,432	Switzer, Carroll O.	6,501	119,468 R	55.7%	43.7%	56.0%	44.0%
1946	631,681	362,592	Blue, Robert D.	266,190	Miles, Frank	2,800	96,402 R	57.4%	42.1%	57.7%	42.3%

The term of office of Iowa's Governor was increased from two to four years effective with the 1974 election.

POSTWAR VOTE FOR SENATOR

Year	Total Vote	Republican Vote	Republican Candidate	Democratic Vote	Democratic Candidate	Other Vote	Rep.-Dem. Plurality	Total Vote Rep.	Total Vote Dem.	Major Vote Rep.	Major Vote Dem.
1974	889,561	420,546	Stanley, David M.	462,947	Culver, John C.	6,068	42,401 D	47.3%	52.0%	47.6%	52.4%
1972	1,203,333	530,525	Miller, Jack	662,637	Clark, Richard	10,171	132,112 D	44.1%	55.1%	44.5%	55.5%
1968	1,144,086	568,469	Stanley, David M.	574,884	Hughes, Harold E.	733	6,415 D	49.7%	50.2%	49.7%	50.3%
1966	857,496	522,339	Miller, Jack	324,114	Smith, E. B.	11,043	198,225 R	60.9%	37.8%	61.7%	38.3%
1962	807,972	431,364	Hickenlooper, Bourke B.	376,602	Smith, E. B.	6	54,762 R	53.4%	46.6%	53.4%	46.6%
1960	1,237,582	642,463	Miller, Jack	595,119	Loveless, Herschel C.	—	47,344 R	51.9%	48.1%	51.9%	48.1%
1956	1,178,655	635,499	Hickenlooper, Bourke B.	543,156	Evans, R. M.	—	92,343 R	53.9%	46.1%	53.9%	46.1%
1954	847,355	442,409	Martin, Thomas E.	402,712	Gillette, Guy	2,234	39,697 R	52.2%	47.5%	52.3%	47.7%
1950	858,523	470,613	Hickenlooper, Bourke B.	383,766	Loveland, A. J.	4,144	86,847 R	54.8%	44.7%	55.1%	44.9%
1948	1,000,412	415,778	Wilson, George A.	578,226	Gillette, Guy	6,408	162,448 D	41.6%	57.8%	41.8%	58.2%

IOWA

Districts Established March 6, 1971

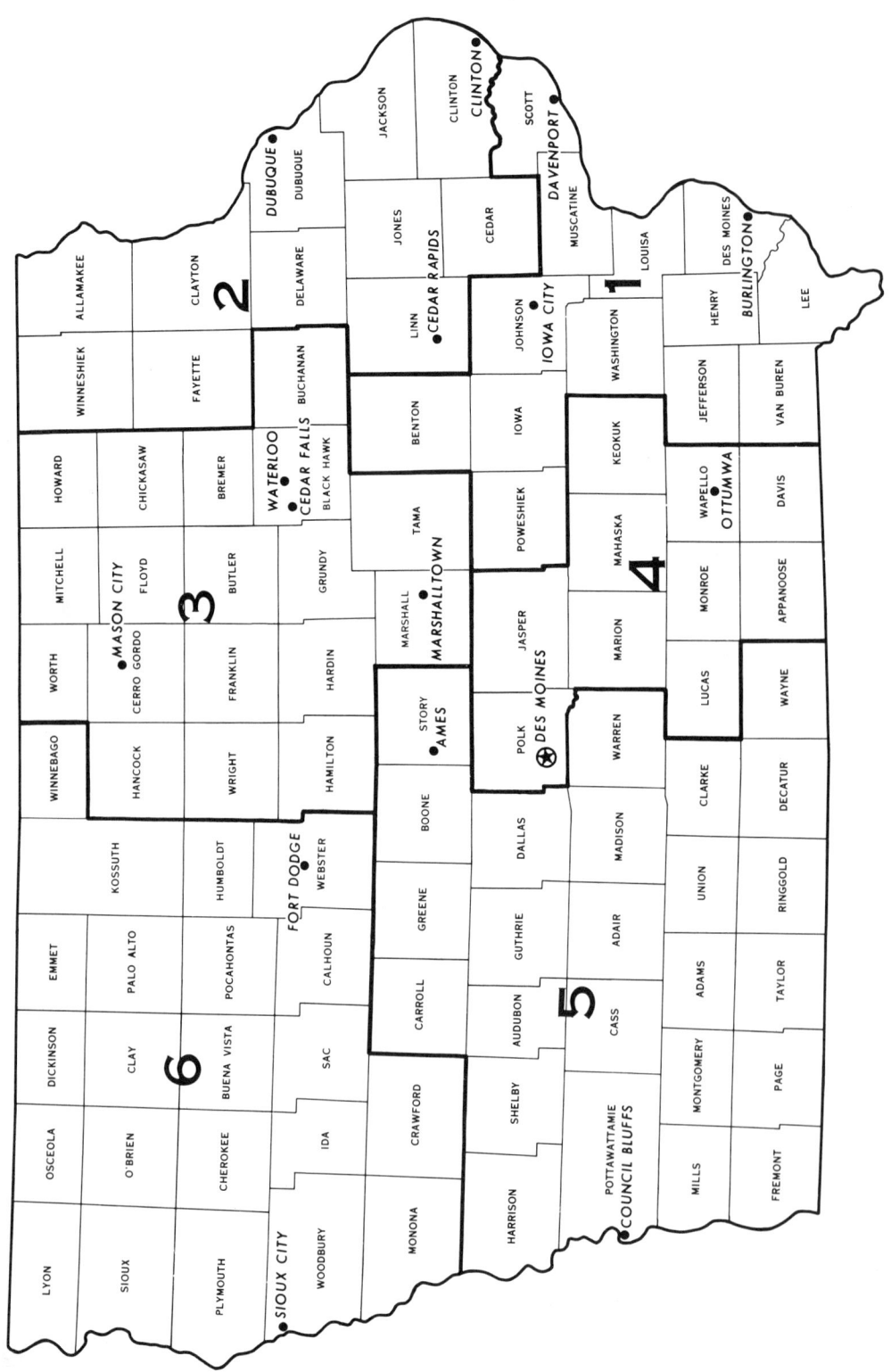

IOWA

GOVERNOR 1974

1970 Census Population	County	Total Vote	Republican	Democratic	Other	Rep.-Dem. Plurality	Total Vote Rep.	Total Vote Dem.	Major Vote Rep.	Major Vote Dem.
9,487	ADAIR	3,846	2,185	1,614	47	571 R	56.8%	42.0%	57.5%	42.5%
6,322	ADAMS	2,536	1,553	973	10	580 R	61.2%	38.4%	61.5%	38.5%
14,968	ALLAMAKEE	5,152	3,210	1,898	44	1,312 R	62.3%	36.8%	62.8%	37.2%
15,007	APPANOOSE	5,647	3,226	2,397	24	829 R	57.1%	42.4%	57.4%	42.6%
9,595	AUDUBON	3,340	1,749	1,580	11	169 R	52.4%	47.3%	52.5%	47.5%
22,885	BENTON	7,694	4,078	3,538	78	540 R	53.0%	46.0%	53.5%	46.5%
132,916	BLACK HAWK	41,783	23,122	17,924	737	5,198 R	55.3%	42.9%	56.3%	43.7%
26,470	BOONE	8,798	4,853	3,865	80	988 R	55.2%	43.9%	55.7%	44.3%
22,737	BREMER	7,859	5,225	2,554	80	2,671 R	66.5%	32.5%	67.2%	32.8%
21,746	BUCHANAN	7,158	3,896	3,223	39	673 R	54.4%	45.0%	54.7%	45.3%
20,693	BUENA VISTA	7,569	4,777	2,763	29	2,014 R	63.1%	36.5%	63.4%	36.6%
16,953	BUTLER	5,338	3,542	1,735	61	1,807 R	66.4%	32.5%	67.1%	32.9%
14,287	CALHOUN	4,934	2,957	1,949	28	1,008 R	59.9%	39.5%	60.3%	39.7%
22,912	CARROLL	7,810	3,398	4,366	46	968 D	43.5%	55.9%	43.8%	56.2%
17,007	CASS	6,167	3,894	2,247	26	1,647 R	63.1%	36.4%	63.4%	36.6%
17,655	CEDAR	5,445	3,501	1,879	65	1,622 R	64.3%	34.5%	65.1%	34.9%
49,335	CERRO GORDO	15,749	8,848	6,736	165	2,112 R	56.2%	42.8%	56.8%	43.2%
17,269	CHEROKEE	5,938	3,619	2,292	27	1,327 R	60.9%	38.6%	61.2%	38.8%
14,969	CHICKASAW	5,078	2,569	2,499	10	70 R	50.6%	49.2%	50.7%	49.3%
7,581	CLARKE	3,455	1,788	1,651	16	137 R	51.8%	47.8%	52.0%	48.0%
18,464	CLAY	6,393	4,219	2,033	141	2,186 R	66.0%	31.8%	67.5%	32.5%
20,606	CLAYTON	7,213	4,329	2,817	67	1,512 R	60.0%	39.1%	60.6%	39.4%
56,749	CLINTON	16,589	9,874	6,540	175	3,334 R	59.5%	39.4%	60.2%	39.8%
19,116	CRAWFORD	6,793	2,989	3,777	27	788 D	44.0%	55.6%	44.2%	55.8%
26,085	DALLAS	9,411	5,357	3,990	64	1,367 R	56.9%	42.4%	57.3%	42.7%
8,207	DAVIS	3,332	1,699	1,610	23	89 R	51.0%	48.3%	51.3%	48.7%
9,737	DECATUR	4,020	2,213	1,767	40	446 R	55.0%	44.0%	55.6%	44.4%
18,770	DELAWARE	5,768	3,376	2,338	54	1,038 R	58.5%	40.5%	59.1%	40.9%
46,982	DES MOINES	13,363	7,247	6,054	62	1,193 R	54.2%	45.3%	54.5%	45.5%
12,565	DICKINSON	5,573	3,648	1,898	27	1,750 R	65.5%	34.1%	65.8%	34.2%
90,609	DUBUQUE	25,541	11,731	13,354	456	1,623 D	45.9%	52.3%	40.0%	53.2%
14,009	EMMET	4,339	2,778	1,541	20	1,237 R	64.0%	35.5%	64.3%	35.7%
26,898	FAYETTE	9,579	5,581	3,919	79	1,662 R	58.3%	40.9%	58.7%	41.3%
19,860	FLOYD	6,348	3,651	2,647	50	1,004 R	57.5%	41.7%	58.0%	42.0%
13,255	FRANKLIN	4,390	2,941	1,394	55	1,547 R	67.0%	31.8%	67.8%	32.2%
9,282	FREMONT	3,235	1,871	1,349	15	522 R	57.8%	41.7%	58.1%	41.9%
12,716	GREENE	4,535	2,687	1,780	68	907 R	59.3%	39.3%	60.2%	39.8%
14,119	GRUNDY	4,957	3,243	1,647	67	1,596 R	65.4%	33.2%	66.3%	33.7%
12,243	GUTHRIE	4,513	2,488	1,983	42	505 R	55.1%	43.9%	55.6%	44.4%
18,383	HAMILTON	6,211	3,994	2,170	47	1,824 R	64.3%	34.9%	64.8%	35.2%
13,330	HANCOCK	4,663	2,831	1,816	16	1,015 R	60.7%	38.9%	60.9%	39.1%
22,248	HARDIN	6,874	4,307	2,391	176	1,916 R	62.7%	34.8%	64.3%	35.7%
16,240	HARRISON	5,880	2,425	3,446	9	1,021 D	41.2%	58.6%	41.3%	58.7%
18,114	HENRY	5,995	3,932	2,033	30	1,899 R	65.6%	33.9%	65.9%	34.1%
11,442	HOWARD	4,580	2,368	2,179	33	189 R	51.7%	47.6%	52.1%	47.9%
12,519	HUMBOLDT	4,354	2,704	1,624	26	1,080 R	62.1%	37.3%	62.5%	37.5%
9,190	IDA	3,954	2,240	1,707	7	533 R	56.7%	43.2%	56.8%	43.2%
15,419	IOWA	5,520	3,071	2,396	53	675 R	55.6%	43.4%	56.2%	43.8%
20,839	JACKSON	6,329	3,875	2,393	61	1,482 R	61.2%	37.8%	61.8%	38.2%
35,425	JASPER	12,045	6,872	5,047	126	1,825 R	57.1%	41.9%	57.7%	42.3%
15,774	JEFFERSON	4,562	3,022	1,517	23	1,505 R	66.2%	33.3%	66.6%	33.4%
72,127	JOHNSON	22,773	14,058	8,546	169	5,512 R	61.7%	37.5%	62.2%	37.8%
19,868	JONES	6,909	3,771	3,074	64	697 R	54.6%	44.5%	55.1%	44.9%
13,943	KEOKUK	5,138	2,836	2,267	35	569 R	55.2%	44.1%	55.6%	44.4%
22,937	KOSSUTH	7,951	4,560	3,351	40	1,209 R	57.4%	42.1%	57.6%	42.4%
42,996	LEE	12,525	6,978	5,469	78	1,509 R	55.7%	43.7%	56.1%	43.9%
163,213	LINN	51,627	28,244	22,838	545	5,406 R	54.7%	44.2%	55.3%	44.7%
10,682	LOUISA	3,238	2,099	1,122	17	977 R	64.8%	34.7%	65.2%	34.8%
10,163	LUCAS	3,353	1,772	1,565	16	207 R	52.8%	46.7%	53.1%	46.9%
13,340	LYON	4,319	2,996	1,271	52	1,725 R	69.4%	29.4%	70.2%	29.8%
11,558	MADISON	4,999	2,821	2,130	48	691 R	56.4%	42.6%	57.0%	43.0%
22,177	MAHASKA	7,608	4,550	2,992	66	1,558 R	59.8%	39.3%	60.3%	39.7%
26,352	MARION	8,866	5,127	3,653	86	1,474 R	57.8%	41.2%	58.4%	41.6%
41,076	MARSHALL	13,181	8,396	4,657	128	3,739 R	63.7%	35.3%	64.3%	35.7%
11,832	MILLS	3,493	2,156	1,314	23	842 R	61.7%	37.6%	62.1%	37.9%

IOWA

GOVERNOR 1974

1970 Census Population	County	Total Vote	Republican	Democratic	Other	Rep.-Dem. Plurality	Percentage Total Vote Rep.	Dem.	Major Vote Rep.	Dem.
13,108	MITCHELL	4,679	2,739	1,911	29	828 R	58.5%	40.8%	58.9%	41.1%
12,069	MONONA	4,469	2,063	2,397	9	334 D	46.2%	53.6%	46.3%	53.7%
9,357	MONROE	3,149	1,625	1,508	16	117 R	51.6%	47.9%	51.9%	48.1%
12,781	MONTGOMERY	4,401	3,145	1,238	18	1,907 R	71.5%	28.1%	71.8%	28.2%
37,181	MUSCATINE	9,464	6,415	2,957	92	3,458 R	67.8%	31.2%	68.4%	31.6%
17,522	O BRIEN	6,263	4,265	1,958	40	2,307 R	68.1%	31.3%	68.5%	31.5%
8,555	OSCEOLA	2,684	1,728	920	36	808 R	64.4%	34.3%	65.3%	34.7%
18,507	PAGE	6,307	4,264	2,028	15	2,236 R	67.6%	32.2%	67.8%	32.2%
13,289	PALO ALTO	4,660	2,610	2,028	22	582 R	56.0%	43.5%	56.3%	43.7%
24,312	PLYMOUTH	7,770	4,499	3,213	58	1,286 R	57.9%	41.4%	58.3%	41.7%
12,729	POCAHONTAS	4,303	2,532	1,739	32	793 R	58.8%	40.4%	59.3%	40.7%
286,101	POLK	93,313	52,488	39,895	930	12,593 R	56.2%	42.8%	56.8%	43.2%
86,991	POTTAWATTAMIE	22,487	11,536	10,787	164	749 R	51.3%	48.0%	51.7%	48.3%
18,803	POWESHIEK	6,837	4,042	2,737	58	1,305 R	59.1%	40.0%	59.6%	40.4%
6,373	RINGGOLD	2,486	1,598	869	19	729 R	64.3%	35.0%	64.8%	35.2%
15,573	SAC	5,408	3,222	2,177	9	1,045 R	59.6%	40.3%	59.7%	40.3%
142,687	SCOTT	42,388	27,257	14,714	417	12,543 R	64.3%	34.7%	64.9%	35.1%
15,528	SHELBY	5,628	2,651	2,940	37	289 D	47.1%	52.2%	47.4%	52.6%
27,996	SIOUX	10,536	8,059	2,437	40	5,622 R	76.5%	23.1%	76.8%	23.2%
62,783	STORY	23,648	16,586	6,876	186	9,710 R	70.1%	29.1%	70.7%	29.3%
20,147	TAMA	6,863	3,850	2,967	46	883 R	56.1%	43.2%	56.5%	43.5%
8,790	TAYLOR	3,082	1,905	1,160	17	745 R	61.8%	37.6%	62.2%	37.8%
13,557	UNION	4,352	2,525	1,787	40	738 R	58.0%	41.1%	58.6%	41.4%
8,643	VAN BUREN	2,692	1,706	977	9	729 R	63.4%	36.3%	63.6%	36.4%
42,149	WAPELLO	12,591	6,508	5,977	106	531 R	51.7%	47.5%	52.1%	47.9%
27,432	WARREN	9,626	5,297	4,230	99	1,067 R	55.0%	43.9%	55.6%	44.4%
18,967	WASHINGTON	5,556	3,588	1,910	58	1,678 R	64.6%	34.4%	65.3%	34.7%
8,405	WAYNE	3,401	1,999	1,384	18	615 R	58.8%	40.7%	59.1%	40.9%
48,391	WEBSTER	14,823	8,292	6,416	115	1,876 R	55.9%	43.3%	56.4%	43.6%
12,990	WINNEBAGO	5,290	3,478	1,800	12	1,678 R	65.7%	34.0%	65.9%	34.1%
21,758	WINNESHIEK	6,495	4,031	2,407	57	1,624 R	62.1%	37.1%	62.6%	37.4%
103,052	WOODBURY	31,550	16,714	14,442	394	2,272 R	53.0%	45.8%	53.6%	46.4%
8,968	WORTH	3,595	2,059	1,521	15	538 R	57.3%	42.3%	57.5%	42.5%
17,294	WRIGHT	5,527	3,325	2,157	45	1,168 R	60.2%	39.0%	60.7%	39.3%
2,825,041	TOTAL	920,458	534,518	377,553	8,387	156,965 R	58.1%	41.0%	58.6%	41.4%

IOWA

SENATOR 1974

1970 Census Population	County	Total Vote	Republican	Democratic	Other	Rep.-Dem. Plurality	Percentage Total Vote Rep.	Dem.	Major Vote Rep.	Dem.
9,487	ADAIR	3,743	1,963	1,749	31	214 R	52.4%	46.7%	52.9%	47.1%
6,322	ADAMS	2,450	1,253	1,193	4	60 R	51.1%	48.7%	51.2%	48.8%
14,968	ALLAMAKEE	5,059	2,758	2,272	29	486 R	54.5%	44.9%	54.8%	45.2%
15,007	APPANOOSE	5,569	2,826	2,732	11	94 R	50.7%	49.1%	50.8%	49.2%
9,595	AUDUBON	3,150	1,591	1,545	14	46 R	50.5%	49.0%	50.7%	49.3%
22,885	BENTON	7,564	3,605	3,910	49	305 D	47.7%	51.7%	48.0%	52.0%
132,916	BLACK HAWK	41,024	19,453	21,382	189	1,929 D	47.4%	52.1%	47.6%	52.4%
26,470	BOONE	8,449	3,940	4,462	47	522 D	46.6%	52.8%	46.9%	53.1%
22,737	BREMER	7,529	4,577	2,899	53	1,678 R	60.8%	38.5%	61.2%	38.8%
21,746	BUCHANAN	7,114	3,262	3,816	36	554 D	45.9%	53.6%	46.1%	53.9%
20,693	BUENA VISTA	7,265	3,770	3,458	37	312 R	51.9%	47.6%	52.2%	47.8%
16,953	BUTLER	5,006	3,237	1,750	19	1,487 R	64.7%	35.0%	64.9%	35.1%
14,287	CALHOUN	4,678	2,489	2,172	17	317 R	53.2%	46.4%	53.4%	46.6%
22,912	CARROLL	7,119	2,542	4,551	26	2,009 D	35.7%	63.9%	35.8%	64.2%
17,007	CASS	5,806	3,705	2,084	17	1,621 R	63.8%	35.9%	64.0%	36.0%
17,655	CEDAR	5,413	2,846	2,499	68	347 R	52.6%	46.2%	53.2%	46.8%
49,335	CERRO GORDO	15,272	6,654	8,516	102	1,862 D	43.6%	55.8%	43.9%	56.1%
17,269	CHEROKEE	5,647	2,782	2,841	24	59 D	49.3%	50.3%	49.5%	50.5%
14,969	CHICKASAW	4,972	2,322	2,641	9	319 D	46.7%	53.1%	46.8%	53.2%
7,581	CLARKE	3,371	1,612	1,754	5	142 D	47.8%	52.0%	47.9%	52.1%
18,464	CLAY	5,979	3,093	2,717	169	376 R	51.7%	45.4%	53.2%	46.8%
20,606	CLAYTON	7,109	3,357	3,705	47	348 D	47.2%	52.1%	47.5%	52.5%
56,749	CLINTON	16,364	6,761	9,516	87	2,755 D	41.3%	58.2%	41.5%	58.5%
19,116	CRAWFORD	6,006	2,996	2,988	22	8 R	49.9%	49.8%	50.1%	49.9%
26,085	DALLAS	9,168	4,265	4,848	55	583 D	46.5%	52.9%	46.8%	53.2%
8,207	DAVIS	3,195	1,469	1,713	13	244 D	46.0%	53.6%	46.2%	53.8%
9,737	DECATUR	3,879	1,874	1,983	22	109 D	48.3%	51.1%	48.6%	51.4%
18,770	DELAWARE	5,799	2,923	2,828	48	95 R	50.4%	48.8%	50.8%	49.2%
46,982	DES MOINES	13,010	5,683	7,263	64	1,580 D	43.7%	55.8%	43.9%	56.1%
12,565	DICKINSON	5,228	2,701	2,494	33	207 R	51.7%	47.7%	52.0%	48.0%
90,609	DUBUQUE	25,035	7,685	16,987	363	9,302 D	30.7%	67.9%	31.1%	68.9%
14,009	EMMET	4,102	2,132	1,953	17	179 R	52.0%	47.6%	52.2%	47.8%
26,898	FAYETTE	9,574	4,608	4,901	65	293 D	48.1%	51.2%	48.5%	51.5%
19,860	FLOYD	5,931	2,744	3,154	33	410 D	46.3%	53.2%	46.5%	53.5%
13,255	FRANKLIN	4,088	2,233	1,814	41	419 R	54.6%	44.4%	55.2%	44.8%
9,282	FREMONT	3,087	1,612	1,459	16	153 R	52.2%	47.3%	52.5%	47.5%
12,716	GREENE	4,345	2,196	2,082	67	114 R	50.5%	47.9%	51.3%	48.7%
14,119	GRUNDY	4,765	3,027	1,721	17	1,306 R	63.5%	36.1%	63.8%	36.2%
12,243	GUTHRIE	4,287	2,259	2,002	26	257 R	52.7%	46.7%	53.0%	47.0%
18,383	HAMILTON	5,723	3,152	2,544	27	608 R	55.1%	44.5%	55.3%	44.7%
13,330	HANCOCK	4,474	2,399	2,054	21	345 R	53.6%	45.9%	53.9%	46.1%
22,248	HARDIN	6,581	3,438	2,974	169	464 R	52.2%	45.2%	53.6%	46.4%
16,240	HARRISON	5,636	2,713	2,912	11	199 D	48.1%	51.7%	48.2%	51.8%
18,114	HENRY	5,941	3,364	2,552	25	812 R	56.6%	43.0%	56.9%	43.1%
11,442	HOWARD	4,450	2,031	2,408	11	377 D	45.6%	54.1%	45.8%	54.2%
12,519	HUMBOLDT	4,221	2,298	1,908	15	390 R	54.4%	45.2%	54.6%	45.4%
9,190	IDA	3,815	2,071	1,739	5	332 R	54.3%	45.6%	54.4%	45.6%
15,419	IOWA	5,327	2,788	2,508	31	280 R	52.3%	47.1%	52.6%	47.4%
20,839	JACKSON	6,246	2,460	3,757	29	1,297 D	39.4%	60.2%	39.6%	60.4%
35,425	JASPER	11,749	5,307	6,356	86	1,049 D	45.2%	54.1%	45.5%	54.5%
15,774	JEFFERSON	4,515	2,730	1,767	18	963 R	60.5%	39.1%	60.7%	39.3%
72,127	JOHNSON	22,409	8,240	14,020	149	5,780 D	36.8%	62.6%	37.0%	63.0%
19,868	JONES	6,949	2,977	3,922	50	945 D	42.8%	56.4%	43.2%	56.8%
13,943	KEOKUK	5,060	2,593	2,443	24	150 R	51.2%	48.3%	51.5%	48.5%
22,937	KOSSUTH	7,634	3,521	4,074	39	553 D	46.1%	53.4%	46.4%	53.6%
42,996	LEE	12,128	5,319	6,744	65	1,425 D	43.9%	55.6%	44.1%	55.9%
163,213	LINN	50,841	18,187	32,193	461	14,006 D	35.8%	63.3%	36.1%	63.9%
10,682	LOUISA	3,228	1,896	1,320	12	576 R	58.7%	40.9%	59.0%	41.0%
10,163	LUCAS	3,614	1,783	1,817	14	34 D	49.3%	50.3%	49.5%	50.5%
13,340	LYON	4,049	2,531	1,490	28	1,041 R	62.5%	36.8%	62.9%	37.1%
11,558	MADISON	4,837	2,396	2,406	35	10 D	49.5%	49.7%	49.9%	50.1%
22,177	MAHASKA	7,369	3,922	3,387	60	535 R	53.2%	46.0%	53.7%	46.3%
26,352	MARION	8,490	3,966	4,434	90	468 D	46.7%	52.2%	47.2%	52.8%
41,076	MARSHALL	12,602	6,405	6,122	75	283 R	50.8%	48.6%	51.1%	48.9%
11,832	MILLS	3,267	1,935	1,307	25	628 R	59.2%	40.0%	59.7%	40.3%

IOWA

SENATOR 1974

1970 Census Population	County	Total Vote	Republican	Democratic	Other	Rep.-Dem. Plurality	Percentage Total Vote Rep.	Dem.	Major Vote Rep.	Dem.
13,108	MITCHELL	4,325	2,178	2,125	22	53 R	50.4%	49.1%	50.6%	49.4%
12,069	MONONA	4,294	2,088	2,189	17	101 D	48.6%	51.0%	48.8%	51.2%
9,357	MONROE	2,996	1,410	1,568	18	158 D	47.1%	52.3%	47.3%	52.7%
12,781	MONTGOMERY	4,346	2,836	1,498	12	1,338 R	65.3%	34.5%	65.4%	34.6%
37,181	MUSCATINE	9,349	5,670	3,611	68	2,059 R	60.6%	38.6%	61.1%	38.9%
17,522	O BRIEN	5,982	3,489	2,461	32	1,028 R	58.3%	41.1%	58.6%	41.4%
8,555	OSCEOLA	2,539	1,404	1,108	27	296 R	55.3%	43.6%	55.9%	44.1%
18,507	PAGE	6,143	3,906	2,222	15	1,684 R	63.6%	36.2%	63.7%	36.3%
13,289	PALO ALTO	4,348	1,902	2,433	13	531 D	43.7%	56.0%	43.9%	56.1%
24,312	PLYMOUTH	7,407	3,962	3,420	25	542 R	53.5%	46.2%	53.7%	46.3%
12,729	POCAHONTAS	4,031	1,989	2,025	17	36 D	49.3%	50.2%	49.6%	50.4%
286,101	POLK	89,549	36,388	52,487	674	16,099 D	40.6%	58.6%	40.9%	59.1%
86,991	POTTAWATTAMIE	21,270	10,561	10,568	141	7 D	49.7%	49.7%	50.0%	50.0%
18,803	POWESHIEK	6,664	3,216	3,401	47	185 D	48.3%	51.0%	48.6%	51.4%
6,373	RINGGOLD	2,403	1,481	918	4	563 R	61.6%	38.2%	61.7%	38.3%
15,573	SAC	5,235	2,795	2,432	8	363 R	53.4%	46.5%	53.5%	46.5%
142,687	SCOTT	40,478	19,923	20,082	473	159 D	49.2%	49.6%	49.8%	50.2%
15,528	SHELBY	5,276	2,592	2,657	27	65 D	49.1%	50.4%	49.4%	50.6%
27,996	SIOUX	10,225	7,412	2,788	25	4,624 R	72.5%	27.3%	72.7%	27.3%
62,783	STORY	23,021	10,220	12,661	140	2,441 D	44.4%	55.0%	44.7%	55.3%
20,147	TAMA	6,583	3,323	3,237	23	86 R	50.5%	49.2%	50.7%	49.3%
8,790	TAYLOR	2,988	1,699	1,276	13	423 R	56.9%	42.7%	57.1%	42.9%
13,557	UNION	4,185	2,175	1,976	34	199 R	52.0%	47.2%	52.4%	47.6%
8,643	VAN BUREN	2,661	1,591	1,060	10	531 R	59.8%	39.8%	60.0%	40.0%
42,149	WAPELLO	12,180	5,292	6,808	80	1,516 D	43.4%	55.9%	43.7%	56.3%
27,432	WARREN	9,387	4,287	5,018	82	731 D	45.7%	53.5%	46.1%	53.9%
18,967	WASHINGTON	5,343	3,050	2,238	55	812 R	57.1%	41.9%	57.7%	42.3%
8,405	WAYNE	3,369	1,911	1,442	16	469 R	56.7%	42.8%	57.0%	43.0%
48,391	WEBSTER	14,164	6,574	7,534	56	960 D	46.4%	53.2%	46.6%	53.4%
12,990	WINNEBAGO	4,868	2,682	2,173	13	509 R	55.1%	44.6%	55.2%	44.8%
21,758	WINNESHIEK	6,413	3,079	3,288	46	209 D	48.0%	51.3%	48.4%	51.6%
103,052	WOODBURY	30,540	14,143	16,154	243	2,011 D	46.3%	52.9%	46.7%	53.3%
8,968	WORTH	3,462	1,540	1,915	7	375 D	44.5%	55.3%	44.6%	55.4%
17,294	WRIGHT	5,231	2,551	2,662	18	111 D	48.8%	50.9%	48.9%	51.1%
2,825,041	TOTAL	889,561	420,546	462,947	6,068	42,401 D	47.3%	52.0%	47.6%	52.4%

IOWA

CONGRESS

CD	Year	Total Vote	Republican Vote	Candidate	Democratic Vote	Candidate	Other Vote	Rep.-Dem. Plurality	Percentage Total Vote Rep.	Dem.	Major Vote Rep.	Dem.
1	1974	139,240	63,540	LEACH, JAMES A.	75,687	MEZVINSKY, EDWARD	13	12,147 D	45.6%	54.4%	45.6%	54.4%
1	1972	200,633	91,609	SCHWENGEL, FRED	107,099	MEZVINSKY, EDWARD	1,925	15,490 D	45.7%	53.4%	46.1%	53.9%
2	1974	143,628	69,088	RILEY, TOM	73,416	BLOUIN, MICHAEL	1,124	4,328 D	48.1%	51.1%	48.5%	51.5%
2	1972	195,156	79,667	ELLSWORTH, THEODORE R.	115,489	CULVER, JOHN C.		35,822 D	40.8%	59.2%	40.8%	59.2%
3	1974	152,371	77,468	GRASSLEY, CHARLES E.	74,895	RAPP, STEPHEN J.	8	2,573 R	50.8%	49.2%	50.8%	49.2%
3	1972	195,965	109,113	GROSS, H. R.	86,848	TAYLOR, LYLE D.	4	22,265 R	55.7%	44.3%	55.7%	44.3%
4	1974	151,429	53,756	DICK, CHUCK	96,755	SMITH, NEAL	918	42,999 D	35.5%	63.9%	35.7%	64.3%
4	1972	210,588	85,156	KYL, JOHN	125,431	SMITH, NEAL	1	40,275 D	40.4%	59.6%	40.4%	59.6%
5	1974	158,835	77,683	SCHERLE, WILLIAM J.	81,146	HARKIN, TOM	6	3,463 D	48.9%	51.1%	48.9%	51.1%
5	1972	196,536	108,596	SCHERLE, WILLIAM J.	87,937	HARKIN, TOM	3	20,659 R	55.3%	44.7%	55.3%	44.7%
6	1974	158,012	71,695	MAYNE, WILEY	86,315	BEDELL, BERKLEY	2	14,620 D	45.4%	54.6%	45.4%	54.6%
6	1972	196,858	103,284	MAYNE, WILEY	93,574	BEDELL, BERKLEY		9,710 R	52.5%	47.5%	52.5%	47.5%

IOWA

1974 GENERAL ELECTION

Governor   Other vote was 8,323 American (Scott); 64 scattered.

Senator   Other vote was 6,028 American (Oxley); 40 scattered.

Congress   Other vote was scattered in CD's 1, 3, 5, and 6; 1,108 American (Whitford) and 16 scattered in CD 2; 917 American (LePorte) and 1 scattered in CD 4.

1974 PRIMARIES

JUNE 4 REPUBLICAN

Governor   Robert Ray, unopposed.

Senator   87,464 David M. Stanley; 43,206 George F. Milligan; 6 scattered.

Congress   Unopposed in four CD's. Contested as follows:

- CD 2   12,179 Tom Riley; 5,441 Michael J. Feld; 3 scattered.
- CD 3   13,495 Charles E. Grassley; 9,044 Robert E. Case; 6,043 Charlene Conklin; 2,123 Bart Schwieger; 1,412 John Williams.

JUNE 4 DEMOCRATIC

Governor   59,840 James F. Schaben; 52,420 William Gannon; 21,240 Clark Rasmussen; 16 scattered.

Senator   John C. Culver, unopposed.

Congress   Unopposed in four CD's. Contested as follows:

- CD 2   12,705 Michael Blouin; 10,638 Martin Jensen; 3,482 Harry Sullivan; 1,192 C. J. Adams.
- CD 3   8,661 Stephen J. Rapp; 8,523 Nick Johnson; 3,652 Ron Masters; 2,853 James C. Skaine.

KANSAS

GOVERNOR
Robert F. Bennett (R). Elected 1974 to a four-year term.

SENATORS
Robert Dole (R). Re-elected 1974 to a six-year term. Previously elected 1968.

James B. Pearson (R). Re-elected 1972 to a six-year term. Previously elected 1966 and in 1962 to fill out term vacated by the death of Senator Andrew F. Schoeppel; had been appointed January 1962 to fill this same vacancy.

REPRESENTATIVES
1. Keith Sebelius (R)
2. Martha Keys (D)
3. Larry Winn (R)
4. Garner E. Shriver (R)
5. Joe Skubitz (R)

POSTWAR VOTE FOR GOVERNOR

Year	Total Vote	Republican Vote	Republican Candidate	Democratic Vote	Democratic Candidate	Other Vote	Rep.-Dem. Plurality	Total Vote Rep.	Total Vote Dem.	Major Vote Rep.	Major Vote Dem.
1974	783,875	387,792	Bennett, Robert F.	384,115	Miller, Vern	11,968	3,677 R	49.5%	49.0%	50.2%	49.8%
1972	921,552	341,440	Kay, Morris	571,256	Docking, Robert	8,856	229,816 D	37.1%	62.0%	37.4%	62.6%
1970	745,196	333,227	Frizzell, Kent	404,611	Docking, Robert	7,358	71,384 D	44.7%	54.3%	45.2%	54.8%
1968	862,473	410,673	Harman, Rick	447,269	Docking, Robert	4,531	36,596 D	47.6%	51.9%	47.9%	52.1%
1966	692,955	304,325	Avery, William H.	380,030	Docking, Robert	8,600	75,705 D	43.9%	54.8%	44.5%	55.5%
1964	850,414	432,667	Avery, William H.	400,264	Wiles, Harry G.	17,483	32,403 R	50.9%	47.1%	51.9%	48.1%
1962	638,798	341,257	Anderson, John	291,285	Saffels, Dale E.	6,256	49,972 R	53.4%	45.6%	54.0%	46.0%
1960	922,522	511,534	Anderson, John	402,261	Docking, George	8,727	109,273 R	55.4%	43.6%	56.0%	44.0%
1958	735,939	313,036	Reed, Clyde M.	415,506	Docking, George	7,397	102,470 D	42.5%	56.5%	43.0%	57.0%
1956	864,935	364,340	Shaw, Warren W.	479,701	Docking, George	20,894	115,361 D	42.1%	55.5%	43.2%	56.8%
1954	622,633	329,868	Hall, Fred	286,218	Docking, George	6,547	43,650 R	53.0%	46.0%	53.5%	46.5%
1952	872,139	491,338	Arn, Edward F.	363,482	Rooney, Charles	17,319	127,856 R	56.3%	41.7%	57.5%	42.5%
1950	619,310	333,001	Arn, Edward F.	275,494	Anderson, Kenneth	10,815	57,507 R	53.8%	44.5%	54.7%	45.3%
1948	760,407	433,396	Carlson, Frank	307,485	Carpenter, Randolph	19,526	125,911 R	57.0%	40.4%	58.5%	41.5%
1946	577,694	309,064	Carlson, Frank	254,283	Woodring, Harry H.	14,347	54,781 R	53.5%	44.0%	54.9%	45.1%

The term of office of Kansas' Governor was increased from two to four years effective with the 1974 election.

POSTWAR VOTE FOR SENATOR

Year	Total Vote	Republican Vote	Republican Candidate	Democratic Vote	Democratic Candidate	Other Vote	Rep.-Dem. Plurality	Total Vote Rep.	Total Vote Dem.	Major Vote Rep.	Major Vote Dem.
1974	794,437	403,983	Dole, Robert	390,451	Roy, William R.	3	13,532 R	50.9%	49.1%	50.9%	49.1%
1972	871,722	622,591	Pearson, James B.	200,764	Tetzlaff, Arch O.	48,367	421,827 R	71.4%	23.0%	75.6%	24.4%
1968	817,096	490,911	Dole, Robert	315,911	Robinson, William I.	10,274	175,000 R	60.1%	38.7%	60.8%	39.2%
1966	671,345	350,077	Pearson, James B.	303,223	Breeding, J. Floyd	18,045	46,854 R	52.1%	45.2%	53.6%	46.4%
1962	622,232	388,500	Carlson, Frank	223,630	Smith, K. L.	10,102	164,870 R	62.4%	35.9%	63.5%	36.5%
1962s	613,250	344,689	Pearson, James B.	260,756	Aylward, Paul L.	7,805	83,933 R	56.2%	42.5%	56.9%	43.1%
1960	888,592	485,499	Schoeppel, Andrew F.	388,895	Theis, Frank	14,198	96,604 R	54.6%	43.8%	55.5%	44.5%
1956	825,280	477,822	Carlson, Frank	333,939	Hart, George	13,519	143,883 R	57.9%	40.5%	58.9%	41.1%
1954	618,063	348,144	Schoeppel, Andrew F.	258,575	McGill, George	11,344	89,569 R	56.3%	41.8%	57.4%	42.6%
1950	619,104	335,880	Carlson, Frank	271,365	Aiken, Paul	11,859	64,515 R	54.3%	43.8%	55.3%	44.7%
1948	716,342	393,412	Schoeppel, Andrew F.	305,987	McGill, George	16,943	87,425 R	54.9%	42.7%	56.3%	43.7%

One of the 1962 elections was for a short term to fill a vacancy.

KANSAS

Districts Established March 30, 1971

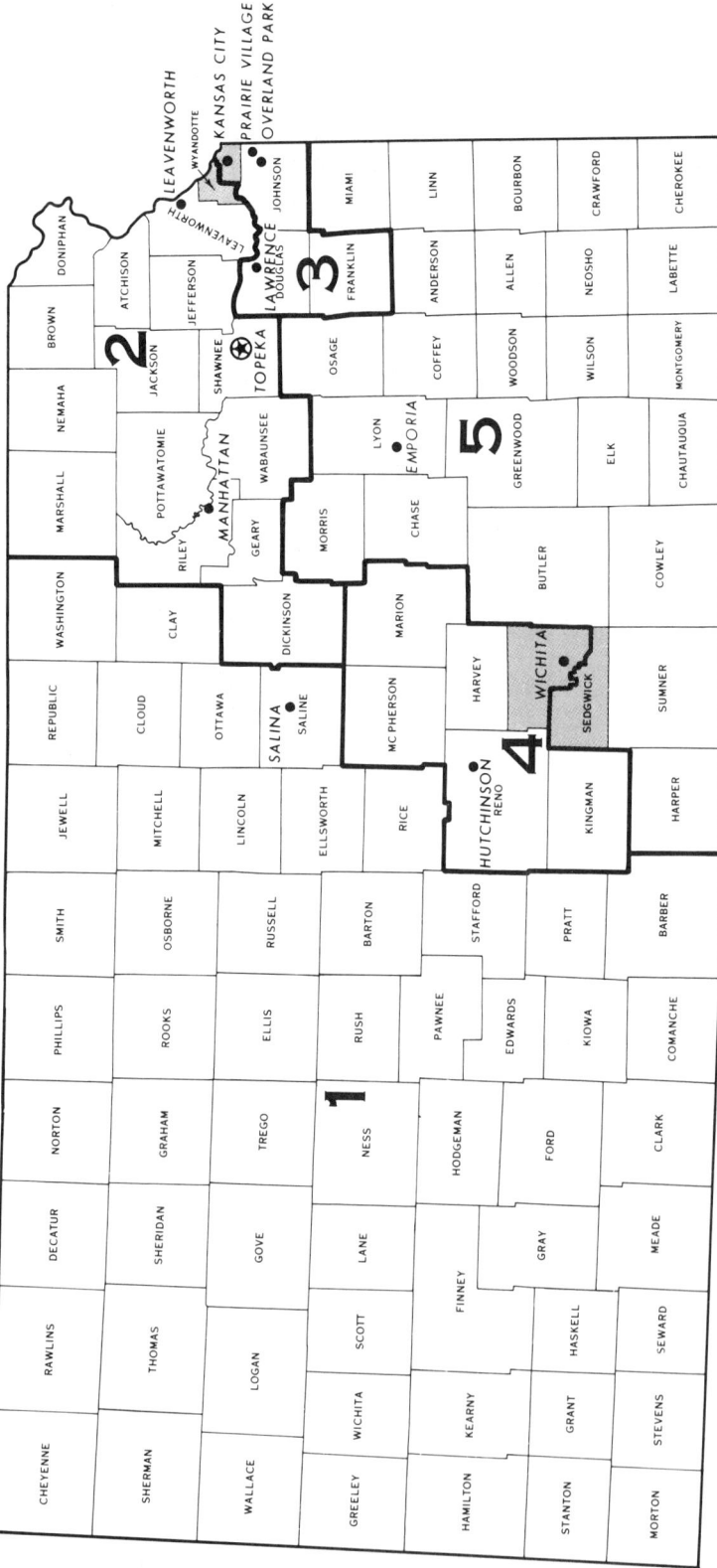

KANSAS

GOVERNOR 1974

1970 Census Population	County	Total Vote	Republican	Democratic	Other	Rep.-Dem. Plurality	Percentage Total Vote Rep.	Dem.	Major Vote Rep.	Dem.
15,043	ALLEN	5,023	2,673	2,304	46	369 R	53.2%	45.9%	53.7%	46.3%
8,501	ANDERSON	3,419	1,571	1,813	35	242 D	45.9%	53.0%	46.4%	53.6%
19,165	ATCHISON	6,996	3,030	3,868	98	838 D	43.3%	55.3%	43.9%	56.1%
7,016	BARBER	2,755	1,192	1,541	22	349 D	43.3%	55.9%	43.6%	56.4%
30,663	BARTON	10,829	5,872	4,836	121	1,036 R	54.2%	44.7%	54.8%	45.2%
15,215	BOURBON	6,043	2,950	3,037	56	87 D	48.8%	50.3%	49.3%	50.7%
11,685	BROWN	4,677	2,670	1,960	47	710 R	57.1%	41.9%	57.7%	42.3%
38,658	BUTLER	14,448	6,171	8,171	106	2,000 D	42.7%	56.6%	43.0%	57.0%
3,408	CHASE	1,453	769	671	13	98 R	52.9%	46.2%	53.4%	46.6%
4,642	CHAUTAUQUA	1,623	907	700	16	207 R	55.9%	43.1%	56.4%	43.6%
21,549	CHEROKEE	7,646	3,391	4,184	71	793 D	44.3%	54.7%	44.8%	55.2%
4,256	CHEYENNE	1,501	794	695	12	99 R	52.9%	46.3%	53.3%	46.7%
2,896	CLARK	1,364	634	713	17	79 D	46.5%	52.3%	47.1%	52.9%
9,890	CLAY	4,521	2,686	1,795	40	891 R	59.4%	39.7%	59.9%	40.1%
13,466	CLOUD	5,433	2,581	2,802	50	221 D	47.5%	51.6%	47.9%	52.1%
7,397	COFFEY	3,147	1,575	1,552	20	23 R	50.0%	49.3%	50.4%	49.6%
2,702	COMANCHE	1,246	614	612	20	2 R	49.3%	49.1%	50.1%	49.9%
35,012	COWLEY	12,581	5,805	6,650	126	845 D	46.1%	52.9%	46.6%	53.4%
37,850	CRAWFORD	14,005	6,644	7,259	102	615 D	47.4%	51.8%	47.8%	52.2%
4,988	DECATUR	2,103	1,027	1,053	23	26 D	48.8%	50.1%	49.4%	50.6%
19,993	DICKINSON	7,859	4,297	3,491	71	806 R	54.7%	44.4%	55.2%	44.8%
9,107	DONIPHAN	2,957	1,677	1,255	25	422 R	56.7%	42.4%	57.2%	42.8%
57,932	DOUGLAS	22,692	14,449	8,029	214	6,420 R	63.7%	35.4%	64.3%	35.7%
4,581	EDWARDS	2,042	912	1,112	18	200 D	44.7%	54.5%	45.1%	54.9%
3,858	ELK	1,602	864	727	11	137 R	53.9%	45.4%	54.3%	45.7%
24,730	ELLIS	9,350	3,958	5,297	95	1,339 D	42.3%	56.7%	42.8%	57.2%
6,146	ELLSWORTH	2,787	1,270	1,497	20	227 D	45.6%	53.7%	45.9%	54.1%
19,029	FINNEY	6,231	2,976	3,188	67	212 D	47.8%	51.2%	48.3%	51.7%
22,587	FORD	8,569	3,905	4,556	108	651 D	45.6%	53.2%	46.2%	53.8%
20,007	FRANKLIN	6,925	3,226	3,626	73	400 D	46.6%	52.4%	47.1%	52.9%
28,111	GEARY	5,666	2,618	2,968	80	350 D	46.2%	52.4%	46.9%	53.1%
3,940	GOVE	1,490	688	786	16	98 D	46.2%	52.8%	46.7%	53.3%
4,751	GRAHAM	1,959	938	993	28	55 D	47.9%	50.7%	48.6%	51.4%
5,961	GRANT	1,967	967	963	37	4 R	49.2%	49.0%	50.1%	49.9%
4,516	GRAY	1,668	693	955	20	262 D	41.5%	57.3%	42.1%	57.9%
1,819	GREELEY	801	354	436	11	82 D	44.2%	54.4%	44.8%	55.2%
9,141	GREENWOOD	3,835	1,945	1,841	49	104 R	50.7%	48.0%	51.4%	48.6%
2,747	HAMILTON	1,148	430	695	23	265 D	37.5%	60.5%	38.2%	61.8%
7,871	HARPER	3,026	1,266	1,727	33	461 D	41.8%	57.1%	42.3%	57.7%
27,236	HARVEY	10,110	5,249	4,727	134	522 R	51.9%	46.8%	52.6%	47.4%
3,672	HASKELL	1,175	458	697	20	239 D	39.0%	59.3%	39.7%	60.3%
2,662	HODGEMAN	1,181	485	677	19	192 D	41.1%	57.3%	41.7%	58.3%
10,342	JACKSON	4,391	2,080	2,264	47	184 D	47.4%	51.6%	47.9%	52.1%
11,945	JEFFERSON	4,591	2,106	2,432	53	326 D	45.9%	53.0%	46.4%	53.6%
6,099	JEWELL	2,596	1,250	1,317	29	67 D	48.2%	50.7%	48.7%	51.3%
220,073	JOHNSON	78,705	50,968	25,763	1,974	25,205 R	64.8%	32.7%	66.4%	33.6%
3,047	KEARNY	1,065	465	585	15	120 D	43.7%	54.9%	44.3%	55.7%
8,886	KINGMAN	3,554	1,487	1,997	70	510 D	41.8%	56.2%	42.7%	57.3%
4,088	KIOWA	1,814	891	893	30	2 D	49.1%	49.2%	49.9%	50.1%
25,775	LABETTE	8,630	4,277	4,253	100	24 R	49.6%	49.3%	50.1%	49.9%
2,707	LANE	1,173	651	492	30	159 R	55.5%	41.9%	57.0%	43.0%
53,340	LEAVENWORTH	13,420	6,006	7,223	191	1,217 D	44.8%	53.8%	45.4%	54.6%
4,582	LINCOLN	2,053	1,020	1,008	25	12 R	49.7%	49.1%	50.3%	49.7%
7,770	LINN	2,989	1,464	1,480	45	16 D	49.0%	49.5%	49.7%	50.3%
3,814	LOGAN	1,487	769	706	12	63 R	51.7%	47.5%	52.1%	47.9%
32,071	LYON	11,444	6,732	4,585	127	2,147 R	58.8%	40.1%	59.5%	40.5%
24,778	MCPHERSON	9,070	5,034	3,830	206	1,204 R	55.5%	42.2%	56.8%	43.2%
13,935	MARION	5,118	2,765	2,292	61	473 R	54.0%	44.8%	54.7%	45.3%
13,139	MARSHALL	5,970	2,824	3,074	72	250 D	47.3%	51.5%	47.9%	52.1%
4,912	MEADE	1,849	921	899	29	22 R	49.8%	48.6%	50.6%	49.4%
19,254	MIAMI	6,717	2,873	3,713	131	840 D	42.8%	55.3%	43.6%	56.4%
8,010	MITCHELL	3,658	1,816	1,794	48	22 R	49.6%	49.0%	50.3%	49.7%
39,949	MONTGOMERY	12,503	6,052	6,289	162	237 D	48.4%	50.3%	49.0%	51.0%
6,432	MORRIS	2,920	1,372	1,523	25	151 D	47.0%	52.2%	47.4%	52.6%
3,576	MORTON	1,245	486	726	33	240 D	39.0%	58.3%	40.1%	59.9%

KANSAS

GOVERNOR 1974

1970 Census Population	County	Total Vote	Republican	Democratic	Other	Rep.-Dem. Plurality	Total Vote Rep.	Total Vote Dem.	Major Vote Rep.	Major Vote Dem.
11,825	NEMAHA	4,997	2,092	2,869	36	777 D	41.9%	57.4%	42.2%	57.8%
18,812	NEOSHO	6,836	3,861	2,875	100	986 R	56.5%	42.1%	57.3%	42.7%
4,791	NESS	1,991	865	1,086	40	221 D	43.4%	54.5%	44.3%	55.7%
7,279	NORTON	3,163	1,693	1,434	36	259 R	53.5%	45.3%	54.1%	45.9%
13,352	OSAGE	4,979	2,178	2,739	62	561 D	43.7%	55.0%	44.3%	55.7%
6,416	OSBORNE	2,678	1,318	1,322	38	4 D	49.2%	49.4%	49.9%	50.1%
6,183	OTTAWA	2,758	1,453	1,279	26	174 R	52.7%	46.4%	53.2%	46.8%
8,484	PAWNEE	3,460	1,510	1,884	66	374 D	43.6%	54.5%	44.5%	55.5%
7,888	PHILLIPS	3,419	1,878	1,498	43	380 R	54.9%	43.8%	55.6%	44.4%
11,755	POTTAWATOMIE	5,246	2,948	2,240	58	708 R	56.2%	42.7%	56.8%	43.2%
10,056	PRATT	3,785	1,802	1,939	44	137 D	47.6%	51.2%	48.2%	51.8%
4,393	RAWLINS	1,976	1,005	950	21	55 R	50.9%	48.1%	51.4%	48.6%
60,765	RENO	22,051	10,580	10,960	511	380 D	48.0%	49.7%	49.1%	50.9%
8,498	REPUBLIC	3,545	1,853	1,659	33	194 R	52.3%	46.8%	52.8%	47.2%
12,320	RICE	5,046	2,532	2,435	79	97 R	50.2%	48.3%	51.0%	49.0%
56,788	RILEY	14,606	10,084	4,393	129	5,691 R	69.0%	30.1%	69.7%	30.3%
7,628	ROOKS	2,849	1,366	1,423	60	57 D	47.9%	49.9%	49.0%	51.0%
5,117	RUSH	2,279	998	1,255	26	257 D	43.8%	55.1%	44.3%	55.7%
9,428	RUSSELL	4,163	2,352	1,769	42	583 R	56.5%	42.5%	57.1%	42.9%
46,592	SALINE	16,416	9,075	7,148	193	1,927 R	55.3%	43.5%	55.9%	44.1%
5,606	SCOTT	1,983	1,018	931	34	87 R	51.3%	46.9%	52.2%	47.8%
350,694	SEDGWICK	108,577	44,878	62,053	1,646	17,175 D	41.3%	57.2%	42.0%	58.0%
15,744	SEWARD	4,099	1,827	2,241	31	414 D	44.6%	54.7%	44.9%	55.1%
155,322	SHAWNEE	61,094	29,668	30,543	883	875 D	48.6%	50.0%	49.3%	50.7%
3,859	SHERIDAN	1,550	666	864	20	198 D	43.0%	55.7%	43.5%	56.5%
7,792	SHERMAN	2,592	1,342	1,227	23	115 R	51.8%	47.3%	52.2%	47.8%
6,757	SMITH	2,635	1,365	1,232	38	133 R	51.8%	46.8%	52.6%	47.4%
5,943	STAFFORD	2,773	1,283	1,437	53	154 D	46.3%	51.8%	47.2%	52.8%
2,287	STANTON	1,025	484	521	20	37 D	47.2%	50.8%	48.2%	51.8%
4,198	STEVENS	1,804	726	1,038	40	312 D	40.2%	57.5%	41.2%	58.8%
23,553	SUMNER	8,492	3,554	4,826	112	1,272 D	41.9%	56.8%	42.4%	57.6%
7,501	THOMAS	2,959	1,476	1,447	36	29 R	49.9%	48.9%	50.5%	49.5%
4,436	TREGO	1,831	809	1,007	15	198 D	44.2%	55.0%	44.5%	55.5%
6,397	WABAUNSEE	3,099	1,671	1,402	26	269 R	53.9%	45.2%	54.4%	45.6%
2,215	WALLACE	933	501	417	15	84 R	53.7%	44.7%	54.6%	45.4%
9,249	WASHINGTON	3,356	1,867	1,457	32	410 R	55.6%	43.4%	56.2%	43.8%
3,274	WICHITA	927	357	562	8	205 D	38.5%	60.6%	38.8%	61.2%
11,317	WILSON	4,136	2,223	1,838	75	385 R	53.7%	44.4%	54.7%	45.3%
4,789	WOODSON	1,867	997	856	14	141 R	53.4%	45.8%	53.8%	46.2%
186,845	WYANDOTTE	49,085	18,147	29,462	1,476	11,315 D	37.0%	60.0%	38.1%	61.9%
2,249,071	TOTAL	783,875	387,792	384,115	11,968	3,677 R	49.5%	49.0%	50.2%	49.8%

KANSAS

SENATOR 1974

1970 Census Population	County	Total Vote	Republican	Democratic	Other	Rep.-Dem. Plurality	Percentage Total Vote Rep.	Dem.	Major Vote Rep.	Dem.
15,043	ALLEN	5,154	2,806	2,347	1	459 R	54.4%	45.5%	54.5%	45.5%
8,501	ANDERSON	3,489	1,997	1,492		505 R	57.2%	42.8%	57.2%	42.8%
19,165	ATCHISON	7,104	3,558	3,546		12 R	50.1%	49.9%	50.1%	49.9%
7,016	BARBER	2,782	1,684	1,098		586 R	60.5%	39.5%	60.5%	39.5%
30,663	BARTON	10,955	6,356	4,599		1,757 R	58.0%	42.0%	58.0%	42.0%
15,215	BOURBON	6,185	3,464	2,721		743 R	56.0%	44.0%	56.0%	44.0%
11,685	BROWN	4,744	2,902	1,842		1,060 R	61.2%	38.8%	61.2%	38.8%
38,658	BUTLER	14,520	7,046	7,474		428 D	48.5%	51.5%	48.5%	51.5%
3,408	CHASE	1,460	879	581		298 R	60.2%	39.8%	60.2%	39.8%
4,642	CHAUTAUQUA	1,659	1,091	568		523 R	65.8%	34.2%	65.8%	34.2%
21,549	CHEROKEE	7,894	3,076	4,818		1,742 D	39.0%	61.0%	39.0%	61.0%
4,256	CHEYENNE	1,533	986	547		439 R	64.3%	35.7%	64.3%	35.7%
2,896	CLARK	1,401	819	582		237 R	58.5%	41.5%	58.5%	41.5%
9,890	CLAY	4,538	2,990	1,548		1,442 R	65.9%	34.1%	65.9%	34.1%
13,466	CLOUD	5,522	2,876	2,646		230 R	52.1%	47.9%	52.1%	47.9%
7,397	COFFEY	3,217	1,845	1,372		473 R	57.4%	42.6%	57.4%	42.6%
2,702	COMANCHE	1,288	749	539		210 R	58.2%	41.8%	58.2%	41.8%
35,012	COWLEY	12,725	6,686	6,039		647 R	52.5%	47.5%	52.5%	47.5%
37,850	CRAWFORD	14,217	5,695	8,522		2,827 D	40.1%	59.9%	40.1%	59.9%
4,988	DECATUR	2,158	1,320	838		482 R	61.2%	38.8%	61.2%	38.8%
19,993	DICKINSON	7,970	4,408	3,562		846 R	55.3%	44.7%	55.3%	44.7%
9,107	DONIPHAN	3,031	1,834	1,197		637 R	60.5%	39.5%	60.5%	39.5%
57,932	DOUGLAS	22,794	9,781	13,013		3,232 D	42.9%	57.1%	42.9%	57.1%
4,581	EDWARDS	2,176	1,065	1,111		46 D	48.9%	51.1%	48.9%	51.1%
3,858	ELK	1,672	1,013	659		354 R	60.6%	39.4%	60.6%	39.4%
24,730	ELLIS	9,442	3,891	5,551		1,660 D	41.2%	58.8%	41.2%	58.8%
6,146	ELLSWORTH	2,804	1,457	1,347		110 R	52.0%	48.0%	52.0%	48.0%
19,029	FINNEY	6,291	3,174	3,117		57 R	50.5%	49.5%	50.5%	49.5%
22,587	FORD	8,666	4,451	4,215		236 R	51.4%	48.6%	51.4%	48.6%
20,007	FRANKLIN	7,102	4,158	2,944		1,214 R	58.5%	41.5%	58.5%	41.5%
28,111	GEARY	5,718	2,453	3,265		812 D	42.9%	57.1%	42.9%	57.1%
3,940	GOVE	1,513	990	523		467 R	65.4%	34.6%	65.4%	34.6%
4,751	GRAHAM	2,009	1,244	765		479 R	61.9%	38.1%	61.9%	38.1%
5,961	GRANT	1,997	1,181	816		365 R	59.1%	40.9%	59.1%	40.9%
4,516	GRAY	1,685	821	864		43 D	48.7%	51.3%	48.7%	51.3%
1,819	GREELEY	820	418	402		16 R	51.0%	49.0%	51.0%	49.0%
9,141	GREENWOOD	3,865	2,297	1,568		729 R	59.4%	40.6%	59.4%	40.6%
2,747	HAMILTON	1,170	590	580		10 R	50.4%	49.6%	50.4%	49.6%
7,871	HARPER	3,105	1,989	1,116		873 R	64.1%	35.9%	64.1%	35.9%
27,236	HARVEY	10,218	5,292	4,926		366 R	51.8%	48.2%	51.8%	48.2%
3,672	HASKELL	1,186	640	546		94 R	54.0%	46.0%	54.0%	46.0%
2,662	HODGEMAN	1,208	669	539		130 R	55.4%	44.6%	55.4%	44.6%
10,342	JACKSON	4,485	2,443	2,042		401 R	54.5%	45.5%	54.5%	45.5%
11,945	JEFFERSON	4,648	2,392	2,256		136 R	51.5%	48.5%	51.5%	48.5%
6,099	JEWELL	2,683	1,663	1,020		643 R	62.0%	38.0%	62.0%	38.0%
220,073	JOHNSON	79,977	47,508	32,469		15,039 R	59.4%	40.6%	59.4%	40.6%
3,047	KEARNY	1,084	585	499		86 R	54.0%	46.0%	54.0%	46.0%
8,886	KINGMAN	3,565	2,009	1,556		453 R	56.4%	43.6%	56.4%	43.6%
4,088	KIOWA	1,847	1,131	716		415 R	61.2%	38.8%	61.2%	38.8%
25,775	LABETTE	8,795	3,993	4,802		809 D	45.4%	54.6%	45.4%	54.6%
2,707	LANE	1,190	680	510		170 R	57.1%	42.9%	57.1%	42.9%
53,340	LEAVENWORTH	13,651	6,336	7,315		979 D	46.4%	53.6%	46.4%	53.6%
4,582	LINCOLN	2,120	1,407	713		694 R	66.4%	33.6%	66.4%	33.6%
7,770	LINN	3,054	1,742	1,312		430 R	57.0%	43.0%	57.0%	43.0%
3,814	LOGAN	1,521	908	613		295 R	59.7%	40.3%	59.7%	40.3%
32,071	LYON	11,553	5,617	5,936		319 D	48.6%	51.4%	48.6%	51.4%
24,778	MCPHERSON	9,139	4,756	4,383		373 R	52.0%	48.0%	52.0%	48.0%
13,935	MARION	5,148	3,205	1,943		1,262 R	62.3%	37.7%	62.3%	37.7%
13,139	MARSHALL	6,031	3,094	2,937		157 R	51.3%	48.7%	51.3%	48.7%
4,912	MEADE	1,885	1,079	806		273 R	57.2%	42.8%	57.2%	42.8%
19,254	MIAMI	6,851	3,497	3,354		143 R	51.0%	49.0%	51.0%	49.0%
8,010	MITCHELL	3,720	2,187	1,533		654 R	58.8%	41.2%	58.8%	41.2%
39,949	MONTGOMERY	13,054	6,857	6,197		660 R	52.5%	47.5%	52.5%	47.5%
6,432	MORRIS	2,982	1,619	1,363		256 R	54.3%	45.7%	54.3%	45.7%
3,576	MORTON	1,264	595	669		74 D	47.1%	52.9%	47.1%	52.9%

KANSAS

SENATOR 1974

1970 Census Population	County	Total Vote	Republican	Democratic	Other	Rep.-Dem. Plurality	Percentage Total Vote Rep.	Dem.	Major Vote Rep.	Dem.
11,825	NEMAHA	5,132	2,401	2,731		330 D	46.8%	53.2%	46.8%	53.2%
18,812	NEOSHO	6,967	3,236	3,731		495 D	46.4%	53.6%	46.4%	53.6%
4,791	NESS	2,028	1,031	997		34 R	50.8%	49.2%	50.8%	49.2%
7,279	NORTON	3,217	2,148	1,069		1,079 R	66.8%	33.2%	66.8%	33.2%
13,352	OSAGE	5,108	2,489	2,619		130 D	48.7%	51.3%	48.7%	51.3%
6,416	OSBORNE	2,739	1,730	1,009		721 R	63.2%	36.8%	63.2%	36.8%
6,183	OTTAWA	2,807	1,731	1,076		655 R	61.7%	38.3%	61.7%	38.3%
8,484	PAWNEE	3,530	1,783	1,747		36 R	50.5%	49.5%	50.5%	49.5%
7,888	PHILLIPS	3,550	2,438	1,112		1,326 R	68.7%	31.3%	68.7%	31.3%
11,755	POTTAWATOMIE	5,332	2,883	2,449		434 R	54.1%	45.9%	54.1%	45.9%
10,056	PRATT	3,789	2,305	1,484		821 R	60.8%	39.2%	60.8%	39.2%
4,393	RAWLINS	2,035	1,343	692		651 R	66.0%	34.0%	66.0%	34.0%
60,765	RENO	22,262	8,896	13,366		4,470 D	40.0%	60.0%	40.0%	60.0%
8,498	REPUBLIC	3,667	2,493	1,174		1,319 R	68.0%	32.0%	68.0%	32.0%
12,320	RICE	5,142	2,415	2,727		312 D	47.0%	53.0%	47.0%	53.0%
56,788	RILEY	14,687	7,280	7,407		127 D	49.6%	50.4%	49.6%	50.4%
7,628	ROOKS	2,920	1,884	1,036		848 R	64.5%	35.5%	64.5%	35.5%
5,117	RUSH	2,343	1,274	1,069		205 R	54.4%	45.6%	54.4%	45.6%
9,428	RUSSELL	4,240	2,954	1,286		1,668 R	69.7%	30.3%	69.7%	30.3%
46,592	SALINE	16,706	9,202	7,504		1,698 R	55.1%	44.9%	55.1%	44.9%
5,606	SCOTT	2,021	1,212	809		403 R	60.0%	40.0%	60.0%	40.0%
350,694	SEDGWICK	108,281	52,995	55,286		2,291 D	48.9%	51.1%	48.9%	51.1%
15,744	SEWARD	4,184	2,602	1,582		1,020 R	62.2%	37.8%	62.2%	37.8%
155,322	SHAWNEE	61,797	25,071	36,726		11,655 D	40.6%	59.4%	40.6%	59.4%
3,859	SHERIDAN	1,570	980	590		390 R	62.4%	37.6%	62.4%	37.6%
7,792	SHERMAN	2,632	1,390	1,242		148 R	52.8%	47.2%	52.8%	47.2%
6,757	SMITH	2,714	1,702	1,012		690 R	62.7%	37.3%	62.7%	37.3%
5,943	STAFFORD	2,805	1,396	1,408	1	12 D	49.8%	50.2%	49.8%	50.2%
2,287	STANTON	1,042	618	424		194 R	59.3%	40.7%	59.3%	40.7%
4,198	STEVENS	1,842	1,119	723		396 R	60.7%	39.3%	60.7%	39.3%
23,553	SUMNER	8,642	4,441	4,201		240 R	51.4%	48.6%	51.4%	48.6%
7,501	THOMAS	3,014	1,820	1,194		626 R	60.4%	39.6%	60.4%	39.6%
4,436	TREGO	1,861	1,089	772		317 R	58.5%	41.5%	58.5%	41.5%
6,397	WABAUNSEE	3,134	1,796	1,338		458 R	57.3%	42.7%	57.3%	42.7%
2,215	WALLACE	952	573	378	1	195 R	60.2%	39.7%	60.3%	39.7%
9,249	WASHINGTON	3,468	2,136	1,332		804 R	61.6%	38.4%	61.6%	38.4%
3,274	WICHITA	932	499	433		66 R	53.5%	46.5%	53.5%	46.5%
11,317	WILSON	4,389	2,390	1,999		391 R	54.5%	45.5%	54.5%	45.5%
4,789	WOODSON	1,930	1,089	841		248 R	56.4%	43.6%	56.4%	43.6%
186,845	WYANDOTTE	49,792	19,205	30,587		11,382 D	38.6%	61.4%	38.6%	61.4%
2,249,071	TOTAL	794,437	403,983	390,451	3	13,532 R	50.9%	49.1%	50.9%	49.1%

KANSAS

CONGRESS

		Total	Republican			Democratic		Other	Rep.-Dem.	Percentage Total Vote		Percentage Major Vote	
CD	Year	Vote	Vote	Candidate	Vote	Candidate		Vote	Plurality	Rep.	Dem.	Rep.	Dem.
1	1974	173,868	101,565	SEBELIUS, KEITH	57,326	SMITH, DONALD C.		14,977	44,239 R	58.4%	33.0%	63.9%	36.1%
1	1972	188,658	145,712	SEBELIUS, KEITH	40,678	COOVER, MORRIS		2,268	105,034 R	77.2%	21.6%	78.2%	21.8%
2	1974	154,239	67,650	PETERSON, JOHN C.	84,864	KEYS, MARTHA		1,725	17,214 D	43.9%	55.0%	44.4%	55.6%
2	1972	175,345	65,071	MCATEE, CHARLES D.	106,276	ROY, WILLIAM R.		3,998	41,205 D	37.1%	60.6%	38.0%	62.0%
3	1974	142,650	89,694	WINN, LARRY	49,976	WELLS, SAMUEL J.		2,980	39,718 R	62.9%	35.0%	64.2%	35.8%
3	1972	172,406	122,358	WINN, LARRY	43,777	BARSOTTI, CHARLES		6,271	78,581 R	71.0%	25.4%	73.6%	26.4%
4	1974	144,131	70,401	SHRIVER, GARNER E.	61,210	CHANEY, BERT		12,520	9,191 R	48.8%	42.5%	53.5%	46.5%
4	1972	164,127	120,120	SHRIVER, GARNER E.	40,753	STEVENS, JOHN S.		3,254	79,367 R	73.2%	24.8%	74.7%	25.3%
5	1974	160,670	88,646	SKUBITZ, JOE	72,024	GAINES, FRANK			16,622 R	55.2%	44.8%	55.2%	44.8%
5	1972	177,829	128,639	SKUBITZ, JOE	49,169	KITCH, LLOYD L.		21	79,470 R	72.3%	27.6%	72.3%	27.7%

KANSAS

1974 GENERAL ELECTION

Governor   Other vote was Prohibition (Uncapher).

Senator   Other vote was scattered.

Congress   Other vote was Prohibition (Scoggin) in CD 2; American (Oakes) in CD 3; American (Stevens) in CD 4; 13,009 American (Morgan) and 1,968 Prohibition (Miller) in CD 1.

1974 PRIMARIES

AUGUST 6 REPUBLICAN

Governor   67,347 Robert F. Bennett; 66,817 Donald O. Concannon; 56,440 Forrest J. Robinson; 17,333 Robert W. Clack.

Senator   Robert Dole, unopposed.

Congress   Unopposed in three CD's. Contested as follows:

   CD 2   27,832 John C. Peterson; 20,446 Edward F. Reilly.
   CD 5   37,868 Joe Skubitz; 5,772 Nat Leo.

AUGUST 6 DEMOCRATIC

Governor   Vern Miller, unopposed.

Senator   125,634 William R. Roy; 22,109 George Hart.

Congress   Contested as follows:

   CD 1   14,149 Donald C. Smith; 8,853 Chuck Wilson; 6,274 Homer Kruckenberg.
   CD 2   12,789 Martha Keys; 9,834 Jacob W. Miller; 4,491 Ed Engel; 3,051 Glenn I. Burns; 2,317 Dwight J. Parscale.
   CD 3   9,026 Samuel J. Wells; 8,753 Jack R. Feagan.
   CD 4   10,277 Bert Chaney; 7,171 Bill Linker; 5,442 Robert F. Brandt.
   CD 5   16,391 Frank Gaines; 11,738 Henry G. Spencer.

KENTUCKY

GOVERNOR
Julian Carroll (D). Elected as Lieutenant-Governor in 1971 and succeeded upon Governor Ford's election to the Senate in November, 1974. Next election in 1975.

SENATORS
Wendell H. Ford (D). Elected 1974 to a six-year term.

Walter Huddleston (D). Elected 1972 to a six-year term.

REPRESENTATIVES
1. Carroll Hubbard (D)
2. William H. Natcher (D)
3. Romano L. Mazzoli (D)
4. M. G. Snyder (R)
5. Tim Lee Carter (R)
6. John Breckinridge (D)
7. Carl D. Perkins (D)

POSTWAR VOTE FOR GOVERNOR

| | | | | | | | | | Percentage | | | |
| | Total | Republican | | Democratic | | Other | Rep.-Dem. | Total Vote | | Major Vote | |
Year	Vote	Vote	Candidate	Vote	Candidate	Vote	Plurality	Rep.	Dem.	Rep.	Dem.
1971	930,790	412,653	Emberton, Thomas	470,720	Ford, Wendell H.	47,417	58,067 D	44.3%	50.6%	46.7%	53.3%
1967	886,946	454,123	Nunn, Louie B.	425,674	Ward, Henry	7,149	28,449 R	51.2%	48.0%	51.6%	48.4%
1963	886,047	436,496	Nunn, Louie B.	449,551	Breathitt, Edward T.	—	13,055 D	49.3%	50.7%	49.3%	50.7%
1959	853,005	336,456	Robsion, John M.	516,549	Combs, Bert T.	—	180,093 D	39.4%	60.6%	39.4%	60.6%
1955	778,488	322,671	Denney, Edwin R.	451,647	Chandler, Albert B.	4,170	128,976 D	41.4%	58.0%	41.7%	58.3%
1951	634,359	288,014	Siler, Eugene	346,345	Wetherby, Lawrence	—	58,331 D	45.4%	54.6%	45.4%	54.6%
1947	672,372	287,130	Dummit, Eldon S.	385,242	Clements, Earle C.	—	98,112 D	42.7%	57.3%	42.7%	57.3%

POSTWAR VOTE FOR SENATOR

| | | | | | | | | | Percentage | | | |
| | Total | Republican | | Democratic | | Other | Rep.-Dem. | Total Vote | | Major Vote | |
Year	Vote	Vote	Candidate	Vote	Candidate	Vote	Plurality	Rep.	Dem.	Rep.	Dem.
1974	745,994	328,982	Cook, Marlow W.	399,406	Ford, Wendell H.	17,606	70,424 D	44.1%	53.5%	45.2%	54.8%
1972	1,037,861	494,337	Nunn, Louie B.	528,550	Huddleston, Walter	14,974	34,213 D	47.6%	50.9%	48.3%	51.7%
1968	942,865	484,260	Cook, Marlow W.	448,960	Peden, Katherine	9,645	35,300 R	51.4%	47.6%	51.9%	48.1%
1966	749,884	483,805	Cooper, John Sherman	266,079	Brown, J. Y.	—	217,726 R	64.5%	35.5%	64.5%	35.5%
1962	820,088	432,648	Morton, Thruston B.	387,440	Wyatt, Wilson W.	—	45,208 R	52.8%	47.2%	52.8%	47.2%
1960	1,088,377	644,087	Cooper, John Sherman	444,290	Johnson, Keen	—	199,797 R	59.2%	40.8%	59.2%	40.8%
1956	1,006,825	506,903	Morton, Thruston B.	499,922	Clements, Earle C.	—	6,981 R	50.3%	49.7%	50.3%	49.7%
1956s	1,011,645	538,505	Cooper, John Sherman	473,140	Wetherby, Lawrence	—	65,365 R	53.2%	46.8%	53.2%	46.8%
1954	797,057	362,948	Cooper, John Sherman	434,109	Barkley, Alben W.	—	71,161 D	45.5%	54.5%	45.5%	54.5%
1952s	960,228	494,576	Cooper, John Sherman	465,652	Underwood, Thomas R.	—	28,924 R	51.5%	48.5%	51.5%	48.5%
1950	617,121	278,368	Dawson, Charles L.	334,249	Clements, Earle C.	4,504	55,881 D	45.1%	54.2%	45.4%	54.6%
1948	794,469	383,776	Cooper, John Sherman	408,256	Chapman, Virgil	2,437	24,480 D	48.3%	51.4%	48.5%	51.5%
1946s	615,119	327,652	Cooper, John Sherman	285,829	Brown, J. Y.	1,638	41,823 R	53.3%	46.5%	53.4%	46.6%

One of the elections in 1956 and those in 1952 and 1946 were for short terms to fill vacancies.

KENTUCKY

Districts Established June 27, 1972

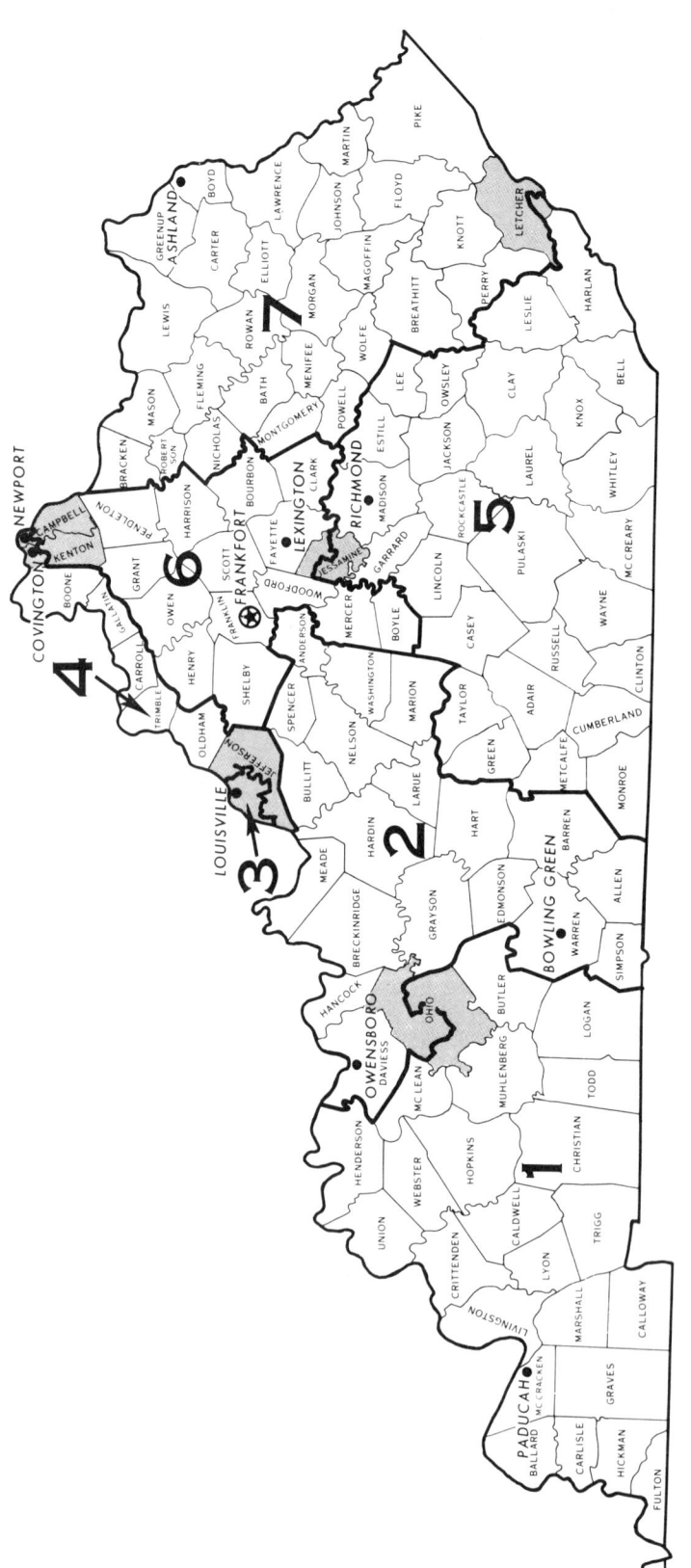

KENTUCKY

SENATOR 1974

1970 Census Population	County	Total Vote	Republican	Democratic	Other	Rep.-Dem. Plurality		Percentage Total Vote Rep.	Dem.	Major Vote Rep.	Dem.
13,037	ADAIR	3,332	2,056	1,249	27	807	R	61.7%	37.5%	62.2%	37.8%
12,598	ALLEN	2,549	1,266	1,267	16	1	D	49.7%	49.7%	50.0%	50.0%
9,358	ANDERSON	2,793	1,000	1,747	46	747	D	35.8%	62.5%	36.4%	63.6%
8,276	BALLARD	2,288	449	1,799	40	1,350	D	19.6%	78.6%	20.0%	80.0%
28,677	BARREN	5,376	2,115	3,149	112	1,034	D	39.3%	58.6%	40.2%	59.8%
9,235	BATH	2,141	650	1,466	25	816	D	30.4%	68.5%	30.7%	69.3%
31,087	BELL	6,122	2,873	3,123	126	250	D	46.9%	51.0%	47.9%	52.1%
32,812	BOONE	6,845	2,842	4,003		1,161	D	41.5%	58.5%	41.5%	58.5%
18,476	BOURBON	3,888	1,643	2,112	133	469	D	42.3%	54.3%	43.8%	56.2%
52,376	BOYD	13,825	5,480	8,176	169	2,696	D	39.6%	59.1%	40.1%	59.9%
21,090	BOYLE	5,063	2,294	2,671	98	377	D	45.3%	52.8%	46.2%	53.8%
7,227	BRACKEN	1,682	578	1,082	22	504	D	34.4%	64.3%	34.8%	65.2%
14,221	BREATHITT	2,262	477	1,768	17	1,291	D	21.1%	78.2%	21.2%	78.8%
14,789	BRECKINRIDGE	4,151	2,015	2,089	47	74	D	48.5%	50.3%	49.1%	50.9%
26,090	BULLITT	5,276	1,939	3,088	249	1,149	D	36.8%	58.5%	38.6%	61.4%
9,723	BUTLER	2,662	1,678	972	12	706	R	63.0%	36.5%	63.3%	36.7%
13,179	CALDWELL	3,129	1,157	1,837	135	680	D	37.0%	58.7%	38.6%	61.4%
27,692	CALLOWAY	6,055	1,847	4,084	124	2,237	D	30.5%	67.4%	31.1%	68.9%
88,561	CAMPBELL	18,322	7,915	10,035	372	2,120	D	43.2%	54.8%	44.1%	55.9%
5,354	CARLISLE	1,508	330	1,136	42	806	D	21.9%	75.3%	22.5%	77.5%
8,523	CARROLL	1,765	452	1,297	16	845	D	25.6%	73.5%	25.8%	74.2%
19,850	CARTER	4,624	2,070	2,494	60	424	D	44.8%	53.9%	45.4%	54.6%
12,930	CASEY	3,097	2,084	1,013		1,071	R	67.3%	32.7%	67.3%	32.7%
56,224	CHRISTIAN	6,831	2,293	4,462	76	2,169	D	33.6%	65.3%	33.9%	66.1%
24,090	CLARK	4,361	1,634	2,621	106	987	D	37.5%	60.1%	38.4%	61.6%
18,481	CLAY	4,062	2,456	1,589	17	867	R	60.5%	39.1%	60.7%	39.3%
8,174	CLINTON	2,016	1,338	667	11	671	R	66.4%	33.1%	66.7%	33.3%
8,493	CRITTENDEN	2,025	1,029	982	14	47	R	50.8%	48.5%	51.2%	48.8%
6,850	CUMBERLAND	1,543	907	618	18	289	R	58.8%	40.1%	59.5%	40.5%
79,486	DAVIESS	18,093	5,499	11,854	740	6,355	D	30.4%	65.5%	31.7%	68.3%
8,751	EDMONSON	2,207	1,334	858	15	396	R	58.3%	41.0%	58.7%	41.3%
5,933	ELLIOTT	1,795	383	1,381	31	998	D	21.3%	76.9%	21.7%	78.3%
12,752	ESTILL	2,961	1,628	1,288	45	340	R	55.0%	43.5%	55.8%	44.2%
174,323	FAYETTE	36,983	20,415	15,127	1,441	5,288	R	55.2%	40.9%	57.4%	42.6%
11,366	FLEMING	2,490	1,021	1,439	30	418	D	41.0%	57.8%	41.5%	58.5%
35,889	FLOYD	8,664	2,371	6,160	133	3,789	D	27.4%	71.1%	27.8%	72.2%
34,481	FRANKLIN	11,712	2,883	8,455	374	5,572	D	24.6%	72.2%	25.4%	74.6%
10,183	FULTON	2,121	545	1,490	86	945	D	25.7%	70.2%	26.8%	73.2%
4,134	GALLATIN	1,026	239	778	9	539	D	23.3%	75.8%	23.5%	76.5%
9,457	GARRARD	2,863	1,638	1,182	43	456	R	57.2%	41.3%	58.1%	41.9%
9,999	GRANT	2,040	710	1,237	93	527	D	34.8%	60.6%	36.5%	63.5%
30,939	GRAVES	7,597	1,880	5,367	350	3,487	D	24.7%	70.6%	25.9%	74.1%
16,445	GRAYSON	4,607	2,558	1,983	66	575	R	55.5%	43.0%	56.3%	43.7%
10,350	GREEN	3,061	1,767	1,268	26	499	R	57.7%	41.4%	58.2%	41.8%
33,192	GREENUP	7,739	2,809	4,847	83	2,038	D	36.3%	62.6%	36.7%	63.3%
7,080	HANCOCK	1,727	676	975	76	299	D	39.1%	56.5%	40.9%	59.1%
78,421	HARDIN	9,812	4,455	5,062	295	607	D	45.4%	51.6%	46.8%	53.2%
37,370	HARLAN	8,060	3,204	4,764	92	1,560	D	39.8%	59.1%	40.2%	59.8%
14,158	HARRISON	2,943	991	1,911	41	920	D	33.7%	64.9%	34.1%	65.9%
13,980	HART	3,521	1,560	1,941	20	381	D	44.3%	55.1%	44.6%	55.4%
36,031	HENDERSON	7,385	2,114	5,160	111	3,046	D	28.6%	69.9%	29.1%	70.9%
10,910	HENRY	2,822	901	1,878	43	977	D	31.9%	66.5%	32.4%	67.6%
6,264	HICKMAN	1,864	430	1,317	117	887	D	23.1%	70.7%	24.6%	75.4%
38,167	HOPKINS	6,973	2,494	4,344	135	1,850	D	35.8%	62.3%	36.5%	63.5%
10,005	JACKSON	2,364	1,696	649	19	1,047	R	71.7%	27.5%	72.3%	27.7%
695,055	JEFFERSON	194,410	96,653	91,696	6,061	4,957	R	49.7%	47.2%	51.3%	48.7%
17,430	JESSAMINE	2,860	1,445	1,300	115	145	R	50.5%	45.5%	52.6%	47.4%
17,539	JOHNSON	3,248	1,542	1,662	44	120	D	47.5%	51.2%	48.1%	51.9%
129,440	KENTON	26,773	11,153	15,050	570	3,897	D	41.7%	56.2%	42.6%	57.4%
14,698	KNOTT	2,972	699	2,241	32	1,542	D	23.5%	75.4%	23.8%	76.2%
23,689	KNOX	5,564	2,934	2,533	97	401	R	52.7%	45.5%	53.7%	46.3%
10,672	LARUE	2,369	1,064	1,278	27	214	D	44.9%	53.9%	45.4%	54.6%
27,386	LAUREL	6,205	3,873	2,263	69	1,610	R	62.4%	36.5%	63.1%	36.9%
10,726	LAWRENCE	2,779	1,184	1,555	40	371	D	42.6%	56.0%	43.2%	56.8%
6,587	LEE	1,501	830	654	17	206	R	56.2%	42.7%	56.8%	43.2%

KENTUCKY

SENATOR 1974

1970 Census Population	County	Total Vote	Republican	Democratic	Other	Rep.-Dem. Plurality	Percentage Total Vote Rep.	Dem.	Major Vote Rep.	Dem.
11,623	LESLIE	2,967	2,064	874	29	1,190 R	69.6%	29.5%	70.3%	29.7%
23,165	LETCHER	3,391	1,400	1,966	25	566 D	41.3%	58.0%	41.6%	58.4%
12,355	LEWIS	3,058	1,728	1,305	25	423 R	56.5%	42.7%	57.0%	43.0%
16,663	LINCOLN	3,566	1,724	1,806	36	82 D	48.3%	50.6%	48.8%	51.2%
7,596	LIVINGSTON	1,937	577	1,327	33	750 D	29.8%	68.5%	30.3%	69.7%
21,793	LOGAN	4,543	1,128	3,277	138	2,149 D	24.8%	72.1%	25.6%	74.4%
5,562	LYON	1,338	371	909	58	538 D	27.7%	67.9%	29.0%	71.0%
58,281	MCCRACKEN	13,500	3,565	9,266	669	5,701 D	26.4%	68.6%	27.8%	72.2%
12,548	MCCREARY	2,453	1,337	1,061	55	276 R	54.5%	43.3%	55.8%	44.2%
9,062	MCLEAN	2,416	736	1,654	26	918 D	30.5%	68.5%	30.8%	69.2%
42,730	MADISON	8,502	3,974	4,250	278	276 D	46.7%	50.0%	48.3%	51.7%
10,443	MAGOFFIN	3,189	1,340	1,815	34	475 D	42.0%	56.9%	42.5%	57.5%
16,714	MARION	3,620	1,247	2,342	31	1,095 D	34.4%	64.7%	34.7%	65.3%
20,381	MARSHALL	5,327	1,720	3,469	138	1,749 D	32.3%	65.1%	33.1%	66.9%
9,377	MARTIN	1,898	1,192	667	39	525 R	62.8%	35.1%	64.1%	35.9%
17,273	MASON	3,491	1,410	2,044	37	634 D	40.4%	58.6%	40.8%	59.2%
18,796	MEADE	2,909	1,214	1,655	40	441 D	41.7%	56.9%	42.3%	57.7%
4,050	MENIFEE	929	284	627	18	343 D	30.6%	67.5%	31.2%	68.8%
15,960	MERCER	3,973	1,646	2,168	159	522 D	41.4%	54.6%	43.2%	56.8%
8,177	METCALFE	2,121	880	1,224	17	344 D	41.5%	57.7%	41.8%	58.2%
11,642	MONROE	3,644	2,291	1,280	73	1,011 R	62.9%	35.1%	64.2%	35.8%
15,364	MONTGOMERY	2,877	1,184	1,629	64	445 D	41.2%	56.6%	42.1%	57.9%
10,019	MORGAN	2,161	603	1,458	100	855 D	27.9%	67.5%	29.3%	70.7%
27,537	MUHLENBERG	7,131	2,865	4,173	93	1,308 D	40.2%	58.5%	40.7%	59.3%
23,477	NELSON	4,834	1,996	2,695	143	699 D	41.3%	55.8%	42.5%	57.5%
6,508	NICHOLAS	1,195	355	793	47	438 D	29.7%	66.4%	30.9%	69.1%
18,790	OHIO	2,811	1,508	1,282	21	226 R	53.6%	45.6%	54.1%	45.9%
14,687	OLDHAM	3,593	1,858	1,662	73	196 R	51.7%	46.3%	52.8%	47.2%
7,470	OWEN	1,956	469	1,467	20	998 D	24.0%	75.0%	24.2%	75.8%
5,023	OWSLEY	808	555	246	7	309 R	68.7%	30.4%	69.3%	30.7%
9,949	PENDLETON	1,897	570	1,303	24	733 D	30.0%	68.7%	30.4%	69.6%
26,259	PERRY	5,416	2,602	2,744	70	142 D	48.0%	50.7%	48.7%	51.3%
61,059	PIKE	14,545	5,761	8,646	138	2,885 D	39.6%	59.4%	40.0%	60.0%
7,704	POWELL	2,167	653	1,492	22	839 D	30.1%	68.9%	30.4%	69.6%
35,234	PULASKI	10,282	6,395	3,790	97	2,605 R	62.2%	36.9%	62.8%	37.2%
2,163	ROBERTSON	473	156	312	5	156 D	33.0%	66.0%	33.3%	66.7%
12,305	ROCKCASTLE	2,723	1,610	1,072	41	538 R	59.1%	39.4%	60.0%	40.0%
17,010	ROWAN	4,121	1,697	2,375	49	678 D	41.2%	57.6%	41.7%	58.3%
10,542	RUSSELL	3,468	2,107	1,308	53	799 R	60.8%	37.7%	61.7%	38.3%
17,948	SCOTT	3,189	1,213	1,868	108	655 D	38.0%	58.6%	39.4%	60.6%
18,999	SHELBY	3,983	1,606	2,308	69	702 D	40.3%	57.9%	41.0%	59.0%
13,054	SIMPSON	1,887	509	1,356	22	847 D	27.0%	71.9%	27.3%	72.7%
5,488	SPENCER	1,083	488	577	18	89 D	45.1%	53.3%	45.8%	54.2%
17,138	TAYLOR	4,247	2,070	2,133	44	63 D	48.7%	50.2%	49.3%	50.7%
10,823	TODD	2,013	476	1,476	61	1,000 D	23.6%	73.3%	24.4%	75.6%
8,620	TRIGG	2,488	661	1,806	21	1,145 D	26.6%	72.6%	26.8%	73.2%
5,349	TRIMBLE	1,348	376	942	30	566 D	27.9%	69.9%	28.5%	71.5%
15,882	UNION	3,146	779	2,322	45	1,543 D	24.8%	73.8%	25.1%	74.9%
57,432	WARREN	9,888	4,471	5,324	93	853 D	45.2%	53.8%	45.6%	54.4%
10,728	WASHINGTON	2,720	1,263	1,383	74	120 D	46.4%	50.8%	47.7%	52.3%
14,268	WAYNE	3,810	2,085	1,700	25	385 R	54.7%	44.6%	55.1%	44.9%
13,282	WEBSTER	2,853	704	2,110	39	1,406 D	24.7%	74.0%	25.0%	75.0%
24,145	WHITLEY	5,720	3,234	2,423	63	811 R	56.5%	42.4%	57.2%	42.8%
5,669	WOLFE	1,175	351	805	19	454 D	29.9%	68.5%	30.4%	69.6%
14,434	WOODFORD	3,400	1,449	1,817	134	368 D	42.6%	53.4%	44.4%	55.6%
3,219,311	TOTAL	745,994	328,982	399,406	17,606	70,424 D	44.1%	53.5%	45.2%	54.8%

KENTUCKY

CONGRESS

CD	Year	Total Vote	Republican Vote	Candidate	Democratic Vote	Candidate	Other Vote	Rep.-Dem. Plurality	Percentage Total Vote Rep.	Dem.	Major Vote Rep.	Dem.
1	1974	90,465	16,937	BANKEN, CHARLES T.	70,723	HUBBARD, CARROLL	2,805	53,786 D	18.7%	78.2%	19.3%	80.7%
1	1972	125,662	42,286	BANKEN, CHARLES T.	81,456	STUBBLEFIELD, FRANK	1,920	39,170 D	33.7%	64.8%	34.2%	65.8%
2	1974	77,400	18,312	EDDLEMAN, ART	56,502	NATCHER, WILLIAM H.	2,586	38,190 D	23.7%	73.0%	24.5%	75.5%
2	1972	123,307	47,436	CARTER, J. C.	75,871	NATCHER, WILLIAM H.		28,435 D	38.5%	61.5%	38.5%	61.5%
3	1974	108,475	28,813	BARCLAY, VINCENT N.	75,571	MAZZOLI, ROMANO L.	4,091	46,758 D	26.6%	69.7%	27.6%	72.4%
3	1972	139,671	51,634	KAELIN, PHIL	86,810	MAZZOLI, ROMANO L.	1,227	35,176 D	37.0%	62.2%	37.3%	62.7%
4	1974	123,384	63,845	SNYDER, M. G.	59,539	HUBBARD, KYLE T.		4,306 R	51.7%	48.3%	51.7%	48.3%
4	1972	150,234	110,902	SNYDER, M. G.	39,332	ROGERS, JAMES W.		71,570 R	73.8%	26.2%	73.8%	26.2%
5	1974	97,882	66,709	CARTER, TIM LEE	28,706	WILLIS, LYLE LEONARD	2,467	38,003 R	68.2%	29.3%	69.9%	30.1%
5	1972	148,565	109,264	CARTER, TIM LEE	39,301	WILLIS, LYLE LEONARD		69,963 R	73.5%	26.5%	73.5%	26.5%
6	1974	87,416	21,039	ROGERS, THOMAS F.	63,010	BRECKINRIDGE, JOHN	3,367	41,971 D	24.1%	72.1%	25.0%	75.0%
6	1972	145,412	68,012	JACKSON, LABAN P.	76,185	BRECKINRIDGE, JOHN	1,215	8,173 D	46.8%	52.4%	47.2%	52.8%
7	1974	94,203	22,982	THOMAS, GRANVILLE	71,221	PERKINS, CARL D.		48,239 D	24.4%	75.6%	24.4%	75.6%
7	1972	153,126	58,286	HOLCOMB, ROBERT	94,840	PERKINS, CARL D.		36,554 D	38.1%	61.9%	38.1%	61.9%

KENTUCKY

1974 GENERAL ELECTION

Senator Other vote was American (Parker). Data for Jessamine county and statewide totals reflect corrected canvass for Republican, Democratic and Other columns.

Congress Other vote was American in CD's 1 (Yoak), 2 (Neville), 5 (Cullum), 6 (Kerestesy); 3,383 American (Chambers) and 708 Independent (Wilson) in CD 3.

1974 PRIMARIES

MAY 28 REPUBLICAN

Senator 35,904 Marlow W. Cook; 2,826 Thurman Hamlin; 2,256 T. William Klein.

Congress Unopposed in five CD's. Contested as follows:

CD 1 893 Charles T. Banken; 736 Bob Bersky; 577 Arthur L. McLaughlin.
CD 6 2,019 Thomas F. Rogers; 1,311 William B. Jolley.

MAY 28 DEMOCRATIC

Senator 136,458 Wendell H. Ford; 24,436 Harvey E. Brazin.

Congress Unopposed in CD 7. Contested as follows:

CD 1 30,034 Carroll Hubbard; 29,405 Frank Stubblefield.
CD 2 16,854 William H. Natcher; 5,635 Edward Drake.
CD 3 15,636 Romano L. Mazzoli; 1,022 William Gibbs; 552 Phillip V. Baker.
CD 4 11,246 Kyle T. Hubbard; 9,779 Edward J. Winterberg; 584 Fifi N. T. Clay.
CD 5 3,081 Lyle Leonard Willis; 2,030 Bill Worthington; 1,494 Nick Augusta.
CD 6 21,202 John Breckinridge; 4,023 Robert K. Landrum.

MAY 28 AMERICAN

Senator William E. Parker, unopposed.

Congress Unopposed in all CD's in which candidates were entered.

LOUISIANA

GOVERNOR
Edwin W. Edwards (D). Elected February 1972 to a four-year term.

SENATORS
J. Bennett Johnston (D). Elected 1972 to a six-year term.

Russell B. Long (D). Re-elected 1974 to a six-year term. Previously elected 1968, 1962, 1956, 1950, and in 1948 to fill out term vacated by the death of Senator John H. Overton.

REPRESENTATIVES
1. F. Edward Hebert (D)
2. Lindy Boggs (D)
3. David C. Treen (R)
4. Joe D. Waggonner (D)
5. Otto E. Passman (D)
6. W. Henson Moore (R)
7. John B. Breaux (D)
8. Gillis W. Long (D)

POSTWAR VOTE FOR GOVERNOR

Year	Total Vote	Republican Vote	Republican Candidate	Democratic Vote	Democratic Candidate	Other Vote	Rep.-Dem. Plurality	Total Vote Rep.	Total Vote Dem.	Major Vote Rep.	Major Vote Dem.
1972	1,121,570	480,424	Treen, David C.	641,146	Edwards, Edwin W.	—	160,722 D	42.8%	57.2%	42.8%	57.2%
1968	372,762	—	—	372,762	McKeithen, John J.	—	372,762 D	—	100.0%	—	100.0%
1964	773,390	297,753	Lyons, C. H.	469,589	McKeithen, John J.	6,048	171,836 D	38.5%	60.7%	38.8%	61.2%
1960	506,562	86,135	Grevemberg, F. C.	407,907	Davis, Jimmie H.	12,520	321,772 D	17.0%	80.5%	17.4%	82.6%
1956	172,291	—	—	172,291	Long, Earl K.	—	172,291 D	—	100.0%	—	100.0%
1952	123,681	4,958	Bagwell, Harrison G.	118,723	Kennon, Robert F.	—	113,765 D	4.0%	96.0%	4.0%	96.0%
1948	76,566	—	—	76,566	Long, Earl K.	—	76,566 D	—	100.0%	—	100.0%

POSTWAR VOTE FOR SENATOR

Year	Total Vote	Republican Vote	Republican Candidate	Democratic Vote	Democratic Candidate	Other Vote	Rep.-Dem. Plurality	Total Vote Rep.	Total Vote Dem.	Major Vote Rep.	Major Vote Dem.
1974	434,643	—	—	434,643	Long, Russell B.	—	434,643 D	—	100.0%	—	100.0%
1972	1,084,904	206,846	Toledano, Ben C.	598,987	Johnston, J. Bennett	279,071	392,141 D	19.1%	55.2%	25.7%	74.3%
1968	518,586	—	—	518,586	Long, Russell B.	—	518,586 D	—	100.0%	—	100.0%
1966	437,695	—	—	437,695	Ellender, Allen J.	—	437,695 D	—	100.0%	—	100.0%
1962	421,904	103,066	O'Hearn, Taylor W.	318,838	Long, Russell B.	—	215,772 D	24.4%	75.6%	24.4%	75.6%
1960	541,928	109,698	Reese, George W.	432,228	Ellender, Allen J.	2	322,530 D	20.2%	79.8%	20.2%	79.8%
1956	335,564	—	—	335,564	Long, Russell B.	—	335,564 D	—	100.0%	—	100.0%
1954	207,115	—	—	207,115	Ellender, Allen J.	—	207,115 D	—	100.0%	—	100.0%
1950	251,838	30,931	Gerth, Charles S.	220,907	Long, Russell B.	—	189,976 D	12.3%	87.7%	12.3%	87.7%
1948	330,124	—	—	330,115	Ellender, Allen J.	9	330,115 D	—	100.0%	—	100.0%
1948s	408,667	102,331	Clarke, Clem S.	306,336	Long Russell B.	—	204,005 D	25.0%	75.0%	25.0%	75.0%

One of the 1948 elections was for a short term to fill a vacancy.

LOUISIANA

Districts Established June 1, 1972

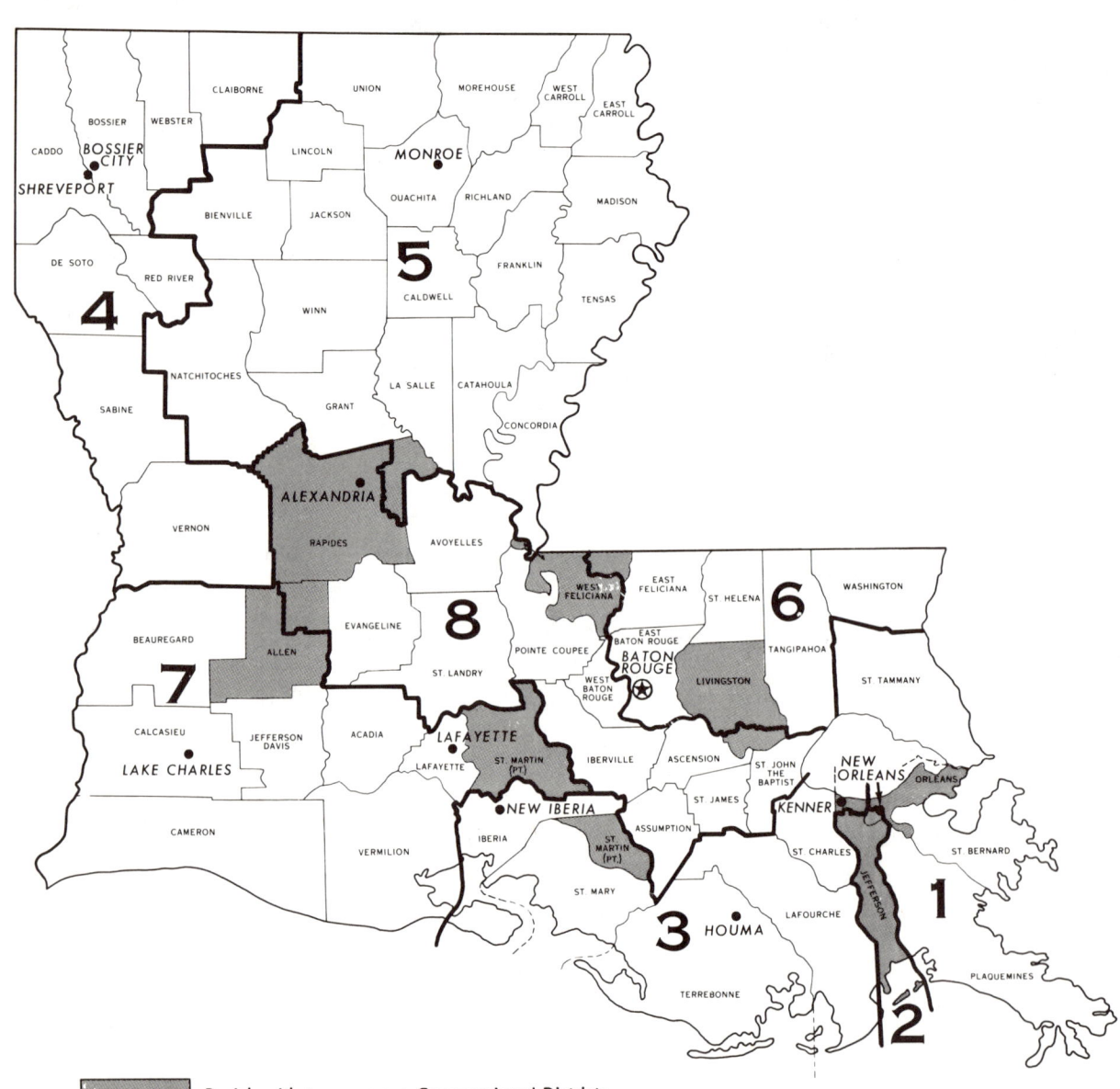

LOUISIANA

SENATOR 1974

1970 Census Population	Parish	Total Vote	Republican	Democratic	Other	Rep.-Dem. Plurality	Percentage Total Vote Rep.	Dem.	Major Vote Rep.	Dem.
52,109	ACADIA	4,817		4,817		4,817 D		100.0%		100.0%
20,794	ALLEN	1,951		1,951		1,951 D		100.0%		100.0%
37,086	ASCENSION	2,764		2,764		2,764 D		100.0%		100.0%
19,654	ASSUMPTION	2,298		2,298		2,298 D		100.0%		100.0%
37,751	AVOYELLES	3,196		3,196		3,196 D		100.0%		100.0%
22,888	BEAUREGARD	2,255		2,255		2,255 D		100.0%		100.0%
16,024	BIENVILLE	2,092		2,092		2,092 D		100.0%		100.0%
63,703	BOSSIER	5,703		5,703		5,703 D		100.0%		100.0%
230,184	CADDO	24,910		24,910		24,910 D		100.0%		100.0%
145,415	CALCASIEU	15,757		15,757		15,757 D		100.0%		100.0%
9,354	CALDWELL	1,298		1,298		1,298 D		100.0%		100.0%
8,194	CAMERON	828		828		828 D		100.0%		100.0%
11,769	CATAHOULA	832		832		832 D		100.0%		100.0%
17,024	CLAIBORNE	1,956		1,956		1,956 D		100.0%		100.0%
22,578	CONCORDIA	954		954		954 D		100.0%		100.0%
22,764	DE SOTO	2,210		2,210		2,210 D		100.0%		100.0%
285,167	EAST BATON ROUGE	51,722		51,722		51,722 D		100.0%		100.0%
12,884	EAST CARROLL	834		834		834 D		100.0%		100.0%
17,657	EAST FELICIANA	2,915		2,915		2,915 D		100.0%		100.0%
31,932	EVANGELINE	1,425		1,425		1,425 D		100.0%		100.0%
23,946	FRANKLIN	979		979		979 D		100.0%		100.0%
13,671	GRANT	1,866		1,866		1,866 D		100.0%		100.0%
57,397	IBERIA	5,963		5,963		5,963 D		100.0%		100.0%
30,746	IBERVILLE	2,806		2,806		2,806 D		100.0%		100.0%
15,963	JACKSON	1,754		1,754		1,754 D		100.0%		100.0%
338,229	JEFFERSON	47,280		47,280		47,280 D		100.0%		100.0%
29,554	JEFFERSON DAVIS	3,025		3,025		3,025 D		100.0%		100.0%
111,745	LAFAYETTE	17,856		17,856		17,856 D		100.0%		100.0%
68,941	LAFOURCHE	10,302		10,302		10,302 D		100.0%		100.0%
13,295	LA SALLE	1,528		1,528		1,528 D		100.0%		100.0%
33,800	LINCOLN	3,027		3,027		3,027 D		100.0%		100.0%
36,511	LIVINGSTON	6,862		6,862		6,862 D		100.0%		100.0%
15,065	MADISON	2,236		2,236		2,236 D		100.0%		100.0%
32,463	MOREHOUSE	2,303		2,303		2,303 D		100.0%		100.0%
35,219	NATCHITOCHES	2,843		2,843		2,843 D		100.0%		100.0%
593,471	ORLEANS	69,680		69,680		69,680 D		100.0%		100.0%
115,387	OUACHITA	13,129		13,129		13,129 D		100.0%		100.0%
25,225	PLAQUEMINES	2,429		2,429		2,429 D		100.0%		100.0%
22,002	POINTE COUPEE	1,929		1,929		1,929 D		100.0%		100.0%
118,078	RAPIDES	13,620		13,620		13,620 D		100.0%		100.0%
9,226	RED RIVER	1,151		1,151		1,151 D		100.0%		100.0%
21,774	RICHLAND	2,733		2,733		2,733 D		100.0%		100.0%
18,638	SABINE	3,177		3,177		3,177 D		100.0%		100.0%
51,185	ST. BERNARD	5,103		5,103		5,103 D		100.0%		100.0%
29,550	ST. CHARLES	5,099		5,099		5,099 D		100.0%		100.0%
9,937	ST. HELENA	2,124		2,124		2,124 D		100.0%		100.0%
19,733	ST. JAMES	1,740		1,740		1,740 D		100.0%		100.0%
23,813	ST. JOHN THE BAPTIST	5,848		5,848		5,848 D		100.0%		100.0%
80,364	ST. LANDRY	4,306		4,306		4,306 D		100.0%		100.0%
32,453	ST. MARTIN	2,921		2,921		2,921 D		100.0%		100.0%
60,752	ST. MARY	7,432		7,432		7,432 D		100.0%		100.0%
63,585	ST. TAMMANY	6,736		6,736		6,736 D		100.0%		100.0%
65,875	TANGIPAHOA	10,900		10,900		10,900 D		100.0%		100.0%
9,732	TENSAS	624		624		624 D		100.0%		100.0%
76,049	TERREBONNE	7,722		7,722		7,722 D		100.0%		100.0%
18,447	UNION	1,186		1,186		1,186 D		100.0%		100.0%
43,071	VERMILION	4,067		4,067		4,067 D		100.0%		100.0%
53,794	VERNON	2,364		2,364		2,364 D		100.0%		100.0%
41,987	WASHINGTON	5,198		5,198		5,198 D		100.0%		100.0%
39,939	WEBSTER	5,847		5,847		5,847 D		100.0%		100.0%
16,864	WEST BATON ROUGE	1,717		1,717		1,717 D		100.0%		100.0%
13,028	WEST CARROLL	1,022		1,022		1,022 D		100.0%		100.0%
11,376	WEST FELICIANA	1,910		1,910		1,910 D		100.0%		100.0%
16,369	WINN	1,582		1,582		1,582 D		100.0%		100.0%
3,643,180	TOTAL	434,643		434,643		434,643 D		100.0%		100.0%

LOUISIANA

CONGRESS

		Total	Republican		Democratic		Other	Rep.-Dem.	Percentage Total Vote		Percentage Major Vote	
CD	Year	Vote	Vote	Candidate	Vote	Candidate	Vote	Plurality	Rep.	Dem.	Rep.	Dem.
1	1974	48,452			48,452	HEBERT, F. EDWARD		48,452 D		100.0%		100.0%
1	1972	78,156			78,156	HEBERT, F. EDWARD		78,156 D		100.0%		100.0%
2	1974	65,756	9,632	MORPHOS, DIANE	53,802	BOGGS, LINDY	2,322	44,170 D	14.6%	81.8%	15.2%	84.8%
2	1972	68,093			68,093	BOGGS, HALE		68,093 D		100.0%		100.0%
3	1974	94,986	55,574	TREEN, DAVID C.	39,412	GRISBAUM, CHARLES		16,162 R	58.5%	41.5%	58.5%	41.5%
3	1972	131,611	71,090	TREEN, DAVID C.	60,521	WATKINS, J. LOUIS		10,569 R	54.0%	46.0%	54.0%	46.0%
4	1974	47,371			47,371	WAGGONNER, JOE D.		47,371 D		100.0%		100.0%
4	1972	74,397			74,397	WAGGONNER, JOE D.		74,397 D		100.0%		100.0%
5	1974	43,068			43,068	PASSMAN, OTTO E.		43,068 D		100.0%		100.0%
5	1972	64,027			64,027	PASSMAN, OTTO E.		64,027 D		100.0%		100.0%
6	1975	138,168	74,802	MOORE, W. HENSON	63,366	LACAZE, JEFF		11,436 R	54.1%	45.9%	54.1%	45.9%
6	1972	84,275			84,275	RARICK, JOHN R.		84,275 D		100.0%		100.0%
7	1974	66,537			59,406	BREAUX, JOHN B.	7,131	59,406 D		89.3%		100.0%
7	1972	71,901			71,901	BREAUX, JOHN B.		71,901 D		100.0%		100.0%
8	1974	41,704			41,704	LONG, GILLIS W.		41,704 D		100.0%		100.0%
8	1972	105,968	15,517	STRICKLAND, ROY C.	72,607	LONG, GILLIS W.	17,844	57,090 D	14.6%	68.5%	17.6%	82.4%

LOUISIANA

1974 GENERAL ELECTION

Senator

Congress   Other vote was Independent in CD's 2 (Hillery) and 7 (Millett). In CD 6 the vote totals are those cast in the special election of January 7, 1975; the November vote was invalidated in the courts.

1974 PRIMARIES

AUGUST 17 REPUBLICAN

Senator   None. No candidate.

Congress   Unopposed in four CD's. No candidates in CD's 4, 7 and 8. C. Emmett Pugh, the unopposed candidate in CD 1, withdrew after the primary and no substitution was made. Contested as follows:

CD 5   304 Ross P. Shirah; 193 Robert M. Ross. Mr. Shirah withdrew after the primary and no substitution was made.

AUGUST 17 DEMOCRATIC

Senator   520,606 Russell B. Long; 131,540 Sherman A. Bernard; 44,341 Annie Smart.

Congress   Unopposed in three CD's. Contested as follows:

CD 1   65,443 F. Edward Hebert; 13,626 William A. Fontenot; 2,156 Florence T. Jennison.
CD 2   64,466 Lindy Boggs; 6,840 Charles E. Clark; 2,428 Rodney Fertel.
CD 5   64,831 Otto E. Passman; 21,566 Frank T. Allen.
CD 6   48,672 John R. Rarick; 38,293 Jeff LaCaze; 18,781 Greg Eaton; 1,959 Ramsey D. Gilchrist.
CD 7   71,848 John B. Breaux; 10,289 J. Vernon Hebert.

SEPTEMBER 28 DEMOCRATIC RUN-OFF

Congress

CD 6   60,533 Jeff LaCaze; 56,710 John R. Rarick.

MAINE

GOVERNOR
James B. Longley (I). Elected 1974 to a four-year term.

SENATORS
William D. Hathaway (D). Elected 1972 to a six-year term.

Edmund S. Muskie (D). Re-elected 1970 to a six-year term. Previously elected 1964, September 1958.

REPRESENTATIVES
1. David F. Emery (R)
2. William S. Cohen (R)

POSTWAR VOTE FOR GOVERNOR

Year	Total Vote	Republican Vote	Republican Candidate	Democratic Vote	Democratic Candidate	Other Vote	Rep.-Dem. Plurality	Total Vote Rep.	Total Vote Dem.	Major Vote Rep.	Major Vote Dem.
1974	363,945	84,176	Erwin, James S.	132,219	Mitchell, George J.	147,550	48,043 D	23.1%	36.3%	38.9%	61.1%
1970	325,386	162,248	Erwin, James S.	163,138	Curtis, Kenneth M.	—	890 D	49.9%	50.1%	49.9%	50.1%
1966	323,838	151,802	Reed, John H.	172,036	Curtis, Kenneth M.	—	20,234 D	46.9%	53.1%	46.9%	53.1%
1962	292,725	146,604	Reed, John H.	146,121	Dolloff, Maynard C.	—	483 R	50.1%	49.9%	50.1%	49.9%
1960s	417,315	219,768	Reed, John H.	197,547	Coffin, Frank M.	—	22,221 R	52.7%	47.3%	52.7%	47.3%
1958	280,295	134,572	Hildreth, Horace A.	145,723	Clauson, Clinton A.	—	11,151 D	48.0%	52.0%	48.0%	52.0%
1956	304,649	124,395	Trafton, Willis A.	180,254	Muskie, Edmund S.	—	55,859 D	40.8%	59.2%	40.8%	59.2%
1954	248,971	113,298	Cross, Burton M.	135,673	Muskie, Edmund S.	—	22,375 D	45.5%	54.5%	45.5%	54.5%
1952	248,441	128,532	Cross, Burton M.	82,538	Oliver, James C.	37,371	45,994 R	51.7%	33.2%	60.9%	39.1%
1950	241,177	145,823	Payne, Frederick G.	94,304	Grant, Earl S.	1,050	51,519 R	60.5%	39.1%	60.7%	39.3%
1948	222,500	145,956	Payne, Frederick G.	76,544	Lausier, Louis B.	—	69,412 R	65.6%	34.4%	65.6%	34.4%
1946	179,951	110,327	Hildreth, Horace A.	69,624	Clark, F. Davis	—	40,703 R	61.3%	38.7%	61.3%	38.7%

The term of office of Maine's Governor was increased from two to four years effective with the 1958 election. The election in 1960 was for a short term to fill a vacancy. In 1974 James B. Longley, an Independent candidate, polled 142,464 votes (39.1% of the total vote) and won the election with a 10,245 plurality.

POSTWAR VOTE FOR SENATOR

Year	Total Vote	Republican Vote	Republican Candidate	Democratic Vote	Democratic Candidate	Other Vote	Rep.-Dem. Plurality	Total Vote Rep.	Total Vote Dem.	Major Vote Rep.	Major Vote Dem.
1972	421,310	197,040	Smith, Margaret Chase	224,270	Hathaway, William D.	—	27,230 D	46.8%	53.2%	46.8%	53.2%
1970	323,860	123,906	Bishop, Neil S.	199,954	Muskie, Edmund S.	—	76,048 D	38.3%	61.7%	38.3%	61.7%
1966	319,535	188,291	Smith, Margaret Chase	131,136	Violette, Elmer H.	108	57,155 R	58.9%	41.0%	58.9%	41.1%
1964	380,551	127,040	McIntire, Clifford	253,511	Muskie, Edmund S.	—	126,471 D	33.4%	66.6%	33.4%	66.6%
1960	416,699	256,890	Smith, Margaret Chase	159,809	Cormier, Lucia M.	—	97,081 R	61.6%	38.4%	61.6%	38.4%
1958	284,226	111,522	Payne, Frederick G.	172,704	Muskie, Edmund S.	—	61,182 D	39.2%	60.8%	39.2%	60.8%
1954	246,605	144,530	Smith, Margaret Chase	102,075	Fullam, Paul A.	—	42,455 R	58.6%	41.4%	58.6%	41.4%
1952	237,164	139,205	Payne, Frederick G.	82,665	Dube, Roger P.	15,294	56,540 R	58.7%	34.9%	62.7%	37.3%
1948	223,256	159,182	Smith, Margaret Chase	64,074	Scolten, Adrian H.	—	95,108 R	71.3%	28.7%	71.3%	28.7%
1946	175,014	111,215	Brewster, Owen	63,799	MacDonald, Peter	—	47,416 R	63.5%	36.5%	63.5%	36.5%

MAINE

Districts Established June 21, 1971

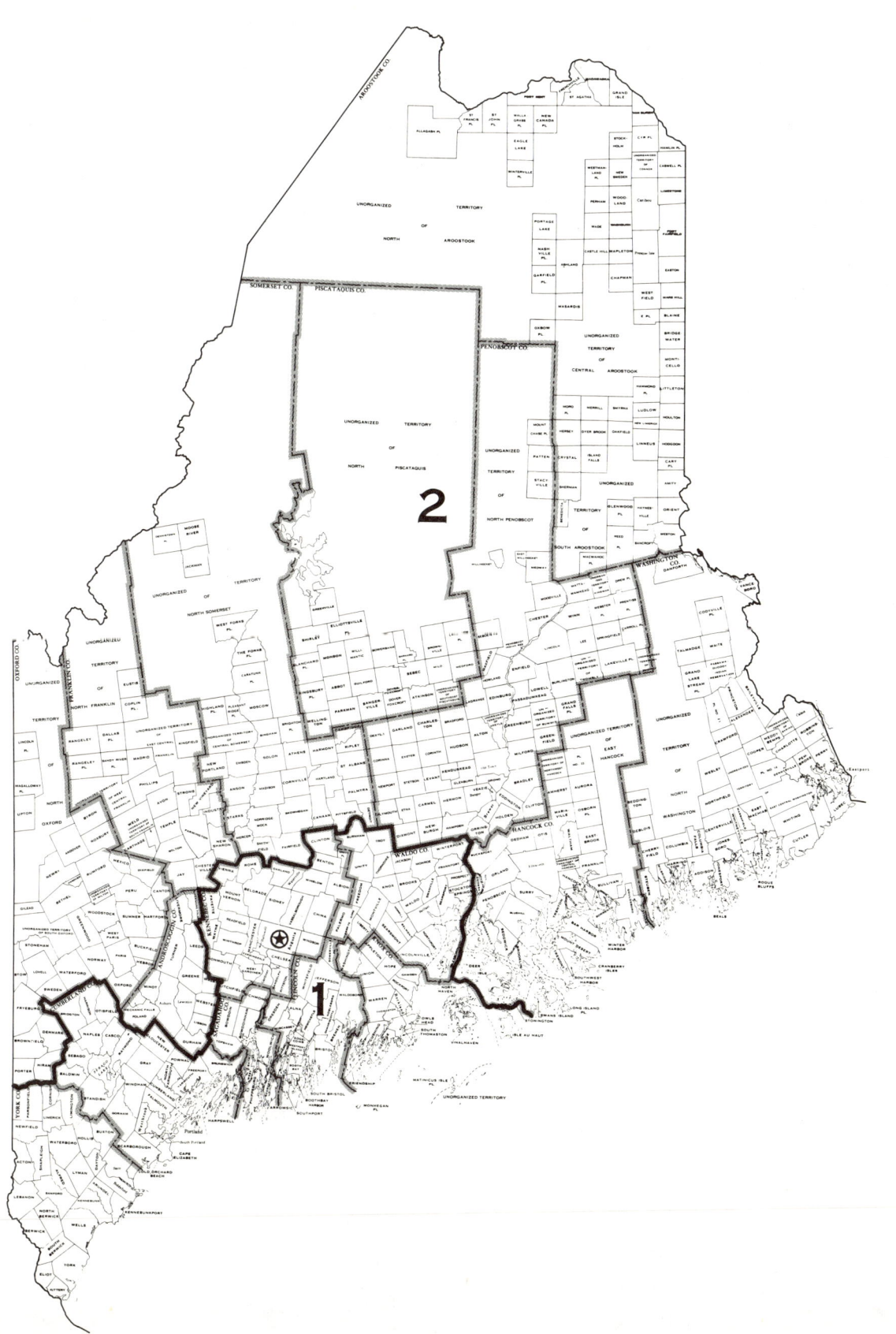

MAINE

GOVERNOR 1974

1970 Census Population	County	Total Vote	Republican	Democratic	Other	Rep.-Dem. Plurality	Percentage Total Vote Rep.	Dem.	Major Vote Rep.	Dem.
91,279	ANDROSCOGGIN	35,168	2,714	10,558	21,896	7,844 D	7.7%	30.0%	20.4%	79.6%
94,078	AROOSTOOK	23,462	6,897	10,514	6,051	3,617 D	29.4%	44.8%	39.6%	60.4%
192,528	CUMBERLAND	72,770	16,270	28,118	28,382	11,848 D	22.4%	38.6%	36.7%	63.3%
22,444	FRANKLIN	8,764	2,093	2,871	3,800	778 D	23.9%	32.8%	42.2%	57.8%
34,590	HANCOCK	14,589	4,742	4,200	5,647	542 R	32.5%	28.8%	53.0%	47.0%
95,247	KENNEBEC	37,391	8,183	13,750	15,458	5,567 D	21.9%	36.8%	37.3%	62.7%
29,013	KNOX	11,212	3,554	3,188	4,470	366 R	31.7%	28.4%	52.7%	47.3%
20,537	LINCOLN	9,527	3,033	2,559	3,935	474 R	31.8%	26.9%	54.2%	45.8%
43,457	OXFORD	16,579	3,578	5,723	7,278	2,145 D	21.6%	34.5%	38.5%	61.5%
125,393	PENOBSCOT	41,716	8,399	14,803	18,514	6,404 D	20.1%	35.5%	36.2%	63.8%
16,285	PISCATAQUIS	6,701	1,689	2,400	2,612	711 D	25.2%	35.8%	41.3%	58.7%
23,452	SAGADAHOC	8,888	1,721	3,015	4,152	1,294 D	19.4%	33.9%	36.3%	63.7%
40,597	SOMERSET	14,446	3,479	4,591	6,376	1,112 D	24.1%	31.8%	43.1%	56.9%
23,328	WALDO	8,608	2,354	2,530	3,724	176 D	27.3%	29.4%	48.2%	51.8%
29,859	WASHINGTON	9,916	3,044	3,882	2,990	838 D	30.7%	39.1%	44.0%	56.0%
111,576	YORK	44,208	12,426	19,517	12,265	7,091 D	28.1%	44.1%	38.9%	61.1%
993,663	TOTAL	363,945	84,176	132,219	147,550	48,043 D	23.1%	36.3%	38.9%	61.1%

MAINE

GOVERNOR 1974

1970 Census Population	City/Town	Total Vote	Republican	Democratic	Other	Rep.-Dem. Plurality	Percentage Total Vote Rep.	Dem.	Major Vote Rep.	Dem.
24,151	AUBURN	8,920	906	2,127	5,887	1,221 D	10.2%	23.8%	29.9%	70.1%
21,945	AUGUSTA	7,716	1,958	3,216	2,542	1,258 D	25.4%	41.7%	37.8%	62.2%
33,168	BANGOR	9,532	1,811	3,588	4,133	1,777 D	19.0%	37.6%	33.5%	66.5%
9,679	BATH	3,764	680	1,312	1,772	632 D	18.1%	34.9%	34.1%	65.9%
5,957	BELFAST	2,014	588	619	807	31 D	29.2%	30.7%	48.7%	51.3%
19,983	BIDDEFORD	7,833	586	5,195	2,052	4,609 D	7.5%	66.3%	10.1%	89.9%
9,300	BREWER	3,498	741	1,015	1,742	274 D	21.2%	29.0%	42.2%	57.8%
16,195	BRUNSWICK	4,845	785	2,242	1,818	1,457 D	16.2%	46.3%	25.9%	74.1%
7,873	CAPE ELIZABETH	3,541	1,093	1,067	1,381	26 R	30.9%	30.1%	50.6%	49.4%
10,419	CARIBOU	2,528	887	989	652	102 D	35.1%	39.1%	47.3%	52.7%
5,684	FAIRFIELD	1,920	417	598	905	181 D	21.7%	31.1%	41.1%	58.9%
6,291	FALMOUTH	3,023	975	850	1,198	125 R	32.3%	28.1%	53.4%	46.6%
5,657	FARMINGTON	2,109	575	708	826	133 D	27.3%	33.6%	44.8%	55.2%
6,685	GARDINER	2,743	680	1,064	999	384 D	24.8%	38.8%	39.0%	61.0%
7,839	GORHAM	3,552	932	1,248	1,372	316 D	26.2%	35.1%	42.8%	57.2%
8,111	HOULTON	2,465	902	672	891	230 R	36.6%	27.3%	57.3%	42.7%
5,646	KENNEBUNK	2,469	825	668	976	157 R	33.4%	27.1%	55.3%	44.7%
11,028	KITTERY	2,485	1,178	987	320	191 R	47.4%	39.7%	54.4%	45.6%
41,779	LEWISTON	16,713	557	5,724	10,432	5,167 D	3.3%	34.2%	8.9%	91.1%
8,745	LIMESTONE	619	172	256	191	84 D	27.8%	41.4%	40.2%	59.8%
6,544	LISBON	2,356	202	766	1,388	564 D	8.6%	32.5%	20.9%	79.1%
5,585	MADAWASKA	1,309	132	941	236	809 D	10.1%	71.9%	12.3%	87.7%
7,742	MILLINOCKET	2,729	382	967	1,380	585 D	14.0%	35.4%	28.3%	71.7%
5,404	OLD ORCHARD BEACH	2,296	453	1,109	734	656 D	19.7%	48.3%	29.0%	71.0%
9,057	OLD TOWN	3,458	467	1,700	1,291	1,233 D	13.5%	49.2%	21.6%	78.4%
9,989	ORONO	2,756	529	1,278	949	749 D	19.2%	46.4%	29.3%	70.7%
65,116	PORTLAND	20,670	4,065	9,494	7,111	5,429 D	19.7%	45.9%	30.0%	70.0%
11,452	PRESQUE ISLE	2,457	760	934	763	174 D	30.9%	38.0%	44.9%	55.1%
8,505	ROCKLAND	2,533	769	671	1,093	98 R	30.4%	26.5%	53.4%	46.6%
9,363	RUMFORD	3,452	427	1,452	1,573	1,025 D	12.4%	42.1%	22.7%	77.3%
11,678	SACO	4,784	894	2,257	1,633	1,363 D	18.7%	47.2%	28.4%	71.6%
15,812	SANFORD	5,833	1,166	3,307	1,360	2,141 D	20.0%	56.7%	26.1%	73.9%
7,845	SCARBOROUGH	3,245	772	1,002	1,471	230 D	23.8%	30.9%	43.5%	56.5%
7,601	SKOWHEGAN	2,828	672	1,011	1,145	339 D	23.8%	35.7%	39.9%	60.1%
23,267	SOUTH PORTLAND	8,477	1,647	3,691	3,139	2,044 D	19.4%	43.5%	30.9%	69.1%
5,022	TOPSHAM	1,536	248	686	602	438 D	16.1%	44.7%	26.6%	73.4%
18,192	WATERVILLE	6,648	962	3,154	2,532	2,192 D	14.5%	47.4%	23.4%	76.6%
14,444	WESTBROOK	5,537	1,053	2,451	2,033	1,398 D	19.0%	44.3%	30.1%	69.9%
6,593	WINDHAM	2,802	664	859	1,279	195 D	23.7%	30.7%	43.6%	56.4%
7,299	WINSLOW	2,975	253	1,243	1,479	990 D	8.5%	41.8%	16.9%	83.1%
5,690	YORK TOWN	2,922	1,734	801	387	933 R	59.3%	27.4%	68.4%	31.6%

MAINE

CONGRESS

CD	Year	Total Vote	Republican Vote	Republican Candidate	Democratic Vote	Democratic Candidate	Other Vote	Rep.-Dem. Plurality	Total Vote Rep.	Total Vote Dem.	Major Vote Rep.	Major Vote Dem.
1	1974	187,727	94,203	EMERY, DAVID F.	93,524	KYROS, PETER N.		679 R	50.2%	49.8%	50.2%	49.8%
1	1972	217,996	88,588	PORTEOUS, L. ROBERT	129,408	KYROS, PETER N.		40,820 D	40.6%	59.4%	40.6%	59.4%
1	1970	168,154	68,671	SPEERS, RONALD T.	99,483	KYROS, PETER N.		30,812 D	40.8%	59.2%	40.8%	59.2%
1	1968	200,450	86,949	HILDRETH, HORACE, JR.	113,501	KYROS, PETER N.		26,552 D	43.4%	56.6%	43.4%	56.6%
1	1966	161,384	72,984	GARLAND, PETER A.	81,302	KYROS, PETER N.	7,098	8,318 D	45.2%	50.4%	47.3%	52.7%
1	1964	190,593	95,398	TUPPER, STANLEY R.	95,195	CURTIS, KENNETH M.		203 R	50.1%	49.9%	50.1%	49.9%
1	1962	143,993	85,864	TUPPER, STANLEY R.	58,129	KELLAM, RONALD L.		27,735 R	59.6%	40.4%	59.6%	40.4%
2	1974	165,553	118,154	COHEN, WILLIAM S.	47,399	GARTLEY, MARKHAM L.		70,755 R	71.4%	28.6%	71.4%	28.6%
2	1972	195,415	106,280	COHEN, WILLIAM S.	89,135	VIOLETTE, ELMER H.		17,145 R	54.4%	45.6%	54.4%	45.6%
2	1970	149,877	53,642	CONNERS, MAYNARD G.	96,235	HATHAWAY, WILLIAM D.		42,593 D	35.8%	64.2%	35.8%	64.2%
2	1968	183,767	81,398	SHUTE, ELDEN H.	102,369	HATHAWAY, WILLIAM D.		20,971 D	44.3%	55.7%	44.3%	55.7%
2	1966	151,432	65,476	FOLEY, HOWARD M.	85,956	HATHAWAY, WILLIAM D.		20,480 D	43.2%	56.8%	43.2%	56.8%
2	1964	178,909	67,978	MACLEOD, KENNETH P.	110,931	HATHAWAY, WILLIAM D.		42,953 D	38.0%	62.0%	38.0%	62.0%
2	1962	141,508	72,349	MCINTIRE, CLIFFORD	69,159	HATHAWAY, WILLIAM D.		3,190 R	51.1%	48.9%	51.1%	48.9%

MAINE

1974 GENERAL ELECTION

In addition to the county-by-county figures, 1974 data are presented for selected Maine communities. Since not all jurisdictions of the state are listed in this special tabulation, state-wide totals are shown only with the county-by-county statistics.

Governor   Other vote was 142,464 Independent (Longley); 2,883 Independent (Leen); 1,314 Independent (Hughes); 889 Independent (Hartman) write-in.

Congress

1974 PRIMARIES

JUNE 11 REPUBLICAN

Governor   38,044 James S. Erwin; 36,693 Harrison L. Richardson; 18,786 Wakine G. Tanous; 3,271 Stanley E. Sproul.

Congress   Unopposed in both CD's.

JUNE 11 DEMOCRATIC

Governor   33,312 George J. Mitchell; 23,443 Joseph E. Brennan; 21,358 Peter S. Kelley; 7,954 Lloyd P. LaFountain; 1,545 Aaron Levine; 1,165 Jack L. Smith.

Congress   Contested as follows:

CD 1   31,904 Peter N. Kyros; 14,271 Jadine R. O'Brien.
CD 2   24,224 Markham L. Gartley; 12,365 Stewart Smith.

MARYLAND

GOVERNOR
Marvin Mandel (D). Re-elected 1974 to a four-year term. Previously elected 1970 and in January 1969 by the State Legislature on the resignation of Governor Spiro T. Agnew.

SENATORS
J. Glenn Beall, Jr. (R). Elected 1970 to a six-year term.

Charles Mathias (R). Re-elected 1974 to a six-year term. Previously elected 1968.

REPRESENTATIVES
1. Robert E. Bauman (R)
2. Clarence D. Long (D)
3. Paul S. Sarbanes (D)
4. Marjorie S. Holt (R)
5. Gladys N. Spellman (D)
6. Goodloe E. Byron (D)
7. Parren J. Mitchell (D)
8. Gilbert Gude (R)

POSTWAR VOTE FOR GOVERNOR

Year	Total Vote	Republican Vote	Republican Candidate	Democratic Vote	Democratic Candidate	Other Vote	Rep.-Dem. Plurality	Total Vote Rep.	Total Vote Dem.	Major Vote Rep.	Major Vote Dem.
1974	949,097	346,449	Gore, Louise	602,648	Mandel, Marvin	—	256,199 D	36.5%	63.5%	36.5%	63.5%
1970	973,099	314,336	Blair, C. Stanley	639,579	Mandel, Marvin	19,184	325,243 D	32.3%	65.7%	33.0%	67.0%
1966	918,761	455,318	Agnew, Spiro T.	373,543	Mahoney, George P.	89,900	81,775 R	49.6%	40.7%	54.9%	45.1%
1962	775,101	343,051	Small, Frank	432,045	Tawes, J. Millard	5	88,994 D	44.3%	55.7%	44.3%	55.7%
1958	763,234	278,173	Devereux, James	485,061	Tawes, J. Millard	—	206,888 D	36.4%	63.6%	36.4%	63.6%
1954	700,484	381,451	McKeldin, Theodore	319,033	Byrd, Harry C.	—	62,418 R	54.5%	45.5%	54.5%	45.5%
1950	645,631	369,807	McKeldin, Theodore	275,824	Lane, William P.	—	93,983 R	57.3%	42.7%	57.3%	42.7%
1946	489,836	221,752	McKeldin, Theodore	268,084	Lane, William P.	—	46,332 D	45.3%	54.7%	45.3%	54.7%

POSTWAR VOTE FOR SENATOR

Year	Total Vote	Republican Vote	Republican Candidate	Democratic Vote	Democratic Candidate	Other Vote	Rep.-Dem. Plurality	Total Vote Rep.	Total Vote Dem.	Major Vote Rep.	Major Vote Dem.
1974	877,786	503,223	Mathias, Charles	374,563	Mikulski, Barbara A.	—	128,660 R	57.3%	42.7%	57.3%	42.7%
1970	956,370	484,960	Beall, J. Glenn, Jr.	460,422	Tydings, Joseph D.	10,988	24,538 R	50.7%	48.1%	51.3%	48.7%
1968	1,133,727	541,893	Mathias, Charles	443,367	Brewster, Daniel B.	148,467	98,526 R	47.8%	39.1%	55.0%	45.0%
1964	1,081,049	402,393	Beall, J. Glenn	678,649	Tydings, Joseph D.	7	276,256 D	37.2%	62.8%	37.2%	62.8%
1962	714,248	270,312	Miller, Edward T.	443,935	Brewster, Daniel B.	1	173,623 D	37.8%	62.2%	37.8%	62.2%
1958	749,291	382,021	Beall, J. Glenn	367,270	D'Alesandro, Thomas	—	14,751 R	51.0%	49.0%	51.0%	49.0%
1956	892,167	473,059	Butler, John Marshall	419,108	Mahoney, George P.	—	53,951 R	53.0%	47.0%	53.0%	47.0%
1952	856,193	449,823	Beall, J. Glenn	406,370	Mahoney, George P.	—	43,453 R	52.5%	47.5%	52.5%	47.5%
1950	615,614	326,291	Butler, John Marshall	283,180	Tydings, Millard E.	6,143	43,111 R	53.0%	46.0%	53.5%	46.5%
1946	472,232	235,000	Markey, David John	237,232	O'Conor, Herbert R.	—	2,232 D	49.8%	50.2%	49.8%	50.2%

MARYLAND

Districts Established March 21, 1972

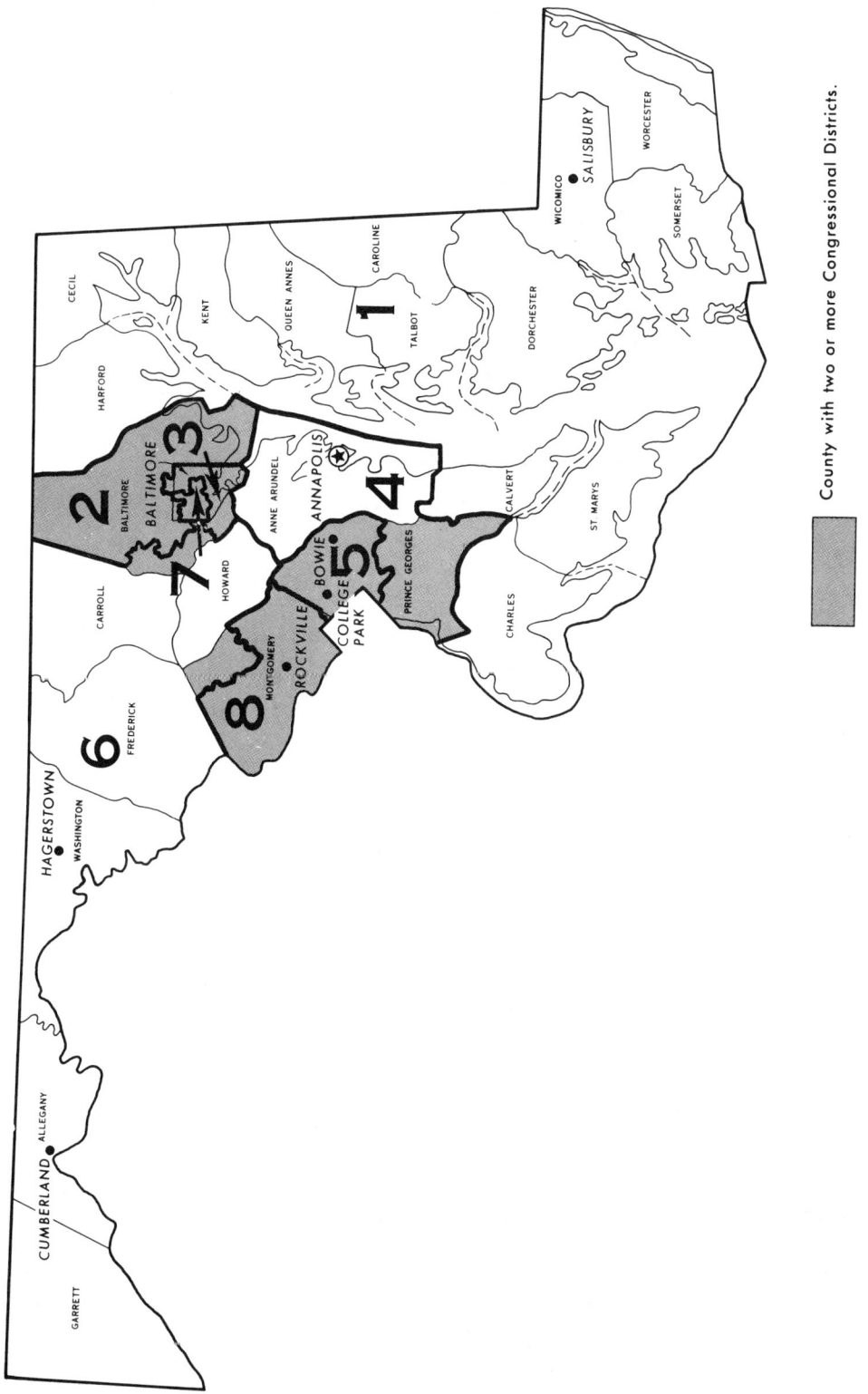

MARYLAND

GOVERNOR 1974

1970 Census Population	County	Total Vote	Republican	Democratic	Other	Rep.-Dem. Plurality	Percentage Total Vote Rep.	Dem.	Major Vote Rep.	Dem.
84,044	ALLEGANY	24,293	11,325	12,968		1,643 D	46.6%	53.4%	46.6%	53.4%
297,539	ANNE ARUNDEL	74,818	28,107	46,711		18,604 D	37.6%	62.4%	37.6%	62.4%
905,759	BALTIMORE CITY	162,347	50,356	111,991		61,635 D	31.0%	69.0%	31.0%	69.0%
621,077	BALTIMORE COUNTY	185,236	78,453	106,783		28,330 D	42.4%	57.6%	42.4%	57.6%
20,682	CALVERT	5,512	1,792	3,720		1,928 D	32.5%	67.5%	32.5%	67.5%
19,781	CAROLINE	3,849	1,856	1,993		137 D	48.2%	51.8%	48.2%	51.8%
69,006	CARROLL	16,087	8,375	7,712		663 R	52.1%	47.9%	52.1%	47.9%
53,291	CECIL	11,042	4,707	6,335		1,628 D	42.6%	57.4%	42.6%	57.4%
47,678	CHARLES	12,006	4,493	7,513		3,020 D	37.4%	62.6%	37.4%	62.6%
29,405	DORCHESTER	7,564	3,504	4,060		556 D	46.3%	53.7%	46.3%	53.7%
84,927	FREDERICK	22,300	10,136	12,164		2,028 D	45.5%	54.5%	45.5%	54.5%
21,476	GARRETT	6,071	3,457	2,614		843 R	56.9%	43.1%	56.9%	43.1%
115,378	HARFORD	29,690	12,494	17,196		4,702 D	42.1%	57.9%	42.1%	57.9%
61,911	HOWARD	25,137	8,967	16,170		7,203 D	35.7%	64.3%	35.7%	64.3%
16,146	KENT	5,012	2,244	2,768		524 D	44.8%	55.2%	44.8%	55.2%
522,809	MONTGOMERY	165,902	46,185	119,717		73,532 D	27.8%	72.2%	27.8%	72.2%
660,567	PRINCE GEORGES	121,438	32,865	88,573		55,708 D	27.1%	72.9%	27.1%	72.9%
18,422	QUEEN ANNES	4,340	2,007	2,333		326 D	46.2%	53.8%	46.2%	53.8%
47,388	ST. MARYS	9,711	3,243	6,468		3,225 D	33.4%	66.6%	33.4%	66.6%
18,924	SOMERSET	5,823	2,721	3,102		381 D	46.7%	53.3%	46.7%	53.3%
23,682	TALBOT	6,754	3,632	3,122		510 R	53.8%	46.2%	53.8%	46.2%
103,829	WASHINGTON	24,871	14,563	10,308		4,255 R	58.6%	41.4%	58.6%	41.4%
54,236	WICOMICO	13,561	7,639	5,922		1,717 R	56.3%	43.7%	56.3%	43.7%
24,442	WORCESTER	5,733	3,328	2,405		923 R	58.0%	42.0%	58.0%	42.0%
3,922,399	TOTAL	949,097	346,449	602,648		256,199 D	36.5%	63.5%	36.5%	63.5%

MARYLAND

SENATOR 1974

1970 Census Population	County	Total Vote	Republican	Democratic	Other	Rep.-Dem. Plurality	Percentage Total Vote Rep.	Dem.	Major Vote Rep.	Dem.
84,044	ALLEGANY	20,855	15,893	4,962		10,931 R	76.2%	23.8%	76.2%	23.8%
297,539	ANNE ARUNDEL	67,584	39,180	28,404		10,776 R	58.0%	42.0%	58.0%	42.0%
905,759	BALTIMORE CITY	142,856	57,331	85,525		28,194 D	40.1%	59.9%	40.1%	59.9%
621,077	BALTIMORE COUNTY	176,517	86,651	89,866		3,215 D	49.1%	50.9%	49.1%	50.9%
20,682	CALVERT	4,971	3,023	1,948		1,075 R	60.8%	39.2%	60.8%	39.2%
19,781	CAROLINE	3,294	2,034	1,260		774 R	61.7%	38.3%	61.7%	38.3%
69,006	CARROLL	14,967	10,102	4,865		5,237 R	67.5%	32.5%	67.5%	32.5%
53,291	CECIL	9,775	5,685	4,090		1,595 R	58.2%	41.8%	58.2%	41.8%
47,678	CHARLES	10,358	6,270	4,088		2,182 R	60.5%	39.5%	60.5%	39.5%
29,405	DORCHESTER	5,603	3,472	2,131		1,341 R	62.0%	38.0%	62.0%	38.0%
84,927	FREDERICK	21,335	16,938	4,397		12,541 R	79.4%	20.6%	79.4%	20.6%
21,476	GARRETT	5,483	4,197	1,286		2,911 R	76.5%	23.5%	76.5%	23.5%
115,378	HARFORD	28,259	15,182	13,077		2,105 R	53.7%	46.3%	53.7%	46.3%
61,911	HOWARD	24,499	14,561	9,938		4,623 R	59.4%	40.6%	59.4%	40.6%
16,146	KENT	4,383	2,824	1,559		1,265 R	64.4%	35.6%	64.4%	35.6%
522,809	MONTGOMERY	164,089	114,850	49,239		65,611 R	70.0%	30.0%	70.0%	30.0%
660,567	PRINCE GEORGES	111,404	64,443	46,961		17,482 R	57.8%	42.2%	57.8%	42.2%
18,422	QUEEN ANNES	3,958	2,111	1,847		264 R	53.3%	46.7%	53.3%	46.7%
47,388	ST. MARYS	8,188	5,012	3,176		1,836 R	61.2%	38.8%	61.2%	38.8%
18,924	SOMERSET	4,593	2,631	1,962		669 R	57.3%	42.7%	57.3%	42.7%
23,682	TALBOT	5,854	3,744	2,110		1,634 R	64.0%	36.0%	64.0%	36.0%
103,829	WASHINGTON	22,527	16,690	5,837		10,853 R	74.1%	25.9%	74.1%	25.9%
54,236	WICOMICO	11,559	7,353	4,206		3,147 R	63.6%	36.4%	63.6%	36.4%
24,442	WORCESTER	4,875	3,046	1,829		1,217 R	62.5%	37.5%	62.5%	37.5%
3,922,399	TOTAL	877,786	503,223	374,563		128,660 R	57.3%	42.7%	57.3%	42.7%

MARYLAND

CONGRESS

CD	Year	Total Vote	Republican Vote	Candidate	Democratic Vote	Candidate	Other Vote	Rep.-Dem. Plurality	Percentage Total Vote Rep.	Dem.	Major Vote Rep.	Dem.
1	1974	112,423	59,570	BAUMAN, ROBERT E.	52,853	HATEM, THOMAS J.		6,717 R	53.0%	47.0%	53.0%	47.0%
1	1972	122,465	86,326	MILLS, WILLIAM O.	36,139	HARGREAVES, JOHN R.		50,187 R	70.5%	29.5%	70.5%	29.5%
2	1974	133,861	30,639	SENEY, JOHN M.	103,222	LONG, CLARENCE D.		72,583 D	22.9%	77.1%	22.9%	77.1%
2	1972	187,465	64,119	BISHOP, JOHN J.	123,346	LONG, CLARENCE D.		59,227 D	34.2%	65.8%	34.2%	65.8%
3	1974	111,185	17,967	MATHEWS, WILLIAM H.	93,218	SARBANES, PAUL S.		75,251 D	16.2%	83.8%	16.2%	83.8%
3	1972	133,535	40,442	MORROW, ROBERT D.	93,093	SARBANES, PAUL S.		52,651 D	30.3%	69.7%	30.3%	69.7%
4	1974	105,267	61,208	HOLT, MARJORIE S.	44,059	WINELAND, FRED L.		17,149 R	58.1%	41.9%	58.1%	41.9%
4	1972	147,411	87,534	HOLT, MARJORIE S.	59,877	FORNOS, WERNER H.		27,657 R	59.4%	40.6%	59.4%	40.6%
5	1974	86,016	40,805	BURCHAM, JOHN B.	45,211	SPELLMAN, GLADYS N.		4,406 D	47.4%	52.6%	47.4%	52.6%
5	1972	143,065	90,016	HOGAN, LAWRENCE J.	53,049	CONROY, EDWARD T.		36,967 R	62.9%	37.1%	62.9%	37.1%
6	1974	123,298	32,416	WAMPLER, ELTON R.	90,882	BYRON, GOODLOE E.		58,466 D	26.3%	73.7%	26.3%	73.7%
6	1972	165,542	58,259	MASON, EDWARD J.	107,283	BYRON, GOODLOE E.		49,024 D	35.2%	64.8%	35.2%	64.8%
7	1974	43,252			43,252	MITCHELL, PARREN J.		43,252 D		100.0%		100.0%
7	1972	104,625	20,876	ADAIR, VERDELL	83,749	MITCHELL, PARREN J.		62,873 D	20.0%	80.0%	20.0%	80.0%
8	1974	158,787	104,675	GUDE, GILBERT	54,112	KRAMER, SIDNEY		50,563 R	65.9%	34.1%	65.9%	34.1%
8	1972	214,838	137,287	GUDE, GILBERT	77,551	ANASTASI, JOSEPH G.		59,736 R	63.9%	36.1%	63.9%	36.1%

MARYLAND

1974 GENERAL ELECTION

Governor

Senator

Congress

1974 PRIMARIES

SEPTEMBER 10 REPUBLICAN

Governor   57,626 Louise Gore; 49,887 Lawrence J. Hogan.

Senator   79,823 Charles Mathias; 25,512 Ross Z. Pierpont.

Congress   Unopposed in four CD's. No candidates in CD's 3 and 7; in CD 3 William H. Mathews was named after the primary by the state central committee. Contested as follows:

- CD 5   6,496 John B. Burcham; 2,269 Frederick C. Taylor.
- CD 8   19,737 Gilbert Gude; 3,271 Sheldon Z. Kaplan.

SEPTEMBER 10 DEMOCRATIC

Governor   254,509 Marvin Mandel; 96,902 Wilson K. Barnes; 18,939 Morgan L. Amaimo; 17,084 Howard L. Gates.

Senator   132,658 Barbara A. Mikulski; 79,080 Bernard L. Talley; 32,068 Walter G. Finch; 17,668 Xavier A. Aragona; 10,991 William A. Albaugh; 10,367 Robert J. Roosevelt; 9,793 David E. Shaw; 9,376 Roy L. Chambers; 7,603 Melvin Perkins; 7,483 William W. Youngblood; 7,158 Jon A. Thompson.

Congress   Unopposed in three CD's. Contested as follows:

- CD 1   21,158 Thomas J. Hatem; 10,921 Sally M. Johnson; 5,619 Edward G. Post.
- CD 4   18,536 Fred L. Wineland; 8,836 Samuel Dillon; 4,414 Frank R. Sargent; 1,961 J. Walter Sterling.
- CD 5   21,470 Gladys N. Spellman; 10,446 Karl H. Matthes.
- CD 6   31,133 Goodloe E. Byron; 10,288 Bruce L. Welch.
- CD 8   22,310 Sidney Kramer; 20,744 Lanny J. Davis; 4,457 Robin Ficker; 2,896 Robert Howard.

MASSACHUSETTS

GOVERNOR
Michael S. Dukakis (D). Elected 1974 to a four-year term.

SENATORS
Edward W. Brooke (R). Re-elected 1972 to a six-year term. Previously elected 1966.

Edward M. Kennedy (D). Re-elected 1970 to a six-year term. Previously elected 1964, and in 1962 to fill out term vacated by the resignation of Senator John F. Kennedy.

REPRESENTATIVES
1. Silvio O. Conte (R)
2. Edward P. Boland (D)
3. Joseph D. Early (D)
4. Robert F. Drinan (D)
5. Paul E. Tsongas (D)
6. Michael J. Harrington (D)
7. Torbert Macdonald (D)
8. Thomas P. O'Neill (D)
9. John J. Moakley (D)
10. Margaret M. Heckler (R)
11. James A. Burke (D)
12. Gerry E. Studds (D)

POSTWAR VOTE FOR GOVERNOR

Year	Total Vote	Republican Vote	Republican Candidate	Democratic Vote	Democratic Candidate	Other Vote	Rep.-Dem. Plurality	Total Vote Rep.	Total Vote Dem.	Major Vote Rep.	Major Vote Dem.
1974	1,854,798	784,353	Sargent, Francis W.	992,284	Dukakis, Michael S.	78,161	207,931 D	42.3%	53.5%	44.1%	55.9%
1970	1,867,906	1,058,623	Sargent, Francis W.	799,269	White, Kevin H.	10,014	259,354 R	56.7%	42.8%	57.0%	43.0%
1966	2,041,177	1,277,358	Volpe, John A.	752,720	McCormack, Edward J.	11,099	524,638 R	62.6%	36.9%	62.9%	37.1%
1964	2,340,130	1,176,462	Volpe, John A.	1,153,416	Bellotti, Francis X.	10,252	23,046 R	50.3%	49.3%	50.5%	49.5%
1962	2,109,089	1,047,891	Volpe, John A.	1,053,322	Peabody, Endicott	7,876	5,431 D	49.7%	49.9%	49.9%	50.1%
1960	2,417,133	1,269,295	Volpe, John A.	1,130,810	Ward, Joseph D.	17,028	138,485 R	52.5%	46.8%	52.9%	47.1%
1958	1,899,117	818,463	Gibbons, Charles	1,067,020	Furcolo, Foster	13,634	248,557 D	43.1%	56.2%	43.4%	56.6%
1956	2,339,884	1,096,759	Whittier, Sumner G.	1,234,618	Furcolo, Foster	8,507	137,859 D	46.9%	52.8%	47.0%	53.0%
1954	1,903,774	985,339	Herter, Christian A.	910,087	Murphy, Robert F.	8,348	75,252 R	51.8%	47.8%	52.0%	48.0%
1952	2,356,298	1,175,955	Herter, Christian A.	1,161,499	Dever, Paul A.	18,844	14,456 R	49.9%	49.3%	50.3%	49.7%
1950	1,910,180	824,069	Coolidge, Arthur W.	1,074,570	Dever, Paul A.	11,541	250,501 D	43.1%	56.3%	43.4%	56.6%
1948	2,099,250	849,896	Bradford, Robert F.	1,239,247	Dever, Paul A.	10,108	389,352 D	40.5%	59.0%	40.7%	59.3%
1946	1,683,452	911,152	Bradford, Robert F.	762,743	Tobin, Maurice	9,557	148,409 R	54.1%	45.3%	54.4%	45.6%

The term of office of Massachusetts' Governor was increased from two to four years effective with the 1966 election.

POSTWAR VOTE FOR SENATOR

Year	Total Vote	Republican Vote	Republican Candidate	Democratic Vote	Democratic Candidate	Other Vote	Rep.-Dem. Plurality	Total Vote Rep.	Total Vote Dem.	Major Vote Rep.	Major Vote Dem.
1972	2,370,676	1,505,932	Brooke, Edward W.	823,278	Droney, John J.	41,466	682,654 R	63.5%	34.7%	64.7%	35.3%
1970	1,935,607	715,978	Spaulding, Josiah A.	1,202,856	Kennedy, Edward M.	16,773	486,878 D	37.0%	62.1%	37.3%	62.7%
1966	1,999,949	1,213,473	Brooke, Edward W.	774,761	Peabody, Endicott	11,715	438,712 R	60.7%	38.7%	61.0%	39.0%
1964	2,312,028	587,663	Whitmore, Howard	1,716,907	Kennedy, Edward M.	7,458	1,129,244 D	25.4%	74.3%	25.5%	74.5%
1962s	2,097,085	877,669	Lodge, George C.	1,162,611	Kennedy, Edward M.	56,805	284,942 D	41.9%	55.4%	43.0%	57.0%
1960	2,417,813	1,358,556	Celeste, Vincent J.	1,050,725	O'Connor, Thomas J.	8,532	307,831 R	56.2%	43.5%	56.4%	43.6%
1958	1,862,041	488,318	Celeste, Vincent J.	1,362,926	Kennedy, John F.	10,797	874,608 D	26.2%	73.2%	26.4%	73.6%
1954	1,892,710	956,605	Saltonstall, Leverett	927,899	Furcolo, Foster	8,206	28,706 R	50.5%	49.0%	50.8%	49.2%
1952	2,360,425	1,141,247	Lodge, Henry Cabot	1,211,984	Kennedy, John F.	7,194	70,737 D	48.3%	51.3%	48.5%	51.5%
1948	2,055,798	1,088,475	Saltonstall, Leverett	954,398	Fitzgerald, John I.	12,925	134,077 R	52.9%	46.4%	53.3%	46.7%
1946	1,662,063	989,736	Lodge, Henry Cabot	660,200	Walsh, David I.	12,127	329,536 R	59.5%	39.7%	60.0%	40.0%

The 1962 election was for a short term to fill a vacancy.

MASSACHUSETTS

Districts Established November 12, 1971

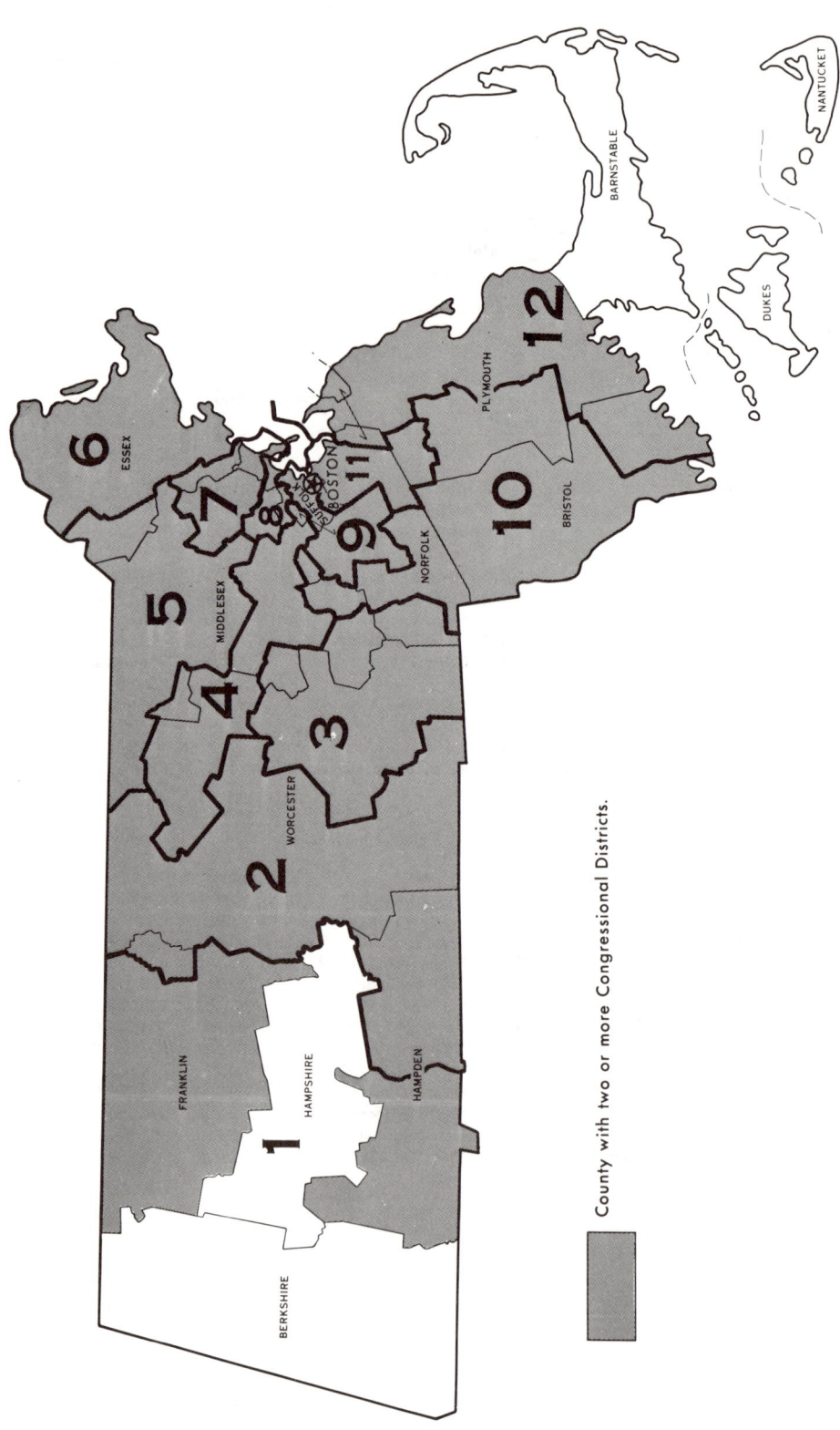

MASSACHUSETTS

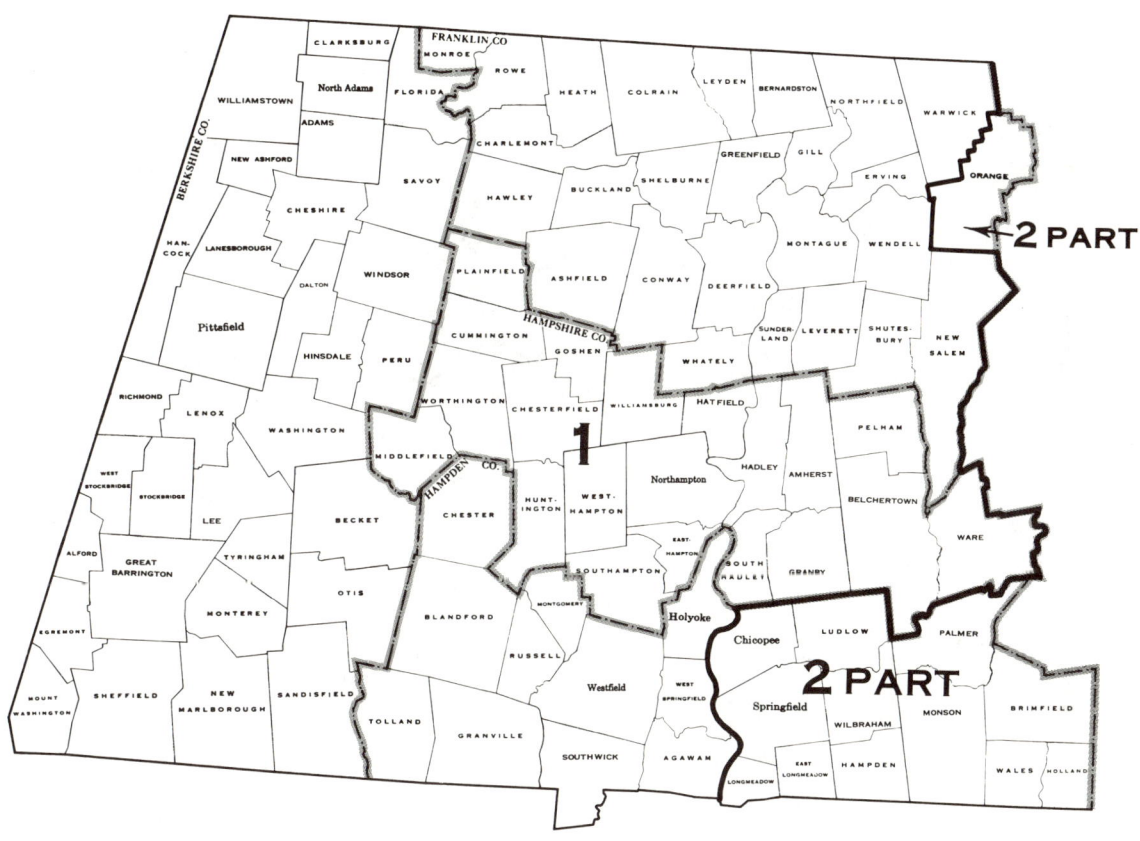

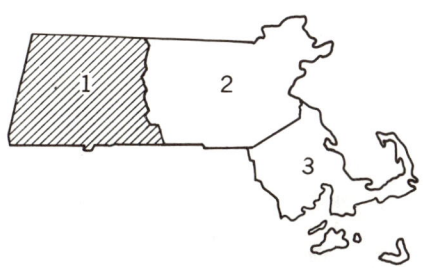

MASSACHUSETTS

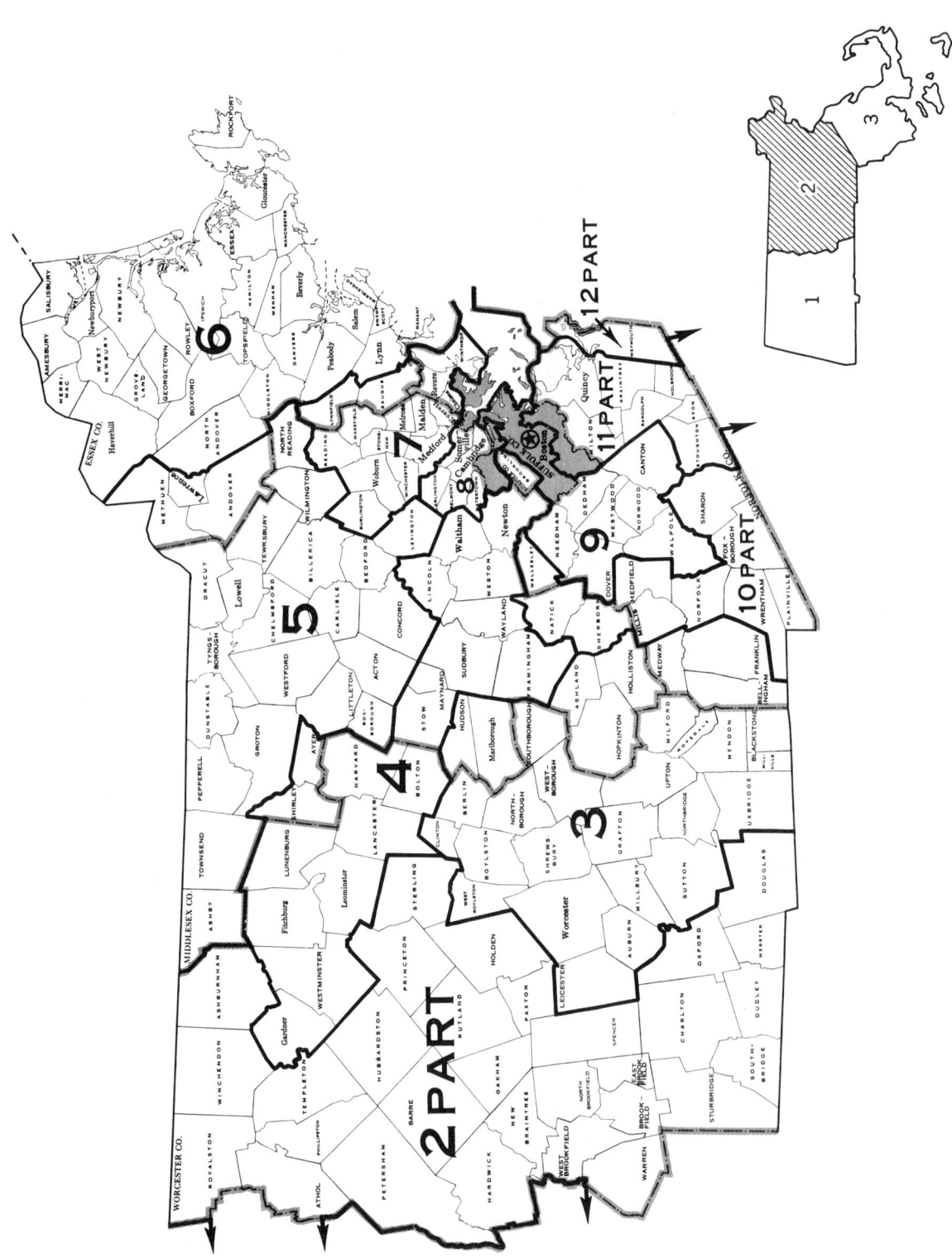

MASSACHUSETTS

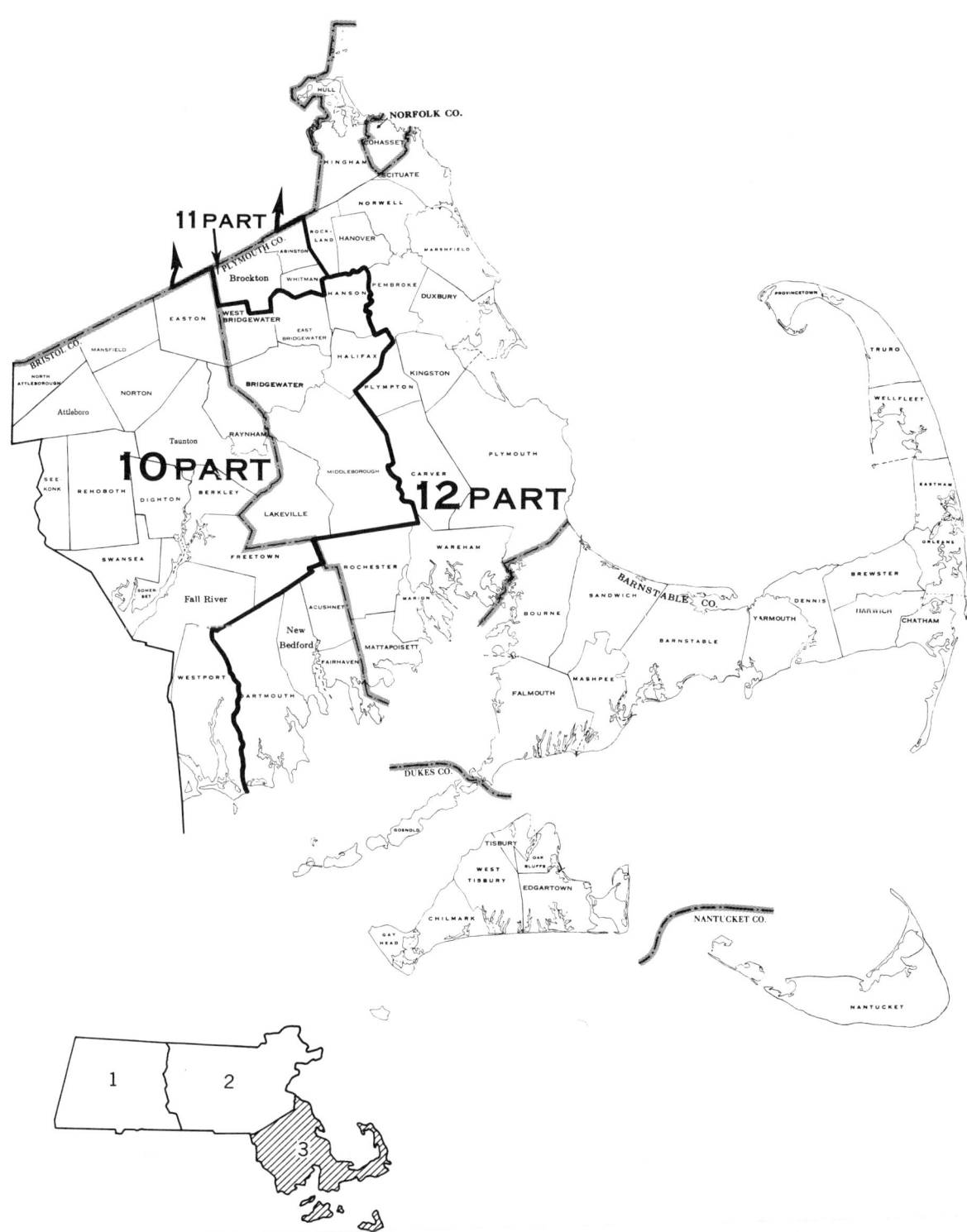

MASSACHUSETTS

GOVERNOR 1974

1970 Census Population	County	Total Vote	Republican	Democratic	Other	Rep.-Dem. Plurality	Percentage Total Vote Rep.	Dem.	Major Vote Rep.	Dem.
96,656	BARNSTABLE	47,391	26,539	19,362	1,490	7,177 R	56.0%	40.9%	57.8%	42.2%
149,402	BERKSHIRE	48,555	20,105	26,947	1,503	6,842 D	41.4%	55.5%	42.7%	57.3%
444,301	BRISTOL	143,645	47,055	91,839	4,751	44,784 D	32.8%	63.9%	33.9%	66.1%
6,117	DUKES	3,619	2,189	1,346	84	843 R	60.5%	37.2%	61.9%	38.1%
637,887	ESSEX	219,767	96,475	117,815	5,477	21,340 D	43.9%	53.6%	45.0%	55.0%
59,210	FRANKLIN	21,490	9,087	11,666	737	2,579 D	42.3%	54.3%	43.8%	56.2%
459,050	HAMPDEN	129,406	40,978	84,222	4,206	43,244 D	31.7%	65.1%	32.7%	67.3%
123,981	HAMPSHIRE	39,918	13,691	24,051	2,176	10,360 D	34.3%	60.3%	36.3%	63.7%
1,397,268	MIDDLESEX	469,936	211,511	243,914	14,511	32,403 D	45.0%	51.9%	46.4%	53.6%
3,774	NANTUCKET	1,439	865	537	37	328 R	60.1%	37.3%	61.7%	38.3%
605,051	NORFOLK	226,231	104,375	110,701	11,155	6,326 D	46.1%	48.9%	48.5%	51.5%
333,314	PLYMOUTH	114,431	52,738	54,731	6,962	1,993 D	46.1%	47.8%	49.1%	50.9%
735,190	SUFFOLK	180,152	73,491	85,343	21,318	11,852 D	40.8%	47.4%	46.3%	53.7%
637,969	WORCESTER	208,818	85,254	119,810	3,754	34,556 D	40.8%	57.4%	41.6%	58.4%
5,689,170	TOTAL	1,854,798	784,353	992,284	78,161	207,931 D	42.3%	53.5%	44.1%	55.9%

MASSACHUSETTS

GOVERNOR 1974

1970 Census Population	City/Town	Total Vote	Republican	Democratic	Other	Rep.-Dem. Plurality	Percentage Total Vote Rep.	Dem.	Major Vote Rep.	Dem.
21,717	AGAWAM	6,432	1,947	4,338	147	2,391 D	30.3%	67.4%	31.0%	69.0%
26,331	AMHERST	5,732	2,372	3,054	306	682 D	41.4%	53.3%	43.7%	56.3%
23,695	ANDOVER	9,689	5,325	4,132	232	1,193 R	55.0%	42.6%	56.3%	43.7%
53,524	ARLINGTON	21,313	9,664	10,828	821	1,164 D	45.3%	50.8%	47.2%	52.8%
32,907	ATTLEBORO	7,985	3,297	4,365	323	1,068 D	41.3%	54.7%	43.0%	57.0%
28,285	BELMONT	12,433	6,859	5,094	480	1,765 R	55.2%	41.0%	57.4%	42.6%
38,348	BEVERLY	14,345	7,451	6,644	250	807 R	51.9%	46.3%	52.9%	47.1%
31,648	BILLERICA	9,406	3,678	5,468	260	1,790 D	39.1%	58.1%	40.2%	59.8%
641,071	BOSTON	147,816	61,772	65,900	20,144	4,128 D	41.8%	44.6%	48.4%	51.6%
35,050	BRAINTREE	13,989	6,061	6,998	930	937 D	43.3%	50.0%	46.4%	53.6%
89,040	BROCKTON	23,723	9,828	12,719	1,176	2,891 D	41.4%	53.6%	43.6%	56.4%
58,886	BROOKLINE	21,875	9,858	11,426	591	1,568 D	45.1%	52.2%	46.3%	53.7%
21,980	BURLINGTON	6,808	2,808	3,748	252	940 D	41.2%	55.1%	42.8%	57.2%
100,361	CAMBRIDGE	30,178	13,671	15,165	1,342	1,494 D	45.3%	50.3%	47.4%	52.6%
31,432	CHELMSFORD	10,532	4,468	5,840	224	1,372 D	42.4%	55.5%	43.3%	56.7%
30,625	CHELSEA	8,708	2,683	5,764	261	3,081 D	30.8%	66.2%	31.8%	68.2%
66,676	CHICOPEE	18,846	4,247	13,976	623	9,729 D	22.5%	74.2%	23.3%	76.7%
26,151	DANVERS	7,948	3,747	3,937	264	190 D	47.1%	49.5%	48.8%	51.2%
26,938	DEDHAM	10,051	4,718	4,476	857	242 R	46.9%	44.5%	51.3%	48.7%
42,485	EVERETT	14,022	4,547	9,049	426	4,502 D	32.4%	64.5%	33.4%	66.6%
96,898	FALL RIVER	29,369	8,466	20,383	520	11,917 D	28.8%	69.4%	29.3%	70.7%
43,343	FITCHBURG	13,264	4,634	8,428	202	3,794 D	34.9%	63.5%	35.5%	64.5%
64,048	FRAMINGHAM	20,298	10,502	9,458	338	1,044 R	51.7%	46.6%	52.6%	47.4%
27,941	GLOUCESTER	7,984	3,496	4,300	188	804 D	43.8%	53.9%	44.8%	55.2%
46,120	HAVERHILL	14,228	6,017	7,959	252	1,942 D	42.3%	55.9%	43.1%	56.9%
50,112	HOLYOKE	14,455	4,748	9,210	497	4,462 D	32.8%	63.7%	34.0%	66.0%
66,915	LAWRENCE	22,319	5,737	16,016	566	10,279 D	25.7%	71.8%	26.4%	73.6%
32,939	LEOMINSTER	10,063	3,758	6,138	167	2,380 D	37.3%	61.0%	38.0%	62.0%
31,886	LEXINGTON	12,646	7,421	4,909	316	2,512 R	58.7%	38.8%	60.2%	39.8%
94,239	LOWELL	30,288	8,575	21,171	542	12,596 D	28.3%	69.9%	28.8%	71.2%
90,294	LYNN	23,967	9,002	14,146	819	5,144 D	37.6%	59.0%	38.9%	61.1%
56,127	MALDEN	18,021	7,228	10,167	626	2,939 D	40.1%	56.4%	41.6%	58.4%
21,295	MARBLEHEAD	9,224	5,940	3,136	148	2,804 R	64.4%	34.0%	65.4%	34.6%
27,936	MARLBOROUGH	10,112	4,328	5,556	228	1,228 D	42.8%	54.9%	43.8%	56.2%
64,397	MEDFORD	22,460	8,524	13,033	903	4,509 D	38.0%	58.0%	39.5%	60.5%
33,180	MELROSE	12,121	6,328	5,376	417	952 R	52.2%	44.4%	54.1%	45.9%
35,456	METHUEN	13,738	4,410	9,019	309	4,609 D	32.1%	65.7%	32.8%	67.2%
27,190	MILTON	12,628	6,288	5,527	813	761 R	49.8%	43.8%	53.2%	46.8%
31,057	NATICK	10,415	5,357	4,722	336	635 R	51.4%	45.3%	53.2%	46.8%
29,748	NEEDHAM	12,798	7,616	4,778	404	2,838 R	59.5%	37.3%	61.4%	38.6%
101,777	NEW BEDFORD	32,048	8,430	22,675	943	14,245 D	26.3%	70.8%	27.1%	72.9%
91,066	NEWTON	34,668	18,110	15,645	913	2,465 R	52.2%	45.1%	53.7%	46.3%
29,664	NORTHAMPTON	9,522	3,134	5,757	631	2,623 D	32.9%	60.5%	35.2%	64.8%
30,815	NORWOOD	11,241	4,718	5,973	550	1,255 D	42.0%	53.1%	44.1%	55.9%
48,080	PEABODY	16,202	6,119	9,672	411	3,553 D	37.8%	59.7%	38.7%	61.3%
57,020	PITTSFIELD	18,547	7,272	10,626	649	3,354 D	39.2%	57.3%	40.6%	59.4%
87,966	QUINCY	33,879	13,906	17,617	2,356	3,711 D	41.0%	52.0%	44.1%	55.9%
27,035	RANDOLPH	9,654	3,660	5,485	509	1,825 D	37.9%	56.8%	40.0%	60.0%
22,539	READING	8,170	4,516	3,388	266	1,128 R	55.3%	41.5%	57.1%	42.9%
43,159	REVERE	15,385	5,457	9,271	657	3,814 D	35.5%	60.3%	37.1%	62.9%
40,556	SALEM	14,272	5,983	7,960	329	1,977 D	41.9%	55.8%	42.9%	57.1%
25,110	SAUGUS	9,279	3,655	5,262	362	1,607 D	39.4%	56.7%	41.0%	59.0%
88,779	SOMERVILLE	23,978	8,993	14,008	977	5,015 D	37.5%	58.4%	39.1%	60.9%
163,905	SPRINGFIELD	37,535	10,866	25,300	1,369	14,434 D	28.9%	67.4%	30.0%	70.0%
20,725	STONEHAM	7,409	3,410	3,743	256	333 D	46.0%	50.5%	47.7%	52.3%
23,459	STOUGHTON	7,768	3,081	4,344	343	1,263 D	39.7%	55.9%	41.5%	58.5%
43,756	TAUNTON	13,873	4,482	8,534	857	4,052 D	32.3%	61.5%	34.4%	65.6%
22,755	TEWKSBURY	7,991	2,753	5,023	215	2,270 D	34.5%	62.9%	35.4%	64.6%
25,402	WAKEFIELD	9,267	4,376	4,598	293	222 D	47.2%	49.6%	48.8%	51.2%
61,582	WALTHAM	16,022	6,505	9,015	502	2,510 D	40.6%	56.3%	41.9%	58.1%
39,307	WATERTOWN	13,118	5,230	7,322	566	2,092 D	39.9%	55.8%	41.7%	58.3%
28,051	WELLESLEY	11,060	7,000	3,752	308	3,248 R	63.3%	33.9%	65.1%	34.9%
28,461	WEST SPRINGFIELD	8,726	3,097	5,370	259	2,273 D	35.5%	61.5%	36.6%	63.4%
31,433	WESTFIELD	10,710	3,602	6,847	261	3,245 D	33.6%	63.9%	34.5%	65.5%
54,610	WEYMOUTH	19,156	8,045	10,027	1,084	1,982 D	42.0%	52.3%	44.5%	55.5%
22,269	WINCHESTER	9,092	5,111	3,681	300	1,430 R	56.2%	40.5%	58.1%	41.9%
20,335	WINTHROP	8,243	3,579	4,408	256	829 D	43.4%	53.5%	44.8%	55.2%
37,406	WOBURN	12,279	4,522	7,291	466	2,769 D	36.8%	59.4%	38.3%	61.7%
176,572	WORCESTER CITY	56,487	22,040	33,464	983	11,424 D	39.0%	59.2%	39.7%	60.3%

MASSACHUSETTS

CONGRESS

CD	Year	Total Vote	Republican Vote	Candidate	Democratic Vote	Candidate	Other Vote	Rep.-Dem. Plurality	Percentage Total Vote Rep.	Dem.	Major Vote Rep.	Dem.
1	1974	150,816	107,285	CONTE, SILVIO O.	43,524	MANNING, THOMAS R.	7	63,761 R	71.1%	28.9%	71.1%	28.9%
1	1972	159,429	159,282	CONTE, SILVIO O.			147	159,282 R	99.9%		100.0%	
2	1974	105,793			105,763	BOLAND, EDWARD P.	30	105,763 D		100.0%		100.0%
2	1972	137,625			137,616	BOLAND, EDWARD P.	9	137,616 D		100.0%		100.0%
3	1974	158,120	60,717	LIONETT, DAVID J.	78,244	EARLY, JOSEPH D.	19,159	17,527 D	38.4%	49.5%	43.7%	56.3%
3	1972	156,839			156,703	DONOHUE, HAROLD D.	136	156,703 D		99.9%		100.0%
4	1974	151,996	21,922	MANDELL, ALVIN	77,286	DRINAN, ROBERT F.	52,788	55,364 D	14.4%	50.8%	22.1%	77.9%
4	1972	205,047	93,927	LINSKY, MARTIN A.	99,977	DRINAN, ROBERT F.	11,143	6,050 D	45.8%	48.8%	48.4%	51.6%
5	1974	164,117	64,596	CRONIN, PAUL W.	99,518	TSONGAS, PAUL E.	3	34,922 D	39.4%	60.6%	39.4%	60.6%
5	1972	207,623	110,970	CRONIN, PAUL W.	92,847	KERRY, JOHN F.	3,806	18,123 R	53.4%	44.7%	54.4%	45.6%
6	1974	119,301			119,278	HARRINGTON, MICHAEL J.	23	119,278 D		100.0%		100.0%
6	1972	218,078	78,381	MOSELEY, JAMES B.	139,697	HARRINGTON, MICHAEL J.		61,316 D	35.9%	64.1%	35.9%	64.1%
7	1974	153,127			122,165	MACDONALD, TORBERT	30,962	122,165 D		79.8%		100.0%
7	1972	199,562	64,357	ALIBERTI, JOAN M.	135,193	MACDONALD, TORBERT	12	70,836 D	32.2%	67.7%	32.3%	67.7%
8	1974	121,845			107,042	O NEILL, THOMAS P.	14,803	107,042 D		87.9%		100.0%
8	1972	160,687			142,470	O NEILL, THOMAS P.	18,217	142,470 D		88.7%		100.0%
9	1974	106,158			94,804	MOAKLEY, JOHN J.	11,354	94,804 D		89.3%		100.0%
9	1972	163,288	23,177	MILLER, HOWARD M.	67,143	HICKS, LOUISE DAY	72,968	43,966 D	14.2%	41.1%	25.7%	74.3%
10	1974	155,868	99,993	HECKLER, MARGARET M.	55,871	MONAHAN, BARRY F.	4	44,122 R	64.2%	35.8%	64.2%	35.8%
10	1972	161,765	161,708	HECKLER, MARGARET M.			57	161,708 R	100.0%		100.0%	
11	1974	125,991			125,978	BURKE, JAMES A.	13	125,978 D		100.0%		100.0%
11	1972	154,453			154,397	BURKE, JAMES A.	56	154,397 D		100.0%		100.0%
12	1974	185,569	46,787	MACKAY, J. ALAN	138,779	STUDDS, GERRY E.	3	91,992 D	25.2%	74.8%	25.2%	74.8%
12	1972	234,305	116,592	WEEKS, WILLIAM D.	117,710	STUDDS, GERRY E.	3	1,118 D	49.8%	50.2%	49.8%	50.2%

MASSACHUSETTS

1974 GENERAL ELECTION

In addition to the county-by-county figures, 1974 data are presented for selected Massachusetts communities. Since not all jurisdictions of the state are listed in this special tabulation, state-wide totals are shown only with the county-by-county statistics.

Governor   Other vote was 63,083 American (Kahian); 15,011 Socialist Workers (Gurewitz); 67 scattered.

Congress   John J. Moakley, the Democratic candidate in CD 9, was previously elected as an Independent in 1972. Other vote was scattered in CD's 1, 2, 5, 6, 10, 11, and 12. In other CD's as follows:

- CD 3   19,018 Independent (Rowe); 141 scattered.
- CD 4   52,785 Independent (Rotenberg); 3 scattered.
- CD 7   30,959 Independent (Murphy); 3 scattered.
- CD 8   8,363 U.S. Labor (Kiggen); 6,421 Communist (Ross); 19 scattered.
- CD 9   11,344 U.S. Labor (Sherman); 10 scattered.

1974 PRIMARIES

SEPTEMBER 10 REPUBLICAN

Governor   124,250 Francis W. Sargent; 71,936 Carroll P. Sheehan; 46 scattered.

Congress   Unopposed in five CD's. No candidates in CD's 2, 6, 7, 8, 9, and 11. Laurence Curtis, the unopposed candidate in CD 4, withdrew after the primary and Alvin Mandell was substituted by the local party committee. Contested as follows:

- CD 3   13,433 David J. Lionett; 2,624 Thornton D. Wheeler; 9 scattered.

SEPTEMBER 10 DEMOCRATIC

Governor   444,590 Michael S. Dukakis; 326,385 Robert H. Quinn; 46 scattered.

Congress   Unopposed in seven CD's. Contested as follows:

- CD 1   19,603 Thomas R. Manning; 15,810 Kenneth R. Mosakowski; 4 scattered.
- CD 3   24,470 Joseph D. Early; 19,047 Gerard D'Amico; 18,925 Paul V. Mullaney; 10,457 John B. Anderson; 2,261 Ora J. Gatti; 1,952 Anthony P. Hmura; 169 scattered.
- CD 5   45,655 Paul E. Tsongas; 17,215 William C. Madden; 14 scattered.
- CD 6   39,798 Michael J. Harrington; 15,943 Ronald E. Kowalski; 3 scattered.
- CD 11   60,921 James A. Burke; 20,703 Joseph M. Tierney; 1 scattered.

MICHIGAN

GOVERNOR
William G. Milliken (R). Re-elected 1974 to a four-year term. Previously elected 1970; as Lieutenant Governor became Governor January 1969 on the resignation of Governor George W. Romney.

SENATORS
Philip A. Hart (D). Re-elected 1970 to a six-year term. Previously elected 1964, 1958.

Robert P. Griffin (R). Re-elected 1972 to a six-year term. Previously elected 1966; had been appointed May 1966 to fill out term vacated by the death of Senator Patrick V. McNamara.

REPRESENTATIVES
1. John Conyers (D)
2. Marvin L. Esch (R)
3. Garry Brown (R)
4. Edward Hutchinson (R)
5. Richard F. Vander Veen (D)
6. M. Robert Carr (D)
7. Donald W. Riegle (D)
8. J. Robert Traxler (D)
9. Guy Vander Jagt (R)
10. Elford A. Cederberg (R)
11. Philip E. Ruppe (R)
12. James G. O'Hara (D)
13. Charles C. Diggs (D)
14. Lucien N. Nedzi (D)
15. William D. Ford (D)
16. John D. Dingell, Jr. (D)
17. William M. Brodhead (D)
18. James J. Blanchard (D)
19. William S. Broomfield (R)

POSTWAR VOTE FOR GOVERNOR

Year	Total Vote	Republican Vote	Republican Candidate	Democratic Vote	Democratic Candidate	Other Vote	Rep.-Dem. Plurality	Total Vote Rep.	Total Vote Dem.	Major Vote Rep.	Major Vote Dem.
1974	2,657,017	1,356,865	Milliken, William G.	1,242,247	Levin, Sander	57,905	114,618 R	51.1%	46.8%	52.2%	47.8%
1970	2,656,162	1,339,047	Milliken, William G.	1,294,638	Levin, Sander	22,477	44,409 R	50.4%	48.7%	50.8%	49.2%
1966	2,461,909	1,490,430	Romney, George W.	963,383	Ferency, Zoltan A.	8,096	527,047 R	60.5%	39.1%	60.7%	39.3%
1964	3,158,102	1,764,355	Romney, George W.	1,381,442	Staebler, Neil	12,305	382,913 R	55.9%	43.7%	56.1%	43.9%
1962	2,764,839	1,420,086	Romney, George W.	1,339,513	Swainson, John B.	5,240	80,573 R	51.4%	48.4%	51.5%	48.5%
1960	3,255,991	1,602,022	Bagwell, Paul D.	1,643,634	Swainson, John B.	10,335	41,612 D	49.2%	50.5%	49.4%	50.6%
1958	2,312,184	1,078,089	Bagwell, Paul D.	1,225,533	Williams, G. Mennen	8,562	147,444 D	46.6%	53.0%	46.8%	53.2%
1956	3,049,651	1,376,376	Cobo, Albert E.	1,666,689	Williams, G. Mennen	6,586	290,313 D	45.1%	54.7%	45.2%	54.8%
1954	2,187,027	963,300	Leonard, Donald S.	1,216,308	Williams, G. Mennen	7,419	253,008 D	44.0%	55.6%	44.2%	55.8%
1952	2,865,980	1,423,275	Alger, Fred M.	1,431,893	Williams, G. Mennen	10,812	8,618 D	49.7%	50.0%	49.8%	50.2%
1950	1,879,382	933,998	Kelly, Harry F.	935,152	Williams, G. Mennen	10,232	1,154 D	49.7%	49.8%	50.0%	50.0%
1948	2,113,122	964,810	Sigler, Kim	1,128,664	Williams, G. Mennen	19,648	163,854 D	45.7%	53.4%	46.1%	53.9%
1946	1,665,475	1,003,878	Sigler, Kim	644,540	Van Wagoner, Murray	17,057	359,338 R	60.3%	38.7%	60.9%	39.1%

The term of office of Michigan's Governor was increased from two to four years effective with the 1966 election.

POSTWAR VOTE FOR SENATOR

Year	Total Vote	Republican Vote	Republican Candidate	Democratic Vote	Democratic Candidate	Other Vote	Rep.-Dem. Plurality	Total Vote Rep.	Total Vote Dem.	Major Vote Rep.	Major Vote Dem.
1972	3,406,906	1,781,065	Griffin, Robert P.	1,577,178	Kelley, Frank J.	48,663	203,887 R	52.3%	46.3%	53.0%	47.0%
1970	2,610,839	858,470	Romney, Lenore	1,744,716	Hart, Philip A.	7,653	886,246 D	32.9%	66.8%	33.0%	67.0%
1966	2,439,365	1,363,530	Griffin, Robert P.	1,069,484	Williams, G. Mennen	6,351	294,046 R	55.9%	43.8%	56.0%	44.0%
1964	3,101,667	1,096,272	Peterson, Elly M.	1,996,912	Hart, Philip A.	8,483	900,640 D	35.3%	64.4%	35.4%	64.6%
1960	3,226,647	1,548,873	Bentley, Alvin M.	1,669,179	McNamara, Patrick V.	8,595	120,306 D	48.0%	51.7%	48.1%	51.9%
1958	2,271,644	1,046,963	Potter, Charles E.	1,216,966	Hart, Philip A.	7,715	170,003 D	46.1%	53.6%	46.2%	53.8%
1954	2,144,840	1,049,420	Ferguson, Homer	1,088,550	McNamara, Patrick V.	6,870	39,130 D	48.9%	50.8%	49.1%	50.9%
1952	2,821,133	1,428,352	Potter, Charles E.	1,383,416	Moody, Blair	9,365	44,936 R	50.6%	49.0%	50.8%	49.2%
1948	2,062,097	1,045,156	Ferguson, Homer	1,000,329	Hook, Frank E.	16,612	44,827 R	50.7%	48.5%	51.1%	48.9%
1946	1,618,720	1,085,570	Vandenberg, Arthur	517,923	Lee, James H.	15,227	567,647 R	67.1%	32.0%	67.7%	32.3%

MICHIGAN

Districts Established May 15, 1972

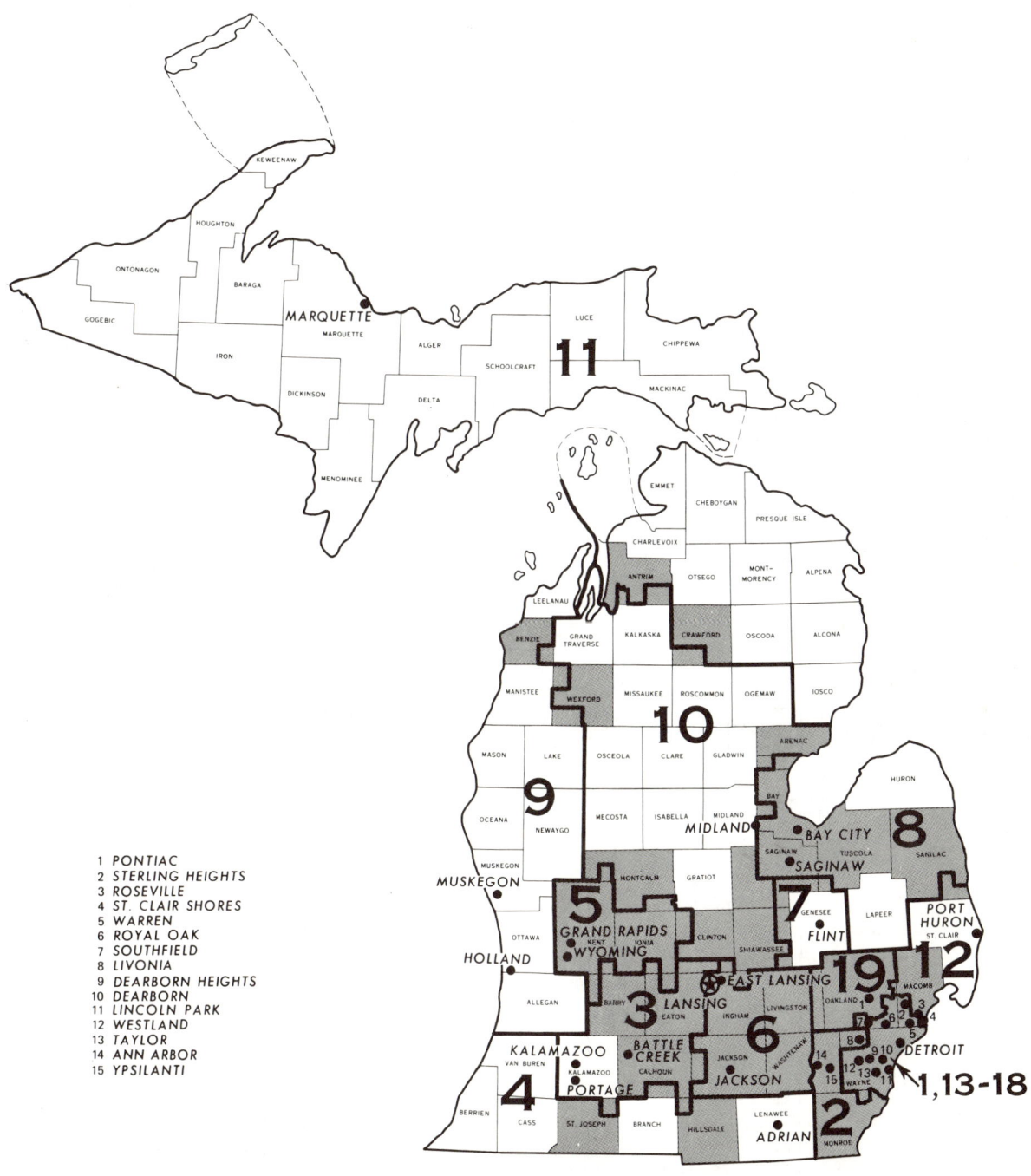

1 PONTIAC
2 STERLING HEIGHTS
3 ROSEVILLE
4 ST. CLAIR SHORES
5 WARREN
6 ROYAL OAK
7 SOUTHFIELD
8 LIVONIA
9 DEARBORN HEIGHTS
10 DEARBORN
11 LINCOLN PARK
12 WESTLAND
13 TAYLOR
14 ANN ARBOR
15 YPSILANTI

County with two or more Congressional Districts.

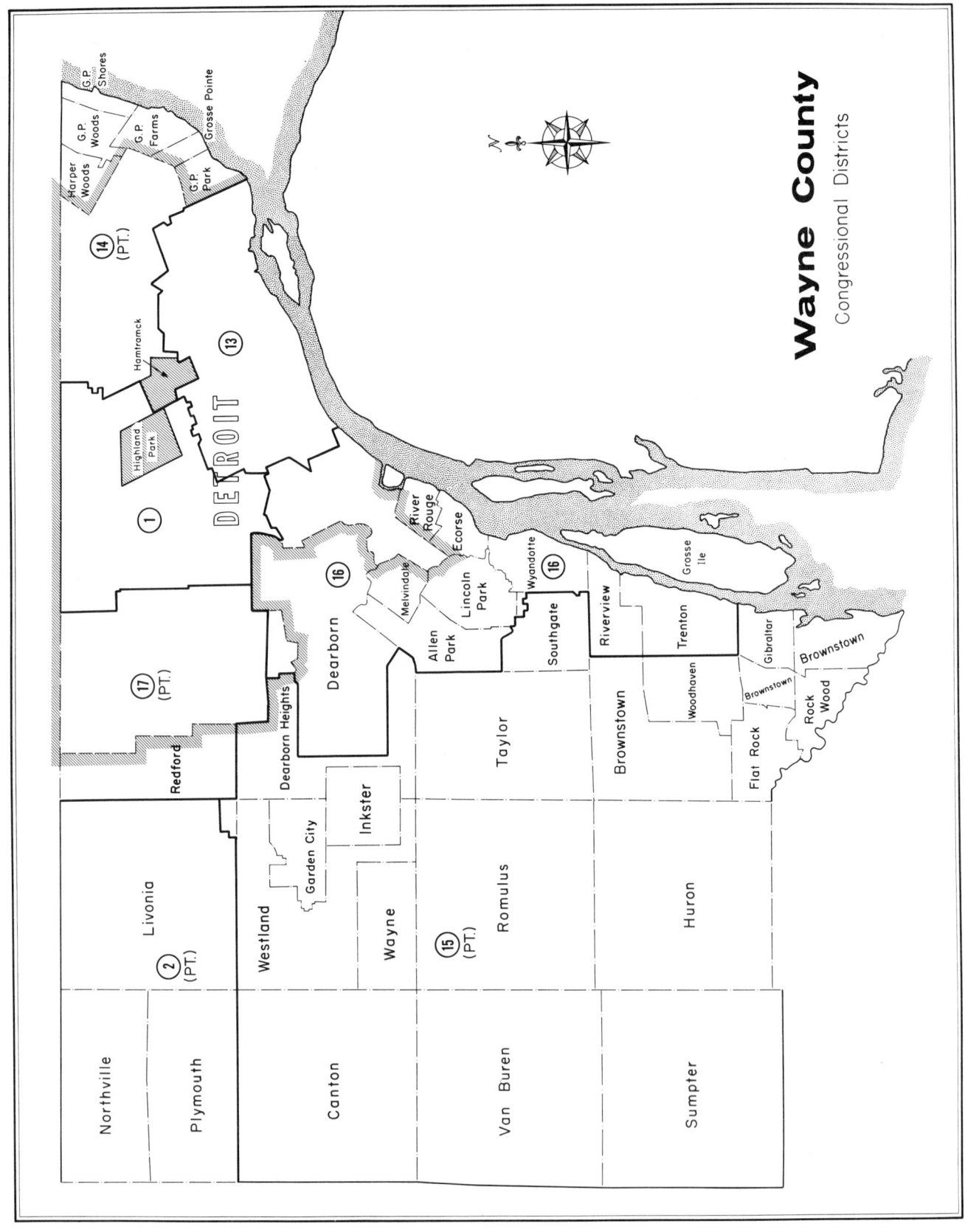

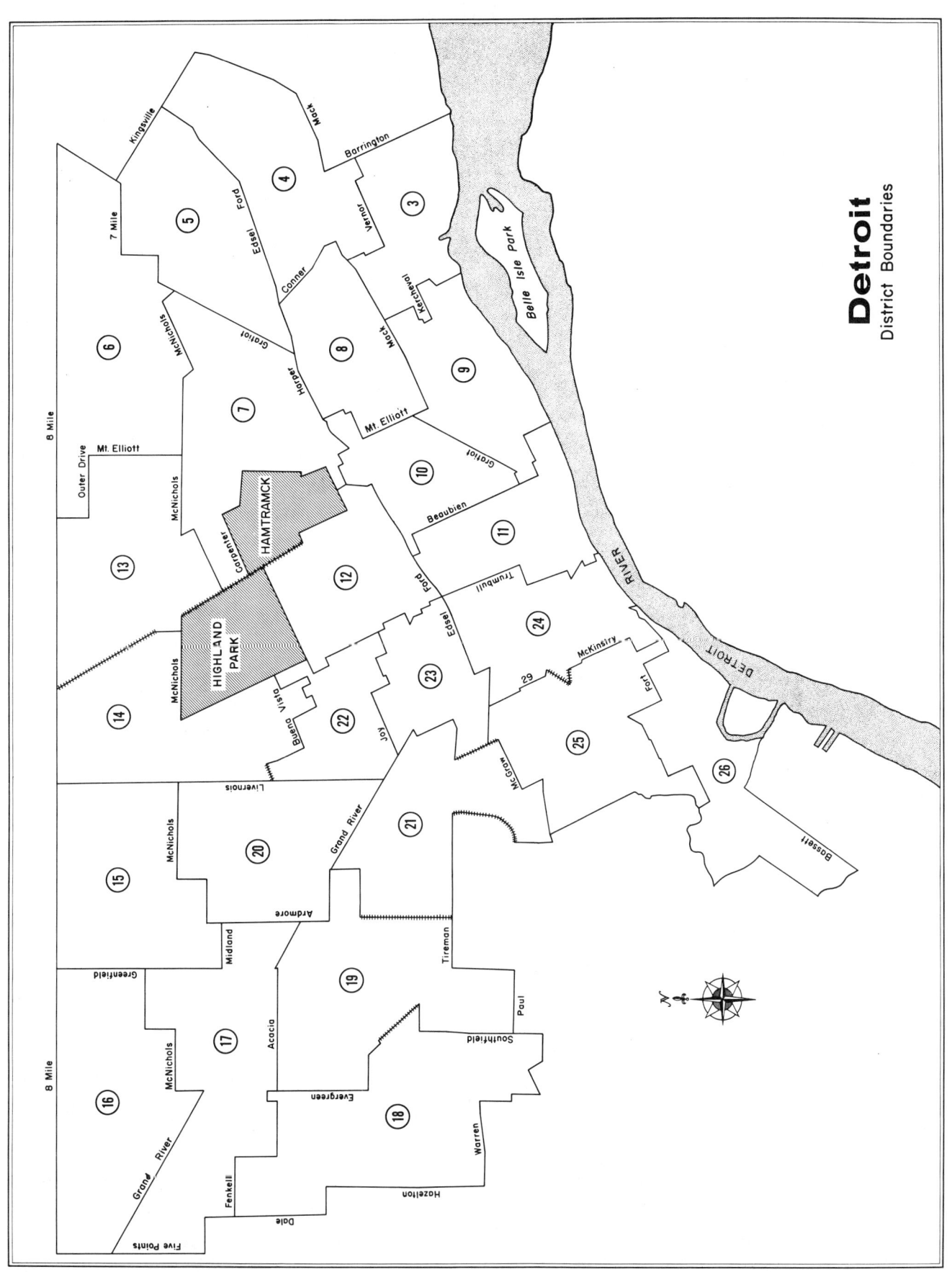

MICHIGAN

GOVERNOR 1974

1970 Census Population	County	Total Vote	Republican	Democratic	Other	Rep.-Dem. Plurality	Percentage Total Vote Rep.	Dem.	Major Vote Rep.	Dem.
7,113	ALCONA	3,017	1,616	1,369	32	247 R	53.6%	45.4%	54.1%	45.9%
8,568	ALGER	3,299	1,366	1,896	37	530 D	41.4%	57.5%	41.9%	58.1%
66,575	ALLEGAN	20,879	12,917	7,565	397	5,352 R	61.9%	36.2%	63.1%	36.9%
30,708	ALPENA	9,639	4,776	4,721	142	55 R	49.5%	49.0%	50.3%	49.7%
12,612	ANTRIM	5,445	3,228	2,134	83	1,094 R	59.3%	39.2%	60.2%	39.8%
11,149	ARENAC	3,778	1,948	1,802	28	146 R	51.6%	47.7%	51.9%	48.1%
7,789	BARAGA	2,911	1,437	1,440	34	3 D	49.4%	49.5%	49.9%	50.1%
38,166	BARRY	13,428	7,739	5,493	196	2,246 R	57.6%	40.9%	58.5%	41.5%
117,339	BAY	37,824	17,491	19,945	388	2,454 D	46.2%	52.7%	46.7%	53.3%
8,593	BENZIE	3,463	2,079	1,354	30	725 R	60.0%	39.1%	60.6%	39.4%
163,875	BERRIEN	43,771	24,971	17,778	1,022	7,193 R	57.0%	40.6%	58.4%	41.6%
37,906	BRANCH	10,317	5,887	4,310	120	1,577 R	57.1%	41.8%	57.7%	42.3%
141,963	CALHOUN	40,415	22,254	17,488	673	4,766 R	55.1%	43.3%	56.0%	44.0%
43,312	CASS	11,678	6,077	5,416	185	661 R	52.0%	46.4%	52.9%	47.1%
16,541	CHARLEVOIX	6,856	3,530	3,231	95	299 R	51.5%	47.1%	52.2%	47.8%
16,573	CHEBOYGAN	6,601	3,621	2,886	94	735 R	54.9%	43.7%	55.6%	44.4%
32,412	CHIPPEWA	9,204	4,877	4,184	143	693 R	53.0%	45.5%	53.8%	46.2%
16,695	CLARE	6,216	3,129	2,974	113	155 R	50.3%	47.8%	51.3%	48.7%
48,492	CLINTON	15,505	9,020	6,163	322	2,857 R	58.2%	39.7%	59.4%	40.6%
6,482	CRAWFORD	2,541	1,470	1,042	29	428 R	57.9%	41.0%	58.5%	41.5%
35,924	DELTA	13,357	5,615	7,551	191	1,936 D	42.0%	56.5%	42.6%	57.4%
23,753	DICKINSON	9,639	4,183	5,347	109	1,164 D	43.4%	55.5%	43.9%	56.1%
68,892	EATON	23,697	14,640	8,625	432	6,015 R	61.8%	36.4%	62.9%	37.1%
18,331	EMMET	7,002	3,971	2,924	107	1,047 R	56.7%	41.8%	57.6%	42.4%
444,341	GENESEE	119,279	57,509	59,510	2,260	2,001 D	48.2%	49.9%	49.1%	50.9%
13,471	GLADWIN	5,006	2,454	2,505	47	51 D	49.0%	50.0%	49.5%	50.5%
20,676	GOGEBIC	8,502	3,005	5,415	82	2,410 D	35.3%	63.7%	35.7%	64.3%
39,175	GRAND TRAVERSE	14,892	9,508	5,104	280	4,404 R	63.8%	34.3%	65.1%	34.9%
39,246	GRATIOT	10,438	6,417	3,913	108	2,504 R	61.5%	37.5%	62.1%	37.9%
37,171	HILLSDALE	10,134	5,983	3,992	159	1,991 R	59.0%	39.4%	60.0%	40.0%
34,652	HOUGHTON	11,789	6,236	5,425	128	811 R	52.9%	46.0%	53.5%	46.5%
34,083	HURON	11,461	7,172	4,119	170	3,053 R	62.6%	35.9%	63.5%	36.5%
261,039	INGHAM	88,966	52,519	31,116	5,331	21,403 R	59.0%	35.0%	62.8%	37.2%
45,848	IONIA	14,159	7,861	6,110	188	1,751 R	55.5%	43.2%	56.3%	43.7%
24,905	IOSCO	7,244	3,826	3,349	69	477 R	52.8%	46.2%	53.3%	46.7%
13,813	IRON	6,314	2,774	3,499	41	725 D	43.9%	55.4%	44.2%	55.8%
44,594	ISABELLA	12,001	6,342	5,278	381	1,064 R	52.8%	44.0%	54.6%	45.4%
143,274	JACKSON	42,418	22,998	18,547	873	4,451 R	54.2%	43.7%	55.4%	44.6%
201,550	KALAMAZOO	58,166	35,200	21,732	1,234	13,468 R	60.5%	37.4%	61.8%	38.2%
5,272	KALKASKA	2,634	1,285	1,300	49	15 D	48.8%	49.4%	49.7%	50.3%
411,044	KENT	137,588	81,040	54,047	2,501	26,993 R	58.9%	39.3%	60.0%	40.0%
2,264	KEWEENAW	1,069	536	529	4	7 R	50.1%	49.5%	50.3%	49.7%
5,661	LAKE	2,771	1,272	1,467	32	195 D	45.9%	52.9%	46.4%	53.6%
52,317	LAPEER	14,988	8,050	6,560	378	1,490 R	53.7%	43.8%	55.1%	44.9%
10,872	LEELANAU	5,153	3,147	1,924	82	1,223 R	61.1%	37.3%	62.1%	37.9%
81,609	LENAWEE	22,071	12,269	9,505	297	2,764 R	55.6%	43.1%	56.3%	43.7%
58,967	LIVINGSTON	21,412	13,274	7,671	467	5,603 R	62.0%	35.8%	63.4%	36.6%
6,789	LUCE	2,038	1,028	1,004	6	24 R	50.4%	49.3%	50.6%	49.4%
9,660	MACKINAC	4,594	2,219	2,326	49	107 D	48.3%	50.6%	48.8%	51.2%
625,309	MACOMB	181,467	90,896	86,356	4,215	4,540 R	50.1%	47.6%	51.3%	48.7%
20,094	MANISTEE	7,257	3,715	3,457	85	258 R	51.2%	47.6%	51.8%	48.2%
64,686	MARQUETTE	19,179	9,018	9,825	336	807 D	47.0%	51.2%	47.9%	52.1%
22,612	MASON	8,204	4,371	3,738	95	633 R	53.3%	45.6%	53.9%	46.1%
27,992	MECOSTA	7,980	4,511	3,350	119	1,161 R	56.5%	42.0%	57.4%	42.6%
24,587	MENOMINEE	8,053	3,620	4,331	102	711 D	45.0%	53.8%	45.5%	54.5%
63,769	MIDLAND	21,010	12,464	8,211	335	4,253 R	59.3%	39.1%	60.3%	39.7%
7,126	MISSAUKEE	3,282	2,038	1,211	33	827 R	62.1%	36.9%	62.7%	37.3%
118,479	MONROE	30,543	14,439	15,530	574	1,091 D	47.3%	50.8%	48.2%	51.8%
39,660	MONTCALM	11,889	6,787	4,924	178	1,863 R	57.1%	41.4%	58.0%	42.0%
5,247	MONTMORENCY	2,583	1,447	1,097	39	350 R	56.0%	42.5%	56.9%	43.1%
157,426	MUSKEGON	48,687	23,589	24,334	764	745 D	48.5%	50.0%	49.2%	50.8%
27,992	NEWAYGO	10,280	5,498	4,629	153	869 R	53.5%	45.0%	54.3%	45.7%
907,871	OAKLAND	294,343	168,527	118,938	6,878	49,589 R	57.3%	40.4%	58.6%	41.4%
17,984	OCEANA	6,332	3,188	3,049	95	139 R	50.3%	48.2%	51.1%	48.9%
11,903	OGEMAW	4,609	2,411	2,142	56	269 R	52.3%	46.5%	53.0%	47.0%

MICHIGAN

GOVERNOR 1974

1970 Census Population	County	Total Vote	Republican	Democratic	Other	Rep.-Dem. Plurality	Percentage Total Vote Rep.	Dem.	Major Vote Rep.	Dem.
10,548	ONTONAGON	4,511	1,969	2,518	24	549 D	43.6%	55.8%	43.9%	56.1%
14,838	OSCEOLA	5,208	3,063	2,046	99	1,017 R	58.8%	39.3%	60.0%	40.0%
4,726	OSCODA	1,743	998	721	24	277 R	57.3%	41.4%	58.1%	41.9%
10,422	OTSEGO	3,896	2,118	1,736	42	382 R	54.4%	44.6%	55.0%	45.0%
128,181	OTTAWA	46,686	31,366	14,622	698	16,744 R	67.2%	31.3%	68.2%	31.8%
12,836	PRESQUE ISLE	5,388	2,684	2,673	31	11 R	49.8%	49.6%	50.1%	49.9%
9,892	ROSCOMMON	5,932	3,403	2,464	65	939 R	57.4%	41.5%	58.0%	42.0%
219,743	SAGINAW	64,153	33,797	29,597	759	4,200 R	52.7%	46.1%	53.3%	46.7%
120,175	ST. CLAIR	35,560	18,210	16,702	648	1,508 R	51.2%	47.0%	52.2%	47.8%
47,392	ST. JOSEPH	13,000	7,705	5,119	176	2,586 R	59.3%	39.4%	60.1%	39.9%
34,889	SANILAC	12,125	7,641	4,295	189	3,346 R	63.0%	35.4%	64.0%	36.0%
8,226	SCHOOLCRAFT	3,318	1,403	1,899	16	496 D	42.3%	57.2%	42.5%	57.5%
63,075	SHIAWASSEE	19,760	10,476	8,852	432	1,624 R	53.0%	44.8%	54.2%	45.8%
48,603	TUSCOLA	14,746	8,804	5,767	175	3,037 R	59.7%	39.1%	60.4%	39.6%
56,173	VAN BUREN	16,344	9,189	6,771	384	2,418 R	56.2%	41.4%	57.6%	42.4%
234,103	WASHTENAW	75,778	41,085	29,064	5,629	12,021 R	54.2%	38.4%	58.6%	41.4%
2,666,751	WAYNE	710,491	290,894	405,461	14,136	114,567 D	40.9%	57.1%	41.8%	58.2%
19,717	WEXFORD	7,111	3,775	3,233	103	542 R	53.1%	45.5%	53.9%	46.1%
8,875,083	TOTAL	2,657,017	1,356,865	1,242,247	57,905	114,618 R	51.1%	46.8%	52.2%	47.8%

Detroit

GOVERNOR 1974

1970 Census Population	District	Total Vote	Republican	Democratic	Other	Rep.-Dem. Plurality	Percentage Total Vote Rep.	Dem.	Major Vote Rep.	Dem.
	DISTRICT 3	8,992	1,537	7,259	196	5,722 D	17.1%	80.7%	17.5%	82.5%
	DISTRICT 4	16,630	8,237	7,928	465	309 R	49.5%	47.7%	51.0%	49.0%
	DISTRICT 5	20,651	10,675	9,422	554	1,253 R	51.7%	45.6%	53.1%	46.9%
	DISTRICT 6	21,864	10,086	11,279	499	1,193 D	46.1%	51.6%	47.2%	52.8%
	DISTRICT 7	13,377	3,826	9,305	246	5,479 D	28.6%	69.6%	29.1%	70.9%
	DISTRICT 8	12,650	878	11,632	140	10,754 D	6.9%	92.0%	7.0%	93.0%
	DISTRICT 9	10,824	2,651	7,920	253	5,269 D	24.5%	73.2%	25.1%	74.9%
	DISTRICT 10	7,572	1,162	6,265	145	5,103 D	15.3%	82.7%	15.6%	84.4%
	DISTRICT 11	6,736	1,704	4,769	263	3,065 D	25.3%	70.8%	26.3%	73.7%
	DISTRICT 12	11,359	1,249	9,888	222	8,639 D	11.0%	87.0%	11.2%	88.8%
	DISTRICT 13	17,413	3,447	13,689	277	10,242 D	19.8%	78.6%	20.1%	79.9%
	DISTRICT 14	16,584	3,894	12,266	424	8,372 D	23.5%	74.0%	24.1%	75.9%
	DISTRICT 15	21,695	2,444	18,956	295	16,512 D	11.3%	87.4%	11.4%	88.6%
	DISTRICT 16	20,164	9,500	10,179	485	679 D	47.1%	50.5%	48.3%	51.7%
	DISTRICT 17	19,267	9,420	9,311	536	109 R	48.9%	48.3%	50.3%	49.7%
	DISTRICT 18	18,926	8,484	10,048	394	1,564 D	44.8%	53.1%	45.8%	54.2%
	DISTRICT 19	16,542	6,084	10,082	376	3,998 D	36.8%	60.9%	37.6%	62.4%
	DISTRICT 20	15,055	1,299	13,601	155	12,302 D	8.6%	90.3%	8.7%	91.3%
	DISTRICT 21	15,884	2,362	13,332	190	10,970 D	14.9%	83.9%	15.1%	84.9%
	DISTRICT 22	13,291	950	12,219	122	11,269 D	7.1%	91.9%	7.2%	92.8%
	DISTRICT 23	12,156	842	11,190	124	10,348 D	6.9%	92.1%	7.0%	93.0%
	DISTRICT 24	6,876	1,183	5,534	159	4,351 D	17.2%	80.5%	17.6%	82.4%
	DISTRICT 25	12,296	4,111	7,926	259	3,815 D	33.4%	64.5%	34.2%	65.8%
	DISTRICT 26	6,962	1,063	5,813	86	4,750 D	15.3%	83.5%	15.5%	84.5%
	ABSENTEE	26,079	13,218	12,469	392	749 R	50.7%	47.8%	51.5%	48.5%
1,511,482	TOTAL	369,845	110,306	252,282	7,257	141,976 D	29.8%	68.2%	30.4%	69.6%

MICHIGAN

CONGRESS

CD	Year	Total Vote	Republican Vote	Republican Candidate	Democratic Vote	Democratic Candidate	Other Vote	Rep.-Dem. Plurality	Percentage Total Vote Rep.	Percentage Total Vote Dem.	Major Vote Rep.	Major Vote Dem.
1	1974	107,573	9,358	GIRARDOT, WALTER F.	97,620	CONYERS, JOHN	595	88,262 D	8.7%	90.7%	8.7%	91.3%
1	1972	148,603	16,096	GIRARDOT, WALTER F.	131,353	CONYERS, JOHN	1,154	115,257 D	10.8%	88.4%	10.9%	89.1%
2	1974	138,160	72,245	ESCH, MARVIN L.	62,755	REUTHER, JOHN S.	3,160	9,490 R	52.3%	45.4%	53.5%	46.5%
2	1972	184,396	103,321	ESCH, MARVIN L.	79,762	STEMPIEN, MARVIN R.	1,313	23,559 R	56.0%	43.3%	56.4%	43.6%
3	1974	137,139	70,157	BROWN, GARRY	65,212	TODD, PAUL H.	1,770	4,945 R	51.2%	47.6%	51.8%	48.2%
3	1972	185,937	110,082	BROWN, GARRY	74,114	BRIGNALL, JAMES T.	1,741	35,968 R	59.2%	39.9%	59.8%	40.2%
4	1974	121,925	64,731	HUTCHINSON, EDWARD	55,469	DAUGHERTY, RICHARD E.	1,725	9,262 R	53.1%	45.5%	53.9%	46.1%
4	1972	165,326	111,185	HUTCHINSON, EDWARD	54,141	JAMESON, CHARLES W.		57,044 R	67.3%	32.7%	67.3%	32.7%
5	1974	153,475	66,659	GOEBEL, PAUL G.	80,778	VANDER VEEN, RICHARD F.	6,038	14,119 D	43.4%	52.6%	45.2%	54.8%
5	1972	193,229	118,027	FORD, GERALD R.	72,782	MCKEE, JEAN	2,420	45,245 R	61.1%	37.7%	61.9%	38.1%
6	1974	149,986	73,309	TAYLOR, CLIFFORD W.	73,956	CARR, M. ROBERT	2,721	647 D	48.9%	49.3%	49.8%	50.2%
6	1972	192,875	97,666	CHAMBERLAIN, C. E.	95,209	CARR, M. ROBERT		2,457 R	50.6%	49.4%	50.6%	49.4%
7	1974	125,129	41,603	EASTMAN, ROBERT E.	81,014	RIEGLE, DONALD W.	2,512	39,411 D	33.2%	64.7%	33.9%	66.1%
7	1972	163,539	114,656	RIEGLE, DONALD W.	48,883	MATTISON, EUGENE L.		65,773 R	70.1%	29.9%	70.1%	29.9%
8	1974	141,854	61,578	SPARLING, JAMES M.	77,795	TRAXLER, J. ROBERT	2,481	16,217 D	43.4%	54.8%	44.2%	55.8%
8	1972	169,750	100,597	HARVEY, JAMES	66,873	HART, JEROME	2,280	33,724 R	59.3%	39.4%	60.1%	39.9%
9	1974	154,811	87,551	VANDER JAGT, GUY	65,235	HALBOWER, NORM	2,025	22,316 R	56.6%	42.1%	57.3%	42.7%
9	1972	190,614	132,268	VANDER JAGT, GUY	56,236	OLSON, LARRY H.	2,110	76,032 R	69.4%	29.5%	70.2%	29.8%
10	1974	146,937	78,897	CEDERBERG, ELFORD A.	67,467	MARBLE, SAMUEL D.	573	11,430 R	53.7%	45.9%	53.9%	46.1%
10	1972	181,886	121,368	CEDERBERG, ELFORD A.	56,149	GRAVES, BENNIE D.	4,369	65,219 R	66.7%	30.9%	68.4%	31.6%
11	1974	163,536	83,293	RUPPE, PHILIP E.	79,793	BROUILLETTE, FRANCIS D.	450	3,500 R	50.9%	48.8%	51.1%	48.9%
11	1972	195,609	135,786	RUPPE, PHILIP E.	58,334	MCNAMARA, JAMES E.	1,489	77,452 R	69.4%	29.8%	69.9%	30.1%
12	1974	124,415	34,293	TYZA, EUGENE J.	89,822	O HARA, JAMES G.	300	55,529 D	27.6%	72.2%	27.6%	72.4%
12	1972	164,018	80,667	SEROTKIN, DAVID M.	83,351	O HARA, JAMES G.		2,684 D	49.2%	50.8%	49.2%	50.8%
13	1974	72,403	8,036	MCCALL, GEORGE E.	63,246	DIGGS, CHARLES C.	1,121	55,210 D	11.1%	87.4%	11.3%	88.7%
13	1972	113,928	15,180	EDWARDS, LEONARD T.	97,562	DIGGS, CHARLES C.	1,186	82,382 D	13.3%	85.6%	13.5%	86.5%
14	1974	131,925	35,723	STEIGER, HERBERT O.	93,973	NEDZI, LUCIEN N.	2,229	58,250 D	27.1%	71.2%	27.5%	72.5%
14	1972	171,196	77,273	MCGRATH, ROBERT V.	93,923	NEDZI, LUCIEN N.		16,650 D	45.1%	54.9%	45.1%	54.9%
15	1974	110,910	23,028	UNDERWOOD, JACK A.	86,601	FORD, WILLIAM D.	1,281	63,573 D	20.8%	78.1%	21.0%	79.0%
15	1972	147,530	48,504	FACKLER, ERNEST C.	97,054	FORD, WILLIAM D.	1,972	48,550 D	32.9%	65.8%	33.3%	66.7%
16	1974	123,284	25,248	ENGLISH, WALLACE D.	95,834	DINGELL, JOHN D., JR.	2,202	70,586 D	20.5%	77.7%	20.9%	79.1%
16	1972	162,683	48,414	ROSTRON, WILLIAM E.	110,715	DINGELL, JOHN D., JR.	3,554	62,301 D	29.8%	68.1%	30.4%	69.6%
17	1974	135,674	39,856	GALLAGHER, KENNETH C.	94,242	BRODHEAD, WILLIAM M.	1,576	54,386 D	29.4%	69.5%	29.7%	70.3%
17	1972	185,633	60,337	JUDD, RALPH E.	123,331	GRIFFITHS, MARTHA W.	1,965	62,994 D	32.5%	66.4%	32.9%	67.1%
18	1974	142,232	57,133	HUBER, ROBERT J.	83,523	BLANCHARD, JAMES J.	1,576	26,390 D	40.2%	58.7%	40.6%	59.4%
18	1972	180,633	95,053	HUBER, ROBERT J.	85,580	COOPER, DANIEL S.		9,473 R	52.6%	47.4%	52.6%	47.4%
19	1974	138,052	86,846	BROOMFIELD, WILLIAM S.	50,924	MONTGOMERY, GEORGE F.	282	35,922 R	62.9%	36.9%	63.0%	37.0%
19	1972	175,789	123,697	BROOMFIELD, WILLIAM S.	50,355	MONTGOMERY, GEORGE F.	1,737	73,342 R	70.4%	28.6%	71.1%	28.9%

MICHIGAN

1974 GENERAL ELECTION

Governor   Other vote was 28,675 Human Rights (Ferency); 20,278 American Independent (Davidson); 4,117 Conservative (Andrews); 1,505 Socialist Workers (Maisel); 1,296 Socialist Labor (Horvath); 1,119 Communist (Dennis); 898 U.S. Labor (Signorelli); 17 scattered.

Congress   Donald W. Riegle, the Democratic candidate in CD 7, was previously elected as a Republican. Other vote was as follows:

- CD 1   419 SW (McCutcheon); 176 U.S. Labor (Cotton).
- CD 2   1,834 Human Rights (Carroll); 994 American Independent (Jones); 186 SW (Pettit); 146 U.S. Labor (Ziegler).
- CD 3   912 AI (Lightvoet); 765 Human Rights (Zender); 93 SW (Beumer).
- CD 4   1,574 AI (Snyder); 146 SW (Craine); 5 scattered.
- CD 5   5,610 AI (Johnson); 230 SL (Girard); 192 SW (Owens); 6 scattered.
- CD 6   2,143 Human Rights (Jones); 323 SW (Hayes); 155 SL (Ballard); 88 U.S. Labor (Wedler); 12 scattered.
- CD 7   1,245 AI (Sabin); 982 Human Rights (Freeman); 153 U.S. Labor (Dicks); 132 SW (Ostrow).
- CD 8   2,401 AI (Nelson); 80 SW (Brorsen).
- CD 9   1,748 AI (Kessler); 275 SW (Allen); 2 scattered.
- CD 10   570 SW (Ropers); 3 scattered.
- CD 11   369 Human Rights (Albert); 80 SW (Elam); 1 scattered.
- CD 12   297 SW (Orawiec); 3 scattered.
- CD 13   832 SW (Hagans); 289 U.S. Labor (Wheeler).
- CD 14   1,739 AI (Lukomski); 228 SW (Severs); 161 U.S. Labor (Spaniolo); 1 scattered.
- CD 15   964 AI (Fuhrmann); 161 U.S. Labor (Eades); 156 SW (Artz).
- CD 16   1,605 AI (Crawford); 365 SW (Bechler); 232 U.S. Labor (Steinhardt).
- CD 17   1,035 AI (Duke); 449 SW (Wallace); 91 U.S. Labor (Jock); 1 scattered.
- CD 18   632 AI (Lott); 607 Human Rights (Geary); 239 SW (Peck); 98 U.S. Labor (Moriarty).
- CD 19   175 SW (Zeller); 105 U.S. Labor (Jaber); 2 scattered.

DETROIT

Population data not available by districts in Detroit.

Governor   Other vote was 3,654 Human Rights (Ferency); 1,897 American Independent (Davidson); 620 Conservative (Andrews); 352 Communist (Dennis); 348 Socialist Workers (Maisel); 242 Socialist Labor (Horvath); 144 U.S. Labor (Signorelli).

1974 PRIMARIES

AUGUST 6 REPUBLICAN

Governor   William G. Milliken, unopposed.

Congress   Unopposed in eleven CD's. Contested as follows:

- CD 1   1,487 Walter F. Girardot; 444 Reba W. Hawkins.
- CD 5   16,556 Paul G. Goebel; 13,843 Charles M. Wiersma.
- CD 6   10,895 Clifford W. Taylor; 9,117 William S. Ballenger; 5,885 Bruce Barton.
- CD 8   26,045 James M. Sparling; 2,934 Anthony G. Sawka.
- CD 10   25,462 Elford A. Cederberg; 7,452 Andrew J. Marks.
- CD 15   2,861 Jack A. Underwood; 1,034 Edgar R. Nieten.
- CD 16   3,238 Wallace D. English; 2,500 William E. Rostron.
- CD 17   6,409 Kenneth C. Gallagher; 3,645 A. J. Goldenthal.

MICHIGAN

AUGUST 6 DEMOCRATIC

Governor   445,273 Sander Levin; 199,361 Jerome P. Cavanagh; 81,844 James E. Wells.

Congress   Unopposed in twelve CD's. Contested as follows:

CD 2   13,003 John S. Reuther; 12,922 Edward C. Pierce; 7,698 Marjorie Lansing; 6,219 Ronald W. Egnor; 1,459 Theo W. Williams.
CD 6   20,576 M. Robert Carr; 7,846 Charles P. Larrowe.
CD 7   37,833 Donald W. Riegle; 8,874 Eugene L. Mattison.
CD 11 25,518 Francis D. Brouillette; 22,259 Paul G. Knutson.
CD 14 38,438 Lucien N. Nedzi; 8,528 Richard S. Wolski; 5,085 Stanley Lechert.
CD 17 17,314 William M. Brodhead; 17,058 Patrick A. McDonald; 14,691 Joseph Levin; 8,141 Robert E. Fitzpatrick; 5,213 Kathleen Straus; 563 Dennis F. Shrewsbury.
CD 18 16,356 James J. Blanchard; 14,885 Wilfred D. Webb; 11,714 Adam E. Nowakowski; 5,654 Michael F. O'Connor.

MINNESOTA

GOVERNOR
Wendell R. Anderson (D). Re-elected 1974 to a four-year term. Previously elected 1970.

SENATORS
Hubert H. Humphrey (D). Elected 1970 to a six-year term. Previously elected 1960, 1954, 1948.

Walter F. Mondale (D). Re-elected 1972 to a six-year term. Previously elected 1966; had been appointed December 1964 to fill out term vacated by the resignation of Senator Hubert H. Humphrey.

REPRESENTATIVES
1. Albert H. Quie (R)
2. Tom Hagedorn (R)
3. Bill Frenzel (R)
4. Joseph E. Karth (D)
5. Donald M. Fraser (D)
6. Richard M. Nolan (D)
7. Bob Bergland (D)
8. James L. Oberstar (D)

POSTWAR VOTE FOR GOVERNOR

Year	Total Vote	Republican Vote	Republican Candidate	Democratic Vote	Democratic Candidate	Other Vote	Rep.-Dem. Plurality	Total Vote Rep.	Total Vote Dem.	Major Vote Rep.	Major Vote Dem.
1974	1,252,898	367,722	Johnson, John W.	786,787	Anderson, Wendell R.	98,389	419,065 D	29.3%	62.8%	31.9%	68.1%
1970	1,365,443	621,780	Head, Douglas M.	737,921	Anderson, Wendell R.	5,742	116,141 D	45.5%	54.0%	45.7%	54.3%
1966	1,295,058	680,593	LeVander, Harold	607,943	Rolvaag, Karl F.	6,522	72,650 R	52.6%	46.9%	52.8%	47.2%
1962	1,246,904	619,751	Andersen, Elmer L.	619,842	Rolvaag, Karl F.	7,311	91 D	49.7%	49.7%	50.0%	50.0%
1960	1,550,265	783,813	Andersen, Elmer L.	760,934	Freeman, Orville L.	5,518	22,879 R	50.6%	49.1%	50.7%	49.3%
1958	1,159,915	490,731	MacKinnon, George	658,326	Freeman, Orville L.	10,858	167,595 D	42.3%	56.8%	42.7%	57.3%
1956	1,422,161	685,196	Nelsen, Ancher	731,180	Freeman, Orville L.	5,785	45,984 D	48.2%	51.4%	48.4%	51.6%
1954	1,151,417	538,865	Anderson, C. Elmer	607,099	Freeman, Orville L.	5,453	68,234 D	46.8%	52.7%	47.0%	53.0%
1952	1,418,869	785,125	Anderson, C. Elmer	624,480	Freeman, Orville L.	9,264	160,645 R	55.3%	44.0%	55.7%	44.3%
1950	1,046,632	635,800	Youngdahl, Luther	400,637	Peterson, Harry H.	10,195	235,163 R	60.7%	38.3%	61.3%	38.7%
1948	1,210,894	643,572	Youngdahl, Luther	545,766	Halsted, Charles L.	21,556	97,806 R	53.1%	45.1%	54.1%	45.9%
1946	880,348	519,067	Youngdahl, Luther	349,565	Barker, Harold H.	11,716	169,502 R	59.0%	39.7%	59.8%	40.2%

The term of office of Minnesota's Governor was increased from two to four years effective with the 1962 election.

POSTWAR VOTE FOR SENATOR

Year	Total Vote	Republican Vote	Republican Candidate	Democratic Vote	Democratic Candidate	Other Vote	Rep.-Dem. Plurality	Total Vote Rep.	Total Vote Dem.	Major Vote Rep.	Major Vote Dem.
1972	1,731,653	742,121	Hansen, Philip	981,340	Mondale, Walter F.	8,192	239,219 D	42.9%	56.7%	43.1%	56.9%
1970	1,364,887	568,025	MacGregor, Clark	788,256	Humphrey, Hubert H.	8,606	220,231 D	41.6%	57.8%	41.9%	58.1%
1966	1,271,426	574,868	Forsythe, Robert A.	685,840	Mondale, Walter F.	10,718	110,972 D	45.2%	53.9%	45.6%	54.4%
1964	1,543,590	605,933	Whitney, Wheelock	931,353	McCarthy, Eugene J.	6,304	325,420 D	39.3%	60.3%	39.4%	60.6%
1960	1,536,839	648,586	Peterson, P. K.	884,168	Humphrey, Hubert H.	4,085	235,582 D	42.2%	57.5%	42.3%	57.7%
1958	1,150,883	536,629	Thye, Edward J.	608,847	McCarthy, Eugene J.	5,407	72,218 D	46.6%	52.9%	46.8%	53.2%
1954	1,138,952	479,619	Bjornson, Val	642,193	Humphrey, Hubert H.	17,140	162,574 D	42.1%	56.4%	42.8%	57.2%
1952	1,387,419	785,649	Thye, Edward J.	590,011	Carlson, William E.	11,759	195,638 R	56.6%	42.5%	57.1%	42.9%
1948	1,220,250	485,801	Ball, Joseph H.	729,494	Humphrey, Hubert H.	4,955	243,693 D	39.8%	59.8%	40.0%	60.0%
1946	878,731	517,775	Thye, Edward J.	349,520	Jorgenson, Theodore	11,436	168,255 R	58.9%	39.8%	59.7%	40.3%

MINNESOTA

Districts Established June 7, 1971

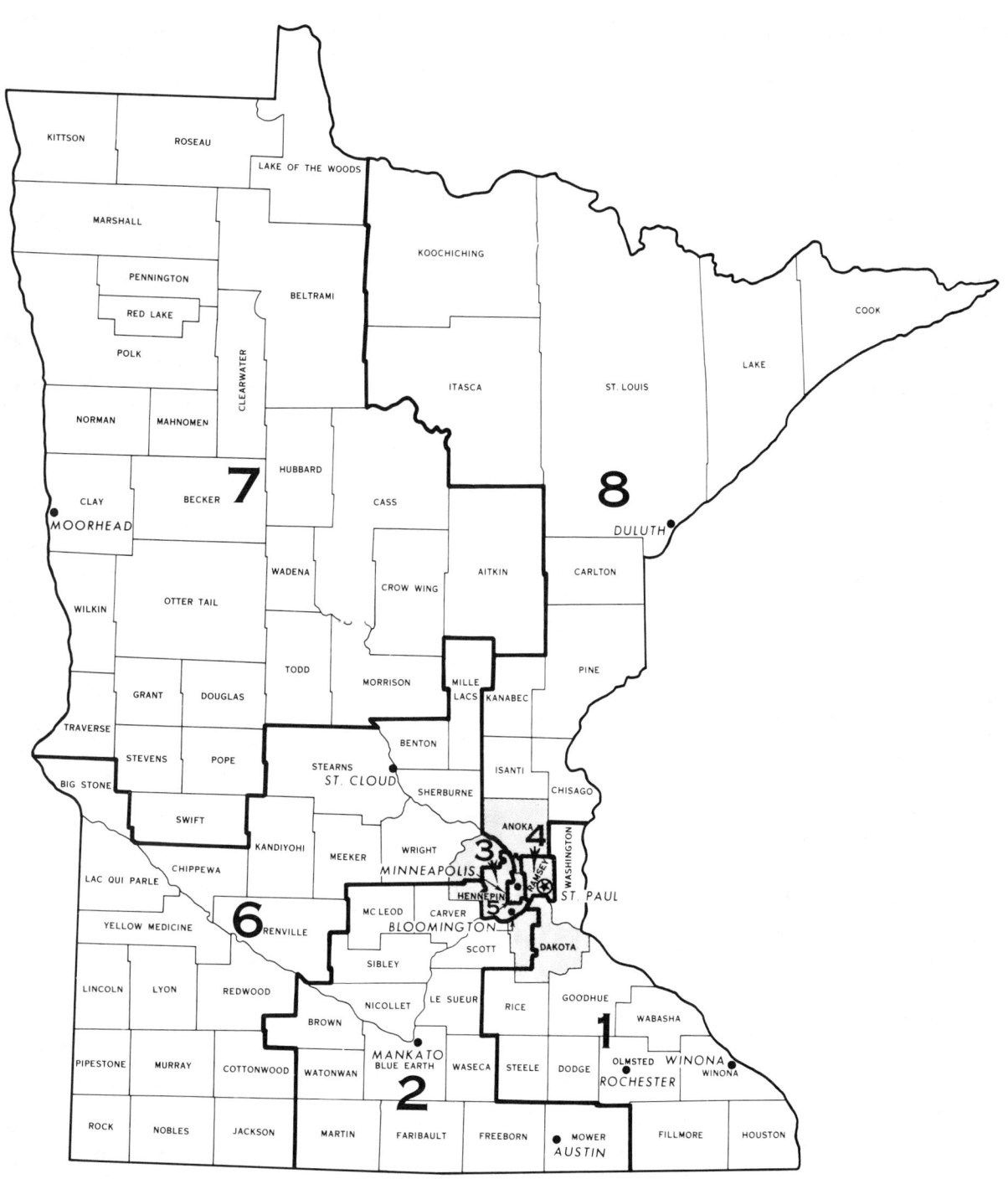

County with two or more Congressional Districts.

MINNESOTA

GOVERNOR 1974

1970 Census Population	County	Total Vote	Republican	Democratic	Other	Rep.-Dem. Plurality	Total Vote Rep.	Total Vote Dem.	Major Vote Rep.	Major Vote Dem.
11,403	AITKIN	4,576	1,155	3,010	411	1,855 D	25.2%	65.8%	27.7%	72.3%
154,556	ANOKA	41,334	9,074	28,768	3,492	19,694 D	22.0%	69.6%	24.0%	76.0%
24,372	BECKER	8,350	2,988	5,006	356	2,018 D	35.8%	60.0%	37.4%	62.6%
26,373	BELTRAMI	7,983	2,412	5,031	540	2,619 D	30.2%	63.0%	32.4%	67.6%
20,841	BENTON	7,331	2,002	4,482	847	2,480 D	27.3%	61.1%	30.9%	69.1%
7,941	BIG STONE	2,612	765	1,745	102	980 D	29.3%	66.8%	30.5%	69.5%
52,322	BLUE EARTH	15,691	5,097	9,542	1,052	4,445 D	32.5%	60.8%	34.8%	65.2%
28,887	BROWN	10,851	3,946	5,820	1,085	1,874 D	36.4%	53.6%	40.4%	59.6%
28,072	CARLTON	10,256	1,975	7,641	640	5,666 D	19.3%	74.5%	20.5%	79.5%
28,310	CARVER	10,445	4,080	5,296	1,069	1,216 D	39.1%	50.7%	43.5%	56.5%
17,323	CASS	7,829	2,647	4,557	625	1,910 D	33.8%	58.2%	36.7%	63.3%
15,109	CHIPPEWA	6,425	2,055	4,074	296	2,019 D	32.0%	63.4%	33.5%	66.5%
17,492	CHISAGO	7,292	2,134	4,667	491	2,533 D	29.3%	64.0%	31.4%	68.6%
46,585	CLAY	12,761	5,389	7,034	338	1,645 D	42.2%	55.1%	43.4%	56.6%
8,013	CLEARWATER	2,876	744	2,007	125	1,263 D	25.9%	69.8%	27.0%	73.0%
3,423	COOK	1,682	600	987	95	387 D	35.7%	58.7%	37.8%	62.2%
14,887	COTTONWOOD	5,713	2,220	3,235	258	1,015 D	38.9%	56.6%	40.7%	59.3%
34,826	CROW WING	13,918	3,544	8,418	1,956	4,874 D	25.5%	60.5%	29.6%	70.4%
139,808	DAKOTA	46,638	12,919	30,022	3,697	17,103 D	27.7%	64.4%	30.1%	69.9%
13,037	DODGE	4,645	1,909	2,455	281	546 D	41.1%	52.9%	43.7%	56.3%
22,892	DOUGLAS	9,960	3,233	5,954	773	2,721 D	32.5%	59.8%	35.2%	64.8%
20,896	FARIBAULT	8,546	3,159	5,037	350	1,878 D	37.0%	58.9%	38.5%	61.5%
21,916	FILLMORE	7,229	3,289	3,674	266	385 D	45.5%	50.8%	47.2%	52.8%
38,064	FREEBORN	12,740	4,450	7,550	740	3,100 D	34.9%	59.3%	37.1%	62.9%
34,763	GOODHUE	13,842	4,874	7,579	1,389	2,705 D	35.2%	54.8%	39.1%	60.9%
7,462	GRANT	3,026	938	1,966	122	1,028 D	31.0%	65.0%	32.3%	67.7%
960,080	HENNEPIN	287,343	85,948	174,826	26,569	88,878 D	29.9%	60.8%	33.0%	67.0%
17,556	HOUSTON	6,253	2,370	3,711	172	1,341 D	37.9%	59.3%	39.0%	61.0%
10,583	HUBBARD	5,098	1,760	3,049	289	1,289 D	34.5%	59.8%	36.6%	63.4%
16,560	ISANTI	6,044	1,600	4,013	431	2,413 D	26.5%	66.4%	28.5%	71.5%
35,530	ITASCA	15,158	3,296	10,510	1,352	7,214 D	21.7%	69.3%	23.9%	76.1%
14,352	JACKSON	4,882	1,442	3,242	198	1,800 D	29.5%	66.4%	30.8%	69.2%
9,775	KANABEC	3,792	1,124	2,402	266	1,278 D	29.6%	63.3%	31.9%	68.1%
30,548	KANDIYOHI	11,475	2,978	7,668	829	4,690 D	26.0%	66.8%	28.0%	72.0%
6,853	KITTSON	3,117	839	2,203	75	1,364 D	26.9%	70.7%	27.6%	72.4%
17,131	KOOCHICHING	6,806	1,298	4,205	1,303	2,907 D	19.1%	61.8%	23.6%	76.4%
11,164	LAC QUI PARLE	4,427	1,335	2,854	238	1,519 D	30.2%	64.5%	31.9%	68.1%
13,351	LAKE	5,181	1,557	3,005	619	1,448 D	30.1%	58.0%	34.1%	65.9%
3,987	LAKE OF THE WOODS	1,739	473	1,171	95	698 D	27.2%	67.3%	28.8%	71.2%
21,332	LE SUEUR	7,684	2,660	4,641	383	1,981 D	34.6%	60.4%	36.4%	63.6%
8,143	LINCOLN	3,444	818	2,508	118	1,690 D	23.8%	72.8%	24.6%	75.4%
24,273	LYON	8,570	2,353	5,730	487	3,377 D	27.5%	66.9%	29.1%	70.9%
27,662	MCLEOD	8,834	3,639	4,741	454	1,102 D	41.2%	53.7%	43.4%	56.6%
5,638	MAHNOMEN	2,135	633	1,416	86	783 D	29.6%	66.3%	30.9%	69.1%
13,060	MARSHALL	5,448	1,292	3,975	181	2,683 D	23.7%	73.0%	24.5%	75.5%
24,316	MARTIN	9,071	3,463	4,841	767	1,378 D	38.2%	53.4%	41.7%	58.3%
18,810	MEEKER	8,166	2,676	5,076	414	2,400 D	32.8%	62.2%	34.5%	65.5%
15,703	MILLE LACS	6,659	1,892	4,334	433	2,442 D	28.4%	65.1%	30.4%	69.6%
26,949	MORRISON	10,352	2,526	6,975	851	4,449 D	24.4%	67.4%	26.6%	73.4%
43,783	MOWER	14,112	3,893	9,273	946	5,380 D	27.6%	65.7%	29.6%	70.4%
12,508	MURRAY	4,819	1,422	3,196	201	1,774 D	29.5%	66.3%	30.8%	69.2%
24,518	NICOLLET	8,260	2,919	4,869	472	1,950 D	35.3%	58.9%	37.5%	62.5%
23,208	NOBLES	7,353	2,158	4,950	245	2,792 D	29.3%	67.3%	30.4%	69.6%
10,008	NORMAN	3,520	1,198	2,236	86	1,038 D	34.0%	63.5%	34.9%	65.1%
84,104	OLMSTED	22,701	8,733	12,475	1,493	3,742 D	38.5%	55.0%	41.2%	58.8%
46,097	OTTER TAIL	15,093	6,307	8,063	723	1,756 D	41.8%	53.4%	43.9%	56.1%
13,266	PENNINGTON	4,456	1,205	3,061	190	1,856 D	27.0%	68.7%	28.2%	71.8%
16,821	PINE	6,650	1,670	4,389	591	2,719 D	25.1%	66.0%	27.6%	72.4%
12,791	PIPESTONE	4,626	1,589	2,874	163	1,285 D	34.3%	62.1%	35.6%	64.4%
34,435	POLK	11,514	3,371	7,701	442	4,330 D	29.3%	66.9%	30.4%	69.6%
11,107	POPE	4,340	1,216	2,782	342	1,566 D	28.0%	64.1%	30.4%	69.6%
476,255	RAMSEY	134,921	33,185	90,907	10,829	57,722 D	24.6%	67.4%	26.7%	73.3%
5,388	RED LAKE	1,964	353	1,515	96	1,162 D	18.0%	77.1%	18.9%	81.1%
20,024	REDWOOD	6,853	2,971	3,293	589	322 D	43.4%	48.1%	47.4%	52.6%
21,139	RENVILLE	8,393	2,823	5,165	405	2,342 D	33.6%	61.5%	35.3%	64.7%

MINNESOTA

GOVERNOR 1974

1970 Census Population	County	Total Vote	Republican	Democratic	Other	Rep.-Dem. Plurality	Percentage Total Vote		Major Vote	
							Rep.	Dem.	Rep.	Dem.
41,582	RICE	13,255	4,114	7,959	1,182	3,845 D	31.0%	60.0%	34.1%	65.9%
11,346	ROCK	4,071	1,622	2,352	97	730 D	39.8%	57.8%	40.8%	59.2%
11,569	ROSEAU	5,039	1,283	3,587	169	2,304 D	25.5%	71.2%	26.3%	73.7%
220,693	ST. LOUIS	80,178	16,302	56,684	7,192	40,382 D	20.3%	70.7%	22.3%	77.7%
32,423	SCOTT	11,581	3,147	7,626	808	4,479 D	27.2%	65.8%	29.2%	70.8%
18,344	SHERBURNE	7,077	1,913	4,440	724	2,527 D	27.0%	62.7%	30.1%	69.9%
15,845	SIBLEY	6,164	2,560	3,307	297	747 D	41.5%	53.7%	43.6%	56.4%
95,400	STEARNS	31,894	8,584	19,253	4,057	10,669 D	26.9%	60.4%	30.8%	69.2%
26,931	STEELE	7,733	2,902	4,022	809	1,120 D	37.5%	52.0%	41.9%	58.1%
11,218	STEVENS	4,052	1,208	2,424	420	1,216 D	29.8%	59.8%	33.3%	66.7%
13,177	SWIFT	5,482	1,377	3,870	235	2,493 D	25.1%	70.6%	26.2%	73.8%
22,114	TODD	7,657	2,290	4,806	561	2,516 D	29.9%	62.8%	32.3%	67.7%
6,254	TRAVERSE	2,974	780	2,085	109	1,305 D	26.2%	70.1%	27.2%	72.8%
17,224	WABASHA	7,249	2,456	4,399	394	1,943 D	33.9%	60.7%	35.8%	64.2%
12,412	WADENA	4,772	1,772	2,739	261	967 D	37.1%	57.4%	39.3%	60.7%
16,663	WASECA	5,779	2,472	2,895	412	423 D	42.8%	50.1%	46.1%	53.9%
82,948	WASHINGTON	28,734	8,066	18,441	2,227	10,375 D	28.1%	64.2%	30.4%	69.6%
13,298	WATONWAN	5,471	2,122	3,045	304	923 D	38.8%	55.7%	41.1%	58.9%
9,389	WILKIN	3,063	1,194	1,777	92	583 D	39.0%	58.0%	40.2%	59.8%
44,409	WINONA	14,718	4,986	9,192	540	4,206 D	33.9%	62.5%	35.2%	64.8%
38,933	WRIGHT	14,520	4,267	8,874	1,379	4,607 D	29.4%	61.1%	32.5%	67.5%
14,516	YELLOW MEDICINE	5,631	1,722	3,608	301	1,886 D	30.6%	64.1%	32.3%	67.7%
3,805,069	TOTAL	1,252,898	367,722	786,787	98,389	419,065 D	29.3%	62.8%	31.9%	68.1%

MINNESOTA

CONGRESS

CD	Year	Total Vote	Republican Vote	Republican Candidate	Democratic Vote	Democratic Candidate	Other Vote	Rep.-Dem. Plurality	Percentage Total Vote Rep.	Percentage Total Vote Dem.	Percentage Major Vote Rep.	Percentage Major Vote Dem.
1	1974	152,011	95,138	QUIE, ALBERT H.	56,868	SCOTT, ULRIC	5	38,270 R	62.6%	37.4%	62.6%	37.4%
1	1972	201,804	142,698	QUIE, ALBERT H.	59,106	THOMPSON, CHARLES S.		83,592 R	70.7%	29.3%	70.7%	29.3%
2	1974	165,920	88,071	HAGEDORN, TOM	77,780	BABCOCK, STEVE	69	10,291 R	53.1%	46.9%	53.1%	46.9%
2	1972	217,783	124,350	NELSEN, ANCHER	93,433	TURNBULL, CHARLES V.		30,917 R	57.1%	42.9%	57.1%	42.9%
3	1974	137,955	83,325	FRENZEL, BILL	54,630	RIGGS, ROBERT		28,695 R	60.4%	39.6%	60.4%	39.6%
3	1972	210,942	132,638	FRENZEL, BILL	66,070	BELL, JIM	12,234	66,568 R	62.9%	31.3%	66.8%	33.2%
4	1974	125,529	30,083	RHEINBERGER, JOSEPH A.	95,437	KARTH, JOSEPH E.	9	65,354 D	24.0%	76.0%	24.0%	76.0%
4	1972	191,078	52,786	THOMPSON, STEVE	138,292	KARTH, JOSEPH E.		85,506 D	27.6%	72.4%	27.6%	72.4%
5	1974	122,045	30,146	RATTE, PHIL	90,012	FRASER, DONALD M.	1,887	59,866 D	24.7%	73.8%	25.1%	74.9%
5	1972	205,200	50,014	DAVISSON, ALLAN	135,108	FRASER, DONALD M.	20,078	85,094 D	24.4%	65.8%	27.0%	73.0%
6	1974	174,263	77,797	GRUNSETH, JON	96,465	NOLAN, RICHARD M.	1	18,668 D	44.6%	55.4%	44.6%	55.4%
6	1972	224,492	114,537	ZWACH, JOHN M.	109,955	NOLAN, RICHARD M.		4,582 R	51.0%	49.0%	51.0%	49.0%
7	1974	172,266	43,054	REBER, DAN	129,207	BERGLAND, BOB	5	86,153 D	25.0%	75.0%	25.0%	75.0%
7	1972	225,350	92,283	HAAVEN, JON O.	133,067	BERGLAND, BOB		40,784 D	41.0%	59.0%	41.0%	59.0%
8	1974	169,013	44,298	ARNOLD, JEROME	104,740	OBERSTAR, JAMES L.	19,975	60,442 D	26.2%	62.0%	29.7%	70.3%
8	1972	213,137	51,314	JOHNSON, EDWARD	161,823	BLATNIK, JOHN A.		110,509 D	24.1%	75.9%	24.1%	75.9%

MINNESOTA

In Minnesota the Democratic party is known as the Democratic-Farmer-Labor party and its candidates appear on the ballot with this designation. Socialist Labor candidates appear on the ballot with the designation Industrial Government.

1974 GENERAL ELECTION

Governor Other vote was 60,150 Independent (Miles); 20,454 American (Pool); 9,232 Socialist Workers (Van Deusen); 3,570 Communist (Marquit); 2,720 Socialist Labor (Gunderson); 2,115 Libertarian (Kleinow); 148 scattered.

Congress Other vote was scattered in CD's 1, 2, 4, 6, and 7; SW (Jurenas) in CD 5; 16,932 Economic Justice (Ojala), 2,987 Independent Voters (Bester) and 56 scattered in CD 8.

1974 PRIMARIES

SEPTEMBER 10 REPUBLICAN

Governor John W. Johnson, unopposed.

Congress Unopposed in four CD's. Contested as follows:

CD 2 22,577 Tom Hagedorn; 7,807 Lester Anderson.
CD 4 5,628 Joseph A. Rheinberger; 2,604 William T. Heine.
CD 6 16,153 Jon Grunseth; 4,323 Archie Fossum.
CD 8 8,723 Jerome Arnold; 2,327 Edward Johnson; 840 Leonard Richards; 770 Bea Mooney.

SEPTEMBER 10 DEMOCRATIC

Governor 254,671 Wendell R. Anderson; 70,871 Thomas E. McDonald.

Congress Unopposed in three CD's. Contested as follows:

CD 1 19,318 Ulric Scott; 11,071 B. A. Lundeen.
CD 2 18,179 Steve Babcock; 17,014 Charles Turnbull.
CD 3 10,125 Robert Riggs; 3,938 Joel A. Saliterman.
CD 6 31,621 Richard M. Nolan; 13,166 Buford Johnson.
CD 8 50,493 James L. Oberstar; 29,899 Tony Perpich; 20,054 Florian Chmielewski; 886 Chester F. Schur; 768 Thomas E. Cooper; 682 John B. Barcelona.

MISSISSIPPI

GOVERNOR
William L. Waller (D). Elected 1971 to a four-year term.

SENATORS
James O. Eastland (D). Re-elected 1972 to a six-year term. Previously elected 1966, 1960, 1954, 1948, 1942. Also served in the Senate from June to September, 1941.

John Stennis (D). Re-elected 1970 to a six-year term. Previously elected 1964, 1958, 1952, and in 1947 to fill out term vacated by the death of Senator Theodore Bilbo.

REPRESENTATIVES
1. Jamie L. Whitten (D)
2. David R. Bowen (D)
3. G. V. Montgomery (D)
4. Thad Cochran (R)
5. Trent Lott (R)

POSTWAR VOTE FOR GOVERNOR

Year	Total Vote	Republican Vote	Republican Candidate	Democratic Vote	Democratic Candidate	Other Vote	Rep.-Dem. Plurality	Total Vote Rep.	Total Vote Dem.	Major Vote Rep.	Major Vote Dem.
1971	780,537	—	—	601,122	Waller, William L.	179,415	601,122 D	—	77.0%	—	100.0%
1967	448,697	133,379	Phillips, Rubel L.	315,318	Williams, John Bell	—	181,939 D	29.7%	70.3%	29.7%	70.3%
1963	363,971	138,515	Phillips, Rubel L.	225,456	Johnson, Paul B.	—	86,941 D	38.1%	61.9%	38.1%	61.9%
1959	57,671	—	—	57,671	Barnett, Ross R.	—	57,671 D	—	100.0%	—	100.0%
1955	40,707	—	—	40,707	Coleman, James P.	—	40,707 D	—	100.0%	—	100.0%
1951	43,422	—	—	43,422	White, Hugh	—	43,422 D	—	100.0%	—	100.0%
1947	166,095	—	—	161,993	Wright, Fielding L.	4,102	161,993 D	—	97.5%	—	100.0%

POSTWAR VOTE FOR SENATOR

Year	Total Vote	Republican Vote	Republican Candidate	Democratic Vote	Democratic Candidate	Other Vote	Rep.-Dem. Plurality	Total Vote Rep.	Total Vote Dem.	Major Vote Rep.	Major Vote Dem.
1972	645,746	249,779	Carmichael, Gil	375,102	Eastland, James O.	20,865	125,323 D	38.7%	58.1%	40.0%	60.0%
1970	324,215	—	—	286,622	Stennis, John	37,593	286,622 D	—	88.4%	—	100.0%
1966	393,900	105,150	Walker, Prentiss	258,248	Eastland, James O.	30,502	153,098 D	26.7%	65.6%	28.9%	71.1%
1964	343,364	—	—	343,364	Stennis, John	—	343,364 D	—	100.0%	—	100.0%
1960	266,148	21,807	Moore, Joe A.	244,341	Eastland, James O.	—	222,534 D	8.2%	91.8%	8.2%	91.8%
1958	61,039	—	—	61,039	Stennis, John	—	61,039 D	—	100.0%	—	100.0%
1954	105,526	4,678	White, James A.	100,848	Eastland, James O.	—	96,170 D	4.4%	95.6%	4.4%	95.6%
1952	233,919	—	—	233,919	Stennis, John	—	233,919 D	—	100.0%	—	100.0%
1948	151,478	—	—	151,478	Eastland, James O.	—	151,478 D	—	100.0%	—	100.0%
1947s	193,709	(See note below)									
1946	46,747	—	—	46,747	Bilbo, Theodore	—	46,747 D	—	100.0%	—	100.0%

The 1947 election was for a short term to fill a vacancy and was held without party designation or nomination; John Stennis polled 52,068 votes (26.9% of the total vote) and won the election with a 6,343 plurality.

MISSISSIPPI

Districts Established March 1, 1972

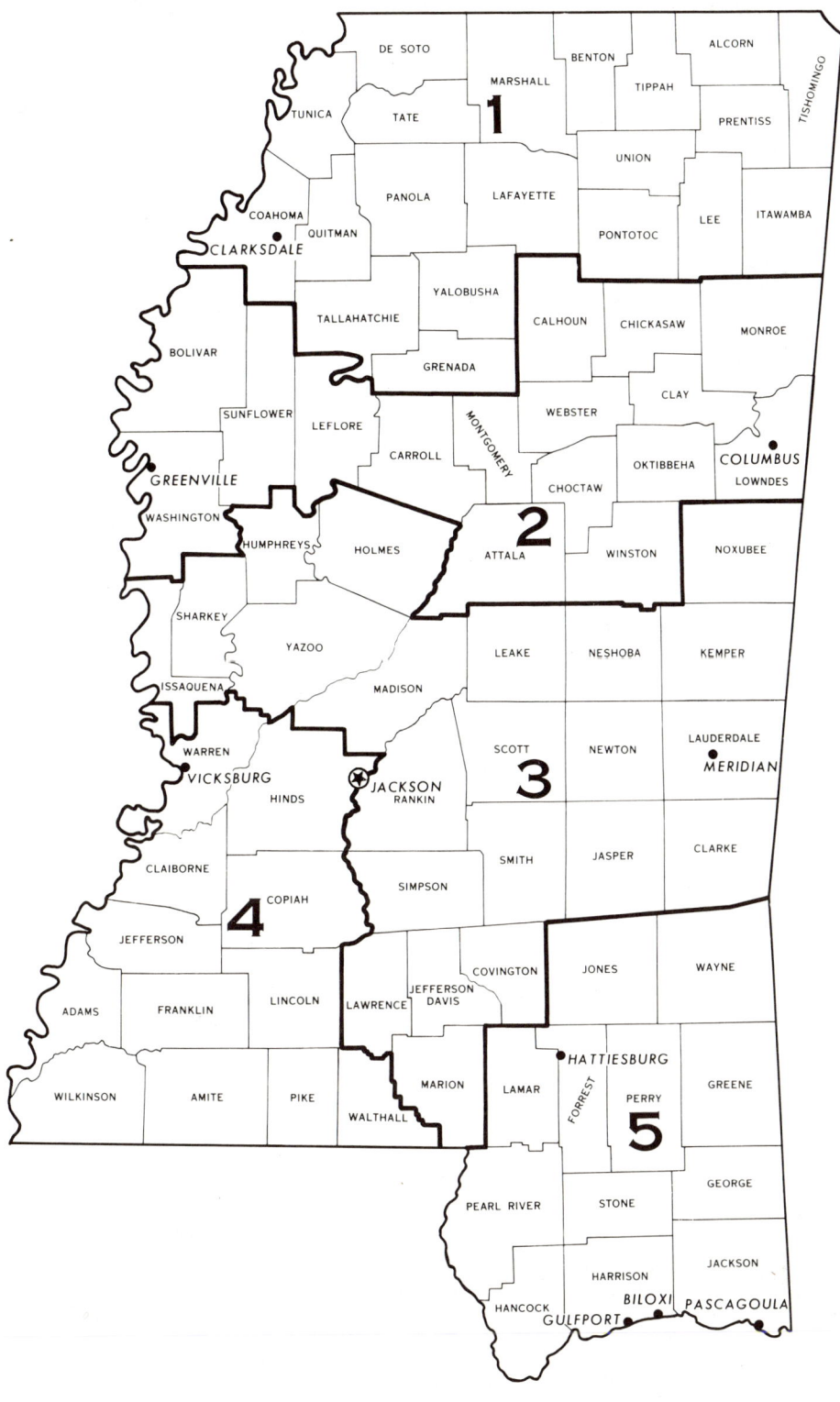

MISSISSIPPI

CONGRESS

		Total	Republican		Democratic		Other	Rep.-Dem.	Percentage Total Vote		Major Vote	
CD	Year	Vote	Vote	Candidate	Vote	Candidate	Vote	Plurality	Rep.	Dem.	Rep.	Dem.
1	1974	44,408			39,158	WHITTEN, JAMIE L.	5,250	39,158 D		88.2%		100.0%
1	1972	87,526			87,526	WHITTEN, JAMIE L.		87,526 D		100.0%		100.0%
2	1970	59,781			51,689	WHITTEN, JAMIE L.	8,092	51,689 D		86.5%		100.0%
2	1968	71,260			71,260	WHITTEN, JAMIE L.		71,260 D		100.0%		100.0%
2	1966	64,242	10,622	WISE, S. B.	53,620	WHITTEN, JAMIE L.		42,998 D	16.5%	83.5%	16.5%	83.5%
2	1974	57,358	15,876	HILBUN, BEN F.	37,909	BOWEN, DAVID R.	3,573	22,033 D	27.7%	66.1%	29.5%	70.5%
2	1972	112,837	39,117	BUTLER, CARL	69,892	BOWEN, DAVID R.	3,828	30,775 D	34.7%	61.9%	35.9%	64.1%
3	1974	43,020			43,020	MONTGOMERY, G. V.		43,020 D		100.0%		100.0%
3	1972	105,722			105,722	MONTGOMERY, G. V.		105,722 D		100.0%		100.0%
4	1974	89,201	62,634	COCHRAN, THAD	25,699	DEAN, KENNETH L.	868	36,935 R	70.2%	28.8%	70.9%	29.1%
4	1972	141,374	67,655	COCHRAN, THAD	62,148	BODRON, ELLIS B.	11,571	5,507 R	47.9%	44.0%	52.1%	47.9%
3	1970	79,374	28,847	LEE, RAY	50,527	GRIFFIN, CHARLES H.		21,680 D	36.3%	63.7%	36.3%	63.7%
3	1968	82,896			82,896	GRIFFIN, CHARLES H.		82,896 D		100.0%		100.0%
3	1966	86,595			71,377	WILLIAMS, JOHN BELL	15,218	71,377 D		82.4%		100.0%
5	1974	71,922	52,489	LOTT, TRENT	10,333	MURPHEY, WALTER W.	9,100	42,156 R	73.0%	14.4%	83.6%	16.4%
5	1972	140,614	77,826	LOTT, TRENT	62,101	STONE, BEN	687	15,725 R	55.3%	44.2%	55.6%	44.4%

MISSISSIPPI

1974 GENERAL ELECTION

Congress   Other vote was Independent in CD's 1 (Benney), 2 (Wells), 4 (Young); 6,404 Independent (Claudia Mertz), 1,954 Independent (Gilley), 742 Independent (Creel) in CD 5.

1974 PRIMARIES

JUNE 4 REPUBLICAN

Congress   Unopposed in two CD's. No candidates in CD's 1 and 3. Contested as follows:

CD 4   24,176 Thad Cochran; 351 Robert J. Coleman.

JUNE 4 DEMOCRATIC

Congress   Unopposed in two CD's. Contested as follows:

CD 2   26,202 David R. Bowen; 5,753 Harry G. Robinson.
CD 4   7,830 James H. Meredith; 6,925 Kenneth L. Dean; 5,010 Alonzo H. Sturgeon; 3,154 Charles B. Ivy; 1,257 Helen M. Williams. Mr. Meredith withdrew before the run-off Primary and that contest was between the second and third candidates.
CD 5   20,983 Walter W. Murphey; 20,834 Karl C. Mertz.

JUNE 25 DEMOCRATIC RUN-OFF

CD 4   7,679 Kenneth L. Dean; 7,426 Alonzo H. Sturgeon.

MISSOURI

GOVERNOR
Christopher Bond (R). Elected 1972 to a four-year term.

SENATORS
Thomas F. Eagleton (D). Re-elected 1974 to a six-year term. Previously elected 1968.

Stuart Symington (D). Re-elected 1970 to a six-year term. Previously elected 1964, 1958, 1952.

REPRESENTATIVES
1. William Clay (D)
2. James W. Symington (D)
3. Leonor K. Sullivan (D)
4. William J. Randall (D)
5. Richard Bolling (D)
6. Jerry Litton (D)
7. Gene Taylor (R)
8. Richard Ichord (D)
9. William L. Hungate (D)
10. Bill D. Burlison (D)

POSTWAR VOTE FOR GOVERNOR

| | | Republican | | Democratic | | Other | Rep.-Dem. | Total Vote | | Major Vote | |
| | Total | | | | | | | Percentage | | | |
Year	Vote	Vote	Candidate	Vote	Candidate	Vote	Plurality	Rep.	Dem.	Rep.	Dem.
1972	1,865,683	1,029,451	Bond, Christopher	832,751	Dowd, Edward L.	3,481	196,700 R	55.2%	44.6%	55.3%	44.7%
1968	1,764,602	691,797	Roos, Lawrence K.	1,072,805	Hearnes, Warren E.	—	381,008 D	39.2%	60.8%	39.2%	60.8%
1964	1,789,600	678,949	Shepley, Ethan	1,110,651	Hearnes, Warren E.	—	431,702 D	37.9%	62.1%	37.9%	62.1%
1960	1,887,331	792,131	Farmer, Edward G.	1,095,200	Dalton, John M.	—	303,069 D	42.0%	58.0%	42.0%	58.0%
1956	1,808,338	866,810	Hocker, Lon	941,528	Blair, James T.	—	74,718 D	47.9%	52.1%	47.9%	52.1%
1952	1,871,095	886,370	Elliott, Howard	983,166	Donnelly, Phil M.	1,559	96,796 D	47.4%	52.5%	47.4%	52.6%
1948	1,567,338	670,064	Thompson, Murray	893,092	Smith, Forrest	4,182	223,028 D	42.8%	57.0%	42.9%	57.1%

POSTWAR VOTE FOR SENATOR

| | | Republican | | Democratic | | Other | Rep.-Dem. | Total Vote | | Major Vote | |
| | Total | | | | | | | Percentage | | | |
Year	Vote	Vote	Candidate	Vote	Candidate	Vote	Plurality	Rep.	Dem.	Rep.	Dem.
1974	1,224,303	480,900	Curtis, Thomas B.	735,433	Eagleton, Thomas F.	7,970	254,533 D	39.3%	60.1%	39.5%	60.5%
1970	1,283,912	617,903	Danforth, John C.	655,431	Symington, Stuart	10,578	37,528 D	48.1%	51.0%	48.5%	51.5%
1968	1,737,958	850,544	Curtis, Thomas B.	887,414	Eagleton, Thomas F.	—	36,870 D	48.9%	51.1%	48.9%	51.1%
1964	1,783,043	596,377	Bradshaw, Jean P.	1,186,666	Symington, Stuart	—	590,289 D	33.4%	66.6%	33.4%	66.6%
1962	1,222,259	555,330	Kemper, Crosby	666,929	Long, Edward V.	—	111,599 D	45.4%	54.6%	45.4%	54.6%
1960s	1,880,232	880,576	Hocker, Lon	999,656	Long, Edward V.	—	119,080 D	46.8%	53.2%	46.8%	53.2%
1958	1,173,903	393,847	Palmer, Hazel	780,056	Symington, Stuart	—	386,209 D	33.6%	66.4%	33.6%	66.4%
1956	1,800,984	785,048	Douglas, Herbert	1,015,936	Hennings, Thomas C.	—	230,888 D	43.6%	56.4%	43.6%	56.4%
1952	1,868,083	858,170	Kem, James P.	1,008,523	Symington, Stuart	1,390	150,353 D	45.9%	54.0%	46.0%	54.0%
1950	1,279,414	592,922	Donnell, Forrest C.	685,732	Hennings, Thomas C.	760	92,810 D	46.3%	53.6%	46.4%	53.6%
1946	1,084,100	572,556	Kem, James P.	511,544	Briggs, Frank P.	—	61,012 R	52.8%	47.2%	52.8%	47.2%

The 1960 election was for a short term to fill a vacancy.

MISSOURI

Districts Established February 22, 1972

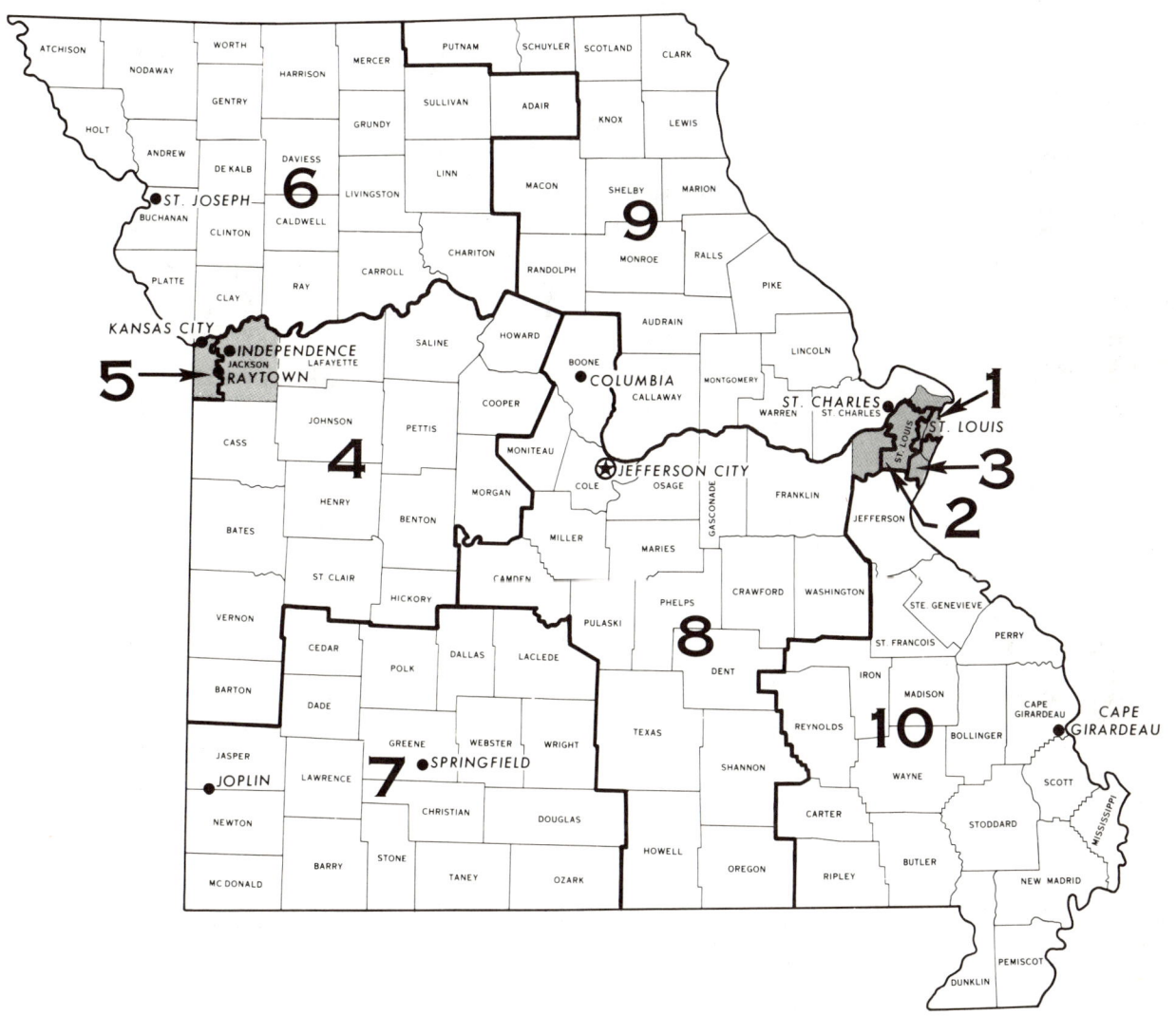

County with two or more Congressional Districts.

MISSOURI

SENATOR 1974

1970 Census Population	County	Total Vote	Republican	Democratic	Other	Rep.-Dem. Plurality	Percentage Total Vote Rep.	Dem.	Major Vote Rep.	Dem.
22,472	ADAIR	6,363	3,194	3,139	30	55 R	50.2%	49.3%	50.4%	49.6%
11,913	ANDREW	4,082	1,877	2,192	13	315 D	46.0%	53.7%	46.1%	53.9%
9,240	ATCHISON	2,812	1,001	1,804	7	803 D	35.6%	64.2%	35.7%	64.3%
25,362	AUDRAIN	8,117	3,476	4,623	18	1,147 D	42.8%	57.0%	42.9%	57.1%
19,597	BARRY	8,117	4,235	3,845	37	390 R	52.2%	47.4%	52.4%	47.6%
10,431	BARTON	3,361	1,539	1,803	19	264 D	45.8%	53.6%	46.1%	53.9%
15,468	BATES	5,840	2,320	3,504	16	1,184 D	39.7%	60.0%	39.8%	60.2%
9,695	BENTON	3,467	1,765	1,684	18	81 R	50.9%	48.6%	51.2%	48.8%
8,820	BOLLINGER	3,708	1,518	2,181	9	663 D	40.9%	58.8%	41.0%	59.0%
80,911	BOONE	17,504	5,892	11,421	191	5,529 D	33.7%	65.2%	34.0%	66.0%
86,915	BUCHANAN	21,383	6,937	14,401	45	7,464 D	32.4%	67.3%	32.5%	67.5%
33,529	BUTLER	6,493	3,077	3,384	32	307 D	47.4%	52.1%	47.6%	52.4%
8,351	CALDWELL	2,335	1,033	1,300	2	267 D	44.2%	55.7%	44.3%	55.7%
25,950	CALLAWAY	6,436	2,988	3,412	36	424 D	46.4%	53.0%	46.7%	53.3%
13,315	CAMDEN	6,010	2,893	3,061	56	168 D	48.1%	50.9%	48.6%	51.4%
49,350	CAPE GIRARDEAU	15,681	7,645	7,987	49	342 D	48.8%	50.9%	48.9%	51.1%
12,565	CARROLL	3,579	1,564	2,009	6	445 D	43.7%	56.1%	43.8%	56.2%
3,878	CARTER	1,164	457	706	1	249 D	39.3%	60.7%	39.3%	60.7%
39,448	CASS	9,144	3,166	5,874	104	2,708 D	34.6%	64.2%	35.0%	65.0%
9,424	CEDAR	3,138	1,731	1,393	14	338 R	55.2%	44.4%	55.4%	44.6%
11,084	CHARITON	3,442	1,196	2,240	6	1,044 D	34.7%	65.1%	34.8%	65.2%
15,124	CHRISTIAN	5,945	3,376	2,521	48	855 R	56.8%	42.4%	57.2%	42.8%
8,260	CLARK	2,284	915	1,358	11	443 D	40.1%	59.5%	40.3%	59.7%
123,644	CLAY	27,093	8,990	17,774	329	8,784 D	33.2%	65.6%	33.6%	66.4%
12,462	CLINTON	3,777	1,190	2,574	13	1,384 D	31.5%	68.1%	31.6%	68.4%
46,228	COLE	15,670	9,009	6,559	102	2,450 R	57.5%	41.9%	57.9%	42.1%
14,732	COOPER	5,113	2,373	2,730	10	357 D	46.4%	53.4%	46.5%	53.5%
14,828	CRAWFORD	4,482	2,117	2,330	35	213 D	47.2%	52.0%	47.6%	52.4%
6,850	DADE	2,736	1,506	1,221	9	285 R	55.0%	44.6%	55.2%	44.8%
10,054	DALLAS	2,818	1,561	1,238	19	323 R	55.4%	43.9%	55.8%	44.2%
8,420	DAVIESS	2,927	1,191	1,726	10	535 D	40.7%	59.0%	40.8%	59.2%
7,305	DE KALB	2,730	1,181	1,542	7	361 D	43.3%	56.5%	43.4%	56.6%
11,457	DENT	3,777	1,533	2,229	15	696 D	40.6%	59.0%	40.7%	59.3%
9,268	DOUGLAS	2,688	1,747	928	13	819 R	65.0%	34.5%	65.3%	34.7%
33,742	DUNKLIN	4,304	1,261	3,035	8	1,774 D	29.3%	70.5%	29.4%	70.6%
55,116	FRANKLIN	14,839	6,628	8,041	170	1,413 D	44.7%	54.2%	45.2%	54.8%
11,878	GASCONADE	3,810	2,652	1,139	19	1,513 R	69.6%	29.9%	70.0%	30.0%
8,060	GENTRY	2,656	1,016	1,628	12	612 D	38.3%	61.3%	38.4%	61.6%
152,929	GREENE	50,753	22,764	27,543	446	4,779 D	44.9%	54.3%	45.3%	54.7%
11,819	GRUNDY	3,307	1,649	1,652	6	3 D	49.9%	50.0%	50.0%	50.0%
10,257	HARRISON	3,359	1,683	1,668	8	15 R	50.1%	49.7%	50.2%	49.8%
18,451	HENRY	5,213	1,609	3,592	12	1,983 D	30.9%	68.9%	30.9%	69.1%
4,481	HICKORY	1,795	1,047	743	5	304 R	58.3%	41.4%	58.5%	41.5%
6,654	HOLT	2,303	1,140	1,158	5	18 D	49.5%	50.3%	49.6%	50.4%
10,561	HOWARD	2,870	850	2,006	14	1,156 D	29.6%	69.9%	29.8%	70.2%
23,521	HOWELL	5,591	2,813	2,739	39	74 R	50.3%	49.0%	50.7%	49.3%
9,529	IRON	2,491	841	1,631	19	790 D	33.8%	65.5%	34.0%	66.0%
654,558	JACKSON	126,942	41,149	84,823	970	43,674 D	32.4%	66.8%	32.7%	67.3%
79,852	JASPER	21,683	10,966	10,625	92	341 R	50.6%	49.0%	50.8%	49.2%
105,248	JEFFERSON	25,560	9,283	16,022	255	6,739 D	36.3%	62.7%	36.7%	63.3%
34,172	JOHNSON	7,155	2,910	4,184	61	1,274 D	40.7%	58.5%	41.0%	59.0%
5,692	KNOX	2,112	842	1,269	1	427 D	39.9%	60.1%	39.9%	60.1%
19,944	LACLEDE	4,936	2,418	2,489	29	71 D	49.0%	50.4%	49.3%	50.7%
26,626	LAFAYETTE	8,063	3,686	4,341	36	655 D	45.7%	53.8%	45.9%	54.1%
24,585	LAWRENCE	8,249	4,320	3,896	33	424 R	52.4%	47.2%	52.6%	47.4%
10,993	LEWIS	2,508	873	1,629	6	756 D	34.8%	65.0%	34.9%	65.1%
18,041	LINCOLN	5,022	1,868	3,114	40	1,246 D	37.2%	62.0%	37.5%	62.5%
15,125	LINN	4,858	1,683	3,168	7	1,485 D	34.6%	65.2%	34.7%	65.3%
15,368	LIVINGSTON	4,819	1,761	3,045	13	1,284 D	36.5%	63.2%	36.6%	63.4%
12,357	MCDONALD	4,662	2,438	2,213	11	225 R	52.3%	47.5%	52.4%	47.6%
15,432	MACON	4,489	1,640	2,827	22	1,187 D	36.5%	63.0%	36.7%	63.3%
8,641	MADISON	2,653	1,089	1,564		475 D	41.0%	59.0%	41.0%	59.0%
6,851	MARIES	2,278	866	1,407	5	541 D	38.0%	61.8%	38.1%	61.9%
28,121	MARION	6,682	2,600	4,062	20	1,462 D	38.9%	60.8%	39.0%	61.0%
4,910	MERCER	1,552	728	821	3	93 D	46.9%	52.9%	47.0%	53.0%

MISSOURI

SENATOR 1974

1970 Census Population	County	Total Vote	Republican	Democratic	Other	Rep.-Dem. Plurality	Percentage Total Vote Rep.	Percentage Total Vote Dem.	Percentage Major Vote Rep.	Percentage Major Vote Dem.
15,026	MILLER	4,502	2,676	1,804	22	872 R	59.4%	40.1%	59.7%	40.3%
16,647	MISSISSIPPI	2,457	640	1,809	8	1,169 D	26.0%	73.6%	26.1%	73.9%
10,742	MONITEAU	4,118	2,198	1,912	8	286 R	53.4%	46.4%	53.5%	46.5%
9,542	MONROE	2,808	770	2,032	6	1,262 D	27.4%	72.4%	27.5%	72.5%
11,000	MONTGOMERY	3,742	1,873	1,855	14	18 R	50.1%	49.6%	50.2%	49.8%
10,068	MORGAN	3,675	1,779	1,871	25	92 D	48.4%	50.9%	48.7%	51.3%
23,420	NEW MADRID	4,220	958	3,255	7	2,297 D	22.7%	77.1%	22.7%	77.3%
32,901	NEWTON	9,993	4,987	4,972	34	15 R	49.9%	49.8%	50.1%	49.9%
22,467	NODAWAY	7,048	2,266	4,763	19	2,497 D	32.2%	67.6%	32.2%	67.8%
9,180	OREGON	2,149	649	1,494	6	845 D	30.2%	69.5%	30.3%	69.7%
10,994	OSAGE	3,980	2,084	1,884	12	200 R	52.4%	47.3%	52.5%	47.5%
6,226	OZARK	2,307	1,473	823	11	650 R	63.8%	35.7%	64.2%	35.8%
26,373	PEMISCOT	3,281	868	2,404	9	1,536 D	26.5%	73.3%	26.5%	73.5%
14,393	PERRY	3,908	1,999	1,903	6	96 R	51.2%	48.7%	51.2%	48.8%
34,137	PETTIS	11,259	4,401	6,819	39	2,418 D	39.1%	60.6%	39.2%	60.8%
29,567	PHELPS	8,172	3,676	4,443	53	767 D	45.0%	54.4%	45.3%	54.7%
16,928	PIKE	3,977	1,477	2,487	13	1,010 D	37.1%	62.5%	37.3%	62.7%
32,081	PLATTE	9,923	3,270	6,521	132	3,251 D	33.0%	65.7%	33.4%	66.6%
15,415	POLK	5,330	2,826	2,490	14	336 R	53.0%	46.7%	53.2%	46.8%
53,967	PULASKI	4,317	1,517	2,779	21	1,262 D	35.1%	64.4%	35.3%	64.7%
5,916	PUTNAM	1,275	741	529	5	212 R	58.1%	41.5%	58.3%	41.7%
7,764	RALLS	2,112	692	1,411	9	719 D	32.8%	66.8%	32.9%	67.1%
22,434	RANDOLPH	6,495	1,819	4,662	14	2,843 D	28.0%	71.8%	28.1%	71.9%
17,599	RAY	3,877	920	2,949	8	2,029 D	23.7%	76.1%	23.8%	76.2%
6,106	REYNOLDS	1,833	523	1,303	7	780 D	28.5%	71.1%	28.6%	71.4%
9,803	RIPLEY	3,215	1,276	1,922	17	646 D	39.7%	59.8%	39.9%	60.1%
92,954	ST. CHARLES	26,928	10,984	15,626	318	4,642 D	40.8%	58.0%	41.3%	58.7%
7,667	ST. CLAIR	3,164	1,378	1,776	10	398 D	43.6%	56.1%	43.7%	56.3%
36,818	ST. FRANCOIS	10,291	4,175	6,058	58	1,883 D	40.6%	58.9%	40.8%	59.2%
622,236	ST. LOUIS CITY	134,743	33,290	100,755	698	67,465 D	24.7%	74.8%	24.8%	75.2%
951,353	ST. LOUIS COUNTY	283,389	118,238	162,755	2,396	44,517 D	41.7%	57.4%	42.1%	57.9%
12,867	STE. GENEVIEVE	3,206	940	2,255	11	1,315 D	29.3%	70.3%	29.4%	70.6%
24,837	SALINE	6,584	2,198	4,381	5	2,183 D	33.4%	66.5%	33.4%	66.6%
4,665	SCHUYLER	1,995	819	1,170	6	351 D	41.1%	58.6%	41.2%	58.8%
5,499	SCOTLAND	2,111	803	1,300	8	497 D	38.0%	61.6%	38.2%	61.8%
33,250	SCOTT	6,025	1,958	4,040	27	2,082 D	32.5%	67.1%	32.6%	67.4%
7,196	SHANNON	1,835	636	1,191	8	555 D	34.7%	64.9%	34.8%	65.2%
7,906	SHELBY	2,678	835	1,836	7	1,001 D	31.2%	68.6%	31.3%	68.7%
25,771	STODDARD	5,059	1,682	3,360	17	1,678 D	33.2%	66.4%	33.4%	66.6%
9,921	STONE	3,861	2,348	1,475	38	873 R	60.8%	38.2%	61.4%	38.6%
7,572	SULLIVAN	3,863	1,772	2,085	6	313 D	45.9%	54.0%	45.9%	54.1%
13,023	TANEY	5,038	2,868	2,153	17	715 R	56.9%	42.7%	57.1%	42.9%
18,320	TEXAS	5,064	1,979	3,061	24	1,082 D	39.1%	60.4%	39.3%	60.7%
19,065	VERNON	4,348	1,552	2,778	18	1,226 D	35.7%	63.9%	35.8%	64.2%
9,699	WARREN	3,036	1,705	1,309	22	396 R	56.2%	43.1%	56.6%	43.4%
15,086	WASHINGTON	5,318	2,166	3,135	17	969 D	40.7%	59.0%	40.9%	59.1%
8,546	WAYNE	3,245	1,323	1,917	5	594 D	40.8%	59.1%	40.8%	59.2%
15,562	WEBSTER	5,432	2,702	2,700	30	2 R	49.7%	49.7%	50.0%	50.0%
3,359	WORTH	1,521	525	996		471 D	34.5%	65.5%	34.5%	65.5%
13,667	WRIGHT	3,866	2,400	1,458	8	942 R	62.1%	37.7%	62.2%	37.8%
4,677,399	TOTAL	1,224,303	480,900	735,433	7,970	254,533 D	39.3%	60.1%	39.5%	60.5%

MISSOURI

CONGRESS

CD	Year	Total Vote	Republican Vote	Candidate	Democratic Vote	Candidate	Other Vote	Rep.-Dem. Plurality	Percentage Total Vote Rep.	Dem.	Major Vote Rep.	Dem.
1	1974	90,640	28,707	MARTIN, ARTHUR O.	61,933	CLAY, WILLIAM		33,226 D	31.7%	68.3%	31.7%	68.3%
1	1972	148,694	53,596	FUNSCH, RICHARD O.	95,098	CLAY, WILLIAM		41,502 D	36.0%	64.0%	36.0%	64.0%
2	1974	141,003	55,026	OHLENDORF, HOWARD C.	85,977	SYMINGTON, JAMES W.		30,951 D	39.0%	61.0%	39.0%	61.0%
2	1972	211,524	77,192	COOPER, JOHN W.	134,332	SYMINGTON, JAMES W.		57,140 D	36.5%	63.5%	36.5%	63.5%
3	1974	129,541	31,489	RAISCH, JOANN P.	96,201	SULLIVAN, LEONOR K.	1,851	64,712 D	24.3%	74.3%	24.7%	75.3%
3	1972	179,353	54,523	HOLST, ALBERT	124,365	SULLIVAN, LEONOR K.	465	69,842 D	30.4%	69.3%	30.5%	69.5%
4	1974	121,502	39,055	PATTERSON, CLAUDE	82,447	RANDALL, WILLIAM J.		43,392 D	32.1%	67.9%	32.1%	67.9%
4	1972	188,359	80,228	BARROWS, RAYMOND E.	108,131	RANDALL, WILLIAM J.		27,903 D	42.6%	57.4%	42.6%	57.4%
5	1974	82,605	24,669	MCDONOUGH, JOHN J.	57,081	BOLLING, RICHARD	855	32,412 D	29.9%	69.1%	30.2%	69.8%
5	1972	149,450	53,257	RICE, VERNON E.	93,812	BOLLING, RICHARD	2,381	40,555 D	35.6%	62.8%	36.2%	63.8%
6	1974	128,756	27,147	SPEERS, GROVER H.	101,609	LITTON, JERRY		74,462 D	21.1%	78.9%	21.1%	78.9%
6	1972	201,657	91,610	SLOAN, RUSSELL	110,047	LITTON, JERRY		18,437 D	45.4%	54.6%	45.4%	54.6%
7	1974	152,440	79,787	TAYLOR, GENE	72,653	FRANKS, RICHARD L.		7,134 R	52.3%	47.7%	52.3%	47.7%
7	1972	208,393	132,780	TAYLOR, GENE	75,613	THOMAS, WILLIAM		57,167 R	63.7%	36.3%	63.7%	36.3%
8	1974	123,964	37,369	NOLAND, JAMES A.	86,595	ICHORD, RICHARD		49,226 D	30.1%	69.9%	30.1%	69.9%
8	1972	181,136	68,580	COUNTIE, DAVID R.	112,556	ICHORD, RICHARD		43,976 D	37.9%	62.1%	37.9%	62.1%
9	1974	131,864	44,318	BISCHOF, MILTON	87,546	HUNGATE, WILLIAM L.		43,228 D	33.6%	66.4%	33.6%	66.4%
9	1972	198,678	66,528	PRANGE, ROBERT L.	132,150	HUNGATE, WILLIAM L.		65,622 D	33.5%	66.5%	33.5%	66.5%
10	1974	106,727	29,050	FARROW, TRUMAN	77,677	BURLISON, BILL D.		48,627 D	27.2%	72.8%	27.2%	72.8%
10	1972	165,384	59,083	SVENDROWSKI, FRANK	106,301	BURLISON, BILL D.		47,218 D	35.7%	64.3%	35.7%	64.3%

MISSOURI

1974 GENERAL ELECTION

Senator   Other vote was Nonpartisan (Talmage).

Congress   Other vote was Nonpartisan (Nowak) in CD 3; Nonpartisan (Verburg) in CD 5.

1974 PRIMARIES

AUGUST 6 REPUBLICAN

Senator   136,447 Thomas B. Curtis; 16,882 Paul M. Robinett; 13,285 Gregory Hansman.

Congress   Unopposed in five CD's. Contested as follows:

- CD 1   2,770 Arthur O. Martin; 1,380 Fred H. Stout; 1,056 Larry S. Conley.
- CD 3   7,453 JoAnn P. Raisch; 1,942 Harvey F. Euge; 1,637 Burl A. Munsell.
- CD 5   5,652 John J. McDonough; 4,527 Marion A. Trozzolo.
- CD 7   40,997 Gene Taylor; 12,612 Alex Karmarkovic.
- CD 10 4,553 Truman Farrow; 3,066 Virginia E. Hendricks.

AUGUST 6 DEMOCRATIC

Senator   420,681 Thomas F. Eagleton; 30,389 Pat O'Brien; 29,835 Lee C. Sutton.

Congress   Unopposed in two CD's. Contested as follows:

- CD 1   39,141 William Clay; 18,150 C. W. Gates.
- CD 2   36,257 James W. Symington; 14,419 John P. Doyle.
- CD 3   44,959 Leonor K. Sullivan; 3,799 Victoria Schmidt; 1,395 Asen Dodov.
- CD 4   40,578 William J. Randall; 6,303 Forest Nave.
- CD 5   35,444 Richard Bolling; 7,399 Stella Sollars.
- CD 7   16,204 Richard L. Franks; 4,273 Edward J. Bonitt; 2,581 James W. Roberts.
- CD 8   36,055 Richard Ichord; 6,614 Sam C. Orr.
- CD 10 44,801 Bill D. Burlison; 11,175 Arthur T. Stephenson.

MONTANA

GOVERNOR
Thomas L. Judge (D). Elected 1972 to a four-year term.

SENATORS
Mike Mansfield (D). Re-elected 1970 to a six-year term. Previously elected 1964, 1958, 1952.

Lee Metcalf (D). Re-elected 1972 to a six-year term. Previously elected 1966, 1960.

REPRESENTATIVES
1. Max S. Baucus (D)
2. John Melcher (D)

POSTWAR VOTE FOR GOVERNOR

| | Total | Republican | | Democratic | | Other | Rep.-Dem. | Percentage | | | |
| | | | | | | | | Total Vote | | Major Vote | |
Year	Vote	Vote	Candidate	Vote	Candidate	Vote	Plurality	Rep.	Dem.	Rep.	Dem.
1972	318,754	146,231	Smith, Ed	172,523	Judge, Thomas L.	—	26,292 D	45.9%	54.1%	45.9%	54.1%
1968	278,112	116,432	Babcock, Tim M.	150,481	Anderson, Forrest H.	11,199	34,049 D	41.9%	54.1%	43.6%	56.4%
1964	280,975	144,113	Babcock, Tim M.	136,862	Renne, Roland	—	7,251 R	51.3%	48.7%	51.3%	48.7%
1960	279,881	154,230	Nutter, Donald G.	125,651	Cannon, Paul	—	28,579 R	55.1%	44.9%	55.1%	44.9%
1956	270,366	138,878	Aronson, J. Hugo	131,488	Olsen, Arnold H.	—	7,390 R	51.4%	48.6%	51.4%	48.6%
1952	263,792	134,423	Aronson, J. Hugo	129,369	Bonner, John W.	—	5,054 R	51.0%	49.0%	51.0%	49.0%
1948	222,964	97,792	Ford, Sam C.	124,267	Bonner, John W.	905	26,475 D	43.9%	55.7%	44.0%	56.0%

POSTWAR VOTE FOR SENATOR

| | Total | Republican | | Democratic | | Other | Rep.-Dem. | Percentage | | | |
| | | | | | | | | Total Vote | | Major Vote | |
Year	Vote	Vote	Candidate	Vote	Candidate	Vote	Plurality	Rep.	Dem.	Rep.	Dem.
1972	314,925	151,316	Hibbard, Henry S.	163,609	Metcalf, Lee	—	12,293 D	48.0%	52.0%	48.0%	52.0%
1970	247,869	97,809	Wallace, Harold E.	150,060	Mansfield, Mike	—	52,251 D	39.5%	60.5%	39.5%	60.5%
1966	259,863	121,697	Babcock, Tim M.	138,166	Metcalf, Lee	—	16,469 D	46.8%	53.2%	46.8%	53.2%
1964	280,010	99,367	Blewett, Alex	180,643	Mansfield, Mike	—	81,276 D	35.5%	64.5%	35.5%	64.5%
1960	276,612	136,281	Fjare, Orvin B.	140,331	Metcalf, Lee	—	4,050 D	49.3%	50.7%	49.3%	50.7%
1958	229,483	54,573	Welch, Lou W.	174,910	Mansfield, Mike	—	120,337 D	23.8%	76.2%	23.8%	76.2%
1954	227,454	112,863	D'Ewart, Wesley A.	114,591	Murray, James E.	—	1,728 D	49.6%	50.4%	49.6%	50.4%
1952	262,297	127,360	Ecton, Zales N.	133,109	Mansfield, Mike	1,828	5,749 D	48.6%	50.7%	48.9%	51.1%
1948	221,003	94,458	David, Tom J.	125,193	Murray, James E.	1,352	30,735 D	42.7%	56.6%	43.0%	57.0%
1946	190,566	101,901	Ecton, Zales N.	86,476	Erickson, Leif	2,189	15,425 R	53.5%	45.4%	54.1%	45.9%

MONTANA

Districts Established March 3, 1971

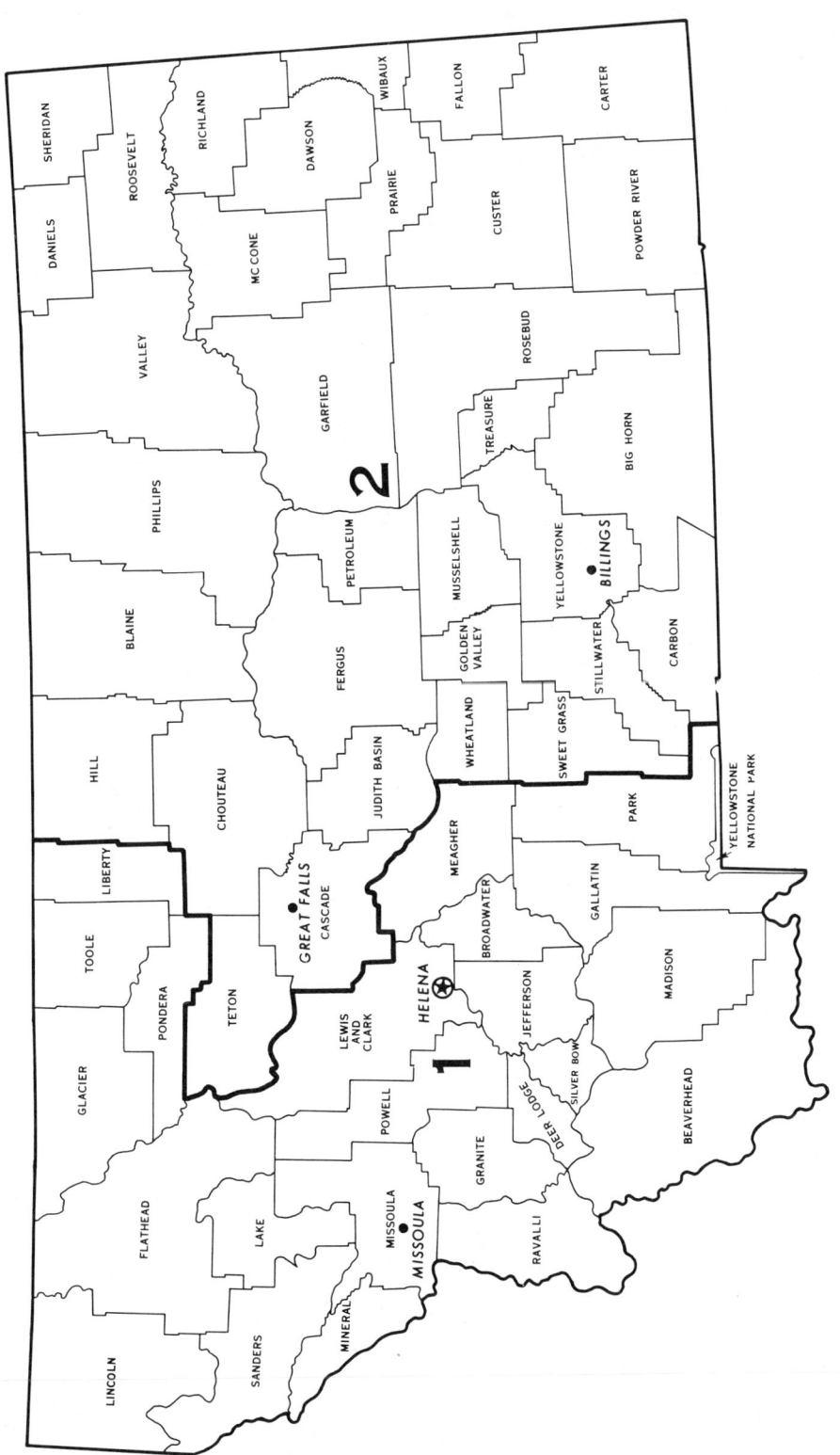

MONTANA

CONGRESS

CD	Year	Total Vote	Republican Vote	Candidate	Democratic Vote	Candidate	Other Vote	Rep.-Dem. Plurality	Percentage Total Vote Rep.	Dem.	Major Vote Rep.	Dem.
1	1974	135,613	61,309	SHOUP, RICHARD G.	74,304	BAUCUS, MAX S.		12,995 D	45.2%	54.8%	45.2%	54.8%
1	1972	164,446	88,373	SHOUP, RICHARD G.	76,073	OLSEN, ARNOLD H.		12,300 R	53.7%	46.3%	53.7%	46.3%
2	1974	118,533	43,853	MCDONALD, JOHN K.	74,680	MELCHER, JOHN		30,827 D	37.0%	63.0%	37.0%	63.0%
2	1972	150,587	36,063	FORESTER, RICHARD L.	114,524	MELCHER, JOHN		78,461 D	23.9%	76.1%	23.9%	76.1%

MONTANA

Population total includes 64 persons living in Yellowstone National Park and not under any county jurisdiction.

1974 GENERAL ELECTION

Congress

1974 PRIMARIES

JUNE 4 REPUBLICAN

Congress   Unopposed in CD 1. Contested as follows:

CD 2   15,218 John K. McDonald; 8,595 Sam Kitzenberg.

JUNE 4 DEMOCRATIC

Congress   Unopposed in CD 2. Contested as follows:

CD 1   29,762 Max S. Baucus; 21,645 Pat Williams; 16,929 Arnold H. Olsen.

NEBRASKA

GOVERNOR
J. J. Exon (D). Re-elected 1974 to a four-year term. Previously elected 1970.

SENATORS
Carl T. Curtis (R). Re-elected 1972 to a six-year term. Previously elected 1966, 1960, 1954.

Roman L. Hruska (R). Re-elected 1970 to a six-year term. Previously elected 1964, 1958, and in 1954 to fill out term vacated by the death of Senator Hugh Butler.

REPRESENTATIVES
1. Charles Thone (R)
2. John Y. McCollister (R)
3. Virginia Smith (R)

POSTWAR VOTE FOR GOVERNOR

Year	Total Vote	Republican Vote	Republican Candidate	Democratic Vote	Democratic Candidate	Other Vote	Rep.-Dem. Plurality	Total Vote Rep.	Total Vote Dem.	Major Vote Rep.	Major Vote Dem.
1974	451,306	159,780	Marvel, Richard D.	267,012	Exon, J. J.	24,514	107,232 D	35.4%	59.2%	37.4%	62.6%
1970	461,619	201,994	Tiemann, Norbert T.	248,552	Exon, J. J.	11,073	46,558 D	43.8%	53.8%	44.8%	55.2%
1966	486,396	299,245	Tiemann, Norbert T.	186,985	Sorensen, Philip C.	166	112,260 R	61.5%	38.4%	61.5%	38.5%
1964	578,090	231,029	Burney, Dwight W.	347,026	Morrison, Frank B.	35	115,997 D	40.0%	60.0%	40.0%	60.0%
1962	464,585	221,885	Seaton, Fred A.	242,669	Morrison, Frank B.	31	20,784 D	47.8%	52.2%	47.8%	52.2%
1960	598,971	287,302	Cooper, John R.	311,344	Morrison, Frank B.	325	24,042 D	48.0%	52.0%	48.0%	52.0%
1958	421,067	209,705	Anderson, Victor E.	211,345	Brooks, Ralph G.	17	1,640 D	49.8%	50.2%	49.8%	50.2%
1956	567,933	308,293	Anderson, Victor E.	228,048	Sorrell, Frank	31,592	80,245 R	54.3%	40.2%	57.5%	42.5%
1954	414,841	250,080	Anderson, Victor E.	164,753	Ritchie, William	8	85,327 R	60.3%	39.7%	60.3%	39.7%
1952	595,714	366,009	Crosby, Robert B.	229,700	Raecke, Walter R.	5	136,309 R	61.4%	38.6%	61.4%	38.6%
1950	449,720	247,081	Peterson, Val	202,638	Raecke, Walter R.	1	44,443 R	54.9%	45.1%	54.9%	45.1%
1948	476,352	286,119	Peterson, Val	190,214	Sorrell, Frank	19	95,905 R	60.1%	39.9%	60.1%	39.9%
1946	380,835	249,468	Peterson, Val	131,367	Sorrell, Frank	—	118,101 R	65.5%	34.5%	65.5%	34.5%

The term of office of Nebraska's Governor was increased from two to four years effective with the 1966 election.

POSTWAR VOTE FOR SENATOR

Year	Total Vote	Republican Vote	Republican Candidate	Democratic Vote	Democratic Candidate	Other Vote	Rep.-Dem. Plurality	Total Vote Rep.	Total Vote Dem.	Major Vote Rep.	Major Vote Dem.
1972	568,580	301,841	Curtis, Carl T.	265,922	Carpenter, Terry	817	35,919 R	53.1%	46.8%	53.2%	46.8%
1970	458,966	240,894	Hruska, Roman L.	217,681	Morrison, Frank B.	391	23,213 R	52.5%	47.4%	52.5%	47.5%
1966	485,101	296,116	Curtis, Carl T.	187,950	Morrison, Frank B.	1,035	108,166 R	61.0%	38.7%	61.2%	38.8%
1964	563,401	345,772	Hruska, Roman L.	217,605	Arndt, Raymond W.	24	128,167 R	61.4%	38.6%	61.4%	38.6%
1960	598,743	352,748	Curtis, Carl T.	245,837	Conrad, Robert	158	106,911 R	58.9%	41.1%	58.9%	41.1%
1958	417,385	232,227	Hruska, Roman L.	185,152	Morrison, Frank B.	6	47,075 R	55.6%	44.4%	55.6%	44.4%
1954	418,691	255,695	Curtis, Carl T.	162,990	Neville, Keith	6	92,705 R	61.1%	38.9%	61.1%	38.9%
1954s	411,225	250,341	Hruska, Roman L.	160,881	Green, James F.	3	89,460 R	60.9%	39.1%	60.9%	39.1%
1952	591,749	408,971	Butler, Hugh	164,660	Long, Stanley D.	18,118	244,311 R	69.1%	27.8%	71.3%	28.7%
1952s	581,750	369,841	Griswold, Dwight	211,898	Ritchie, William	11	157,943 R	63.6%	36.4%	63.6%	36.4%
1948	471,895	267,575	Wherry, Kenneth S.	204,320	Carpenter, Terry	—	63,255 R	56.7%	43.3%	56.7%	43.3%
1946	382,958	271,208	Butler, Hugh	111,750	Mekota, John E.	—	159,458 R	70.8%	29.2%	70.8%	29.2%

One each of the 1954 and 1952 elections was for a short term to fill a vacancy.

NEBRASKA

Districts Established January 11, 1968

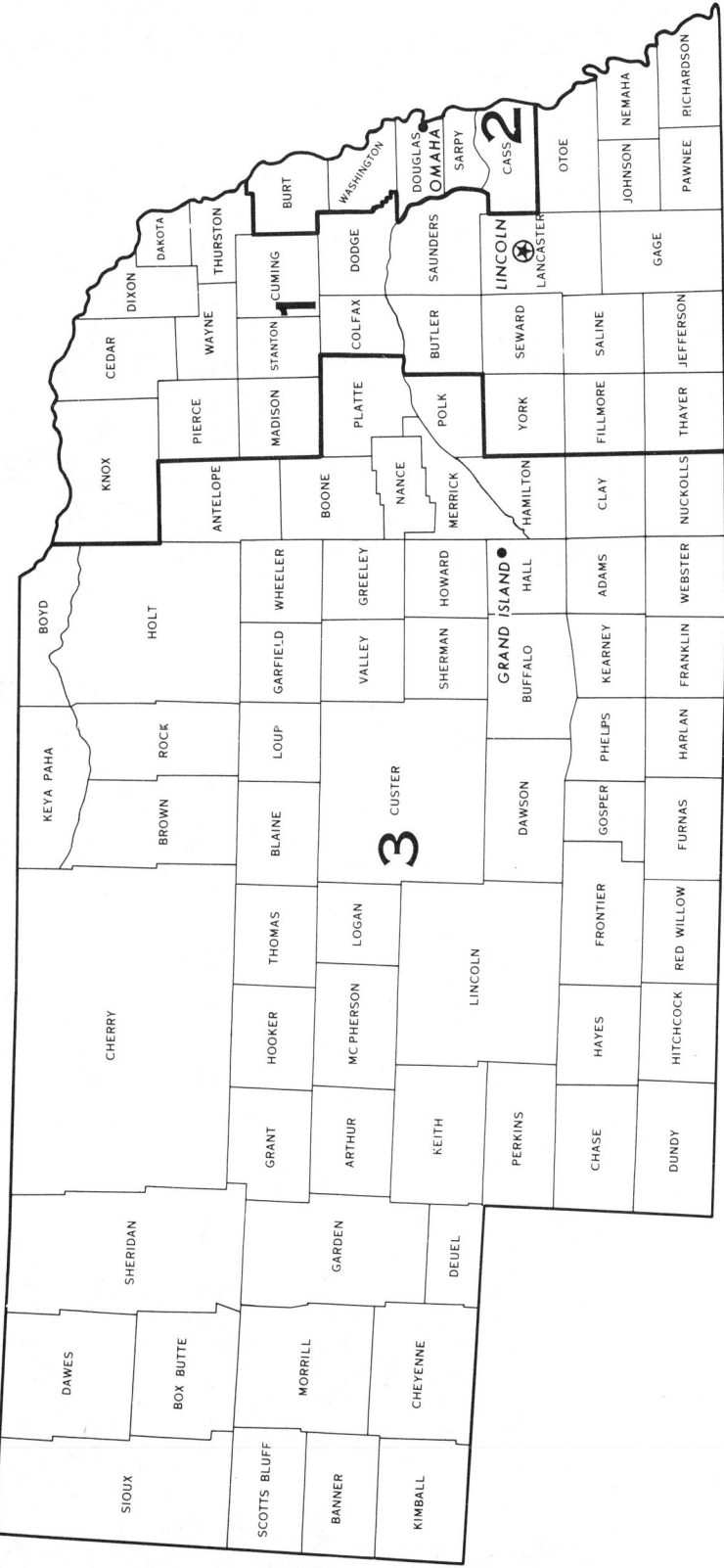

NEBRASKA

GOVERNOR 1974

1970 Census Population	County	Total Vote	Republican	Democratic	Other	Rep.-Dem. Plurality	Percentage Total Vote Rep.	Dem.	Major Vote Rep.	Dem.
30,553	ADAMS	9,522	5,129	3,977	416	1,152 R	53.9%	41.8%	56.3%	43.7%
9,047	ANTELOPE	3,292	1,395	1,815	82	420 D	42.4%	55.1%	43.5%	56.5%
606	ARTHUR	269	120	141	8	21 D	44.6%	52.4%	46.0%	54.0%
1,034	BANNER	477	248	217	12	31 R	52.0%	45.5%	53.3%	46.7%
847	BLAINE	452	204	231	17	27 D	45.1%	51.1%	46.9%	53.1%
8,190	BOONE	3,024	1,131	1,827	66	696 D	37.4%	60.4%	38.2%	61.8%
10,094	BOX BUTTE	3,060	1,404	1,570	86	166 D	45.9%	51.3%	47.2%	52.8%
3,752	BOYD	1,563	604	939	20	335 D	38.6%	60.1%	39.1%	60.9%
4,021	BROWN	1,744	736	971	37	235 D	42.2%	55.7%	43.1%	56.9%
31,222	BUFFALO	9,541	3,568	5,413	560	1,845 D	37.4%	56.7%	39.7%	60.3%
9,247	BURT	3,196	1,334	1,796	66	462 D	41.7%	56.2%	42.6%	57.4%
9,461	BUTLER	3,450	779	2,586	85	1,807 D	22.6%	75.0%	23.2%	76.8%
18,076	CASS	5,228	1,731	3,335	162	1,604 D	33.1%	63.8%	34.2%	65.8%
12,192	CEDAR	3,624	1,139	2,350	135	1,211 D	31.4%	64.8%	32.6%	67.4%
4,129	CHASE	1,790	736	1,016	38	280 D	41.1%	56.8%	42.0%	58.0%
6,846	CHERRY	2,319	1,107	1,182	30	75 D	47.7%	51.0%	48.4%	51.6%
10,778	CHEYENNE	2,989	1,309	1,616	64	307 D	43.8%	54.1%	44.8%	55.2%
8,266	CLAY	3,020	1,373	1,559	88	186 D	45.5%	51.6%	46.8%	53.2%
9,498	COLFAX	3,639	1,026	2,515	98	1,489 D	28.2%	69.1%	29.0%	71.0%
12,034	CUMING	3,651	1,323	2,251	77	928 D	36.2%	61.7%	37.0%	63.0%
14,092	CUSTER	5,056	2,187	2,715	154	528 D	43.3%	53.7%	44.6%	55.4%
13,137	DAKOTA	3,966	1,164	2,732	70	1,568 D	29.3%	68.9%	29.9%	70.1%
9,761	DAWES	2,639	1,194	1,384	61	190 D	45.2%	52.4%	46.3%	53.7%
19,467	DAWSON	5,771	2,761	2,864	146	103 D	47.8%	49.6%	49.1%	50.9%
2,717	DEUEL	1,072	492	560	20	68 D	45.9%	52.2%	46.8%	53.2%
7,453	DIXON	2,588	949	1,587	52	638 D	36.7%	61.3%	37.4%	62.6%
34,782	DODGE	10,897	3,813	6,668	416	2,855 D	35.0%	61.2%	36.4%	63.6%
389,455	DOUGLAS	107,221	31,076	67,309	8,836	36,233 D	29.0%	62.8%	31.6%	68.4%
2,926	DUNDY	1,033	464	550	19	86 D	44.9%	53.2%	45.8%	54.2%
8,137	FILLMORE	3,370	1,207	2,075	88	868 D	35.8%	61.6%	36.8%	63.2%
4,566	FRANKLIN	1,923	776	1,079	68	303 D	40.4%	56.1%	41.8%	58.2%
3,982	FRONTIER	1,401	626	738	37	112 D	44.7%	52.7%	45.9%	54.1%
6,897	FURNAS	2,604	1,085	1,440	79	355 D	41.7%	55.3%	43.0%	57.0%
25,719	GAGE	7,499	2,396	4,827	276	2,431 D	32.0%	64.4%	33.2%	66.8%
2,929	GARDEN	1,235	558	662	15	104 D	45.2%	53.6%	45.7%	54.3%
2,411	GARFIELD	1,066	433	601	32	168 D	40.6%	56.4%	41.9%	58.1%
2,178	GOSPER	728	314	392	22	78 D	43.1%	53.8%	44.5%	55.5%
1,019	GRANT	336	164	163	9	1 R	48.8%	48.5%	50.2%	49.8%
4,000	GREELEY	1,620	469	1,128	23	659 D	29.0%	69.6%	29.4%	70.6%
42,851	HALL	11,418	4,298	6,706	414	2,408 D	37.6%	58.7%	39.1%	60.9%
8,867	HAMILTON	3,087	1,289	1,693	105	404 D	41.8%	54.8%	43.2%	56.8%
4,357	HARLAN	2,008	847	1,115	46	268 D	42.2%	55.5%	43.2%	56.8%
1,530	HAYES	593	267	307	19	40 D	45.0%	51.8%	46.5%	53.5%
4,051	HITCHCOCK	1,364	573	758	33	185 D	42.0%	55.6%	43.1%	56.9%
12,933	HOLT	4,412	1,669	2,691	52	1,022 D	37.8%	61.0%	38.3%	61.7%
939	HOOKER	392	197	183	12	14 R	50.3%	46.7%	51.8%	48.2%
6,807	HOWARD	2,427	635	1,722	70	1,087 D	26.2%	71.0%	26.9%	73.1%
10,436	JEFFERSON	3,987	1,568	2,323	96	755 D	39.3%	58.3%	40.3%	59.7%
5,743	JOHNSON	2,306	798	1,448	60	650 D	34.6%	62.8%	35.5%	64.5%
6,707	KEARNEY	2,535	876	1,573	86	697 D	34.6%	62.1%	35.8%	64.2%
8,487	KEITH	3,260	1,243	1,893	124	650 D	38.1%	58.1%	39.6%	60.4%
1,340	KEYA PAHA	662	328	316	18	12 R	49.5%	47.7%	50.9%	49.1%
6,009	KIMBALL	1,616	717	877	22	160 D	44.4%	54.3%	45.0%	55.0%
11,723	KNOX	3,591	1,349	2,155	87	806 D	37.6%	60.0%	38.5%	61.5%
167,972	LANCASTER	48,280	16,212	25,689	6,379	9,477 D	33.6%	53.2%	38.7%	61.3%
29,538	LINCOLN	9,421	3,162	5,966	293	2,804 D	33.6%	63.3%	34.6%	65.4%
991	LOGAN	426	177	238	11	61 D	41.5%	55.9%	42.7%	57.3%
854	LOUP	429	168	241	20	73 D	39.2%	56.2%	41.1%	58.9%
623	MCPHERSON	303	123	177	3	54 D	40.6%	58.4%	41.0%	59.0%
27,402	MADISON	8,283	3,466	4,543	274	1,077 D	41.8%	54.8%	43.3%	56.7%
8,751	MERRICK	2,815	1,071	1,657	87	586 D	38.0%	58.9%	39.3%	60.7%
5,813	MORRILL	1,696	808	836	52	28 D	47.6%	49.3%	49.1%	50.9%
5,142	NANCE	1,764	553	1,158	53	605 D	31.3%	65.6%	32.3%	67.7%
8,976	NEMAHA	2,804	1,093	1,628	83	535 D	39.0%	58.1%	40.2%	59.8%
7,404	NUCKOLLS	2,816	1,030	1,710	76	680 D	36.6%	60.7%	37.6%	62.4%

NEBRASKA

GOVERNOR 1974

1970 Census Population	County	Total Vote	Republican	Democratic	Other	Rep.-Dem. Plurality	Percentage Total Vote Rep.	Dem.	Major Vote Rep.	Dem.
15,576	OTOE	4,982	1,921	2,913	148	992 D	38.6%	58.5%	39.7%	60.3%
4,473	PAWNEE	1,731	625	1,052	54	427 D	36.1%	60.8%	37.3%	62.7%
3,423	PERKINS	1,395	592	786	17	194 D	42.4%	56.3%	43.0%	57.0%
9,553	PHELPS	3,506	1,484	1,882	140	398 D	42.3%	53.7%	44.1%	55.9%
8,493	PIERCE	2,879	1,151	1,669	59	518 D	40.0%	58.0%	40.8%	59.2%
26,508	PLATTE	8,655	2,775	5,630	250	2,855 D	32.1%	65.0%	33.0%	67.0%
6,468	POLK	2,552	900	1,587	65	687 D	35.3%	62.2%	36.2%	63.8%
12,191	RED WILLOW	3,490	1,289	2,116	85	827 D	36.9%	60.6%	37.9%	62.1%
12,277	RICHARDSON	4,833	1,567	3,150	116	1,583 D	32.4%	65.2%	33.2%	66.8%
2,231	ROCK	936	398	520	18	122 D	42.5%	55.6%	43.4%	56.6%
12,809	SALINE	4,306	1,141	2,979	186	1,838 D	26.5%	69.2%	27.7%	72.3%
65,007	SARPY	12,429	3,703	8,176	550	4,473 D	29.8%	65.8%	31.2%	68.8%
17,018	SAUNDERS	5,711	1,816	3,705	190	1,889 D	31.8%	64.9%	32.9%	67.1%
36,432	SCOTTS BLUFF	8,682	4,277	4,118	287	159 R	49.3%	47.4%	50.9%	49.1%
14,460	SEWARD	5,095	1,699	3,048	348	1,349 D	33.3%	59.8%	35.8%	64.2%
7,285	SHERIDAN	2,393	1,242	1,082	69	160 R	51.9%	45.2%	53.4%	46.6%
4,725	SHERMAN	1,975	549	1,378	48	829 D	27.8%	69.8%	28.5%	71.5%
2,034	SIOUX	694	322	355	17	33 D	46.4%	51.2%	47.6%	52.4%
5,758	STANTON	1,900	674	1,192	34	518 D	35.5%	62.7%	36.1%	63.9%
7,779	THAYER	2,827	1,006	1,755	66	749 D	35.6%	62.1%	36.4%	63.6%
954	THOMAS	492	226	260	6	34 D	45.9%	52.8%	46.5%	53.5%
6,942	THURSTON	1,906	553	1,274	79	721 D	29.0%	66.8%	30.3%	69.7%
5,783	VALLEY	2,522	1,006	1,469	47	463 D	39.9%	58.2%	40.6%	59.4%
13,310	WASHINGTON	4,696	1,630	2,878	188	1,248 D	34.7%	61.3%	36.2%	63.8%
10,400	WAYNE	2,832	1,183	1,545	104	362 D	41.8%	54.6%	43.4%	56.6%
5,396	WEBSTER	2,289	960	1,277	52	317 D	41.9%	55.8%	42.9%	57.1%
1,054	WHEELER	455	168	278	9	110 D	36.9%	61.1%	37.7%	62.3%
13,685	YORK	4,573	1,882	2,554	137	672 D	41.2%	55.8%	42.4%	57.6%
1,483,791	TOTAL	451,306	159,780	267,012	24,514	107,232 D	35.4%	59.2%	37.4%	62.6%

NEBRASKA

CONGRESS

CD	Year	Total Vote	Republican Vote	Candidate	Democratic Vote	Candidate	Other Vote	Rep.-Dem. Plurality	Percentage Total Vote Rep.	Dem.	Major Vote Rep.	Dem.
1	1974	154,454	82,353	THONE, CHARLES	72,099	DYAS, HESS	2	10,254 R	53.3%	46.7%	53.3%	46.7%
1	1972	197,436	126,789	THONE, CHARLES	70,570	BERG, DARREL E.	77	56,219 R	64.2%	35.7%	64.2%	35.8%
1	1970	156,305	79,131	THONE, CHARLES	36,240	BURROWS, GEORGE	40,934	42,891 R	50.6%	23.2%	68.6%	31.4%
1	1968	180,622	97,697	DENNEY, ROBERT V.	78,374	CALLAN, CLAIR A.	4,551	19,323 R	54.1%	43.4%	55.5%	44.5%
2	1974	131,925	72,731	MCCOLLISTER, JOHN Y.	59,142	LYNCH, DANIEL C.	52	13,589 R	55.1%	44.8%	55.2%	44.8%
2	1972	179,387	114,669	MCCOLLISTER, JOHN Y.	64,696	COONEY, PATRICK L.	22	49,973 R	63.9%	36.1%	63.9%	36.1%
2	1970	134,387	69,671	MCCOLLISTER, JOHN Y.	64,620	HLAVACEK, JOHN	96	5,051 R	51.8%	48.1%	51.9%	48.1%
2	1968	158,977	87,683	CUNNINGHAM, GLENN	71,254	MORRISON, MRS. FRANK	40	16,429 R	55.2%	44.8%	55.2%	44.8%
3	1974	161,312	80,992	SMITH, VIRGINIA	80,255	ZIEBARTH, WAYNE W.	65	737 R	50.2%	49.8%	50.2%	49.8%
3	1972	192,023	133,607	MARTIN, DAVE	58,378	FITZGERALD, WARREN	38	75,229 R	69.6%	30.4%	69.6%	30.4%
3	1970	157,407	93,705	MARTIN, DAVE	63,698	SEARCY, DONALD	4	30,007 R	59.5%	40.5%	59.5%	40.5%
3	1968	182,572	123,838	MARTIN, DAVE	58,728	DEAN, J. B.	6	65,110 R	67.8%	32.2%	67.8%	32.2%

NEBRASKA

1974 GENERAL ELECTION

Governor   Other vote was 24,320 Independent (Chambers); 194 scattered.

Congress   Other vote was scattered in all CD's.

1974 PRIMARIES

MAY 14 REPUBLICAN

Governor   Richard D. Marvel, unopposed.

Congress   Unopposed in two CD's. Contested as follows:

CD 3   15,672 Virginia Smith; 15,531 Don Blank; 13,942 Gerald A. Stromer; 8,898 J. James Waldron; 6,132 James E. Wenger; 5,931 Jack Langford; 4,937 Ronald L. Blauvelt; 2,489 Gerald L. Lundby; 6 scattered. The vote for Smith and Blank are recount votes for those two candidates only.

MAY 14 DEMOCRATIC

Governor   125,690 J. J. Exon; 17,889 Richard D. Schmitz; 232 scattered.

Congress   Unopposed in CD 1. Contested as follows:

CD 2   27,436 Daniel C. Lynch; 15,341 John Hlavacek; 51 scattered.
CD 3   30,061 Wayne W. Ziebarth; 14,050 Ralph D. Miller; 44 scattered.

NEVADA

GOVERNOR
Mike O'Callaghan (D). Re-elected 1974 to a four-year term. Previously elected 1970.

SENATORS
Howard W. Cannon (D). Re-elected 1970 to a six-year term. Previously elected 1964, 1958.

Paul Laxalt (R). Elected 1974 to a six-year term.

REPRESENTATIVE
At-Large. James Santini (D)

POSTWAR VOTE FOR GOVERNOR

| | Total | Republican | | Democratic | | Other | Rep.-Dem. | Percentage Total Vote | | Major Vote | |
Year	Vote	Vote	Candidate	Vote	Candidate	Vote	Plurality	Rep.	Dem.	Rep.	Dem.
1974	169,358	28,959	Crumpler, Shirley	114,114	O'Callaghan, Mike	26,285	85,155 D	17.1%	67.4%	20.2%	79.8%
1970	146,991	64,400	Fike, Ed	70,697	O'Callaghan, Mike	11,894	6,297 D	43.8%	48.1%	47.7%	52.3%
1966	137,677	71,807	Laxalt, Paul	65,870	Sawyer, Grant	—	5,937 R	52.2%	47.8%	52.2%	47.8%
1962	96,929	32,145	Gragson, Oran K.	64,784	Sawyer, Grant	—	32,639 D	33.2%	66.8%	33.2%	66.8%
1958	84,889	34,025	Russell, Charles H.	50,864	Sawyer, Grant	—	16,839 D	40.1%	59.9%	40.1%	59.9%
1954	78,462	41,665	Russell, Charles H.	36,797	Pittman, Vail	—	4,868 R	53.1%	46.9%	53.1%	46.9%
1950	61,773	35,609	Russell, Charles H.	26,164	Pittman, Vail	—	9,445 R	57.6%	42.4%	57.6%	42.4%
1946	49,902	21,247	Jepson, Melvin E.	28,655	Pittman, Vail	—	7,408 D	42.6%	57.4%	42.6%	57.4%

POSTWAR VOTE FOR SENATOR

| | Total | Republican | | Democratic | | Other | Rep.-Dem. | Percentage Total Vote | | Major Vote | |
Year	Vote	Vote	Candidate	Vote	Candidate	Vote	Plurality	Rep.	Dem.	Rep.	Dem.
1974	169,473	79,605	Laxalt, Paul	78,981	Reid, Harry	10,887	624 R	47.0%	46.6%	50.2%	49.8%
1970	147,768	60,838	Raggio, William J.	85,187	Cannon, Howard W.	1,743	24,349 D	41.2%	57.6%	41.7%	58.3%
1968	152,690	69,068	Fike, Ed	83,622	Bible, Alan	—	14,554 D	45.2%	54.8%	45.2%	54.8%
1964	134,624	67,288	Laxalt, Paul	67,336	Cannon, Howard W.	—	48 D	50.0%	50.0%	50.0%	50.0%
1962	97,192	33,749	Wright, William B.	63,443	Bible, Alan	—	29,694 D	34.7%	65.3%	34.7%	65.3%
1958	84,492	35,760	Malone, George W.	48,732	Cannon, Howard W.	—	12,972 D	42.3%	57.7%	42.3%	57.7%
1956	96,389	45,712	Young, Clifton	50,677	Bible, Alan	—	4,965 D	47.4%	52.6%	47.4%	52.6%
1954s	77,513	32,470	Brown, Ernest S.	45,043	Bible, Alan	—	12,573 D	41.9%	58.1%	41.9%	58.1%
1952	81,090	41,906	Malone, George W.	39,184	Mechling, Thomas B.	—	2,722 R	51.7%	48.3%	51.7%	48.3%
1950	61,762	25,933	Marshall, George E.	35,829	McCarran, Pat	—	9,896 D	42.0%	58.0%	42.0%	58.0%
1946	50,354	27,801	Malone, George W.	22,553	Bunker, Berkeley	—	5,248 R	55.2%	44.8%	55.2%	44.8%

The 1954 election was for a short term to fill a vacancy.

NEVADA

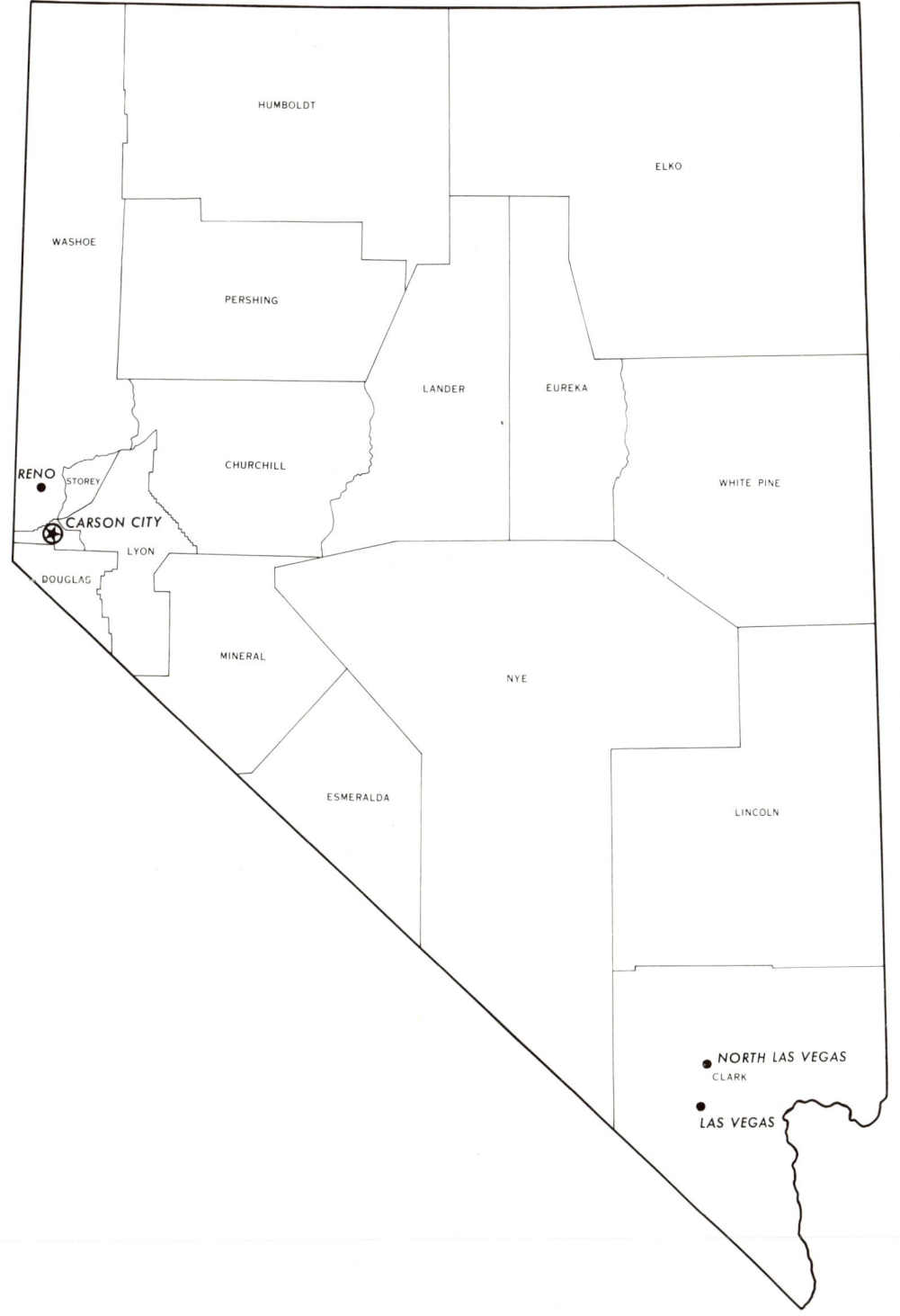

NEVADA

GOVERNOR 1974

1970 Census Population	County	Total Vote	Republican	Democratic	Other	Rep.-Dem. Plurality	Percentage Total Vote Rep.	Dem.	Major Vote Rep.	Dem.
15,468	CARSON CITY	8,570	1,723	5,099	1,748	3,376 D	20.1%	59.5%	25.3%	74.7%
10,513	CHURCHILL	4,316	603	2,806	907	2,203 D	14.0%	65.0%	17.7%	82.3%
273,288	CLARK	81,712	12,509	56,614	12,589	44,105 D	15.3%	69.3%	18.1%	81.9%
6,882	DOUGLAS	4,461	1,270	2,470	721	1,200 D	28.5%	55.4%	34.0%	66.0%
13,958	ELKO	5,158	873	3,696	589	2,823 D	16.9%	71.7%	19.1%	80.9%
629	ESMERALDA	401	40	237	124	197 D	10.0%	59.1%	14.4%	85.6%
948	EUREKA	492	126	296	70	170 D	25.6%	60.2%	29.9%	70.1%
6,375	HUMBOLDT	2,313	487	1,515	311	1,028 D	21.1%	65.5%	24.3%	75.7%
2,666	LANDER	1,262	201	787	274	586 D	15.9%	62.4%	20.3%	79.7%
2,557	LINCOLN	1,260	149	1,010	101	861 D	11.8%	80.2%	12.9%	87.1%
8,221	LYON	3,982	612	2,696	674	2,084 D	15.4%	67.7%	18.5%	81.5%
7,051	MINERAL	2,740	314	1,913	513	1,599 D	11.5%	69.8%	14.1%	85.9%
5,599	NYE	2,212	342	1,478	392	1,136 D	15.5%	66.8%	18.8%	81.2%
2,670	PERSHING	1,246	225	816	205	591 D	18.1%	65.5%	21.6%	78.4%
695	STOREY	612	90	419	103	329 D	14.7%	68.5%	17.7%	82.3%
121,068	WASHOE	44,680	8,815	29,440	6,425	20,625 D	19.7%	65.9%	23.0%	77.0%
10,150	WHITE PINE	3,941	580	2,822	539	2,242 D	14.7%	71.6%	17.0%	83.0%
488,738	TOTAL	169,358	28,959	114,114	26,285	85,155 D	17.1%	67.4%	20.2%	79.8%

NEVADA

SENATOR 1974

1970 Census Population	County	Total Vote	Republican	Democratic	Other	Rep.-Dem. Plurality	Percentage Total Vote Rep.	Dem.	Major Vote Rep.	Dem.
15,468	CARSON CITY	8,561	5,257	2,645	659	2,612 R	61.4%	30.9%	66.5%	33.5%
10,513	CHURCHILL	4,295	2,308	1,571	416	737 R	53.7%	36.6%	59.5%	40.5%
273,288	CLARK	81,828	31,110	46,186	4,532	15,076 D	38.0%	56.4%	40.2%	59.8%
6,882	DOUGLAS	4,448	2,744	1,332	372	1,412 R	61.7%	29.9%	67.3%	32.7%
13,958	ELKO	5,185	3,002	1,919	264	1,083 R	57.9%	37.0%	61.0%	39.0%
629	ESMERALDA	406	189	140	77	49 R	46.6%	34.5%	57.4%	42.6%
948	EUREKA	490	299	158	33	141 R	61.0%	32.2%	65.4%	34.6%
6,375	HUMBOLDT	2,334	1,267	901	166	366 R	54.3%	38.6%	58.4%	41.6%
2,666	LANDER	1,254	723	419	112	304 R	57.7%	33.4%	63.3%	36.7%
2,557	LINCOLN	1,252	512	678	62	166 D	40.9%	54.2%	43.0%	57.0%
8,221	LYON	3,997	2,111	1,542	344	569 R	52.8%	38.6%	57.8%	42.2%
7,051	MINERAL	2,731	1,306	1,214	211	92 R	47.8%	44.5%	51.8%	48.2%
5,599	NYE	2,215	980	1,023	212	43 D	44.2%	46.2%	48.9%	51.1%
2,670	PERSHING	1,243	685	434	124	251 R	55.1%	34.9%	61.2%	38.8%
695	STOREY	610	380	187	43	193 R	62.3%	30.7%	67.0%	33.0%
121,068	WASHOE	44,677	25,003	16,669	3,005	8,334 R	56.0%	37.3%	60.0%	40.0%
10,150	WHITE PINE	3,947	1,729	1,963	255	234 D	43.8%	49.7%	46.8%	53.2%
488,738	TOTAL	169,473	79,605	78,981	10,887	624 R	47.0%	46.6%	50.2%	49.8%

NEVADA

CONGRESS

CD	Year	Total Vote	Republican Vote	Candidate	Democratic Vote	Candidate	Other Vote	Rep.-Dem. Plurality	Total Vote Rep.	Total Vote Dem.	Major Vote Rep.	Major Vote Dem.
AL	1974	167,966	61,182	TOWELL, DAVID	93,665	SANTINI, JAMES	13,119	32,483 D	36.4%	55.8%	39.5%	60.5%
AL	1972	180,462	94,113	TOWELL, DAVID	86,349	BILBRAY, JAMES H.		7,764 R	52.2%	47.8%	52.2%	47.8%
AL	1970	137,643	24,147	CHARLES, J. ROBERT	113,496	BARING, WALTER S.		89,349 D	17.5%	82.5%	17.5%	82.5%
AL	1968	144,345	40,209	SLATTERY, JAMES M.	104,136	BARING, WALTER S.		63,927 D	27.9%	72.1%	27.9%	72.1%
AL	1966	127,850	41,383	KRAEMER, RALPH L.	86,467	BARING, WALTER S		45,084 D	32.4%	67.6%	32.4%	67.6%
AL	1964	130,737	47,989	VON TOBEL, GEORGE	82,748	BARING, WALTER S.		34,759 D	36.7%	63.3%	36.7%	63.3%
AL	1962	93,324	26,458	ADAIR, J. CARLTON	66,866	BARING, WALTER S.		40,408 D	28.4%	71.6%	28.4%	71.6%
AL	1960	103,602	43,986	MALONE, GEORGE W.	59,616	BARING, WALTER S.		15,630 D	42.5%	57.5%	42.5%	57.5%
AL	1958	82,328	27,275	HORTON, ROBERT C.	55,053	BARING, WALTER S.		27,778 D	33.1%	66.9%	33.1%	66.9%
AL	1956	94,254	43,154	HORTON, RICHARD W.	51,100	BARING, WALTER S.		7,946 D	45.8%	54.2%	45.8%	54.2%
AL	1954	77,639	42,321	YOUNG, CLIFTON	35,318	BARING, WALTER S.		7,003 R	54.5%	45.5%	54.5%	45.5%
AL	1952	80,595	40,683	YOUNG, CLIFTON	39,912	BARING, WALTER S.		771 R	50.5%	49.5%	50.5%	49.5%
AL	1950	60,328	28,485	MACKENZIE, A. E.	31,843	BARING, WALTER S.		3,358 D	47.2%	52.8%	47.2%	52.8%
AL	1948	58,705	28,972	RUSSELL, CHARLES H.	29,733	BARING, WALTER S.		761 D	49.4%	50.6%	49.4%	50.6%
AL	1946	49,046	28,859	RUSSELL, CHARLES H.	20,187	MCEACHIN, MALCOLM		8,672 R	58.8%	41.2%	58.8%	41.2%

NEVADA

1974 GENERAL ELECTION

Governor   Other vote was Independent American (Houston).

Senator   Other vote was Independent American (Doyle).

Congress   Other vote was Independent American (Hansen).

1974 PRIMARIES

SEPTEMBER 3 REPUBLICAN

Governor   17,076 Shirley Crumpler; 13,632 William Bickerstaff; 2,405 Gilbert D. Buck; 1,419 Ryall Bowker.

Senator   33,660 Paul Laxalt; 3,984 Jim Talbert; 3,752 S. M. Cavnar.

Congress   Contested as follows:

AL   35,227 David Towell; 2,693 Curk C. Cave; 2,428 James L. Burns.

SEPTEMBER 3 DEMOCRATIC

Governor   69,089 Mike O'Callaghan; 3,206 Harry E. Springer; 1,602 Olga B. Covelli; 1,377 Eugene R. Welsh; 405 Ken Varndell; 371 Albert D. Viller.

Senator   44,768 Harry Reid; 25,738 Maya Miller; 5,869 Dan Miller.

Congress   Contested as follows:

AL   39,345 James Santini; 29,211 Myron E. Leavitt; 3,088 Oscar Brooks; 1,694 Richard L. Gerish.

NEW HAMPSHIRE

GOVERNOR
Meldrim Thomson (R). Elected 1974 to a two-year term. Previously elected 1972.

SENATORS
Norris Cotton (R). Appointed August 1975 to fill vacancy caused by the Senate's declaring the seat vacant. Previously elected 1968, 1962, 1956, and in 1954 to fill out term vacated by the death of Senator Charles W. Tobey; had not sought re-election in 1974, but appointed when that election failed to develop a member who would be seated by the Senate. New election in September 1975 for this seat, with the data in the table below for 1974 the final state totals as certified by the state Ballot Law Commission.

Thomas J. McIntyre (D). Re-elected 1972 to a six-year term. Previously elected 1966, and in 1962 to fill out term vacated by the death of Senator Styles Bridges.

REPRESENTATIVES
1. Norman E. D'Amours (D)
2. James C. Cleveland (R)

POSTWAR VOTE FOR GOVERNOR

Year	Total Vote	Republican Vote	Republican Candidate	Democratic Vote	Democratic Candidate	Other Vote	Rep.-Dem. Plurality	Total Vote Rep.	Total Vote Dem.	Major Vote Rep.	Major Vote Dem.
1974	226,665	115,933	Thomson, Meldrim	110,591	Leonard, Richard W.	141	5,342 R	51.1%	48.8%	51.2%	48.8%
1972	323,102	133,702	Thomson, Meldrim	126,107	Crowley, Roger J.	63,293	7,595 R	41.4%	39.0%	51.5%	48.5%
1970	222,441	102,298	Peterson, Walter R.	98,098	Crowley, Roger J.	22,045	4,200 R	46.0%	44.1%	51.0%	49.0%
1968	285,342	149,902	Peterson, Walter R.	135,378	Bussiere, Emile R.	62	14,524 R	52.5%	47.4%	52.5%	47.5%
1966	233,642	107,259	Gregg, Hugh	125,882	King, John W.	501	18,623 D	45.9%	53.9%	46.0%	54.0%
1964	285,863	94,824	Pillsbury, John	190,863	King, John W.	176	96,039 D	33.2%	66.8%	33.2%	66.8%
1962	230,048	94,567	Pillsbury, John	135,481	King, John W.	—	40,914 D	41.1%	58.9%	41.1%	58.9%
1960	290,527	161,123	Powell, Wesley	129,404	Boutin, Bernard L.	—	31,719 R	55.5%	44.5%	55.5%	44.5%
1958	206,745	106,790	Powell, Wesley	99,955	Boutin, Bernard L.	—	6,835 R	51.7%	48.3%	51.7%	48.3%
1956	258,695	141,578	Dwinell, Lane	117,117	Shaw, John	—	24,461 R	54.7%	45.3%	54.7%	45.3%
1954	194,631	107,287	Dwinell, Lane	87,344	Shaw, John	—	19,943 R	55.1%	44.9%	55.1%	44.9%
1952	265,715	167,791	Gregg, Hugh	97,924	Craig, William H.	—	69,867 R	63.1%	36.9%	63.1%	36.9%
1950	191,239	108,907	Adams, Sherman	82,258	Bingham, Robert P.	74	26,649 R	56.9%	43.0%	57.0%	43.0%
1948	222,571	116,212	Adams, Sherman	105,207	Hill, Herbert W.	1,152	11,005 R	52.2%	47.3%	52.5%	47.5%
1946	163,451	103,204	Dale, Charles M.	60,247	Keefe, F. Clyde	—	42,957 R	63.1%	36.9%	63.1%	36.9%

POSTWAR VOTE FOR SENATOR

Year	Total Vote	Republican Vote	Republican Candidate	Democratic Vote	Democratic Candidate	Other Vote	Rep.-Dem. Plurality	Total Vote Rep.	Total Vote Dem.	Major Vote Rep.	Major Vote Dem.
1974	223,363	110,926	Wyman, Louis C.	110,924	Durkin, John A.	1,513	2 R	49.7%	49.7%	50.0%	50.0%
1972	324,354	139,852	Powell, Wesley	184,495	McIntyre, Thomas J.	7	44,643 D	43.1%	56.9%	43.1%	56.9%
1968	286,989	170,163	Cotton, Norris	116,816	King, John W.	10	53,347 R	59.3%	40.7%	59.3%	40.7%
1966	229,305	105,241	Thyng, Harrison R.	123,888	McIntyre, Thomas J.	176	18,647 D	45.9%	54.0%	45.9%	54.1%
1962	224,479	134,035	Cotton, Norris	90,444	Catalfo, Alfred	—	43,591 R	59.7%	40.3%	59.7%	40.3%
1962s	224,811	107,199	Bass, Perkins	117,612	McIntyre, Thomas J.	—	10,413 D	47.7%	52.3%	47.7%	52.3%
1960	287,545	173,521	Bridges, Styles	114,024	Hill, Herbert W.	—	59,497 R	60.3%	39.7%	60.3%	39.7%
1956	251,943	161,424	Cotton, Norris	90,519	Pickett, Laurence M.	—	70,905 R	64.1%	35.9%	64.1%	35.9%
1954	194,536	117,150	Bridges, Styles	77,386	Morin, Gerard L.	—	39,764 R	60.2%	39.8%	60.2%	39.8%
1954s	189,558	114,068	Cotton, Norris	75,490	Betley, Stanley J.	—	38,578 R	60.2%	39.8%	60.2%	39.8%
1950	190,573	106,142	Tobey, Charles W.	72,473	Kelley, Emmet J.	11,958	33,669 R	55.7%	38.0%	59.4%	40.6%
1948	222,898	129,600	Bridges, Styles	91,760	Fortin, Alfred E.	1,538	37,840 R	58.1%	41.2%	58.5%	41.5%

One each of the 1962 and 1954 elections was for a short term to fill a vacancy.

NEW HAMPSHIRE

Districts Established March 1, 1972

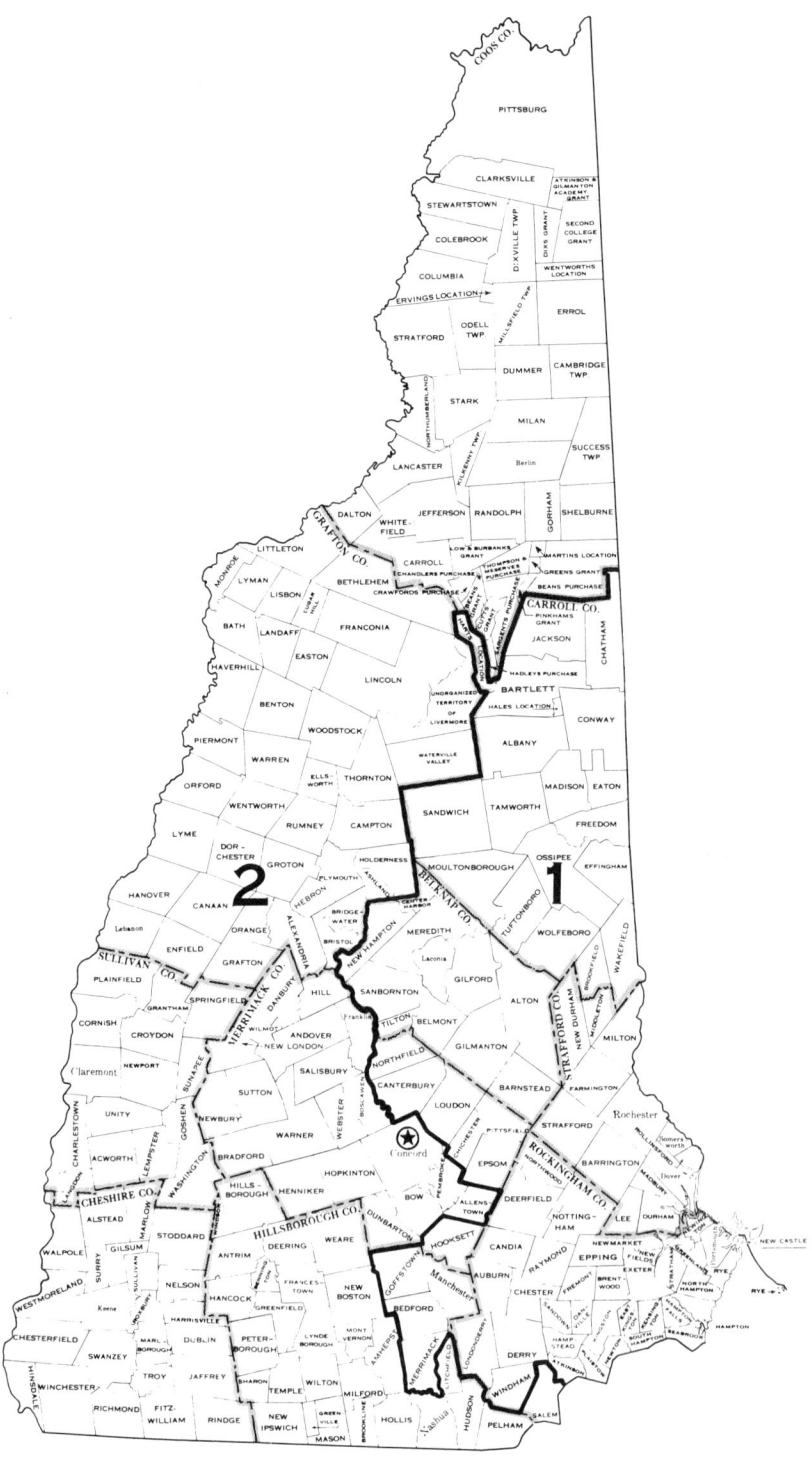

NEW HAMPSHIRE

GOVERNOR 1974

1970 Census Population	County	Total Vote	Republican	Democratic	Other	Rep.-Dem. Plurality	Percentage Total Vote Rep.	Dem.	Major Vote Rep.	Dem.
32,367	BELKNAP	11,111	6,416	4,687	8	1,729 R	57.7%	42.2%	57.8%	42.2%
18,548	CARROLL	7,538	5,266	2,270	2	2,996 R	69.9%	30.1%	69.9%	30.1%
52,364	CHESHIRE	14,605	5,410	9,186	9	3,776 D	37.0%	62.9%	37.1%	62.9%
34,291	COOS	10,442	6,104	4,334	4	1,770 R	58.5%	41.5%	58.5%	41.5%
54,914	GRAFTON	16,332	9,275	7,042	15	2,233 R	56.8%	43.1%	56.8%	43.2%
223,941	HILLSBOROUGH	69,222	36,819	32,371	32	4,448 R	53.2%	46.8%	53.2%	46.8%
80,925	MERRIMACK	26,693	12,667	14,011	15	1,344 D	47.5%	52.5%	47.5%	52.5%
138,951	ROCKINGHAM	41,413	20,704	20,675	34	29 R	50.0%	49.9%	50.0%	50.0%
70,431	STRAFFORD	20,197	9,246	10,940	11	1,694 D	45.8%	54.2%	45.8%	54.2%
30,949	SULLIVAN	9,112	4,026	5,075	11	1,049 D	44.2%	55.7%	44.2%	55.8%
737,681	TOTAL	226,665	115,933	110,591	141	5,342 R	51.1%	48.8%	51.2%	48.8%

NEW HAMPSHIRE

GOVERNOR 1974

1970 Census Population	City/Town	Total Vote	Republican	Democratic	Other	Rep.-Dem. Plurality	Percentage Total Vote Rep.	Dem.	Major Vote Rep.	Dem.
5,859	BEDFORD	2,332	1,670	662		1,008 R	71.6%	28.4%	71.6%	28.4%
15,256	BERLIN	4,760	2,275	2,485		210 D	47.8%	52.2%	47.8%	52.2%
14,221	CLAREMONT	3,616	1,291	2,325		1,034 D	35.7%	64.3%	35.7%	64.3%
30,022	CONCORD	8,917	3,263	5,647	7	2,384 D	36.6%	63.3%	36.6%	63.4%
11,712	DERRY	2,943	1,856	1,085	2	771 R	63.1%	36.9%	63.1%	36.9%
20,850	DOVER	6,345	2,521	3,821	3	1,300 D	39.7%	60.2%	39.8%	60.2%
8,869	DURHAM	1,917	353	1,559	5	1,206 D	18.4%	81.3%	18.5%	81.5%
8,892	EXETER	2,900	1,347	1,546	7	199 D	46.4%	53.3%	46.6%	53.4%
7,292	FRANKLIN	2,065	933	1,132		199 D	45.2%	54.8%	45.2%	54.8%
9,284	GOFFSTOWN	3,172	2,064	1,098	10	966 R	65.1%	34.6%	65.3%	34.7%
8,011	HAMPTON	2,856	1,128	1,728		600 D	39.5%	60.5%	39.5%	60.5%
8,494	HANOVER	1,997	385	1,609	3	1,224 D	19.3%	80.6%	19.3%	80.7%
5,564	HOOKSETT	1,928	1,270	658		612 R	65.9%	34.1%	65.9%	34.1%
10,638	HUDSON	2,974	1,099	1,874	1	775 D	37.0%	63.0%	37.0%	63.0%
20,467	KEENE	5,665	1,386	4,278	1	2,892 D	24.5%	75.5%	24.5%	75.5%
14,888	LACONIA	4,346	2,187	2,158	1	29 R	50.3%	49.7%	50.3%	49.7%
9,725	LEBANON	2,316	963	1,352	1	389 D	41.6%	58.4%	41.6%	58.4%
5,290	LITTLETON	2,120	1,326	794		532 R	62.5%	37.5%	62.5%	37.5%
5,346	LONDONDERRY	1,689	1,056	629	4	427 R	62.5%	37.2%	62.7%	37.3%
87,754	MANCHESTER	27,751	16,899	10,852		6,047 R	60.9%	39.1%	60.9%	39.1%
8,595	MERRIMACK TOWN	2,591	1,353	1,233	5	120 R	52.2%	47.6%	52.3%	47.7%
6,622	MILFORD	2,210	1,301	907	2	394 R	58.9%	41.0%	58.9%	41.1%
55,820	NASHUA	14,625	4,543	10,081	1	5,538 D	31.1%	68.9%	31.1%	68.9%
5,899	NEWPORT	1,837	861	976		115 D	46.9%	53.1%	46.9%	53.1%
5,408	PELHAM	1,533	828	705		123 R	54.0%	46.0%	54.0%	46.0%
25,717	PORTSMOUTH	5,475	1,628	3,843	4	2,215 D	29.7%	70.2%	29.8%	70.2%
17,938	ROCHESTER	5,033	2,943	2,089	1	854 R	58.5%	41.5%	58.5%	41.5%
20,142	SALEM	5,080	2,329	2,751		422 D	45.8%	54.2%	45.8%	54.2%
9,026	SOMERSWORTH	2,586	1,068	1,518		450 D	41.3%	58.7%	41.3%	58.7%

NEW HAMPSHIRE

SENATOR 1974

1970 Census Population	County	Total Vote	Republican	Democratic	Other	Rep.-Dem. Plurality	Percentage Total Vote Rep.	Dem.	Major Vote Rep.	Dem.
32,367	BELKNAP	11,235	6,080	5,105	50	975 R	54.1%	45.4%	54.4%	45.6%
18,548	CARROLL	7,457	5,166	2,212	79	2,954 R	69.3%	29.7%	70.0%	30.0%
52,364	CHESHIRE	14,552	6,337	8,149	66	1,812 D	43.5%	56.0%	43.7%	56.3%
34,291	COOS	10,105	4,444	5,603	58	1,159 D	44.0%	55.4%	44.2%	55.8%
54,914	GRAFTON	15,847	9,153	6,551	143	2,602 R	57.8%	41.3%	58.3%	41.7%
223,941	HILLSBOROUGH	67,486	32,116	34,742	628	2,626 D	47.6%	51.5%	48.0%	52.0%
80,925	MERRIMACK	26,568	13,170	13,250	148	80 D	49.6%	49.9%	49.8%	50.2%
138,951	ROCKINGHAM	40,880	21,814	18,802	264	3,012 R	53.4%	46.0%	53.7%	46.3%
70,431	STRAFFORD	20,249	8,772	11,423	54	2,651 D	43.3%	56.4%	43.4%	56.6%
30,949	SULLIVAN	8,972	3,862	5,087	23	1,225 D	43.0%	56.7%	43.2%	56.8%
737,681	TOTAL	223,363	110,926	110,924	1,513	2 R	49.7%	49.7%	50.0%	50.0%

NEW HAMPSHIRE

SENATOR 1974

1970 Census Population	City/Town	Total Vote	Republican	Democratic	Other	Rep.-Dem. Plurality	Percentage Total Vote Rep.	Dem.	Major Vote Rep.	Dem.
5,859	BEDFORD	2,300	1,471	829		642 R	64.0%	36.0%	64.0%	36.0%
15,256	BERLIN	4,594	1,295	3,289	10	1,994 D	28.2%	71.6%	28.3%	71.7%
14,221	CLAREMONT	3,734	1,316	2,414	4	1,098 D	35.2%	64.6%	35.3%	64.7%
30,022	CONCORD	8,869	4,057	4,795	17	738 D	45.7%	54.1%	45.8%	54.2%
11,712	DERRY	2,863	1,694	1,135	34	559 R	59.2%	39.6%	59.9%	40.1%
20,850	DOVER	6,386	2,499	3,875	12	1,376 D	39.1%	60.7%	39.2%	60.8%
8,869	DURHAM	1,924	697	1,222	5	525 D	36.2%	63.5%	36.3%	63.7%
8,892	EXETER	2,901	1,634	1,249	18	385 R	56.3%	43.1%	56.7%	43.3%
7,292	FRANKLIN	2,021	848	1,170	3	322 D	42.0%	57.9%	42.0%	58.0%
9,284	GOFFSTOWN	3,135	1,645	1,466	24	179 R	52.5%	46.8%	52.9%	47.1%
8,011	HAMPTON	2,889	1,477	1,400	12	77 R	51.1%	48.5%	51.3%	48.7%
8,494	HANOVER	1,980	680	1,291	9	611 D	34.3%	65.2%	34.5%	65.5%
5,564	HOOKSETT	1,904	995	900	9	95 R	52.3%	47.3%	52.5%	47.5%
10,638	HUDSON	2,874	1,099	1,748	27	649 D	38.2%	60.8%	38.6%	61.4%
20,467	KEENE	5,527	1,964	3,554	9	1,590 D	35.5%	64.3%	35.6%	64.4%
14,888	LACONIA	4,339	1,958	2,370	11	412 D	45.1%	54.6%	45.2%	54.8%
9,725	LEBANON	2,288	984	1,297	7	313 D	43.0%	56.7%	43.1%	56.9%
5,290	LITTLETON	1,965	1,225	735	5	490 R	62.3%	37.4%	62.5%	37.5%
5,346	LONDONDERRY	1,636	866	754	16	112 R	52.9%	46.1%	53.5%	46.5%
87,754	MANCHESTER	26,885	12,874	13,883	128	1,009 D	47.9%	51.6%	48.1%	51.9%
8,595	MERRIMACK TOWN	2,558	1,142	1,385	31	243 D	44.6%	54.1%	45.2%	54.8%
6,622	MILFORD	2,123	1,180	933	10	247 R	55.6%	43.9%	55.8%	44.2%
55,820	NASHUA	14,131	5,040	8,910	181	3,870 D	35.7%	63.1%	36.1%	63.9%
5,899	NEWPORT	1,819	818	996	5	178 D	45.0%	54.8%	45.1%	54.9%
5,408	PELHAM	1,497	615	863	19	248 D	41.1%	57.6%	41.6%	58.4%
25,717	PORTSMOUTH	5,437	2,224	3,202	11	978 D	40.9%	58.9%	41.0%	59.0%
17,938	ROCHESTER	4,991	2,435	2,554	2	119 D	48.8%	51.2%	48.8%	51.2%
20,142	SALEM	4,852	2,108	2,700	44	592 D	43.4%	55.6%	43.8%	56.2%
9,026	SOMERSWORTH	2,484	914	1,563	7	649 D	36.8%	62.9%	36.9%	63.1%

NEW HAMPSHIRE

CONGRESS

			Republican		Democratic		Other	Rep.-Dem.	Percentage Total Vote		Percentage Major Vote	
CD	Year	Total Vote	Vote	Candidate	Vote	Candidate	Vote	Plurality	Rep.	Dem.	Rep.	Dem.
1	1974	112,004	53,610	BANKS, DAVID A.	58,388	D AMOURS, NORMAN E.	6	4,778 D	47.9%	52.1%	47.9%	52.1%
1	1972	158,749	115,732	WYMAN, LOUIS C.	42,996	MERROW, CHESTER E.	21	72,736 R	72.9%	27.1%	72.9%	27.1%
2	1974	107,538	69,068	CLEVELAND, JAMES C.	38,463	BLISS, HELEN L.	7	30,605 R	64.2%	35.8%	64.2%	35.8%
2	1972	158,285	107,021	CLEVELAND, JAMES C.	51,259	OFFICER, CHARLES B.	5	55,762 R	67.6%	32.4%	67.6%	32.4%

NEW HAMPSHIRE

1974 GENERAL ELECTION

In addition to the county-by-county figures, 1974 data are presented for selected New Hampshire communities. Since not all jurisdictions of the state are listed in this special tabulation, state-wide totals are shown only with the county-by-county statistics.

Governor Other vote was scattered.

Senator Other vote was American (Chimento). In the data presented for this election, the state-wide totals are those of the Ballot Law Commission canvass (Wyman plurality: 2), the county-by-county figures are from the state recount (Durkin plurality: 10) and the city/town figures are from the original state canvass (Wyman plurality: 355). Due to the variety of sources used, scattered votes have been omitted.

Congress The 1972 vote in CD 2 is a correction of earlier data published in AMERICA VOTES 10 (earlier figures were 105,915 Republican, 50,066 Democratic). Other vote in 1974 was scattered.

1974 PRIMARIES

SEPTEMBER 10 REPUBLICAN

Governor 47,244 Meldrim Thomson; 37,286 David L. Nixon; 841 Ralph W. Brewster; 682 Elmer E. Bussey.

Senator 66,749 Louis C. Wyman; 13,670 Leslie R. Babb.

Congress Contested as follows:

  CD 1 15,876 David A. Banks; 12,732 John F. Bridges; 9,439 David L. Gosselin; 2,217 John H. O'Brien.
  CD 2 35,682 James C. Cleveland; 5,844 Lawrence Kamarck.

SEPTEMBER 10 DEMOCRATIC

Governor 16,503 Richard W. Leonard; 14,149 Harry V. Spanos; 13,030 Hugh J. Gallen.

Senator 22,258 John A. Durkin; 14,646 Laurence I. Radway; 6,330 Dennis J. Sullivan; 1,285 Carmen C. Chimento.

Congress Contested as follows:

  CD 1 12,036 Norman E. D'Amours; 7,998 Sylvia Chaplain; 4,140 Joseph L. Cote.
  CD 2 9,860 Helen L. Bliss; 7,578 Kenneth E. Scott.

NEW JERSEY

GOVERNOR
Brendan T. Byrne (D). Elected 1973 to a four-year term.

SENATORS
Clifford P. Case (R). Re-elected 1972 to a six-year term. Previously elected 1966, 1960, 1954.

Harrison Williams (D). Re-elected 1970 to a six-year term. Previously elected 1964, 1958.

REPRESENTATIVES
1. James J. Florio (D)
2. William J. Hughes (D)
3. James J. Howard (D)
4. Frank Thompson (D)
5. Millicent Fenwick (R)
6. Edwin B. Forsythe (R)
7. Andrew Maguire (D)
8. Robert A. Roe (D)
9. Henry Helstoski (D)
10. Peter W. Rodino (D)
11. Joseph G. Minish (D)
12. Matthew J. Rinaldo (R)
13. Helen S. Meyner (D)
14. Dominick V. Daniels (D)
15. Edward J. Patten (D)

POSTWAR VOTE FOR GOVERNOR

Year	Total Vote	Republican Vote	Republican Candidate	Democratic Vote	Democratic Candidate	Other Vote	Rep.-Dem. Plurality	Total Vote Rep.	Total Vote Dem.	Major Vote Rep.	Major Vote Dem.
1973	2,122,009	676,235	Sandman, Charles W.	1,414,613	Byrne, Brendan T.	31,161	738,378 D	31.9%	66.7%	32.3%	67.7%
1969	2,366,606	1,411,905	Cahill, William T.	911,003	Meyner, Robert B.	43,698	500,902 R	59.7%	38.5%	60.8%	39.2%
1965	2,229,583	915,996	Dumont, Wayne	1,279,568	Hughes, Richard J.	34,019	363,572 D	41.1%	57.4%	41.7%	58.3%
1961	2,152,662	1,049,274	Mitchell, James P.	1,084,194	Hughes, Richard J.	19,194	34,920 D	48.7%	50.4%	49.2%	50.8%
1957	2,018,488	897,321	Forbes, Malcolm S.	1,101,130	Meyner, Robert B.	20,037	203,809 D	44.5%	54.6%	44.9%	55.1%
1953	1,810,812	809,068	Troast, Paul L.	962,710	Meyner, Robert B.	39,034	153,642 D	44.7%	53.2%	45.7%	54.3%
1949	1,718,788	885,882	Driscoll, Alfred	810,022	Wene, Elmer H.	22,884	75,860 R	51.5%	47.1%	52.2%	47.8%
1946	1,414,527	807,378	Driscoll, Alfred	585,960	Hansen, Lewis G.	21,189	221,418 R	57.1%	41.4%	57.9%	42.1%

The term of office of New Jersey's Governor was increased from three to four years effective with the 1949 election.

POSTWAR VOTE FOR SENATOR

Year	Total Vote	Republican Vote	Republican Candidate	Democratic Vote	Democratic Candidate	Other Vote	Rep.-Dem. Plurality	Total Vote Rep.	Total Vote Dem.	Major Vote Rep.	Major Vote Dem.
1972	2,791,907	1,743,854	Case, Clifford P.	963,573	Krebs, Paul J.	84,480	780,281 R	62.5%	34.5%	64.4%	35.6%
1970	2,142,105	903,026	Gross, Nelson G.	1,157,074	Williams, Harrison	82,005	254,048 D	42.2%	54.0%	43.8%	56.2%
1966	2,131,188	1,279,343	Case, Clifford P.	788,021	Wilentz, Warren W.	63,824	491,322 R	60.0%	37.0%	61.9%	38.1%
1964	2,710,441	1,011,610	Shanley, Bernard M.	1,678,051	Williams, Harrison	20,780	666,441 D	37.3%	61.9%	37.6%	62.4%
1960	2,664,556	1,483,832	Case, Clifford P.	1,151,385	Lord, Thorn	29,339	332,447 R	55.7%	43.2%	56.3%	43.7%
1958	1,881,329	882,287	Kean, Robert W.	966,832	Williams, Harrison	32,210	84,545 D	46.9%	51.4%	47.7%	52.3%
1954	1,770,557	861,528	Case, Clifford P.	858,158	Howell, Charles R.	50,871	3,370 R	48.7%	48.5%	50.1%	49.9%
1952	2,318,232	1,286,782	Smith, H. Alexander	1,011,187	Alexander, Archibald	20,263	275,595 R	55.5%	43.6%	56.0%	44.0%
1948	1,869,882	934,720	Hendrickson, Robert	884,414	Alexander, Archibald	50,748	50,306 R	50.0%	47.3%	51.4%	48.6%
1946	1,367,155	799,808	Smith, H. Alexander	548,458	Brunner, George E.	18,889	251,350 R	58.5%	40.1%	59.3%	40.7%

NEW JERSEY

Districts Established April 12, 1972

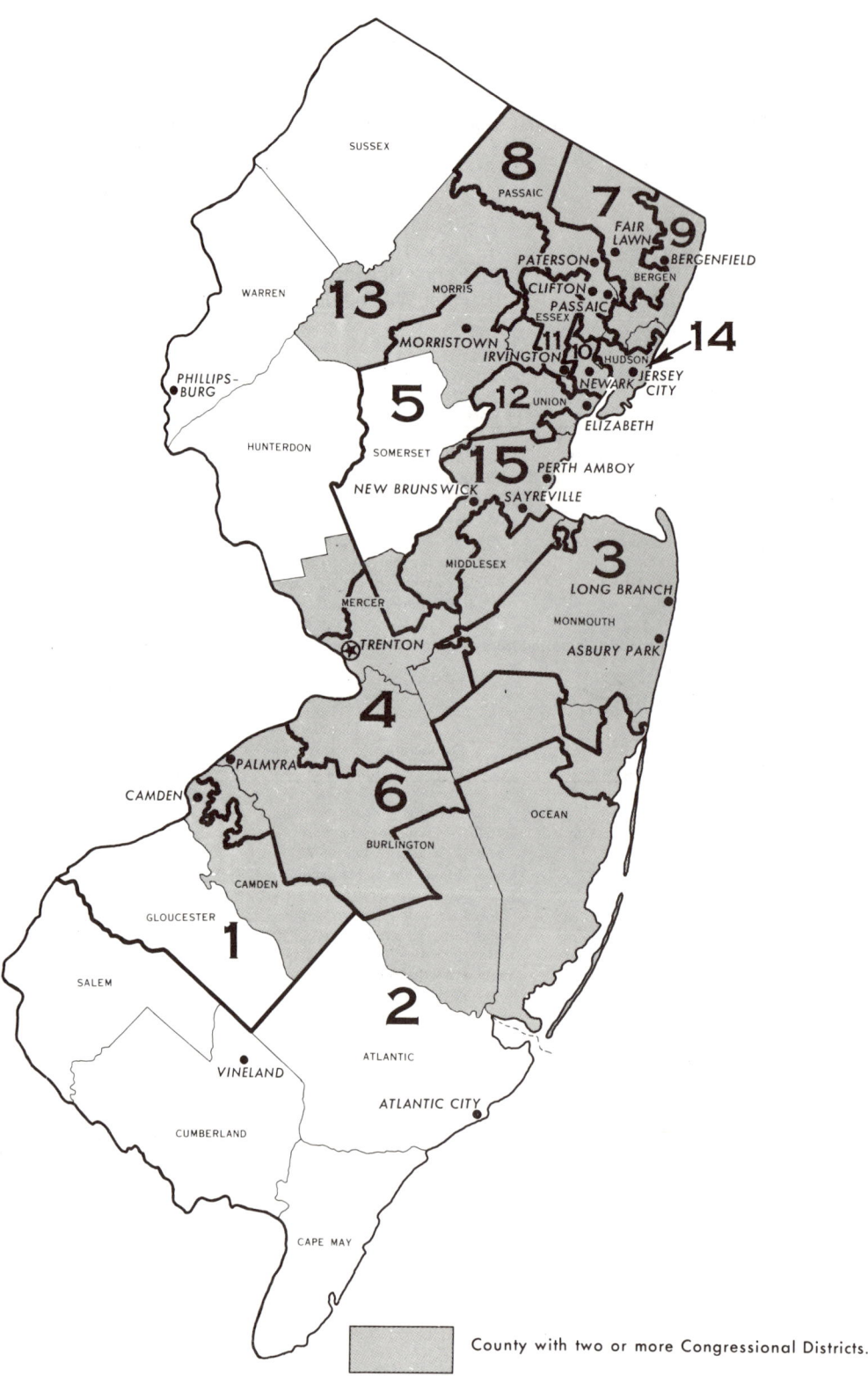

NEW JERSEY

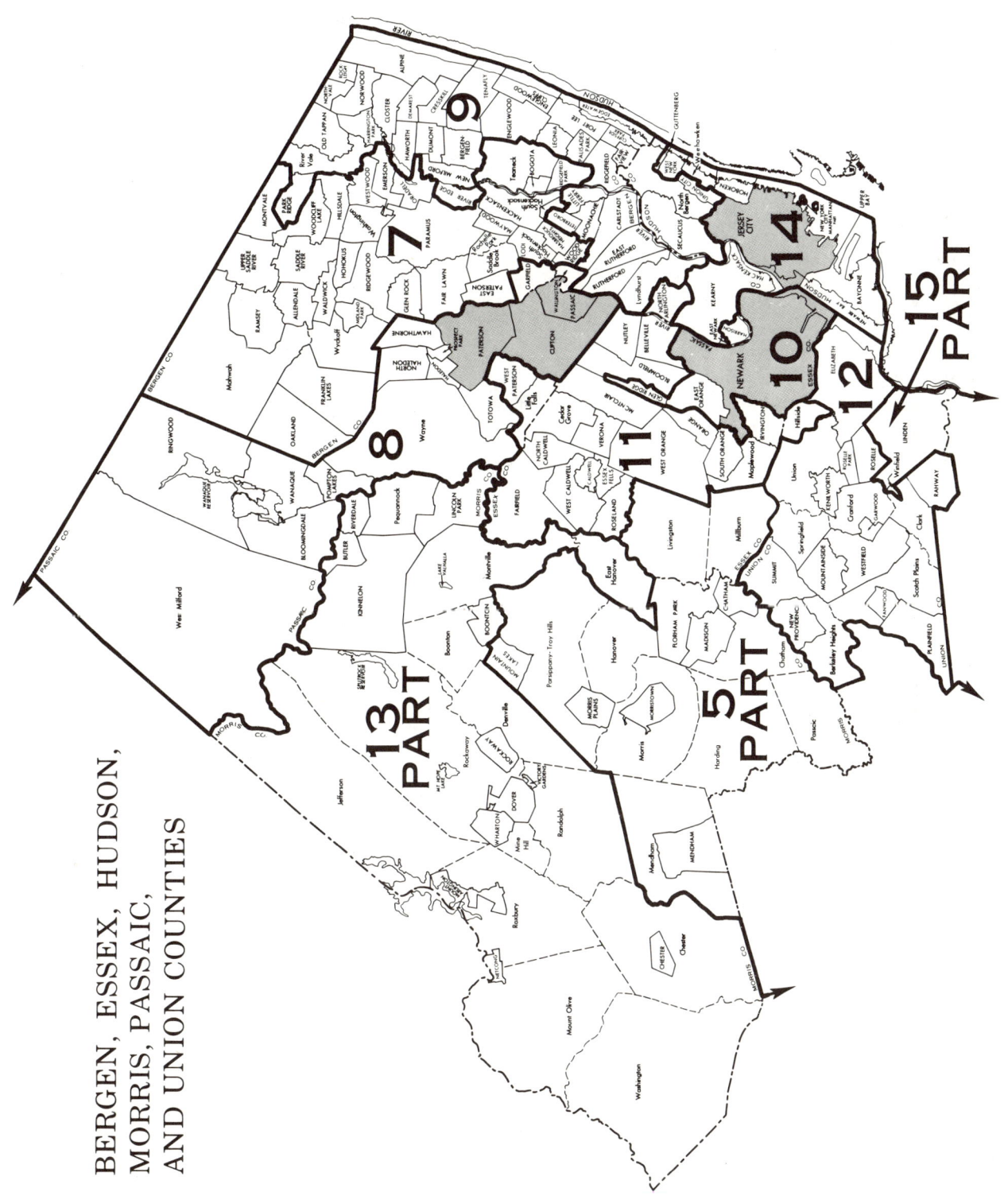

BERGEN, ESSEX, HUDSON, MORRIS, PASSAIC, AND UNION COUNTIES

NEW JERSEY

GOVERNOR 1973

1970 Census Population	County	Total Vote	Republican	Democratic	Other	Rep.-Dem. Plurality	Percentage Total Vote Rep.	Dem.	Major Vote Rep.	Dem.
175,043	ATLANTIC	59,671	27,547	30,513	1,611	2,966 D	46.2%	51.1%	47.4%	52.6%
898,012	BERGEN	307,586	106,904	196,661	4,021	89,757 D	34.8%	63.9%	35.2%	64.8%
323,132	BURLINGTON	76,676	23,319	52,273	1,084	28,954 D	30.4%	68.2%	30.8%	69.2%
456,291	CAMDEN	121,272	34,630	85,091	1,551	50,461 D	28.6%	70.2%	28.9%	71.1%
59,554	CAPE MAY	28,673	18,227	10,261	185	7,966 R	63.6%	35.8%	64.0%	36.0%
121,374	CUMBERLAND	34,501	15,515	18,884	102	3,369 D	45.0%	54.7%	45.1%	54.9%
929,986	ESSEX	235,423	68,223	162,989	4,211	94,766 D	29.0%	69.2%	29.5%	70.5%
172,681	GLOUCESTER	52,525	18,149	34,097	279	15,948 D	34.6%	64.9%	34.7%	65.3%
609,266	HUDSON	166,670	39,827	124,558	2,285	84,731 D	23.9%	74.7%	24.2%	75.8%
69,718	HUNTERDON	21,996	6,680	15,058	258	8,378 D	30.4%	68.5%	30.7%	69.3%
303,968	MERCER	93,700	20,859	71,527	1,314	50,668 D	22.3%	76.3%	22.6%	77.4%
583,813	MIDDLESEX	174,022	44,884	125,871	3,267	80,987 D	25.8%	72.3%	26.3%	73.7%
459,379	MONMOUTH	134,122	39,345	92,749	2,028	53,404 D	29.3%	69.2%	29.8%	70.2%
383,454	MORRIS	114,558	40,524	72,539	1,495	32,015 D	35.4%	63.3%	35.8%	64.2%
208,470	OCEAN	87,430	32,502	53,688	1,240	21,186 D	37.2%	61.4%	37.7%	62.3%
460,782	PASSAIC	118,619	44,844	71,673	2,102	26,829 D	37.8%	60.4%	38.5%	61.5%
60,346	SALEM	19,379	8,397	10,935	47	2,538 D	43.3%	56.4%	43.4%	56.6%
198,372	SOMERSET	61,821	20,933	39,864	1,024	18,931 D	33.9%	64.5%	34.4%	65.6%
77,528	SUSSEX	25,563	9,502	15,866	195	6,364 D	37.2%	62.1%	37.5%	62.5%
543,116	UNION	166,447	50,010	113,678	2,759	63,668 D	30.0%	68.3%	30.6%	69.4%
73,879	WARREN	21,356	5,414	15,838	104	10,424 D	25.4%	74.2%	25.5%	74.5%
7,168,164	TOTAL	2,122,009	676,235	1,414,613	31,161	738,378 D	31.9%	66.7%	32.3%	67.7%

NEW JERSEY

CONGRESS

CD	Year	Total Vote	Republican Vote	Candidate	Democratic Vote	Candidate	Other Vote	Rep.-Dem. Plurality	Percentage Total Vote Rep.	Dem.	Major Vote Rep.	Dem.
1	1974	140,468	54,069	HUNT, JOHN E.	80,768	FLORIO, JAMES J.	5,631	26,699 D	38.5%	57.5%	40.1%	59.9%
1	1972	186,026	97,650	HUNT, JOHN E.	87,492	FLORIO, JAMES J.	884	10,158 R	52.5%	47.0%	52.7%	47.3%
2	1974	191,520	79,064	SANDMAN, CHARLES W.	109,763	HUGHES, WILLIAM J.	2,693	30,699 D	41.3%	57.3%	41.9%	58.1%
2	1972	202,470	133,096	SANDMAN, CHARLES W.	69,374	ROSE, JOHN D.		63,722 R	65.7%	34.3%	65.7%	34.3%
3	1974	153,906	45,932	CLARK, KENNETH W.	105,979	HOWARD, JAMES J.	1,995	60,047 D	29.8%	68.9%	30.2%	69.8%
3	1972	196,178	92,285	DOWD, WILLIAM F.	103,893	HOWARD, JAMES J.		11,608 D	47.0%	53.0%	47.0%	53.0%
4	1974	122,992	40,797	KELLER, HENRY J.	82,195	THOMPSON, FRANK		41,398 D	33.2%	66.8%	33.2%	66.8%
4	1972	169,236	71,030	GARIBALDI, PETER P.	98,206	THOMPSON, FRANK		27,176 D	42.0%	58.0%	42.0%	58.0%
5	1974	152,758	81,498	FENWICK, MILLICENT	66,380	BOHEN, FREDERICK M.	4,880	15,118 R	53.4%	43.5%	55.1%	44.9%
5	1972	205,386	127,310	FRELINGHUYSEN, PETER	78,076	BOHEN, FREDERICK M.		49,234 R	62.0%	38.0%	62.0%	38.0%
6	1974	154,712	81,190	FORSYTHE, EDWIN B.	70,353	YATES, CHARLES B.	3,169	10,837 R	52.5%	45.5%	53.6%	46.4%
6	1972	196,821	123,610	FORSYTHE, EDWIN B.	71,113	BRENNAN, FRANCIS P.	2,098	52,497 R	62.8%	36.1%	63.5%	36.5%
7	1974	160,705	71,377	WIDNALL, WILLIAM B.	79,808	MAGUIRE, ANDREW	9,520	8,431 D	44.4%	49.7%	47.2%	52.8%
7	1972	214,634	124,365	WIDNALL, WILLIAM B.	85,712	LESEMANN, ARTHUR J.	4,557	38,653 R	57.9%	39.9%	59.2%	40.8%
8	1974	113,327	27,839	SCHMIDT, HERMAN	83,724	ROE, ROBERT A.	1,764	55,885 D	24.6%	73.9%	25.0%	75.0%
8	1972	165,454	61,073	JOHNSON, WALTER E.	104,381	ROE, ROBERT A.		43,308 D	36.9%	63.1%	36.9%	63.1%
9	1974	154,362	50,859	PARETI, HAROLD A.	99,592	HELSTOSKI, HENRY	3,911	48,733 D	32.9%	64.5%	33.8%	66.2%
9	1972	214,290	94,747	SCHIAFFO, ALFRED D.	119,543	HELSTOSKI, HENRY		24,796 D	44.2%	55.8%	44.2%	55.8%
10	1974	65,538	9,936	TALIAFERRO, JOHN R.	53,094	RODINO, PETER W.	2,508	43,158 D	15.2%	81.0%	15.8%	84.2%
10	1972	118,257	23,949	MILLER, KENNETH C.	94,308	RODINO, PETER W.		70,359 D	20.3%	79.7%	20.3%	79.7%
11	1974	142,915	42,036	GRANT, WILLIAM B.	98,957	MINISH, JOSEPH G.	1,922	56,921 D	29.4%	69.2%	29.8%	70.2%
11	1972	209,102	82,957	WALDOR, MILTON A.	120,277	MINISH, JOSEPH G.	5,868	37,320 D	39.7%	57.5%	40.8%	59.2%
12	1974	142,843	92,829	RINALDO, MATTHEW J.	46,246	LEVIN, ADAM K.	3,768	46,583 R	65.0%	32.4%	66.7%	33.3%
12	1972	201,179	127,690	RINALDO, MATTHEW J.	72,758	ENGLISH, JERRY F.	731	54,932 R	63.5%	36.2%	63.7%	36.3%
13	1974	150,209	64,166	MARAZITI, JOSEPH J.	86,043	MEYNER, HELEN S.		21,877 D	42.7%	57.3%	42.7%	57.3%
13	1972	196,958	109,640	MARAZITI, JOSEPH J.	84,492	MEYNER, HELEN S.	2,826	25,148 R	55.7%	42.9%	56.5%	43.5%
14	1974	106,935	17,231	SHERIDAN, CLAIRE J.	85,438	DANIELS, DOMINICK V.	4,266	68,207 D	16.1%	79.9%	16.8%	83.2%
14	1972	168,363	57,683	BOZZONE, RICHARD T.	103,089	DANIELS, DOMINICK V.	7,591	45,406 D	34.3%	61.2%	35.9%	64.1%
15	1974	130,367	35,875	HAMMESFAHR, ERNEST J.	92,593	PATTEN, EDWARD J.	1,899	56,718 D	27.5%	71.0%	27.9%	72.1%
15	1972	187,555	89,400	BROOKS, FULLER H.	98,155	PATTEN, EDWARD J.		8,755 D	47.7%	52.3%	47.7%	52.3%

NEW JERSEY

1973 GENERAL ELECTION

Governor   Other vote was 6,412 American (Freund); 5,088 Independent (Colabella); 4,249 Socialist Labor (Clement); 3,071 Libertarian (Goodson); 2,670 Taxpayers Watchdog (Terlizzi); 2,108 Tax Repeal (Knis); 2,008 Communist (Newcomb); 1,898 Populous (Massaro); 1,843 Independent Party (Alvino); 1,814 Defeat Narcotics Crime (Gilk). Early uncorrected canvass gave the Democratic state-wide total vote as 1,397,613 and the Republican vote in Middlesex county as 44,844. There is a small discrepancy between the official state scattered vote total and the addition of the various county totals.

1974 GENERAL ELECTION

Congress   Other vote was Independent (Wenger) in CD 2, Independent Citizens' Action (Gralla) in CD 7, Socialist Labor (Kowalczyk) in CD 8, Unity Movement (Hill) in CD 10, Socialist Labor (Clement) in CD 11, Good Neighbor (Alston) in CD 14, Communist (Schiff) in CD 15. In other CD's as follows:

CD 1   3,276 Independent Tax Watchdog (Perry); 805 Independents Against Apathy (Kirsch); 713 Independent (Drevs); 389 An Independent American (Carotenuto); 301 Socialist Labor (Levin); 147 Labor (Torres).
CD 3   1,177 Anti-Monopoly (Rogers); 818 Independent (Palven).
CD 5   3,102 American Independent (Giammarco); 1,778 Independent (Newton).
CD 6   1,451 Regular Democracy (Mahalchik); 1,135 Socialist Labor (Doganiero); 583 Christian (Nowak).
CD 9   3,460 Politicians Are Crooks (Shaw); 451 Independent (Funsch).
CD 12   1,569 Independent (Carbone); 1,182 Integrity in Government (French); 1,017 Independent (Steiner).

1973 PRIMARIES

JUNE 5 REPUBLICAN

Governor   209,657 Charles W. Sandman; 148,034 William T. Cahill; 6,881 Michael A. Maglio.

JUNE 5 DEMOCRATIC

Governor   193,120 Brendan T. Byrne; 116,705 Ann Klein; 95,085 Ralph C. DeRose; 15,815 Francis A. Forst; 5,460 Vito A. Albanese.

1974 PRIMARIES

JUNE 4 REPUBLICAN

Congress   Unopposed in ten CD's. Contested as follows:

CD 5   12,509 Millicent Fenwick; 12,426 Thomas H. Kean; 1,248 Charles E. Humiston.
CD 6   10,904 Edwin B. Forsythe; 1,234 Alexander Haak.
CD 7   10,245 William B. Widnall; 2,389 Martin E. Wendelken; 1,976 Richard A. Joel; 629 Arthur L. Yeager; 600 Thomas D. Dimartino; 189 Clarence R. Hammerness.
CD 12   10,427 Matthew J. Rinaldo; 777 Lloyd J. Sherk.
CD 14   2,350 Claire J. Sheridan; 831 Franco Di Domenica.

NEW JERSEY

JUNE 4 DEMOCRATIC

Congress   Unopposed in three CD's. Contested as follows:

CD 1   15,671 James J. Florio; 2,127 Walter C. Gebelein; 1,091 Judith L. Holzer.
CD 2   12,347 William J. Hughes; 5,025 Michael J. Matthews; 2,455 Charles L. Scarani; 1,408 Frank L. DeMarco; 892 Wesley K. Bell; 335 Robert Dragotta.
CD 4   11,317 Frank Thompson; 6,063 David B. Crabiel.
CD 5   8,002 Frederick M. Bohen; 2,891 Paul J. Krebs; 2,346 John F. Lynch; 1,830 Nina McCall; 735 Herbert Koransky; 545 Gertrude Dubrovsky.
CD 6   5,772 Charles B. Yates; 4,105 Michael S. Keating; 3,525 Daniel J. Carluccio; 2,166 Roy W. Myers; 1,949 Robert W. Bergman; 1,449 Bernice Friedlander.
CD 7   11,274 Andrew Maguire; 5,488 Ned J. Parsekian; 2,462 Gill C. Job; 2,009 Edward H. Hynes; 558 Marjorie A. Wyngaarden.
CD 8   9,043 Robert A. Roe; 753 Valerie Mazzeo.
CD 9   21,985 Henry Helstoski; 2,037 Arthur E. Lavis.
CD 10   19,121 Peter W. Rodino; 2,330 Michael Giordano.
CD 12   10,614 Adam K. Levin; 2,262 Adrian H. Freund.
CD 13   8,259 Helen S. Meyner; 4,458 Joseph P. O'Doherty; 3,132 Oscar W. Rittenhouse; 1,595 Bernard Reiner.
CD 14   30,408 Dominick V. Daniels; 1,827 Thomas Caslander.

NEW MEXICO

GOVERNOR
Jerry Apodaca (D). Elected 1974 to a four-year term.

SENATORS
Peter V. Domenici (R). Elected 1972 to a six-year term.

Joseph M. Montoya (D). Re-elected 1970 to a six-year term. Previously elected 1964.

REPRESENTATIVES
1. Manuel Lujan, Jr. (R)
2. Harold L. Runnels (D)

POSTWAR VOTE FOR GOVERNOR

		Republican		Democratic		Other	Rep.-Dem.	Percentage Total Vote		Major Vote	
Year	Total Vote	Vote	Candidate	Vote	Candidate	Vote	Plurality	Rep.	Dem.	Rep.	Dem.
1974	328,742	160,430	Skeen, Joseph R.	164,172	Apodaca, Jerry	4,140	3,742 D	48.8%	49.9%	49.4%	50.6%
1970	290,375	134,640	Domenici, Peter V.	148,835	King, Bruce	6,900	14,195 D	46.4%	51.3%	47.5%	52.5%
1968	318,975	160,140	Cargo, David F.	157,230	Chavez, Fabian	1,605	2,910 R	50.2%	49.3%	50.5%	49.5%
1966	260,232	134,625	Cargo, David F.	125,587	Lusk, Thomas E.	20	9,038 R	51.7%	48.3%	51.7%	48.3%
1964	318,042	126,540	Tucker, Merle H.	191,497	Campbell, Jack M.	5	64,957 D	39.8%	60.2%	39.8%	60.2%
1962	247,135	116,184	Mechem, Edwin L.	130,933	Campbell, Jack M.	18	14,749 D	47.0%	53.0%	47.0%	53.0%
1960	305,542	153,765	Mechem, Edwin L.	151,777	Burroughs, John	—	1,988 R	50.3%	49.7%	50.3%	49.7%
1958	205,048	101,567	Mechem, Edwin L.	103,481	Burroughs, John	—	1,914 D	49.5%	50.5%	49.5%	50.5%
1956	251,751	131,488	Mechem, Edwin L.	120,263	Simms, John F.	—	11,225 R	52.2%	47.8%	52.2%	47.8%
1954	193,956	83,373	Stockton, Alvin	110,583	Simms, John F.	—	27,210 D	43.0%	57.0%	43.0%	57.0%
1952	240,150	129,116	Mechem, Edwin L.	111,034	Grantham, Everett	—	18,082 R	53.8%	46.2%	53.8%	46.2%
1950	180,205	96,846	Mechem, Edwin L.	83,359	Miles, John E.	—	13,487 R	53.7%	46.3%	53.7%	46.3%
1948	189,992	86,023	Lujan, Manuel	103,969	Mabry, Thomas J.	—	17,946 D	45.3%	54.7%	45.3%	54.7%
1946	132,930	62,875	Safford, Edward L.	70,055	Mabry, Thomas J.	—	7,180 D	47.3%	52.7%	47.3%	52.7%

The term of office for New Mexico's Governor was increased from two to four years effective with the 1970 election.

POSTWAR VOTE FOR SENATOR

		Republican		Democratic		Other	Rep.-Dem.	Percentage Total Vote		Major Vote	
Year	Total Vote	Vote	Candidate	Vote	Candidate	Vote	Plurality	Rep.	Dem.	Rep.	Dem.
1972	378,330	204,253	Domenici, Peter V.	173,815	Daniels, Jack	262	30,438 R	54.0%	45.9%	54.0%	46.0%
1970	289,906	135,004	Carter, Anderson	151,486	Montoya, Joseph M.	3,416	16,482 D	46.6%	52.3%	47.1%	52.9%
1966	258,203	120,988	Carter, Anderson	137,205	Anderson, Clinton P.	10	16,217 D	46.9%	53.1%	46.9%	53.1%
1964	325,774	147,562	Mechem, Edwin L.	178,209	Montoya, Joseph M.	3	30,647 D	45.3%	54.7%	45.3%	54.7%
1960	300,551	109,897	Colwes, William F.	190,654	Anderson, Clinton P.	—	80,757 D	36.6%	63.4%	36.6%	63.4%
1958	203,323	75,827	Atchley, Forrest S.	127,496	Chavez, Dennis	—	51,669 D	37.3%	62.7%	37.3%	62.7%
1954	194,422	83,071	Mechem, Edwin L.	111,351	Anderson, Clinton P.	—	28,280 D	42.7%	57.3%	42.7%	57.3%
1952	239,711	117,168	Hurley, Patrick J.	122,543	Chavez, Dennis	—	5,375 D	48.9%	51.1%	48.9%	51.1%
1948	188,495	80,226	Hurley, Patrick J.	108,269	Anderson, Clinton P.	—	28,043 D	42.6%	57.4%	42.6%	57.4%
1946	133,282	64,632	Hurley, Patrick J.	68,650	Chavez, Dennis	—	4,018 D	48.5%	51.5%	48.5%	51.5%

NEW MEXICO

Districts Established May 15, 1968

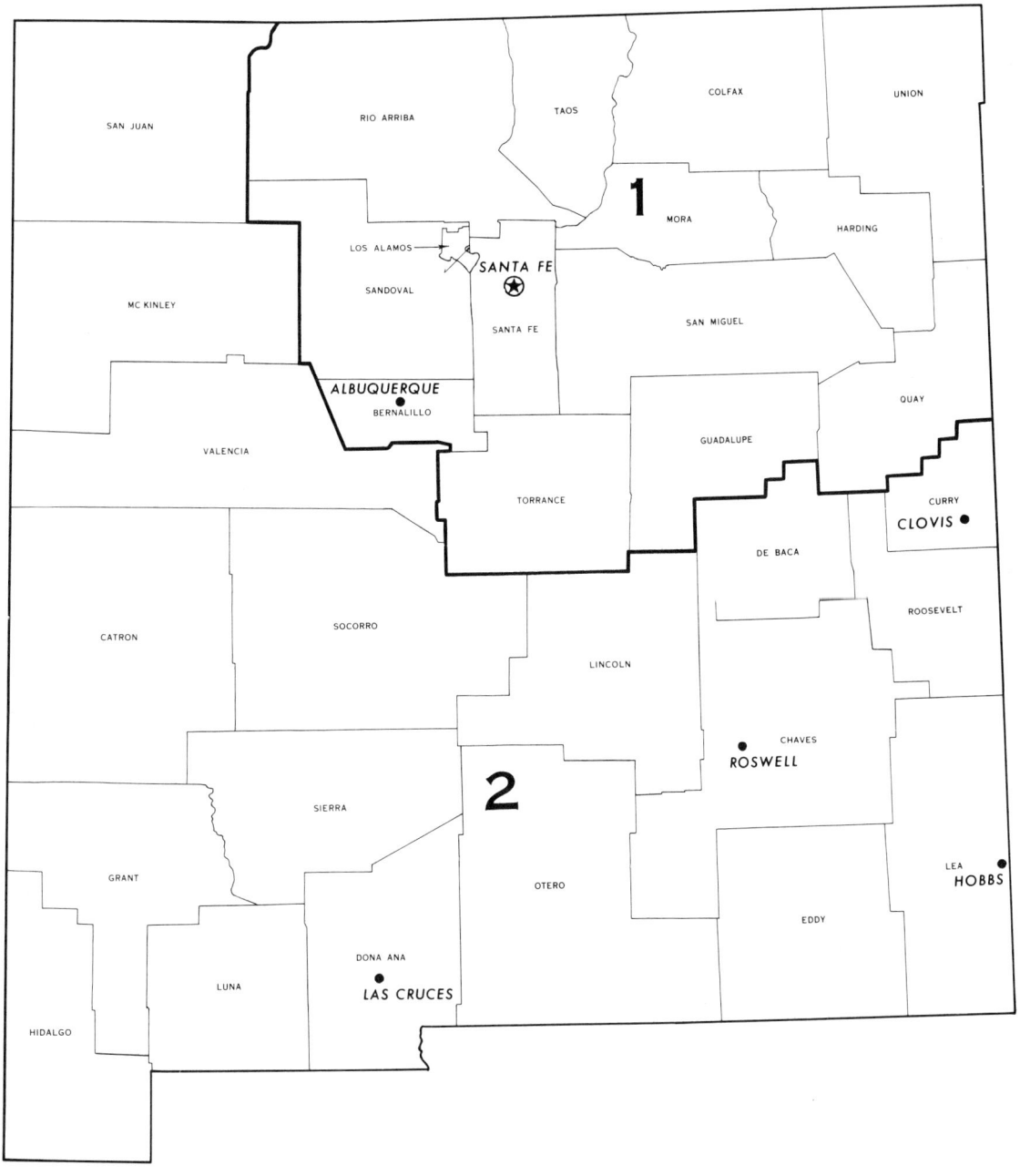

NEW MEXICO

GOVERNOR 1974

1970 Census Population	County	Total Vote	Republican	Democratic	Other	Rep.-Dem. Plurality	Percentage Total Vote Rep.	Dem.	Major Vote Rep.	Dem.
315,774	BERNALILLO	107,960	56,799	49,287	1,874	7,512 R	52.6%	45.7%	53.5%	46.5%
2,198	CATRON	1,063	617	433	13	184 R	58.0%	40.7%	58.8%	41.2%
43,335	CHAVES	14,890	9,744	5,068	78	4,676 R	65.4%	34.0%	65.8%	34.2%
12,170	COLFAX	4,073	2,128	1,909	36	219 R	52.2%	46.9%	52.7%	47.3%
39,517	CURRY	7,892	5,014	2,828	50	2,186 R	63.5%	35.8%	63.9%	36.1%
2,547	DE BACA	1,022	588	428	6	160 R	57.5%	41.9%	57.9%	42.1%
69,773	DONA ANA	20,745	9,007	11,511	227	2,504 D	43.4%	55.5%	43.9%	56.1%
41,119	EDDY	13,753	6,517	7,162	74	645 D	47.4%	52.1%	47.6%	52.4%
22,030	GRANT	7,589	3,395	4,117	77	722 D	44.7%	54.2%	45.2%	54.8%
4,969	GUADALUPE	2,171	606	1,550	15	944 D	27.9%	71.4%	28.1%	71.9%
1,348	HARDING	616	360	254	2	106 R	58.4%	41.2%	58.6%	41.4%
4,734	HIDALGO	1,333	688	629	16	59 R	51.6%	47.2%	52.2%	47.8%
49,554	LEA	11,117	6,666	4,389	62	2,277 R	60.0%	39.5%	60.3%	39.7%
7,560	LINCOLN	3,249	2,049	1,168	32	881 R	63.1%	35.9%	63.7%	36.3%
15,198	LOS ALAMOS	6,699	3,932	2,640	127	1,292 R	58.7%	39.4%	59.8%	40.2%
11,706	LUNA	4,636	2,578	2,005	53	573 R	55.6%	43.2%	56.3%	43.7%
43,208	MCKINLEY	8,246	3,021	5,019	206	1,998 D	36.6%	60.9%	37.6%	62.4%
4,673	MORA	2,425	902	1,516	7	614 D	37.2%	62.5%	37.3%	62.7%
41,097	OTERO	8,754	4,478	4,167	109	311 R	51.2%	47.6%	51.8%	48.2%
10,903	QUAY	3,813	2,174	1,609	30	565 R	57.0%	42.2%	57.5%	42.5%
25,170	RIO ARRIBA	9,232	1,974	7,210	48	5,236 D	21.4%	78.1%	21.5%	78.5%
16,479	ROOSEVELT	5,247	3,296	1,912	39	1,384 R	62.8%	36.4%	63.3%	36.7%
17,492	SANDOVAL	6,663	2,476	4,069	118	1,593 D	37.2%	61.1%	37.8%	62.2%
52,517	SAN JUAN	14,487	8,382	5,855	250	2,527 R	57.9%	40.4%	58.9%	41.1%
21,951	SAN MIGUEL	7,926	2,354	5,495	77	3,141 D	29.7%	69.3%	30.0%	70.0%
53,756	SANTA FE	22,065	7,706	14,154	205	6,448 D	34.9%	64.1%	35.3%	64.7%
7,189	SIERRA	2,475	1,514	924	37	590 R	61.2%	37.3%	62.1%	37.9%
9,763	SOCORRO	4,143	1,689	2,420	34	731 D	40.8%	58.4%	41.1%	58.9%
17,516	TAOS	6,300	1,635	4,618	47	2,983 D	26.0%	73.3%	26.1%	73.9%
5,290	TORRANCE	2,595	1,415	1,152	28	263 R	54.5%	44.4%	55.1%	44.9%
4,925	UNION	2,021	1,206	783	32	423 R	59.7%	38.7%	60.6%	39.4%
40,539	VALENCIA	13,542	5,520	7,891	131	2,371 D	40.8%	58.3%	41.2%	58.8%
1,016,000	TOTAL	328,742	160,430	164,172	4,140	3,742 D	48.8%	49.9%	49.4%	50.6%

NEW MEXICO

CONGRESS

CD	Year	Total Vote	Republican Vote	Republican Candidate	Democratic Vote	Democratic Candidate	Other Vote	Rep.-Dem. Plurality	Percentage Total Vote Rep.	Percentage Total Vote Dem.	Percentage Major Vote Rep.	Percentage Major Vote Dem.
1	1974	181,334	106,268	LUJAN, MANUEL, JR.	71,968	MONDRAGON, ROBERT A.	3,098	34,300 R	58.6%	39.7%	59.6%	40.4%
1	1972	212,672	118,403	LUJAN, MANUEL, JR.	94,239	GALLEGOS, EUGENE	30	24,164 R	55.7%	44.3%	55.7%	44.3%
1	1970	158,368	91,187	LUJAN, MANUEL, JR.	64,598	CHAVEZ, FABIAN	2,583	26,589 R	57.6%	40.8%	58.5%	41.5%
1	1968	167,488	88,517	LUJAN, MANUEL, JR.	78,117	MORRIS, THOMAS G.	854	10,400 R	52.8%	46.6%	53.1%	46.9%
2	1974	135,038	43,045	TRUBEY, DONALD W.	90,127	RUNNELS, HAROLD L.	1,866	47,082 D	31.9%	66.7%	32.3%	67.7%
2	1972	160,981	44,784	PRESSON, GEORGE E.	116,152	RUNNELS, HAROLD L.	45	71,368 D	27.8%	72.2%	27.8%	72.2%
2	1970	126,990	61,074	FOREMAN, ED	64,518	RUNNELS, HAROLD L.	1,398	3,444 D	48.1%	50.8%	48.6%	51.4%
2	1968	142,364	71,857	FOREMAN, ED	69,858	WALKER, E. S. JOHNNY	649	1,999 R	50.5%	49.1%	50.7%	49.3%

NEW MEXICO

1974 GENERAL ELECTION

Governor   Other vote was 4,062 American Independent (Gonzales); 78 scattered.

Congress   Other vote was 3,069 American Independent (Malloy) and 29 scattered in CD 1; 1,860 American Independent (Horton) and 6 scattered in CD 2.

1974 PRIMARIES

JUNE 4 REPUBLICAN

Governor   28,227 Joseph R. Skeen; 15,003 John P. Eastham; 4,758 James L. Hughes; 2,913 Walter E. Bruce; 26 scattered.

Congress   Unopposed in both CD's.

JUNE 4 DEMOCRATIC

Governor   45,447 Jerry Apodaca; 35,090 Tibo J. Chavez; 25,760 Odis Echols; 22,806 Bobby M. Mayfield; 12,707 Drew Cloud; 6,798 Boston E. Witt.

Congress   Unopposed in both CD's.

NEW YORK

GOVERNOR
Hugh L. Carey (D). Elected 1974 to a four-year term.

SENATORS
James L. Buckley (C). Elected 1970 to a six-year term.

Jacob K. Javits (R). Re-elected 1974 to a six-year term. Previously elected 1968, 1962, 1956.

REPRESENTATIVES
1. Otis G. Pike (D)
2. Thomas J. Downey (D)
3. Jerome A. Ambro (D)
4. Norman F. Lent (R)
5. John W. Wydler (R)
6. Lester L. Wolff (D)
7. Joseph P. Addabbo (D)
8. Benjamin Rosenthal (D)
9. James J. Delaney (D)
10. Mario Biaggi (D)
11. James H. Scheuer (D)
12. Shirley Chisholm (D)
13. Stephen J. Solarz (D)
14. Frederick W. Richmond (D)
15. Leo C. Zeferetti (D)
16. Elizabeth Holtzman (D)
17. John M. Murphy (D)
18. Edward I. Koch (D)
19. Charles B. Rangel (D)
20. Bella S. Abzug (D)
21. Herman Badillo (D)
22. Jonathan Bingham (D)
23. Peter A. Peyser (R)
24. Richard L. Ottinger (D)
25. Hamilton Fish (R)
26. Benjamin A. Gilman (R)
27. Matthew F. McHugh (D)
28. Samuel S. Stratton (D)
29. Edward W. Pattison (D)
30. Robert C. McEwen (R)
31. Donald J. Mitchell (R)
32. James M. Hanley (D)
33. William F. Walsh (R)
34. Frank J. Horton (R)
35. Barber B. Conable (R)
36. John J. LaFalce (D)
37. Henry J. Nowak (D)
38. Jack F. Kemp (R)
39. James F. Hastings (R)

POSTWAR VOTE FOR GOVERNOR

Year	Total Vote	Republican Vote	Republican Candidate	Democratic Vote	Democratic Candidate	Other Vote	Rep.-Dem. Plurality	Total Vote Rep.	Total Vote Dem.	Major Vote Rep.	Major Vote Dem.
1974	5,293,176	2,219,667	Wilson, Malcolm	3,028,503	Carey, Hugh L.	45,006	808,836 D	41.9%	57.2%	42.3%	57.7%
1970	6,013,064	3,151,432	Rockefeller, Nelson A.	2,421,426	Goldberg, Arthur	440,206	730,006 R	52.4%	40.3%	56.5%	43.5%
1966	6,031,585	2,690,626	Rockefeller, Nelson A.	2,298,363	O'Connor, Frank D.	1,042,596	392,263 R	44.6%	38.1%	53.9%	46.1%
1962	5,805,631	3,081,587	Rockefeller, Nelson A.	2,552,418	Morgenthau, Robert M.	171,626	529,169 R	53.1%	44.0%	54.7%	45.3%
1958	5,712,665	3,126,929	Rockefeller, Nelson A.	2,553,895	Harriman, Averell	31,841	573,034 R	54.7%	44.7%	55.0%	45.0%
1954	5,161,942	2,549,613	Ives, Irving M.	2,560,738	Harriman, Averell	51,591	11,125 D	49.4%	49.6%	49.9%	50.1%
1950	5,308,889	2,819,523	Dewey, Thomas E.	2,246,855	Lynch, Walter A.	242,511	572,668 R	53.1%	42.3%	55.7%	44.3%
1946	4,964,552	2,825,633	Dewey, Thomas E.	2,138,482	Mead, James M.	437	687,151 R	56.9%	43.1%	56.9%	43.1%

POSTWAR VOTE FOR SENATOR

Year	Total Vote	Republican Vote	Republican Candidate	Democratic Vote	Democratic Candidate	Other Vote	Rep.-Dem. Plurality	Total Vote Rep.	Total Vote Dem.	Major Vote Rep.	Major Vote Dem.
1974	5,163,600	2,340,188	Javits, Jacob K.	1,973,781	Clark, Ramsey	849,631	366,407 R	45.3%	38.2%	54.2%	45.8%
1970	5,904,782	1,434,472	Goodell, Charles	2,171,232	Ottinger, Richard L.	2,299,078	736,760 D	24.3%	36.8%	39.8%	60.2%
1968	6,581,587	3,269,772	Javits, Jacob K.	2,150,695	O'Dwyer, Paul	1,161,120	1,119,077 R	49.7%	32.7%	60.3%	39.7%
1964	7,151,686	3,104,056	Keating, Kenneth B.	3,823,749	Kennedy, Robert F.	223,881	719,693 D	43.4%	53.5%	44.8%	55.2%
1962	5,700,186	3,269,417	Javits, Jacob K.	2,289,341	Donovan, James B.	141,428	980,076 R	57.4%	40.2%	58.8%	41.2%
1958	5,602,088	2,842,942	Keating, Kenneth B.	2,709,950	Hogan, Frank S.	49,196	132,992 R	50.7%	48.4%	51.2%	48.8%
1956	6,991,136	3,723,933	Javits, Jacob K.	3,265,159	Wagner, Robert F.	2,044	458,774 R	53.3%	46.7%	53.3%	46.7%
1952	6,980,259	3,853,934	Ives, Irving M.	2,521,736	Cashmore, John	604,589	1,332,198 R	55.2%	36.1%	60.4%	39.6%
1950	5,228,403	2,367,353	Hanley, Joe R.	2,632,313	Lehman, Herbert H.	228,737	264,960 D	45.3%	50.3%	47.4%	52.6%
1949s	4,966,878	2,384,381	Dulles, John Foster	2,582,438	Lehman, Herbert H.	59	198,057 D	48.0%	52.0%	48.0%	52.0%
1946	4,867,564	2,559,365	Ives, Irving M.	2,308,112	Lehman, Herbert H.	87	251,253 R	52.6%	47.4%	52.6%	47.4%

The 1949 election was for a short term to fill a vacancy. In 1970 James L. Buckley, the Conservative candidate, polled 2,288,190 votes (38.8% of the total vote) and won the election with a 116,958 plurality.

NEW YORK

Districts Established March 28, 1972

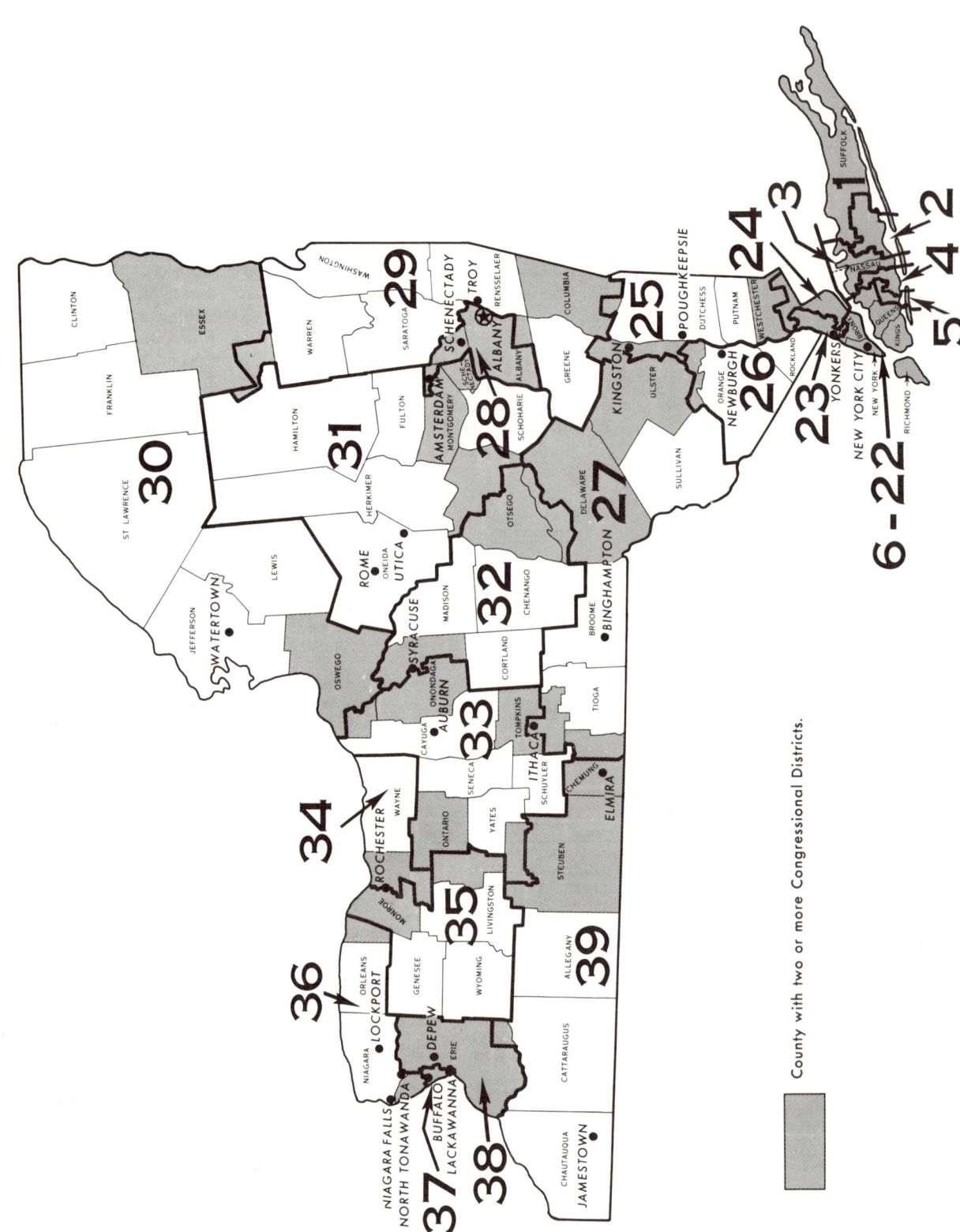

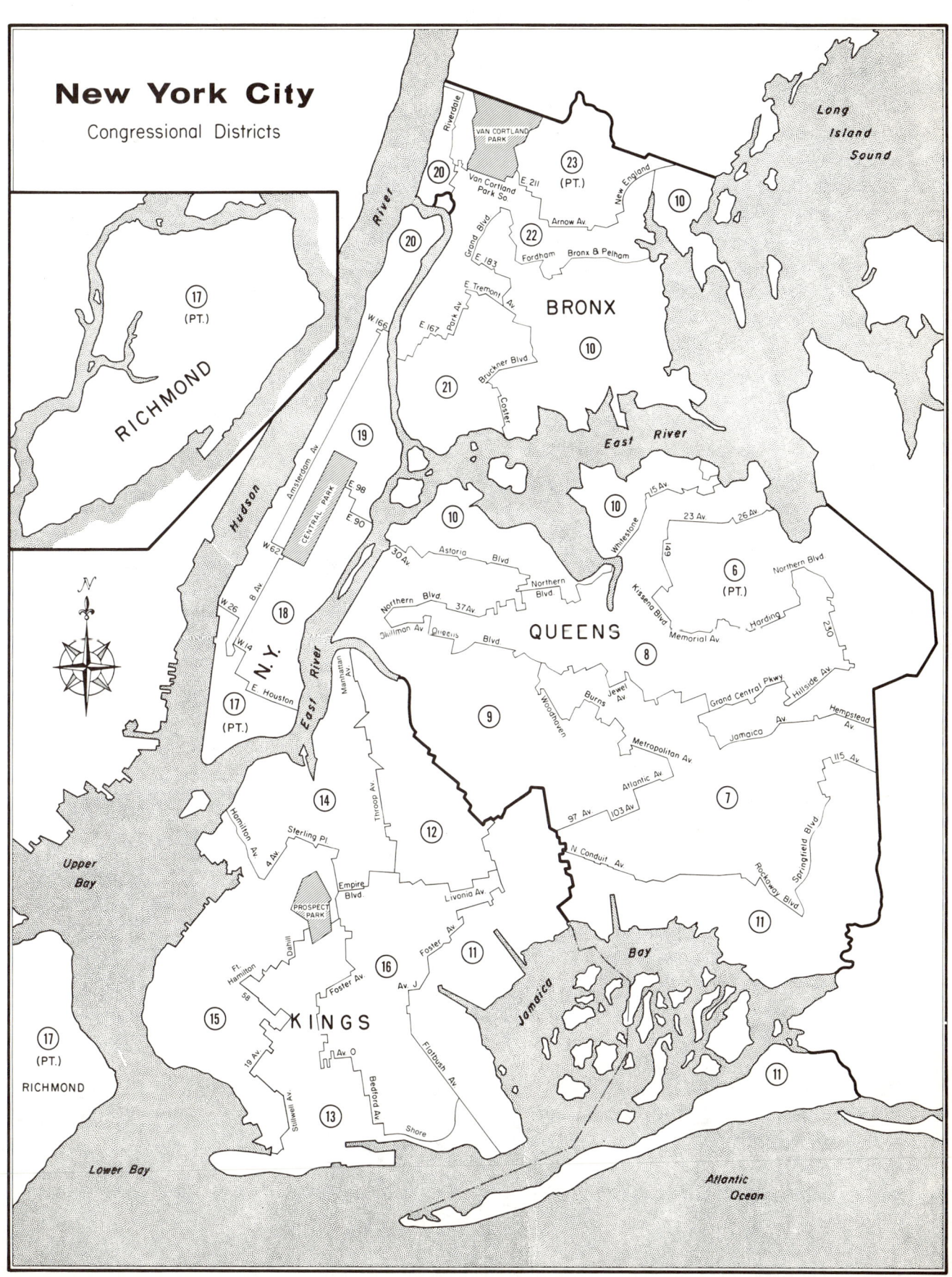

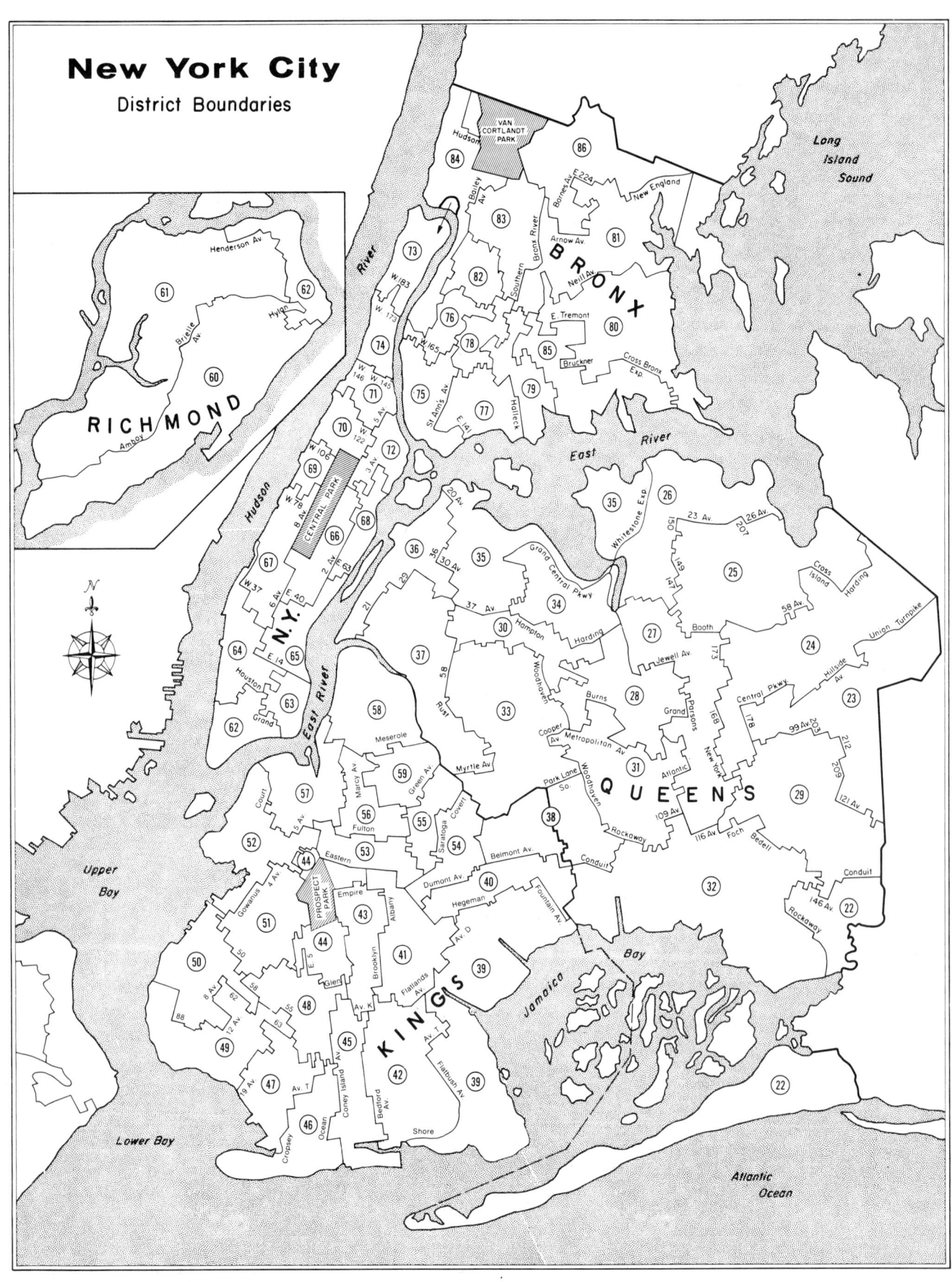

NEW YORK

GOVERNOR 1974

1970 Census Population	County	Total Vote	Republican	Democratic	Other	Rep.-Dem. Plurality	Percentage Total Vote Rep.	Dem.	Major Vote Rep.	Dem.
285,618	ALBANY	128,658	50,456	77,525	677	27,069 D	39.2%	60.3%	39.4%	60.6%
46,458	ALLEGANY	13,976	8,332	5,566	78	2,766 R	59.6%	39.8%	60.0%	40.0%
1,472,216	BRONX	276,767	80,472	193,788	2,507	113,316 D	29.1%	70.0%	29.3%	70.7%
221,815	BROOME	74,698	38,013	36,294	391	1,719 R	50.9%	48.6%	51.2%	48.8%
81,666	CATTARAUGUS	26,865	12,292	14,412	161	2,120 D	45.8%	53.6%	46.0%	54.0%
77,439	CAYUGA	27,244	15,466	11,408	370	4,058 R	56.8%	41.9%	57.6%	42.4%
147,305	CHAUTAUQUA	49,499	22,590	26,665	244	4,075 D	45.6%	53.9%	45.9%	54.1%
101,537	CHEMUNG	31,032	16,746	14,165	121	2,581 R	54.0%	45.6%	54.2%	45.8%
46,368	CHENANGO	15,592	9,327	6,185	80	3,142 R	59.8%	39.7%	60.1%	39.9%
72,934	CLINTON	21,208	9,134	11,737	337	2,603 D	43.1%	55.3%	43.8%	56.2%
51,519	COLUMBIA	21,618	11,235	10,237	146	998 R	52.0%	47.4%	52.3%	47.7%
45,894	CORTLAND	14,475	8,596	5,773	106	2,823 R	59.4%	39.9%	59.8%	40.2%
44,718	DELAWARE	15,858	9,145	6,631	82	2,514 R	57.7%	41.8%	58.0%	42.0%
222,295	DUTCHESS	71,157	35,278	35,098	781	180 R	49.6%	49.3%	50.1%	49.9%
1,113,491	ERIE	359,556	128,594	228,192	2,770	99,598 D	35.8%	63.5%	36.0%	64.0%
34,631	ESSEX	13,117	6,507	6,420	190	87 R	49.6%	48.9%	50.3%	49.7%
43,931	FRANKLIN	13,043	6,558	6,368	117	190 R	50.3%	48.8%	50.7%	49.3%
52,637	FULTON	18,876	8,090	10,629	157	2,539 D	42.9%	56.3%	43.2%	56.8%
58,722	GENESEE	21,184	10,648	10,423	113	225 R	50.3%	49.2%	50.5%	49.5%
33,136	GREENE	16,515	8,259	8,122	134	137 R	50.0%	49.2%	50.4%	49.6%
4,714	HAMILTON	2,892	1,586	1,288	18	298 R	54.8%	44.5%	55.2%	44.8%
67,440	HERKIMER	24,036	12,484	11,430	122	1,054 R	51.9%	47.6%	52.2%	47.8%
88,508	JEFFERSON	27,184	15,363	11,688	133	3,675 R	56.5%	43.0%	56.8%	43.2%
2,601,852	KINGS	518,181	138,240	375,288	4,653	237,048 D	26.7%	72.4%	26.9%	73.1%
23,644	LEWIS	7,660	4,493	3,085	82	1,408 R	58.7%	40.3%	59.3%	40.7%
54,041	LIVINGSTON	19,533	9,597	9,832	104	235 D	49.1%	50.3%	49.4%	50.6%
62,864	MADISON	19,538	12,631	6,741	166	5,890 R	64.6%	34.5%	65.2%	34.8%
711,917	MONROE	239,049	103,334	134,267	1,448	30,933 D	43.2%	56.2%	43.5%	56.5%
55,883	MONTGOMERY	22,169	8,248	13,803	118	5,555 D	37.2%	62.3%	37.4%	62.6%
1,422,905	NASSAU	517,351	243,997	269,536	3,818	25,539 D	47.2%	52.1%	47.5%	52.5%
1,524,541	NEW YORK	350,116	78,469	266,260	5,387	187,791 D	22.4%	76.0%	22.8%	77.2%
235,720	NIAGARA	73,440	27,691	45,279	470	17,588 D	37.7%	61.7%	37.9%	62.1%
273,037	ONEIDA	86,786	47,837	38,326	623	9,511 R	55.1%	44.2%	55.5%	44.5%
472,185	ONONDAGA	155,249	90,433	62,609	2,207	27,824 R	58.3%	40.3%	59.1%	40.9%
78,849	ONTARIO	28,660	14,775	13,746	139	1,029 R	51.6%	48.0%	51.8%	48.2%
220,558	ORANGE	68,219	36,130	31,678	411	4,452 R	53.0%	46.4%	53.3%	46.7%
37,305	ORLEANS	11,968	6,087	5,833	48	254 R	50.9%	48.7%	51.1%	48.9%
100,897	OSWEGO	32,224	19,084	12,530	610	6,554 R	59.2%	38.9%	60.4%	39.6%
56,181	OTSEGO	20,443	11,148	9,186	109	1,962 R	54.5%	44.9%	54.8%	45.2%
56,696	PUTNAM	23,738	13,340	10,153	245	3,187 R	56.2%	42.8%	56.8%	43.2%
1,973,708	QUEENS	530,077	189,812	335,731	4,534	145,919 D	35.8%	63.3%	36.1%	63.9%
152,510	RENSSELAER	61,879	28,256	33,251	372	4,995 D	45.7%	53.7%	45.9%	54.1%
295,443	RICHMOND	85,109	38,728	45,669	712	6,941 D	45.5%	53.7%	45.9%	54.1%
229,903	ROCKLAND	79,927	37,698	41,663	566	3,965 D	47.2%	52.1%	47.5%	52.5%
111,991	ST. LAWRENCE	33,113	17,400	15,566	147	1,834 R	52.5%	47.0%	52.8%	47.2%
121,679	SARATOGA	51,127	25,837	24,963	327	874 R	50.5%	48.8%	50.9%	49.1%
160,979	SCHENECTADY	62,398	25,848	36,040	510	10,192 D	41.4%	57.8%	41.8%	58.2%
24,750	SCHOHARIE	10,428	4,731	5,634	63	903 D	45.4%	54.0%	45.6%	54.4%
16,737	SCHUYLER	5,656	3,238	2,392	26	846 R	57.2%	42.3%	57.5%	42.5%
35,083	SENECA	11,032	6,189	4,778	65	1,411 R	56.1%	43.3%	56.4%	43.6%
99,546	STEUBEN	30,961	18,620	12,207	134	6,413 R	60.1%	39.4%	60.4%	39.6%
1,116,672	SUFFOLK	342,006	166,983	172,374	2,649	5,391 D	48.8%	50.4%	49.2%	50.8%
52,580	SULLIVAN	22,471	11,026	11,265	180	239 D	49.1%	50.1%	49.5%	50.5%
46,513	TIOGA	15,354	8,759	6,499	96	2,260 R	57.0%	42.3%	57.4%	42.6%
76,879	TOMPKINS	21,803	11,775	9,764	264	2,011 R	54.0%	44.8%	54.7%	45.3%
141,241	ULSTER	55,031	27,696	26,732	603	964 R	50.3%	48.6%	50.9%	49.1%
49,402	WARREN	17,948	9,695	8,184	69	1,511 R	54.0%	45.6%	54.2%	45.8%
52,725	WASHINGTON	17,597	9,488	7,994	115	1,494 R	53.9%	45.4%	54.3%	45.7%
79,404	WAYNE	24,623	13,169	11,308	146	1,861 R	53.5%	45.9%	53.8%	46.2%
891,409	WESTCHESTER	315,939	163,325	149,926	2,688	13,399 R	51.7%	47.5%	52.1%	47.9%
37,688	WYOMING	12,412	6,413	5,764	235	649 R	51.7%	46.4%	52.7%	47.3%
19,831	YATES	6,911	4,276	2,603	32	1,673 R	61.9%	37.7%	62.2%	37.8%
18,190,740	TOTAL	5,293,176	2,219,667	3,020,500	45,006	808,836 D	41.9%	57.2%	42.3%	57.7%

NEW YORK

SENATOR 1974

1970 Census Population	County	Total Vote	Republican	Democratic	Other	Rep.-Dem. Plurality	Percentage Total Vote Rep.	Dem.	Major Vote Rep.	Dem.
285,618	ALBANY	126,245	51,770	59,137	15,338	7,367 D	41.0%	46.8%	46.7%	53.3%
46,458	ALLEGANY	13,978	7,742	4,338	1,898	3,404 R	55.4%	31.0%	64.1%	35.9%
1,472,216	BRONX	256,529	99,941	117,741	38,847	17,800 D	39.0%	45.9%	45.9%	54.1%
221,815	BROOME	74,615	37,963	31,823	4,829	6,140 R	50.9%	42.6%	54.4%	45.6%
81,666	CATTARAUGUS	26,804	12,874	10,553	3,377	2,321 R	48.0%	39.4%	55.0%	45.0%
77,439	CAYUGA	26,938	12,318	7,610	7,010	4,708 R	45.7%	28.3%	61.8%	38.2%
147,305	CHAUTAUQUA	49,358	25,244	19,397	4,717	5,847 R	51.1%	39.3%	56.5%	43.5%
101,537	CHEMUNG	30,814	15,885	11,718	3,211	4,167 R	51.6%	38.0%	57.5%	42.5%
46,368	CHENANGO	15,724	8,829	5,557	1,338	3,272 R	56.1%	35.3%	61.4%	38.6%
72,934	CLINTON	21,083	10,788	8,659	1,636	2,129 R	51.2%	41.1%	55.5%	44.5%
51,519	COLUMBIA	21,032	10,597	7,508	2,927	3,089 R	50.4%	35.7%	58.5%	41.5%
45,894	CORTLAND	14,269	7,943	4,681	1,645	3,262 R	55.7%	32.8%	62.9%	37.1%
44,718	DELAWARE	15,652	8,637	5,000	2,015	3,637 R	55.2%	31.9%	63.3%	36.7%
222,295	DUTCHESS	71,044	31,193	23,070	16,781	8,123 R	43.9%	32.5%	57.5%	42.5%
1,113,491	ERIE	355,971	147,115	157,124	51,732	10,009 D	41.3%	44.1%	48.4%	51.6%
34,631	ESSEX	12,657	7,135	4,274	1,248	2,861 R	56.4%	33.8%	62.5%	37.5%
43,931	FRANKLIN	12,659	6,493	5,068	1,098	1,425 R	51.3%	40.0%	56.2%	43.8%
52,637	FULTON	18,217	9,182	6,892	2,143	2,290 R	50.4%	37.8%	57.1%	42.9%
58,722	GENESEE	21,091	11,062	7,157	2,872	3,905 R	52.4%	33.9%	60.7%	39.3%
33,136	GREENE	16,389	8,161	5,869	2,359	2,292 R	49.8%	35.8%	58.2%	41.8%
4,714	HAMILTON	2,777	1,589	873	315	716 R	57.2%	31.4%	64.5%	35.5%
67,440	HERKIMER	23,427	11,567	8,580	3,280	2,987 R	49.4%	36.6%	57.4%	42.6%
88,508	JEFFERSON	26,862	15,456	7,977	3,429	7,479 R	57.5%	29.7%	66.0%	34.0%
2,601,852	KINGS	481,149	209,722	203,807	67,620	5,915 R	43.6%	42.4%	50.7%	49.3%
23,644	LEWIS	7,644	4,264	2,485	895	1,779 R	55.8%	32.5%	63.2%	36.8%
54,041	LIVINGSTON	19,479	9,782	7,663	2,034	2,119 R	50.2%	39.3%	56.1%	43.9%
62,864	MADISON	19,405	10,485	5,538	3,382	4,947 R	54.0%	28.5%	65.4%	34.6%
711,917	MONROE	239,186	106,736	103,151	29,299	3,585 R	44.6%	43.1%	50.9%	49.1%
55,883	MONTGOMERY	21,014	8,886	8,426	3,702	460 R	42.3%	40.1%	51.3%	48.7%
1,422,905	NASSAU	521,805	253,346	165,616	102,843	87,730 R	48.6%	31.7%	60.5%	39.5%
1,524,541	NEW YORK	334,492	121,794	185,371	27,327	63,577 D	36.4%	55.4%	39.7%	60.3%
235,720	NIAGARA	72,088	31,357	31,502	9,229	145 D	43.5%	43.7%	49.9%	50.1%
273,037	ONEIDA	87,272	39,496	30,163	17,613	9,333 R	45.3%	34.6%	56.7%	43.3%
472,185	ONONDAGA	154,848	79,243	46,647	28,958	32,596 R	51.2%	30.1%	62.9%	37.1%
78,849	ONTARIO	28,460	13,573	10,229	4,658	3,344 R	47.7%	35.9%	57.0%	43.0%
220,558	ORANGE	69,303	33,064	21,410	14,829	11,654 R	47.7%	30.9%	60.7%	39.3%
37,305	ORLEANS	11,849	6,050	4,483	1,316	1,567 R	51.1%	37.8%	57.4%	42.6%
100,897	OSWEGO	32,017	15,115	8,986	7,916	6,129 R	47.2%	28.1%	62.7%	37.3%
56,181	OTSEGO	20,271	10,779	7,264	2,228	3,515 R	53.2%	35.8%	59.7%	40.3%
56,696	PUTNAM	23,371	10,303	6,276	6,792	4,027 R	44.1%	26.9%	62.1%	37.9%
1,973,708	QUEENS	500,864	220,129	185,888	94,847	34,241 R	43.9%	37.1%	54.2%	45.8%
152,510	RENSSELAER	60,929	29,243	23,388	8,298	5,855 R	48.0%	38.4%	55.6%	44.4%
295,443	RICHMOND	80,328	31,774	25,488	23,066	6,286 R	39.6%	31.7%	55.5%	44.5%
229,903	ROCKLAND	79,239	38,037	23,630	17,572	14,407 R	48.0%	29.8%	61.7%	38.3%
111,991	ST. LAWRENCE	32,523	18,701	10,982	2,840	7,719 R	57.5%	33.8%	63.0%	37.0%
121,679	SARATOGA	49,849	26,160	16,548	7,141	9,612 R	52.5%	33.2%	61.3%	38.7%
160,979	SCHENECTADY	62,272	27,626	24,590	10,056	3,036 R	44.4%	39.5%	52.9%	47.1%
24,750	SCHOHARIE	10,504	5,209	3,898	1,397	1,311 R	49.6%	37.1%	57.2%	42.8%
16,737	SCHUYLER	5,653	2,785	2,016	852	769 R	49.3%	35.7%	58.0%	42.0%
35,083	SENECA	10,997	5,458	3,980	1,559	1,478 R	49.6%	36.2%	57.8%	42.2%
99,546	STEUBEN	30,367	17,034	9,426	3,907	7,608 R	56.1%	31.0%	64.4%	35.6%
1,116,672	SUFFOLK	341,462	152,667	108,244	80,551	44,423 R	44.7%	31.7%	58.5%	41.5%
52,580	SULLIVAN	22,187	11,221	7,598	3,368	3,623 R	50.6%	34.2%	59.6%	40.4%
46,513	TIOGA	15,324	8,493	5,516	1,315	2,977 R	55.4%	36.0%	60.6%	39.4%
76,879	TOMPKINS	21,528	10,424	8,635	2,469	1,789 R	48.4%	40.1%	54.7%	45.3%
141,241	ULSTER	54,410	23,156	18,563	12,691	4,593 R	42.6%	34.1%	55.5%	44.5%
49,402	WARREN	17,434	9,658	5,582	2,194	4,076 R	55.4%	32.0%	63.4%	36.6%
52,725	WASHINGTON	17,214	9,587	5,562	2,065	4,025 R	55.7%	32.3%	63.3%	36.7%
79,404	WAYNE	24,292	12,479	8,773	3,040	3,706 R	51.4%	36.1%	58.7%	41.3%
891,409	WESTCHESTER	309,163	146,397	99,685	63,081	46,712 R	47.4%	32.2%	59.5%	40.5%
37,688	WYOMING	12,385	6,606	4,069	1,710	2,537 R	53.3%	32.9%	61.9%	38.1%
19,831	YATES	6,888	3,865	2,097	926	1,768 R	56.1%	30.4%	64.8%	35.2%
18,190,740	TOTAL	5,163,600	2,340,188	1,973,781	849,631	366,407 R	45.3%	38.2%	54.2%	45.8%

New York City
Bronx County
GOVERNOR 1974

1970 Census Population	Assembly District	Total Vote	Republican	Democratic	Other	Rep.-Dem. Plurality	Total Vote Rep.	Total Vote Dem.	Major Vote Rep.	Major Vote Dem.
122,641	DISTRICT 75	11,826	1,866	9,838	122	7,972 D	15.8%	83.2%	15.9%	84.1%
122,637	DISTRICT 76	13,163	1,937	11,115	111	9,178 D	14.7%	84.4%	14.8%	85.2%
122,643	DISTRICT 77	9,333	975	8,270	88	7,295 D	10.4%	88.6%	10.5%	89.5%
122,641	DISTRICT 78	8,492	873	7,528	91	6,655 D	10.3%	88.6%	10.4%	89.6%
122,649	DISTRICT 79	7,999	849	7,086	64	6,237 D	10.6%	88.6%	10.7%	89.3%
122,641	DISTRICT 80	31,781	17,090	14,404	287	2,686 R	53.8%	45.3%	54.3%	45.7%
122,642	DISTRICT 81	50,729	9,806	40,465	458	30,659 D	19.3%	79.8%	19.5%	80.5%
122,641	DISTRICT 82	18,493	5,696	12,621	176	6,925 D	30.8%	68.2%	31.1%	68.9%
122,640	DISTRICT 83	35,456	12,122	23,012	322	10,890 D	34.2%	64.9%	34.5%	65.5%
122,644	DISTRICT 84	29,867	7,467	22,095	305	14,628 D	25.0%	74.0%	25.3%	74.7%
122,641	DISTRICT 85	29,721	9,696	19,836	189	10,140 D	32.6%	66.7%	32.8%	67.2%
122,641	DISTRICT 86	29,907	12,095	17,518	294	5,423 D	40.4%	58.6%	40.8%	59.2%
1,472,216	TOTAL	276,767	80,472	193,788	2,507	113,316 D	29.1%	70.0%	29.3%	70.7%

New York City
Kings County
GOVERNOR 1974

1970 Census Population	Assembly District	Total Vote	Republican	Democratic	Other	Rep.-Dem. Plurality	Total Vote Rep.	Total Vote Dem.	Major Vote Rep.	Major Vote Dem.
65,884	DISTRICT 38	10,234	4,754	5,393	87	639 D	46.5%	52.7%	46.9%	53.1%
120,769	DISTRICT 39	32,689	7,548	24,928	213	17,380 D	23.1%	76.3%	23.2%	76.8%
120,769	DISTRICT 40	9,145	1,108	7,925	112	6,817 D	12.1%	86.7%	12.3%	87.7%
120,767	DISTRICT 41	27,301	6,953	20,144	204	13,191 D	25.5%	73.8%	25.7%	74.3%
120,767	DISTRICT 42	40,517	13,276	26,938	303	13,662 D	32.8%	66.5%	33.0%	67.0%
120,767	DISTRICT 43	22,384	5,436	16,731	217	11,295 D	24.3%	74.7%	24.5%	75.5%
120,768	DISTRICT 44	32,628	7,332	24,899	397	17,567 D	22.5%	76.3%	22.7%	77.3%
120,769	DISTRICT 45	42,641	8,161	34,117	363	25,956 D	19.1%	80.0%	19.3%	80.7%
120,769	DISTRICT 46	34,965	6,875	27,745	345	20,870 D	19.7%	79.4%	19.9%	80.1%
120,768	DISTRICT 47	31,530	9,217	22,092	221	12,875 D	29.2%	70.1%	29.4%	70.6%
120,768	DISTRICT 48	34,165	7,881	26,042	242	18,161 D	23.1%	76.2%	23.2%	76.8%
120,768	DISTRICT 49	33,177	15,590	17,309	278	1,719 D	47.0%	52.2%	47.4%	52.6%
120,768	DISTRICT 50	30,827	13,840	16,778	209	2,938 D	44.9%	54.4%	45.2%	54.8%
120,768	DISTRICT 51	26,453	8,915	17,292	246	8,377 D	33.7%	65.4%	34.0%	66.0%
120,768	DISTRICT 52	23,468	5,571	17,521	376	11,950 D	23.7%	74.7%	24.1%	75.9%
120,768	DISTRICT 53	11,723	1,448	10,111	164	8,663 D	12.4%	86.2%	12.5%	87.5%
120,769	DISTRICT 54	7,883	827	6,983	73	6,156 D	10.5%	88.6%	10.6%	89.4%
120,768	DISTRICT 55	8,936	1,441	7,419	76	5,978 D	16.1%	83.0%	16.3%	83.7%
120,768	DISTRICT 56	11,749	1,543	10,101	105	8,558 D	13.1%	86.0%	13.3%	86.7%
120,768	DISTRICT 57	16,275	2,529	13,538	208	11,009 D	15.5%	83.2%	15.7%	84.3%
120,768	DISTRICT 58	18,481	6,016	12,346	119	6,330 D	32.6%	66.8%	32.8%	67.2%
120,768	DISTRICT 59	11,010	1,979	8,936	95	6,957 D	18.0%	81.2%	18.1%	81.9%
2,601,852	TOTAL	518,181	138,240	375,288	4,653	237,048 D	26.7%	72.4%	26.9%	73.1%

New York City
New York County
GOVERNOR 1974

1970 Census Population	Assembly District	Total Vote	Republican	Democratic	Other	Rep.-Dem. Plurality	Percentage Total Vote Rep.	Dem.	Major Vote Rep.	Dem.
71,490	DISTRICT 62	11,716	2,976	8,565	175	5,589 D	25.4%	73.1%	25.8%	74.2%
122,312	DISTRICT 63	19,364	3,508	15,366	490	11,858 D	18.1%	79.4%	18.6%	81.4%
122,312	DISTRICT 64	37,679	7,818	28,804	1,057	20,986 D	20.7%	76.4%	21.3%	78.7%
122,312	DISTRICT 65	42,647	13,540	28,633	474	15,093 D	31.7%	67.1%	32.1%	67.9%
122,312	DISTRICT 66	39,734	13,461	25,927	346	12,466 D	33.9%	65.3%	34.2%	65.8%
122,312	DISTRICT 67	31,596	6,468	24,635	493	18,167 D	20.5%	78.0%	20.8%	79.2%
122,312	DISTRICT 68	30,421	7,865	22,173	383	14,308 D	25.9%	72.9%	26.2%	73.8%
122,312	DISTRICT 69	32,795	4,768	27,293	734	22,525 D	14.5%	83.2%	14.9%	85.1%
122,312	DISTRICT 70	18,730	2,792	15,595	343	12,803 D	14.9%	83.3%	15.2%	84.8%
122,312	DISTRICT 71	19,085	2,286	16,666	133	14,380 D	12.0%	87.3%	12.1%	87.9%
122,312	DISTRICT 72	13,642	1,960	11,544	138	9,584 D	14.4%	84.6%	14.5%	85.5%
122,311	DISTRICT 73	30,980	7,824	22,779	377	14,955 D	25.3%	73.5%	25.6%	74.4%
122,312	DISTRICT 74	21,727	3,203	18,280	244	15,077 D	14.7%	84.1%	14.9%	85.1%
1,524,541	TOTAL	350,116	78,469	266,260	5,387	187,791 D	22.4%	76.0%	22.8%	77.2%

New York City
Queens County
GOVERNOR 1974

1970 Census Population	Assembly District	Total Vote	Republican	Democratic	Other	Rep.-Dem. Plurality	Percentage Total Vote Rep.	Dem.	Major Vote Rep.	Dem.
120,768	DISTRICT 22	31,917	9,309	22,376	232	13,067 D	29.2%	70.1%	29.4%	70.6%
120,768	DISTRICT 23	34,260	15,454	18,512	294	3,058 D	45.1%	54.0%	45.5%	54.5%
120,768	DISTRICT 24	41,892	10,437	31,119	336	20,682 D	24.9%	74.3%	25.1%	74.9%
120,768	DISTRICT 25	40,691	19,166	21,139	386	1,973 D	47.1%	52.0%	47.6%	52.4%
120,768	DISTRICT 26	38,025	11,271	26,392	362	15,121 D	29.6%	69.4%	29.9%	70.1%
120,768	DISTRICT 27	32,950	8,671	23,986	293	15,315 D	26.3%	72.8%	26.6%	73.4%
120,769	DISTRICT 28	39,438	8,847	30,236	355	21,389 D	22.4%	76.7%	22.6%	77.4%
120,768	DISTRICT 29	23,847	3,572	20,130	145	16,558 D	15.0%	84.4%	15.1%	84.9%
120,769	DISTRICT 30	29,591	10,085	19,246	260	9,161 D	34.1%	65.0%	34.4%	65.6%
120,768	DISTRICT 31	33,004	16,051	16,683	270	632 D	48.6%	50.5%	49.0%	51.0%
120,768	DISTRICT 32	26,111	6,645	19,280	186	12,635 D	25.4%	73.8%	25.6%	74.4%
120,768	DISTRICT 33	35,111	19,063	15,753	295	3,310 R	54.3%	44.9%	54.8%	45.2%
120,768	DISTRICT 34	24,452	7,516	16,735	201	9,219 D	30.7%	68.4%	31.0%	69.0%
120,768	DISTRICT 35	30,939	13,873	16,769	297	2,896 D	44.8%	54.2%	45.3%	54.7%
120,768	DISTRICT 36	24,894	8,536	16,118	240	7,582 D	34.3%	64.7%	34.6%	65.4%
120,768	DISTRICT 37	27,975	13,441	14,280	254	839 D	48.0%	51.0%	48.5%	51.5%
54,884	DISTRICT 38	14,980	7,875	6,977	128	898 R	52.6%	46.6%	53.0%	47.0%
1,973,708	TOTAL	530,077	189,812	335,731	4,534	145,919 D	35.8%	63.3%	36.1%	63.9%

New York City
Richmond County
GOVERNOR 1974

1970 Census Population	Assembly District	Total Vote	Republican	Democratic	Other	Rep.-Dem. Plurality	Percentage Total Vote Rep.	Dem.	Major Vote Rep.	Dem.
122,311	DISTRICT 60	37,899	18,440	19,132	327	692 D	48.7%	50.5%	49.1%	50.9%
122,311	DISTRICT 61	36,185	15,926	19,987	272	4,061 D	44.0%	55.2%	44.3%	55.7%
50,821	DISTRICT 62	11,025	4,362	6,550	113	2,188 D	39.6%	59.4%	40.0%	60.0%
295,443	TOTAL	85,109	38,728	45,669	712	6,941 D	45.5%	53.7%	45.9%	54.1%

New York City

GOVERNOR 1974

1970 Census Population	County	Total Vote	Republican	Democratic	Other	Rep.-Dem. Plurality	Percentage Total Vote Rep.	Dem.	Major Vote Rep.	Dem.
1,472,216	BRONX	276,767	80,472	193,788	2,507	113,316 D	29.1%	70.0%	29.3%	70.7%
2,601,852	KINGS	518,181	138,240	375,288	4,653	237,048 D	26.7%	72.4%	26.9%	73.1%
1,524,541	NEW YORK	350,116	78,469	266,260	5,387	187,791 D	22.4%	76.0%	22.8%	77.2%
1,973,708	QUEENS	530,077	189,812	335,731	4,534	145,919 D	35.8%	63.3%	36.1%	63.9%
295,443	RICHMOND	85,109	38,728	45,669	712	6,941 D	45.5%	53.7%	45.9%	54.1%
7,867,760	TOTAL	1,760,250	525,721	1,216,736	17,793	691,015 D	29.9%	69.1%	30.2%	69.8%

New York City
Bronx County
SENATOR 1974

1970 Census Population	Assembly District	Total Vote	Republican	Democratic	Other	Rep.-Dem. Plurality	Percentage Total Vote Rep.	Dem.	Major Vote Rep.	Dem.
122,641	DISTRICT 75	10,411	2,828	6,810	773	3,982 D	27.2%	65.4%	29.3%	70.7%
122,637	DISTRICT 76	12,070	3,985	7,374	711	3,389 D	33.0%	61.1%	35.1%	64.9%
122,643	DISTRICT 77	7,974	1,644	5,910	420	4,266 D	20.6%	74.1%	21.8%	78.2%
122,641	DISTRICT 78	7,682	1,588	5,765	329	4,177 D	20.7%	75.0%	21.6%	78.4%
122,649	DISTRICT 79	7,013	1,454	5,228	331	3,774 D	20.7%	74.5%	21.8%	78.2%
122,641	DISTRICT 80	28,706	11,962	8,527	8,217	3,435 R	41.7%	29.7%	58.4%	41.6%
122,642	DISTRICT 81	48,619	22,942	21,861	3,816	1,081 R	47.2%	45.0%	51.2%	48.8%
122,641	DISTRICT 82	17,138	6,472	7,721	2,945	1,249 D	37.8%	45.1%	45.6%	54.4%
122,640	DISTRICT 83	33,257	14,496	12,259	6,502	2,237 R	43.6%	36.9%	54.2%	45.8%
122,644	DISTRICT 84	28,588	12,430	12,637	3,521	207 D	43.5%	44.2%	49.6%	50.4%
122,641	DISTRICT 85	27,395	9,486	12,567	5,342	3,081 D	34.6%	45.9%	43.0%	57.0%
122,641	DISTRICT 86	27,676	10,654	11,082	5,940	428 D	38.5%	40.0%	49.0%	51.0%
1,472,216	TOTAL	256,529	99,941	117,741	38,847	17,800 D	39.0%	45.9%	45.9%	54.1%

New York City
Kings County
SENATOR 1974

1970 Census Population	Assembly District	Total Vote	Republican	Democratic	Other	Rep.-Dem. Plurality	Percentage Total Vote Rep.	Dem.	Major Vote Rep.	Dem.
65,884	DISTRICT 38	9,248	3,374	3,182	2,692	192 R	36.5%	34.4%	51.5%	48.5%
120,767	DISTRICT 39	31,409	16,898	11,389	3,122	5,509 R	53.8%	36.3%	59.7%	40.3%
120,769	DISTRICT 40	8,399	2,315	5,609	475	3,294 D	27.6%	66.8%	29.2%	70.8%
120,767	DISTRICT 41	25,977	12,697	9,807	3,473	2,890 R	48.9%	37.8%	56.4%	43.6%
120,767	DISTRICT 42	38,105	18,557	12,031	7,517	6,526 R	48.7%	31.6%	60.7%	39.3%
120,767	DISTRICT 43	21,095	8,860	9,728	2,507	868 D	42.0%	46.1%	47.7%	52.3%
120,768	DISTRICT 44	31,432	14,772	13,109	3,551	1,663 R	47.0%	41.7%	53.0%	47.0%
120,769	DISTRICT 45	40,480	22,139	15,308	3,033	6,831 R	54.7%	37.8%	59.1%	40.9%
120,769	DISTRICT 46	33,264	17,417	13,457	2,390	3,960 R	52.4%	40.5%	56.4%	43.6%
120,768	DISTRICT 47	29,604	13,708	11,763	4,133	1,945 R	46.3%	39.7%	53.8%	46.2%
120,768	DISTRICT 48	32,711	19,544	9,975	3,192	9,569 R	59.7%	30.5%	66.2%	33.8%
120,768	DISTRICT 49	29,908	12,132	9,890	7,886	2,242 R	40.6%	33.1%	55.1%	44.9%
120,768	DISTRICT 50	28,090	10,506	9,331	8,253	1,175 R	37.4%	33.2%	53.0%	47.0%
120,768	DISTRICT 51	24,132	9,188	9,558	5,386	370 D	38.1%	39.6%	49.0%	51.0%
120,768	DISTRICT 52	21,376	6,147	12,316	2,913	6,169 D	28.8%	57.6%	33.3%	66.7%
120,768	DISTRICT 53	10,544	2,717	7,279	548	4,562 D	25.8%	69.0%	27.2%	72.8%
120,769	DISTRICT 54	6,904	1,518	5,031	355	3,513 D	22.0%	72.9%	23.2%	76.8%
120,768	DISTRICT 55	7,846	1,913	5,368	565	3,455 D	24.4%	68.4%	26.3%	73.7%
120,768	DISTRICT 56	10,346	3,264	6,646	436	3,382 D	31.5%	64.2%	32.9%	67.1%
120,768	DISTRICT 57	14,756	4,569	9,128	1,059	4,559 D	31.0%	61.9%	33.4%	66.6%
120,768	DISTRICT 58	15,765	5,140	7,245	3,380	2,105 D	32.6%	46.0%	41.5%	58.5%
120,768	DISTRICT 59	9,758	2,347	6,657	754	4,310 D	24.1%	68.2%	26.1%	73.9%
2,601,852	TOTAL	481,149	209,722	203,807	67,620	5,915 R	43.6%	42.4%	50.7%	49.3%

New York City
New York County
SENATOR 1974

1970 Census Population	Assembly District	Total Vote	Republican	Democratic	Other	Rep.-Dem. Plurality	Percentage Total Vote Rep.	Dem.	Major Vote Rep.	Dem.
71,490	DISTRICT 62	10,871	3,931	5,812	1,128	1,881 D	36.2%	53.5%	40.3%	59.7%
122,312	DISTRICT 63	18,410	6,960	10,147	1,303	3,187 D	37.8%	55.1%	40.7%	59.3%
122,312	DISTRICT 64	36,507	10,892	22,562	3,053	11,670 D	29.8%	61.8%	32.6%	67.4%
122,312	DISTRICT 65	41,297	17,585	19,103	4,609	1,518 D	42.6%	46.3%	47.9%	52.1%
122,312	DISTRICT 66	38,547	18,918	16,283	3,346	2,635 R	49.1%	42.2%	53.7%	46.3%
122,312	DISTRICT 67	30,854	11,763	17,072	2,019	5,309 D	38.1%	55.3%	40.8%	59.2%
122,312	DISTRICT 68	29,300	11,177	15,214	2,909	4,037 D	38.1%	51.9%	42.4%	57.6%
122,312	DISTRICT 69	31,623	10,351	19,874	1,398	9,523 D	32.7%	62.8%	34.2%	65.8%
122,312	DISTRICT 70	17,778	4,474	12,387	917	7,913 D	25.2%	69.7%	26.5%	73.5%
122,312	DISTRICT 71	17,495	3,869	12,894	732	9,025 D	22.1%	73.7%	23.1%	76.9%
122,312	DISTRICT 72	12,259	2,754	8,799	706	6,045 D	22.5%	71.8%	23.8%	76.2%
122,311	DISTRICT 73	29,497	13,319	12,140	4,038	1,179 R	45.2%	41.2%	52.3%	47.7%
122,312	DISTRICT 74	20,054	5,801	13,084	1,169	7,283 D	28.9%	65.2%	30.7%	69.3%
1,524,541	TOTAL	334,492	121,794	185,371	27,327	63,577 D	36.4%	55.4%	39.7%	60.3%

New York City
Queens County
SENATOR 1974

1970 Census Population	Assembly District	Total Vote	Republican	Democratic	Other	Rep.-Dem. Plurality	Percentage Total Vote Rep.	Dem.	Major Vote Rep.	Dem.
120,768	DISTRICT 22	30,569	15,073	10,478	5,018	4,595 R	49.3%	34.3%	59.0%	41.0%
120,768	DISTRICT 23	32,190	13,454	10,746	7,990	2,708 R	41.8%	33.4%	55.6%	44.4%
120,768	DISTRICT 24	40,472	21,555	14,756	4,161	6,799 R	53.3%	36.5%	59.4%	40.6%
120,768	DISTRICT 25	38,592	16,452	11,700	10,440	4,752 R	42.6%	30.3%	58.4%	41.6%
120,768	DISTRICT 26	36,508	17,416	13,828	5,264	3,588 R	47.7%	37.9%	55.7%	44.3%
120,768	DISTRICT 27	31,570	14,868	12,995	3,707	1,873 R	47.1%	41.2%	53.4%	46.6%
120,769	DISTRICT 28	38,325	21,409	14,115	2,801	7,294 R	55.9%	36.8%	60.3%	39.7%
120,768	DISTRICT 29	22,105	6,229	14,321	1,555	8,092 D	28.2%	64.8%	30.3%	69.7%
120,769	DISTRICT 30	28,162	13,244	10,213	4,705	3,031 R	47.0%	36.3%	56.5%	43.5%
120,768	DISTRICT 31	30,831	12,970	9,021	8,840	3,949 R	42.1%	29.3%	59.0%	41.0%
120,768	DISTRICT 32	24,366	9,231	11,943	3,192	2,712 D	37.9%	49.0%	43.6%	56.4%
120,768	DISTRICT 33	32,519	13,669	8,825	10,025	4,844 R	42.0%	27.1%	60.8%	39.2%
120,768	DISTRICT 34	22,991	9,078	10,166	3,747	1,088 D	39.5%	44.2%	47.2%	52.8%
120,768	DISTRICT 35	28,935	11,543	9,816	7,576	1,727 R	39.9%	33.9%	54.0%	46.0%
120,768	DISTRICT 36	23,034	8,049	10,580	4,405	2,531 D	34.9%	45.9%	43.2%	56.8%
120,768	DISTRICT 37	26,061	10,522	8,559	6,980	1,963 R	40.4%	32.8%	55.1%	44.9%
54,884	DISTRICT 38	13,634	5,367	3,826	4,441	1,541 R	39.4%	28.1%	58.4%	41.6%
1,973,708	TOTAL	500,864	220,129	185,888	94,847	34,241 R	43.9%	37.1%	54.2%	45.8%

New York City
Richmond County
SENATOR 1974

1970 Census Population	Assembly District	Total Vote	Republican	Democratic	Other	Rep.-Dem. Plurality	Percentage Total Vote Rep.	Dem.	Major Vote Rep.	Dem.
122,311	DISTRICT 60	35,771	13,821	10,447	11,503	3,374 R	38.6%	29.2%	57.0%	43.0%
122,311	DISTRICT 61	34,199	14,208	10,919	9,072	3,289 R	41.5%	31.9%	56.5%	43.5%
50,821	DISTRICT 62	10,358	3,745	4,122	2,491	377 D	36.2%	39.8%	47.6%	52.4%
295,443	TOTAL	80,328	31,774	25,488	23,066	6,286 R	39.6%	31.7%	55.5%	44.5%

New York City
SENATOR 1974

1970 Census Population	County	Total Vote	Republican	Democratic	Other	Rep.-Dem. Plurality	Percentage Total Vote Rep.	Dem.	Major Vote Rep.	Dem.
1,472,216	BRONX	256,529	99,941	117,741	38,847	17,800 D	39.0%	45.9%	45.9%	54.1%
2,601,852	KINGS	481,149	209,722	203,807	67,620	5,915 R	43.6%	42.4%	50.7%	49.3%
1,524,541	NEW YORK	334,492	121,794	185,371	27,327	63,577 D	36.4%	55.4%	39.7%	60.3%
1,973,708	QUEENS	500,864	220,129	185,888	94,847	34,241 R	43.9%	37.1%	54.2%	45.8%
295,443	RICHMOND	80,328	31,774	25,488	23,066	6,286 R	39.6%	31.7%	55.5%	44.5%
7,867,760	TOTAL	1,653,362	683,360	718,295	251,707	34,935 D	41.3%	43.4%	48.8%	51.2%

NEW YORK

CONGRESS

CD	Year	Total Vote	Republican Vote	Candidate	Democratic Vote	Candidate	Other Vote	Rep.-Dem. Plurality	Total Vote Rep.	Total Vote Dem.	Major Vote Rep.	Major Vote Dem.
1	1974	155,681	44,513	SALLAH, DONALD R.	101,130	PIKE, OTIS G.	10,038	56,617 D	28.6%	65.0%	30.6%	69.4%
1	1972	195,444	72,133	BOYD, JOSEPH H.	102,628	PIKE, OTIS G.	20,683	30,495 D	36.9%	52.5%	41.3%	58.7%
2	1974	119,451	53,344	GROVER, JAMES R.	58,289	DOWNEY, THOMAS J.	7,818	4,945 D	44.7%	48.8%	47.8%	52.2%
2	1972	151,015	99,348	GROVER, JAMES R.	49,454	DENNISON, FERN C.	2,213	49,894 R	65.8%	32.7%	66.8%	33.2%
3	1974	147,560	67,986	*RONCALLO, ANGELO D.	76,383	AMBRO, JEROME A.	3,191	8,397 D	46.1%	51.8%	47.1%	52.9%
3	1972	195,160	103,620	RONCALLO, ANGELO D.	73,429	BALES, CARTER F.	18,111	30,191 R	53.1%	37.6%	58.5%	41.5%
4	1974	159,204	85,382	*LENT, NORMAN F.	73,822	*ORENSTEIN, FRANKLIN H.		11,560 R	53.6%	46.4%	53.6%	46.4%
4	1972	201,034	125,422	LENT, NORMAN F.	72,280	HOROWITZ, ELAINE B.	3,332	53,142 R	62.4%	36.0%	63.4%	36.6%
5	1974	169,033	91,677	*WYDLER, JOHN W.	77,356	*LOWENSTEIN, ALLARD K.		14,321 R	54.2%	45.8%	54.2%	45.8%
5	1972	213,542	133,332	WYDLER, JOHN W.	67,709	STECKLER, FERNE M.	12,501	65,623 R	62.4%	31.7%	66.3%	33.7%
6	1974	151,765	50,528	*LAYNE, EDYTHE	101,237	WOLFF, LESTER L.		50,709 D	33.3%	66.7%	33.3%	66.7%
6	1972	212,658	103,038	*GALLAGHER, JOHN T.	109,620	*WOLFF, LESTER L.		6,582 D	48.5%	51.5%	48.5%	51.5%
7	1974	83,972			83,972	*ADDABBO, JOSEPH P.		83,972 D		100.0%		100.0%
7	1972	137,459	28,296	HALL, JOHN E.	103,110	*ADDABBO, JOSEPH P.	6,053	74,814 D	20.6%	75.0%	21.5%	78.5%
8	1974	114,180	23,980	*LEMISHOW, ALBERT	90,200	*ROSENTHAL, BENJAMIN		66,220 D	21.0%	79.0%	21.0%	79.0%
8	1972	170,459	60,166	*LA PINA, FRANK	110,293	*ROSENTHAL, BENJAMIN		50,127 D	35.3%	64.7%	35.3%	64.7%
9	1974	99,155			92,231	*DELANEY, JAMES J.	6,924	92,231 D		93.0%		100.0%
9	1972	151,288			141,323	*DELANEY, JAMES J.	9,965	141,323 D		93.4%		100.0%
10	1974	91,422			75,375	*BIAGGI, MARIO	16,047	75,375 D		82.4%		100.0%
10	1972	138,597			130,200	*BIAGGI, MARIO	8,397	130,200 D		93.9%		100.0%
11	1974	86,351	12,297	DESBOROUGH, EDWARD G.	62,388	SCHEUER, JAMES H.	11,666	50,091 D	14.2%	72.2%	16.5%	83.5%
11	1972	137,546	43,105	*SOLOMON, MELVIN	87,869	BRASCO, FRANK J.	6,572	44,764 D	31.3%	63.9%	32.9%	67.1%
12	1974	32,979	4,577	VOYTICKY, FRANCIS J.	26,446	*CHISHOLM, SHIRLEY	1,956	21,869 D	13.9%	80.2%	14.8%	85.2%
13	1974	111,237	20,229	*DOBOSH, JACK N.	91,008	*SOLARZ, STEPHEN J.		70,779 D	18.2%	81.8%	18.2%	81.8%
14	1974	46,551	5,360	CARBAJAL, MICHAEL	33,195	RICHMOND, FREDERICK W.	7,996	27,835 D	11.5%	71.3%	13.9%	86.1%
15	1974	91,922	34,814	CANADE, AUSTEN D.	53,733	*ZEFERETTI, LEO C.	3,375	18,919 D	37.9%	58.5%	39.3%	60.7%
16	1974	93,816	19,806	*GENTILI, JOSEPH L.	74,010	*HOLTZMAN, ELIZABETH		54,204 D	21.1%	78.9%	21.1%	78.9%
16	1972	147,892	33,828	MACCHIO, NICHOLAS R.	96,984	HOLTZMAN, ELIZABETH	17,080	63,156 D	22.9%	65.6%	25.9%	74.1%
17	1974	110,504	28,269	BIONDOLILLO, FRANK J.	63,805	MURPHY, JOHN M.	18,430	35,536 D	25.6%	57.7%	30.7%	69.3%
17	1972	153,064	60,812	*BELARDINO, MARIO D.	92,252	MURPHY, JOHN M.		31,440 D	39.7%	60.3%	39.7%	60.3%
18	1974	119,903	22,560	BOOGAERTS, JOHN	91,985	*KOCH, EDWARD I.	5,358	69,425 D	18.8%	76.7%	19.7%	80.3%
18	1972	178,894	52,379	*LANGLEY, JANE P.	125,117	*KOCH, EDWARD I.	1,398	72,738 D	29.3%	69.9%	29.5%	70.5%
19	1974	65,185			63,146	*RANGEL, CHARLES B.	2,039	63,146 D		96.9%		100.0%
19	1972	108,769			104,427	*RANGEL, CHARLES B.	4,342	104,427 D		96.0%		100.0%
20	1974	96,638	15,053	POSNER, STEPHEN	76,074	*ABZUG, BELLA S.	5,511	61,021 D	15.6%	78.7%	16.5%	83.5%
20	1972	153,492	18,024	LEVY, ANNETTE F.	85,558	ABZUG, BELLA S.	49,910	67,534 D	11.7%	55.7%	17.4%	82.6%
21	1974	28,984			28,025	*BADILLO, HERMAN	959	28,025 D		96.7%		100.0%
21	1972	55,744	6,366	RAMOS, MANUEL A.	48,441	*BADILLO, HERMAN	937	42,075 D	11.4%	86.9%	11.6%	88.4%
22	1974	90,632	8,142	BLACK, ROBERT	77,157	BINGHAM, JONATHAN	5,333	69,015 D	9.0%	85.1%	9.5%	90.5%
22	1972	140,493	33,045	*AVARELLO, CHARLES A.	107,448	*BINGHAM, JONATHAN		74,403 D	23.5%	76.5%	23.5%	76.5%
23	1974	139,469	80,361	*PEYSER, PETER A.	59,108	GREENAWALT, WILLIAM S.		21,253 R	57.6%	42.4%	57.6%	42.4%
23	1972	198,072	99,737	*PEYSER, PETER A.	98,335	*OTTINGER, RICHARD L.		1,402 R	50.4%	49.6%	50.4%	49.6%
24	1974	142,722	60,180	*STEPHENS, CHARLES J.	82,542	OTTINGER, RICHARD L.		22,362 D	42.2%	57.8%	42.2%	57.8%
24	1972	206,797	98,818	*VERGARI, CARL A.	107,979	*REID, OGDEN R.		9,161 D	47.8%	52.2%	47.8%	52.2%
25	1974	159,037	103,799	*FISH, HAMILTON	53,357	ANGELL, NICHOLAS B.	1,881	50,442 R	65.3%	33.6%	66.0%	34.0%
25	1972	201,536	144,386	*FISH, HAMILTON	54,271	BURNS, JOHN M.	2,879	90,115 R	71.6%	26.9%	72.7%	27.3%
26	1974	151,068	81,562	GILMAN, BENJAMIN A.	58,161	*DOW, JOHN G.	11,345	23,401 R	54.0%	38.5%	58.4%	41.6%
26	1972	190,424	90,922	GILMAN, BENJAMIN A.	74,906	DOW, JOHN G.	24,596	16,016 R	47.7%	39.3%	54.8%	45.2%
27	1974	158,361	68,273	LIBOUS, ALFRED J.	83,562	*MCHUGH, MATTHEW F.	6,526	15,289 D	43.1%	52.8%	45.0%	55.0%
27	1972	184,828	114,902	ROBISON, HOWARD W.	55,076	BLAZER, DAVID H.	14,850	59,826 R	62.2%	29.8%	67.6%	32.4%
28	1974	193,982	33,493	WAGNER, WAYNE E.	156,439	STRATTON, SAMUEL S.	4,050	122,946 D	17.3%	80.6%	17.6%	82.4%
28	1972	228,018	45,623	*RYAN, JOHN F.	182,395	STRATTON, SAMUEL S.		136,772 D	20.0%	80.0%	20.0%	80.0%
29	1974	184,092	83,768	*KING, CARLETON	100,324	*PATTISON, EDWARD W.		16,556 D	45.5%	54.5%	45.5%	54.5%
29	1972	212,090	148,170	*KING, CARLETON	63,920	*GORDON, HAROLD B.		84,250 R	69.9%	30.1%	69.9%	30.1%

NEW YORK

CONGRESS

		Total	Republican		Democratic		Other	Rep.-Dem.	Percentage Total Vote	Major Vote
CD	Year	Vote	Vote	Candidate	Vote	Candidate	Vote	Plurality	Rep. Dem.	Rep. Dem.
30	1974	142,010	78,117	*MCEWEN, ROBERT C.	63,893	*TUBBY, ROGER W.		14,224 R	55.0% 45.0%	55.0% 45.0%
30	1972	172,981	114,193	*MCEWEN, ROBERT C.	58,788	*LABAFF, ERNEST J.		55,405 R	66.0% 34.0%	66.0% 34.0%
31	1974	158,239	94,319	*MITCHELL, DONALD J.	59,639	REILE, DONALD J.	4,281	34,680 R	59.6% 37.7%	61.3% 38.7%
31	1972	193,221	98,454	*MITCHELL, DONALD J.	75,513	CASTLE, ROBERT	19,254	22,941 R	51.0% 39.1%	56.6% 43.4%
32	1974	150,039	61,379	*BUSH, WILLIAM E.	88,660	HANLEY, JAMES M.		27,281 D	40.9% 59.1%	40.9% 59.1%
32	1972	194,932	83,451	*KOLDIN, LEONARD C.	111,481	HANLEY, JAMES M.		28,030 D	42.8% 57.2%	42.8% 57.2%
33	1974	149,091	97,380	WALSH, WILLIAM F.	45,043	BOCKMAN, ROBERT H.	6,668	52,337 R	65.3% 30.2%	68.4% 31.6%
33	1972	185,178	132,139	*WALSH, WILLIAM F.	53,039	KADYS, CLARENCE		79,100 R	71.4% 28.6%	71.4% 28.6%
34	1974	156,365	105,585	HORTON, FRANK J.	45,408	GOSSIN, IRENE	5,372	60,177 R	67.5% 29.0%	69.9% 30.1%
34	1972	198,003	142,803	HORTON, FRANK J.	46,509	RUBENS, JACK	8,691	96,294 R	72.1% 23.5%	75.4% 24.6%
35	1974	159,058	90,269	CONABLE, BARBER B.	63,012	COSTANZA, MARGARET	5,777	27,257 R	56.8% 39.6%	58.9% 41.1%
35	1972	187,580	127,298	CONABLE, BARBER B.	53,321	SPENCER, TERENCE J.	6,961	73,977 R	67.9% 28.4%	70.5% 29.5%
36	1974	151,940	61,442	*ROURKE, RUSSELL A.	90,498	*LAFALCE, JOHN J.		29,056 D	40.4% 59.6%	40.4% 59.6%
36	1972	192,333	110,238	*SMITH, HENRY P.	82,095	*MCCARTHY, MAX		28,143 R	57.3% 42.7%	57.3% 42.7%
37	1974	112,116	27,531	*BALA, JOSEPH R.	84,064	*NOWAK, HENRY J.	521	56,533 D	24.6% 75.0%	24.7% 75.3%
37	1972	158,708	44,103	*MCLAUGHLIN, WILLIAM F.	114,605	*DULSKI, THADDEUS J.		70,502 D	27.8% 72.2%	27.8% 72.2%
38	1974	175,616	126,687	KEMP, JACK F.	48,929	*WICKS, BARBARA C.		77,758 R	72.1% 27.9%	72.1% 27.9%
38	1972	214,552	156,967	KEMP, JACK F.	57,585	*LORUSSO, ANTHONY P.		99,382 R	73.2% 26.8%	73.2% 26.8%
39	1974	145,019	87,321	HASTINGS, JAMES F.	53,866	*PARMENT, WILLIAM L.	3,832	33,455 R	60.2% 37.1%	61.8% 38.2%
39	1972	175,400	126,147	*HASTINGS, JAMES F.	49,253	WHITE, WILBUR		76,894 R	71.9% 28.1%	71.9% 28.1%

NEW YORK

1974 GENERAL ELECTION

Governor   The Republican candidate was also the Conservative nominee and 269,080 of his votes were received as the Conservative candidate. The Democratic candidate was also the Liberal nominee and 220,779 of his votes were received as the Liberal candidate. Other vote was 12,459 Courage (Amato); 10,503 Free Libertarian (Tuccille); 8,857 Socialist Workers (Morrison); 5,232 Communist (Ristorucci); 4,574 Socialist Labor (Emanuel); 3,151 Labor (Chaitkin); 230 scattered.

Senator   The Republican candidate was also the Liberal nominee and 241,659 of his votes were received as the Liberal candidate. Other vote was 822,584 Conservative (Barbara A. Keating); 7,727 Socialist Workers (Finch); 7,459 Courage (Dowling); 4,037 Socialist Labor (Massi); 3,876 Communist (Edelman); 3,798 Labor (Boyd); 150 scattered.

Congress   An asterisk in the Congressional vote table indicates a candidate received votes from another party endorsing his candidacy. Other vote was Conservative in CD's 1 (Morgan), 2 (Greene), 19 (Mills), 21 (Lynch), 22 (Di Giovanni), 26 (Moore), 27 (Resseguie), 28 (Breitenbach), 39 (Damiano); Liberal in CD's 3 (Hoffer), 9 (Garrison), 15 (Feinsod), 31 (Tolles); Free Libertarian (Cohen) in CD 25; Labor (Liebowitz) in CD 37. In other CD's as follows:

CD 10	10,250 Conservative (McHugh); 5,797 Liberal (Hagan).
CD 11	7,181 Conservative (Acer); 4,485 Liberal (Blum).
CD 12	1,522 Conservative (Shephard); 125 Socialist Workers (Williams); 309 Workers (Delgado).
CD 14	6,186 Liberal (Elliott); 1,438 Conservative (Nojovits); 372 Workers (Halyard).
CD 17	10,622 Liberal (Kretchmer); 7,808 Conservative (Ajello).
CD 18	4,429 Conservative (Drummond); 929 Socialist Workers (Sojourner).
CD 20	4,687 Conservative (Mitchell); 412 Socialist Workers (Moriarty); 412 Labor (Nelson).
CD 33	4,866 Conservative (Aspinwall); 1,802 Liberal (Noble).
CD 34	4,309 Conservative (McGee); 1,063 Liberal (Tadio).
CD 35	4,667 Conservative (Carman); 1,110 Liberal (MacAdam).

NEW YORK CITY

The city is composed of five counties, each of which for municipal government purposes is known as a borough. Names of the counties and boroughs are the same save in the case of New York county (Manhattan borough) and Kings county (Brooklyn borough). The boundaries of the 38th and 62nd Assembly Districts cross county lines. The 38th District is part in Kings and part in Queens; the 62nd District part in Richmond, part in New York.

Governor   Other vote was 5,899 Free Libertarian (Tuccille); 3,709 Socialist Workers (Morrison); 2,578 Communist (Ristorucci); 2,386 Courage (Amato); 2,214 Socialist Labor (Emanuel); 998 Labor (Chaitkin); 9 scattered

Senator   Other vote was 241,808 Conservative (Barbara A. Keating); 2,960 Socialist Workers (Finch); 2,189 Communist (Edelman); 1,885 Labor (Boyd); 1,514 Socialist Labor (Massi); 1,351 Courage (Dowling).

1974 PRIMARIES

SEPTEMBER 10 REPUBLICAN

Governor   Malcolm Wilson, unopposed.

Senator   Jacob K. Javits, unopposed.

Congress   Unopposed in thirty CD's. Democratic candidates were endorsed in CD's 7, 10, 19. No candidate in CD 21. Contested as follows:

NEW YORK

CD 9	3,758 James J. Delaney; 1,737 James E. Eagan.
CD 23	8,181 Peter A. Peyser; 2,147 Anthony J. DeVito.
CD 27	16,676 Alfred J. Libous; 11,049 Edwin L. Crawford; 4,595 Franklin B. Resseguie; 4,577 Carl Saddlemire; 3,012 Richard H. Knauf.
CD 28	5,744 Wayne E. Wagner; 3,139 Edward A. Breitenbach.
CD 29	14,020 Carleton King; 9,560 Ronald W. Hamilton.

SEPTEMBER 10 DEMOCRATIC

Governor   600,283 Hugh L. Carey; 387,369 Howard J. Samuels.

Senator   414,327 Ramsey Clark; 255,250 Lee Alexander; 194,076 Abraham Hirschfeld.

Congress   Unopposed in twenty-seven CD's. Contested as follows:

CD 11	19,028 James H. Scheuer; 16,587 Leonard Yoswein.
CD 12	7,798 Shirley Chisholm; 3,872 Clarence A. Robertson.
CD 13	22,533 Stephen J. Solarz; 17,339 Bertram L. Podell; 11,203 Robert Chira.
CD 14	9,771 Frederick W. Richmond; 5,998 Donald H. Elliott; 4,348 Cesar A. Perales; 3,052 David J. Billings.
CD 15	12,047 Leo C. Zeferetti; 11,985 Arthur J. Paone.
CD 17	18,544 John M. Murphy; 11,949 Jerome Kretchmer; 3,006 Danielle M. Sandow; 1,845 Peter J. Murray.
CD 27	9,353 Matthew F. McHugh; 5,494 Robert M. Kropp; 3,468 William Schechter; 2,006 Michael P. Sloan.
CD 28	27,474 Samuel S. Stratton; 3,118 Victor Caban.
CD 29	5,437 Edward W. Pattison; 3,172 Joseph J. Martin; 2,014 Edward J. Golden; 1,667 William H. Colgan.
CD 31	8,960 Donald J. Reile; 8,887 Theodore L. Tolles.
CD 35	5,186 Margaret Costanza; 3,874 Michael Macaluso; 2,289 Terence J. Spencer.
CD 36	12,816 John J. LaFalce; 3,588 Edward P. Jesella; 3,220 Glenn R. Nellis.

SEPTEMBER 10 LIBERAL

Governor   Edward Morrison, unopposed. Mr. Morrison withdrew after the primary and Hugh L. Carey was substituted by the state committee.

Senator   Jacob K. Javits, unopposed.

Congress   Major party candidates endorsed or nominees unopposed in all CD's in which a candidate was named except CD's 9 and 11. Virginia Dower, the unopposed candidate in CD 32 withdrew after the primary and no substitution was made. Contested as follows:

CD 9	112 Theodore E. Garrison; 83 Loretta E. Greesey.
CD 11	161 Tibby Blum; 132 Joel M. Berman.

SEPTEMBER 10 CONSERVATIVE

Governor   Malcolm Wilson, unopposed.

Senator   Barbara A. Keating, unopposed.

Congress   Major party candidates endorsed or nominees unopposed in all CD's in which a candidate was named except CD's 3, 10 and 35. In those CD's contested as follows:

CD 3	370 Angelo D. Roncallo; 257 Joan Jansen.
CD 10	304 Francis L. McHugh; 297 Mario Biaggi.
CD 35	205 Clarence E. Carman; 158 Barber B. Conable.

NORTH CAROLINA

GOVERNOR
James E. Holshouser (R). Elected 1972 to a four-year term.

SENATORS
Jesse Helms (R). Elected 1972 to a six-year term.

Robert Morgan (D). Elected 1974 to a six-year term.

REPRESENTATIVES
1. Walter B. Jones (D)
2. L. H. Fountain (D)
3. David N. Henderson (D)
4. Ike F. Andrews (D)
5. Stephen L. Neal (D)
6. L. Richardson Preyer (D)
7. Charles G. Rose (D)
8. W. G. Hefner (D)
9. James G. Martin (R)
10. James T. Broyhill (R)
11. Roy A. Taylor (D)

POSTWAR VOTE FOR GOVERNOR

Year	Total Vote	Republican Vote	Candidate	Democratic Vote	Candidate	Other Vote	Rep.-Dem. Plurality	Total Vote Rep.	Total Vote Dem.	Major Vote Rep.	Major Vote Dem.
1972	1,504,785	767,470	Holshouser, James E.	729,104	Bowles, Hargrove	8,211	38,366 R	51.0%	48.5%	51.3%	48.7%
1968	1,558,308	737,075	Gardner, James C.	821,233	Scott, Robert W.	—	84,158 D	47.3%	52.7%	47.3%	52.7%
1964	1,396,508	606,165	Gavin, Robert L.	790,343	Moore, Dan K.	—	184,178 D	43.4%	56.6%	43.4%	56.6%
1960	1,350,360	613,975	Gavin, Robert L.	735,248	Sanford, Terry	1,137	121,273 D	45.5%	54.4%	45.5%	54.5%
1956	1,135,859	375,379	Hayes, Kyle	760,480	Hodges, Luther H.	—	385,101 D	33.0%	67.0%	33.0%	67.0%
1952	1,179,635	383,329	Seawell, H. F.	796,306	Umstead, William B.	—	412,977 D	32.5%	67.5%	32.5%	67.5%
1948	780,525	206,166	Pritchard, George	570,995	Scott, William Kerr	3,364	364,829 D	26.4%	73.2%	26.5%	73.5%

POSTWAR VOTE FOR SENATOR

Year	Total Vote	Republican Vote	Candidate	Democratic Vote	Candidate	Other Vote	Rep.-Dem. Plurality	Total Vote Rep.	Total Vote Dem.	Major Vote Rep.	Major Vote Dem.
1974	1,020,367	377,618	Stevens, William E.	633,775	Morgan, Robert	8,974	256,157 D	37.0%	62.1%	37.3%	62.7%
1972	1,472,541	795,248	Helms, Jesse	677,293	Galifianakis, Nick	—	117,955 R	54.0%	46.0%	54.0%	46.0%
1968	1,437,340	566,934	Somers, Robert V.	870,406	Ervin, Sam J.	—	303,472 D	39.4%	60.6%	39.4%	60.6%
1966	901,978	400,502	Shallcross, John S.	501,440	Jordan, B. Everett	36	100,938 D	44.4%	55.6%	44.4%	55.6%
1962	813,155	321,635	Greene, Claude L.	491,520	Ervin, Sam J.	—	169,885 D	39.6%	60.4%	39.6%	60.4%
1960	1,291,485	497,964	Hayes, Kyle	793,521	Jordan, B. Everett	—	295,557 D	38.6%	61.4%	38.6%	61.4%
1958s	616,469	184,977	Clarke, Richard C.	431,492	Jordan, B. Everett	—	246,515 D	30.0%	70.0%	30.0%	70.0%
1956	1,098,828	367,475	Johnson, Joel A.	731,353	Ervin, Sam J.	—	363,878 D	33.4%	66.6%	33.4%	66.6%
1954	619,634	211,322	West, Paul C.	408,312	Scott, William Kerr	—	196,990 D	34.1%	65.9%	34.1%	65.9%
1954s	410,574	—		410,574	Ervin, Sam J.	—	410,574 D	—	100.0%	—	100.0%
1950	548,276	171,804	Leavitt, Halsey B.	376,472	Hoey, Clyde R.	—	204,668 D	31.3%	68.7%	31.3%	68.7%
1950s	544,924	177,753	Gavin, E. L.	364,912	Smith, Willis	2,259	187,159 D	32.6%	67.0%	32.8%	67.2%
1948	764,559	220,307	Wilkinson, John A.	540,762	Broughton, J. M.	3,490	320,455 D	28.8%	70.7%	28.9%	71.1%

The election in 1958, and one each in 1954 and 1950 were for short terms to fill vacancies.

NORTH CAROLINA

Districts Established April 29, 1971

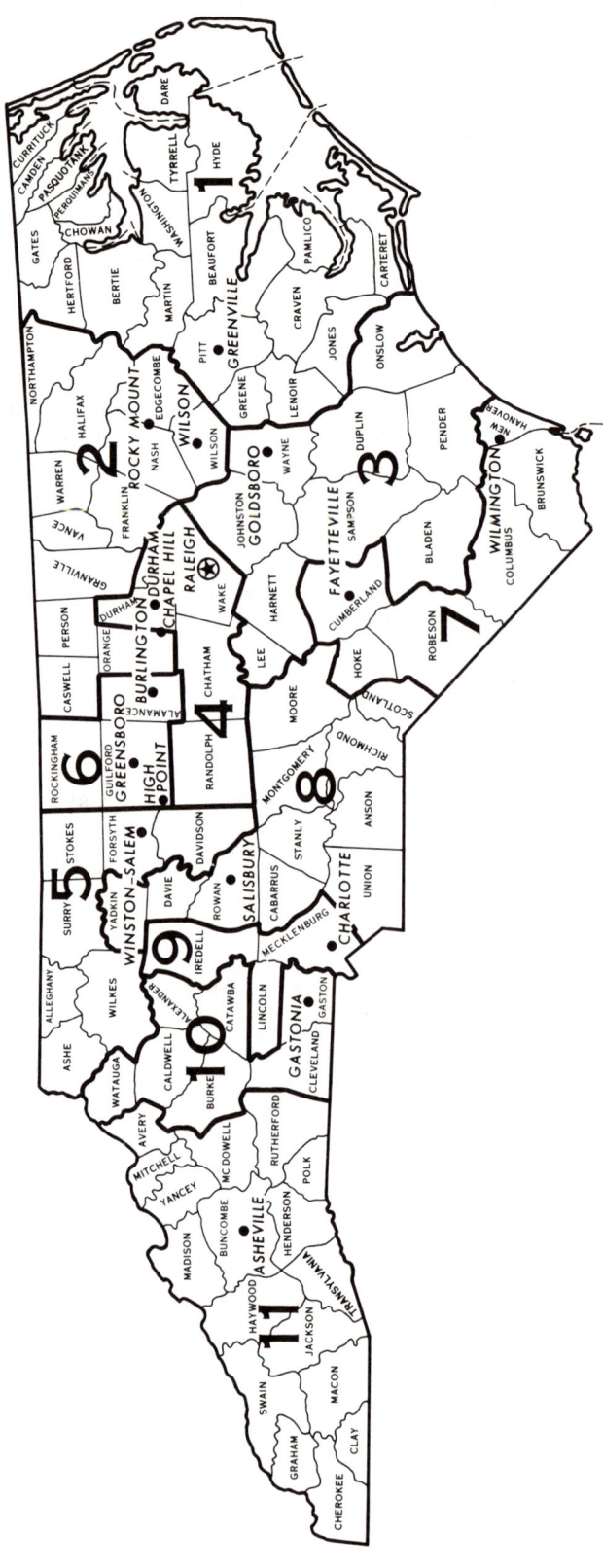

NORTH CAROLINA

SENATOR 1974

1970 Census Population	County	Total Vote	Republican	Democratic	Other	Rep.-Dem. Plurality	Percentage Total Vote Rep.	Dem.	Major Vote Rep.	Dem.
96,362	ALAMANCE	18,371	7,132	11,109	130	3,977 D	38.8%	60.5%	39.1%	60.9%
19,466	ALEXANDER	8,733	4,225	4,483	25	258 D	48.4%	51.3%	48.5%	51.5%
8,134	ALLEGHANY	3,326	1,212	2,099	15	887 D	36.4%	63.1%	36.6%	63.4%
23,488	ANSON	3,510	650	2,831	29	2,181 D	18.5%	80.7%	18.7%	81.3%
19,571	ASHE	8,794	4,038	4,730	26	692 D	45.9%	53.8%	46.1%	53.9%
12,655	AVERY	2,768	1,681	1,057	30	624 R	60.7%	38.2%	61.4%	38.6%
35,980	BEAUFORT	5,463	1,473	3,948	42	2,475 D	27.0%	72.3%	27.2%	72.8%
20,528	BERTIE	2,240	215	2,011	14	1,796 D	9.6%	89.8%	9.7%	90.3%
26,477	BLADEN	4,595	626	3,872	97	3,246 D	13.6%	84.3%	13.9%	86.1%
24,223	BRUNSWICK	7,966	2,278	5,603	85	3,325 D	28.6%	70.3%	28.9%	71.1%
145,056	BUNCOMBE	30,953	11,780	18,762	411	6,982 D	38.1%	60.6%	38.6%	61.4%
60,364	BURKE	17,809	8,153	9,574	82	1,421 D	45.8%	53.8%	46.0%	54.0%
74,629	CABARRUS	17,828	7,646	10,069	113	2,423 D	42.9%	56.5%	43.2%	56.8%
56,699	CALDWELL	17,086	7,559	9,403	124	1,844 D	44.2%	55.0%	44.6%	55.4%
5,453	CAMDEN	751	96	652	3	556 D	12.8%	86.8%	12.8%	87.2%
31,603	CARTERET	8,749	2,886	5,736	127	2,850 D	33.0%	65.6%	33.5%	66.5%
19,055	CASWELL	3,533	744	2,750	39	2,006 D	21.1%	77.8%	21.3%	78.7%
90,873	CATAWBA	24,303	12,697	11,360	246	1,337 R	52.2%	46.7%	52.8%	47.2%
29,554	CHATHAM	6,865	2,556	4,209	100	1,653 D	37.2%	61.3%	37.8%	62.2%
16,330	CHEROKEE	6,870	3,197	3,643	30	446 D	46.5%	53.0%	46.7%	53.3%
10,764	CHOWAN	1,367	228	1,119	20	891 D	16.7%	81.9%	16.9%	83.1%
5,180	CLAY	2,932	1,623	1,299	10	324 R	55.4%	44.3%	55.5%	44.5%
72,556	CLEVELAND	11,809	3,706	8,049	54	4,343 D	31.4%	68.2%	31.5%	68.5%
46,937	COLUMBUS	7,546	1,279	6,164	103	4,885 D	16.9%	81.7%	17.2%	82.8%
62,554	CRAVEN	8,019	1,779	6,186	54	4,407 D	22.2%	77.1%	22.3%	77.7%
212,042	CUMBERLAND	17,497	4,776	12,534	187	7,758 D	27.3%	71.6%	27.6%	72.4%
6,976	CURRITUCK	1,497	237	1,243	17	1,006 D	15.8%	83.0%	16.0%	84.0%
6,995	DARE	2,072	499	1,558	15	1,059 D	24.1%	75.2%	24.3%	75.7%
95,627	DAVIDSON	27,085	11,941	15,034	110	3,093 D	44.1%	55.5%	44.3%	55.7%
18,855	DAVIE	6,150	3,134	2,949	67	185 R	51.0%	48.0%	51.5%	48.5%
38,015	DUPLIN	5,290	1,154	4,120	16	2,966 D	21.8%	77.9%	21.9%	78.1%
132,681	DURHAM	18,681	6,689	11,749	243	5,060 D	35.8%	62.9%	36.3%	63.7%
52,341	EDGECOMBE	5,726	1,336	4,312	78	2,976 D	23.3%	75.3%	23.7%	76.3%
214,348	FORSYTH	41,242	16,260	24,617	365	8,357 D	39.4%	59.7%	39.8%	60.2%
26,820	FRANKLIN	4,380	841	3,516	23	2,675 D	19.2%	80.3%	19.3%	80.7%
148,415	GASTON	25,668	11,224	14,242	202	3,018 D	43.7%	55.5%	44.1%	55.9%
8,524	GATES	1,168	118	1,043	7	925 D	10.1%	89.3%	10.2%	89.8%
6,562	GRAHAM	2,999	1,490	1,502	7	12 D	49.7%	50.1%	49.8%	50.2%
32,762	GRANVILLE	4,057	827	3,181	49	2,354 D	20.4%	78.4%	20.6%	79.4%
14,967	GREENE	2,211	318	1,885	8	1,567 D	14.4%	85.3%	14.4%	85.6%
288,590	GUILFORD	52,699	23,617	28,659	423	5,042 D	44.8%	54.4%	45.2%	54.8%
53,884	HALIFAX	5,731	1,215	4,476	40	3,261 D	21.2%	78.1%	21.3%	78.7%
49,667	HARNETT	10,174	2,384	7,746	44	5,362 D	23.4%	76.1%	23.5%	76.5%
41,710	HAYWOOD	9,724	2,745	6,913	66	4,168 D	28.2%	71.1%	28.4%	71.6%
42,804	HENDERSON	11,768	5,702	5,986	80	284 D	48.5%	50.9%	48.8%	51.2%
23,529	HERTFORD	2,382	276	2,073	33	1,797 D	11.6%	87.0%	11.7%	88.3%
16,436	HOKE	2,548	407	2,122	19	1,715 D	16.0%	83.3%	16.1%	83.9%
5,571	HYDE	968	232	727	9	495 D	24.0%	75.1%	24.2%	75.8%
72,197	IREDELL	17,573	6,832	10,619	122	3,787 D	38.9%	60.4%	39.1%	60.9%
21,593	JACKSON	8,127	3,337	4,759	31	1,422 D	41.1%	58.6%	41.2%	58.8%
61,737	JOHNSTON	10,985	3,462	7,459	64	3,997 D	31.5%	67.9%	31.7%	68.3%
9,779	JONES	1,802	236	1,550	16	1,314 D	13.1%	86.0%	13.2%	86.8%
30,467	LEE	5,108	1,536	3,536	36	2,000 D	30.1%	69.2%	30.3%	69.7%
55,204	LENOIR	8,740	2,302	6,379	59	4,077 D	26.3%	73.0%	26.5%	73.5%
32,682	LINCOLN	13,711	5,658	7,977	76	2,319 D	41.3%	58.2%	41.5%	58.5%
30,648	MCDOWELL	8,284	2,842	5,400	42	2,558 D	34.3%	65.2%	34.5%	65.5%
15,788	MACON	6,127	2,480	3,612	35	1,132 D	40.5%	59.0%	40.7%	59.3%
16,003	MADISON	5,865	2,266	3,562	37	1,296 D	38.6%	60.7%	38.9%	61.1%
24,730	MARTIN	3,250	401	2,833	16	2,432 D	12.3%	87.2%	12.4%	87.6%
354,656	MECKLENBURG	61,989	26,056	34,889	1,044	8,833 D	42.0%	56.3%	42.8%	57.2%
13,447	MITCHELL	3,810	2,335	1,459	16	876 R	61.3%	38.3%	61.5%	38.5%
19,267	MONTGOMERY	6,010	2,303	3,642	35	1,309 D	38.8%	60.6%	39.0%	61.0%
39,048	MOORE	9,839	4,230	5,551	58	1,321 D	43.0%	56.4%	43.2%	56.8%
59,122	NASH	7,956	2,379	5,536	41	3,157 D	29.9%	69.6%	30.1%	69.9%
82,996	NEW HANOVER	15,474	4,800	10,511	163	5,711 D	31.0%	67.9%	31.4%	68.6%

243

NORTH CAROLINA

SENATOR 1974

1970 Census Population	County	Total Vote	Republican	Democratic	Other	Rep.-Dem. Plurality	Percentage Total Vote Rep.	Dem.	Major Vote Rep.	Dem.
24,009	NORTHAMPTON	3,246	257	2,966	23	2,709 D	7.9%	91.4%	8.0%	92.0%
103,126	ONSLOW	8,497	2,197	6,211	89	4,014 D	25.9%	73.1%	26.1%	73.9%
57,707	ORANGE	11,708	4,357	6,802	549	2,445 D	37.2%	58.1%	39.0%	61.0%
9,467	PAMLICO	1,883	438	1,440	5	1,002 D	23.3%	76.5%	23.3%	76.7%
26,824	PASQUOTANK	3,786	739	3,000	47	2,261 D	19.5%	79.2%	19.8%	80.2%
18,149	PENDER	3,320	750	2,543	27	1,793 D	22.6%	76.6%	22.8%	77.2%
8,351	PERQUIMANS	1,024	148	874	2	726 D	14.5%	85.4%	14.5%	85.5%
25,914	PERSON	3,025	889	2,105	31	1,216 D	29.4%	69.6%	29.7%	70.3%
73,900	PITT	11,064	1,999	9,010	55	7,011 D	18.1%	81.4%	18.2%	81.8%
11,735	POLK	4,755	1,937	2,797	21	860 D	40.7%	58.8%	40.9%	59.1%
76,358	RANDOLPH	19,425	9,175	10,111	139	936 D	47.2%	52.1%	47.6%	52.4%
39,889	RICHMOND	5,425	999	4,383	43	3,384 D	18.4%	80.8%	18.6%	81.4%
84,842	ROBESON	11,702	1,569	10,026	107	8,457 D	13.4%	85.7%	13.5%	86.5%
72,402	ROCKINGHAM	13,386	4,651	8,638	97	3,987 D	34.7%	64.5%	35.0%	65.0%
90,035	ROWAN	22,322	9,547	12,645	130	3,098 D	42.8%	56.6%	43.0%	57.0%
47,337	RUTHERFORD	12,898	4,568	8,240	90	3,672 D	35.4%	63.9%	35.7%	64.3%
44,954	SAMPSON	12,925	4,846	8,006	73	3,160 D	37.5%	61.9%	37.7%	62.3%
26,929	SCOTLAND	3,057	676	2,353	28	1,677 D	22.1%	77.0%	22.3%	77.7%
42,822	STANLY	14,785	6,715	7,995	75	1,280 D	45.4%	54.1%	45.6%	54.4%
23,782	STOKES	11,299	4,990	6,255	54	1,265 D	44.2%	55.4%	44.4%	55.6%
51,415	SURRY	14,802	5,124	9,627	51	4,503 D	34.6%	65.0%	34.7%	65.3%
7,861	SWAIN	3,730	1,721	1,989	20	268 D	46.1%	53.3%	46.4%	53.6%
19,713	TRANSYLVANIA	5,702	2,292	3,282	128	990 D	40.2%	57.6%	41.1%	58.9%
3,806	TYRRELL	602	108	488	6	380 D	17.9%	81.1%	18.1%	81.9%
54,714	UNION	8,957	2,444	6,461	52	4,017 D	27.3%	72.1%	27.4%	72.6%
32,691	VANCE	5,691	1,270	4,361	60	3,091 D	22.3%	76.6%	22.6%	77.4%
228,453	WAKE	50,957	17,480	32,993	484	15,513 D	34.3%	64.7%	34.6%	65.4%
15,810	WARREN	2,968	768	2,152	48	1,384 D	25.9%	72.5%	26.3%	73.7%
14,038	WASHINGTON	2,191	411	1,746	34	1,335 D	18.8%	79.7%	19.1%	80.9%
23,404	WATAUGA	8,258	3,815	4,390	53	575 D	46.2%	53.2%	46.5%	53.5%
85,408	WAYNE	9,540	2,662	6,815	63	4,153 D	27.9%	71.4%	28.1%	71.9%
49,524	WILKES	16,072	8,440	7,582	50	858 R	52.5%	47.2%	52.7%	47.3%
57,486	WILSON	8,953	2,314	6,455	184	4,141 D	25.8%	72.1%	26.4%	73.6%
24,599	YADKIN	8,141	4,444	3,658	39	786 R	54.6%	44.9%	54.9%	45.1%
12,629	YANCEY	5,718	2,512	3,197	9	685 D	43.9%	55.9%	44.0%	56.0%
5,082,059	TOTAL	1,020,367	377,618	633,775	8,974	256,157 D	37.0%	62.1%	37.3%	62.7%

NORTH CAROLINA

CONGRESS

CD	Year	Total Vote	Republican Vote	Republican Candidate	Democratic Vote	Democratic Candidate	Other Vote	Rep.-Dem. Plurality	Total Vote Rep.	Total Vote Dem.	Major Vote Rep.	Major Vote Dem.
1	1974	71,420	16,097	MCMULLAN, HARRY	55,323	JONES, WALTER B.		39,226 D	22.5%	77.5%	22.5%	77.5%
1	1972	112,501	35,063	BONNER, J. JORDAN	77,438	JONES, WALTER B.		42,375 D	31.2%	68.8%	31.2%	68.8%
2	1974	52,786			52,786	FOUNTAIN, L. H.		52,786 D		100.0%		100.0%
2	1972	123,991	35,193	LITTLE, ERICK P.	88,798	FOUNTAIN, L. H.		53,605 D	28.4%	71.6%	28.4%	71.6%
3	1974	50,931			50,931	HENDERSON, DAVID N.		50,931 D		100.0%		100.0%
3	1972	56,968			56,968	HENDERSON, DAVID N.		56,968 D		100.0%		100.0%
4	1974	96,791	33,521	PURRINGTON, WARD	62,600	ANDREWS, IKE F.	670	29,079 D	34.6%	64.7%	34.9%	65.1%
4	1972	145,044	71,972	HAWKE, JACK	73,072	ANDREWS, IKE F.		1,100 D	49.6%	50.4%	49.6%	50.4%
5	1974	124,241	59,182	MIZELL, WILMER D.	64,634	NEAL, STEPHEN L.	425	5,452 D	47.6%	52.0%	47.8%	52.2%
5	1972	156,361	101,375	MIZELL, WILMER D.	54,986	HAYS, BROOKS		46,389 R	64.8%	35.2%	64.8%	35.2%
6	1974	88,764	31,906	RITCHIE, R. S.	56,507	PREYER, L. RICHARDSON	351	24,601 D	35.9%	63.7%	36.1%	63.9%
6	1972	87,489			82,158	PREYER, L. RICHARDSON	5,331	82,158 D		93.9%		100.0%
7	1974	49,780			49,780	ROSE, CHARLES G.		49,780 D		100.0%		100.0%
7	1972	94,937	36,726	SCOTT, JERRY C.	57,348	ROSE, CHARLES G.	863	20,622 D	38.7%	60.4%	39.0%	61.0%
8	1974	108,091	46,500	RUTH, EARL B.	61,591	HEFNER, W. G.		15,091 D	43.0%	57.0%	43.0%	57.0%
8	1972	136,258	82,060	RUTH, EARL B.	54,198	CLARK, RICHARD		27,862 R	60.2%	39.8%	60.2%	39.8%
9	1974	93,877	51,032	MARTIN, JAMES G.	41,387	SHORT, MILTON	1,458	9,645 R	54.4%	44.1%	55.2%	44.8%
9	1972	136,527	80,356	MARTIN, JAMES G.	56,171	BEATTY, JAMES		24,185 R	58.9%	41.1%	58.9%	41.1%
10	1974	116,513	63,382	BROYHILL, JAMES T.	53,131	RHYNE, JACK L.		10,251 R	54.4%	45.6%	54.4%	45.6%
10	1972	142,144	103,119	BROYHILL, JAMES T.	39,025	BECK, PAUL L.		64,094 R	72.5%	27.5%	72.5%	27.5%
11	1974	135,146	45,983	GILMAN, ALBERT F.	89,163	TAYLOR, ROY A.		43,180 D	34.0%	66.0%	34.0%	66.0%
11	1972	158,527	64,062	LEDBETTER, JESSE I.	94,465	TAYLOR, ROY A.		30,403 D	40.4%	59.6%	40.4%	59.6%

NORTH CAROLINA

1974 GENERAL ELECTION

Senator Other vote was Labor (Nesmith).

Congress Other vote was Labor in CD's 4 (Smedberg), 5 (Brubaker), 6 (Fripp), 9 (Hooks).

1974 PRIMARIES

MAY 7 REPUBLICAN

Senator 62,419 William E. Stevens; 26,918 Wood Hall Young; 6,520 B. E. Sweatt.

Congress Unopposed in eight CD's. No candidates in CD's 2, 3 and 7.

MAY 7 DEMOCRATIC

Senator 294,986 Robert Morgan; 189,815 Nick Galifianakis; 67,247 Henry H. Wilson; 6,138 James T. Johnson; 5,401 William H. Hare; 5,178 Mildred Keene; 4,986 Robert L. Hannon; 4,534 Fred D. Chandley; 3,575 Charles B. Riddle; 3,466 John Ferrell.

Congress Unopposed in five CD's. Contested as follows:

- CD 1 58,652 Walter B. Jones; 6,768 Gene Leggett.
- CD 4 36,057 Ike F. Andrews; 20,449 Robert W. Wynne.
- CD 5 28,379 Stephen L. Neal; 5,141 Joe Felmet.
- CD 7 41,508 Charles G. Rose; 19,774 Hector McGeachy; 7,325 Peter Davis.
- CD 9 15,146 Milton Short; 6,854 James C. Kivett; 3,441 John W. Killian; 2,867 David Strom.
- CD 10 28,432 Jack L. Rhyne; 12,006 Billy E. Pope.

247

NORTH DAKOTA

GOVERNOR
Arthur A. Link (D). Elected 1972 to a four-year term.

SENATORS
Quentin N. Burdick (D). Re-elected 1970 to a six-year term. Previously elected 1964, and in June 1960 to fill out term vacated by the death of Senator William Langer.

Milton R. Young (R). Re-elected 1974 to a six-year term. Previously elected 1968, 1962, 1956, 1950, and in June 1946 to fill out term vacated by the death of Senator John Moses; had been appointed March 1945 to fill this same vacancy.

REPRESENTATIVE
At-Large. Mark Andrews (R)

POSTWAR VOTE FOR GOVERNOR

Year	Total Vote	Republican Vote	Candidate	Democratic Vote	Candidate	Other Vote	Rep.-Dem. Plurality	Total Vote Rep.	Total Vote Dem.	Major Vote Rep.	Major Vote Dem.
1972	281,931	138,032	Larsen, Richard	143,899	Link, Arthur A.	—	5,867 D	49.0%	51.0%	49.0%	51.0%
1968	248,000	108,382	McCarney, Robert P.	135,955	Guy, William L.	3,663	27,573 D	43.7%	54.8%	44.4%	55.6%
1964	262,661	116,247	Halcrow, Donald M.	146,414	Guy, William L.	—	30,167 D	44.3%	55.7%	44.3%	55.7%
1962	228,509	113,251	Andrews, Mark	115,258	Guy, William L.	—	2,007 D	49.6%	50.4%	49.6%	50.4%
1960	275,375	122,486	Dahl, C. P.	136,148	Guy, William L.	16,741	13,662 D	44.5%	49.4%	47.4%	52.6%
1958	210,599	111,836	Davis, John E.	98,763	Lord, John F.	—	13,073 R	53.1%	46.9%	53.1%	46.9%
1956	252,435	147,566	Davis, John E.	104,869	Warner, Wallace E.	—	42,697 R	58.5%	41.5%	58.5%	41.5%
1954	193,501	124,253	Brunsdale, C. Norman	69,248	Bymers, Cornelius	—	55,005 R	64.2%	35.8%	64.2%	35.8%
1952	253,934	199,944	Brunsdale, C. Norman	53,990	Johnson, Ole C.	—	145,954 R	78.7%	21.3%	78.7%	21.3%
1950	183,772	121,822	Brunsdale, C. Norman	61,950	Byerly, Clyde G.	—	59,872 R	66.3%	33.7%	66.3%	33.7%
1948	214,858	131,764	Aandahl, Fred G.	80,555	Henry, Howard	2,539	51,209 R	61.3%	37.5%	62.1%	37.9%
1946	169,391	116,672	Aandahl, Fred G.	52,719	Burdick, Quentin N.	—	63,953 R	68.9%	31.1%	68.9%	31.1%

The term of office of North Dakota's Governor was increased from two to four years effective with the 1964 election.

POSTWAR VOTE FOR SENATOR

Year	Total Vote	Republican Vote	Candidate	Democratic Vote	Candidate	Other Vote	Rep.-Dem. Plurality	Total Vote Rep.	Total Vote Dem.	Major Vote Rep.	Major Vote Dem.
1974	235,661	114,117	Young, Milton R.	113,931	Guy, William L.	7,613	186 R	48.4%	48.3%	50.0%	50.0%
1970	219,560	82,996	Kleppe, Tom	134,519	Burdick, Quentin N.	2,045	51,523 D	37.8%	61.3%	38.2%	61.8%
1968	239,776	154,968	Young, Milton R.	80,815	Lashkowitz, Herschel	3,993	74,153 R	64.6%	33.7%	65.7%	34.3%
1964	258,945	109,681	Kleppe, Tom	149,264	Burdick, Quentin N.	—	39,583 D	42.4%	57.6%	42.4%	57.6%
1962	223,737	135,705	Young, Milton R.	88,032	Lanier, William	—	47,673 R	60.7%	39.3%	60.7%	39.3%
1960s	210,349	103,475	Davis, John E.	104,593	Burdick, Quentin N.	2,281	1,118 D	49.2%	49.7%	49.7%	50.3%
1958	204,635	117,070	Langer, William	84,892	Vendsel, Raymond	2,673	32,178 R	57.2%	41.5%	58.0%	42.0%
1956	244,161	155,305	Young, Milton R.	87,919	Burdick, Quentin N.	937	67,386 R	63.6%	36.0%	63.9%	36.1%
1952	237,995	157,907	Langer, William	55,347	Morrison, Harold A.	24,741	102,560 R	66.3%	23.3%	74.0%	26.0%
1950	186,716	126,209	Young, Milton R.	60,507	O'Brien, Harry	—	65,702 R	67.6%	32.4%	67.6%	32.4%
1946	165,382	88,210	Langer, William	38,368	Larson, Abner B.	38,804	49,842 R	53.3%	23.2%	69.7%	30.3%
1946s	136,852	75,998	Young, Milton R.	37,507	Lanier, William	23,347	38,491 R	55.5%	27.4%	67.0%	33.0%

The 1960 and 1946 special elections were held in June for short terms to fill vacancies.

NORTH DAKOTA

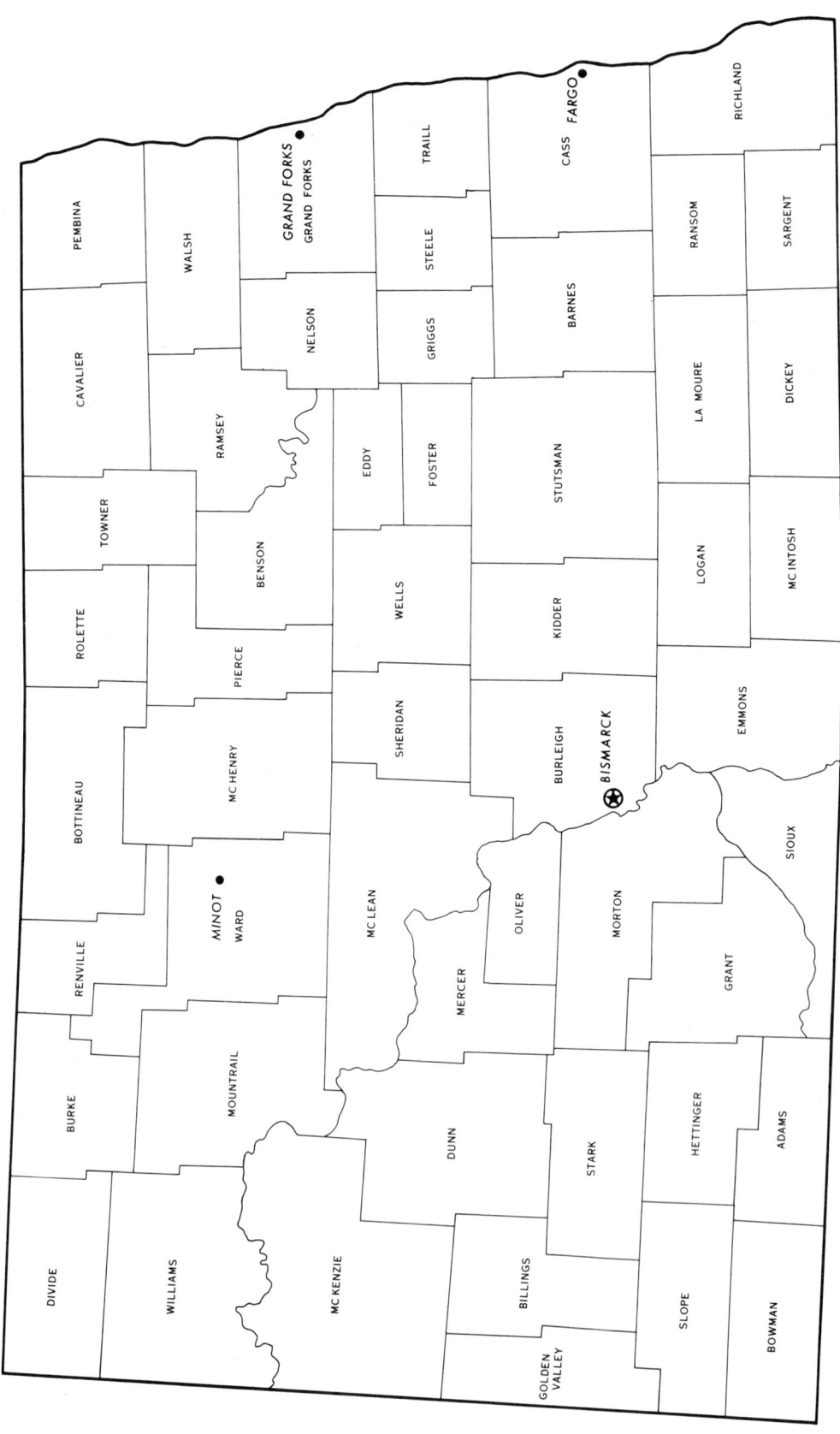

NORTH DAKOTA

SENATOR 1974

1970 Census Population	County	Total Vote	Republican	Democratic	Other	Rep.-Dem. Plurality	Percentage Total Vote Rep.	Dem.	Major Vote Rep.	Dem.
3,832	ADAMS	1,584	714	811	59	97 D	45.1%	51.2%	46.8%	53.2%
14,669	BARNES	6,691	3,100	3,400	191	300 D	46.3%	50.8%	47.7%	52.3%
8,245	BENSON	3,171	1,617	1,518	36	99 R	51.0%	47.9%	51.6%	48.4%
1,198	BILLINGS	557	302	240	15	62 R	54.2%	43.1%	55.7%	44.3%
9,496	BOTTINEAU	3,767	2,245	1,458	64	787 R	59.6%	38.7%	60.6%	39.4%
3,901	BOWMAN	1,615	790	778	47	12 R	48.9%	48.2%	50.4%	49.6%
4,739	BURKE	1,777	1,064	675	38	389 R	59.9%	38.0%	61.2%	38.8%
40,714	BURLEIGH	17,838	9,238	7,478	1,122	1,760 R	51.8%	41.9%	55.3%	44.7%
73,653	CASS	29,501	11,822	16,888	791	5,066 D	40.1%	57.2%	41.2%	58.8%
8,213	CAVALIER	3,437	1,920	1,486	31	434 R	55.9%	43.2%	56.4%	43.6%
6,976	DICKEY	3,087	1,647	1,397	43	250 R	53.4%	45.3%	54.1%	45.9%
4,564	DIVIDE	1,892	929	940	23	11 D	49.1%	49.7%	49.7%	50.3%
4,895	DUNN	1,850	969	808	73	161 R	52.4%	43.7%	54.5%	45.5%
4,103	EDDY	1,743	821	876	46	55 D	47.1%	50.3%	48.4%	51.6%
7,200	EMMONS	2,968	1,686	1,230	52	456 R	56.8%	41.4%	57.8%	42.2%
4,832	FOSTER	1,982	917	1,008	57	91 D	46.3%	50.9%	47.6%	52.4%
2,611	GOLDEN VALLEY	1,166	599	526	41	73 R	51.4%	45.1%	53.2%	46.8%
61,102	GRAND FORKS	18,003	7,835	9,160	1,008	1,325 D	43.5%	50.9%	46.1%	53.9%
5,009	GRANT	2,491	1,480	922	89	558 R	59.4%	37.0%	61.6%	38.4%
4,184	GRIGGS	2,050	996	1,021	33	25 D	48.6%	49.8%	49.4%	50.6%
5,075	HETTINGER	1,725	889	730	106	159 R	51.5%	42.3%	54.9%	45.1%
4,362	KIDDER	1,881	964	865	52	99 R	51.2%	46.0%	52.7%	47.3%
7,117	LA MOURE	3,237	1,881	1,304	52	577 R	58.1%	40.3%	59.1%	40.9%
4,245	LOGAN	1,781	1,044	714	23	330 R	58.6%	40.1%	59.4%	40.6%
8,977	MCHENRY	3,741	2,117	1,520	104	597 R	56.6%	40.6%	58.2%	41.8%
5,545	MCINTOSH	2,658	1,825	790	43	1,035 R	68.7%	29.7%	69.8%	30.2%
6,127	MCKENZIE	2,533	1,295	1,195	43	100 R	51.1%	47.2%	52.0%	48.0%
11,251	MCLEAN	4,681	2,470	2,030	181	440 R	52.8%	43.4%	54.9%	45.1%
6,175	MERCER	2,655	1,457	1,090	108	367 R	54.9%	41.1%	57.2%	42.8%
20,310	MORTON	8,346	3,656	4,264	426	608 D	43.8%	51.1%	46.2%	53.8%
8,437	MOUNTRAIL	3,017	1,461	1,504	52	43 D	48.4%	49.9%	49.3%	50.7%
5,776	NELSON	2,626	1,189	1,407	30	218 D	45.3%	53.6%	45.8%	54.2%
2,322	OLIVER	939	537	351	51	186 R	57.2%	37.4%	60.5%	39.5%
10,728	PEMBINA	4,469	2,393	1,946	130	447 R	53.5%	43.5%	55.2%	44.8%
6,323	PIERCE	2,659	1,496	1,123	40	373 R	56.3%	42.2%	57.1%	42.9%
12,915	RAMSEY	5,774	2,900	2,777	97	123 R	50.2%	48.1%	51.1%	48.9%
7,102	RANSOM	2,965	1,367	1,562	36	195 D	46.1%	52.7%	46.7%	53.3%
3,828	RENVILLE	1,608	730	848	30	118 D	45.4%	52.7%	46.3%	53.7%
18,089	RICHLAND	7,236	3,209	3,928	99	719 D	44.3%	54.3%	45.0%	55.0%
11,549	ROLETTE	2,713	1,230	1,430	53	200 D	45.3%	52.7%	46.2%	53.8%
5,937	SARGENT	2,543	1,049	1,469	25	420 D	41.3%	57.8%	41.7%	58.3%
3,232	SHERIDAN	1,358	943	387	28	556 R	69.4%	28.5%	70.9%	29.1%
3,632	SIOUX	1,050	381	638	31	257 D	36.3%	60.8%	37.4%	62.6%
1,484	SLOPE	618	347	253	18	94 R	56.1%	40.9%	57.8%	42.2%
19,613	STARK	6,526	2,909	3,227	390	318 D	44.6%	49.4%	47.4%	52.6%
3,749	STEELE	1,723	702	1,008	13	306 D	40.7%	58.5%	41.1%	58.9%
23,550	STUTSMAN	8,628	4,177	3,719	732	458 R	48.4%	43.1%	52.9%	47.1%
4,645	TOWNER	1,894	932	940	22	8 D	49.2%	49.6%	49.8%	50.2%
9,571	TRAILL	4,445	2,086	2,318	41	232 D	46.9%	52.1%	47.4%	52.6%
16,251	WALSH	5,727	2,478	3,184	65	706 D	43.3%	55.6%	43.8%	56.2%
58,560	WARD	16,461	8,492	7,542	427	950 R	51.6%	45.8%	53.0%	47.0%
7,847	WELLS	3,272	1,708	1,466	98	242 R	52.2%	44.8%	53.8%	46.2%
19,301	WILLIAMS	7,002	3,112	3,782	108	670 D	44.4%	54.0%	45.1%	54.9%
617,761	TOTAL	235,661	114,117	113,931	7,613	186 R	48.4%	48.3%	50.0%	50.0%

NORTH DAKOTA

CONGRESS

CD	Year	Total Vote	Republican Vote	Republican Candidate	Democratic Vote	Democratic Candidate	Other Vote	Rep.-Dem. Plurality	Total Vote Percentage Rep.	Total Vote Percentage Dem.	Major Vote Rep.	Major Vote Dem.
AL	1974	233,688	130,184	ANDREWS, MARK	103,504	DORGAN, BYRON L.		26,680 R	55.7%	44.3%	55.7%	44.3%
AL	1972	268,721	195,360	ANDREWS, MARK	72,850	ISTA, RICHARD	511	122,510 R	72.7%	27.1%	72.8%	27.2%

NORTH DAKOTA

1974 GENERAL ELECTION

Senator   Other vote was 6,739 Independent (Jungroth); 874 Independent (Gardner). Vote by county is for the state-wide recount. Original canvass was 114,852 Young; 114,675 Guy; 6,679 Jungroth; 853 Gardner.

Congress

1974 PRIMARIES

SEPTEMBER 3 REPUBLICAN

Senator   Milton R. Young, unopposed.

Congress   Contested as follows:

  AL   43,611 Mark Andrews; 11,994 Lawrence L. Naaden.

SEPTEMBER 3 DEMOCRATIC

Senator   55,269 William L. Guy; 11,286 Robert P. McCarney.

Congress   Unopposed at-large.

OHIO

GOVERNOR
James A. Rhodes (R). Elected 1974 to a four-year term. Previously elected 1966, 1962.

SENATORS
John H. Glenn (D). Elected 1974 to a six-year term.

Robert A. Taft, Jr. (R). Elected 1970 to a six-year term.

REPRESENTATIVES
1. Willis D. Gradison (R)
2. Donald D. Clancy (R)
3. Charles W. Whalen (R)
4. Tennyson Guyer (R)
5. Delbert L. Latta (R)
6. William H. Harsha (R)
7. Clarence Brown, Jr. (R)
8. Thomas N. Kindness (R)
9. Thomas L. Ashley (D)
10. Clarence E. Miller (R)
11. J. William Stanton (R)
12. Samuel L. Devine (R)
13. Charles A. Mosher (R)
14. John F. Seiberling (D)
15. Chalmers P. Wylie (R)
16. Ralph S. Regula (R)
17. John M. Ashbrook (R)
18. Wayne L. Hays (D)
19. Charles J. Carney (D)
20. James V. Stanton (D)
21. Louis Stokes (D)
22. Charles A. Vanik (D)
23. Ronald M. Mottl (D)

POSTWAR VOTE FOR GOVERNOR

Year	Total Vote	Republican Vote	Republican Candidate	Democratic Vote	Democratic Candidate	Other Vote	Rep.-Dem. Plurality	Total Vote Rep.	Total Vote Dem.	Major Vote Rep.	Major Vote Dem.
1974	3,072,010	1,493,679	Rhodes, James A.	1,482,191	Gilligan, John J.	96,140	11,488 R	48.6%	48.2%	50.2%	49.8%
1970	3,184,133	1,382,659	Cloud, Roger	1,725,560	Gilligan, John J.	75,914	342,901 D	43.4%	54.2%	44.5%	55.5%
1966	2,887,331	1,795,277	Rhodes, James A.	1,092,054	Reams, Frazier, Jr.	—	703,223 R	62.2%	37.8%	62.2%	37.8%
1962	3,116,711	1,836,190	Rhodes, James A.	1,280,521	DiSalle, Michael V.	—	555,669 R	58.9%	41.1%	58.9%	41.1%
1958	3,284,134	1,414,874	O'Neill, C. William	1,869,260	DiSalle, Michael V.	—	454,386 D	43.1%	56.9%	43.1%	56.9%
1956	3,542,091	1,984,988	O'Neill, C. William	1,557,103	DiSalle, Michael V.	—	427,885 R	56.0%	44.0%	56.0%	44.0%
1954	2,597,790	1,192,528	Rhodes, James A.	1,405,262	Lausche, Frank J.	—	212,734 D	45.9%	54.1%	45.9%	54.1%
1952	3,605,168	1,590,058	Taft, Charles P.	2,015,110	Lausche, Frank J.	—	425,052 D	44.1%	55.9%	44.1%	55.9%
1950	2,892,819	1,370,570	Ebright, Don H.	1,522,249	Lausche, Frank J.	—	151,679 D	47.4%	52.6%	47.4%	52.6%
1948	3,018,289	1,398,514	Herbert, Thomas J.	1,619,775	Lausche, Frank J.	—	221,261 D	46.3%	53.7%	46.3%	53.7%
1946	2,303,750	1,166,550	Herbert, Thomas J.	1,125,997	Lausche, Frank J.	11,203	40,553 R	50.6%	48.9%	50.9%	49.1%

The term of office of Ohio's Governor was increased from two to four years effective with the 1958 election.

POSTWAR VOTE FOR SENATOR

Year	Total Vote	Republican Vote	Republican Candidate	Democratic Vote	Democratic Candidate	Other Vote	Rep.-Dem. Plurality	Total Vote Rep.	Total Vote Dem.	Major Vote Rep.	Major Vote Dem.
1974	2,987,951	918,133	Perk, Ralph J.	1,930,670	Glenn, John H.	139,148	1,012,537 D	30.7%	64.6%	32.2%	67.8%
1970	3,151,274	1,565,682	Taft, Robert A., Jr.	1,495,262	Metzenbaum, Howard	90,330	70,420 R	49.7%	47.4%	51.2%	48.8%
1968	3,743,121	1,928,964	Saxbe, William B.	1,814,152	Gilligan, John J.	5	114,812 R	51.5%	48.5%	51.5%	48.5%
1964	3,830,389	1,906,781	Taft, Robert A., Jr.	1,923,608	Young, Stephen M.	—	16,827 D	49.8%	50.2%	49.8%	50.2%
1962	2,994,986	1,151,173	Briley, John M.	1,843,813	Lausche, Frank J.	—	692,640 D	38.4%	61.6%	38.4%	61.6%
1958	3,149,410	1,497,199	Bricker, John W.	1,652,211	Young, Stephen M.	—	155,012 D	47.5%	52.5%	47.5%	52.5%
1956	3,525,499	1,660,910	Bender, George H.	1,864,589	Lausche, Frank J.	—	203,679 D	47.1%	52.9%	47.1%	52.9%
1954s	2,512,778	1,257,874	Bender, George H.	1,254,904	Burke, Thomas A.	—	2,970 R	50.1%	49.9%	50.1%	49.9%
1952	3,442,291	1,878,961	Bricker, John W.	1,563,330	DiSalle, Michael V.	—	315,631 R	54.6%	45.4%	54.6%	45.4%
1950	2,860,102	1,645,643	Taft, Robert A.	1,214,459	Ferguson, Joseph T.	—	431,184 R	57.5%	42.5%	57.5%	42.5%
1946	2,237,269	1,275,774	Bricker, John W.	947,610	Huffman, James W.	13,885	328,164 R	57.0%	42.4%	57.4%	42.6%

The 1954 election was for a short term to fill a vacancy.

OHIO

Districts Established January 20, 1972

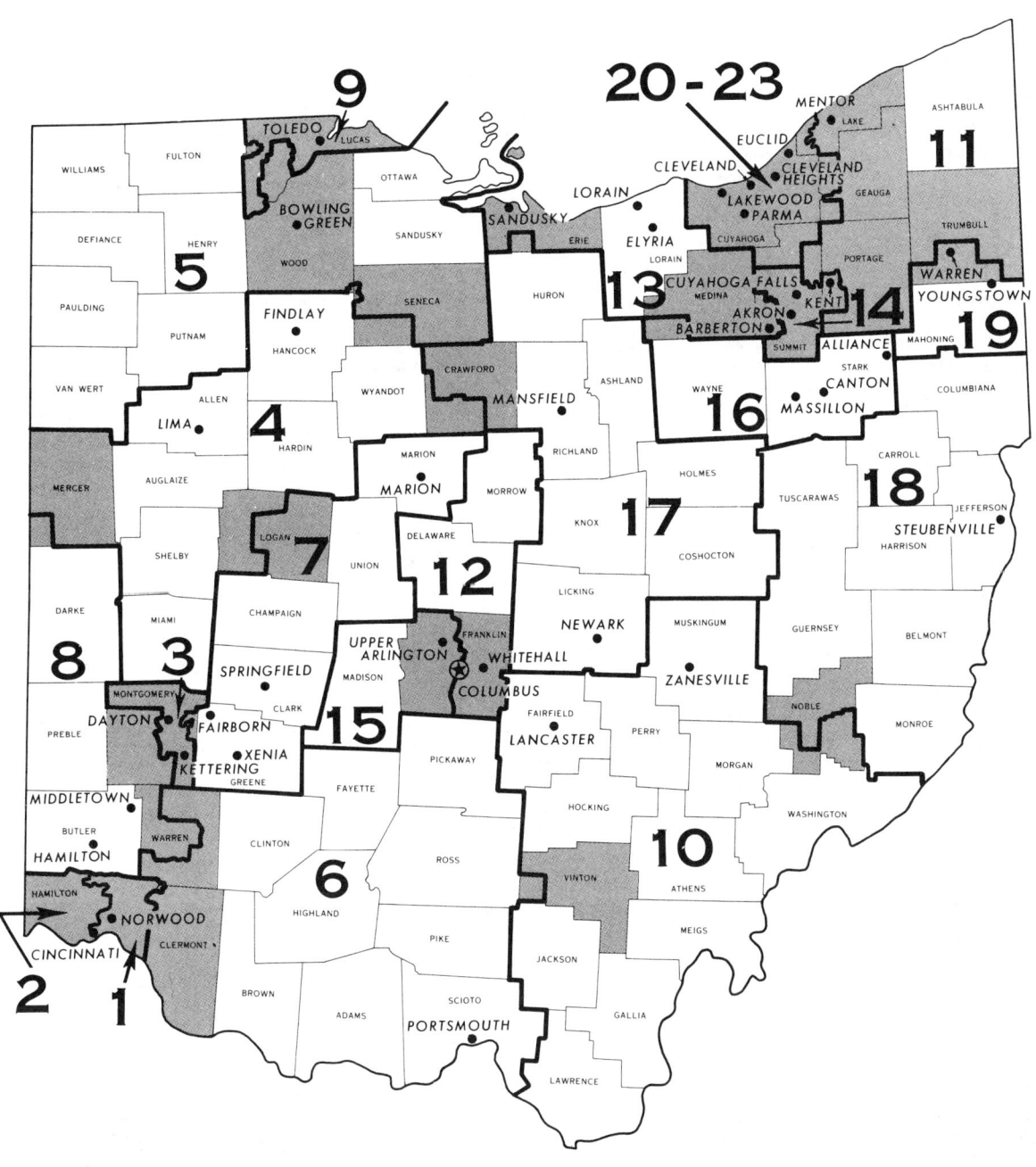

OHIO

GOVERNOR 1974

1970 Census Population	County	Total Vote	Republican	Democratic	Other	Rep.-Dem. Plurality	Total Vote Rep.	Total Vote Dem.	Major Vote Rep.	Major Vote Dem.
18,957	ADAMS	7,241	4,134	2,998	109	1,136 R	57.1%	41.4%	58.0%	42.0%
111,144	ALLEN	29,477	18,065	10,411	1,001	7,654 R	61.3%	35.3%	63.4%	36.6%
43,303	ASHLAND	14,112	8,928	4,694	490	4,234 R	63.3%	33.3%	65.5%	34.5%
98,237	ASHTABULA	30,211	13,934	14,815	1,462	881 D	46.1%	49.0%	48.5%	51.5%
54,889	ATHENS	13,743	6,428	6,799	516	371 D	46.8%	49.5%	48.6%	51.4%
38,602	AUGLAIZE	11,613	6,315	4,815	483	1,500 R	54.4%	41.5%	56.7%	43.3%
80,917	BELMONT	25,122	11,078	13,206	838	2,128 D	44.1%	52.6%	45.6%	54.4%
26,635	BROWN	7,482	4,089	3,195	198	894 R	54.7%	42.7%	56.1%	43.9%
226,207	BUTLER	60,720	35,922	23,047	1,751	12,875 R	59.2%	38.0%	60.9%	39.1%
21,579	CARROLL	6,937	4,130	2,539	268	1,591 R	59.5%	36.6%	61.9%	38.1%
30,491	CHAMPAIGN	9,279	5,676	3,374	229	2,302 R	61.2%	36.4%	62.7%	37.3%
157,115	CLARK	42,810	21,309	20,506	995	803 R	49.8%	47.9%	51.0%	49.0%
95,725	CLERMONT	26,102	15,938	9,308	856	6,630 R	61.1%	35.7%	63.1%	36.9%
31,464	CLINTON	8,811	5,255	3,288	268	1,967 R	59.6%	37.3%	61.5%	38.5%
108,310	COLUMBIANA	31,129	16,106	13,626	1,397	2,480 R	51.7%	43.8%	54.2%	45.8%
33,486	COSHOCTON	9,269	5,238	3,819	212	1,419 R	56.5%	41.2%	57.8%	42.2%
50,364	CRAWFORD	14,046	9,110	4,391	545	4,719 R	64.9%	31.3%	67.5%	32.5%
1,721,300	CUYAHOGA	457,600	179,512	267,015	11,073	87,503 D	39.2%	58.4%	40.2%	59.8%
49,141	DARKE	17,274	9,415	6,645	1,214	2,770 R	54.5%	38.5%	58.6%	41.4%
36,949	DEFIANCE	10,725	5,507	4,744	474	763 R	51.3%	44.2%	53.7%	46.3%
42,908	DELAWARE	15,176	9,946	4,819	411	5,127 R	65.5%	31.8%	67.4%	32.6%
75,909	ERIE	22,191	10,589	11,054	548	465 D	47.7%	49.8%	48.9%	51.1%
73,301	FAIRFIELD	27,228	17,227	9,094	907	8,133 R	63.3%	33.4%	65.4%	34.6%
25,461	FAYETTE	8,018	5,192	2,633	193	2,559 R	64.8%	32.8%	66.4%	33.6%
833,249	FRANKLIN	252,760	143,357	104,740	4,663	38,617 R	56.7%	41.4%	57.8%	42.2%
33,071	FULTON	9,046	5,136	3,451	459	1,685 R	56.8%	38.1%	59.8%	40.2%
25,239	GALLIA	7,738	4,612	3,011	115	1,601 R	59.6%	38.9%	60.5%	39.5%
62,977	GEAUGA	17,893	9,274	8,142	477	1,132 R	51.8%	45.5%	53.2%	46.8%
125,057	GREENE	29,607	12,929	15,550	1,128	2,621 D	43.7%	52.5%	45.4%	54.6%
37,665	GUERNSEY	12,125	6,997	4,785	343	2,212 R	57.7%	39.5%	59.4%	40.6%
924,018	HAMILTON	273,461	146,171	122,111	5,179	24,060 R	53.5%	44.7%	54.5%	45.5%
61,217	HANCOCK	19,296	11,273	7,397	626	3,876 R	58.4%	38.3%	60.4%	39.6%
30,813	HARDIN	7,897	4,399	3,281	217	1,118 R	55.7%	41.5%	57.3%	42.7%
17,013	HARRISON	5,330	3,086	2,063	181	1,023 R	57.9%	38.7%	59.9%	40.1%
27,058	HENRY	8,912	5,313	3,216	383	2,097 R	59.6%	36.1%	62.3%	37.7%
28,996	HIGHLAND	10,214	6,157	3,882	175	2,275 R	60.3%	38.0%	61.3%	38.7%
20,322	HOCKING	7,718	4,425	3,103	190	1,322 R	57.3%	40.2%	58.8%	41.2%
23,024	HOLMES	4,097	2,315	1,632	150	683 R	56.5%	39.8%	58.7%	41.3%
49,587	HURON	13,156	7,250	5,500	406	1,750 R	55.1%	41.8%	56.9%	43.1%
27,174	JACKSON	9,339	5,915	3,281	143	2,634 R	63.3%	35.1%	64.3%	35.7%
96,193	JEFFERSON	27,833	12,539	14,376	918	1,837 D	45.1%	51.7%	46.6%	53.4%
41,795	KNOX	13,381	7,323	5,581	477	1,742 R	54.7%	41.7%	56.7%	43.3%
197,200	LAKE	57,228	26,137	29,742	1,349	3,605 D	45.7%	52.0%	46.8%	53.2%
56,868	LAWRENCE	17,290	9,366	7,547	377	1,819 R	54.2%	43.6%	55.4%	44.6%
107,799	LICKING	36,051	21,494	13,181	1,376	8,313 R	59.6%	36.6%	62.0%	38.0%
35,072	LOGAN	12,416	8,122	3,774	520	4,348 R	65.4%	30.4%	68.3%	31.7%
256,843	LORAIN	69,108	31,455	35,347	2,306	3,892 D	45.5%	51.1%	47.1%	52.9%
484,370	LUCAS	134,574	51,438	79,326	3,810	27,888 D	38.2%	58.9%	39.3%	60.7%
28,318	MADISON	9,546	6,741	2,545	260	4,196 R	70.6%	26.7%	72.6%	27.4%
303,424	MAHONING	92,490	31,185	57,713	3,592	26,528 D	33.7%	62.4%	35.1%	64.9%
64,724	MARION	19,973	11,601	7,686	686	3,915 R	58.1%	38.5%	60.1%	39.9%
82,717	MEDINA	25,703	12,328	12,258	1,117	70 R	48.0%	47.7%	50.1%	49.9%
19,799	MEIGS	7,520	4,424	2,910	186	1,514 R	58.8%	38.7%	60.3%	39.7%
35,265	MERCER	10,715	4,132	6,173	410	2,041 D	38.6%	57.6%	40.1%	59.9%
84,342	MIAMI	25,666	13,449	10,974	1,243	2,475 R	52.4%	42.8%	55.1%	44.9%
15,739	MONROE	4,678	2,106	2,444	128	338 D	45.0%	52.2%	46.3%	53.7%
606,148	MONTGOMERY	146,889	54,200	88,522	4,167	34,322 D	36.9%	60.3%	38.0%	62.0%
12,375	MORGAN	4,303	2,799	1,348	156	1,451 R	65.0%	31.3%	67.5%	32.5%
21,348	MORROW	7,680	4,887	2,503	290	2,384 R	63.6%	32.6%	66.1%	33.9%
77,826	MUSKINGUM	23,647	14,017	8,798	832	5,219 R	59.3%	37.2%	61.4%	38.6%
10,428	NOBLE	4,287	2,604	1,555	128	1,049 R	60.7%	36.3%	62.6%	37.4%
37,099	OTTAWA	13,145	6,653	5,810	682	843 R	50.6%	44.2%	53.4%	46.6%
19,329	PAULDING	5,517	2,675	2,535	307	140 R	48.5%	45.9%	51.3%	48.7%
27,434	PERRY	9,133	5,132	3,680	321	1,452 R	56.2%	40.3%	58.2%	41.8%
40,071	PICKAWAY	11,086	7,368	3,491	227	3,877 R	66.5%	31.5%	67.9%	32.1%

OHIO

GOVERNOR 1974

1970 Census Population	County	Total Vote	Republican	Democratic	Other	Rep.-Dem. Plurality	Percentage Total Vote Rep.	Dem.	Major Vote Rep.	Dem.
19,114	PIKE	7,842	3,794	3,943	105	149 D	48.4%	50.3%	49.0%	51.0%
125,868	PORTAGE	32,528	12,526	18,334	1,668	5,808 D	38.5%	56.4%	40.6%	59.4%
34,719	PREBLE	9,708	4,668	4,545	495	123 R	48.1%	46.8%	50.7%	49.3%
31,134	PUTNAM	10,133	5,416	4,140	577	1,276 R	53.4%	40.9%	56.7%	43.3%
129,997	RICHLAND	37,626	23,797	12,399	1,430	11,398 R	63.2%	33.0%	65.7%	34.3%
61,211	ROSS	18,035	10,469	7,286	280	3,183 R	58.0%	40.4%	59.0%	41.0%
60,983	SANDUSKY	19,637	11,173	7,372	1,092	3,801 R	56.9%	37.5%	60.2%	39.8%
76,951	SCIOTO	26,233	15,157	10,536	540	4,621 R	57.8%	40.2%	59.0%	41.0%
60,696	SENECA	17,821	9,702	7,218	901	2,484 R	54.4%	40.5%	57.3%	42.7%
37,748	SHELBY	11,727	5,702	5,447	578	255 R	48.6%	46.4%	51.1%	48.9%
372,210	STARK	116,695	63,586	47,618	5,491	15,968 R	54.5%	40.8%	57.2%	42.8%
553,371	SUMMIT	156,599	53,924	95,798	6,877	41,874 D	34.4%	61.2%	36.0%	64.0%
232,579	TRUMBULL	69,743	29,341	37,371	3,031	8,030 D	42.1%	53.6%	44.0%	56.0%
77,211	TUSCARAWAS	24,450	11,456	11,892	1,102	436 D	46.9%	48.6%	49.1%	50.9%
23,786	UNION	9,126	6,284	2,584	258	3,700 R	68.9%	28.3%	70.9%	29.1%
29,194	VAN WERT	9,601	5,274	4,015	312	1,259 R	54.9%	41.8%	56.8%	43.2%
9,420	VINTON	4,202	2,316	1,740	146	576 R	55.1%	41.4%	57.1%	42.9%
84,925	WARREN	21,786	12,667	8,305	814	4,362 R	58.1%	38.1%	60.4%	39.6%
57,160	WASHINGTON	15,149	8,385	6,389	375	1,996 R	55.4%	42.2%	56.8%	43.2%
87,123	WAYNE	23,966	12,556	10,345	1,065	2,211 R	52.4%	43.2%	54.8%	45.2%
33,669	WILLIAMS	9,195	5,026	3,820	349	1,206 R	54.7%	41.5%	56.8%	43.2%
89,722	WOOD	28,475	14,625	12,588	1,262	2,037 R	51.4%	44.2%	53.7%	46.3%
21,826	WYANDOT	6,969	4,008	2,707	254	1,301 R	57.5%	38.8%	59.7%	40.3%
10,652,017	TOTAL	3,072,010	1,493,679	1,482,191	96,140	11,488 R	48.6%	48.2%	50.2%	49.8%

OHIO

SENATOR 1974

1970 Census Population	County	Total Vote	Republican	Democratic	Other	Rep.-Dem. Plurality	Percentage Total Vote Rep.	Dem.	Major Vote Rep.	Dem.
18,957	ADAMS	6,909	3,000	3,724	185	724 D	43.4%	53.9%	44.6%	55.4%
111,144	ALLEN	28,668	11,340	15,707	1,621	4,367 D	39.6%	54.8%	41.9%	58.1%
43,303	ASHLAND	13,568	4,088	7,875	1,605	3,787 D	30.1%	58.0%	34.2%	65.8%
98,237	ASHTABULA	30,114	8,300	20,640	1,174	12,340 D	27.6%	68.5%	28.7%	71.3%
54,889	ATHENS	12,739	4,008	8,084	647	4,076 D	31.5%	63.5%	33.1%	66.9%
38,602	AUGLAIZE	11,460	4,746	6,235	479	1,489 D	41.4%	54.4%	43.2%	56.8%
80,917	BELMONT	24,124	6,358	16,187	1,579	9,829 D	26.4%	67.1%	28.2%	71.8%
26,635	BROWN	7,213	2,227	4,744	242	2,517 D	30.9%	65.8%	31.9%	68.1%
226,207	BUTLER	58,697	19,613	36,298	2,786	16,685 D	33.4%	61.8%	35.1%	64.9%
21,579	CARROLL	6,845	2,330	4,186	329	1,856 D	34.0%	61.2%	35.8%	64.2%
30,491	CHAMPAIGN	9,256	3,516	5,442	298	1,926 D	38.0%	58.8%	39.2%	60.8%
157,115	CLARK	39,861	11,272	26,073	2,516	14,801 D	28.3%	65.4%	30.2%	69.8%
95,725	CLERMONT	24,100	9,493	13,571	1,036	4,078 D	39.4%	56.3%	41.2%	58.8%
31,464	CLINTON	8,769	3,424	5,024	321	1,600 D	39.0%	57.3%	40.5%	59.5%
108,310	COLUMBIANA	30,582	8,980	20,095	1,507	11,115 D	29.4%	65.7%	30.9%	69.1%
33,486	COSHOCTON	8,742	2,468	5,383	891	2,915 D	28.2%	61.6%	31.4%	68.6%
50,364	CRAWFORD	13,881	4,577	8,706	598	4,129 D	33.0%	62.7%	34.5%	65.5%
1,721,300	CUYAHOGA	445,295	138,196	287,090	20,009	148,894 D	31.0%	64.5%	32.5%	67.5%
49,141	DARKE	16,992	5,600	10,551	841	4,951 D	33.0%	62.1%	34.7%	65.3%
36,949	DEFIANCE	10,602	3,610	6,524	468	2,914 D	34.1%	61.5%	35.6%	64.4%
42,908	DELAWARE	14,971	5,878	8,458	635	2,580 D	39.3%	56.5%	41.0%	59.0%
75,909	ERIE	21,897	6,302	14,700	895	8,398 D	28.8%	67.1%	30.0%	70.0%
73,301	FAIRFIELD	26,923	9,264	16,608	1,051	7,344 D	34.4%	61.7%	35.8%	64.2%
25,461	FAYETTE	7,847	3,187	4,445	215	1,258 D	40.6%	56.6%	41.8%	58.2%
833,249	FRANKLIN	241,375	79,843	148,482	13,050	68,639 D	33.1%	61.5%	35.0%	65.0%
33,071	FULTON	8,945	3,602	4,986	357	1,384 D	40.3%	55.7%	41.9%	58.1%
25,239	GALLIA	7,389	2,936	4,244	209	1,308 D	39.7%	57.4%	40.9%	59.1%
62,977	GEAUGA	17,383	5,818	10,700	865	4,882 D	33.5%	61.6%	35.2%	64.8%
125,057	GREENE	27,711	7,786	18,686	1,239	10,900 D	28.1%	67.4%	29.4%	70.6%
37,665	GUERNSEY	11,939	3,621	7,974	344	4,353 D	30.3%	66.8%	31.2%	68.8%
924,018	HAMILTON	267,004	98,601	158,176	10,227	59,575 D	36.9%	59.2%	38.4%	61.6%
61,217	HANCOCK	18,573	6,343	10,095	2,135	3,752 D	34.2%	54.4%	38.6%	61.4%
30,813	HARDIN	7,817	2,984	4,553	280	1,569 D	38.2%	58.2%	39.6%	60.4%
17,013	HARRISON	5,245	1,744	3,298	203	1,554 D	33.3%	62.9%	34.6%	65.4%
27,058	HENRY	8,696	2,962	5,404	330	2,442 D	34.1%	62.1%	35.4%	64.6%
28,996	HIGHLAND	9,940	3,888	5,807	245	1,919 D	39.1%	58.4%	40.1%	59.9%
20,322	HOCKING	7,544	2,328	4,962	254	2,634 D	30.9%	65.8%	31.9%	68.1%
23,024	HOLMES	4,009	1,112	2,769	128	1,657 D	27.7%	69.1%	28.7%	71.3%
49,587	HURON	12,967	4,105	8,405	457	4,300 D	31.7%	64.8%	32.8%	67.2%
27,174	JACKSON	8,756	3,757	4,766	233	1,009 D	42.9%	54.4%	44.1%	55.9%
96,193	JEFFERSON	27,135	6,452	19,423	1,260	12,971 D	23.8%	71.6%	24.9%	75.1%
41,795	KNOX	13,007	3,556	8,590	861	5,034 D	27.3%	66.0%	29.3%	70.7%
197,200	LAKE	56,024	16,047	37,468	2,509	21,421 D	28.6%	66.9%	30.0%	70.0%
56,868	LAWRENCE	16,684	6,336	9,850	498	3,514 D	38.0%	59.0%	39.1%	60.9%
107,799	LICKING	35,658	11,315	22,803	1,540	11,488 D	31.7%	63.9%	33.2%	66.8%
35,072	LOGAN	12,123	4,611	7,051	461	2,440 D	38.0%	58.2%	39.5%	60.5%
256,843	LORAIN	68,326	17,130	48,666	2,530	31,536 D	25.1%	71.2%	26.0%	74.0%
484,370	LUCAS	125,439	28,333	88,164	8,942	59,831 D	22.6%	70.3%	24.3%	75.7%
28,318	MADISON	9,334	3,506	5,476	352	1,970 D	37.6%	58.7%	39.0%	61.0%
303,424	MAHONING	90,750	18,652	68,366	3,732	49,714 D	20.6%	75.3%	21.4%	78.6%
64,724	MARION	19,756	6,281	12,698	777	6,417 D	31.8%	64.3%	33.1%	66.9%
82,717	MEDINA	25,813	7,932	16,889	992	8,957 D	30.7%	65.4%	32.0%	68.0%
19,799	MEIGS	7,168	2,950	3,981	237	1,031 D	41.2%	55.5%	42.6%	57.4%
35,265	MERCER	10,471	4,629	5,391	451	762 D	44.2%	51.5%	46.2%	53.8%
84,342	MIAMI	25,410	8,124	16,476	810	8,352 D	32.0%	64.8%	33.0%	67.0%
15,739	MONROE	4,483	940	3,388	155	2,448 D	21.0%	75.6%	21.7%	78.3%
606,148	MONTGOMERY	139,318	33,288	97,559	8,471	64,271 D	23.9%	70.0%	25.4%	74.6%
12,375	MORGAN	4,209	1,784	2,281	144	497 D	42.4%	54.2%	43.9%	56.1%
21,348	MORROW	7,626	2,771	4,558	297	1,787 D	36.3%	59.8%	37.8%	62.2%
77,826	MUSKINGUM	23,312	8,285	14,224	803	5,939 D	35.5%	61.0%	36.8%	63.2%
10,428	NOBLE	4,058	1,608	2,322	128	714 D	39.6%	57.2%	40.9%	59.1%
37,099	OTTAWA	12,938	3,459	8,795	684	5,336 D	26.7%	68.0%	28.2%	71.8%
19,329	PAULDING	5,433	1,951	3,262	220	1,311 D	35.9%	60.0%	37.4%	62.6%
27,434	PERRY	8,915	2,902	5,671	342	2,769 D	32.6%	63.6%	33.9%	66.1%
40,071	PICKAWAY	10,783	3,857	6,577	349	2,720 D	35.8%	61.0%	37.0%	63.0%

OHIO

SENATOR 1974

1970 Census Population	County	Total Vote	Republican	Democratic	Other	Rep.-Dem. Plurality	Percentage Total Vote Rep.	Dem.	Major Vote Rep.	Dem.
19,114	PIKE	7,551	2,252	5,126	173	2,874 D	29.8%	67.9%	30.5%	69.5%
125,868	PORTAGE	32,471	7,991	22,919	1,561	14,928 D	24.6%	70.6%	25.9%	74.1%
34,719	PREBLE	9,624	3,152	6,075	397	2,923 D	32.8%	63.1%	34.2%	65.8%
31,134	PUTNAM	9,930	3,325	6,086	519	2,761 D	33.5%	61.3%	35.3%	64.7%
129,997	RICHLAND	37,563	9,402	27,204	957	17,802 D	25.0%	72.4%	25.7%	74.3%
61,211	ROSS	17,012	6,230	9,291	1,491	3,061 D	36.6%	54.6%	40.1%	59.9%
60,983	SANDUSKY	19,330	6,138	12,214	978	6,076 D	31.8%	63.2%	33.4%	66.6%
76,951	SCIOTO	25,501	9,013	15,653	835	6,640 D	35.3%	61.4%	36.5%	63.5%
60,696	SENECA	17,503	5,497	11,153	853	5,656 D	31.4%	63.7%	33.0%	67.0%
37,748	SHELBY	11,613	4,445	6,707	461	2,262 D	38.3%	57.8%	39.9%	60.1%
372,210	STARK	116,206	36,025	74,985	5,196	38,960 D	31.0%	64.5%	32.5%	67.5%
553,371	SUMMIT	155,381	38,898	110,593	5,890	71,695 D	25.0%	71.2%	26.0%	74.0%
232,579	TRUMBULL	68,238	16,677	48,144	3,417	31,467 D	24.4%	70.6%	25.7%	74.3%
77,211	TUSCARAWAS	24,149	5,285	17,905	959	12,620 D	21.9%	74.1%	22.8%	77.2%
23,786	UNION	8,932	3,826	4,765	341	939 D	42.8%	53.3%	44.5%	55.5%
29,194	VAN WERT	9,483	3,853	5,276	354	1,423 D	40.6%	55.6%	42.2%	57.8%
9,420	VINTON	4,004	1,549	2,325	130	776 D	38.7%	58.1%	40.0%	60.0%
84,925	WARREN	21,458	7,226	13,378	854	6,152 D	33.7%	62.3%	35.1%	64.9%
57,160	WASHINGTON	14,418	5,407	8,438	573	3,031 D	37.5%	58.5%	39.1%	60.9%
87,123	WAYNE	24,022	7,058	16,026	938	8,968 D	29.4%	66.7%	30.6%	69.4%
33,669	WILLIAMS	9,049	3,514	5,204	331	1,690 D	38.8%	57.5%	40.3%	59.7%
89,722	WOOD	28,114	8,978	17,557	1,579	8,579 D	31.9%	62.4%	33.8%	66.2%
21,826	WYANDOT	6,878	2,486	4,060	332	1,574 D	36.1%	59.0%	38.0%	62.0%
10,652,017	TOTAL	2,987,951	918,133	1,930,670	139,148	1,012,537 D	30.7%	64.6%	32.2%	67.8%

OHIO

CONGRESS

CD	Year	Total Vote	Republican Vote	Republican Candidate	Democratic Vote	Democratic Candidate	Other Vote	Rep.-Dem. Plurality	Percentage Total Vote Rep.	Percentage Total Vote Dem.	Percentage Major Vote Rep.	Percentage Major Vote Dem.
1	1974	137,991	70,284	GRADISON, WILLIS D.	67,685	LUKEN, THOMAS A.	22	2,599 R	50.9%	49.1%	50.9%	49.1%
1	1972	170,044	119,469	KEATING, WILLIAM J.	50,575	HEISER, KARL F.		68,894 R	70.3%	29.7%	70.3%	29.7%
2	1974	134,042	71,512	CLANCY, DONALD D.	62,530	WOLTERMAN, E. W.		8,982 R	53.4%	46.6%	53.4%	46.6%
2	1972	175,198	109,961	CLANCY, DONALD D.	65,237	MANES, PENNY		44,724 R	62.8%	37.2%	62.8%	37.2%
3	1974	82,159	82,159	WHALEN, CHARLES W.				82,159 R	100.0%		100.0%	
3	1972	146,072	111,253	WHALEN, CHARLES W.	34,819	LELAK, JOHN W.		76,434 R	76.2%	23.8%	76.2%	23.8%
4	1974	132,739	81,674	GUYER, TENNYSON	51,065	GEHRLICH, JAMES L.		30,609 R	61.5%	38.5%	61.5%	38.5%
4	1972	174,828	109,612	GUYER, TENNYSON	65,216	NICHOLAS, DIMITRI		44,396 R	62.7%	37.3%	62.7%	37.3%
5	1974	142,552	89,161	LATTA, DELBERT L.	53,391	EDWARDS, BRUCE		35,770 R	62.5%	37.5%	62.5%	37.5%
5	1972	181,497	132,032	LATTA, DELBERT L.	49,465	EDWARDS, BRUCE		82,567 R	72.7%	27.3%	72.7%	27.3%
6	1974	135,716	93,400	HARSHA, WILLIAM H.	42,316	WOOD, LLOYD A.		51,084 R	68.8%	31.2%	68.8%	31.2%
6	1972	128,394	128,394	HARSHA, WILLIAM H.				128,394 R	100.0%		100.0%	
7	1974	121,419	73,503	BROWN, CLARENCE, JR.	34,828	NELSON, PATRICK L.	13,088	38,675 R	60.5%	28.7%	67.9%	32.1%
7	1972	153,295	112,350	BROWN, CLARENCE, JR.			40,945	112,350 R	73.3%		100.0%	
8	1974	120,415	51,097	KINDNESS, THOMAS N.	45,701	STRINKO, T. EDWARD	23,617	5,396 R	42.4%	38.0%	52.8%	47.2%
8	1972	153,394	80,050	POWELL, WALTER E.	73,344	RUPPERT, JAMES D.		6,706 R	52.2%	47.8%	52.2%	47.8%
9	1974	122,775	57,892	FINKBEINER, C. S.	64,831	ASHLEY, THOMAS L.	52	6,939 D	47.2%	52.8%	47.2%	52.8%
9	1972	159,838	49,388	RICHARDS, JOSEPH C.	110,450	ASHLEY, THOMAS L.		61,062 D	30.9%	69.1%	30.9%	69.1%
10	1974	142,854	100,521	MILLER, CLARENCE E.	42,333	BUMPASS, H. KENT		58,188 R	70.4%	29.6%	70.4%	29.6%
10	1972	177,139	129,683	MILLER, CLARENCE E.	47,456	WHEALEY, ROBERT H.		82,227 R	73.2%	26.8%	73.2%	26.8%
11	1974	131,857	79,756	STANTON, J. WILLIAM	52,017	COFFEY, MICHAEL D.	84	27,739 R	60.5%	39.4%	60.5%	39.5%
11	1972	156,732	106,841	STANTON, J. WILLIAM	49,891	CALLAHAN, DENNIS M.		56,950 R	68.2%	31.8%	68.2%	31.8%
12	1974	144,121	73,303	DEVINE, SAMUEL L.	70,818	RYAN, FRAN		2,485 R	50.9%	49.1%	50.9%	49.1%
12	1972	184,729	103,655	DEVINE, SAMUEL L.	81,074	GOODRICH, JAMES W.		22,581 R	56.1%	43.9%	56.1%	43.9%
13	1974	126,647	72,881	MOSHER, CHARLES A.	53,766	RITENAUER, FRED M.		19,115 R	57.5%	42.5%	57.5%	42.5%
13	1972	163,233	111,242	MOSHER, CHARLES A.	51,991	RYAN, JOHN M.		59,251 R	68.1%	31.9%	68.1%	31.9%
14	1974	124,534	30,603	FIGETAKIS, MARK	93,931	SEIBERLING, JOHN F.		63,328 D	24.6%	75.4%	24.6%	75.4%
14	1972	181,558	46,490	HOLT, NORMAN W.	135,068	SEIBERLING, JOHN F.		88,578 D	25.6%	74.4%	25.6%	74.4%
15	1974	129,059	79,376	WYLIE, CHALMERS P.	49,683	MCGEE, MANLEY L.		29,693 R	61.5%	38.5%	61.5%	38.5%
15	1972	175,913	115,779	WYLIE, CHALMERS P.	55,314	MCGEE, MANLEY L.	4,820	60,465 R	65.8%	31.4%	67.7%	32.3%
16	1974	141,740	92,986	REGULA, RALPH S.	48,754	FREEDOM, JOHN G.		44,232 R	65.6%	34.4%	65.6%	34.4%
16	1972	177,942	102,013	REGULA, RALPH S.	75,929	MUSSER, VIRGIL L.		26,084 R	57.3%	42.7%	57.3%	42.7%
17	1974	134,053	70,708	ASHBROOK, JOHN M.	63,342	NOBLE, DAVID D.	3	7,366 R	52.7%	47.3%	52.7%	47.3%
17	1972	161,554	92,666	ASHBROOK, JOHN M.	62,512	BECK, RAYMOND C.	6,376	30,154 R	57.4%	38.7%	59.7%	40.3%
18	1974	137,832	47,385	ROMIG, RALPH H.	90,447	HAYS, WAYNE L.		43,062 D	34.4%	65.6%	34.4%	65.6%
18	1972	183,235	54,572	STEWART, ROBERT	128,663	HAYS, WAYNE L.		74,091 D	29.8%	70.2%	29.8%	70.2%
19	1974	134,358	36,649	RIPPLE, JAMES L.	97,709	CARNEY, CHARLES J.		61,060 D	27.3%	72.7%	27.3%	72.7%
19	1972	171,913	61,934	PARR, NORMAN M.	109,979	CARNEY, CHARLES J.		48,045 D	36.0%	64.0%	36.0%	64.0%
20	1974	99,396	12,991	FRANTZ, ROBERT A.	86,405	STANTON, JAMES V.		73,414 D	13.1%	86.9%	13.1%	86.9%
20	1972	139,219	16,624	VILT, THOMAS E.	117,302	STANTON, JAMES V.	5,293	100,678 D	11.9%	84.3%	12.4%	87.6%
21	1974	71,955	12,986	MACK, BILL	58,969	STOKES, LOUIS		45,983 D	18.0%	82.0%	18.0%	82.0%
21	1972	122,339	13,861	JOHNSON, JAMES D.	99,190	STOKES, LOUIS	9,288	85,329 D	11.3%	81.1%	12.3%	87.7%
22	1974	143,256	30,585	FRANZ, WILLIAM J.	112,671	VANIK, CHARLES A.		82,086 D	21.3%	78.7%	21.3%	78.7%
22	1972	197,844	64,577	GROPP, DONALD W.	126,462	VANIK, CHARLES A.	6,805	61,885 D	32.6%	63.9%	33.8%	66.2%
23	1974	153,455	46,810	MASTICS, GEORGE E.	53,338	MOTTL, RONALD M.	53,307	6,528 D	30.5%	34.8%	46.7%	53.3%
23	1972	199,631	98,594	MINSHALL, WILLIAM E.	94,366	KUCINICH, DENNIS J.	6,671	4,228 R	49.4%	47.3%	51.1%	48.9%

OHIO

1974 GENERAL ELECTION

Governor Other vote was 95,625 Independent (Lazar); 515 scattered. Vote by county is for the state-wide recount; original canvass was 1,492,987 Rhodes; 1,481,573 Gilligan; 95,746 Lazar; 495 scattered.

Senator Other vote was 76,882 Independent (Harroff); 61,921 Independent (Kay); 345 scattered.

Congress Other vote was scattered in CD's 1, 9, 11, 17; Independent in CD 7 (Franke); 23,616 Independent (Gingerich) and 1 scattered in CD 8; 45,186 Independent (Kucinich), 3,461 Independent (Gallagher), 2,655 Independent (Futey), 2,005 Independent (Cain) in CD 23.

1974 PRIMARIES

MAY 7 REPUBLICAN

Governor 385,669 James A. Rhodes; 183,899 Charles E. Fry; 44,938 Bert Dawson.

Senator 341,078 Ralph J. Perk; 185,342 Peter E. Voss.

Congress Unopposed in seventeen CD's. Contested as follows:

CD 1 16,437 Willis D. Gradison; 14,148 William E. Flax; 849 William H. McKinney.
CD 8 7,715 Thomas N. Kindness; 5,859 David S. Holcomb; 5,336 Charles W. Patterson; 1,839 John J. Wikle.
CD 9 7,890 C. S. Finkbeiner; 3,839 George R. Royer; 3,516 Joseph C. Richards.
CD 17 22,845 John M. Ashbrook; 9,458 David L. Martin.
CD 19 No candidates appeared on the ballot; there were 191 write-in votes for James L. Ripple.
CD 23 16,617 George E. Mastics; 4,851 J. William Petro; 3,388 Jack A. Hruby.

MAY 7 DEMOCRATIC

Governor 713,488 John J. Gilligan; 297,244 James D. Nolan; 88 scattered.

Senator 571,871 John H. Glenn; 480,123 Howard Metzenbaum; 33 scattered.

Congress Unopposed in seven CD's. No candidate in CD 3. Contested as follows:

CD 2 9,740 E. W. Wolterman; 4,796 Jon Reich; 4,754 Robert A. Phalen.
CD 4 15,094 James L. Gehrlich; 13,855 Dimitri Nicholas.
CD 7 14,185 Patrick L. Nelson; 9,786 Joseph D. Lewis.
CD 8 8,813 T. Edward Strinko; 8,641 Harry T. Wilks; 7,908 James H. Pelley.
CD 9 25,720 Thomas L. Ashley; 3,617 Edward S. Emery; 3,243 Henry Black.
CD 11 22,901 Michael D. Coffey; 8,755 Phillip M. Schmidt; 6,761 Lewis A. Bird.
CD 13 24,028 Fred M. Ritenauer; 16,952 John M. Ryan.
CD 15 18,658 Manley L. McGee; 8,344 Bruce R. Coleman.
CD 16 19,491 John G. Freedom; 11,930 Bradlee Karan; 7,267 Virginia E. Beck; 6,316 James J. Irwin.
CD 18 42,769 Wayne L. Hays; 10,878 Nick B. Karnick.
CD 19 54,004 Charles J. Carney; 8,397 John T. Holecko; 7,140 Howard D. Greene.
CD 20 40,665 James V. Stanton; 6,055 John T. Flanigan.
CD 21 32,222 Louis Stokes; 4,975 James H. Boyd; 4,235 Robert D. Lavdis; 3,824 William J. Kennick.
CD 22 50,279 Charles A. Vanik; 4,286 William J. Kennick; 2,566 Edward L. Viets.
CD 23 21,533 Ronald M. Mottl; 11,148 Robert E. Sweeney; 9,032 James P. Celebrezze; 5,874 Andrew C. Putka; 1,383 Arthur M. Shinn; 1,229 Raymond R. Demczyk.

OKLAHOMA

GOVERNOR
David L. Boren (D). Elected 1974 to a four-year term.

SENATORS
Dewey F. Bartlett (R). Elected 1972 to a six-year term.

Henry Bellmon (R). Re-elected 1974 to a six-year term. Previously elected 1968.

REPRESENTATIVES
1. James R. Jones (D)
2. Ted M. Risenhoover (D)
3. Carl Albert (D)
4. Tom Steed (D)
5. John Jarman (D)
6. Glenn English (D)

POSTWAR VOTE FOR GOVERNOR

Year	Total Vote	Republican Vote	Republican Candidate	Democratic Vote	Democratic Candidate	Other Vote	Rep.-Dem. Plurality	Total Vote Rep.	Total Vote Dem.	Major Vote Rep.	Major Vote Dem.
1974	804,848	290,459	Inhofe, James M.	514,389	Boren, David L.	—	223,930 D	36.1%	63.9%	36.1%	63.9%
1970	698,790	336,157	Bartlett, Dewey F.	338,338	Hall, David	24,295	2,181 D	48.1%	48.4%	49.8%	50.2%
1966	677,258	377,078	Bartlett, Dewey F.	296,328	Moore, Preston J.	3,852	80,750 R	55.7%	43.8%	56.0%	44.0%
1962	709,763	392,316	Bellmon, Henry	315,357	Atkinson, W. P.	2,090	76,959 R	55.3%	44.4%	55.4%	44.6%
1958	538,839	107,495	Ferguson, Phil	399,504	Edmondson, J. Howard	31,840	292,009 D	19.9%	74.1%	21.2%	78.8%
1954	609,194	251,808	Sparks, Reuben K.	357,386	Gary, Raymond	—	105,578 D	41.3%	58.7%	41.3%	58.7%
1950	644,276	313,205	Ferguson, Jo O.	329,308	Murray, Johnston	1,763	16,103 D	48.6%	51.1%	48.7%	51.3%
1946	494,599	227,426	Flynn, Olney F.	259,491	Turner, Roy J.	7,682	32,065 D	46.0%	52.5%	46.7%	53.3%

POSTWAR VOTE FOR SENATOR

Year	Total Vote	Republican Vote	Republican Candidate	Democratic Vote	Democratic Candidate	Other Vote	Rep.-Dem. Plurality	Total Vote Rep.	Total Vote Dem.	Major Vote Rep.	Major Vote Dem.
1974	791,809	390,997	Bellmon, Henry	387,162	Edmondson, Ed	13,650	3,835 R	49.4%	48.9%	50.2%	49.8%
1972	1,005,148	516,934	Bartlett, Dewey F.	478,212	Edmondson, Ed	10,002	38,722 R	51.4%	47.6%	51.9%	48.1%
1968	909,119	470,120	Bellmon, Henry	419,658	Monroney, A. S. Mike	19,341	50,462 R	51.7%	46.2%	52.8%	47.2%
1966	638,742	295,585	Patterson, Pat J.	343,157	Harris, Fred R.	—	47,572 D	46.3%	53.7%	46.3%	53.7%
1964s	912,174	445,392	Wilkinson, Bud	466,782	Harris, Fred R.	—	21,390 D	48.8%	51.2%	48.8%	51.2%
1962	664,712	307,966	Crawford, B. Hayden	353,890	Monroney, A. S. Mike	2,856	45,924 D	46.3%	53.2%	46.5%	53.5%
1960	864,475	385,646	Crawford, B. Hayden	474,116	Kerr, Robert S.	4,713	88,470 D	44.6%	54.8%	44.9%	55.1%
1956	831,142	371,146	McKeever, Douglas	459,996	Monroney, A. S. Mike	—	88,850 D	44.7%	55.3%	44.7%	55.3%
1954	600,120	262,013	Mock, Fred M.	335,127	Kerr, Robert S.	2,980	73,114 D	43.7%	55.8%	43.9%	56.1%
1950	631,177	285,224	Alexander, W. H.	345,953	Monroney, A. S. Mike	—	60,729 D	45.2%	54.8%	45.2%	54.8%
1948	708,931	265,169	Rizley, Ross	441,654	Kerr, Robert S.	2,108	176,485 D	37.4%	62.3%	37.5%	62.5%

The 1964 election was for a short term to fill a vacancy.

OKLAHOMA

Districts Established April 3, 1972

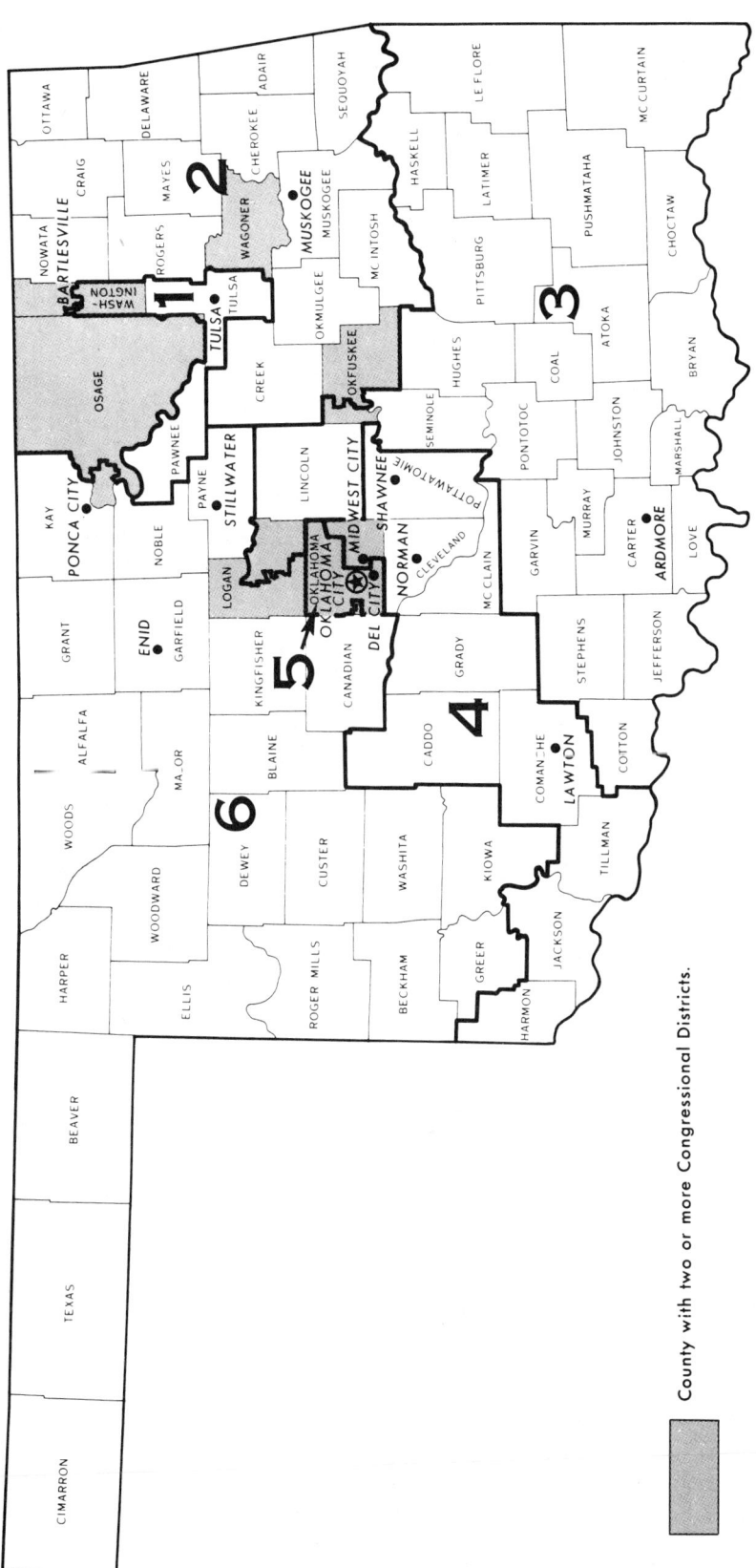

OKLAHOMA

GOVERNOR 1974

1970 Census Population	County	Total Vote	Republican	Democratic	Other	Rep.-Dem. Plurality	Percentage Total Vote Rep.	Dem.	Major Vote Rep.	Dem.
15,141	ADAIR	5,471	2,165	3,306		1,141 D	39.6%	60.4%	39.6%	60.4%
7,224	ALFALFA	3,460	1,699	1,761		62 D	49.1%	50.9%	49.1%	50.9%
10,972	ATOKA	3,786	579	3,207		2,628 D	15.3%	84.7%	15.3%	84.7%
6,282	BEAVER	2,424	894	1,530		636 D	36.9%	63.1%	36.9%	63.1%
15,754	BECKHAM	5,393	1,262	4,131		2,869 D	23.4%	76.6%	23.4%	76.6%
11,794	BLAINE	4,591	2,043	2,548		505 D	44.5%	55.5%	44.5%	55.5%
25,552	BRYAN	7,884	919	6,965		6,046 D	11.7%	88.3%	11.7%	88.3%
28,931	CADDO	8,944	2,456	6,488		4,032 D	27.5%	72.5%	27.5%	72.5%
32,245	CANADIAN	13,239	5,243	7,996		2,753 D	39.6%	60.4%	39.6%	60.4%
37,349	CARTER	10,112	2,041	8,071		6,030 D	20.2%	79.8%	20.2%	79.8%
23,174	CHEROKEE	8,829	2,894	5,935		3,041 D	32.8%	67.2%	32.8%	67.2%
15,141	CHOCTAW	3,979	435	3,544		3,109 D	10.9%	89.1%	10.9%	89.1%
4,145	CIMARRON	1,450	504	946		442 D	34.8%	65.2%	34.8%	65.2%
81,839	CLEVELAND	28,074	9,447	18,627		9,180 D	33.7%	66.3%	33.7%	66.3%
5,525	COAL	1,874	292	1,582		1,290 D	15.6%	84.4%	15.6%	84.4%
108,144	COMANCHE	18,602	4,689	13,913		9,224 D	25.2%	74.8%	25.2%	74.8%
6,832	COTTON	2,144	414	1,730		1,316 D	19.3%	80.7%	19.3%	80.7%
14,722	CRAIG	5,306	2,078	3,228		1,150 D	39.2%	60.8%	39.2%	60.8%
45,532	CREEK	13,360	5,332	8,028		2,696 D	39.9%	60.1%	39.9%	60.1%
22,665	CUSTER	7,387	2,373	5,014		2,641 D	32.1%	67.9%	32.1%	67.9%
17,767	DELAWARE	6,224	2,359	3,865		1,506 D	37.9%	62.1%	37.9%	62.1%
5,656	DEWEY	2,520	956	1,564		608 D	37.9%	62.1%	37.9%	62.1%
5,129	ELLIS	2,406	1,033	1,373		340 D	42.9%	57.1%	42.9%	57.1%
56,343	GARFIELD	18,863	8,926	9,937		1,011 D	47.3%	52.7%	47.3%	52.7%
24,874	GARVIN	8,848	2,096	6,752		4,656 D	23.7%	76.3%	23.7%	76.3%
29,354	GRADY	9,186	2,539	6,647		4,108 D	27.6%	72.4%	27.6%	72.4%
7,117	GRANT	3,152	1,289	1,863		574 D	40.9%	59.1%	40.9%	59.1%
7,979	GREER	2,497	519	1,978		1,459 D	20.8%	79.2%	20.8%	79.2%
5,136	HARMON	1,432	114	1,318		1,204 D	8.0%	92.0%	8.0%	92.0%
5,151	HARPER	1,992	928	1,064		136 D	46.6%	53.4%	46.6%	53.4%
9,578	HASKELL	3,745	768	2,977		2,209 D	20.5%	79.5%	20.5%	79.5%
13,228	HUGHES	4,649	793	3,856		3,063 D	17.1%	82.9%	17.1%	82.9%
30,902	JACKSON	5,787	874	4,913		4,039 D	15.1%	84.9%	15.1%	84.9%
7,125	JEFFERSON	2,061	318	1,743		1,425 D	15.4%	84.6%	15.4%	84.6%
7,870	JOHNSTON	2,623	377	2,246		1,869 D	14.4%	85.6%	14.4%	85.6%
48,791	KAY	17,721	7,844	9,877		2,033 D	44.3%	55.7%	44.3%	55.7%
12,857	KINGFISHER	5,267	2,515	2,752		237 D	47.8%	52.2%	47.8%	52.2%
12,532	KIOWA	4,264	897	3,367		2,470 D	21.0%	79.0%	21.0%	79.0%
8,601	LATIMER	3,091	529	2,562		2,033 D	17.1%	82.9%	17.1%	82.9%
32,137	LE FLORE	9,041	1,862	7,179		5,317 D	20.6%	79.4%	20.6%	79.4%
19,482	LINCOLN	7,958	2,660	5,298		2,638 D	33.4%	66.6%	33.4%	66.6%
19,645	LOGAN	7,499	2,898	4,601		1,703 D	38.6%	61.4%	38.6%	61.4%
5,637	LOVE	1,638	177	1,461		1,284 D	10.8%	89.2%	10.8%	89.2%
14,157	MCCLAIN	4,794	1,329	3,465		2,136 D	27.7%	72.3%	27.7%	72.3%
28,642	MCCURTAIN	6,527	628	5,899		5,271 D	9.6%	90.4%	9.6%	90.4%
12,472	MCINTOSH	4,816	1,209	3,607		2,398 D	25.1%	74.9%	25.1%	74.9%
7,529	MAJOR	3,283	1,766	1,517		249 R	53.8%	46.2%	53.8%	46.2%
7,682	MARSHALL	2,994	300	2,694		2,394 D	10.0%	90.0%	10.0%	90.0%
23,302	MAYES	8,640	3,541	5,099		1,558 D	41.0%	59.0%	41.0%	59.0%
10,669	MURRAY	3,556	653	2,903		2,250 D	18.4%	81.6%	18.4%	81.6%
59,542	MUSKOGEE	18,688	5,101	13,587		8,486 D	27.3%	72.7%	27.3%	72.7%
10,043	NOBLE	4,513	2,058	2,455		397 D	45.6%	54.4%	45.6%	54.4%
9,773	NOWATA	3,735	1,905	1,830		75 R	51.0%	49.0%	51.0%	49.0%
10,683	OKFUSKEE	3,748	985	2,763		1,778 D	26.3%	73.7%	26.3%	73.7%
526,805	OKLAHOMA	143,395	57,770	85,625		27,855 D	40.3%	59.7%	40.3%	59.7%
35,358	OKMULGEE	11,396	3,265	8,131		4,866 D	28.7%	71.3%	28.7%	71.3%
29,750	OSAGE	10,327	4,087	6,240		2,153 D	39.6%	60.4%	39.6%	60.4%
29,800	OTTAWA	8,699	2,371	6,328		3,957 D	27.3%	72.7%	27.3%	72.7%
11,338	PAWNEE	4,891	2,344	2,547		203 D	47.9%	52.1%	47.9%	52.1%
50,654	PAYNE	17,309	7,317	9,992		2,675 D	42.3%	57.7%	42.3%	57.7%
37,521	PITTSBURG	11,873	2,050	9,823		7,773 D	17.3%	82.7%	17.3%	82.7%
27,867	PONTOTOC	10,863	2,250	8,613		6,363 D	20.7%	79.3%	20.7%	79.3%
43,134	POTTAWATOMIE	14,926	3,665	11,261		7,596 D	24.6%	75.4%	24.6%	75.4%
9,385	PUSHMATAHA	3,334	510	2,824		2,314 D	15.3%	84.7%	15.3%	84.7%
4,452	ROGER MILLS	1,855	588	1,267		679 D	31.7%	68.3%	31.7%	68.3%

OKLAHOMA

GOVERNOR 1974

1970 Census Population	County	Total Vote	Republican	Democratic	Other	Rep.-Dem. Plurality	Percentage Total Vote Rep.	Dem.	Major Vote Rep.	Dem.
28,425	ROGERS	10,643	5,108	5,535		427 D	48.0%	52.0%	48.0%	52.0%
25,144	SEMINOLE	9,277	1,041	8,236		7,195 D	11.2%	88.8%	11.2%	88.8%
23,370	SEQUOYAH	7,703	1,822	5,881		4,059 D	23.7%	76.3%	23.7%	76.3%
35,902	STEPHENS	11,442	2,281	9,161		6,880 D	19.9%	80.1%	19.9%	80.1%
16,352	TEXAS	4,475	1,148	3,327		2,179 D	25.7%	74.3%	25.7%	74.3%
12,901	TILLMAN	3,538	493	3,045		2,552 D	13.9%	86.1%	13.9%	86.1%
400,709	TULSA	125,189	64,492	60,697		3,795 R	51.5%	48.5%	51.5%	48.5%
22,163	WAGONER	8,127	3,152	4,975		1,823 D	38.8%	61.2%	38.8%	61.2%
42,277	WASHINGTON	16,930	8,720	8,210		510 R	51.5%	48.5%	51.5%	48.5%
12,141	WASHITA	4,287	1,144	3,143		1,999 D	26.7%	73.3%	26.7%	73.3%
11,920	WOODS	4,880	2,086	2,794		708 D	42.7%	57.3%	42.7%	57.3%
15,537	WOODWARD	5,422	2,250	3,172		922 D	41.5%	58.5%	41.5%	58.5%
2,559,253	TOTAL	804,848	290,459	514,389		223,930 D	36.1%	63.9%	36.1%	63.9%

OKLAHOMA

SENATOR 1974

1970 Census Population	County	Total Vote	Republican	Democratic	Other	Rep.-Dem. Plurality	Percentage Total Vote Rep.	Dem.	Major Vote Rep.	Dem.
15,141	ADAIR	5,401	2,473	2,872	56	399 D	45.8%	53.2%	46.3%	53.7%
7,224	ALFALFA	3,399	2,437	935	27	1,502 R	71.7%	27.5%	72.3%	27.7%
10,972	ATOKA	3,863	1,337	2,451	75	1,114 D	34.6%	63.4%	35.3%	64.7%
6,282	BEAVER	2,376	1,387	950	39	437 R	58.4%	40.0%	59.3%	40.7%
15,754	BECKHAM	5,159	2,352	2,737	70	385 D	45.6%	53.1%	46.2%	53.8%
11,794	BLAINE	4,501	3,015	1,423	63	1,592 R	67.0%	31.6%	67.9%	32.1%
25,552	BRYAN	7,813	2,288	5,379	146	3,091 D	29.3%	68.8%	29.8%	70.2%
28,931	CADDO	8,943	4,013	4,836	94	823 D	44.9%	54.1%	45.3%	54.7%
32,245	CANADIAN	12,896	6,653	5,966	277	687 R	51.6%	46.3%	52.7%	47.3%
37,349	CARTER	10,083	4,261	5,694	128	1,433 D	42.3%	56.5%	42.8%	57.2%
23,174	CHEROKEE	8,790	3,379	5,329	82	1,950 D	38.4%	60.6%	38.8%	61.2%
15,141	CHOCTAW	3,936	1,129	2,761	46	1,632 D	28.7%	70.1%	29.0%	71.0%
4,145	CIMARRON	1,401	694	645	62	49 R	49.5%	46.0%	51.8%	48.2%
81,839	CLEVELAND	28,020	14,027	13,266	727	761 R	50.1%	47.3%	51.4%	48.6%
5,525	COAL	1,835	549	1,264	22	715 D	29.9%	68.9%	30.3%	69.7%
108,144	COMANCHE	18,490	7,906	10,277	307	2,371 D	42.8%	55.6%	43.5%	56.5%
6,832	COTTON	2,119	784	1,313	22	529 D	37.0%	62.0%	37.4%	62.6%
14,722	CRAIG	5,243	2,185	3,011	47	826 D	41.7%	57.4%	42.1%	57.9%
45,532	CREEK	13,251	6,049	7,049	153	1,000 D	45.6%	53.2%	46.2%	53.8%
22,665	CUSTER	7,264	4,359	2,826	79	1,533 R	60.0%	38.9%	60.7%	39.3%
17,767	DELAWARE	6,206	2,495	3,659	52	1,164 D	40.2%	59.0%	40.5%	59.5%
5,656	DEWEY	2,451	1,409	995	47	414 R	57.5%	40.6%	58.6%	41.4%
5,129	ELLIS	2,389	1,421	932	36	489 R	59.5%	39.0%	60.4%	39.6%
56,343	GARFIELD	18,536	12,479	5,809	248	6,670 R	67.3%	31.3%	68.2%	31.8%
24,874	GARVIN	8,785	3,648	5,031	106	1,383 D	41.5%	57.3%	42.0%	58.0%
29,354	GRADY	9,154	3,641	5,387	126	1,746 D	39.8%	58.8%	40.3%	59.7%
7,117	GRANT	3,098	2,122	945	31	1,177 R	68.5%	30.5%	69.2%	30.8%
7,979	GREER	2,448	978	1,448	22	470 D	40.0%	59.2%	40.3%	59.7%
5,136	HARMON	1,413	595	811	7	216 D	42.1%	57.4%	42.3%	57.7%
5,151	HARPER	1,977	1,307	647	23	660 R	66.1%	32.7%	66.9%	33.1%
9,578	HASKELL	3,868	1,186	2,646	36	1,460 D	30.7%	68.4%	30.9%	69.1%
13,228	HUGHES	4,669	1,598	3,038	33	1,440 D	34.2%	65.1%	34.5%	65.5%
30,902	JACKSON	5,709	2,204	3,441	64	1,237 D	38.6%	60.3%	39.0%	61.0%
7,125	JEFFERSON	2,003	614	1,361	28	747 D	30.7%	67.9%	31.1%	68.9%
7,870	JOHNSTON	2,538	960	1,538	40	578 D	37.8%	60.6%	38.4%	61.6%
48,791	KAY	17,402	10,685	6,514	203	4,171 R	61.4%	37.4%	62.1%	37.9%
12,857	KINGFISHER	5,130	3,556	1,516	58	2,040 R	69.3%	29.6%	70.1%	29.9%
12,532	KIOWA	4,166	1,924	2,195	47	271 D	46.2%	52.7%	46.7%	53.3%
8,601	LATIMER	3,073	929	2,100	44	1,171 D	30.2%	68.3%	30.7%	69.3%
32,137	LE FLORE	8,616	3,154	5,377	85	2,223 D	36.6%	62.4%	37.0%	63.0%
19,482	LINCOLN	7,911	4,006	3,795	110	211 R	50.6%	48.0%	51.4%	48.6%
19,645	LOGAN	7,462	4,088	3,246	128	842 R	54.8%	43.5%	55.7%	44.3%
5,637	LOVE	1,592	493	1,087	12	594 D	31.0%	68.3%	31.2%	68.8%
14,157	MCCLAIN	4,732	2,010	2,634	88	624 D	42.5%	55.7%	43.3%	56.7%
28,642	MCCURTAIN	6,335	1,510	4,740	85	3,230 D	23.8%	74.8%	24.2%	75.8%
12,472	MCINTOSH	4,802	1,458	3,307	37	1,849 D	30.4%	68.9%	30.6%	69.4%
7,529	MAJOR	3,227	2,434	755	38	1,679 R	75.4%	23.4%	76.3%	23.7%
7,682	MARSHALL	2,921	1,077	1,809	35	732 D	36.9%	61.9%	37.3%	62.7%
23,302	MAYES	8,596	3,634	4,900	62	1,266 D	42.3%	57.0%	42.6%	57.4%
10,669	MURRAY	3,526	1,301	2,172	53	871 D	36.9%	61.6%	37.5%	62.5%
59,542	MUSKOGEE	18,692	6,214	12,359	119	6,145 D	33.2%	66.1%	33.5%	66.5%
10,043	NOBLE	4,443	2,924	1,452	67	1,472 R	65.8%	32.7%	66.8%	33.2%
9,773	NOWATA	3,662	1,781	1,832	49	51 D	48.6%	50.0%	49.3%	50.7%
10,683	OKFUSKEE	3,705	1,435	2,228	42	793 D	38.7%	60.1%	39.2%	60.8%
526,805	OKLAHOMA	138,843	74,897	59,125	4,821	15,772 R	53.9%	42.6%	55.9%	44.1%
35,358	OKMULGEE	11,297	3,914	7,287	96	3,373 D	34.6%	64.5%	34.9%	65.1%
29,750	OSAGE	10,141	4,655	5,389	97	734 D	45.9%	53.1%	46.3%	53.7%
29,800	OTTAWA	8,444	3,009	5,344	91	2,335 D	35.6%	63.3%	36.0%	64.0%
11,338	PAWNEE	4,787	2,640	2,105	42	535 R	55.1%	44.0%	55.6%	44.4%
50,654	PAYNE	17,018	10,217	6,496	305	3,721 R	60.0%	38.2%	61.1%	38.9%
37,521	PITTSBURG	11,912	3,460	8,357	95	4,897 D	29.0%	70.2%	29.3%	70.7%
27,867	PONTOTOC	10,708	4,376	6,183	149	1,807 D	40.9%	57.7%	41.4%	58.6%
43,134	POTTAWATOMIE	14,785	6,589	7,991	205	1,402 D	44.6%	54.0%	45.2%	54.8%
9,385	PUSHMATAHA	3,234	1,027	2,159	48	1,132 D	31.8%	66.8%	32.2%	67.8%
4,452	ROGER MILLS	1,752	876	848	28	28 R	50.0%	48.4%	50.8%	49.2%

OKLAHOMA

SENATOR 1974

1970 Census Population	County	Total Vote	Republican	Democratic	Other	Rep.-Dem. Plurality	Percentage Total Vote Rep.	Dem.	Major Vote Rep.	Dem.
28,425	ROGERS	10,622	4,739	5,756	127	1,017 D	44.6%	54.2%	45.2%	54.8%
25,144	SEMINOLE	9,059	4,130	4,817	112	687 D	45.6%	53.2%	46.2%	53.8%
23,370	SEQUOYAH	7,541	2,303	5,151	87	2,848 D	30.5%	68.3%	30.9%	69.1%
35,902	STEPHENS	11,275	4,325	6,803	147	2,478 D	38.4%	60.3%	38.9%	61.1%
16,352	TEXAS	4,402	2,360	1,930	112	430 R	53.6%	43.8%	55.0%	45.0%
12,901	TILLMAN	3,470	1,443	1,998	29	555 D	41.6%	57.6%	41.9%	58.1%
400,709	TULSA	123,718	72,145	49,775	1,798	22,370 R	58.3%	40.2%	59.2%	40.8%
22,163	WAGONER	7,938	3,315	4,534	89	1,219 D	41.8%	57.1%	42.2%	57.8%
42,277	WASHINGTON	16,563	9,273	7,096	194	2,177 R	56.0%	42.8%	56.6%	43.4%
12,141	WASHITA	4,172	2,149	1,971	52	178 R	51.5%	47.2%	52.2%	47.8%
11,920	WOODS	4,771	3,061	1,636	74	1,425 R	64.2%	34.3%	65.2%	34.8%
15,537	WOODWARD	5,337	3,547	1,721	69	1,826 R	66.5%	32.2%	67.3%	32.7%
2,559,253	TOTAL	791,809	390,997	387,162	13,650	3,835 R	49.4%	48.9%	50.2%	49.8%

OKLAHOMA

CONGRESS

		Total	Republican		Democratic		Other	Rep.-Dem.	Percentage Total Vote		Major Vote	
CD	Year	Vote	Vote	Candidate	Vote	Candidate	Vote	Plurality	Rep.	Dem.	Rep.	Dem.
1	1974	129,856	41,697	MIZER, GEORGE A.	88,159	JONES, JAMES R.		46,462 D	32.1%	67.9%	32.1%	67.9%
1	1972	168,652	73,786	HEWGLEY, J. M.	91,864	JONES, JAMES R.	3,002	18,078 D	43.8%	54.5%	44.5%	55.5%
2	1974	132,156	54,110	KEEN, RALPH F.	78,046	RISENHOOVER, TED M.		23,936 D	40.9%	59.1%	40.9%	59.1%
2	1972	147,742	42,632	TOLIVER, EMERY H.	105,110	MCSPADDEN, CLEM R.		62,478 D	28.9%	71.1%	28.9%	71.1%
3	1974					ALBERT, CARL						
3	1972	108,974			101,732	ALBERT, CARL	7,242	101,732 D		93.4%		100.0%
4	1974					STEED, TOM						
4	1972	120,062	34,484	CROZIER, WILLIAM E.	85,578	STEED, TOM		51,094 D	28.7%	71.3%	28.7%	71.3%
5	1974	100,812	48,705	EDWARDS, M. H.	52,107	JARMAN, JOHN		3,402 D	48.3%	51.7%	48.3%	51.7%
5	1972	115,421	45,711	KELLER, LLEWELLYN L.	69,710	JARMAN, JOHN		23,999 D	39.6%	60.4%	39.6%	60.4%
6	1974	143,488	63,731	CAMP, JOHN N.	76,392	ENGLISH, GLENN	3,365	12,661 D	44.4%	53.2%	45.5%	54.5%
6	1972	156,230	113,567	CAMP, JOHN N.	42,663	SCHMITT, WILLIAM P.		70,904 R	72.7%	27.3%	72.7%	27.3%

OKLAHOMA

1974 GENERAL ELECTION

Governor

Senator   Other vote was Independent (Trent).

Congress Under present legislation, votes are not tallied in unopposed elections, so no total vote or candidate vote is available for unopposed Congressional elections. Other vote in CD 6 was Independent (Basore). John Jarman, the Democratic candidate in CD 5, changed his party affiliation to Republican in January 1975.

1974 PRIMARIES

AUGUST 27 REPUBLICAN

Governor 88,594 James M. Inhofe; 62,188 Denzil D. Garrison.

Senator   132,888 Henry Bellmon; 19,733 Warner M. Hornbeck.

Congress Unopposed in one CD. No candidates in CD's 3 and 4. Contested as follows:

- CD 1   22,790 George A. Mizer; 10,432 Ernest E. Clulow.
- CD 2   11,820 Ralph F. Keen; 10,256 Dorothy Stanislaus.
- CD 3   24,674 John N. Camp; 17,794 Tim Leonard.

AUGUST 27 DEMOCRATIC

Governor 238,534 Clem R. McSpadden; 226,321 David L. Boren; 169,290 David Hall.

Senator   288,665 Ed Edmondson; 222,727 Charles Nesbitt; 35,107 Wilburn Cartwright; 18,906 Rex Sparger; 12,120 Billy E. Brown; 8,417 A. J. Van Dusen; 7,309 Theron L. Terbush.

Congress Unopposed in one CD. Contested as follows:

- CD 1   52,806 James R. Jones; 12,081 Lawrence E. Lane.
- CD 2   29,111 Cecil Drummond; 22,876 Ted M. Risenhoover; 20,957 Bob Blackstock; 18,064 L. V. Watkins; 13,428 Robert Collins; 11,639 Jim Conrad.
- CD 3   122,144 Carl Albert; 17,539 Marvin D. Andrews; 8,801 Peryle H. Eastwood.
- CD 5   38,378 John Jarman; 12,524 Robert C. Bright; 11,894 Al E. Engel.
- CD 6   32,720 Glenn English; 19,903 David Hutchens; 19,451 Gary Green; 5,400 Dean B. Brown; 4,784 Johnny Reeder; 3,585 Lawrence L. Poor.

SEPTEMBER 17 DEMOCRATIC RUN-OFF

Governor 286,171 David L. Boren; 248,623 Clem R. McSpadden.

Senator   306,178 Ed Edmondson; 215,685 Charles Nesbitt.

Congress

- CD 2   54,684 Ted M. Risenhoover; 50,323 Cecil Drummond.
- CD 6   42,265 Glenn English; 32,830 David Hutchens.

OREGON

GOVERNOR
Robert W. Straub (D). Elected 1974 to a four-year term.

SENATORS
Mark Hatfield (R). Re-elected 1972 to a six-year term. Previously elected 1966.

Robert W. Packwood (R). Re-elected 1974 to a six-year term. Previously elected 1968.

REPRESENTATIVES
1. Les AuCoin (D)
2. Albert C. Ullman (D)
3. Robert B. Duncan (D)
4. James Weaver (D)

POSTWAR VOTE FOR GOVERNOR

Year	Total Vote	Republican Vote	Candidate	Democratic Vote	Candidate	Other Vote	Rep.-Dem. Plurality	Total Vote Rep.	Total Vote Dem.	Major Vote Rep.	Major Vote Dem.
1974	770,574	324,751	Atiyeh, Victor	444,812	Straub, Robert W.	1,011	120,061 D	42.1%	57.7%	42.2%	57.8%
1970	666,394	369,964	McCall, Tom	293,892	Straub, Robert W.	2,538	76,072 R	55.5%	44.1%	55.7%	44.3%
1966	682,862	377,346	McCall, Tom	305,008	Straub, Robert W.	508	72,338 R	55.3%	44.7%	55.3%	44.7%
1962	637,407	345,497	Hatfield, Mark	265,359	Thornton, Robert Y.	26,551	80,138 R	54.2%	41.6%	56.6%	43.4%
1958	599,994	331,900	Hatfield, Mark	267,934	Holmes, Robert D.	160	63,966 R	55.3%	44.7%	55.3%	44.7%
1956s	731,279	361,840	Smith, Elmo E.	369,439	Holmes, Robert D.	—	7,599 D	49.5%	50.5%	49.5%	50.5%
1954	566,701	322,522	Patterson, Paul	244,179	Carson, Joseph K.	—	78,343 R	56.9%	43.1%	56.9%	43.1%
1950	505,910	334,160	McKay, Douglas	171,750	Flegel, Austin F.	—	162,410 R	66.1%	33.9%	66.1%	33.9%
1948s	509,633	271,295	McKay, Douglas	226,958	Wallace, Lew	11,380	44,337 R	53.2%	44.5%	54.4%	45.6%
1946	344,155	237,681	Snell, Earl	106,474	Donaugh, Carl C.	—	131,207 R	69.1%	30.9%	69.1%	30.9%

The elections in 1956 and 1948 were for short terms to fill vacancies.

POSTWAR VOTE FOR SENATOR

Year	Total Vote	Republican Vote	Candidate	Democratic Vote	Candidate	Other Vote	Rep.-Dem. Plurality	Total Vote Rep.	Total Vote Dem.	Major Vote Rep.	Major Vote Dem.
1974	766,414	420,984	Packwood, Robert W.	338,591	Roberts, Betty	6,839	82,393 R	54.9%	44.2%	55.4%	44.6%
1972	920,833	494,671	Hatfield, Mark	425,036	Morse, Wayne L.	1,126	69,635 R	53.7%	46.2%	53.8%	46.2%
1968	814,176	408,646	Packwood, Robert W.	405,353	Morse, Wayne L.	177	3,293 R	50.2%	49.8%	50.2%	49.8%
1966	685,067	354,391	Hatfield, Mark	330,374	Duncan, Robert B.	302	24,017 R	51.7%	48.2%	51.8%	48.2%
1962	636,558	291,587	Unander, Sig	344,716	Morse, Wayne L.	255	53,129 D	45.8%	54.2%	45.8%	54.2%
1960	755,875	343,009	Smith, Elmo E.	412,757	Neuberger, Maurine	109	69,748 D	45.4%	54.6%	45.4%	54.6%
1956	732,254	335,405	McKay, Douglas	396,849	Morse, Wayne L.	—	61,444 D	45.8%	54.2%	45.8%	54.2%
1954	569,088	283,313	Cordon, Guy	285,775	Neuberger, Richard L.	—	2,462 D	49.8%	50.2%	49.8%	50.2%
1950	503,455	376,510	Morse, Wayne L.	116,780	Latourette, Howard	10,165	259,730 R	74.8%	23.2%	76.3%	23.7%
1948	498,570	299,295	Cordon, Guy	199,275	Wilson, Manley J.	—	100,020 R	60.0%	40.0%	60.0%	40.0%

OREGON

Districts Established July 2, 1971

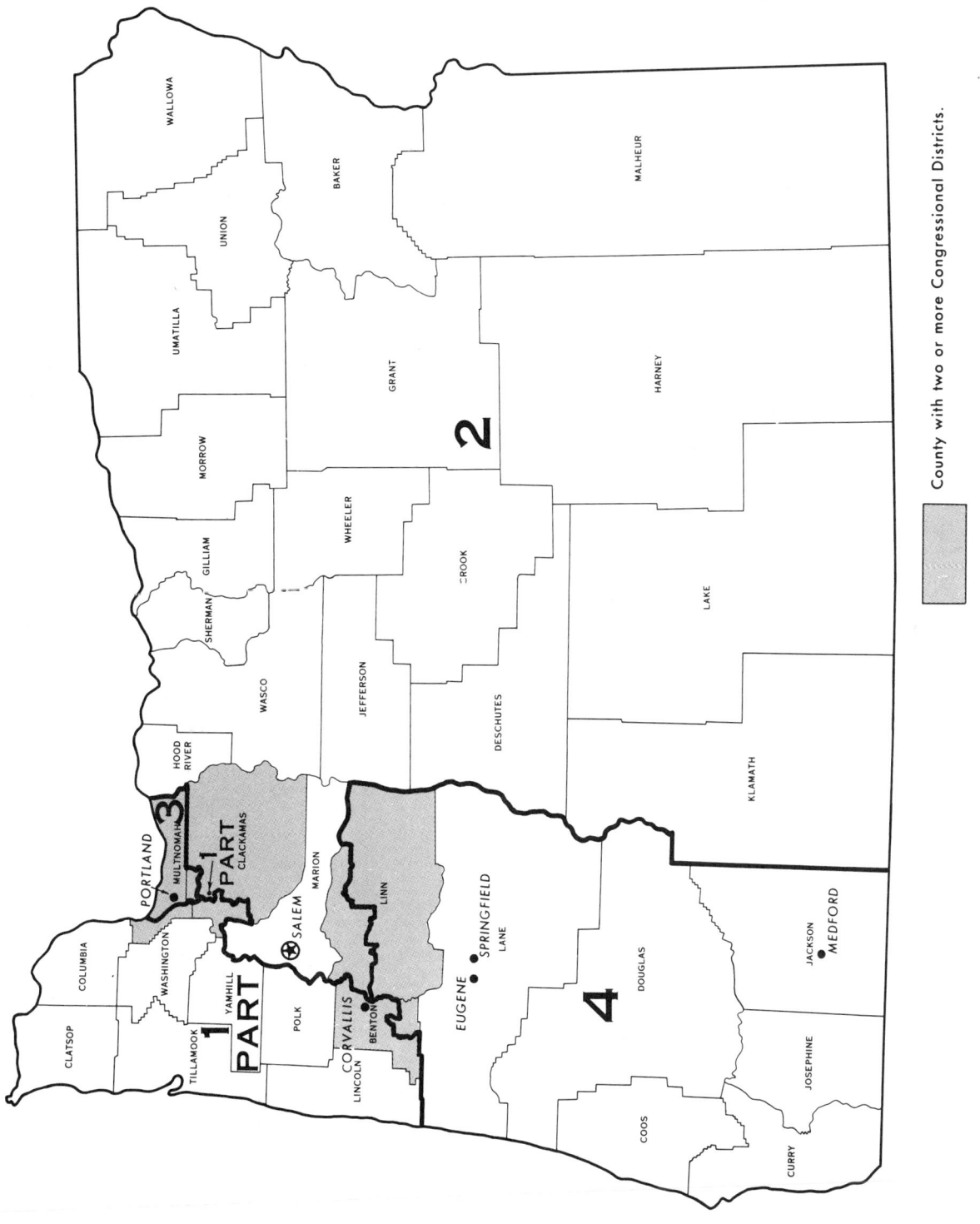

OREGON

GOVERNOR 1974

1970 Census Population	County	Total Vote	Republican	Democratic	Other	Rep.-Dem. Plurality		Percentage Total Vote Rep.	Dem.	Major Vote Rep.	Dem.
14,919	BAKER	5,331	2,568	2,763		195	D	48.2%	51.8%	48.2%	51.8%
53,776	BENTON	20,745	8,465	12,229	51	3,764	D	40.8%	58.9%	40.9%	59.1%
166,088	CLACKAMAS	67,410	27,978	39,365	67	11,387	D	41.5%	58.4%	41.5%	58.5%
28,473	CLATSOP	10,365	4,644	5,707	14	1,063	D	44.8%	55.1%	44.9%	55.1%
28,790	COLUMBIA	10,870	3,777	7,080	13	3,303	D	34.7%	65.1%	34.8%	65.2%
56,515	COOS	18,564	6,380	12,176	8	5,796	D	34.4%	65.6%	34.4%	65.6%
9,985	CROOK	3,815	1,703	2,107	5	404	D	44.6%	55.2%	44.7%	55.3%
13,006	CURRY	5,185	2,284	2,895	6	611	D	44.1%	55.8%	44.1%	55.9%
30,442	DESCHUTES	13,517	6,188	7,318	11	1,130	D	45.8%	54.1%	45.8%	54.2%
71,743	DOUGLAS	23,533	11,186	12,339	8	1,153	D	47.5%	52.4%	47.5%	52.5%
2,342	GILLIAM	1,017	527	490		37	R	51.8%	48.2%	51.8%	48.2%
6,996	GRANT	2,425	1,137	1,288		151	D	46.9%	53.1%	46.9%	53.1%
7,215	HARNEY	2,502	1,186	1,314	2	128	D	47.4%	52.5%	47.4%	52.6%
13,187	HOOD RIVER	4,765	2,123	2,640	2	517	D	44.6%	55.4%	44.6%	55.4%
94,533	JACKSON	32,488	14,841	17,626	21	2,785	D	45.7%	54.3%	45.7%	54.3%
8,548	JEFFERSON	2,749	1,385	1,360	4	25	R	50.4%	49.5%	50.5%	49.5%
35,746	JOSEPHINE	13,948	7,556	6,385	7	1,171	R	54.2%	45.8%	54.2%	45.8%
50,021	KLAMATH	15,502	8,020	7,477	5	543	R	51.7%	48.2%	51.8%	48.2%
6,343	LAKE	2,173	1,146	1,025	2	121	R	52.7%	47.2%	52.8%	47.2%
213,358	LANE	80,599	30,762	49,672	165	18,910	D	38.2%	61.6%	38.2%	61.8%
25,755	LINCOLN	11,356	4,884	6,468	4	1,584	D	43.0%	57.0%	43.0%	57.0%
71,914	LINN	22,537	9,842	12,680	15	2,838	D	43.7%	56.3%	43.7%	56.3%
23,169	MALHEUR	6,677	4,148	2,526	3	1,622	R	62.1%	37.8%	62.2%	37.8%
151,309	MARION	54,139	24,606	29,448	85	4,842	D	45.4%	54.4%	45.5%	54.5%
4,465	MORROW	1,639	796	842	1	46	D	48.6%	51.4%	48.6%	51.4%
556,667	MULTNOMAH	205,889	74,320	131,163	406	56,843	D	36.1%	63.7%	36.2%	63.8%
35,349	POLK	12,679	5,685	6,979	15	1,294	D	44.8%	55.0%	44.9%	55.1%
2,139	SHERMAN	926	496	430		66	R	53.6%	46.4%	53.6%	46.4%
17,930	TILLAMOOK	6,787	3,354	3,426	7	72	D	49.4%	50.5%	49.5%	50.5%
44,923	UMATILLA	13,465	6,572	6,884	9	312	D	48.8%	51.1%	48.8%	51.2%
19,377	UNION	7,302	3,882	3,420		462	R	53.2%	46.8%	53.2%	46.8%
6,247	WALLOWA	2,307	1,180	1,127		53	R	51.1%	48.9%	51.1%	48.9%
20,133	WASCO	6,639	2,781	3,857	1	1,076	D	41.9%	58.1%	41.9%	58.1%
157,920	WASHINGTON	65,799	31,572	34,160	67	2,588	D	48.0%	51.9%	48.0%	52.0%
1,849	WHEELER	717	299	417	1	118	D	41.7%	58.2%	41.8%	58.2%
40,213	YAMHILL	14,213	6,478	7,729	6	1,251	D	45.6%	54.4%	45.6%	54.4%
2,091,385	TOTAL	770,574	324,751	444,812	1,011	120,061	D	42.1%	57.7%	42.2%	57.8%

OREGON

SENATOR 1974

1970 Census Population	County	Total Vote	Republican	Democratic	Other	Rep.-Dem. Plurality	Percentage Total Vote Rep.	Dem.	Major Vote Rep.	Dem.
14,919	BAKER	5,332	3,037	2,232	63	805 R	57.0%	41.9%	57.6%	42.4%
53,776	BENTON	20,778	12,050	8,641	87	3,409 R	58.0%	41.6%	58.2%	41.8%
166,088	CLACKAMAS	67,060	38,410	28,002	648	10,408 R	57.3%	41.8%	57.8%	42.2%
28,473	CLATSOP	10,380	5,218	5,048	114	170 R	50.3%	48.6%	50.8%	49.2%
28,790	COLUMBIA	10,826	4,944	5,777	105	833 D	45.7%	53.4%	46.1%	53.9%
56,515	COOS	18,581	8,320	10,170	91	1,850 D	44.8%	54.7%	45.0%	55.0%
9,985	CROOK	3,782	2,070	1,695	17	375 R	54.7%	44.8%	55.0%	45.0%
13,006	CURRY	5,230	2,723	2,486	21	237 R	52.1%	47.5%	52.3%	47.7%
30,442	DESCHUTES	13,391	7,676	5,601	114	2,075 R	57.3%	41.8%	57.8%	42.2%
71,743	DOUGLAS	23,535	12,416	10,982	137	1,434 R	52.8%	46.7%	53.1%	46.9%
2,342	GILLIAM	1,017	614	403		211 R	60.4%	39.6%	60.4%	39.6%
6,996	GRANT	2,416	1,439	969	8	470 R	59.6%	40.1%	59.8%	40.2%
7,215	HARNEY	2,496	1,430	1,056	10	374 R	57.3%	42.3%	57.5%	42.5%
13,187	HOOD RIVER	4,739	2,729	1,988	22	741 R	57.6%	41.9%	57.9%	42.1%
94,533	JACKSON	32,468	18,136	14,186	146	3,950 R	55.9%	43.7%	56.1%	43.9%
8,548	JEFFERSON	2,745	1,604	1,133	8	471 R	58.4%	41.3%	58.6%	41.4%
35,746	JOSEPHINE	13,995	8,237	5,729	29	2,508 R	58.9%	40.9%	59.0%	41.0%
50,021	KLAMATH	15,262	9,047	6,151	64	2,896 R	59.3%	40.3%	59.5%	40.5%
6,343	LAKE	2,180	1,097	1,070	13	27 R	50.3%	49.1%	50.6%	49.4%
213,358	LANE	80,607	40,162	40,178	267	16 D	49.8%	49.8%	50.0%	50.0%
25,755	LINCOLN	11,360	6,103	5,226	31	877 R	53.7%	46.0%	53.9%	46.1%
71,914	LINN	22,459	12,143	10,188	128	1,955 R	54.1%	45.4%	54.4%	45.6%
23,169	MALHEUR	6,699	4,307	2,377	15	1,930 R	64.3%	35.5%	64.4%	35.6%
151,309	MARION	53,188	31,318	20,395	1,475	10,923 R	58.9%	38.3%	60.6%	39.4%
4,465	MORROW	1,625	886	727	12	159 R	54.5%	44.7%	54.9%	45.1%
556,667	MULTNOMAH	204,724	107,327	95,420	1,977	11,907 R	52.4%	46.6%	52.9%	47.1%
35,349	POLK	12,588	7,615	4,858	115	2,757 R	60.5%	38.6%	61.1%	38.9%
2,139	SHERMAN	919	588	331		257 R	64.0%	36.0%	64.0%	36.0%
17,930	TILLAMOOK	6,730	3,320	3,307	103	13 R	49.3%	49.1%	50.1%	49.9%
44,923	UMATILLA	13,397	7,920	5,363	114	2,557 R	59.1%	40.0%	59.6%	40.4%
19,377	UNION	7,261	4,707	2,547	7	2,160 R	64.8%	35.1%	64.9%	35.1%
6,247	WALLOWA	2,271	916	1,342	13	426 D	40.3%	59.1%	40.6%	59.4%
20,133	WASCO	6,628	3,483	3,113	32	370 R	52.5%	47.0%	52.8%	47.2%
157,920	WASHINGTON	64,896	40,202	23,948	746	16,254 R	61.9%	36.9%	62.7%	37.3%
1,849	WHEELER	708	414	291	3	123 R	58.5%	41.1%	58.7%	41.3%
40,213	YAMHILL	14,141	8,376	5,661	104	2,715 R	59.2%	40.0%	59.7%	40.3%
2,091,385	TOTAL	766,414	420,984	338,591	6,839	82,393 R	54.9%	44.2%	55.4%	44.6%

OREGON

CONGRESS

CD	Year	Total Vote	Republican Vote	Candidate	Democratic Vote	Candidate	Other Vote	Rep.-Dem. Plurality	Percentage Total Vote Rep.	Dem.	Major Vote Rep.	Dem.
1	1974	204,592	89,848	O SCANNLAIN, DIARMUID	114,629	AUCOIN, LES	115	24,781 D	43.9%	56.0%	43.9%	56.1%
1	1972	242,798	166,476	WYATT, WENDELL	76,307	BUNCH, RALPH E.	15	90,169 R	68.6%	31.4%	68.6%	31.4%
2	1974	180,449	39,441	BROWN, KENNETH A.	140,963	ULLMAN, ALBERT C.	45	101,522 D	21.9%	78.1%	21.9%	78.1%
2	1972	178,728			178,537	ULLMAN, ALBERT C.	191	178,537 D		99.9%		100.0%
3	1974	183,537	54,080	PIACENTINI, JOHN	129,290	DUNCAN, ROBERT B.	167	75,210 D	29.5%	70.4%	29.5%	70.5%
3	1972	226,030	84,697	WALSH, MIKE	141,046	GREEN, EDITH	287	56,349 D	37.5%	62.4%	37.5%	62.5%
4	1974	184,617	86,950	DELLENBACK, JOHN R.	97,580	WEAVER, JAMES	87	10,630 D	47.1%	52.9%	47.1%	52.9%
4	1972	222,174	138,965	DELLENBACK, JOHN R.	83,134	PORTER, CHARLES O.	75	55,831 R	62.5%	37.4%	62.6%	37.4%

OREGON

1974 GENERAL ELECTION

Governor   Other vote was scattered.

Senator   Other vote was 5,072 write-ins (Jason Boe); 1,767 scattered.

Congress   Other vote in all CD's was scattered.

1974 PRIMARIES

MAY 28 REPUBLICAN

Governor   144,454 Victor Atiyeh; 79,003 Clay Myers; 6,088 John E. Smets; 4,647 William Jolley; 3,059 Frank E. Heisler; 753 scattered.

Senator   Robert W. Packwood, unopposed.

Congress   Unopposed in two CD's. Contested as follows:

CD 1   25,420 Diarmuid O'Scannlain; 14,794 David Frost; 12,942 Phil Bladine; 8,602 Bill Hoyt; 4,783 Thomas A. Leupp; 1,546 Rafael Ciddio y Abeyta; 61 scattered.

CD 3   29,061 John Piacentini; 8,631 Jack Ferris; 6,161 C. R. Neumann; 104 scattered.

MAY 28 DEMOCRATIC

Governor   107,205 Robert W. Straub; 98,654 Betty Roberts; 88,795 Jim Redden; 4,936 Johnny Woods; 4,693 John Freeman; 4,475 William L. Patrick; 3,014 Bill Harvey; 2,983 E. Allen Propst; 1,950 Pauline F. Smith; 1,702 L. B. Baxter; 589 scattered.

Senator   155,729 Wayne L. Morse; 125,055 Jason Boe; 21,881 Robert T. Daly; 14,984 Robert E. O'Connor; 319 scattered. Mr. Morse died after the primary and Betty Roberts was substituted by the Democratic state central committee.

Congress   Contested as follows:

CD 1   35,885 Les AuCoin; 16,156 Ralph E. Bunch; 9,821 Malcolm Cross; 6,237 Ralph Wiser; 5,591 Phil McAlmond; 81 scattered.

CD 2   56,225 Albert C. Ullman; 13,041 Steve Anderson; 18 scattered.

CD 3   32,655 Robert B. Duncan; 18,115 Harl Haas; 13,802 Vern Cook; 8,945 Dan E. Mosee; 7,762 Chuck Foster; 7,668 Gregory B. Wolfe; 4,334 Carlos Rivera; 1,599 Roger H. Bunge; 24 scattered.

CD 4   23,397 James Weaver; 17,609 Jack Ripper; 17,599 Frank Barry; 5,423 Richard K. Brewster; 2,092 Robert I. Zagorin; 60 scattered.

PENNSYLVANIA

GOVERNOR
Milton Shapp (D). Re-elected 1974 to a four-year term. Previously elected 1970.

SENATORS
Richard S. Schweiker (R). Re-elected 1974 to a six-year term. Previously elected 1968.

Hugh Scott (R). Re-elected 1970 to a six-year term. Previously elected 1964, 1958.

REPRESENTATIVES
1. William A. Barrett (D)
2. Robert N. C. Nix (D)
3. William J. Green, III (D)
4. Joshua Eilberg (D)
5. Richard T. Schulze (R)
6. Gus Yatron (D)
7. Robert W. Edgar (D)
8. Edward G. Biester (R)
9. E. G. Shuster (R)
10. Joseph M. McDade (R)
11. Daniel J. Flood (D)
12. John P. Murtha (D)
13. R. Lawrence Coughlin (R)
14. William S. Moorhead (D)
15. Fred B. Rooney (D)
16. Edwin D. Eshleman (R)
17. Herman Schneebeli (R)
18. H. John Heinz (R)
19. William F. Goodling (R)
20. Joseph M. Gaydos (D)
21. John H. Dent (D)
22. Thomas E. Morgan (D)
23. Albert W. Johnson (R)
24. Joseph P. Vigorito (D)
25. Gary A. Myers (R)

POSTWAR VOTE FOR GOVERNOR

Year	Total Vote	Republican Vote	Candidate	Democratic Vote	Candidate	Other Vote	Rep.-Dem. Plurality	Total Vote Rep.	Total Vote Dem.	Major Vote Rep.	Major Vote Dem.
1974	3,491,234	1,578,917	Lewis, Andrew L.	1,878,252	Shapp, Milton	34,065	299,335 D	45.2%	53.8%	45.7%	54.3%
1970	3,700,060	1,542,854	Broderick, Raymond	2,043,029	Shapp, Milton	114,177	500,175 D	41.7%	55.2%	43.0%	57.0%
1966	4,050,668	2,110,349	Shafer, Raymond P.	1,868,719	Shapp, Milton	71,600	241,630 R	52.1%	46.1%	53.0%	47.0%
1962	4,378,042	2,424,918	Scranton, William W.	1,938,627	Dilworth, Richardson	14,497	486,291 R	55.4%	44.3%	55.6%	44.4%
1958	3,986,918	1,948,769	McGonigle, A. T.	2,024,852	Lawrence, David	13,297	76,083 D	48.9%	50.8%	49.0%	51.0%
1954	3,720,457	1,717,070	Wood, Lloyd H.	1,996,266	Leader, George M.	7,121	279,196 D	46.2%	53.7%	46.2%	53.8%
1950	3,540,059	1,796,119	Fine, John S.	1,710,355	Dilworth, Richardson	33,585	85,764 R	50.7%	48.3%	51.2%	48.8%
1946	3,123,994	1,828,462	Duff, James H.	1,270,947	Rice, John S.	24,585	557,515 R	58.5%	40.7%	59.0%	41.0%

POSTWAR VOTE FOR SENATOR

Year	Total Vote	Republican Vote	Candidate	Democratic Vote	Candidate	Other Vote	Rep.-Dem. Plurality	Total Vote Rep.	Total Vote Dem.	Major Vote Rep.	Major Vote Dem.
1974	3,477,812	1,843,317	Schweiker, Richard S.	1,596,121	Flaherty, Peter	38,374	247,196 R	53.0%	45.9%	53.6%	46.4%
1970	3,644,305	1,874,106	Scott, Hugh	1,653,774	Sesler, William G.	116,425	220,332 R	51.4%	45.4%	53.1%	46.9%
1968	4,624,218	2,399,762	Schweiker, Richard S.	2,117,662	Clark, Joseph S.	106,794	282,100 R	51.9%	45.8%	53.1%	46.9%
1964	4,803,835	2,429,858	Scott, Hugh	2,359,223	Blatt, Genevieve	14,754	70,635 R	50.6%	49.1%	50.7%	49.3%
1962	4,383,475	2,134,649	Van Zandt, James E.	2,238,383	Clark, Joseph S.	10,443	103,734 D	48.7%	51.1%	48.8%	51.2%
1958	3,988,622	2,042,586	Scott, Hugh	1,929,821	Leader, George M.	16,215	112,765 R	51.2%	48.4%	51.4%	48.6%
1956	4,529,874	2,250,671	Duff, James H.	2,268,641	Clark, Joseph S.	10,562	17,970 D	49.7%	50.1%	49.8%	50.2%
1952	4,519,761	2,331,034	Martin, Edward	2,168,546	Bard, Guy Kurtz	20,181	162,488 R	51.6%	48.0%	51.8%	48.2%
1950	3,548,703	1,820,400	Duff, James H.	1,694,076	Myers, Francis J.	34,227	126,324 R	51.3%	47.7%	51.8%	48.2%
1946	3,127,860	1,853,458	Martin, Edward	1,245,338	Guffey, Joseph F.	29,064	608,120 R	59.3%	39.8%	59.8%	40.2%

PENNSYLVANIA

Districts Established January 25, 1972

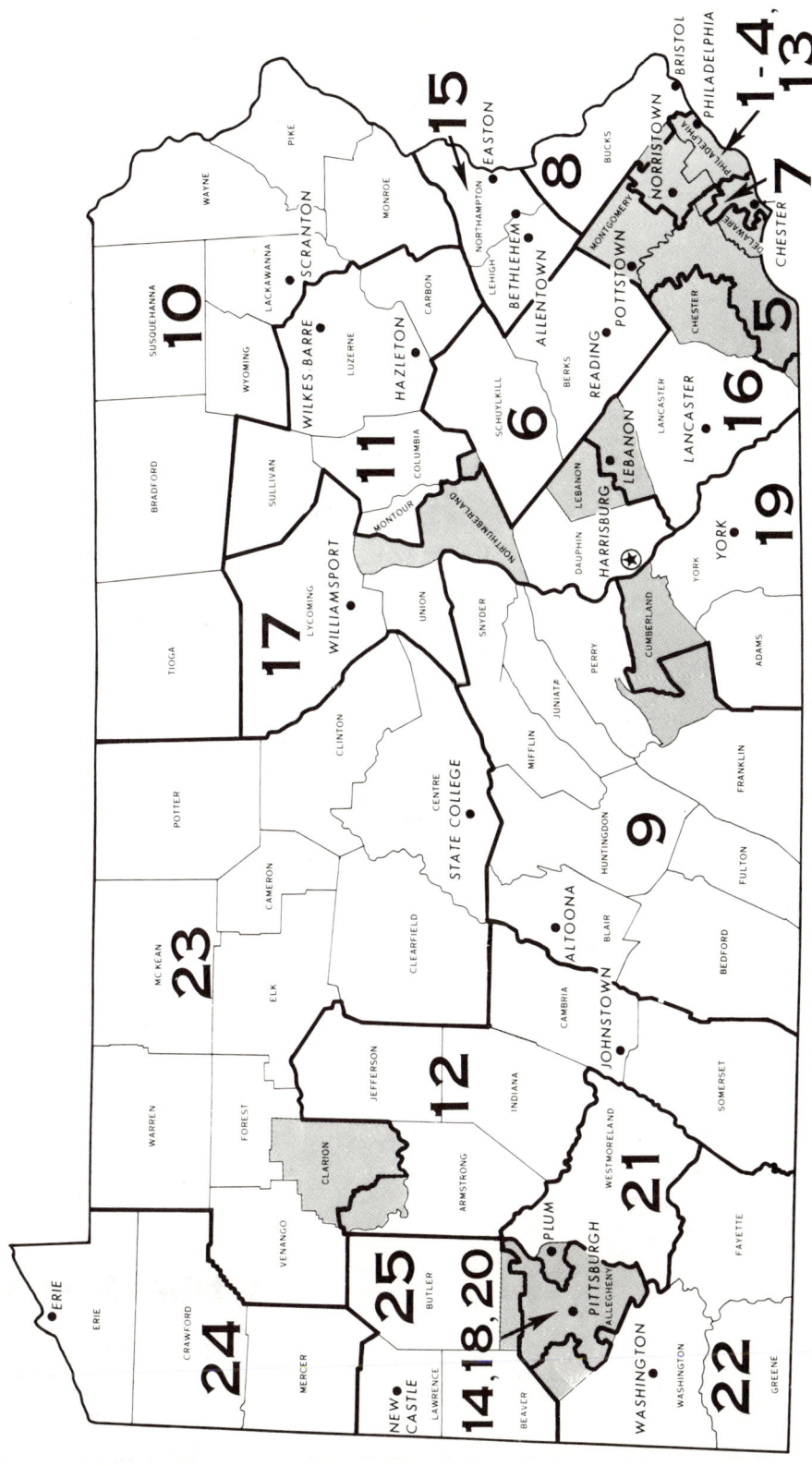

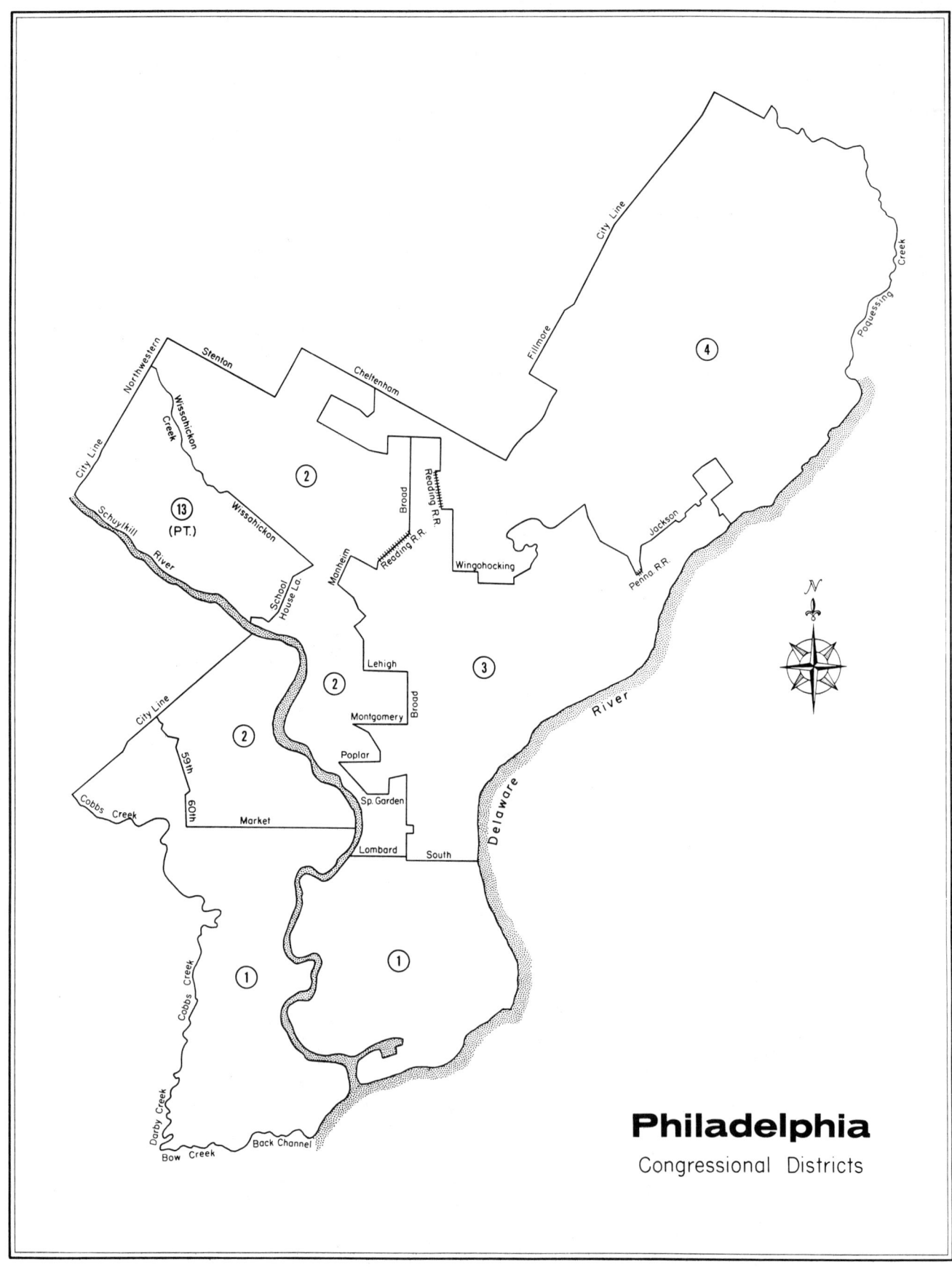

Philadelphia
Congressional Districts

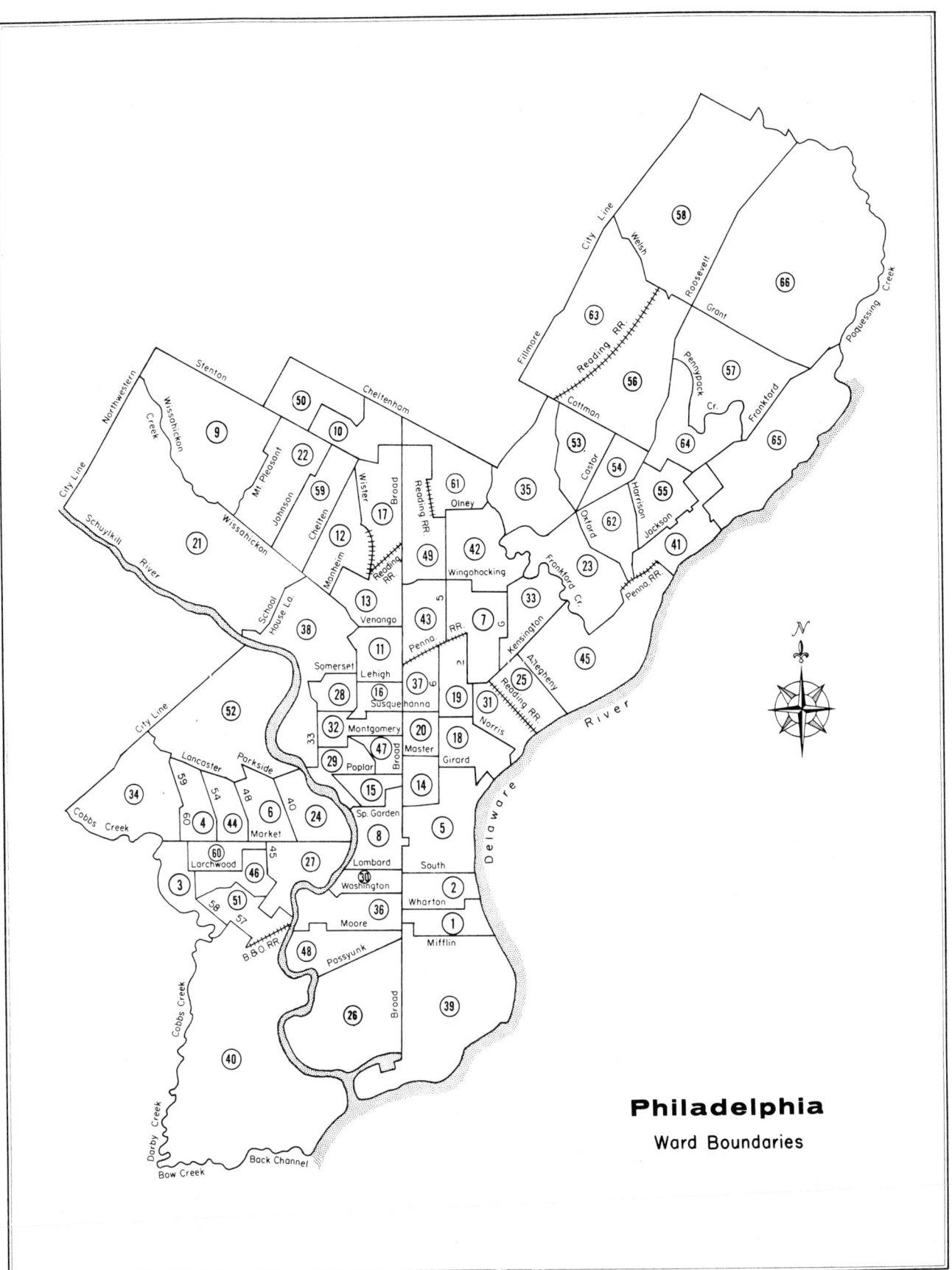

Philadelphia
Ward Boundaries

PENNSYLVANIA

GOVERNOR 1974

1970 Census Population	County	Total Vote	Republican	Democratic	Other	Rep.-Dem. Plurality	Total Vote Rep.	Total Vote Dem.	Major Vote Rep.	Major Vote Dem.
56,937	ADAMS	16,005	8,682	7,247	76	1,435 R	54.2%	45.3%	54.5%	45.5%
1,605,016	ALLEGHENY	479,013	204,045	268,636	6,332	64,591 D	42.6%	56.1%	43.2%	56.8%
75,590	ARMSTRONG	25,096	12,372	12,566	158	194 D	49.3%	50.1%	49.6%	50.4%
208,418	BEAVER	62,188	25,095	36,152	941	11,057 D	40.4%	58.1%	41.0%	59.0%
42,353	BEDFORD	13,117	7,928	5,136	53	2,792 R	60.4%	39.2%	60.7%	39.3%
296,382	BERKS	83,262	34,788	47,359	1,115	12,571 D	41.8%	56.9%	42.3%	57.7%
135,356	BLAIR	39,670	23,216	16,045	409	7,171 R	58.5%	40.4%	59.1%	40.9%
57,962	BRADFORD	15,398	9,815	5,457	126	4,358 R	63.7%	35.4%	64.3%	35.7%
415,056	BUCKS	117,691	51,740	63,768	2,183	12,028 D	44.0%	54.2%	44.8%	55.2%
127,941	BUTLER	36,310	19,117	16,577	616	2,540 R	52.6%	45.7%	53.6%	46.4%
186,785	CAMBRIA	61,367	26,946	34,017	404	7,071 D	43.9%	55.4%	44.2%	55.8%
7,096	CAMERON	2,443	1,447	983	13	464 R	59.2%	40.2%	59.5%	40.5%
50,573	CARBON	16,602	7,408	9,038	156	1,630 D	44.6%	54.4%	45.0%	55.0%
99,267	CENTRE	26,037	12,950	12,891	196	59 R	49.7%	49.5%	50.1%	49.9%
278,311	CHESTER	79,419	42,948	35,835	636	7,113 R	54.1%	45.1%	54.5%	45.5%
38,414	CLARION	12,204	6,792	5,303	109	1,489 R	55.7%	43.5%	56.2%	43.8%
74,619	CLEARFIELD	22,750	11,297	11,301	152	4 D	49.7%	49.7%	50.0%	50.0%
37,721	CLINTON	9,961	4,350	5,554	57	1,204 D	43.7%	55.8%	43.9%	56.1%
55,114	COLUMBIA	17,795	8,615	8,846	334	231 D	48.4%	49.7%	49.3%	50.7%
81,342	CRAWFORD	21,842	12,830	8,701	311	4,129 R	58.7%	39.8%	59.6%	40.4%
158,177	CUMBERLAND	45,414	24,047	20,863	504	3,184 R	53.0%	45.9%	53.5%	46.5%
223,834	DAUPHIN	62,872	30,337	31,885	650	1,548 D	48.3%	50.7%	48.8%	51.2%
600,035	DELAWARE	209,835	104,860	103,276	1,699	1,584 R	50.0%	49.2%	50.4%	49.6%
37,770	ELK	10,339	5,444	4,794	101	650 R	52.7%	46.4%	53.2%	46.8%
263,654	ERIE	74,209	38,833	34,576	800	4,257 R	52.3%	46.6%	52.9%	47.1%
154,667	FAYETTE	41,102	18,084	22,604	414	4,520 D	44.0%	55.0%	44.4%	55.6%
4,926	FOREST	1,747	979	755	13	224 R	56.0%	43.2%	56.5%	43.5%
100,833	FRANKLIN	24,985	12,377	12,261	347	116 R	49.5%	49.1%	50.2%	49.8%
10,776	FULTON	3,204	1,576	1,603	25	27 D	49.2%	50.0%	49.6%	50.4%
36,090	GREENE	11,143	5,448	5,588	107	140 D	48.9%	50.1%	49.4%	50.6%
39,108	HUNTINGDON	10,869	6,338	4,448	83	1,890 R	58.3%	40.9%	58.8%	41.2%
79,451	INDIANA	24,604	12,473	11,990	141	483 R	50.7%	48.7%	51.0%	49.0%
43,695	JEFFERSON	14,561	8,320	6,145	96	2,175 R	57.1%	42.2%	57.5%	42.5%
16,712	JUNIATA	6,125	2,978	3,112	35	134 D	48.6%	50.8%	48.9%	51.1%
234,107	LACKAWANNA	83,080	35,666	47,212	202	11,546 D	42.9%	56.8%	43.0%	57.0%
319,693	LANCASTER	79,380	49,871	28,474	1,035	21,397 R	62.8%	35.9%	63.7%	36.3%
107,374	LAWRENCE	31,867	15,655	15,838	374	183 D	49.1%	49.7%	49.7%	50.3%
99,665	LEBANON	24,666	13,233	11,198	235	2,035 R	53.6%	45.4%	54.2%	45.8%
255,304	LEHIGH	68,602	29,753	38,150	699	8,397 D	43.4%	55.6%	43.8%	56.2%
342,301	LUZERNE	107,225	47,015	59,733	477	12,718 D	43.8%	55.7%	44.0%	56.0%
113,296	LYCOMING	32,355	18,794	13,106	455	5,688 R	58.1%	40.5%	58.9%	41.1%
51,915	MCKEAN	12,762	7,883	4,774	105	3,109 R	61.8%	37.4%	62.3%	37.7%
127,175	MERCER	36,919	18,808	17,518	593	1,290 R	50.9%	47.4%	51.8%	48.2%
45,268	MIFFLIN	10,871	4,793	6,023	55	1,230 D	44.1%	55.4%	44.3%	55.7%
45,422	MONROE	13,410	6,761	6,520	129	241 R	50.4%	48.6%	50.9%	49.1%
623,799	MONTGOMERY	206,813	103,625	101,433	1,755	2,192 R	50.1%	49.0%	50.5%	49.5%
16,508	MONTOUR	5,050	2,655	2,345	50	310 R	52.6%	46.4%	53.1%	46.9%
214,368	NORTHAMPTON	54,900	21,690	32,622	588	10,932 D	39.5%	59.4%	39.9%	60.1%
99,190	NORTHUMBERLAND	34,046	16,757	17,075	214	318 D	49.2%	50.2%	49.5%	50.5%
28,615	PERRY	9,590	5,008	4,521	61	487 R	52.2%	47.1%	52.6%	47.4%
1,948,609	PHILADELPHIA	562,475	168,532	391,272	2,671	222,740 D	30.0%	69.6%	30.1%	69.9%
11,818	PIKE	4,705	2,898	1,756	51	1,142 R	61.6%	37.3%	62.3%	37.7%
16,395	POTTER	5,021	2,792	2,200	29	592 R	55.6%	43.8%	55.9%	44.1%
160,089	SCHUYLKILL	57,729	26,606	30,174	949	3,568 D	46.1%	52.3%	46.9%	53.1%
29,269	SNYDER	7,881	5,053	2,739	89	2,314 R	64.1%	34.8%	64.8%	35.2%
76,037	SOMERSET	24,366	13,319	10,880	167	2,439 R	54.7%	44.7%	55.0%	45.0%
5,961	SULLIVAN	2,641	1,546	1,085	10	461 R	58.5%	41.1%	58.8%	41.2%
34,344	SUSQUEHANNA	12,163	7,569	4,345	249	3,224 R	62.2%	35.7%	63.5%	36.5%
39,691	TIOGA	11,232	7,274	3,866	92	3,408 R	64.8%	34.4%	65.3%	34.7%
28,603	UNION	7,414	4,905	2,434	75	2,471 R	66.2%	32.8%	66.8%	33.2%
62,353	VENANGO	16,423	10,221	6,040	162	4,181 R	62.2%	36.8%	62.9%	37.1%
47,682	WARREN	11,088	6,669	4,285	134	2,384 R	60.1%	38.6%	60.9%	39.1%
210,876	WASHINGTON	62,844	26,721	35,330	793	8,609 D	42.5%	56.2%	43.1%	56.9%
29,581	WAYNE	9,534	6,204	3,121	209	3,083 R	65.1%	32.7%	66.5%	33.5%
376,935	WESTMORELAND	104,742	45,550	57,951	1,241	12,401 D	43.5%	55.3%	44.0%	56.0%
19,082	WYOMING	7,343	4,817	2,476	50	2,341 R	65.6%	33.7%	66.0%	34.0%
272,603	YORK	72,918	35,799	36,444	675	645 D	49.1%	50.0%	49.6%	50.4%
11,793,909	TOTAL	3,491,234	1,578,917	1,878,252	34,065	299,335 D	45.2%	53.8%	45.7%	54.3%

PENNSYLVANIA

SENATOR 1974

1970 Census Population	County	Total Vote	Republican	Democratic	Other	Rep.-Dem. Plurality	Percentage Total Vote Rep.	Dem.	Major Vote Rep.	Dem.
56,937	ADAMS	16,013	9,761	6,108	144	3,653 R	61.0%	38.1%	61.5%	38.5%
1,605,016	ALLEGHENY	487,323	194,021	286,895	6,407	92,874 D	39.8%	58.9%	40.3%	59.7%
75,590	ARMSTRONG	25,378	11,238	14,039	101	2,801 D	44.3%	55.3%	44.5%	55.5%
208,418	BEAVER	62,822	20,121	42,300	401	22,179 D	32.0%	67.3%	32.2%	67.8%
42,353	BEDFORD	13,361	8,080	5,211	70	2,869 R	60.5%	39.0%	60.8%	39.2%
296,382	BERKS	81,872	43,773	36,560	1,539	7,213 R	53.5%	44.7%	54.5%	45.5%
135,356	BLAIR	39,887	24,500	15,064	323	9,436 R	61.4%	37.8%	61.9%	38.1%
57,962	BRADFORD	15,329	11,356	3,747	226	7,609 R	74.1%	24.4%	75.2%	24.8%
415,056	BUCKS	116,367	71,093	42,949	2,325	28,144 R	61.1%	36.9%	62.3%	37.7%
127,941	BUTLER	36,833	12,844	23,576	413	10,732 D	34.9%	64.0%	35.3%	64.7%
186,785	CAMBRIA	61,749	29,079	32,347	323	3,268 D	47.1%	52.4%	47.3%	52.7%
7,096	CAMERON	2,463	1,468	975	20	493 R	59.6%	39.6%	60.1%	39.9%
50,573	CARBON	16,526	9,328	6,919	279	2,409 R	56.4%	41.9%	57.4%	42.6%
99,267	CENTRE	26,019	17,281	8,529	209	8,752 R	66.4%	32.8%	67.0%	33.0%
278,311	CHESTER	78,924	49,702	28,308	914	21,394 R	63.0%	35.9%	63.7%	36.3%
38,414	CLARION	12,433	4,904	7,460	69	2,556 D	39.4%	60.0%	39.7%	60.3%
74,619	CLEARFIELD	22,824	12,200	10,404	220	1,796 R	53.5%	45.6%	54.0%	46.0%
37,721	CLINTON	9,901	6,357	3,439	105	2,918 R	64.2%	34.7%	64.9%	35.1%
55,114	COLUMBIA	17,885	10,095	7,478	312	2,617 R	56.4%	41.8%	57.4%	42.6%
81,342	CRAWFORD	21,383	12,365	8,651	367	3,714 R	57.8%	40.5%	58.8%	41.2%
158,177	CUMBERLAND	44,597	29,268	14,577	752	14,691 R	65.6%	32.7%	66.8%	33.2%
223,834	DAUPHIN	61,836	40,858	20,011	967	20,847 R	66.1%	32.4%	67.1%	32.9%
600,035	DELAWARE	207,042	128,640	76,473	1,929	52,167 R	62.1%	36.9%	62.7%	37.3%
37,770	ELK	10,492	4,508	5,928	56	1,420 D	43.0%	56.5%	43.2%	56.8%
263,654	ERIE	72,769	40,873	30,766	1,130	10,107 R	56.2%	42.3%	57.1%	42.9%
154,667	FAYETTE	41,600	14,728	26,515	357	11,787 D	35.4%	63.7%	35.7%	64.3%
4,926	FOREST	1,753	944	800	9	144 R	53.9%	45.6%	54.1%	45.9%
100,833	FRANKLIN	25,012	13,954	10,658	400	3,296 R	55.8%	42.6%	56.7%	43.3%
10,776	FULTON	3,202	1,825	1,345	32	480 R	57.0%	42.0%	57.6%	42.4%
36,090	GREENE	11,293	4,490	6,744	59	2,254 D	39.8%	59.7%	40.0%	60.0%
39,108	HUNTINGDON	10,804	7,473	3,331		4,142 R	69.2%	30.8%	69.2%	30.8%
79,451	INDIANA	24,732	12,812	11,815	105	997 R	51.8%	47.8%	52.0%	48.0%
43,695	JEFFERSON	14,655	7,369	7,215	71	154 R	50.3%	49.2%	50.5%	49.5%
16,712	JUNIATA	6,134	3,981	2,117	36	1,864 R	64.9%	34.5%	65.3%	34.7%
234,107	LACKAWANNA	80,795	43,851	36,636	308	7,215 R	54.3%	45.3%	54.5%	45.5%
319,693	LANCASTER	78,810	50,173	27,295	1,342	22,878 R	63.7%	34.6%	64.8%	35.2%
107,374	LAWRENCE	32,244	11,858	20,169	217	8,311 D	36.8%	62.6%	37.0%	63.0%
99,665	LEBANON	24,265	15,211	8,682	372	6,529 R	62.7%	35.8%	63.7%	36.3%
255,304	LEHIGH	67,792	40,603	26,260	929	14,343 R	59.9%	38.7%	60.7%	39.3%
342,301	LUZERNE	105,558	61,838	42,947	773	18,891 R	58.6%	40.7%	59.0%	41.0%
113,296	LYCOMING	31,889	20,777	10,578	534	10,199 R	65.2%	33.2%	66.3%	33.7%
51,915	MCKEAN	12,338	7,535	4,686	117	2,849 R	61.1%	38.0%	61.7%	38.3%
127,175	MERCER	36,008	18,496	16,941	571	1,555 R	51.4%	47.0%	52.2%	47.8%
45,268	MIFFLIN	10,360	7,143	3,100	117	4,043 R	68.9%	29.9%	69.7%	30.3%
45,422	MONROE	12,988	7,443	5,376	169	2,067 R	57.3%	41.4%	58.1%	41.9%
623,799	MONTGOMERY	205,630	143,275	60,067	2,288	83,208 R	69.7%	29.2%	70.5%	29.5%
16,508	MONTOUR	5,065	3,091	1,926	48	1,165 R	61.0%	38.0%	61.6%	38.4%
214,368	NORTHAMPTON	53,585	29,546	23,000	1,039	6,546 R	55.1%	42.9%	56.2%	43.8%
99,190	NORTHUMBERLAND	34,044	20,014	13,733	297	6,281 R	58.8%	40.3%	59.3%	40.7%
28,615	PERRY	9,523	6,636	2,744	143	3,892 R	69.7%	28.8%	70.7%	29.3%
1,948,609	PHILADELPHIA	557,803	274,776	279,267	3,760	4,491 D	49.3%	50.1%	49.6%	50.4%
11,818	PIKE	4,612	2,899	1,636	77	1,263 R	62.9%	35.5%	63.9%	36.1%
16,395	POTTER	5,029	2,998	1,979	52	1,019 R	59.6%	39.4%	60.2%	39.8%
160,089	SCHUYLKILL	57,986	35,126	21,914	946	13,212 R	60.6%	37.8%	61.6%	38.4%
29,269	SNYDER	7,823	5,909	1,800	114	4,109 R	75.5%	23.0%	76.7%	23.3%
76,037	SOMERSET	24,413	11,201	13,077	135	1,876 D	45.9%	53.6%	46.1%	53.9%
5,961	SULLIVAN	2,644	1,634	989	21	645 R	61.8%	37.4%	62.3%	37.7%
34,344	SUSQUEHANNA	12,094	8,182	3,680	232	4,502 R	67.7%	30.4%	69.0%	31.0%
39,691	TIOGA	11,229	7,905	3,200	124	4,705 R	70.4%	28.5%	71.2%	28.8%
28,603	UNION	7,384	5,358	1,915	111	3,443 R	72.6%	25.9%	73.7%	26.3%
62,353	VENANGO	16,533	8,287	8,103	143	184 R	50.1%	49.0%	50.6%	49.4%
47,682	WARREN	10,879	6,705	3,968	206	2,737 R	61.6%	36.5%	62.8%	37.2%
210,876	WASHINGTON	63,497	22,456	40,613	428	18,157 D	35.4%	64.0%	35.6%	64.4%
29,581	WAYNE	9,249	6,227	2,760	262	3,467 R	67.3%	29.8%	69.3%	30.7%
376,935	WESTMORELAND	106,045	36,555	68,691	799	32,136 D	34.5%	64.8%	34.7%	65.3%
19,082	WYOMING	7,327	5,273	1,990	64	3,283 R	72.0%	27.2%	72.6%	27.4%
272,603	YORK	71,158	43,047	27,145	966	15,902 R	60.5%	38.1%	61.3%	38.7%
11,793,909	TOTAL	3,477,812	1,843,317	1,596,121	38,374	247,196 R	53.0%	45.9%	53.6%	46.4%

Philadelphia

GOVERNOR 1974

1970 Census Population	Ward	Total Vote	Republican	Democratic	Other	Rep.-Dem. Plurality	Percentage Total Vote Rep.	Dem.	Major Vote Rep.	Dem.
25,046	WARD 1	10,156	3,706	6,384	66	2,678 D	36.5%	62.9%	36.7%	63.3%
29,249	WARD 2	8,469	2,748	5,680	41	2,932 D	32.4%	67.1%	32.6%	67.4%
27,991	WARD 3	6,488	538	5,893	57	5,355 D	8.3%	90.8%	8.4%	91.6%
27,226	WARD 4	6,742	607	6,098	37	5,491 D	9.0%	90.4%	9.1%	90.9%
22,917	WARD 5	6,444	1,586	4,820	38	3,234 D	24.6%	74.8%	24.8%	75.2%
25,203	WARD 6	4,099	403	3,677	19	3,274 D	9.8%	89.7%	9.9%	90.1%
26,992	WARD 7	8,536	2,818	5,662	56	2,844 D	33.0%	66.3%	33.2%	66.8%
30,425	WARD 8	10,944	2,726	8,164	54	5,438 D	24.9%	74.6%	25.0%	75.0%
18,594	WARD 9	7,267	3,090	4,148	29	1,058 D	42.5%	57.1%	42.7%	57.3%
29,858	WARD 10	5,977	1,004	4,919	54	3,915 D	16.8%	82.3%	17.0%	83.0%
26,385	WARD 11	4,071	565	3,466	40	2,901 D	13.9%	85.1%	14.0%	86.0%
30,054	WARD 12	5,734	1,344	4,348	42	3,004 D	23.4%	75.8%	23.6%	76.4%
26,982	WARD 13	5,494	967	4,492	35	3,525 D	17.6%	81.8%	17.7%	82.3%
15,099	WARD 14	1,540	241	1,265	34	1,024 D	15.6%	82.1%	16.0%	84.0%
23,167	WARD 15	7,110	2,307	4,749	54	2,442 D	32.4%	66.8%	32.7%	67.3%
24,584	WARD 16	4,807	455	4,311	41	3,856 D	9.5%	89.7%	9.5%	90.5%
30,299	WARD 17	7,026	1,006	5,981	39	4,975 D	14.3%	85.1%	14.4%	85.6%
23,765	WARD 18	4,852	1,732	3,073	47	1,341 D	35.7%	63.3%	36.0%	64.0%
25,818	WARD 19	3,437	604	2,812	21	2,208 D	17.6%	81.8%	17.7%	82.3%
15,128	WARD 20	1,926	245	1,670	11	1,425 D	12.7%	86.7%	12.8%	87.2%
53,291	WARD 21	17,587	8,823	8,670	94	153 R	50.2%	49.3%	50.4%	49.6%
29,912	WARD 22	8,646	1,460	7,147	39	5,687 D	16.9%	82.7%	17.0%	83.0%
27,436	WARD 23	9,780	4,409	5,295	76	886 D	45.1%	54.1%	45.4%	54.6%
22,191	WARD 24	3,117	265	2,824	28	2,559 D	8.5%	90.6%	8.6%	91.4%
27,498	WARD 25	11,259	3,900	6,970	389	3,070 D	34.6%	61.9%	35.9%	64.1%
28,881	WARD 26	9,027	4,551	4,409	67	142 R	50.4%	48.8%	50.8%	49.2%
24,903	WARD 27	4,078	731	3,304	43	2,573 D	17.9%	81.0%	18.1%	81.9%
24,128	WARD 28	3,977	283	3,674	20	3,391 D	7.1%	92.4%	7.2%	92.8%
22,180	WARD 29	4,056	513	3,522	21	3,009 D	12.6%	86.8%	12.7%	87.3%
19,734	WARD 30	3,908	666	3,177	65	2,511 D	17.0%	81.3%	17.3%	82.7%
22,225	WARD 31	6,910	2,707	4,122	81	1,415 D	39.2%	59.7%	39.6%	60.4%
42,606	WARD 32	5,956	592	5,283	81	4,691 D	9.9%	88.7%	10.1%	89.9%
26,875	WARD 33	10,892	3,943	6,885	64	2,942 D	36.2%	63.2%	36.4%	63.6%
48,267	WARD 34	15,961	3,562	12,315	84	8,753 D	22.3%	77.2%	22.4%	77.6%
36,679	WARD 35	13,245	6,301	6,793	151	492 D	47.6%	51.3%	48.1%	51.9%
47,404	WARD 36	13,642	1,872	11,664	106	9,792 D	13.7%	85.5%	13.8%	86.2%
29,158	WARD 37	3,506	313	3,160	33	2,847 D	8.9%	90.1%	9.0%	91.0%
28,451	WARD 38	5,557	1,853	3,669	35	1,816 D	33.3%	66.0%	33.6%	66.4%
55,790	WARD 39	18,531	7,484	10,931	116	3,447 D	40.4%	59.0%	40.6%	59.4%
54,572	WARD 40	14,636	5,287	9,269	80	3,982 D	36.1%	63.3%	36.3%	63.7%
26,185	WARD 41	9,239	4,056	5,110	73	1,054 D	43.9%	55.3%	44.3%	55.7%
32,134	WARD 42	10,528	3,881	6,558	89	2,677 D	36.9%	62.3%	37.2%	62.8%
27,757	WARD 43	6,222	1,394	4,783	45	3,389 D	22.4%	76.9%	22.6%	77.4%
20,484	WARD 44	4,864	499	4,332	33	3,833 D	10.3%	89.1%	10.3%	89.7%
28,708	WARD 45	10,426	4,200	6,124	102	1,924 D	40.3%	58.7%	40.7%	59.3%
28,684	WARD 46	6,234	792	5,388	54	4,596 D	12.7%	86.4%	12.8%	87.2%
17,714	WARD 47	3,144	302	2,821	21	2,519 D	9.6%	89.7%	9.7%	90.3%
27,873	WARD 48	9,150	3,693	5,400	57	1,707 D	40.4%	59.0%	40.6%	59.4%
32,278	WARD 49	8,212	2,223	5,939	50	3,716 D	27.1%	72.3%	27.2%	72.8%
32,953	WARD 50	9,093	1,463	7,582	48	6,119 D	16.1%	83.4%	16.2%	83.8%
33,191	WARD 51	5,155	809	4,311	35	3,502 D	15.7%	83.6%	15.8%	84.2%
32,573	WARD 52	12,331	1,199	11,109	23	9,910 D	9.7%	90.1%	9.7%	90.3%
25,084	WARD 53	12,038	2,820	9,151	67	6,331 D	23.4%	76.0%	23.6%	76.4%
23,403	WARD 54	12,376	2,142	10,171	63	8,029 D	17.3%	82.2%	17.4%	82.6%
32,726	WARD 55	13,357	5,840	7,411	106	1,571 D	43.7%	55.5%	44.1%	55.9%
35,007	WARD 56	16,608	4,220	12,274	114	8,054 D	25.4%	73.9%	25.6%	74.4%
31,957	WARD 57	10,540	3,939	6,535	66	2,596 D	37.4%	62.0%	37.6%	62.4%
43,125	WARD 58	17,804	6,431	11,242	131	4,811 D	36.1%	63.1%	36.4%	63.6%
28,540	WARD 59	7,171	1,310	5,814	47	4,504 D	18.3%	81.1%	18.4%	81.6%
26,725	WARD 60	6,512	449	6,049	14	5,600 D	6.9%	92.9%	6.9%	93.1%
29,591	WARD 61	12,497	5,111	7,305	81	2,194 D	40.9%	58.5%	41.2%	58.8%
30,632	WARD 62	12,006	4,927	6,873	206	1,946 D	41.0%	57.2%	41.8%	58.2%
27,287	WARD 63	10,127	3,805	6,245	77	2,440 D	37.6%	61.7%	37.9%	62.1%
18,570	WARD 64	7,955	3,385	4,487	83	1,102 D	42.6%	56.4%	43.0%	57.0%
26,457	WARD 65	7,158	2,867	4,236	55	1,369 D	40.1%	59.2%	40.4%	59.6%
52,008	WARD 66	17,625	8,497	8,981	147	484 D	48.2%	51.0%	48.6%	51.4%
1,948,609	TOTAL	562,475	168,532	391,272	2,671	222,740 D	30.0%	69.6%	30.1%	69.9%

Philadelphia

SENATOR 1974

1970 Census Population	Ward	Total Vote	Republican	Democratic	Other	Rep.-Dem. Plurality	Percentage Total Vote Rep.	Dem.	Major Vote Rep.	Dem.
25,046	WARD 1	10,092	3,849	6,199	44	2,350 D	38.1%	61.4%	38.3%	61.7%
29,249	WARD 2	8,407	3,201	5,175	31	1,974 D	38.1%	61.6%	38.2%	61.8%
27,991	WARD 3	6,270	2,615	3,612	43	997 D	41.7%	57.6%	42.0%	58.0%
27,226	WARD 4	6,367	2,763	3,567	37	804 D	43.4%	56.0%	43.6%	56.4%
22,917	WARD 5	6,364	3,654	2,696	14	958 R	57.4%	42.4%	57.5%	42.5%
25,203	WARD 6	4,052	1,240	2,792	20	1,552 D	30.6%	68.9%	30.8%	69.2%
26,992	WARD 7	7,472	2,807	4,605	60	1,798 D	37.6%	61.6%	37.9%	62.1%
30,425	WARD 8	10,364	7,404	2,848	112	4,556 R	71.4%	27.5%	72.2%	27.8%
18,594	WARD 9	7,186	5,103	2,052	31	3,051 R	71.0%	28.6%	71.3%	28.7%
29,858	WARD 10	6,327	3,594	2,682	51	912 R	56.8%	42.4%	57.3%	42.7%
26,385	WARD 11	3,979	1,670	2,276	33	606 D	42.0%	57.2%	42.3%	57.7%
30,054	WARD 12	5,860	3,315	2,503	42	812 R	56.6%	42.7%	57.0%	43.0%
26,982	WARD 13	5,323	2,674	2,618	31	56 R	50.2%	49.2%	50.5%	49.5%
15,099	WARD 14	1,604	549	947	108	398 D	34.2%	59.0%	36.7%	63.3%
23,167	WARD 15	5,899	2,934	2,900	65	34 R	49.7%	49.2%	50.3%	49.7%
24,584	WARD 16	4,208	1,317	2,808	83	1,491 D	31.3%	66.7%	31.9%	68.1%
30,299	WARD 17	7,096	3,485	3,576	35	91 D	49.1%	50.4%	49.4%	50.6%
23,765	WARD 18	4,863	2,041	2,790	32	749 D	42.0%	57.4%	42.2%	57.8%
25,818	WARD 19	3,411	862	2,510	39	1,648 D	25.3%	73.6%	25.6%	74.4%
15,128	WARD 20	1,791	582	1,182	27	600 D	32.5%	66.0%	33.0%	67.0%
53,291	WARD 21	17,226	10,963	6,154	109	4,809 R	63.6%	35.7%	64.0%	36.0%
29,912	WARD 22	8,507	5,700	2,757	50	2,943 R	67.0%	32.4%	67.4%	32.6%
27,436	WARD 23	9,656	5,348	4,225	83	1,123 R	55.4%	43.8%	55.9%	44.1%
22,191	WARD 24	3,099	1,150	1,911	38	761 D	37.1%	61.7%	37.6%	62.4%
27,498	WARD 25	8,919	3,795	5,034	90	1,239 D	42.5%	56.4%	43.0%	57.0%
28,881	WARD 26	8,951	4,650	4,258	43	392 R	51.9%	47.6%	52.2%	47.8%
24,903	WARD 27	3,920	2,697	1,195	28	1,502 R	68.8%	30.5%	69.3%	30.7%
24,128	WARD 28	3,896	1,260	2,608	28	1,348 D	32.3%	66.9%	32.6%	67.4%
22,180	WARD 29	4,003	1,136	2,786	81	1,650 D	28.4%	69.6%	29.0%	71.0%
19,734	WARD 30	3,739	1,269	2,410	60	1,141 D	33.9%	64.5%	34.5%	65.5%
22,225	WARD 31	6,851	2,969	3,809	73	840 D	43.3%	55.6%	43.8%	56.2%
42,606	WARD 32	5,904	1,884	3,976	44	2,092 D	31.9%	67.3%	32.2%	67.8%
26,875	WARD 33	9,787	4,254	5,464	69	1,210 D	43.5%	55.8%	43.8%	56.2%
48,267	WARD 34	15,501	7,232	8,197	72	965 D	46.7%	52.9%	46.9%	53.1%
36,679	WARD 35	13,317	7,625	5,532	160	2,093 R	57.3%	41.5%	58.0%	42.0%
47,404	WARD 36	13,486	2,979	10,465	42	7,486 D	22.1%	77.6%	22.2%	77.8%
29,158	WARD 37	3,364	995	2,346	23	1,351 D	29.6%	69.7%	29.8%	70.2%
28,451	WARD 38	5,496	2,799	2,666	31	133 R	50.9%	48.5%	51.2%	48.8%
55,790	WARD 39	18,759	8,613	10,070	76	1,457 D	45.9%	53.7%	46.1%	53.9%
54,572	WARD 40	14,454	6,440	7,952	62	1,512 D	44.6%	55.0%	44.7%	55.3%
26,185	WARD 41	8,895	4,427	4,388	80	39 R	49.8%	49.3%	50.2%	49.8%
32,134	WARD 42	10,431	5,263	5,101	67	162 R	50.5%	48.9%	50.8%	49.2%
27,757	WARD 43	6,203	2,053	4,103	47	2,050 D	33.1%	66.1%	33.3%	66.7%
20,484	WARD 44	4,707	1,639	3,038	30	1,399 D	34.8%	64.5%	35.0%	65.0%
28,708	WARD 45	10,282	4,847	5,334	101	487 D	47.1%	51.9%	47.6%	52.4%
28,684	WARD 46	6,154	2,888	3,235	31	347 D	46.9%	52.6%	47.2%	52.8%
17,714	WARD 47	3,132	614	2,488	30	1,874 D	19.6%	79.4%	19.8%	80.2%
27,873	WARD 48	9,037	3,903	5,093	41	1,190 D	43.2%	56.4%	43.4%	56.6%
32,278	WARD 49	8,157	4,322	3,792	43	530 R	53.0%	46.5%	53.3%	46.7%
32,953	WARD 50	9,035	5,182	3,805	48	1,377 R	57.4%	42.1%	57.7%	42.3%
33,191	WARD 51	4,885	1,970	2,871	44	901 D	40.3%	58.8%	40.7%	59.3%
32,573	WARD 52	12,101	6,021	6,050	30	29 D	49.8%	50.0%	49.9%	50.1%
25,084	WARD 53	11,788	6,548	5,203	37	1,345 R	55.5%	44.1%	55.7%	44.3%
23,403	WARD 54	12,031	6,318	5,677	36	641 R	52.5%	47.2%	52.7%	47.3%
32,726	WARD 55	13,150	6,842	6,239	69	603 R	52.0%	47.4%	52.3%	47.7%
35,007	WARD 56	16,457	9,084	7,211	162	1,873 R	55.2%	43.8%	55.7%	44.3%
31,957	WARD 57	10,647	5,857	4,724	66	1,133 R	55.0%	44.4%	55.4%	44.6%
43,125	WARD 58	17,309	11,290	5,922	97	5,368 R	65.2%	34.2%	65.6%	34.4%
28,540	WARD 59	6,941	3,882	3,014	45	868 R	55.9%	43.4%	56.3%	43.7%
26,725	WARD 60	6,456	2,158	4,271	27	2,113 D	33.4%	66.2%	33.6%	66.4%
29,591	WARD 61	12,421	7,140	5,219	62	1,921 R	57.5%	42.0%	57.8%	42.2%
30,632	WARD 62	11,767	5,941	5,751	75	190 R	50.5%	48.9%	50.8%	49.2%
27,287	WARD 63	9,946	6,631	3,259	56	3,372 R	66.7%	32.8%	67.0%	33.0%
18,570	WARD 64	7,949	4,245	3,667	37	578 R	53.4%	46.1%	53.7%	46.3%
26,457	WARD 65	6,984	3,492	3,459	33	33 R	50.0%	49.5%	50.2%	49.8%
52,008	WARD 66	17,322	9,482	7,730	110	1,752 R	54.7%	44.6%	55.1%	44.9%
1,948,609	TOTAL	557,803	274,776	279,267	3,760	4,491 D	49.3%	50.1%	49.6%	50.4%

PENNSYLVANIA

CONGRESS

		Total	Republican		Democratic		Other	Rep.-Dem.	Percentage Total Vote		Major Vote	
CD	Year	Vote	Vote	Candidate	Vote	Candidate	Vote	Plurality	Rep.	Dem.	Rep.	Dem.
1	1974	127,901	29,772	NIGRO, RUSSELL M.	96,988	BARRETT, WILLIAM A.	1,141	67,216 D	23.3%	75.8%	23.5%	76.5%
1	1972	179,932	59,807	PEDICONE, GUS A.	118,953	BARRETT, WILLIAM A.	1,172	59,146 D	33.2%	66.1%	33.5%	66.5%
2	1974	101,386	26,353	WOODS, JESSE W.	75,033	NIX, ROBERT N. C.		48,680 D	26.0%	74.0%	26.0%	74.0%
2	1972	153,262	45,753	BRYANT, FREDERICK D.	107,509	NIX, ROBERT N. C.		61,756 D	29.9%	70.1%	29.9%	70.1%
3	1974	112,367	27,692	COLBERT, RICHARD P.	84,675	GREEN, WILLIAM J., III		56,983 D	24.6%	75.4%	24.6%	75.4%
3	1972	159,704	57,787	MARROLETTI, ALFRED	101,144	GREEN, WILLIAM J., III	773	43,357 D	36.2%	63.3%	36.4%	63.6%
4	1974	174,640	50,688	EINHORN, ISADORE	123,952	EILBERG, JOSHUA		73,264 D	29.0%	71.0%	29.0%	71.0%
4	1972	231,118	102,013	PFENDER, WILLIAM	129,105	EILBERG, JOSHUA		27,092 D	44.1%	55.9%	44.1%	55.9%
5	1974	140,152	83,526	SCHULZE, RICHARD T.	56,626	MCDERMOTT, LEO D.		26,900 R	59.6%	40.4%	59.6%	40.4%
5	1972	187,675	121,346	WARE, JOHN H.	66,329	YERGER, BROWER B.		55,017 R	64.7%	35.3%	64.7%	35.3%
6	1974	148,952	35,805	POSTUPACK, STEPHEN	111,127	YATRON, GUS	2,020	75,322 D	24.0%	74.6%	24.9%	75.6%
6	1972	185,408	64,076	HUBLER, EUGENE W.	119,557	YATRON, GUS	1,775	55,481 D	34.6%	64.5%	34.9%	65.1%
7	1974	162,295	70,894	MCEWEN, STEPHEN J.	89,680	EDGAR, ROBERT W.	1,721	18,786 D	43.7%	55.3%	44.2%	55.8%
7	1972	202,200	122,622	WILLIAMS, LAWRENCE	79,578	BOWIE, STUART S.		43,044 R	60.6%	39.4%	60.6%	39.4%
8	1974	133,891	75,313	BIESTER, EDWARD G.	54,815	MOYER, WILLIAM B.	3,763	20,498 R	56.2%	40.9%	57.9%	42.1%
8	1972	179,881	115,799	BIESTER, EDWARD G.	64,069	WILLIAMS, ALAN	13	51,730 R	64.4%	35.6%	64.4%	35.6%
9	1974	130,725	73,881	SHUSTER, E. G.	56,844	FORD, ROBERT D.		17,037 R	56.5%	43.5%	56.5%	43.5%
9	1972	155,341	95,913	SHUSTER, E. G.	59,386	COLLINS, EARL P.	42	36,527 R	61.7%	38.2%	61.8%	38.2%
10	1974	155,194	100,793	MCDADE, JOSEPH M.	54,401	HANLON, THOMAS J.		46,392 R	64.9%	35.1%	64.9%	35.1%
10	1972	195,221	143,670	MCDADE, JOSEPH M.	51,550	COVELESKIE, STANLEY R.	1	92,120 R	73.6%	26.4%	73.6%	26.4%
11	1974	149,678	38,106	MUZYKA, RICHARD A.	111,572	FLOOD, DANIEL J.		73,466 D	25.5%	74.5%	25.5%	74.5%
11	1972	182,146	57,809	AYERS, DONALD B.	124,336	FLOOD, DANIEL J.	1	66,527 D	31.7%	68.3%	31.7%	68.3%
12	1974	153,619	64,416	FOX, HARRY M.	89,193	MURTHA, JOHN P.	10	24,777 D	41.9%	58.1%	41.9%	58.1%
12	1972	179,947	122,628	SAYLOR, JOHN P.	57,314	MURPHY, JOSEPH	5	65,314 R	68.1%	31.9%	68.1%	31.9%
13	1974	158,418	98,985	COUGHLIN, R. LAWRENCE	59,433	CURRY, LAWRENCE H.		39,552 R	62.5%	37.5%	62.5%	37.5%
13	1972	208,818	139,085	COUGHLIN, R. LAWRENCE	69,728	CAMP, KATHERINE L.	5	69,357 R	66.6%	33.4%	66.6%	33.4%
14	1974	120,332	27,116	DAVIS, ZACHARY T.	93,169	MOORHEAD, WILLIAM S.	47	66,053 D	22.5%	77.4%	22.5%	77.5%
14	1972	178,907	72,275	CATARINELLA, ROLAND S.	106,158	MOORHEAD, WILLIAM S.	474	33,883 D	40.4%	59.3%	40.5%	59.5%
15	1974	85,905			85,905	ROONEY, FRED B.		85,905 D		100.0%		100.0%
15	1972	164,500	64,560	STEIGERWALT, WARDELL F.	99,937	ROONEY, FRED B.	3	35,377 D	39.2%	60.8%	39.2%	60.8%
16	1974	115,168	73,130	ESHLEMAN, EDWIN D.	40,273	MINNEY, MICHAEL J.	1,765	32,857 R	63.5%	35.0%	64.5%	35.5%
16	1972	152,827	112,292	ESHLEMAN, EDWIN D.	40,534	GARRETT, SHIRLEY S.	1	71,758 R	73.5%	26.5%	73.5%	26.5%
17	1974	134,850	70,274	SCHNEEBELI, HERMAN	64,576	WAMBACH, PETER C.		5,698 R	52.1%	47.9%	52.1%	47.9%
17	1972	166,494	120,214	SCHNEEBELI, HERMAN	44,202	RIPPON, DONALD J.	2,078	76,012 R	72.2%	26.5%	73.1%	26.9%
18	1974	149,471	107,723	HEINZ, H. JOHN	41,706	MCARDLE, FRANCIS J.	42	66,017 R	72.1%	27.9%	72.1%	27.9%
18	1972	198,472	144,521	HEINZ, H. JOHN	53,929	WALGREN, DOUGLAS	22	90,592 R	72.8%	27.2%	72.8%	27.2%
19	1974	129,158	66,417	GOODLING, WILLIAM F.	61,414	BERGER, ARTHUR L.	1,327	5,003 R	51.4%	47.5%	52.0%	48.0%
19	1972	162,587	93,536	GOODLING, GEORGE A.	67,018	NOLL, RICHARD P.	2,033	26,518 R	57.5%	41.2%	58.3%	41.7%
20	1974	137,393	25,129	ANDERKO, JOSEPH J.	112,237	GAYDOS, JOSEPH M.	27	87,108 D	18.3%	81.7%	18.3%	81.7%
20	1972	191,764	73,817	HUNT, WILLIAM R.	117,933	GAYDOS, JOSEPH M.	14	44,116 D	38.5%	61.5%	38.5%	61.5%
21	1974	126,822	38,111	SCONING, CHARLES L.	88,701	DENT, JOHN H.	10	50,590 D	30.1%	69.9%	30.1%	69.9%
21	1972	168,032	63,812	YOUNG, THOMAS H.	104,203	DENT, JOHN H.	17	40,391 D	38.0%	62.0%	38.0%	62.0%
22	1974	131,628	41,706	MONTGOMERY, JAMES R.	83,654	MORGAN, THOMAS E.	6,268	41,948 D	31.7%	63.6%	33.3%	66.7%
22	1972	165,934	65,005	MONTGOMERY, JAMES R.	100,918	MORGAN, THOMAS E.	11	35,913 D	39.2%	60.8%	39.2%	60.8%
23	1974	127,403	67,192	JOHNSON, ALBERT W.	60,211	MAST, YATES		6,981 R	52.7%	47.3%	52.7%	47.3%
23	1972	160,428	90,615	JOHNSON, ALBERT W.	69,813	KASSAB, ERNEST A.		20,802 R	56.5%	43.5%	56.5%	43.5%

PENNSYLVANIA

CONGRESS

		Total	Republican		Democratic		Other	Rep.-Dem.	Percentage Total Vote		Percentage Major Vote	
CD	Year	Vote	Vote	Candidate	Vote	Candidate	Vote	Plurality	Rep.	Dem.	Rep.	Dem.
24	1974	131,197	54,277	SCALZITTI, CLEMENT R.	76,920	VIGORITO, JOSEPH P.		22,643 D	41.4%	58.6%	41.4%	58.6%
24	1972	177,498	55,406	LEVENHAGEN, ALVIN W.	122,092	VIGORITO, JOSEPH P.		66,686 D	31.2%	68.8%	31.2%	68.8%
24	1970	140,848	44,395	MERRICK, WAYNE R.	94,029	VIGORITO, JOSEPH P.	2,424	49,634 D	31.5%	66.8%	32.1%	67.9%
24	1968	174,958	66,429	EDWARDS, JOHN V.	106,869	VIGORITO, JOSEPH P.	1,660	40,440 D	38.0%	61.1%	38.3%	61.7%
24	1966	154,148	68,955	WEAVER, JAMES D.	85,193	VIGORITO, JOSEPH P.		16,238 D	44.7%	55.3%	44.7%	55.3%
24	1964	182,440	89,828	WEAVER, JAMES D.	92,612	VIGORITO, JOSEPH P.		2,784 D	49.2%	50.8%	49.2%	50.8%
24	1962	159,962	82,213	WEAVER, JAMES D.	77,749	JOYCE, PETER J.		4,464 R	51.4%	48.6%	51.4%	48.6%
24	1960	186,647	95,149	KEARNS, CARROLL D.	91,498	HAMPTON, CHESTER C.		3,651 R	51.0%	49.0%	51.0%	49.0%
24	1958	142,807	76,870	KEARNS, CARROLL D.	65,937	O BRIEN, JAMES P.		10,933 R	53.8%	46.2%	53.8%	46.2%
24	1956	162,449	93,824	KEARNS, CARROLL D.	68,625	THOMAS, WILLIAM D.		25,199 R	57.8%	42.2%	57.8%	42.2%
24	1954	126,847	66,005	KEARNS, CARROLL D.	60,842	ROGERS, EDMUND T.		5,163 R	52.0%	48.0%	52.0%	48.0%
24	1952	158,066	90,276	KEARNS, CARROLL D.	67,790	BEBELL, CLINTON J.		22,486 R	57.1%	42.9%	57.1%	42.9%
28	1950	118,664	67,604	KEARNS, CARROLL D.	51,060	FILIPKOWSKI, STEVE		16,544 R	57.0%	43.0%	57.0%	43.0%
28	1948	119,678	65,276	KEARNS, CARROLL D.	54,402	KENNEDY, JAMES A.		10,874 R	54.5%	45.5%	54.5%	45.5%
28	1946	89,001	56,835	KEARNS, CARROLL D.	32,166	WEBB, CHARLES W.		24,669 R	63.9%	36.1%	63.9%	36.1%
25	1974	138,732	74,645	MYERS, GARY A.	64,049	CLARK, FRANK M.	38	10,596 R	53.8%	46.2%	53.8%	46.2%
25	1972	174,693	77,123	MYERS, GARY A.	97,549	CLARK, FRANK M.	21	20,426 D	44.1%	55.8%	44.2%	55.8%

PENNSYLVANIA

1974 GENERAL ELECTION

Governor   Other vote was 33,691 Constitutional (Depue); 374 scattered. The Socialist Workers party had no candidate for Governor, but their candidate for Lt. Governor (Stanton) received 8,980 votes. These are not included in the data presented for the vote by county for Governor.

Senator   Other vote was 38,004 Constitutional (Shankey); 370 scattered.

Congress   Other vote was scattered in CD's 12, 14, 18, 20, 21, 25; Constitutional in CD's 6 (Huet), 7 (Johns), 8 (McKenney), 16 (Wenger), 19 (Paul); Labor in CD 1 (Salera); 6,226 Constitutional (Bove) and 42 scattered in CD 22.

PHILADELPHIA

Philadelphia city and county are coterminous.

Governor   Other vote was 2,671 Constitutional (Depue); 1,436 Socialist Workers (Stanton) for Lt. Governor. The Socialist Workers vote for Lt. Governor is included in the ward figures but not in the county-by-county vote for Governor; ward data not available showing breakdown of other vote by candidate. There are some discrepancies between the official county total reported by the state and the addition of the various ward totals.

Senator   Other vote was Constitutional (Shankey). There are some discrepancies between the official county total reported by the state and the addition of the various ward totals.

1974 PRIMARIES

MAY 21 REPUBLICAN

Governor   534,637 Andrew L. Lewis; 97,072 Alvin J. Jacobson; 63,868 Leonard M. Strunk.

Senator   Richard S. Schweiker, unopposed.

Congress   Unopposed in fourteen CD's. No candidate in CD 15. Contested as follows:

- CD 5   24,263 Richard T. Schulze; 15,666 John R. West; 5,713 Rex S. Morgan; 5,445 Edward G. Conroy; 2,405 James S. Milne.
- CD 7   35,098 Stephen J. McEwen; 32,561 Lawrence Williams; 3,788 Arnold A. Barnabei.
- CD 8   17,848 Edward G. Biester; 8,943 William A. Duff.
- CD 12   25,645 Harry M. Fox; 11,304 Martin M. Horowitz.
- CD 16   21,178 Edwin D. Eshleman; 4,075 Edward R. Mellinger.
- CD 19   12,533 William F. Goodling; 10,457 John W. Eden; 3,244 Edgar Morgan; 2,138 Ernest C. Wood; 1,341 Robert A. Minnich; 957 James M. Johnston; 739 John C. Norris.
- CD 21   9,339 Charles L. Sconing; 7,205 William A. Weiler.
- CD 22   14,826 James R. Montgomery; 2,902 Thomas V. DeMars.
- CD 23   21,540 Albert W. Johnson; 17,603 Richard McCormack.
- CD 25   9,782 Gary A. Myers; 7,557 Tim Shaffer; 5,899 John J. Petrush; 4,506 D. O. Davies; 2,919 Gordon R. Johnston; 1,057 Douglas C. Flynn.

MAY 21 DEMOCRATIC

Governor   729,201 Milton Shapp; 199,613 Martin P. Mullen; 106,474 Harvey F. Johnston.

Senator   485,361 Peter Flaherty; 447,081 Herbert S. Denenberg; 64,070 Frank Mesaros; 34,767 James M. Quigley.

PENNSYLVANIA

Congress   Unopposed in nine CD's. Contested as follows:

CD 2   27,195 Robert N. C. Nix; 19,126 Hardy Williams; 2,175 Robert F. Stevenson.
CD 4   46,872 Joshua Eilberg; 14,287 Chris Matthews.
CD 5   9,470 Leo D. McDermott; 7,204 Jacob M. Scholl.
CD 7   10,511 Robert W. Edgar; 6,367 David Belitsky.
CD 8   18,861 William B. Moyer; 6,118 Wynne James.
CD 9   11,756 Robert D. Ford; 8,688 Richard C. Fleming; 2,976 (write-ins) E. G. Shuster.
CD 10   19,866 Thomas J. Hanlon; 8,704 Timothy H. Scully; 7,861 Alan R. Crippen; 3,301 Gene Basalyga; 3,083 Michael Petsko.
CD 12   37,293 John P. Murtha; 5,705 John P. Paine.
CD 13   13,563 Lawrence H. Curry; 7,485 Frank R. Romano.
CD 17   12,300 Peter C. Wambach; 6,478 Eugene Knox; 5,688 Anthony Petrucci.
CD 18   21,888 Francis J. McArdle; 16,136 Donald J. Skillin; 12,510 (write-ins) H. John Heinz.
CD 19   6,654 Arthur L. Berger; 4,530 Richard P. Noll; 4,388 Robert N. Hendershot; 3,376 Marshall C. Busser; 2,370 Mark Swann; 1,805 Wayne Bouchard; 1,781 John H. Norris.
CD 22   33,570 Thomas E. Morgan; 13,021 John W. McIlvaine; 8,016 Theodore J. Kozel; 6,270 Emmett Nepa; 4,055 Earl R. Finley; 3,741 Dexston R. Reed; 861 William F. Hardin.
CD 23   8,722 Yates Mast; 7,195 Paul A. Weaver; 6,886 Milt Lopus; 5,180 Ronald T. Beimel; 3,353 Albert Lansing.
CD 24   27,465 Joseph P. Vigorito; 10,076 Vincent N. DeLuca; 2,236 Lawrence G. Hamilla.
CD 25   28,940 Frank M. Clark; 16,514 Joseph P. Kolter; 5,976 William Kovolenko.

MAY 21 CONSTITUTIONAL

Governor   1,006 Stephen Depue; 898 Norah M. Cope.

Senator   George W. Shankey, unopposed.

Congress   Unopposed in all CD's in which candidates were entered.

RHODE ISLAND

GOVERNOR
Philip W. Noel (D). Re-elected 1974 to a two-year term. Previously elected 1972.

SENATORS
John O. Pastore (D). Re-elected 1970 to a six-year term. Previously elected 1964, 1958, 1952, and in 1950 to fill out term vacated by the resignation of Senator J. Howard McGrath.

Claiborne Pell (D). Re-elected 1972 to a six-year term. Previously elected 1966, 1960.

REPRESENTATIVES
1. Fernand St. Germain (D)
2. Edward P. Beard (D)

POSTWAR VOTE FOR GOVERNOR

		Republican		Democratic		Other	Rep.-Dem.	Total Vote		Major Vote	
Year	Total Vote	Vote	Candidate	Vote	Candidate	Vote	Plurality	Rep.	Dem.	Rep.	Dem.
1974	321,660	69,224	Nugent, James W.	252,436	Noel, Philip W.	—	183,212 D	21.5%	78.5%	21.5%	78.5%
1972	412,866	194,315	DeSimone, Herbert F.	216,953	Noel, Philip W.	1,598	22,638 D	47.1%	52.5%	47.2%	52.8%
1970	346,342	171,549	DeSimone, Herbert F.	173,420	Licht, Frank	1,373	1,871 D	49.5%	50.1%	49.7%	50.3%
1968	383,725	187,958	Chafee, John H.	195,766	Licht, Frank	1	7,808 D	49.0%	51.0%	49.0%	51.0%
1966	332,064	210,202	Chafee, John H.	121,862	Hobbs, Horace E.	—	88,340 R	63.3%	36.7%	63.3%	36.7%
1964	391,668	239,501	Chafee, John H.	152,165	Gallogly, Edward P.	2	87,336 R	61.1%	38.9%	61.1%	38.9%
1962	327,506	163,952	Chafee, John H.	163,554	Notte, John A.	—	398 R	50.1%	49.9%	50.1%	49.9%
1960	401,362	174,044	Del Sesto, Christopher	227,318	Notte, John A.	—	53,274 D	43.4%	56.6%	43.4%	56.6%
1958	346,780	176,505	Del Sesto, Christopher	170,275	Roberts, Dennis J.	—	6,230 R	50.9%	49.1%	50.9%	49.1%
1956	383,919	191,604	Del Sesto, Christopher	192,315	Roberts, Dennis J.	—	711 D	49.9%	50.1%	49.9%	50.1%
1954	328,670	137,131	Lewis, Dean J.	189,595	Roberts, Dennis J.	1,944	52,464 D	41.7%	57.7%	42.0%	58.0%
1952	409,689	194,102	Archambault, Raoul	215,587	Roberts, Dennis J.	—	21,485 D	47.4%	52.6%	47.4%	52.6%
1950	296,809	120,684	Lachapelle, E. T.	176,125	Roberts, Dennis J.	—	55,441 D	40.7%	59.3%	40.7%	59.3%
1948	323,863	124,441	Ruerat, Albert P.	198,056	Pastore, John O.	1,366	73,615 D	38.4%	61.2%	38.6%	61.4%
1946	275,341	126,456	Murphy, John G.	148,885	Pastore, John O.	—	22,429 D	45.9%	54.1%	45.9%	54.1%

POSTWAR VOTE FOR SENATOR

		Republican		Democratic		Other	Rep.-Dem.	Total Vote		Major Vote	
Year	Total Vote	Vote	Candidate	Vote	Candidate	Vote	Plurality	Rep.	Dem.	Rep.	Dem.
1972	413,432	188,990	Chafee, John H.	221,942	Pell, Claiborne	2,500	32,952 D	45.7%	53.7%	46.0%	54.0%
1970	341,222	107,351	McLaughlin, John	230,469	Pastore, John O.	3,402	123,118 D	31.5%	67.5%	31.8%	68.2%
1966	324,173	104,838	Briggs, Ruth M.	219,331	Pell, Claiborne	4	114,493 D	32.3%	67.7%	32.3%	67.7%
1964	386,322	66,715	Lagueux, Ronald R.	319,607	Pastore, John O.	—	252,892 D	17.3%	82.7%	17.3%	82.7%
1960	399,983	124,408	Archambault, Raoul	275,575	Pell, Claiborne	—	151,167 D	31.1%	68.9%	31.1%	68.9%
1958	344,519	122,353	Ewing, Bayard	222,166	Pastore, John O.	—	99,813 D	35.5%	64.5%	35.5%	64.5%
1954	326,624	132,970	Sundlun, Walter I.	193,654	Green, Theodore F.	—	60,684 D	40.7%	59.3%	40.7%	59.3%
1952	410,978	185,850	Ewing, Bayard	225,128	Pastore, John O.	—	39,278 D	45.2%	54.8%	45.2%	54.8%
1950s	297,909	114,184	Levy, Austin T.	183,725	Pastore, John O.	—	69,541 D	48.3%	61.7%	38.3%	61.7%
1948	320,420	130,262	Hazard, Thomas P.	190,158	Green, Theodore F.	—	59,896 D	40.7%	59.3%	40.7%	59.3%
1946	273,528	122,780	Dyer, W. Gurnee	150,748	McGrath, J. Howard	—	27,968 D	44.9%	55.1%	44.9%	55.1%

The election in 1950 was for a short term to fill a vacancy.

RHODE ISLAND

Districts Established January 31, 1972

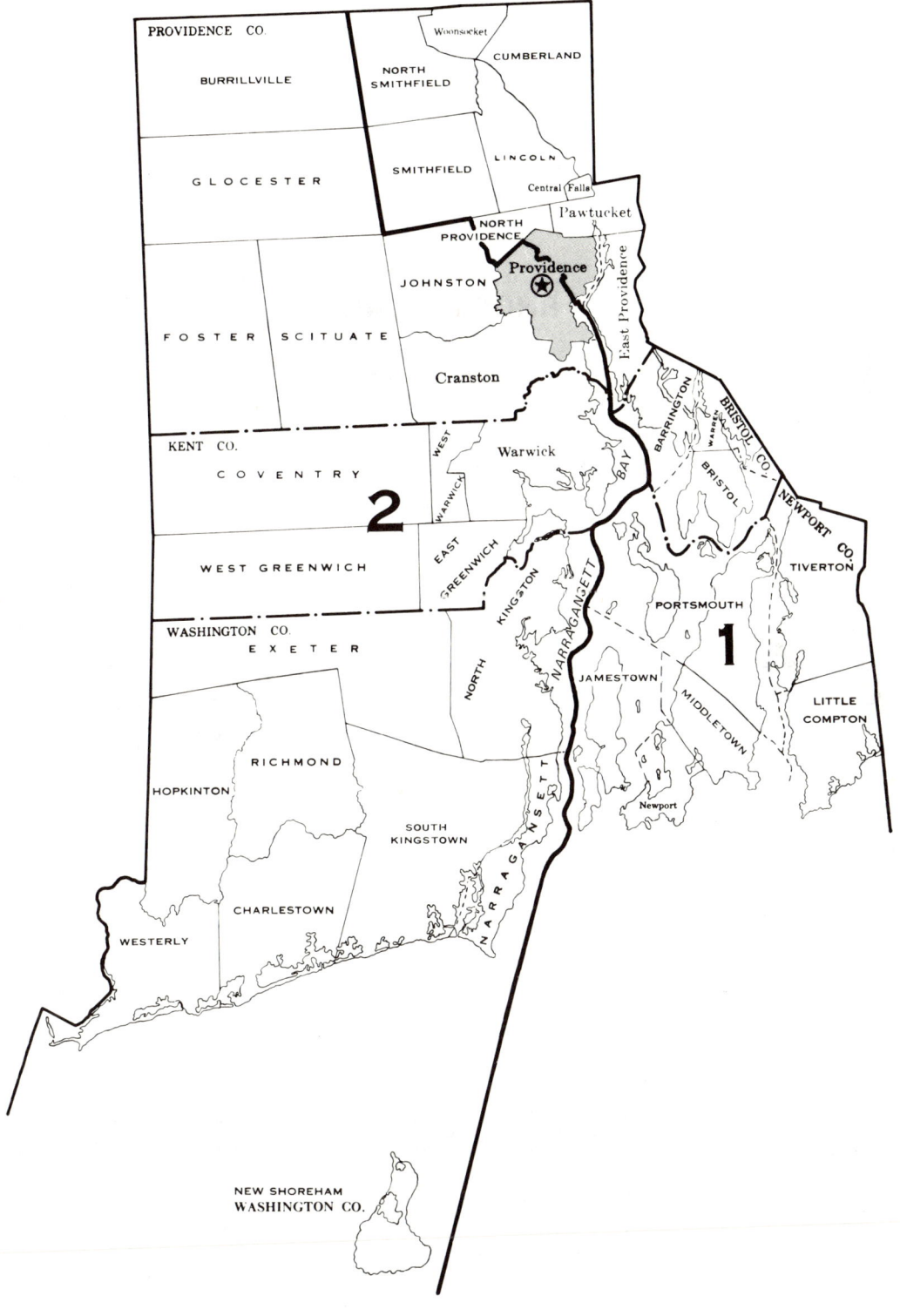

RHODE ISLAND

GOVERNOR 1974

1970 Census Population	County	Total Vote	Republican	Democratic	Other	Rep.-Dem. Plurality	Percentage Total Vote		Major Vote	
							Rep.	Dem.	Rep.	Dem.
45,937	BRISTOL	17,249	4,166	13,083		8,917 D	24.2%	75.8%	24.2%	75.8%
142,382	KENT	55,498	12,581	42,917		30,336 D	22.7%	77.3%	22.7%	77.3%
94,228	NEWPORT	22,985	5,289	17,696		12,407 D	23.0%	77.0%	23.0%	77.0%
581,470	PROVIDENCE	199,737	39,518	160,219		120,701 D	19.8%	80.2%	19.8%	80.2%
85,706	WASHINGTON	26,191	7,670	18,521		10,851 D	29.3%	70.7%	29.3%	70.7%
949,723	TOTAL	321,660	69,224	252,436		183,212 D	21.5%	78.5%	21.5%	78.5%

RHODE ISLAND

GOVERNOR 1974

1970 Census Population	City/Town	Total Vote	Republican	Democratic	Other	Rep.-Dem. Plurality	Percentage Total Vote		Major Vote	
							Rep.	Dem.	Rep.	Dem.
17,554	BARRINGTON	7,211	2,308	4,903		2,595 D	32.0%	68.0%	32.0%	68.0%
17,860	BRISTOL TOWN	6,449	1,124	5,325		4,201 D	17.4%	82.6%	17.4%	82.6%
10,087	BURRILLVILLE	3,678	788	2,890		2,102 D	21.4%	78.6%	21.4%	78.6%
18,716	CENTRAL FALLS	4,926	748	4,178		3,430 D	15.2%	84.8%	15.2%	84.8%
2,863	CHARLESTOWN	1,394	508	886		378 D	36.4%	63.6%	36.4%	63.6%
22,947	COVENTRY	8,064	2,059	6,005		3,946 D	25.5%	74.5%	25.5%	74.5%
74,287	CRANSTON	30,928	7,103	23,825		16,722 D	23.0%	77.0%	23.0%	77.0%
26,605	CUMBERLAND	9,447	2,067	7,380		5,313 D	21.9%	78.1%	21.9%	78.1%
9,577	EAST GREENWICH	3,441	1,152	2,289		1,137 D	33.5%	66.5%	33.5%	66.5%
48,207	EAST PROVIDENCE	16,383	3,606	12,777		9,171 D	22.0%	78.0%	22.0%	78.0%
3,245	EXETER	969	335	634		299 D	34.6%	65.4%	34.6%	65.4%
2,626	FOSTER	1,167	422	745		323 D	36.2%	63.8%	36.2%	63.8%
5,160	GLOCESTER	1,901	605	1,296		691 D	31.8%	68.2%	31.8%	68.2%
5,392	HOPKINTON	1,663	534	1,129		595 D	32.1%	67.9%	32.1%	67.9%
2,911	JAMESTOWN	1,534	399	1,135		736 D	26.0%	74.0%	26.0%	74.0%
22,037	JOHNSTON	8,518	1,474	7,044		5,570 D	17.3%	82.7%	17.3%	82.7%
16,182	LINCOLN	6,710	1,858	4,852		2,994 D	27.7%	72.3%	27.7%	72.3%
2,385	LITTLE COMPTON	1,084	400	684		284 D	36.9%	63.1%	36.9%	63.1%
29,290	MIDDLETOWN	4,561	1,103	3,458		2,355 D	24.2%	75.8%	24.2%	75.8%
7,138	NARRAGANSETT	3,289	786	2,503		1,717 D	23.9%	76.1%	23.9%	76.1%
34,562	NEWPORT CITY	7,346	1,483	5,863		4,380 D	20.2%	79.8%	20.2%	79.8%
489	NEW SHOREHAM	561	186	375		189 D	33.2%	66.8%	33.2%	66.8%
29,793	NORTH KINGSTOWN	6,294	2,236	4,058		1,822 D	35.5%	64.5%	35.5%	64.5%
24,337	NORTH PROVIDENCE	11,276	2,379	8,897		6,518 D	21.1%	78.9%	21.1%	78.9%
9,349	NORTH SMITHFIELD	3,801	851	2,950		2,099 D	22.4%	77.6%	22.4%	77.6%
76,984	PAWTUCKET	22,405	4,157	18,248		14,091 D	18.6%	81.4%	18.6%	81.4%
12,521	PORTSMOUTH	4,374	1,038	3,336		2,298 D	23.7%	76.3%	23.7%	76.3%
179,116	PROVIDENCE CITY	55,110	8,906	46,204		37,298 D	16.2%	83.8%	16.2%	83.8%
2,625	RICHMOND	1,009	276	733		457 D	27.4%	72.6%	27.4%	72.6%
7,489	SCITUATE	3,407	1,317	2,090		773 D	38.7%	61.3%	38.7%	61.3%
13,468	SMITHFIELD	5,141	1,188	3,953		2,765 D	23.1%	76.9%	23.1%	76.9%
16,913	SOUTH KINGSTOWN	4,382	1,337	3,045		1,708 D	30.5%	69.5%	30.5%	69.5%
12,559	TIVERTON	4,086	866	3,220		2,354 D	21.2%	78.8%	21.2%	78.8%
10,523	WARREN	3,589	734	2,855		2,121 D	20.5%	79.5%	20.5%	79.5%
83,694	WARWICK	33,797	7,222	26,575		19,353 D	21.4%	78.6%	21.4%	78.6%
17,248	WESTERLY	6,630	1,472	5,158		3,686 D	22.2%	77.8%	22.2%	77.8%
1,841	WEST GREENWICH	881	270	611		341 D	30.6%	69.4%	30.6%	69.4%
24,323	WEST WARWICK	9,315	1,878	7,437		5,559 D	20.2%	79.8%	20.2%	79.8%
46,820	WOONSOCKET	14,939	2,049	12,890		10,841 D	13.7%	86.3%	13.7%	86.3%
949,723	TOTAL	321,660	69,224	252,436		183,212 D	21.5%	78.5%	21.5%	78.5%

RHODE ISLAND

CONGRESS

		Total	Republican		Democratic		Other	Rep.-Dem.	Percentage Total Vote		Major Vote	
CD	Year	Vote	Vote	Candidate	Vote	Candidate	Vote	Plurality	Rep.	Dem.	Rep.	Dem.
1	1974	144,384	39,096	BARONE, ERNEST	105,288	ST. GERMAIN, FERNAND		66,192 D	27.1%	72.9%	27.1%	72.9%
1	1972	193,592	67,125	FEELEY, JOHN M.	120,705	ST. GERMAIN, FERNAND	5,762	53,580 D	34.7%	62.4%	35.7%	64.3%
2	1974	159,487	34,728	ROTONDO, VINCENT J.	124,759	BEARD, EDWARD P.		90,031 D	21.8%	78.2%	21.8%	78.2%
2	1972	194,400	71,661	RYAN, DONALD P.	122,739	TIERNAN, ROBERT O.		51,078 D	36.9%	63.1%	36.9%	63.1%

RHODE ISLAND

1974 GENERAL ELECTION

In addition to the county-by-county figures, 1974 data are presented by cities and towns.

Governor

Congress

1974 PRIMARIES

SEPTEMBER 10 REPUBLICAN

Governor   James W. Nugent, unopposed.

Congress   Unopposed in both CD's.

SEPTEMBER 10 DEMOCRATIC

Governor   Philip W. Noel, unopposed.

Congress   Unopposed in CD 1. Contested as follows:

  CD 2   24,045 Edward P. Beard; 22,421 Robert O. Tiernan.

SOUTH CAROLINA

GOVERNOR
James B. Edwards (R). Elected 1974 to a four-year term.

SENATORS
Ernest F. Hollings (D). Re-elected 1974 to a six-year term. Previously elected 1968, and in 1966 to fill out term vacated by the death of Senator Olin D. Johnston.

Strom Thurmond (R). Re-elected 1972 to a six-year term. Previously elected 1966, 1960 and in 1956 to fill out term vacated by his own resignation in April 1956; had been elected to this term in 1954 as an Independent Democrat. Also served in the Senate from December 1954 to January 1955. Changed party affiliation from Democrat to Republican in September 1964.

REPRESENTATIVES
1. Mendel J. Davis (D)
2. Floyd Spence (R)
3. Butler Derrick (D)
4. James R. Mann (D)
5. Kenneth L. Holland (D)
6. John W. Jenrette (D)

POSTWAR VOTE FOR GOVERNOR

Year	Total Vote	Republican Vote	Candidate	Democratic Vote	Candidate	Other Vote	Rep.-Dem. Plurality	Total Vote Rep.	Total Vote Dem.	Major Vote Rep.	Major Vote Dem.
1974	523,199	266,109	Edwards, James B.	248,938	Dorn, W. J. Bryan	8,152	17,171 R	50.9%	47.6%	51.7%	48.3%
1970	484,857	221,233	Watson, Albert W.	250,551	West, John C.	13,073	29,318 D	45.6%	51.7%	46.9%	53.1%
1966	439,942	184,088	Rogers, Joseph O.	255,854	McNair, Robert E.	—	71,766 D	41.8%	58.2%	41.8%	58.2%
1962	253,721	—	—	253,704	Russell, Donald S.	17	253,704 D	—	100.0%	—	100.0%
1958	77,740	—	—	77,714	Hollings, Ernest F.	26	77,714 D	—	100.0%	—	100.0%
1954	214,212	—	—	214,204	Timmerman, George B.	8	214,204 D	—	100.0%	—	100.0%
1950	50,642	—	—	50,633	Byrnes, James F.	9	50,633 D	—	100.0%	—	100.0%
1946	26,520	—	—	26,520	Thurmond, Strom	—	26,520 D	—	100.0%	—	100.0%

POSTWAR VOTE FOR SENATOR

Year	Total Vote	Republican Vote	Candidate	Democratic Vote	Candidate	Other Vote	Rep.-Dem. Plurality	Total Vote Rep.	Total Vote Dem.	Major Vote Rep.	Major Vote Dem.
1974	512,397	146,645	Bush, Gwenyfred	356,126	Hollings, Ernest F.	9,626	209,481 D	28.6%	69.5%	29.2%	70.8%
1972	672,246	426,601	Thurmond, Strom	245,457	Zeigler, Eugene N.	188	181,144 R	63.5%	36.5%	63.5%	36.5%
1968	652,855	248,780	Parker, Marshall	404,060	Hollings, Ernest F.	15	155,280 D	38.1%	61.9%	38.1%	61.9%
1966	436,252	271,297	Thurmond, Strom	164,955	Morrah, Bradley	—	106,342 R	62.2%	37.8%	62.2%	37.8%
1966s	435,822	212,032	Parker, Marshall	223,790	Hollings, Ernest F.	—	11,758 D	48.7%	51.3%	48.7%	51.3%
1962	312,647	133,930	Workman, W. D.	178,712	Johnston, Olin D.	5	44,782 D	42.8%	57.2%	42.8%	57.2%
1960	330,266	—	—	330,164	Thurmond, Strom	102	330,164 D	—	100.0%	—	100.0%
1956	279,845	49,695	Crawford, Leon P.	230,150	Johnston, Olin D.	—	180,455 D	17.8%	82.2%	17.8%	82.2%
1956s	251,907	—	—	251,907	Thurmond, Strom	—	251,907 D	—	100.0%	—	100.0%
1954	227,232	—	—	83,525	Brown, Edgar A.	143,707	83,525 D	—	36.8%	—	100.0%
1950	50,277	—	—	50,240	Johnston, Olin D.	37	50,240 D	—	99.9%	—	100.0%
1948	141,006	5,008	Gerald, J. Bates	135,998	Maybank, Burnet R.	—	130,990 D	3.6%	96.4%	3.6%	96.4%

One each of the 1966 and 1956 elections was for a short term to fill a vacancy. In 1954, Strom Thurmond polled 143,444 votes as an Independent Democratic write-in candidate (63.1% of the total vote) and won the election with a 59,919 plurality.

SOUTH CAROLINA

Districts Established November 11, 1971

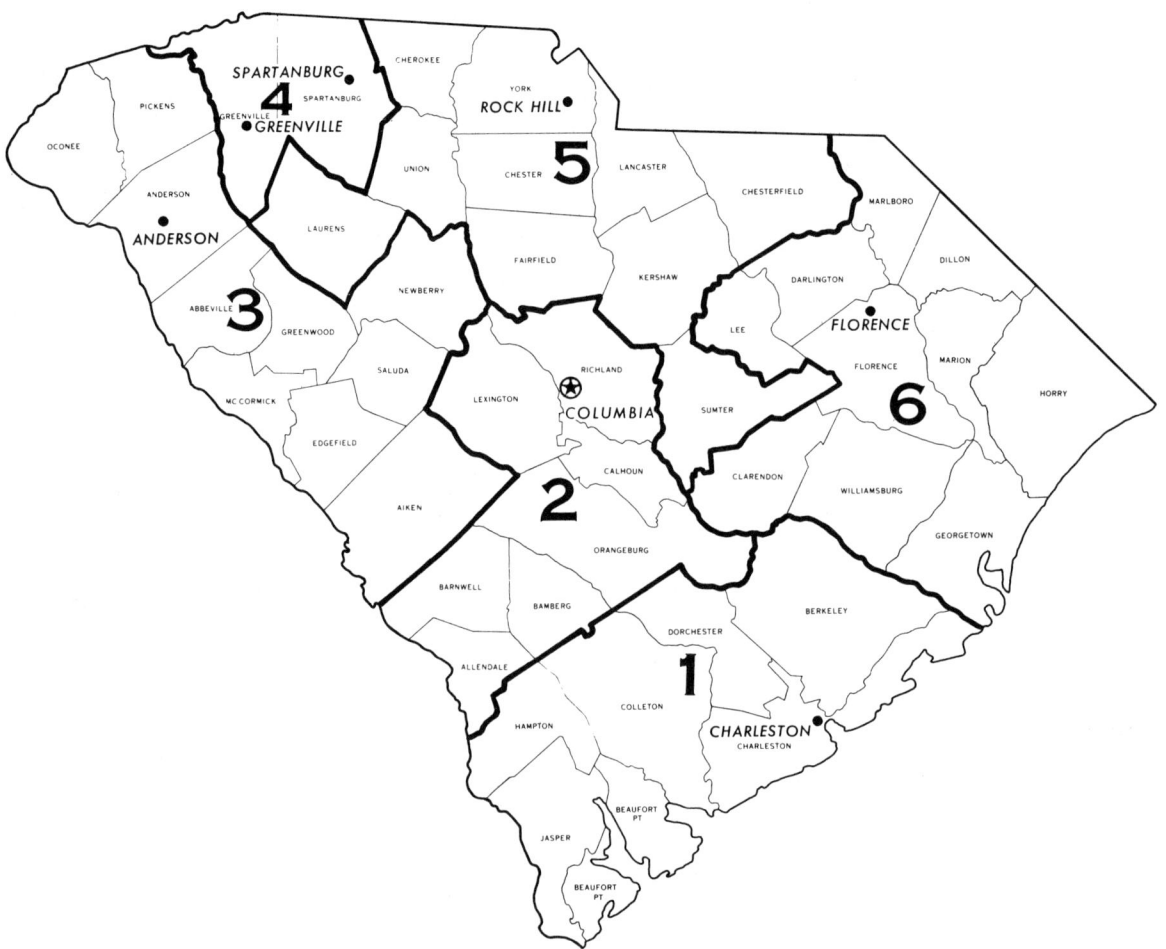

SOUTH CAROLINA

GOVERNOR 1974

1970 Census Population	County	Total Vote	Republican	Democratic	Other	Rep.-Dem. Plurality	Total Vote Rep.	Total Vote Dem.	Major Vote Rep.	Major Vote Dem.
21,112	ABBEVILLE	4,549	891	3,597	61	2,706 D	19.6%	79.1%	19.9%	80.1%
91,023	AIKEN	19,623	9,141	10,194	288	1,053 D	46.6%	51.9%	47.3%	52.7%
9,692	ALLENDALE	2,653	982	1,629	42	647 D	37.0%	61.4%	37.6%	62.4%
105,474	ANDERSON	19,842	7,597	12,002	243	4,405 D	38.3%	60.5%	38.8%	61.2%
15,950	BAMBERG	3,844	1,689	2,085	70	396 D	43.9%	54.2%	44.8%	55.2%
17,176	BARNWELL	4,314	1,784	2,483	47	699 D	41.4%	57.6%	41.8%	58.2%
51,136	BEAUFORT	7,430	4,318	3,017	95	1,301 R	58.1%	40.6%	58.9%	41.1%
56,199	BERKELEY	10,569	5,869	4,609	91	1,260 R	55.5%	43.6%	56.0%	44.0%
10,780	CALHOUN	2,535	1,196	1,314	25	118 D	47.2%	51.8%	47.6%	52.4%
247,650	CHARLESTON	49,707	32,387	16,560	760	15,827 R	65.2%	33.3%	66.2%	33.8%
36,791	CHEROKEE	6,560	2,757	3,723	80	966 D	42.0%	56.8%	42.5%	57.5%
29,811	CHESTER	5,557	2,129	3,370	58	1,241 D	38.3%	60.6%	38.7%	61.3%
33,667	CHESTERFIELD	5,426	1,776	3,548	102	1,772 D	32.7%	65.4%	33.4%	66.6%
25,604	CLARENDON	5,474	2,196	3,241	37	1,045 D	40.1%	59.2%	40.4%	59.6%
27,622	COLLETON	5,723	3,138	2,544	41	594 R	54.8%	44.5%	55.2%	44.8%
53,442	DARLINGTON	10,485	5,257	4,975	253	282 R	50.1%	47.4%	51.4%	48.6%
28,838	DILLON	4,601	2,015	2,511	75	496 D	43.8%	54.6%	44.5%	55.5%
32,421	DORCHESTER	8,973	5,015	3,841	117	1,174 R	55.9%	42.8%	56.6%	43.4%
15,692	EDGEFIELD	3,742	1,069	2,657	16	1,588 D	28.6%	71.0%	28.7%	71.3%
19,999	FAIRFIELD	4,055	1,393	2,619	43	1,226 D	34.4%	64.6%	34.7%	65.3%
89,636	FLORENCE	19,814	10,933	8,705	176	2,228 R	55.2%	43.9%	55.7%	44.3%
33,500	GEORGETOWN	7,757	3,346	4,347	64	1,001 D	43.1%	56.0%	43.5%	56.5%
240,546	GREENVILLE	43,371	29,337	13,267	767	16,070 R	67.6%	30.6%	68.9%	31.1%
49,686	GREENWOOD	11,773	2,302	9,387	84	7,085 D	19.6%	79.7%	19.7%	80.3%
15,878	HAMPTON	3,533	1,558	1,952	23	394 D	44.1%	55.3%	44.4%	55.6%
69,992	HORRY	15,927	7,672	8,049	206	377 D	48.2%	50.5%	48.8%	51.2%
11,885	JASPER	2,199	723	1,443	33	720 D	32.9%	65.6%	33.4%	66.6%
34,727	KERSHAW	9,142	5,601	3,345	196	2,256 R	61.3%	36.6%	62.6%	37.4%
43,328	LANCASTER	9,260	4,130	4,964	166	834 D	44.6%	53.6%	45.4%	54.6%
49,713	LAURENS	7,742	3,581	4,027	134	446 D	46.3%	52.0%	47.1%	52.9%
18,323	LEE	4,993	2,283	2,655	55	372 D	45.7%	53.2%	46.2%	53.8%
89,012	LEXINGTON	25,180	17,527	7,094	559	10,433 R	69.6%	28.2%	71.2%	28.8%
7,955	MCCORMICK	1,954	300	1,646	8	1,346 D	15.4%	84.2%	15.4%	84.6%
30,270	MARION	5,341	2,234	3,005	102	771 D	41.8%	56.3%	42.6%	57.4%
27,151	MARLBORO	4,457	1,773	2,614	70	841 D	39.8%	58.6%	40.4%	59.6%
29,273	NEWBERRY	7,601	2,815	4,667	119	1,852 D	37.0%	61.4%	37.6%	62.4%
40,728	OCONEE	7,543	2,685	4,742	116	2,057 D	35.6%	62.9%	36.2%	63.8%
69,789	ORANGEBURG	15,732	7,357	8,226	149	869 D	46.8%	52.3%	47.2%	52.8%
58,956	PICKENS	11,095	6,315	4,610	170	1,705 R	56.9%	41.6%	57.8%	42.2%
233,868	RICHLAND	50,315	26,003	23,086	1,226	2,917 R	51.7%	45.9%	53.0%	47.0%
14,528	SALUDA	3,645	1,308	2,283	54	975 D	35.9%	62.6%	36.4%	63.6%
173,631	SPARTANBURG	28,503	15,474	12,449	580	3,025 R	54.3%	43.7%	55.4%	44.6%
78,885	SUMTER	11,074	5,918	5,047	109	871 R	53.4%	45.6%	54.0%	46.0%
29,133	UNION	6,568	2,651	3,815	102	1,164 D	40.4%	58.1%	41.0%	59.0%
34,203	WILLIAMSBURG	9,423	3,737	5,627	59	1,890 D	39.7%	59.7%	39.9%	60.1%
85,216	YORK	13,595	5,947	7,367	281	1,420 D	43.7%	54.2%	44.7%	55.3%
2,589,891	TOTAL	523,199	266,109	248,938	8,152	17,171 R	50.9%	47.6%	51.7%	48.3%

SOUTH CAROLINA

SENATOR 1974

1970 Census Population	County	Total Vote	Republican	Democratic	Other	Rep.-Dem. Plurality	Percentage Total Vote Rep.	Dem.	Major Vote Rep.	Dem.
21,112	ABBEVILLE	4,451	662	3,714	75	3,052 D	14.9%	83.4%	15.1%	84.9%
91,023	AIKEN	18,803	6,069	12,236	498	6,167 D	32.3%	65.1%	33.2%	66.8%
9,692	ALLENDALE	2,484	396	2,062	26	1,666 D	15.9%	83.0%	16.1%	83.9%
105,474	ANDERSON	19,296	4,247	14,695	354	10,448 D	22.0%	76.2%	22.4%	77.6%
15,950	BAMBERG	3,614	803	2,729	82	1,926 D	22.2%	75.5%	22.7%	77.3%
17,176	BARNWELL	4,298	1,071	3,141	86	2,070 D	24.9%	73.1%	25.4%	74.6%
51,136	BEAUFORT	7,556	2,157	5,296	103	3,139 D	28.5%	70.1%	28.9%	71.1%
56,199	BERKELEY	10,546	2,810	7,605	131	4,795 D	26.6%	72.1%	27.0%	73.0%
10,780	CALHOUN	2,437	756	1,651	30	895 D	31.0%	67.7%	31.4%	68.6%
247,650	CHARLESTON	48,960	13,980	34,422	558	20,442 D	28.6%	70.3%	28.9%	71.1%
36,791	CHEROKEE	6,520	1,478	4,959	83	3,481 D	22.7%	76.1%	23.0%	77.0%
29,811	CHESTER	5,551	1,203	4,288	60	3,085 D	21.7%	77.2%	21.9%	78.1%
33,667	CHESTERFIELD	5,488	917	4,372	199	3,455 D	16.7%	79.7%	17.3%	82.7%
25,604	CLARENDON	5,379	1,176	4,147	56	2,971 D	21.9%	77.1%	22.1%	77.9%
27,622	COLLETON	5,574	1,445	4,085	44	2,640 D	25.9%	73.3%	26.1%	73.9%
53,442	DARLINGTON	10,110	2,927	7,032	151	4,105 D	29.0%	69.6%	29.4%	70.6%
28,838	DILLON	4,519	983	3,490	46	2,507 D	21.8%	77.2%	22.0%	78.0%
32,421	DORCHESTER	8,917	2,582	6,227	108	3,645 D	29.0%	69.8%	29.3%	70.7%
15,692	EDGEFIELD	3,522	667	2,802	53	2,135 D	18.9%	79.6%	19.2%	80.8%
19,999	FAIRFIELD	3,975	878	3,066	31	2,188 D	22.1%	77.1%	22.3%	77.7%
89,636	FLORENCE	19,106	4,696	14,258	152	9,562 D	24.6%	74.6%	24.8%	75.2%
33,500	GEORGETOWN	7,234	1,701	5,461	72	3,760 D	23.5%	75.5%	23.8%	76.2%
240,546	GREENVILLE	43,777	16,552	25,174	2,051	8,622 D	37.8%	57.5%	39.7%	60.3%
49,686	GREENWOOD	11,460	2,772	8,527	161	5,755 D	24.2%	74.4%	24.5%	75.5%
15,878	HAMPTON	3,447	623	2,787	37	2,164 D	18.1%	80.9%	18.3%	81.7%
69,992	HORRY	15,751	4,222	11,359	170	7,137 D	26.8%	72.1%	27.1%	72.9%
11,885	JASPER	2,138	324	1,785	29	1,461 D	15.2%	83.5%	15.4%	84.6%
34,727	KERSHAW	8,856	2,817	5,735	304	2,918 D	31.8%	64.8%	32.9%	67.1%
43,328	LANCASTER	9,174	2,083	6,949	142	4,866 D	22.7%	75.7%	23.1%	76.9%
49,713	LAURENS	7,615	2,308	5,108	199	2,800 D	30.3%	67.1%	31.1%	68.9%
18,323	LEE	4,789	1,483	3,247	59	1,764 D	31.0%	67.8%	31.4%	68.6%
89,012	LEXINGTON	25,130	10,927	13,575	628	2,648 D	43.5%	54.0%	44.6%	55.4%
7,955	MCCORMICK	1,872	231	1,612	29	1,381 D	12.3%	86.1%	12.5%	87.5%
30,270	MARION	5,162	928	4,187	47	3,259 D	18.0%	81.1%	18.1%	81.9%
27,151	MARLBORO	4,292	841	3,388	63	2,547 D	19.6%	78.9%	19.9%	80.1%
29,273	NEWBERRY	7,451	2,066	5,222	163	3,156 D	27.7%	70.1%	28.3%	71.7%
40,728	OCONEE	7,312	1,597	5,566	149	3,969 D	21.8%	76.1%	22.3%	77.7%
69,789	ORANGEBURG	15,468	4,306	11,001	161	6,695 D	27.8%	71.1%	28.1%	71.9%
58,956	PICKENS	10,858	3,886	6,691	281	2,805 D	35.8%	61.6%	36.7%	63.3%
233,868	RICHLAND	48,618	16,204	31,712	702	15,508 D	33.3%	65.2%	33.8%	66.2%
14,528	SALUDA	3,534	1,033	2,391	110	1,358 D	29.2%	67.7%	30.2%	69.8%
173,631	SPARTANBURG	27,884	8,468	18,886	530	10,418 D	30.4%	67.7%	31.0%	69.0%
78,885	SUMTER	10,555	2,923	7,460	172	4,537 D	27.7%	70.7%	28.2%	71.8%
29,133	UNION	6,571	1,395	5,077	99	3,682 D	21.2%	77.3%	21.6%	78.4%
34,203	WILLIAMSBURG	9,054	1,798	7,174	82	5,376 D	19.9%	79.2%	20.0%	80.0%
85,216	YORK	13,289	3,254	9,775	260	6,521 D	24.5%	73.6%	25.0%	75.0%
2,589,891	TOTAL	512,397	146,645	356,126	9,626	209,481 D	28.6%	69.5%	29.2%	70.8%

SOUTH CAROLINA

CONGRESS

CD	Year	Total Vote	Republican Vote	Candidate	Democratic Vote	Candidate	Other Vote	Rep.-Dem. Plurality	Total Vote Rep.	Dem.	Major Vote Rep.	Dem.
1	1974	86,777	22,450	RAST, GEORGE B.	63,111	DAVIS, MENDEL J.	1,216	40,661 D	25.9%	72.7%	26.2%	73.8%
1	1972	113,094	51,469	LIMEHOUSE, J. SIDI	61,625	DAVIS, MENDEL J.		10,156 D	45.5%	54.5%	45.5%	54.5%
2	1974	105,091	58,936	SPENCE, FLOYD	45,205	PERRY, MATTHEW J.	950	13,731 R	56.1%	43.0%	56.6%	43.4%
2	1972	83,590	83,543	SPENCE, FLOYD			47	83,543 R	99.9%		100.0%	
3	1974	89,166	34,046	PARKER, MARSHALL	55,120	DERRICK, BUTLER		21,074 D	38.2%	61.8%	38.2%	61.8%
3	1972	109,757	27,173	ETHRIDGE, ROY	82,579	DORN, W. J. BRYAN	5	55,406 D	24.8%	75.2%	24.8%	75.2%
3	1970	80,689	19,981	BALLARD, H. GRADY	60,708	DORN, W. J. BRYAN		40,727 D	24.8%	75.2%	24.8%	75.2%
3	1968	112,057	35,463	GRISSO, JOHN	74,104	DORN, W. J. BRYAN	2,490	38,641 D	31.6%	66.1%	32.4%	67.6%
3	1966	74,205	31,331	GRISSO, JOHN	42,874	DORN, W. J. BRYAN		11,543 D	42.2%	57.8%	42.2%	57.8%
4	1974	71,255	26,185	WATKINS, ROBERT L.	45,070	MANN, JAMES R.		18,885 D	36.7%	63.3%	36.7%	63.3%
4	1972	98,389	33,363	WHATLEY, WAYNE N.	64,989	MANN, JAMES R.	37	31,626 D	33.9%	66.1%	33.9%	66.1%
5	1974	77,545	29,294	PHILLIPS, B. LEONARD	47,614	HOLLAND, KENNETH L.	637	18,320 D	37.8%	61.4%	38.1%	61.9%
5	1972	108,968	42,620	PHILLIPS, B. LEONARD	66,343	GETTYS, TOM S.	5	23,723 D	39.1%	60.9%	39.1%	60.9%
6	1974	87,378	41,982	YOUNG, EDWARD L.	45,396	JENRETTE, JOHN W.		3,414 D	48.0%	52.0%	48.0%	52.0%
6	1972	116,859	63,527	YOUNG, EDWARD L.	53,324	JENRETTE, JOHN W.	8	10,203 R	54.4%	45.6%	54.4%	45.6%

SOUTH CAROLINA

1974 GENERAL ELECTION

Governor   Other vote was Independent (Jennings).

Senator   Other vote was Independent (Hough).

Congress   Other vote was Independent in CD's 2 (Proveaux), 5 (Sumner); 687 Independent (Amaker) and 529 United Citizens (Frasier) in CD 1.

1974 PRIMARIES

JULY 16 REPUBLICAN

Governor   20,177 James B. Edwards; 14,777 William C. Westmoreland.

Senator   Gwenyfred Bush, unopposed.

Congress   Unopposed in all CD's. Sherry S. Martschink, the unopposed candidate in CD 1, withdrew after the primary and George B. Rast was substituted by the local party committee.

JULY 16 DEMOCRATIC

Governor   107,345 Charles D. Ravenel; 105,743 W. J. Bryan Dorn; 80,292 Earle E. Morris; 11,091 Eugene N. Zeigler; 7,833 L. Maurice Bessinger; 4,187 John B. Culbertson; 2,609 M. J. Dukes.

Senator   Ernest F. Hollings, unopposed.

Congress   Unopposed in three CD's. Contested as follows:

    CD 2   31,360 Matthew J. Perry; 23,189 Cole B. Graham.
    CD 3   35,194 Butler Derrick; 13,489 Jack F. McIntosh; 5,860 George M. Jones.
    CD 5   20,176 Kenneth L. Holland; 17,051 Frank L. Roddey; 11,406 John R. Justice; 5,848 Robert H. Moore; 3,631 E. M. Watt; 3,244 Howard J. Parnell; 2,648 William S. Holler.

JULY 30 DEMOCRATIC RUN-OFF

Governor   186,985 Charles D. Ravenel; 154,187 W. J. Bryan Dorn. Following the run-off primary, the state Supreme Court ruled Mr. Ravenel ineligible since he did not meet the state's residency requirement for Gubernatorial candidates. At a special party State Convention, Mr. Dorn was designated to replace Mr. Ravenel as the Democratic candidate.

Congress

    CD 5   32,549 Kenneth L. Holland; 29,768 Frank L. Roddey.

SOUTH DAKOTA

GOVERNOR
Richard F. Kneip (D). Re-elected 1974 to a four-year term. Previously elected 1972, 1970.

SENATORS
James Abourezk (D). Elected 1972 to a six-year term.

George S. McGovern (D). Re-elected 1974 to a six-year term. Previously elected 1968, 1962.

REPRESENTATIVES
1. Larry Pressler (R)
2. James Abdnor (R)

POSTWAR VOTE FOR GOVERNOR

Year	Total Vote	Republican Vote	Republican Candidate	Democratic Vote	Democratic Candidate	Other Vote	Rep.-Dem. Plurality	Total Vote Rep.	Total Vote Dem.	Major Vote Rep.	Major Vote Dem.
1974	278,228	129,077	Olson, John E.	149,151	Kneip, Richard F.	—	20,074 D	46.4%	53.6%	46.4%	53.6%
1972	308,177	123,165	Thompson, Carveth	185,012	Kneip, Richard F.	—	61,847 D	40.0%	60.0%	40.0%	60.0%
1970	239,963	108,347	Farrar, Frank	131,616	Kneip, Richard F.	—	23,269 D	45.2%	54.8%	45.2%	54.8%
1968	276,906	159,646	Farrar, Frank	117,260	Chamberlin, Robert	—	42,386 R	57.7%	42.3%	57.7%	42.3%
1966	228,214	131,710	Boe, Nils A.	96,504	Chamberlin, Robert	—	35,206 R	57.7%	42.3%	57.7%	42.3%
1964	290,570	150,151	Boe, Nils A.	140,419	Lindley, John F.	—	9,732 R	51.7%	48.3%	51.7%	48.3%
1962	256,120	143,682	Gubbrud, Archie M.	112,438	Herseth, Ralph	—	31,244 R	56.1%	43.9%	56.1%	43.9%
1960	304,625	154,530	Gubbrud, Archie M.	150,095	Herseth, Ralph	—	4,435 R	50.7%	49.3%	50.7%	49.3%
1958	258,281	125,520	Saunders, Phil	132,761	Herseth, Ralph	—	7,241 D	48.6%	51.4%	48.6%	51.4%
1956	292,017	158,819	Foss, Joe J.	133,198	Herseth, Ralph	—	25,621 R	54.4%	45.6%	54.4%	45.6%
1954	236,255	133,878	Foss, Joe J.	102,377	Martin, Ed. C.	—	31,501 R	56.7%	43.3%	56.7%	43.3%
1952	289,515	203,102	Anderson, Sigurd	86,413	Iverson, Sherman A.	—	116,689 R	70.2%	29.8%	70.2%	29.8%
1950	253,316	154,254	Anderson, Sigurd	99,062	Robbie, Joseph	—	55,192 R	60.9%	39.1%	60.9%	39.1%
1948	245,372	149,883	Mickelson, George	95,489	Volz, Harold J.	—	54,394 R	61.1%	38.9%	61.1%	38.9%
1946	162,292	108,998	Mickelson, George	53,294	Haeder, Richard	—	55,704 R	67.2%	32.8%	67.2%	32.8%

The term of office of South Dakota's Governor was increased from two to four years effective with the 1974 election.

POSTWAR VOTE FOR SENATOR

Year	Total Vote	Republican Vote	Republican Candidate	Democratic Vote	Democratic Candidate	Other Vote	Rep.-Dem. Plurality	Total Vote Rep.	Total Vote Dem.	Major Vote Rep.	Major Vote Dem.
1974	278,884	130,955	Thorsness, Leo K.	147,929	McGovern, George S.	—	16,974 D	47.0%	53.0%	47.0%	53.0%
1972	306,386	131,613	Hirsch, Robert W.	174,773	Abourezk, James	—	43,160 D	43.0%	57.0%	43.0%	57.0%
1968	279,912	120,951	Gubbrud, Archie M.	158,961	McGovern, George S.	—	38,010 D	43.2%	56.8%	43.2%	56.8%
1966	227,080	150,517	Mundt, Karl E.	76,563	Wright, Donn H.	—	73,954 R	66.3%	33.7%	66.3%	33.7%
1962	254,319	126,861	Bottum, Joe H.	127,458	McGovern, George S.	—	597 D	49.9%	50.1%	49.9%	50.1%
1960	305,442	160,181	Mundt, Karl E.	145,261	McGovern, George S.	—	14,920 R	52.4%	47.6%	52.4%	47.6%
1956	290,622	147,621	Case, Francis	143,001	Holum, Kenneth	—	4,620 R	50.8%	49.2%	50.8%	49.2%
1954	235,745	135,071	Mundt, Karl E.	100,674	Holum, Kenneth	—	34,397 R	57.3%	42.7%	57.3%	42.7%
1950	251,362	160,670	Case, Francis	90,692	Engel, John A.	—	69,978 R	63.9%	36.1%	63.9%	36.1%
1948	242,833	144,084	Mundt, Karl E.	98,749	Engel, John A.	—	45,335 R	59.3%	40.7%	59.3%	40.7%

SOUTH DAKOTA

Districts Established March 25, 1971

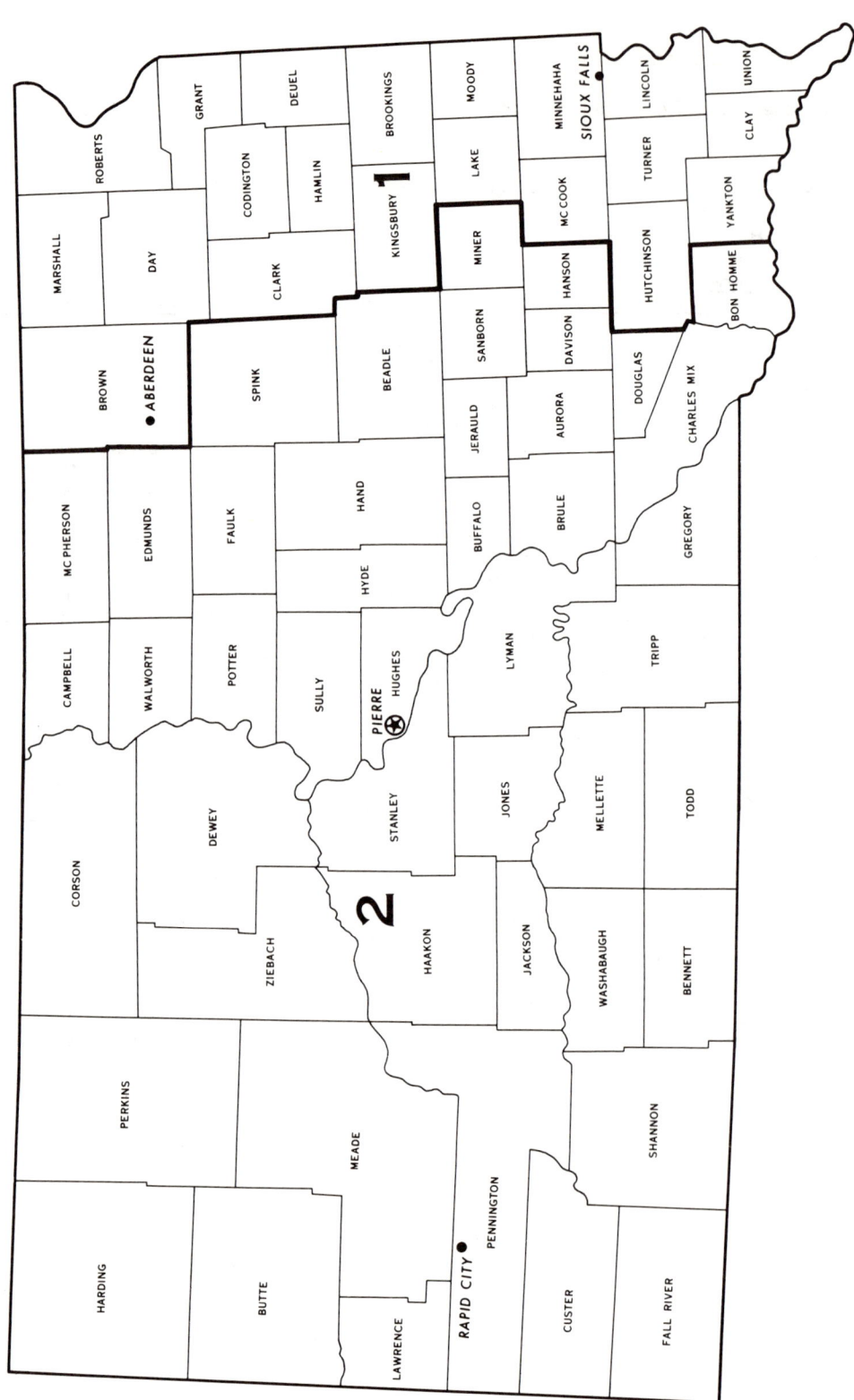

SOUTH DAKOTA

GOVERNOR 1974

1970 Census Population	County	Total Vote	Republican	Democratic	Other	Rep.-Dem. Plurality	Percentage Total Vote Rep.	Dem.	Major Vote Rep.	Dem.
4,183	AURORA	2,045	1,008	1,037		29 D	49.3%	50.7%	49.3%	50.7%
20,877	BEADLE	9,255	4,283	4,972		689 D	46.3%	53.7%	46.3%	53.7%
3,088	BENNETT	1,227	632	595		37 R	51.5%	48.5%	51.5%	48.5%
8,577	BON HOMME	3,935	1,837	2,098		261 D	46.7%	53.3%	46.7%	53.3%
22,158	BROOKINGS	9,012	3,585	5,427		1,842 D	39.8%	60.2%	39.8%	60.2%
36,920	BROWN	15,210	6,698	8,512		1,814 D	44.0%	56.0%	44.0%	56.0%
5,870	BRULE	2,769	1,171	1,598		427 D	42.3%	57.7%	42.3%	57.7%
1,739	BUFFALO	551	236	315		79 D	42.8%	57.2%	42.8%	57.2%
7,825	BUTTE	3,255	1,937	1,318		619 R	59.5%	40.5%	59.5%	40.5%
2,866	CAMPBELL	1,442	984	458		526 R	68.2%	31.8%	68.2%	31.8%
9,994	CHARLES MIX	4,055	1,548	2,507		959 D	38.2%	61.8%	38.2%	61.8%
5,515	CLARK	2,775	1,368	1,407		39 D	49.3%	50.7%	49.3%	50.7%
12,923	CLAY	4,736	1,855	2,881		1,026 D	39.2%	60.8%	39.2%	60.8%
19,140	CODINGTON	8,496	3,381	5,115		1,734 D	39.8%	60.2%	39.8%	60.2%
4,994	CORSON	1,580	861	719		142 R	54.5%	45.5%	54.5%	45.5%
4,698	CUSTER	2,340	1,133	1,207		74 D	48.4%	51.6%	48.4%	51.6%
17,319	DAVISON	7,484	3,476	4,008		532 D	46.4%	53.6%	46.4%	53.6%
8,713	DAY	4,274	1,572	2,702		1,130 D	36.8%	63.2%	36.8%	63.2%
5,686	DEUEL	2,479	1,054	1,425		371 D	42.5%	57.5%	42.5%	57.5%
5,170	DEWEY	1,467	723	744		21 D	49.3%	50.7%	49.3%	50.7%
4,569	DOUGLAS	2,115	1,246	869		377 R	58.9%	41.1%	58.9%	41.1%
5,548	EDMUNDS	2,939	1,337	1,602		265 D	45.5%	54.5%	45.5%	54.5%
7,505	FALL RIVER	3,443	1,920	1,523		397 R	55.8%	44.2%	55.8%	44.2%
3,893	FAULK	1,892	847	1,045		198 D	44.8%	55.2%	44.8%	55.2%
9,005	GRANT	4,228	1,725	2,503		778 D	40.8%	59.2%	40.8%	59.2%
6,710	GREGORY	2,933	1,335	1,598		263 D	45.5%	54.5%	45.5%	54.5%
2,802	HAAKON	1,272	723	549		174 R	56.8%	43.2%	56.8%	43.2%
5,520	HAMLIN	2,785	1,241	1,544		303 D	44.6%	55.4%	44.6%	55.4%
5,883	HAND	3,053	1,535	1,518		17 R	50.3%	49.7%	50.3%	49.7%
3,781	HANSON	1,706	779	927		148 D	45.7%	54.3%	45.7%	54.3%
1,855	HARDING	818	539	279		260 R	65.9%	34.1%	65.9%	34.1%
11,632	HUGHES	6,261	3,581	2,680		901 R	57.2%	42.8%	57.2%	42.8%
10,379	HUTCHINSON	4,771	2,629	2,142		487 R	55.1%	44.9%	55.1%	44.9%
2,515	HYDE	1,186	612	574		38 R	51.6%	48.4%	51.6%	48.4%
1,531	JACKSON	849	481	368		113 R	56.7%	43.3%	56.7%	43.3%
3,310	JERAULD	1,636	847	789		58 R	51.8%	48.2%	51.8%	48.2%
1,882	JONES	838	429	409		20 R	51.2%	48.8%	51.2%	48.8%
7,657	KINGSBURY	3,559	1,583	1,976		393 D	44.5%	55.5%	44.5%	55.5%
11,456	LAKE	5,232	1,972	3,260		1,288 D	37.7%	62.3%	37.7%	62.3%
17,453	LAWRENCE	6,709	3,572	3,137		435 R	53.2%	46.8%	53.2%	46.8%
11,761	LINCOLN	5,280	2,568	2,712		144 D	48.6%	51.4%	48.6%	51.4%
4,060	LYMAN	1,653	870	783		87 R	52.6%	47.4%	52.6%	47.4%
7,246	MCCOOK	3,532	1,560	1,972		412 D	44.2%	55.8%	44.2%	55.8%
5,022	MCPHERSON	2,307	1,685	622		1,063 R	73.0%	27.0%	73.0%	27.0%
5,965	MARSHALL	2,812	1,115	1,697		582 D	39.7%	60.3%	39.7%	60.3%
17,020	MEADE	4,862	2,570	2,292		278 R	52.9%	47.1%	52.9%	47.1%
2,420	MELLETTE	937	531	406		125 R	56.7%	43.3%	56.7%	43.3%
4,454	MINER	2,158	864	1,294		430 D	40.0%	60.0%	40.0%	60.0%
95,209	MINNEHAHA	40,848	18,610	22,238		3,628 D	45.6%	54.4%	45.6%	54.4%
7,622	MOODY	3,191	1,233	1,958		725 D	38.6%	61.4%	38.6%	61.4%
59,349	PENNINGTON	19,836	8,569	11,267		2,698 D	43.2%	56.8%	43.2%	56.8%
4,769	PERKINS	2,431	1,269	1,162		107 R	52.2%	47.8%	52.2%	47.8%
4,449	POTTER	2,003	1,048	955		93 R	52.3%	47.7%	52.3%	47.7%
11,678	ROBERTS	4,441	1,667	2,774		1,107 D	37.5%	62.5%	37.5%	62.5%
3,697	SANBORN	1,943	946	997		51 D	48.7%	51.3%	48.7%	51.3%
8,198	SHANNON	703	243	460		217 D	34.6%	65.4%	34.6%	65.4%
10,595	SPINK	4,402	1,830	2,572		742 D	41.6%	58.4%	41.6%	58.4%
2,457	STANLEY	1,282	693	589		104 R	54.1%	45.9%	54.1%	45.9%
2,362	SULLY	1,155	682	473		209 R	59.0%	41.0%	59.0%	41.0%
6,606	TODD	1,268	512	756		244 D	40.4%	59.6%	40.4%	59.6%
8,171	TRIPP	3,794	1,926	1,868		58 R	50.8%	49.2%	50.8%	49.2%
9,872	TURNER	4,503	2,484	2,019		465 R	55.2%	44.8%	55.2%	44.8%
9,643	UNION	4,272	1,740	2,532		792 D	40.7%	59.3%	40.7%	59.3%
7,842	WALWORTH	3,415	1,912	1,503		409 R	56.0%	44.0%	56.0%	44.0%
1,389	WASHABAUGH	366	204	162		42 R	55.7%	44.3%	55.7%	44.3%
19,039	YANKTON	7,427	3,142	4,285		1,143 D	42.3%	57.7%	42.3%	57.7%
2,221	ZIEBACH	795	329	466		137 D	41.4%	58.6%	41.4%	58.6%
666,257	TOTAL	278,228	129,077	149,151		20,074 D	46.4%	53.6%	46.4%	53.6%

SOUTH DAKOTA

SENATOR 1974

1970 Census Population	County	Total Vote	Republican	Democratic	Other	Rep.-Dem. Plurality	Percentage Total Vote Rep.	Dem.	Major Vote Rep.	Dem.
4,183	AURORA	2,035	871	1,164		293 D	42.8%	57.2%	42.8%	57.2%
20,877	BEADLE	9,292	4,367	4,925		558 D	47.0%	53.0%	47.0%	53.0%
3,088	BENNETT	1,243	765	478		287 R	61.5%	38.5%	61.5%	38.5%
8,577	BON HOMME	3,937	1,737	2,200		463 D	44.1%	55.9%	44.1%	55.9%
22,158	BROOKINGS	9,017	3,884	5,133		1,249 D	43.1%	56.9%	43.1%	56.9%
36,920	BROWN	15,431	6,286	9,145		2,859 D	40.7%	59.3%	40.7%	59.3%
5,870	BRULE	2,747	1,130	1,617		487 D	41.1%	58.9%	41.1%	58.9%
1,739	BUFFALO	559	213	346		133 D	38.1%	61.9%	38.1%	61.9%
7,825	BUTTE	3,246	2,002	1,244		758 R	61.7%	38.3%	61.7%	38.3%
2,866	CAMPBELL	1,459	1,008	451		557 R	69.1%	30.9%	69.1%	30.9%
9,994	CHARLES MIX	4,040	1,512	2,528		1,016 D	37.4%	62.6%	37.4%	62.6%
5,515	CLARK	2,763	1,381	1,382		1 D	50.0%	50.0%	50.0%	50.0%
12,923	CLAY	4,774	1,863	2,911		1,048 D	39.0%	61.0%	39.0%	61.0%
19,140	CODINGTON	8,486	3,666	4,820		1,154 D	43.2%	56.8%	43.2%	56.8%
4,994	CORSON	1,593	913	680		233 R	57.3%	42.7%	57.3%	42.7%
4,698	CUSTER	2,317	1,255	1,062		193 R	54.2%	45.8%	54.2%	45.8%
17,319	DAVISON	7,498	2,878	4,620		1,742 D	38.4%	61.6%	38.4%	61.6%
8,713	DAY	4,252	1,573	2,679		1,106 D	37.0%	63.0%	37.0%	63.0%
5,686	DEUEL	2,492	1,047	1,445		398 D	42.0%	58.0%	42.0%	58.0%
5,170	DEWEY	1,474	849	625		224 R	57.6%	42.4%	57.6%	42.4%
4,569	DOUGLAS	2,121	1,200	921		279 R	56.6%	43.4%	56.6%	43.4%
5,548	EDMUNDS	2,924	1,303	1,621		318 D	44.6%	55.4%	44.6%	55.4%
7,505	FALL RIVER	3,452	2,109	1,343		766 R	61.1%	38.9%	61.1%	38.9%
3,893	FAULK	1,886	810	1,076		266 D	42.9%	57.1%	42.9%	57.1%
9,005	GRANT	4,180	1,907	2,273		366 D	45.6%	54.4%	45.6%	54.4%
6,710	GREGORY	2,953	1,474	1,479		5 D	49.9%	50.1%	49.9%	50.1%
2,802	HAAKON	1,261	846	415		431 R	67.1%	32.9%	67.1%	32.9%
5,520	HAMLIN	2,775	1,352	1,423		71 D	48.7%	51.3%	48.7%	51.3%
5,883	HAND	3,055	1,629	1,426		203 R	53.3%	46.7%	53.3%	46.7%
3,781	HANSON	1,699	663	1,036		373 D	39.0%	61.0%	39.0%	61.0%
1,855	HARDING	812	530	282		248 R	65.3%	34.7%	65.3%	34.7%
11,632	HUGHES	6,244	3,763	2,481		1,282 R	60.3%	39.7%	60.3%	39.7%
10,379	HUTCHINSON	4,775	2,620	2,155		465 R	54.9%	45.1%	54.9%	45.1%
2,515	HYDE	1,184	678	506		172 R	57.3%	42.7%	57.3%	42.7%
1,531	JACKSON	848	534	314		220 R	63.0%	37.0%	63.0%	37.0%
3,310	JERAULD	1,645	802	843		41 D	48.8%	51.2%	48.8%	51.2%
1,882	JONES	833	489	344		145 R	58.7%	41.3%	58.7%	41.3%
7,657	KINGSBURY	3,539	1,756	1,783		27 D	49.6%	50.4%	49.6%	50.4%
11,456	LAKE	5,218	2,205	3,013		808 D	42.3%	57.7%	42.3%	57.7%
17,453	LAWRENCE	6,728	3,695	3,033		662 R	54.9%	45.1%	54.9%	45.1%
11,761	LINCOLN	5,291	2,483	2,808		325 D	46.9%	53.1%	46.9%	53.1%
4,060	LYMAN	1,671	934	737		197 R	55.9%	44.1%	55.9%	44.1%
7,246	MCCOOK	3,529	1,530	1,999		469 D	43.4%	56.6%	43.4%	56.6%
5,022	MCPHERSON	2,320	1,707	613		1,094 R	73.6%	26.4%	73.6%	26.4%
5,965	MARSHALL	2,817	1,151	1,666		515 D	40.9%	59.1%	40.9%	59.1%
17,020	MEADE	4,857	2,809	2,048		761 R	57.8%	42.2%	57.8%	42.2%
2,420	MELLETTE	935	576	359		217 R	61.6%	38.4%	61.6%	38.4%
4,454	MINER	2,139	770	1,369		599 D	36.0%	64.0%	36.0%	64.0%
95,209	MINNEHAHA	41,060	16,916	24,144		7,228 D	41.2%	58.8%	41.2%	58.8%
7,622	MOODY	3,183	1,217	1,966		749 D	38.2%	61.8%	38.2%	61.8%
59,349	PENNINGTON	19,993	9,697	10,296		599 D	48.5%	51.5%	48.5%	51.5%
4,769	PERKINS	2,423	1,375	1,048		327 R	56.7%	43.3%	56.7%	43.3%
4,449	POTTER	2,015	1,077	938		139 R	53.4%	46.6%	53.4%	46.6%
11,678	ROBERTS	4,457	1,809	2,648		839 D	40.6%	59.4%	40.6%	59.4%
3,697	SANBORN	1,952	826	1,126		300 D	42.3%	57.7%	42.3%	57.7%
8,198	SHANNON	717	265	452		187 D	37.0%	63.0%	37.0%	63.0%
10,595	SPINK	4,395	1,964	2,431		467 D	44.7%	55.3%	44.7%	55.3%
2,457	STANLEY	1,281	713	568		145 R	55.7%	44.3%	55.7%	44.3%
2,362	SULLY	1,136	653	483		170 R	57.5%	42.5%	57.5%	42.5%
6,606	TODD	1,276	611	665		54 D	47.9%	52.1%	47.9%	52.1%
8,171	TRIPP	3,795	2,076	1,719		357 R	54.7%	45.3%	54.7%	45.3%
9,872	TURNER	4,540	2,383	2,157		226 R	52.5%	47.5%	52.5%	47.5%
9,643	UNION	4,269	1,755	2,514		759 D	41.1%	58.9%	41.1%	58.9%
7,842	WALWORTH	3,422	1,991	1,431		560 R	58.2%	41.8%	58.2%	41.8%
1,389	WASHABAUGH	369	230	139		91 R	62.3%	37.7%	62.3%	37.7%
19,039	YANKTON	7,449	3,437	4,012		575 D	46.1%	53.9%	46.1%	53.9%
2,221	ZIEBACH	806	435	371		64 R	54.0%	46.0%	54.0%	46.0%
666,257	TOTAL	278,884	130,955	147,929		16,974 D	47.0%	53.0%	47.0%	53.0%

SOUTH DAKOTA

CONGRESS

CD	Year	Total Vote	Republican Vote	Candidate	Democratic Vote	Candidate	Other Vote	Rep.-Dem. Plurality	Percentage Total Vote Rep.	Dem.	Major Vote Rep.	Dem.
1	1974	141,605	78,266	PRESSLER, LARRY	63,339	DENHOLM, FRANK E.		14,927 R	55.3%	44.7%	55.3%	44.7%
1	1972	156,031	61,589	VICKERMAN, JOHN	94,442	DENHOLM, FRANK E.		32,853 D	39.5%	60.5%	39.5%	60.5%
2	1974	130,865	88,746	ABDNOR, JAMES	42,119	WEILAND, JACK		46,627 R	67.8%	32.2%	67.8%	32.2%
2	1972	144,961	79,546	ABDNOR, JAMES	65,415	MCKEEVER, PATRICK		14,131 R	54.9%	45.1%	54.9%	45.1%

SOUTH DAKOTA

1974 GENERAL ELECTION

Governor

Senator

Congress

1974 PRIMARIES

JUNE 4 REPUBLICAN

Governor   49,973 John E. Olson; 25,509 Ronald F. Williamson; 14,444 Oscar W. Hagen.

Senator   49,716 Leo K. Thorsness; 35,406 Al Schock; 9,852 Barbara B. Gunderson.

Congress   Unopposed in CD 2. Contested as follows:

  CD 1   22,724 Larry Pressler; 13,940 Ione Larsen; 8,650 Cornelis Van Helden.

JUNE 4 DEMOCRATIC

Governor   45,932 Richard F. Kneip; 23,467 Bill Dougherty.

Senator   George S. McGovern, unopposed.

Congress   Unopposed in both CD's.

TENNESSEE

GOVERNOR
Ray Blanton (D). Elected 1974 to a four-year term.

SENATORS
Howard H. Baker, Jr. (R). Re-elected 1972 to a six-year term. Previously elected 1966.

William E. Brock (R). Elected 1970 to a six-year term.

REPRESENTATIVES
1. James H. Quillen (R)
2. John J. Duncan (R)
3. Marilyn Lloyd (D)
4. Joe L. Evins (D)
5. Richard Fulton (D)
6. Robin L. Beard (R)
7. Ed Jones (D)
8. Harold E. Ford (D)

POSTWAR VOTE FOR GOVERNOR

Year	Total Vote	Republican Vote	Republican Candidate	Democratic Vote	Democratic Candidate	Other Vote	Rep.-Dem. Plurality	Total Vote Rep.	Total Vote Dem.	Major Vote Rep.	Major Vote Dem.
1974	1,040,714	455,467	Alexander, Lamar	576,833	Blanton, Ray	8,414	121,366 D	43.8%	55.4%	44.1%	55.9%
1970	1,108,247	575,777	Dunn, Winfield	509,521	Hooker, John J.	22,949	66,256 R	52.0%	46.0%	53.1%	46.9%
1966	656,566	—	—	532,998	Ellington, Buford	123,568	532,998 D	—	81.2%	—	100.0%
1962	621,064	100,190	Patty, Hubert D.	315,648	Clement, Frank G.	205,226	215,458 D	16.1%	50.8%	24.1%	75.9%
1958	432,545	35,938	Wall, Thomas P.	248,874	Ellington, Buford	147,733	212,936 D	8.3%	57.5%	12.6%	87.4%
1954	322,586	—	—	281,291	Clement, Frank G.	41,295	281,291 D	—	87.2%	—	100.0%
1952	806,771	166,377	Witt, R. Beecher	640,290	Clement, Frank G.	104	473,913 D	20.6%	79.4%	20.6%	79.4%
1950	236,194	—	—	184,437	Browning, Gordon	51,757	184,437 D	—	78.1%	—	100.0%
1948	543,881	179,957	Acuff, Roy	363,903	Browning, Gordon	21	183,946 D	33.1%	66.9%	33.1%	66.9%
1946	229,456	73,222	Lowe, W. O.	149,937	McCord, Jim Nance	6,297	76,715 D	31.9%	65.3%	32.8%	67.2%

The term of office of Tennessee's Governor was increased from two to four years effective with the 1954 election.

POSTWAR VOTE FOR SENATOR

Year	Total Vote	Republican Vote	Republican Candidate	Democratic Vote	Democratic Candidate	Other Vote	Rep.-Dem. Plurality	Total Vote Rep.	Total Vote Dem.	Major Vote Rep.	Major Vote Dem.
1972	1,164,195	716,539	Baker, Howard H., Jr.	440,599	Blanton, Ray	7,057	275,940 R	61.5%	37.8%	61.9%	38.1%
1970	1,097,041	562,645	Brock, William E.	519,858	Gore, Albert	14,538	42,787 R	51.3%	47.4%	52.0%	48.0%
1966	866,961	483,063	Baker, Howard H., Jr.	383,843	Clement, Frank G.	55	99,220 R	55.7%	44.3%	55.7%	44.3%
1964	1,064,018	493,475	Kuykendall, Daniel H.	570,542	Gore, Albert	1	77,067 D	46.4%	53.6%	46.4%	53.6%
1964s	1,091,093	517,330	Baker, Howard H., Jr.	568,905	Bass, Ross	4,858	51,575 D	47.4%	52.1%	47.6%	52.4%
1960	828,519	234,053	Frazier, A. Bradley	594,460	Kefauver, Estes	6	360,407 D	28.2%	71.7%	28.2%	71.8%
1958	401,666	76,371	Atkins, Hobart F.	317,324	Gore, Albert	7,971	240,953 D	19.0%	79.0%	19.4%	80.6%
1954	356,094	106,971	Wall, Thomas P.	249,121	Kefauver, Estes	2	142,150 D	30.0%	70.0%	30.0%	70.0%
1952	735,219	153,479	Atkins, Hobart F.	545,432	Gore, Albert	36,308	391,953 D	20.9%	74.2%	22.0%	78.0%
1948	499,218	166,947	Reece, B. Carroll	326,142	Kefauver, Estes	6,129	159,195 D	33.4%	65.3%	33.9%	66.1%
1946	218,714	57,238	Ladd, William B.	145,654	McKellar, Kenneth	15,822	88,416 D	26.2%	66.6%	28.2%	71.8%

One of the 1964 elections was for a short term to fill a vacancy.

TENNESSEE

Districts Established April 13, 1972

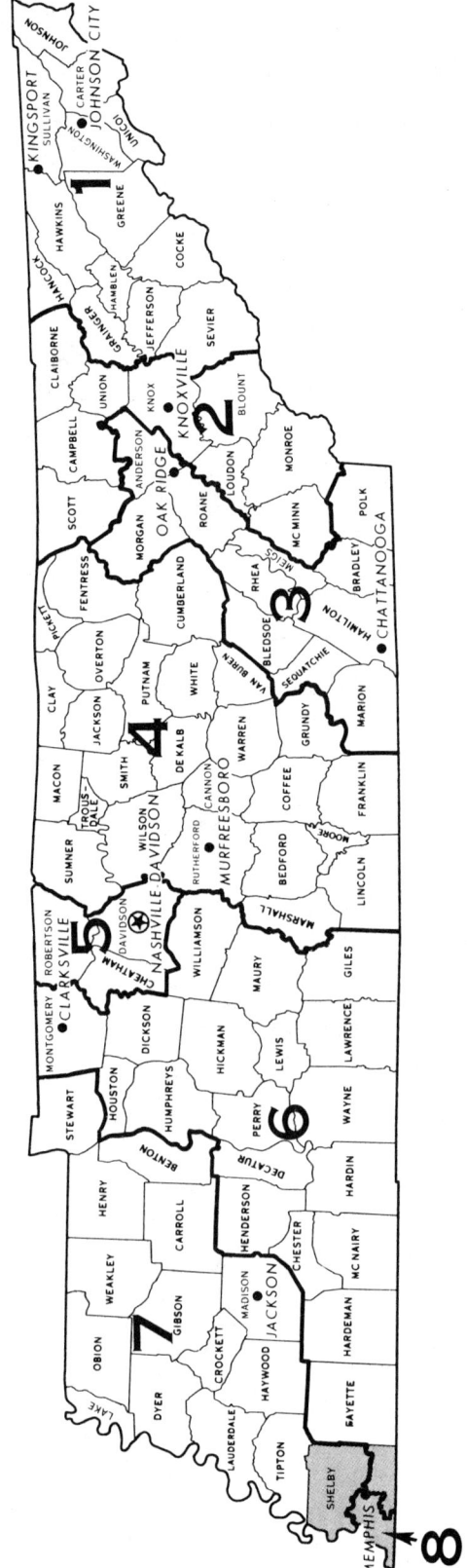

County with two or more Congressional Districts.

TENNESSEE

GOVERNOR 1974

1970 Census Population	County	Total Vote	Republican	Democratic	Other	Rep.-Dem. Plurality	Percentage Total Vote Rep.	Dem.	Major Vote Rep.	Dem.
60,300	ANDERSON	17,424	8,279	9,006	139	727 D	47.5%	51.7%	47.9%	52.1%
25,039	BEDFORD	6,845	1,693	5,117	35	3,424 D	24.7%	74.8%	24.9%	75.1%
12,126	BENTON	4,644	1,330	3,283	31	1,953 D	28.6%	70.7%	28.8%	71.2%
7,643	BLEDSOE	3,742	1,735	1,996	11	261 D	46.4%	53.3%	46.5%	53.5%
63,744	BLOUNT	19,200	12,600	6,448	152	6,152 R	65.6%	33.6%	66.1%	33.9%
50,686	BRADLEY	10,989	6,198	4,747	44	1,451 R	56.4%	43.2%	56.6%	43.4%
26,045	CAMPBELL	6,537	2,987	3,531	19	544 D	45.7%	54.0%	45.8%	54.2%
8,467	CANNON	2,598	583	2,004	11	1,421 D	22.4%	77.1%	22.5%	77.5%
25,741	CARROLL	7,938	3,385	4,510	43	1,125 D	42.6%	56.8%	42.9%	57.1%
43,259	CARTER	10,830	5,780	4,773	277	1,007 R	53.4%	44.1%	54.8%	45.2%
13,199	CHEATHAM	3,916	813	3,079	24	2,266 D	20.8%	78.6%	20.9%	79.1%
9,927	CHESTER	4,104	1,520	2,577	7	1,057 D	37.0%	62.8%	37.1%	62.9%
19,420	CLAIBORNE	4,504	2,184	2,297	23	113 D	48.5%	51.0%	48.7%	51.3%
6,624	CLAY	2,090	660	1,424	6	764 D	31.6%	68.1%	31.7%	68.3%
25,283	COCKE	5,480	3,348	2,078	54	1,270 R	61.1%	37.9%	61.7%	38.3%
32,572	COFFEE	8,539	2,649	5,838	52	3,189 D	31.0%	68.4%	31.2%	68.8%
14,402	CROCKETT	3,439	1,229	2,195	15	966 D	35.7%	63.8%	35.9%	64.1%
20,733	CUMBERLAND	6,311	2,974	3,312	25	338 D	47.1%	52.5%	47.3%	52.7%
447,877	DAVIDSON	111,757	41,664	69,232	861	27,568 D	37.3%	61.9%	37.6%	62.4%
9,457	DECATUR	3,980	1,453	2,508	19	1,055 D	36.5%	63.0%	36.7%	63.3%
11,151	DE KALB	3,588	1,056	2,523	9	1,467 D	29.4%	70.3%	29.5%	70.5%
21,977	DICKSON	7,222	1,680	5,513	29	3,833 D	23.3%	76.3%	23.4%	76.6%
30,427	DYER	7,491	3,125	4,291	75	1,166 D	41.7%	57.3%	42.1%	57.9%
22,692	FAYETTE	4,976	1,937	3,007	32	1,070 D	38.9%	60.4%	39.2%	60.8%
12,593	FENTRESS	2,881	1,296	1,577	8	281 D	45.0%	54.7%	45.1%	54.9%
27,244	FRANKLIN	6,785	1,688	5,056	41	3,368 D	24.9%	74.5%	25.0%	75.0%
47,871	GIBSON	12,929	4,145	8,712	72	4,567 D	32.1%	67.4%	32.2%	67.8%
22,138	GILES	5,459	1,069	4,374	16	3,305 D	19.6%	80.1%	19.6%	80.4%
13,948	GRAINGER	3,594	1,970	1,596	28	374 R	54.8%	44.4%	55.2%	44.8%
47,630	GREENE	12,260	6,963	5,212	85	1,751 R	56.8%	42.5%	57.2%	42.8%
10,631	GRUNDY	2,694	627	2,060	7	1,433 D	23.3%	76.5%	23.3%	76.7%
38,696	HAMBLEN	11,271	4,784	6,398	89	1,614 D	42.4%	56.8%	42.8%	57.2%
254,236	HAMILTON	58,827	32,543	25,895	389	6,648 R	55.3%	44.0%	55.7%	44.3%
6,719	HANCOCK	1,802	1,001	787	14	214 R	55.5%	43.7%	56.0%	44.0%
22,435	HARDEMAN	5,699	1,695	3,962	42	2,267 D	29.7%	69.5%	30.0%	70.0%
18,212	HARDIN	5,965	2,436	3,519	10	1,083 D	40.8%	59.0%	40.9%	59.1%
33,726	HAWKINS	8,898	4,964	3,859	75	1,105 R	55.8%	43.4%	56.3%	43.7%
19,596	HAYWOOD	4,728	1,630	3,081	17	1,451 D	34.5%	65.2%	34.6%	65.4%
17,291	HENDERSON	6,191	3,167	3,017	7	150 R	51.2%	48.7%	51.2%	48.8%
23,749	HENRY	6,596	1,645	4,898	53	3,253 D	24.9%	74.3%	25.1%	74.9%
12,096	HICKMAN	4,161	862	3,288	11	2,426 D	20.7%	79.0%	20.8%	79.2%
5,845	HOUSTON	1,773	312	1,452	9	1,140 D	17.6%	81.9%	17.7%	82.3%
13,560	HUMPHREYS	4,369	913	3,436	20	2,523 D	20.9%	78.6%	21.0%	79.0%
8,141	JACKSON	3,003	477	2,523	3	2,046 D	15.9%	84.0%	15.9%	84.1%
24,940	JEFFERSON	6,780	3,972	2,773	35	1,199 R	58.6%	40.9%	58.9%	41.1%
11,569	JOHNSON	2,868	1,742	1,074	52	668 R	60.7%	37.4%	61.9%	38.1%
276,293	KNOX	72,368	41,823	29,716	829	12,107 R	57.8%	41.1%	58.5%	41.5%
7,896	LAKE	1,687	402	1,276	9	874 D	23.8%	75.6%	24.0%	76.0%
20,271	LAUDERDALE	5,320	1,463	3,836	21	2,373 D	27.5%	72.1%	27.6%	72.4%
29,097	LAWRENCE	9,307	3,608	5,677	22	2,069 D	38.8%	61.0%	38.9%	61.1%
6,761	LEWIS	2,900	511	2,383	6	1,872 D	17.6%	82.2%	17.7%	82.3%
24,318	LINCOLN	5,044	1,066	3,959	19	2,893 D	21.1%	78.5%	21.2%	78.8%
24,266	LOUDON	6,858	3,436	3,376	46	60 R	50.1%	49.2%	50.4%	49.6%
35,462	MCMINN	9,703	5,198	4,459	46	739 R	53.6%	46.0%	53.8%	46.2%
18,369	MCNAIRY	7,193	2,596	4,587	10	1,991 D	36.1%	63.8%	36.1%	63.9%
12,315	MACON	2,809	1,316	1,483	10	167 D	46.8%	52.8%	47.0%	53.0%
65,727	MADISON	18,034	7,859	10,066	109	2,207 D	43.6%	55.8%	43.8%	56.2%
20,577	MARION	5,536	1,943	3,571	22	1,628 D	35.1%	64.5%	35.2%	64.8%
17,319	MARSHALL	5,127	1,008	4,098	21	3,090 D	19.7%	79.9%	19.7%	80.3%
44,028	MAURY	10,298	3,674	6,575	49	2,901 D	35.7%	63.8%	35.8%	64.2%
5,219	MEIGS	1,652	741	895	16	154 D	44.9%	54.2%	45.3%	54.7%
23,475	MONROE	8,505	4,267	4,190	48	77 R	50.2%	49.3%	50.5%	49.5%
62,721	MONTGOMERY	12,614	3,576	8,951	87	5,375 D	28.3%	71.0%	28.5%	71.5%
3,568	MOORE	1,016	169	844	3	675 D	16.6%	83.1%	16.7%	83.3%
13,619	MORGAN	3,757	1,348	2,388	21	1,040 D	35.9%	63.6%	36.1%	63.9%

305

TENNESSEE

GOVERNOR 1974

1970 Census Population	County	Total Vote	Republican	Democratic	Other	Rep.-Dem. Plurality	Percentage Total Vote Rep.	Dem.	Major Vote Rep.	Dem.
29,936	OBION	5,935	1,690	4,221	24	2,531 D	28.5%	71.1%	28.6%	71.4%
14,866	OVERTON	3,935	851	3,070	14	2,219 D	21.6%	78.0%	21.7%	78.3%
5,238	PERRY	2,164	474	1,676	14	1,202 D	21.9%	77.4%	22.0%	78.0%
3,774	PICKETT	1,534	751	776	7	25 D	49.0%	50.6%	49.2%	50.8%
11,669	POLK	3,907	1,392	2,507	8	1,115 D	35.6%	64.2%	35.7%	64.3%
35,487	PUTNAM	9,539	2,961	6,541	37	3,580 D	31.0%	68.6%	31.2%	68.8%
17,202	RHEA	5,077	2,202	2,854	21	652 D	43.4%	56.2%	43.6%	56.4%
38,881	ROANE	11,827	4,985	6,770	72	1,785 D	42.1%	57.2%	42.4%	57.6%
29,102	ROBERTSON	7,046	1,448	5,563	35	4,115 D	20.6%	79.0%	20.7%	79.3%
59,428	RUTHERFORD	14,879	4,690	10,093	96	5,403 D	31.5%	67.8%	31.7%	68.3%
14,762	SCOTT	3,522	1,773	1,710	39	63 R	50.3%	48.6%	50.9%	49.1%
6,331	SEQUATCHIE	1,867	568	1,283	16	715 D	30.4%	68.7%	30.7%	69.3%
28,241	SEVIER	8,001	5,515	2,423	63	3,092 R	68.9%	30.3%	69.5%	30.5%
722,014	SHELBY	197,490	98,336	97,005	2,149	1,331 R	49.8%	49.1%	50.3%	49.7%
12,509	SMITH	3,831	833	2,995	3	2,162 D	21.7%	78.2%	21.8%	78.2%
7,319	STEWART	2,060	337	1,707	16	1,370 D	16.4%	82.9%	16.5%	83.5%
127,329	SULLIVAN	32,210	16,211	15,440	559	771 R	50.3%	47.9%	51.2%	48.8%
56,106	SUMNER	13,917	4,723	9,144	50	4,421 D	33.9%	65.7%	34.1%	65.9%
28,001	TIPTON	7,448	2,756	4,668	24	1,912 D	37.0%	62.7%	37.1%	62.9%
5,155	TROUSDALE	1,374	179	1,187	8	1,008 D	13.0%	86.4%	13.1%	86.9%
15,254	UNICOI	3,441	1,797	1,618	26	179 R	52.2%	47.0%	52.6%	47.4%
9,072	UNION	2,648	1,297	1,338	13	41 D	49.0%	50.5%	49.2%	50.8%
3,758	VAN BUREN	1,255	293	958	4	665 D	23.3%	76.3%	23.4%	76.6%
26,972	WARREN	5,889	1,408	4,456	25	3,048 D	23.9%	75.7%	24.0%	76.0%
73,924	WASHINGTON	18,446	9,229	8,731	486	498 R	50.0%	47.3%	51.4%	48.6%
12,365	WAYNE	3,668	1,923	1,734	11	189 R	52.4%	47.3%	52.6%	47.4%
28,827	WEAKLEY	6,528	1,824	4,681	23	2,857 D	27.9%	71.7%	28.0%	72.0%
16,355	WHITE	3,517	884	2,625	8	1,741 D	25.1%	74.6%	25.2%	74.8%
34,330	WILLIAMSON	10,932	4,912	5,968	52	1,056 D	44.9%	54.6%	45.1%	54.9%
36,999	WILSON	9,422	2,458	6,923	41	4,465 D	26.1%	73.5%	26.2%	73.8%
3,924,164	TOTAL	1,040,714	455,467	576,833	8,414	121,366 D	43.8%	55.4%	44.1%	55.9%

TENNESSEE

CONGRESS

		Total	Republican		Democratic		Other	Rep.-Dem.	Percentage Total Vote		Major Vote	
CD	Year	Vote	Vote	Candidate	Vote	Candidate	Vote	Plurality	Rep.	Dem.	Rep.	Dem.
1	1974	118,917	76,394	QUILLEN, JAMES H.	42,523	BLEVINS, LLOYD		33,871 R	64.2%	35.8%	64.2%	35.8%
1	1972	139,608	110,868	QUILLEN, JAMES H.	28,736	CANTOR, BERNARD	4	82,132 R	79.4%	20.6%	79.4%	20.6%
2	1974	123,339	87,419	DUNCAN, JOHN J.	35,920	BROWN, JESSE B.		51,499 R	70.9%	29.1%	70.9%	29.1%
2	1972	109,925	109,925	DUNCAN, JOHN J.				109,925 R	100.0%		100.0%	
3	1974	121,198	55,580	BAKER, LAMAR	61,926	LLOYD, MARILYN	3,692	6,346 D	45.9%	51.1%	47.3%	52.7%
3	1972	149,443	82,561	BAKER, LAMAR	62,536	SOMPAYRAC, HOWARD	4,346	20,025 D	55.2%	41.8%	56.9%	43.1%
4	1974	94,918			94,847	EVINS, JOE L.	71	94,847 D		99.9%		100.0%
4	1972	114,731	21,689	FINNEY, BILLY JO	93,042	EVINS, JOE L.		71,353 D	18.9%	81.1%	18.9%	81.1%
5	1974	88,350			88,206	FULTON, RICHARD	144	88,206 D		99.8%		100.0%
5	1972	149,464	55,067	ADAMS, ALFRED	93,555	FULTON, RICHARD	842	38,488 D	36.8%	62.6%	37.1%	62.9%
6	1974	135,753	76,928	BEARD, ROBIN L.	58,824	SCHAEFFER, TIM	1	18,104 R	56.7%	43.3%	56.7%	43.3%
6	1972	139,762	77,263	BEARD, ROBIN L.	60,254	ANDERSON, WILLIAM R.	2,245	17,009 R	55.3%	43.1%	56.2%	43.8%
7	1974	83,249			83,231	JONES, ED	18	83,231 D		100.0%		100.0%
7	1972	131,146	38,726	ADKINS, STOCKTON	92,419	JONES, ED	1	53,693 D	29.5%	70.5%	29.5%	70.5%
8	1974	136,105	67,181	KUYKENDALL, DANIEL H.	67,925	FORD, HAROLD E.	999	744 D	49.4%	49.9%	49.7%	50.3%
8	1972	168,316	93,173	KUYKENDALL, DANIEL H.	74,240	PATTERSON, J. O.	903	18,933 R	55.4%	44.1%	55.7%	44.3%

TENNESSEE

1974 GENERAL ELECTION

Governor In the early uncorrected canvass the Republican and Democratic votes were reversed in Marion county and the statewide totals were 457,095 Republican and 575,205 Democratic. Other vote was cast for the following Independent candidates: 2,431 (Comer); 2,338 (Taylor); 1,986 (Reesor); 845 (Patty); 784 (Zandi) and 30 scattered.

Congress Other vote was scattered in CD's 4, 6 and 7; 2,681 Independent (Delaney) and 1,011 scattered in CD 3; 143 Independent (Tankard) and 1 scattered in CD 5; 994 Independent (Porter) and 5 scattered in CD 8.

AUGUST 1 REPUBLICAN

Governor 120,773 Lamar Alexander; 90,980 Nat Winston; 35,683 Dortch Oldham; 1,674 Melvin Waldron; 2 scattered.

Congress Unopposed in three CD's. No candidates in CD's 4, 5 and 7. Contested as follows:

CD 2 38,284 John J. Duncan; 1,553 Boyce McCall.
CD 8 20,209 Daniel H. Kuykendall; 3,646 Joe Duncan; 334 Duncan Ragsdale; 175 James Francis; 1 scattered.

AUGUST 1 DEMOCRATIC

Governor 148,062 Ray Blanton; 131,412 Jake Butcher; 89,061 Tom Wiseman; 86,852 Hudley Crockett; 84,155 Franklin Haney; 40,211 Stan Snodgrass; 26,091 Ross Bass; 15,562 Washington Butler; 13,625 David Pack; 13,464 James Powers; 1,694 Johnnie D. Elkins; 1,121 Charles Vick; 10 scattered.

Congress Unopposed in two CD's. Contested as follows:

CD 2 13,990 Jesse B. Brown; 6,403 Margaret Francis.
CD 3 31,928 Mort Lloyd; 19,730 Howard Sompayrac; 3,941 Ronald Rayfield; 1 scattered. Mr. Lloyd died after the primary and his widow Marilyn Lloyd was substituted by the local party committee.
CD 5 53,723 Richard Fulton; 16,717 Mary Anderson.
CD 6 23,434 Tim Schaeffer; 15,041 J. William Daniel; 10,827 Willard Summers.
CD 7 54,591 Ed Jones; 21,751 Wayne Brown.
CD 8 35,709 Harold E. Ford; 8,173 Charles C. Burch; 7,551 Mary Ann Guthrie; 2,015 Mark F. Flanagan; 1,650 Lee Whitman; 1,624 Joan F. Best; 2 scattered.

TEXAS

GOVERNOR
Dolph Briscoe (D). Re-elected 1974 to a four-year term. Previously elected 1972.

SENATORS
Lloyd Bentsen (D). Elected 1970 to a six-year term.

John G. Tower (R). Re-elected 1972 to a six-year term. Previously elected 1966, and in May 1961 to fill out term vacated by the resignation of Senator Lyndon B. Johnson.

REPRESENTATIVES
1. Wright Patman (D)
2. Charles Wilson (D)
3. James M. Collins (R)
4. Ray Roberts (D)
5. Alan Steelman (R)
6. Olin E. Teague (D)
7. W. R. Archer (R)
8. Bob Eckhardt (D)
9. Jack B. Brooks (D)
10. Jake Pickle (D)
11. W. R. Poage (D)
12. James C. Wright (D)
13. John Hightower (D)
14. John Young (D)
15. Eligio de la Garza (D)
16. Richard C. White (D)
17. Omar Burleson (D)
18. Barbara Jordan (D)
19. George H. Mahon (D)
20. Henry B. Gonzalez (D)
21. Robert Krueger (D)
22. Robert R. Casey (D)
23. Abraham Kazen (D)
24. Dale Milford (D)

POSTWAR VOTE FOR GOVERNOR

Year	Total Vote	Republican Vote	Republican Candidate	Democratic Vote	Democratic Candidate	Other Vote	Rep.-Dem. Plurality	Total Vote % Rep.	Total Vote % Dem.	Major Vote % Rep.	Major Vote % Dem.
1974	1,654,984	514,725	Granberry, Jim	1,016,334	Briscoe, Dolph	123,925	501,609 D	31.1%	61.4%	33.6%	66.4%
1972	3,410,128	1,534,060	Grover, Henry C.	1,633,970	Briscoe, Dolph	242,098	99,910 D	45.0%	47.9%	48.4%	51.6%
1970	2,235,847	1,037,723	Eggers, Paul W.	1,197,726	Smith, Preston	398	160,003 D	46.4%	53.6%	46.4%	53.6%
1968	2,916,509	1,254,333	Eggers, Paul W.	1,662,019	Smith, Preston	157	407,686 D	43.0%	57.0%	43.0%	57.0%
1966	1,425,861	368,025	Kennerly, T. E.	1,037,517	Connally, John B.	20,319	669,492 D	25.8%	72.8%	26.2%	73.8%
1964	2,544,753	661,675	Crichton, Jack	1,877,793	Connally, John B.	5,285	1,210,118 D	26.0%	73.8%	26.1%	73.9%
1962	1,569,181	715,025	Cox, Jack	847,036	Connally, John B.	7,120	132,011 D	45.6%	54.0%	45.8%	54.2%
1960	2,250,718	612,963	Steger, William M.	1,637,755	Daniel, Price	—	1,024,792 D	27.2%	72.8%	27.2%	72.8%
1958	789,133	94,098	Mayer, Edwin S.	695,035	Daniel, Price	—	600,937 D	11.9%	88.1%	11.9%	88.1%
1956	1,828,161	271,088	Bryant, William R.	1,433,051	Daniel, Price	124,022	1,161,963 D	14.8%	78.4%	15.9%	84.1%
1954	636,892	66,154	Adams, Tod R.	569,533	Shivers, Allan	1,205	503,379 D	10.4%	89.4%	10.4%	89.6%
1952	1,881,202	—		1,844,530	Shivers, Allan	36,672	1,844,530 D	—	98.1%	—	100.0%
1950	394,747	39,737	Currie, Ralph W.	355,010	Shivers, Allan	—	315,273 D	10.1%	89.9%	10.1%	89.9%
1948	1,208,860	177,399	Lane, Alvin H.	1,024,160	Jester, Beauford	7,301	846,761 D	14.7%	84.7%	14.8%	85.2%
1946	378,744	33,231	Nolte, Eugene	345,513	Jester, Beauford	—	312,282 D	8.8%	91.2%	8.8%	91.2%

The term of office of Texas' Governor was increased from two to four years effective with the 1974 election.

POSTWAR VOTE FOR SENATOR

Year	Total Vote	Republican Vote	Republican Candidate	Democratic Vote	Democratic Candidate	Other Vote	Rep.-Dem. Plurality	Total Vote % Rep.	Total Vote % Dem.	Major Vote % Rep.	Major Vote % Dem.
1972	3,413,903	1,822,877	Tower, John G.	1,511,985	Sanders, Barefoot	79,041	310,892 R	53.4%	44.3%	54.7%	45.3%
1970	2,231,671	1,035,794	Bush, George	1,194,069	Bentsen, Lloyd	1,808	158,275 D	46.4%	53.5%	46.5%	53.5%
1966	1,493,182	842,501	Tower, John G.	643,855	Carr, Waggoner	6,826	198,646 R	56.4%	43.1%	56.7%	43.3%
1964	2,603,856	1,134,337	Bush, George	1,463,958	Yarborough, Ralph	5,561	329,621 D	43.6%	56.2%	43.7%	56.3%
1961s	886,091	448,217	Tower, John G.	437,874	Blakley, William A.	—	10,343 R	50.6%	49.4%	50.6%	49.4%
1960	2,253,784	926,653	Tower, John G.	1,306,625	Johnson, Lyndon B.	20,506	379,972 D	41.1%	58.0%	41.5%	58.5%
1958	787,128	185,926	Whittenburg, Roy	587,030	Yarborough, Ralph	14,172	401,104 D	23.6%	74.6%	24.1%	75.9%
1957s	957,298		(See note below)								
1954	636,475	94,131	Watson, Carlos G.	539,319	Johnson, Lyndon B.	3,025	445,188 D	14.8%	84.7%	14.9%	85.1%
1952	1,895,192	—		1,895,192	Daniel, Price	—	1,895,192 D	—	100.0%	—	100.0%
1948	1,061,563	349,665	Porter, Jack	702,985	Johnson, Lyndon B.	8,913	353,320 D	32.9%	66.2%	33.2%	66.8%
1946	380,681	43,750	Sells, Murray C.	336,931	Connally, Tom	—	293,181 D	11.5%	88.5%	11.5%	88.5%

The 1961 election (May) and the 1957 election (April) were for short terms to fill vacancies. Though neither vote was held with official party designations, the 1961 vote above was a run-off contest between unofficial party candidates. In 1957 there was a single ballot without run-off and Ralph Yarborough polled 364,605 votes (38.1% of the total vote) and won the election with a 73,802 plurality.

TEXAS

Districts Established October 17, 1973

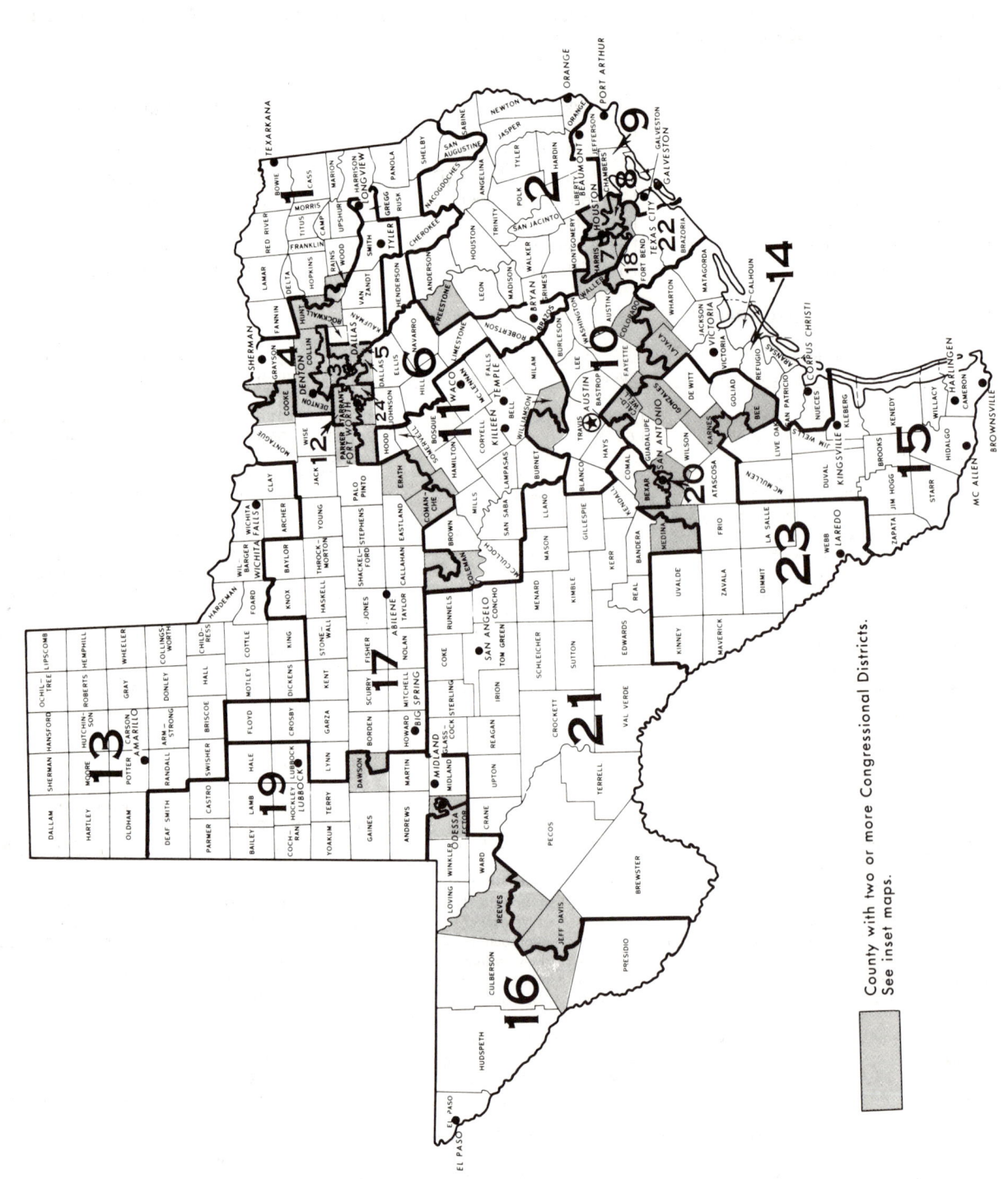

TEXAS

GOVERNOR 1974

1970 Census Population	County	Total Vote	Republican	Democratic	Other	Rep.-Dem. Plurality	Percentage Total Vote Rep.	Dem.	Major Vote Rep.	Dem.
27,789	ANDERSON	3,896	754	3,118	24	2,364 D	19.4%	80.0%	19.5%	80.5%
10,372	ANDREWS	1,518	459	957	102	498 D	30.2%	63.0%	32.4%	67.6%
49,349	ANGELINA	7,263	1,706	5,412	145	3,706 D	23.5%	74.5%	24.0%	76.0%
8,902	ARANSAS	1,432	479	901	52	422 D	33.4%	62.9%	34.7%	65.3%
5,759	ARCHER	1,422	158	1,249	15	1,091 D	11.1%	87.8%	11.2%	88.8%
1,895	ARMSTRONG	685	214	467	4	253 D	31.2%	68.2%	31.4%	68.6%
18,696	ATASCOSA	2,572	622	1,828	122	1,206 D	24.2%	71.1%	25.4%	74.6%
13,831	AUSTIN	2,063	606	1,412	45	806 D	29.4%	68.4%	30.0%	70.0%
8,487	BAILEY	1,266	486	717	63	231 D	38.4%	56.6%	40.4%	59.6%
4,747	BANDERA	1,394	405	955	34	550 D	29.1%	68.5%	29.8%	70.2%
17,297	BASTROP	2,905	728	2,113	64	1,385 D	25.1%	72.7%	25.6%	74.4%
5,221	BAYLOR	1,191	150	1,035	6	885 D	12.6%	86.9%	12.7%	87.3%
22,737	BEE	3,945	766	2,608	571	1,842 D	19.4%	66.1%	22.7%	77.3%
124,483	BELL	8,717	2,060	5,845	812	3,785 D	23.6%	67.1%	26.1%	73.9%
830,460	BEXAR	117,809	37,145	65,209	15,455	28,064 D	31.5%	55.4%	36.3%	63.7%
3,567	BLANCO	1,001	272	705	24	433 D	27.2%	70.4%	27.8%	72.2%
888	BORDEN	364	78	284	2	206 D	21.4%	78.0%	21.5%	78.5%
10,966	BOSQUE	2,244	427	1,785	32	1,358 D	19.0%	79.5%	19.3%	80.7%
67,813	BOWIE	9,110	1,640	7,241	229	5,601 D	18.0%	79.5%	18.5%	81.5%
108,312	BRAZORIA	15,591	4,910	9,914	767	5,004 D	31.5%	63.6%	33.1%	66.9%
57,978	BRAZOS	7,365	1,950	4,812	603	2,862 D	26.5%	65.3%	28.8%	71.2%
7,780	BREWSTER	1,032	260	610	162	350 D	25.2%	59.1%	29.9%	70.1%
2,794	BRISCOE	848	159	683	6	524 D	18.8%	80.5%	18.9%	81.1%
8,005	BROOKS	2,104	109	1,214	781	1,105 D	5.2%	57.7%	8.2%	91.8%
25,877	BROWN	3,700	751	2,888	61	2,137 D	20.3%	78.1%	20.6%	79.4%
9,999	BURLESON	1,513	163	1,313	37	1,150 D	10.8%	86.8%	11.0%	89.0%
11,420	BURNET	3,238	1,076	2,100	62	1,024 D	33.2%	64.9%	33.9%	66.1%
21,178	CALDWELL	2,736	616	1,909	211	1,293 D	22.5%	69.8%	24.4%	75.6%
17,831	CALHOUN	2,284	459	1,664	161	1,205 D	20.1%	72.9%	21.6%	78.4%
8,205	CALLAHAN	1,685	318	1,334	33	1,016 D	18.9%	79.2%	19.2%	80.8%
140,368	CAMERON	16,755	4,711	9,396	2,648	4,685 D	28.1%	56.1%	33.4%	66.6%
8,005	CAMP	1,200	192	1,001	7	809 D	16.0%	83.4%	16.1%	83.9%
6,358	CARSON	1,803	592	1,180	31	588 D	32.8%	65.4%	33.4%	66.6%
24,133	CASS	3,653	693	2,938	22	2,245 D	19.0%	80.4%	19.1%	80.9%
10,394	CASTRO	1,601	436	1,110	55	674 D	27.2%	69.3%	28.2%	71.8%
12,187	CHAMBERS	2,337	440	1,783	114	1,343 D	18.8%	76.3%	19.8%	80.2%
32,008	CHEROKEE	4,064	929	3,105	30	2,176 D	22.9%	76.4%	23.0%	77.0%
6,605	CHILDRESS	1,703	430	1,264	9	834 D	25.2%	74.2%	25.4%	74.6%
8,079	CLAY	1,938	252	1,672	14	1,420 D	13.0%	86.3%	13.1%	86.9%
5,326	COCHRAN	831	262	547	22	285 D	31.5%	65.8%	32.4%	67.6%
3,087	COKE	929	107	803	19	696 D	11.5%	86.4%	11.8%	88.2%
10,288	COLEMAN	1,838	276	1,550	12	1,274 D	15.0%	84.3%	15.1%	84.9%
66,920	COLLIN	14,786	4,837	9,483	466	4,646 D	32.7%	64.1%	33.8%	66.2%
4,755	COLLINGSWORTH	1,224	286	935	3	649 D	23.4%	76.4%	23.4%	76.6%
17,638	COLORADO	2,677	634	1,976	67	1,342 D	23.7%	73.8%	24.3%	75.7%
24,165	COMAL	5,783	2,096	3,507	180	1,411 D	36.2%	60.6%	37.4%	62.6%
11,898	COMANCHE	2,067	266	1,783	18	1,517 D	12.9%	86.3%	13.0%	87.0%
2,937	CONCHO	775	96	672	7	576 D	12.4%	86.7%	12.5%	87.5%
23,471	COOKE	3,146	823	2,293	30	1,470 D	26.2%	72.9%	26.4%	73.6%
35,311	CORYELL	2,610	592	1,942	76	1,350 D	22.7%	74.4%	23.4%	76.6%
3,204	COTTLE	848	84	758	6	674 D	9.9%	89.4%	10.0%	90.0%
4,172	CRANE	1,251	164	801	286	637 D	13.1%	64.0%	17.0%	83.0%
3,885	CROCKETT	746	101	510	135	409 D	13.5%	68.4%	16.5%	83.5%
9,085	CROSBY	1,356	360	924	72	564 D	26.5%	68.1%	28.0%	72.0%
3,429	CULBERSON	548	108	401	39	293 D	19.7%	73.2%	21.2%	78.8%
6,012	DALLAM	1,069	389	672	8	283 D	36.4%	62.9%	36.7%	63.3%
1,327,321	DALLAS	190,322	77,273	100,647	12,402	23,374 D	40.6%	52.9%	43.4%	56.6%
16,604	DAWSON	2,412	836	1,477	99	641 D	34.7%	61.2%	36.1%	63.9%
18,999	DEAF SMITH	2,310	859	1,321	130	462 D	37.2%	57.2%	39.4%	60.6%
4,927	DELTA	1,328	172	1,149	7	977 D	13.0%	86.5%	13.0%	87.0%
75,633	DENTON	12,246	3,941	7,294	1,011	3,353 D	32.2%	59.6%	35.1%	64.9%
18,660	DE WITT	2,215	697	1,401	117	704 D	31.5%	63.3%	33.2%	66.8%
3,737	DICKENS	920	162	756	2	594 D	17.6%	82.2%	17.6%	82.4%
9,039	DIMMIT	2,684	211	1,747	726	1,536 D	7.9%	65.1%	10.8%	89.2%
3,641	DONLEY	1,020	303	709	8	406 D	29.7%	69.5%	29.9%	70.1%

311

TEXAS

GOVERNOR 1974

1970 Census Population	County	Total Vote	Republican	Democratic	Other	Rep.-Dem. Plurality	Percentage Total Vote Rep.	Dem.	Major Vote Rep.	Dem.
11,722	DUVAL	3,269	74	3,014	181	2,940 D	2.3%	92.2%	2.4%	97.6%
18,092	EASTLAND	3,291	603	2,650	38	2,047 D	18.3%	80.5%	18.5%	81.5%
91,805	ECTOR	9,902	3,406	5,174	1,322	1,768 D	34.4%	52.3%	39.7%	60.3%
2,107	EDWARDS	385	73	311	1	238 D	19.0%	80.8%	19.0%	81.0%
46,638	ELLIS	5,664	955	4,590	119	3,635 D	16.9%	81.0%	17.2%	82.8%
359,291	EL PASO	44,677	14,041	24,217	6,419	10,176 D	31.4%	54.2%	36.7%	63.3%
18,141	ERATH	3,739	852	2,824	63	1,972 D	22.8%	75.5%	23.2%	76.8%
17,300	FALLS	2,200	285	1,842	73	1,557 D	13.0%	83.7%	13.4%	86.6%
22,705	FANNIN	3,574	437	3,107	30	2,670 D	12.2%	86.9%	12.3%	87.7%
17,650	FAYETTE	2,637	687	1,905	45	1,218 D	26.1%	72.2%	26.5%	73.5%
6,344	FISHER	1,222	111	1,094	17	983 D	9.1%	89.5%	9.2%	90.8%
11,044	FLOYD	1,844	607	1,168	69	561 D	32.9%	63.3%	34.2%	65.8%
2,211	FOARD	606	51	551	4	500 D	8.4%	90.9%	8.5%	91.5%
52,314	FORT BEND	8,673	3,082	5,202	389	2,120 D	35.5%	60.0%	37.2%	62.8%
5,291	FRANKLIN	913	96	810	7	714 D	10.5%	88.7%	10.6%	89.4%
11,116	FREESTONE	1,790	257	1,494	39	1,237 D	14.4%	83.5%	14.7%	85.3%
11,159	FRIO	3,212	243	2,180	789	1,937 D	7.6%	67.9%	10.0%	90.0%
11,593	GAINES	1,507	504	986	17	482 D	33.4%	65.4%	33.8%	66.2%
169,812	GALVESTON	21,392	5,998	13,864	1,530	7,866 D	28.0%	64.8%	30.2%	69.8%
5,289	GARZA	759	249	499	11	250 D	32.8%	65.7%	33.3%	66.7%
10,553	GILLESPIE	2,960	1,390	1,532	38	142 D	47.0%	51.8%	47.6%	52.4%
1,155	GLASSCOCK	356	50	304	2	254 D	14.0%	85.4%	14.1%	85.9%
4,869	GOLIAD	730	155	514	61	359 D	21.2%	70.4%	23.2%	76.8%
16,375	GONZALES	2,057	343	1,598	116	1,255 D	16.7%	77.7%	17.7%	82.3%
26,949	GRAY	5,866	2,710	3,077	79	367 D	46.2%	52.5%	46.8%	53.2%
83,225	GRAYSON	10,108	2,373	7,569	166	5,196 D	23.5%	74.9%	23.9%	76.1%
75,929	GREGG	11,428	4,188	7,002	238	2,814 D	36.6%	61.3%	37.4%	62.6%
11,855	GRIMES	1,601	307	1,280	14	973 D	19.2%	80.0%	19.3%	80.7%
33,554	GUADALUPE	4,848	2,000	2,655	193	655 D	41.3%	54.8%	43.0%	57.0%
34,137	HALE	5,175	2,073	2,707	395	634 D	40.1%	52.3%	43.4%	56.6%
6,015	HALL	1,574	360	1,201	13	841 D	22.9%	76.3%	23.1%	76.9%
7,198	HAMILTON	1,525	268	1,234	23	966 D	17.6%	80.9%	17.8%	82.2%
6,351	HANSFORD	1,419	601	805	13	204 D	42.4%	56.7%	42.7%	57.3%
6,795	HARDEMAN	1,395	231	1,148	16	917 D	16.6%	82.3%	16.8%	83.2%
29,996	HARDIN	2,900	627	2,224	49	1,597 D	21.6%	76.7%	22.0%	78.0%
1,741,912	HARRIS	242,573	96,237	130,622	15,714	34,385 D	39.7%	53.8%	42.4%	57.6%
44,841	HARRISON	5,911	1,571	4,225	115	2,654 D	26.6%	71.5%	27.1%	72.9%
2,782	HARTLEY	905	251	649	5	398 D	27.7%	71.7%	27.9%	72.1%
8,512	HASKELL	1,909	141	1,764	4	1,623 D	7.4%	92.4%	7.4%	92.6%
27,642	HAYS	5,318	1,532	3,121	665	1,589 D	28.8%	58.7%	32.9%	67.1%
3,084	HEMPHILL	831	349	469	13	120 D	42.0%	56.4%	42.7%	57.3%
26,466	HENDERSON	4,906	1,125	3,708	73	2,583 D	22.9%	75.6%	23.3%	76.7%
181,535	HIDALGO	17,678	4,593	8,787	4,298	4,194 D	26.0%	49.7%	34.3%	65.7%
22,596	HILL	3,370	494	2,830	46	2,336 D	14.7%	84.0%	14.9%	85.1%
20,396	HOCKLEY	3,439	889	2,334	216	1,445 D	25.9%	67.9%	27.6%	72.4%
6,368	HOOD	1,811	297	1,499	15	1,202 D	16.4%	82.8%	16.5%	83.5%
20,710	HOPKINS	3,087	479	2,580	28	2,101 D	15.5%	83.6%	15.7%	84.3%
17,855	HOUSTON	2,157	383	1,748	26	1,365 D	17.8%	81.0%	18.0%	82.0%
37,796	HOWARD	6,526	1,468	4,829	229	3,361 D	22.5%	74.0%	23.3%	76.7%
2,392	HUDSPETH	869	132	696	41	564 D	15.2%	80.1%	15.9%	84.1%
47,948	HUNT	5,026	1,124	3,752	150	2,628 D	22.4%	74.7%	23.1%	76.9%
24,443	HUTCHINSON	6,049	2,583	3,218	248	635 D	42.7%	53.2%	44.5%	55.5%
1,070	IRION	313	76	228	9	152 D	24.3%	72.8%	25.0%	75.0%
6,711	JACK	1,031	174	851	6	677 D	16.9%	82.5%	17.0%	83.0%
12,975	JACKSON	1,941	420	1,497	24	1,077 D	21.6%	77.1%	21.9%	78.1%
24,692	JASPER	2,535	517	1,986	32	1,469 D	20.4%	78.3%	20.7%	79.3%
1,527	JEFF DAVIS	362	84	231	47	147 D	23.2%	63.8%	26.7%	73.3%
244,773	JEFFERSON	33,255	9,273	23,074	908	13,801 D	27.9%	69.4%	28.7%	71.3%
4,654	JIM HOGG	1,940	287	1,210	443	923 D	14.8%	62.4%	19.2%	80.8%
33,032	JIM WELLS	4,884	696	3,133	1,055	2,437 D	14.3%	64.1%	18.2%	81.8%
45,769	JOHNSON	6,296	1,273	4,901	122	3,628 D	20.2%	77.8%	20.6%	79.4%
16,106	JONES	3,443	470	2,963	10	2,493 D	13.7%	86.1%	13.7%	86.3%
13,462	KARNES	1,806	338	1,392	76	1,054 D	18.7%	77.1%	19.5%	80.5%
32,392	KAUFMAN	3,514	668	2,806	40	2,138 D	19.0%	79.9%	19.2%	80.8%
6,964	KENDALL	1,994	941	1,007	46	66 D	47.2%	50.5%	48.3%	51.7%

TEXAS

GOVERNOR 1974

1970 Census Population	County	Total Vote	Republican	Democratic	Other	Rep.-Dem. Plurality	Percentage Total Vote Rep.	Dem.	Major Vote Rep.	Dem.
678	KENEDY	153	11	137	5	126 D	7.2%	89.5%	7.4%	92.6%
1,434	KENT	421	69	347	5	278 D	16.4%	82.4%	16.6%	83.4%
19,454	KERR	5,119	1,971	2,856	292	885 D	38.5%	55.8%	40.8%	59.2%
3,904	KIMBLE	1,016	169	828	19	659 D	16.6%	81.5%	17.0%	83.0%
464	KING	138	21	117		96 D	15.2%	84.8%	15.2%	84.8%
2,006	KINNEY	546	44	465	37	421 D	8.1%	85.2%	8.6%	91.4%
33,166	KLEBERG	4,774	759	2,840	1,175	2,081 D	15.9%	59.5%	21.1%	78.9%
5,972	KNOX	1,143	114	1,024	5	910 D	10.0%	89.6%	10.0%	90.0%
36,062	LAMAR	6,742	1,356	5,321	65	3,965 D	20.1%	78.9%	20.3%	79.7%
17,770	LAMB	2,694	854	1,788	52	934 D	31.7%	66.4%	32.3%	67.7%
9,323	LAMPASAS	1,439	307	1,106	26	799 D	21.3%	76.9%	21.7%	78.3%
5,014	LA SALLE	2,180	114	1,207	859	1,093 D	5.2%	55.4%	8.6%	91.4%
17,903	LAVACA	2,238	387	1,829	22	1,442 D	17.3%	81.7%	17.5%	82.5%
8,048	LEE	1,527	338	1,175	14	837 D	22.1%	76.9%	22.3%	77.7%
8,738	LEON	1,355	165	1,182	8	1,017 D	12.2%	87.2%	12.2%	87.8%
33,014	LIBERTY	4,020	853	3,082	85	2,229 D	21.2%	76.7%	21.7%	78.3%
18,100	LIMESTONE	2,217	302	1,884	31	1,582 D	13.6%	85.0%	13.8%	86.2%
3,486	LIPSCOMB	961	452	501	8	49 D	47.0%	52.1%	47.4%	52.6%
6,697	LIVE OAK	1,289	278	969	42	691 D	21.6%	75.2%	22.3%	77.7%
6,979	LLANO	2,144	801	1,332	11	531 D	37.4%	62.1%	37.6%	62.4%
164	LOVING	45	11	34		23 D	24.4%	75.6%	24.4%	75.6%
179,295	LUBBOCK	25,595	13,613	10,213	1,769	3,400 R	53.2%	39.9%	57.1%	42.9%
9,107	LYNN	1,370	376	971	23	595 D	27.4%	70.9%	27.9%	72.1%
8,571	MCCULLOCH	1,342	195	1,133	14	938 D	14.5%	84.4%	14.7%	85.3%
147,553	MCLENNAN	21,688	4,906	15,227	1,555	10,321 D	22.6%	70.2%	24.4%	75.6%
1,095	MCMULLEN	260	51	205	4	154 D	19.6%	78.8%	19.9%	80.1%
7,693	MADISON	1,041	126	905	10	779 D	12.1%	86.9%	12.2%	87.8%
8,517	MARION	1,428	251	1,169	8	918 D	17.6%	81.9%	17.7%	82.3%
4,774	MARTIN	780	125	638	17	513 D	16.0%	81.8%	16.4%	83.6%
3,356	MASON	880	276	581	23	305 D	31.4%	66.0%	32.2%	67.8%
27,913	MATAGORDA	3,110	691	2,340	79	1,649 D	22.2%	75.2%	22.8%	77.2%
18,093	MAVERICK	1,457	152	926	379	774 D	10.4%	63.6%	14.1%	85.9%
20,249	MEDINA	3,447	620	2,632	195	2,012 D	18.0%	76.4%	19.1%	80.9%
2,646	MENARD	648	123	509	16	386 D	19.0%	78.5%	19.5%	80.5%
65,433	MIDLAND	10,492	4,776	4,952	764	176 D	45.5%	47.2%	49.1%	50.9%
20,028	MILAM	2,583	445	2,066	72	1,621 D	17.2%	80.0%	17.7%	82.3%
4,212	MILLS	844	127	705	12	578 D	15.0%	83.5%	15.3%	84.7%
9,073	MITCHELL	1,655	251	1,386	18	1,135 D	15.2%	83.7%	15.3%	84.7%
15,326	MONTAGUE	2,426	354	2,050	22	1,696 D	14.6%	84.5%	14.7%	85.3%
49,479	MONTGOMERY	10,657	3,213	7,066	378	3,853 D	30.1%	66.3%	31.3%	68.7%
14,060	MOORE	2,689	1,029	1,648	12	619 D	38.3%	61.3%	38.4%	61.6%
12,310	MORRIS	1,841	283	1,552	6	1,269 D	15.4%	84.3%	15.4%	84.6%
2,178	MOTLEY	591	163	421	7	258 D	27.6%	71.2%	27.9%	72.1%
36,362	NACOGDOCHES	5,738	1,388	4,180	170	2,792 D	24.2%	72.8%	24.9%	75.1%
31,150	NAVARRO	4,017	729	3,242	46	2,513 D	18.1%	80.7%	18.4%	81.6%
11,657	NEWTON	1,315	190	1,105	20	915 D	14.4%	84.0%	14.7%	85.3%
16,220	NOLAN	2,653	558	2,071	24	1,513 D	21.0%	78.1%	21.2%	78.8%
237,544	NUECES	36,232	7,854	20,345	8,033	12,491 D	21.7%	56.2%	27.9%	72.1%
9,704	OCHILTREE	2,150	1,210	910	30	300 R	56.3%	42.3%	57.1%	42.9%
2,258	OLDHAM	659	223	426	10	203 D	33.8%	64.6%	34.4%	65.6%
71,170	ORANGE	10,327	1,681	8,429	217	6,748 D	16.3%	81.6%	16.6%	83.4%
28,962	PALO PINTO	3,109	522	2,526	61	2,004 D	16.8%	81.2%	17.1%	82.9%
15,894	PANOLA	2,737	551	2,167	19	1,616 D	20.1%	79.2%	20.3%	79.7%
33,888	PARKER	5,528	1,136	4,313	79	3,177 D	20.5%	78.0%	20.8%	79.2%
10,509	PARMER	2,022	783	1,217	22	434 D	38.7%	60.2%	39.2%	60.9%
13,748	PECOS	1,746	385	1,163	198	778 D	22.1%	66.6%	24.9%	75.1%
14,457	POLK	2,288	430	1,805	53	1,375 D	18.8%	78.9%	19.2%	80.8%
90,511	POTTER	13,447	5,811	7,133	503	1,322 D	43.2%	53.0%	44.9%	55.1%
4,842	PRESIDIO	638	136	346	156	210 D	21.3%	54.2%	28.2%	71.8%
3,752	RAINS	734	89	637	8	548 D	12.1%	86.8%	12.3%	87.7%
53,885	RANDALL	12,936	6,742	5,712	482	1,030 R	52.1%	44.1%	54.1%	45.9%
3,239	REAGAN	529	100	424	5	324 D	18.9%	80.2%	19.1%	80.9%
2,013	REAL	444	49	376	19	327 D	11.0%	84.7%	11.5%	88.5%
14,298	RED RIVER	3,115	479	2,617	19	2,138 D	15.4%	84.0%	15.5%	84.5%
16,526	REEVES	1,367	310	949	108	639 D	22.7%	69.4%	24.6%	75.4%

313

TEXAS

GOVERNOR 1974

1970 Census Population	County	Total Vote	Republican	Democratic	Other	Rep.-Dem. Plurality	Percentage Total Vote Rep.	Dem.	Major Vote Rep.	Dem.
9,494	REFUGIO	1,258	234	955	69	721 D	18.6%	75.9%	19.7%	80.3%
967	ROBERTS	451	167	272	12	105 D	37.0%	60.3%	38.0%	62.0%
14,389	ROBERTSON	2,188	195	1,948	45	1,753 D	8.9%	89.0%	9.1%	90.9%
7,046	ROCKWALL	1,693	484	1,173	36	689 D	28.6%	69.3%	29.2%	70.8%
12,108	RUNNELS	2,364	435	1,899	30	1,464 D	18.4%	80.3%	18.6%	81.4%
34,102	RUSK	4,874	1,556	3,259	59	1,703 D	31.9%	66.9%	32.3%	67.7%
7,187	SABINE	1,626	198	1,410	18	1,212 D	12.2%	86.7%	12.3%	87.7%
7,858	SAN AUGUSTINE	891	147	735	9	588 D	16.5%	82.5%	16.7%	83.3%
6,702	SAN JACINTO	994	215	759	20	544 D	21.6%	76.4%	22.1%	77.9%
47,288	SAN PATRICIO	4,735	1,077	3,068	590	1,991 D	22.7%	64.8%	26.0%	74.0%
5,540	SAN SABA	571	99	457	15	358 D	17.3%	80.0%	17.8%	82.2%
2,277	SCHLEICHER	615	115	492	8	377 D	18.7%	80.0%	18.9%	81.1%
15,760	SCURRY	2,876	674	2,150	52	1,476 D	23.4%	74.8%	23.9%	76.1%
3,323	SHACKELFORD	632	140	489	3	349 D	22.2%	77.4%	22.3%	77.7%
19,672	SHELBY	2,496	395	2,078	23	1,683 D	15.8%	83.3%	16.0%	84.0%
3,657	SHERMAN	824	316	500	8	184 D	38.3%	60.7%	38.7%	61.3%
97,096	SMITH	14,072	7,094	6,821	157	273 R	50.4%	48.5%	51.0%	49.0%
2,793	SOMERVELL	604	77	518	9	441 D	12.7%	85.8%	12.9%	87.1%
17,707	STARR	3,737	94	3,201	442	3,107 D	2.5%	85.7%	2.9%	97.1%
8,414	STEPHENS	1,318	286	1,028	4	742 D	21.7%	78.0%	21.8%	78.2%
1,056	STERLING	259	53	202	4	149 D	20.5%	78.0%	20.8%	79.2%
2,397	STONEWALL	601	64	535	2	471 D	10.6%	89.0%	10.7%	89.3%
3,175	SUTTON	579	126	411	42	285 D	21.8%	71.0%	23.5%	76.5%
10,373	SWISHER	2,178	498	1,645	35	1,147 D	22.9%	75.5%	23.2%	76.8%
716,317	TARRANT	93,798	28,731	60,009	5,058	31,278 D	30.6%	64.0%	32.4%	67.6%
97,853	TAYLOR	13,880	4,173	9,282	425	5,109 D	30.1%	66.9%	31.0%	69.0%
1,940	TERRELL	537	86	372	79	286 D	16.0%	69.3%	18.8%	81.2%
14,118	TERRY	2,410	806	1,534	70	728 D	33.4%	63.7%	34.4%	65.6%
2,205	THROCKMORTON	582	67	513	2	446 D	11.5%	88.1%	11.6%	88.4%
16,702	TITUS	2,830	506	2,314	10	1,808 D	17.9%	81.8%	17.9%	82.1%
71,047	TOM GREEN	10,323	3,181	6,412	730	3,231 D	30.8%	62.1%	33.2%	66.8%
295,516	TRAVIS	74,058	27,229	34,209	12,620	6,980 D	36.8%	46.2%	44.3%	55.7%
7,628	TRINITY	1,840	212	1,607	21	1,395 D	11.5%	87.3%	11.7%	88.3%
12,417	TYLER	2,489	466	1,984	39	1,518 D	18.7%	79.7%	19.0%	81.0%
20,976	UPSHUR	3,226	720	2,492	14	1,772 D	22.3%	77.2%	22.4%	77.6%
4,697	UPTON	1,017	224	743	50	519 D	22.0%	73.1%	23.2%	76.8%
17,348	UVALDE	3,894	282	3,188	424	2,906 D	7.2%	81.9%	8.1%	91.9%
27,471	VAL VERDE	3,530	429	2,683	418	2,254 D	12.2%	76.0%	13.8%	86.2%
22,155	VAN ZANDT	3,916	816	3,053	47	2,237 D	20.8%	78.0%	21.1%	78.9%
53,766	VICTORIA	5,182	1,455	3,461	266	2,006 D	28.1%	66.8%	29.6%	70.4%
27,680	WALKER	4,126	934	3,046	146	2,112 D	22.6%	73.8%	23.5%	76.5%
14,285	WALLER	1,645	348	1,253	44	905 D	21.2%	76.2%	21.7%	78.3%
13,019	WARD	1,505	409	940	156	531 D	27.2%	62.5%	30.3%	69.7%
18,842	WASHINGTON	2,006	776	1,200	30	424 D	38.7%	59.8%	39.3%	60.7%
72,859	WEBB	6,950	530	4,174	2,246	3,644 D	7.6%	60.1%	11.3%	88.7%
36,729	WHARTON	3,738	809	2,841	88	2,032 D	21.6%	76.0%	22.2%	77.8%
6,434	WHEELER	1,785	594	1,171	20	577 D	33.3%	65.6%	33.7%	66.3%
121,862	WICHITA	17,796	3,920	13,480	396	9,560 D	22.0%	75.7%	22.5%	77.5%
15,355	WILBARGER	3,313	531	2,648	134	2,117 D	16.0%	79.9%	16.7%	83.3%
15,570	WILLACY	1,762	320	1,067	375	747 D	18.2%	60.6%	23.1%	76.9%
37,305	WILLIAMSON	6,057	1,602	4,169	286	2,567 D	26.4%	68.8%	27.8%	72.2%
13,041	WILSON	2,105	403	1,588	114	1,185 D	19.1%	75.4%	20.2%	79.8%
9,640	WINKLER	1,061	268	712	81	444 D	25.3%	67.1%	27.3%	72.7%
19,687	WISE	3,255	485	2,733	37	2,248 D	14.9%	84.0%	15.1%	84.9%
18,589	WOOD	3,334	956	2,293	85	1,337 D	28.7%	68.8%	29.4%	70.6%
7,344	YOAKUM	1,454	514	904	36	390 D	35.4%	62.2%	36.2%	63.8%
15,400	YOUNG	2,622	444	2,133	45	1,689 D	16.9%	81.4%	17.2%	82.8%
4,352	ZAPATA	1,231	80	855	296	775 D	6.5%	69.5%	8.6%	91.4%
11,370	ZAVALA	3,783	114	1,623	2,046	1,509 D	3.0%	42.9%	6.6%	93.4%
11,196,730	TOTAL	1,654,984	514,725	1,016,334	123,925	501,609 D	31.1%	61.4%	33.6%	66.4%

TEXAS

CONGRESS

		Total	Republican		Democratic		Other	Rep.-Dem.	Percentage Total Vote		Major Vote	
CD	Year	Vote	Vote	Candidate	Vote	Candidate	Vote	Plurality	Rep.	Dem.	Rep.	Dem.
1	1974	72,050	22,619	FARRIS, JAMES W.	49,426	PATMAN, WRIGHT	5	26,807 D	31.4%	68.6%	31.4%	68.6%
2	1974	57,132			57,096	WILSON, CHARLES	36	57,096 D		99.9%		100.0%
3	1974	98,130	63,489	COLLINS, JAMES M.	34,623	COLLUM, HAROLD	18	28,866 R	64.7%	35.3%	64.7%	35.3%
4	1974	64,329	16,113	LETOURNEAU, DICK	48,209	ROBERTS, RAY	7	32,096 D	25.0%	74.9%	25.1%	74.9%
5	1974	54,637	28,446	STEELMAN, ALAN	26,190	MCKOOL, MIKE	1	2,256 R	52.1%	47.9%	52.1%	47.9%
6	1974	64,256	10,908	NIGLIAZZO, CARL	53,345	TEAGUE, OLIN E.	3	42,437 D	17.0%	83.0%	17.0%	83.0%
7	1974	88,887	70,363	ARCHER, W. R.	18,524	BRADY, JIM		51,839 R	79.2%	20.8%	79.2%	20.8%
8	1974	41,763	11,605	WHITEFIELD, DONALD D.	30,158	ECKHARDT, BOB		18,553 D	27.8%	72.2%	27.8%	72.2%
9	1974	60,210	22,935	FERGUSON, COLEMAN R.	37,275	BROOKS, JACK B.		14,340 D	38.1%	61.9%	38.1%	61.9%
10	1974	94,814	18,560	WEISS, PAUL A.	76,240	PICKLE, JAKE	14	57,680 D	19.6%	80.4%	19.6%	80.4%
11	1974	57,411	9,883	CLEMENTS, DON	46,828	POAGE, W. R.	700	36,945 D	17.2%	81.6%	17.4%	82.6%
12	1974	54,175	11,543	GARVEY, JAMES S.	42,632	WRIGHT, JAMES C.		31,089 D	21.3%	78.7%	21.3%	78.7%
13	1974	92,182	39,087	PRICE, ROBERT	53,094	HIGHTOWER, JOHN	1	14,007 D	42.4%	57.6%	42.4%	57.6%
14	1974	41,076			41,066	YOUNG, JOHN	10	41,066 D		100.0%		100.0%
15	1974	42,568			42,567	DE LA GARZA, ELIGIO	1	42,567 D		100.0%		100.0%
16	1974	42,897			42,880	WHITE, RICHARD C.	17	42,880 D		100.0%		100.0%
17	1974	64,969			64,959	BURLESON, OMAR	10	64,959 D		100.0%		100.0%
18	1974	43,168	6,053	MITCHELL, ROBBINS	36,597	JORDAN, BARBARA	518	30,544 D	14.0%	84.8%	14.2%	85.8%
19	1974	49,634			49,610	MAHON, GEORGE H.	15	49,619 D		100.0%		100.0%
20	1974	39,358			39,358	GONZALEZ, HENRY B.		39,358 D		100.0%		100.0%
21	1974	101,761	45,959	HARLAN, DOUG	53,543	KRUEGER, ROBERT	2,259	7,584 D	45.2%	52.6%	46.2%	53.8%
22	1974	68,718	19,483	PAUL, RON	47,783	CASEY, ROBERT R.	1,452	28,300 D	28.4%	69.5%	29.0%	71.0%
23	1974	47,257			47,249	KAZEN, ABRAHAM	8	47,249 D		100.0%		100.0%
24	1974	47,437	9,698	BEAMAN, JOSEPH	36,085	MILFORD, DALE	1,654	26,387 D	20.4%	76.1%	21.2%	78.8%

TEXAS

1974 GENERAL ELECTION

Governor Other vote was 93,295 Raza Unida (Muniz); 22,208 American (McDonnell); 8,171 Socialist Workers (Smith); 251 scattered. Early uncorrected canvass gave the Democratic vote in Swisher county as 1,685 and the Republican vote in the following counties — McCulloch 175, Motley 153, Rockwell 434, Scurry 574. There is a small discrepancy between the official state scattered vote total and the addition of the various county totals.

Congress In CD 17, early uncorrected canvass gave the Democratic vote for Burleson as 64,595. Other vote was scattered in CD's 1, 2, 3, 4, 5, 6, 10, 13, 14, 15, 16, 17, 19, 23; Socialist Workers (Vasquez) in CD 18. In other CD's as follows:

  CD 11 650 Independent (Dunn); 50 scattered.
  CD 21 2,254 American (Gallion); 5 scattered.
  CD 22 847 American (Smith); 602 Socialist Workers (Fein); 3 scattered.
  CD 24 1,653 American (Armstrong); 1 scattered.

1974 PRIMARIES

MAY 4 REPUBLICAN

Governor 53,617 Jim Granberry; 15,484 Odell McBrayer.

Congress Unopposed in fourteen CD's. No candidates in CD's 2, 14, 15, 16, 17, 19, 20, and 23. Contested as follows:

  CD 3   11,891 James M. Collins; 2,596 James F. White.
  CD 21 4,215 Doug Harlan; 1,998 Van H. Archer; 317 Simon T. Garza; 266 Bobby A. Locke.

MAY 4 DEMOCRATIC

Governor 1,025,632 Dolph Briscoe; 437,287 Frances Farenthold; 31,498 William H. Posey; 26,889 Steve S. Alexander.

Congress Unopposed in twelve CD's. Contested as follows:

  CD 1   57,609 Wright Patman; 28,106 Fred Hudson; 20,167 Glen Jones.
  CD 3   18,736 Harold Collum; 13,998 Jim Wilson.
  CD 5   16,901 Mike McKool; 9,219 Earl Luna; 5,993 John Sartain.
  CD 7   20,984 Jim Brady; 6,068 Don H. Shepler.
  CD 8   19,671 Bob Eckhardt; 5,929 David L. Shall.
  CD 10 67,794 Jake Pickle; 29,034 Larry Bales; 3,938 E. H. Meadows.
  CD 11 50,692 W. R. Poage; 12,053 Connie Lawson.
  CD 13 45,378 John Hightower; 14,627 Ray Ruffin; 9,598 Louis A. Finney.
  CD 21 32,877 Nelson W. Wolff; 26,361 Robert Krueger; 14,742 John H. Poerner; 3,166 Joe Sullivan; 3,031 Allen Moore; 1,827 Patrick M. Ainsworth.
  CD 22 32,524 Robert R. Casey; 16,411 J. Kent Hackleman.
  CD 23 44,070 Abraham Kazen; 10,376 Jon Roland; 7,669 Jake Johnson.
  CD 24 20,643 Dale Milford; 14,989 Martin Frost.

JUNE 1 DEMOCRATIC RUN-OFF

Congress

  CD 21 29,332 Robert Krueger; 27,515 Nelson W. Wolff.

UTAH

GOVERNOR
Calvin L. Rampton (D). Re-elected 1972 to a four-year term. Previously elected 1968, 1964.

SENATORS
E. J. Garn (R). Elected 1974 to a six-year term.

Frank E. Moss (D). Re-elected 1970 to a six-year term. Previously elected 1964, 1958.

REPRESENTATIVES
1. K. Gunn McKay (D)
2. Allan T. Howe (D)

POSTWAR VOTE FOR GOVERNOR

Year	Total Vote	Republican Vote	Republican Candidate	Democratic Vote	Democratic Candidate	Other Vote	Rep.-Dem. Plurality	Total Vote Rep.	Total Vote Dem.	Major Vote Rep.	Major Vote Dem.
1972	476,447	144,449	Strike, Nicholas L.	331,998	Rampton, Calvin L.	—	187,549 D	30.3%	69.7%	30.3%	69.7%
1968	421,012	131,729	Buehner, Carl W.	289,283	Rampton, Calvin L.	—	157,554 D	31.3%	68.7%	31.3%	68.7%
1964	398,256	171,300	Melich, Mitchell	226,956	Rampton, Calvin L.	—	55,656 D	43.0%	57.0%	43.0%	57.0%
1960	371,489	195,634	Clyde, George D.	175,855	Barlocker, W. A.	—	19,779 R	52.7%	47.3%	52.7%	47.3%
1956	332,889	127,164	Clyde, George D.	111,297	Romney, L. C.	94,428	15,867 R	38.2%	33.4%	53.3%	46.7%
1952	327,704	180,516	Lee, J. Bracken	147,188	Glade, Earl J.	—	33,328 R	55.1%	44.9%	55.1%	44.9%
1948	275,067	151,253	Lee, J. Bracken	123,814	Maw, Herbert B.	—	27,439 R	55.0%	45.0%	55.0%	45.0%

POSTWAR VOTE FOR SENATOR

Year	Total Vote	Republican Vote	Republican Candidate	Democratic Vote	Democratic Candidate	Other Vote	Rep.-Dem. Plurality	Total Vote Rep.	Total Vote Dem.	Major Vote Rep.	Major Vote Dem.
1974	420,642	210,299	Garn, E. J.	185,377	Owens, Wayne	24,966	24,922 R	50.0%	44.1%	53.1%	46.9%
1970	374,303	159,004	Burton, Laurence J.	210,207	Moss, Frank E.	5,092	51,203 D	42.5%	56.2%	43.1%	56.9%
1968	419,262	225,075	Bennett, Wallace F.	192,168	Weilenmann, Milton	2,019	32,907 R	53.7%	45.8%	53.9%	46.1%
1964	397,384	169,562	Wilkinson, Ernest L.	227,822	Moss, Frank E.	—	58,260 D	42.7%	57.3%	42.7%	57.3%
1962	318,411	166,755	Bennett, Wallace F.	151,656	King, David S.	—	15,099 R	52.4%	47.6%	52.4%	47.6%
1958	291,311	101,471	Watkins, Arthur V.	112,827	Moss, Frank E.	77,013	11,356 D	34.8%	38.7%	47.4%	52.6%
1956	330,381	178,261	Bennett, Wallace F.	152,120	Hopkin, Alonzo F.	—	26,141 R	54.0%	46.0%	54.0%	46.0%
1952	327,033	177,435	Watkins, Arthur V.	149,598	Granger, Walter K.	—	27,837 R	54.3%	45.7%	54.3%	45.7%
1950	264,440	142,427	Bennett, Wallace F.	121,198	Thomas, Elbert D.	815	21,229 R	53.9%	45.8%	54.0%	46.0%
1946	197,399	101,142	Watkins, Arthur V.	96,257	Murdock, Abe	—	4,885 R	51.2%	48.8%	51.2%	48.8%

UTAH

Districts Established February 6, 1971

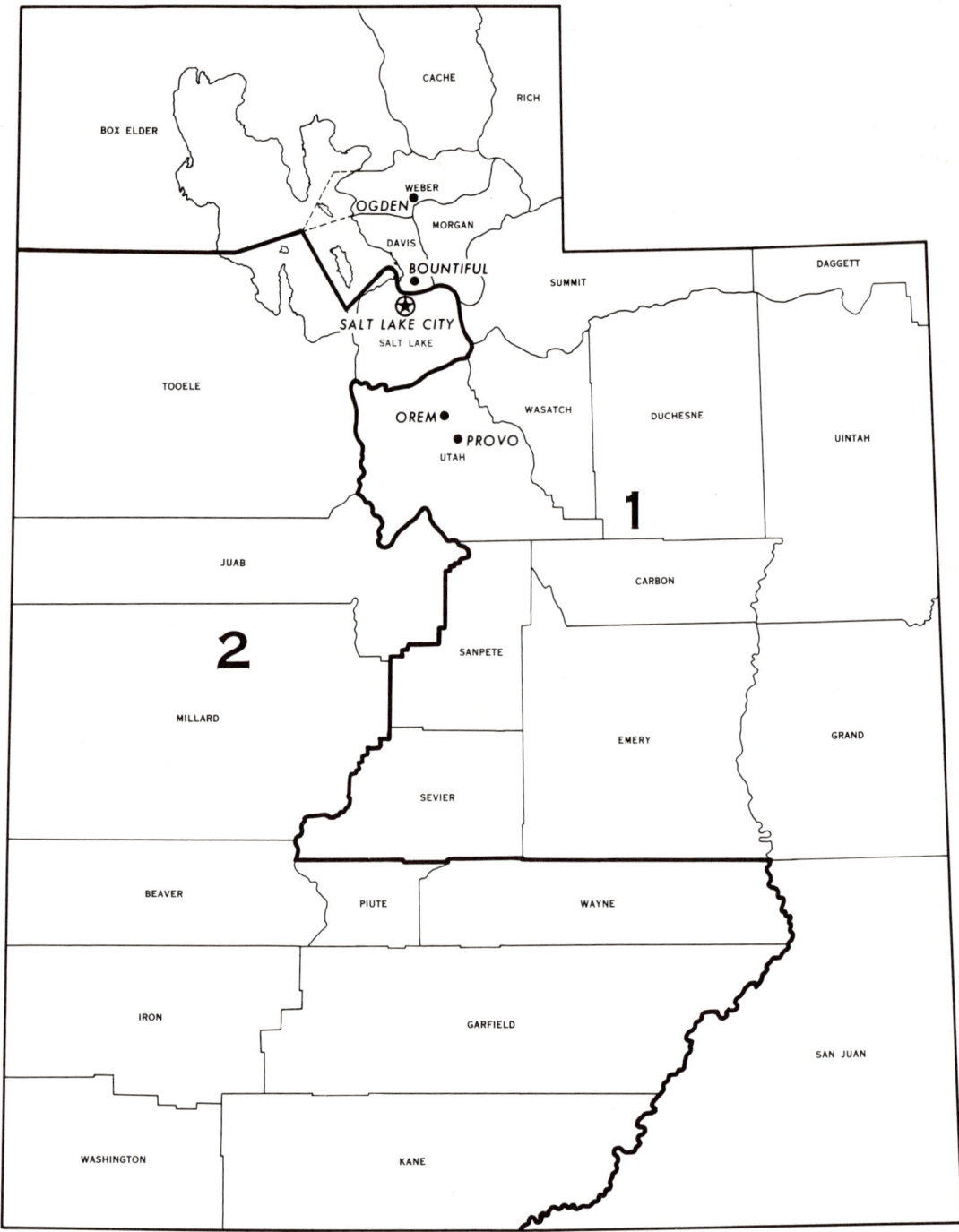

UTAH

SENATOR 1974

1970 Census Population	County	Total Vote	Republican	Democratic	Other	Rep.-Dem. Plurality	Percentage Total Vote Rep.	Dem.	Major Vote Rep.	Dem.
3,800	BEAVER	2,025	828	1,125	72	297 D	40.9%	55.6%	42.4%	57.6%
28,129	BOX ELDER	11,442	6,064	4,281	1,097	1,783 R	53.0%	37.4%	58.6%	41.4%
42,331	CACHE	17,382	9,979	6,247	1,156	3,732 R	57.4%	35.9%	61.5%	38.5%
15,647	CARBON	6,495	1,752	4,562	181	2,810 D	27.0%	70.2%	27.7%	72.3%
666	DAGGETT	310	129	163	18	34 D	41.6%	52.6%	44.2%	55.8%
99,028	DAVIS	35,206	19,079	13,615	2,512	5,464 R	54.2%	38.7%	58.4%	41.6%
7,299	DUCHESNE	3,052	1,659	1,131	262	528 R	54.4%	37.1%	59.5%	40.5%
5,137	EMERY	2,679	1,091	1,440	148	349 D	40.7%	53.8%	43.1%	56.9%
3,157	GARFIELD	1,504	621	787	96	166 D	41.3%	52.3%	44.1%	55.9%
6,688	GRAND	2,136	1,206	815	115	391 R	56.5%	38.2%	59.7%	40.3%
12,177	IRON	5,458	3,323	1,804	331	1,519 R	60.9%	33.1%	64.8%	35.2%
4,574	JUAB	2,337	1,148	1,079	110	69 R	49.1%	46.2%	51.5%	48.5%
2,421	KANE	1,391	871	418	102	453 R	62.6%	30.1%	67.6%	32.4%
6,988	MILLARD	3,531	2,063	1,253	215	810 R	58.4%	35.5%	62.2%	37.8%
3,983	MORGAN	1,834	924	788	122	136 R	50.4%	43.0%	54.0%	46.0%
1,164	PIUTE	596	285	283	28	2 R	47.8%	47.5%	50.2%	49.8%
1,615	RICH	746	490	230	26	260 R	65.7%	30.8%	68.1%	31.9%
458,607	SALT LAKE	185,045	87,769	88,900	8,376	1,131 D	47.4%	48.0%	49.7%	50.3%
9,606	SAN JUAN	2,458	1,451	812	195	639 R	59.0%	33.0%	64.1%	35.9%
10,976	SANPETE	5,092	2,750	1,976	366	774 R	54.0%	38.8%	58.2%	41.8%
10,103	SEVIER	4,699	2,566	1,459	674	1,107 R	54.6%	31.0%	63.8%	36.2%
5,879	SUMMIT	2,985	1,525	1,299	161	226 R	51.1%	43.5%	54.0%	46.0%
21,545	TOOELE	7,727	3,272	4,119	336	847 D	42.3%	53.3%	44.3%	55.7%
12,684	UINTAH	4,663	2,655	1,481	527	1,174 R	56.9%	31.8%	64.2%	35.8%
137,776	UTAH	53,631	30,223	19,059	4,349	11,164 R	56.4%	35.5%	61.3%	38.7%
5,863	WASATCH	2,593	1,303	1,126	164	177 R	50.3%	43.4%	53.6%	46.4%
13,669	WASHINGTON	6,360	3,837	1,927	596	1,910 R	60.3%	30.3%	66.6%	33.4%
1,483	WAYNE	888	505	338	45	167 R	56.9%	38.1%	59.9%	40.1%
126,278	WEBER	46,377	20,931	22,860	2,586	1,929 D	45.1%	49.3%	47.8%	52.2%
1,059,273	TOTAL	420,642	210,299	185,377	24,966	24,922 R	50.0%	44.1%	53.1%	46.9%

UTAH

CONGRESS

CD	Year	Total Vote	Republican Vote	Republican Candidate	Democratic Vote	Democratic Candidate	Other Vote	Rep.-Dem. Plurality	Percentage Total Vote Rep.	Percentage Total Vote Dem.	Percentage Major Vote Rep.	Percentage Major Vote Dem.
1	1974	199,264	62,807	INKLEY, RON W.	124,793	MCKAY, K. GUNN	11,664	61,986 D	31.5%	62.6%	33.5%	66.5%
1	1972	229,366	96,296	WOLTHUIS, ROBERT K.	127,027	MCKAY, K. GUNN	6,043	30,731 D	42.0%	55.4%	43.1%	56.9%
2	1974	213,698	100,259	HARMSEN, STEPHEN M.	105,739	HOWE, ALLAN T.	7,700	5,480 D	46.9%	49.5%	48.7%	51.3%
2	1972	243,702	107,185	LLOYD, SHERMAN P.	132,832	OWENS, WAYNE	3,685	25,647 D	44.0%	54.5%	44.7%	55.3%

UTAH

1974 GENERAL ELECTION

Senator Other vote was American (Bangerter).

Congress Other vote was American Independent (Brown) in CD 1; 6,482 American Independent (Schafer) and 1,218 Libertarian (Bray) in CD 2.

1974 PRIMARIES

SEPTEMBER 10 REPUBLICAN

Senator E. J. Garn, unopposed.

Congress Contested as follows:

CD 1 18,502 Ron W. Inkley; 16,627 Dorothy C. Clark.
CD 2 23,678 Stephen M. Harmsen; 15,956 H. Austin Belnap.

SEPTEMBER 10 DEMOCRATIC

Senator Wayne Owens, unopposed.

Congress Unopposed in CD 1. Contested as follows:

CD 2 18,890 Allan T. Howe; 15,039 Daryl J. McCarty.

SEPTEMBER 10 AMERICAN

Senator 2,254 Bruce Bangerter; 2,173 Kenneth R. Larsen.

Congress Unopposed in both CD's.

VERMONT

GOVERNOR
Thomas P. Salmon (D). Re-elected 1974 to a two-year term. Previously elected 1972.

SENATORS
Patrick J. Leahy (D). Elected 1974 to a six-year term.

Robert T. Stafford (R). Elected January 1972 to fill out term vacated by the death of Senator Winston L. Prouty; had been appointed September 1971 to fill this same vacancy.

REPRESENTATIVE
At-Large. James M. Jeffords (R)

POSTWAR VOTE FOR GOVERNOR

Year	Total Vote	Republican Vote	Republican Candidate	Democratic Vote	Democratic Candidate	Other Vote	Rep.-Dem. Plurality	Total Vote Rep.	Total Vote Dem.	Major Vote Rep.	Major Vote Dem.
1974	141,156	53,672	Kennedy, Walter L.	79,842	Salmon, Thomas P.	7,642	26,170 D	38.0%	56.6%	40.2%	59.8%
1972	189,237	82,491	Hackett, Luther F.	104,533	Salmon, Thomas P.	2,213	22,042 D	43.6%	55.2%	44.1%	55.9%
1970	153,528	87,458	Davis, Deane C.	66,028	O'Brien, Leo	42	21,430 R	57.0%	43.0%	57.0%	43.0%
1968	161,089	89,387	Davis, Deane C.	71,656	Daley, John J.	46	17,731 R	55.5%	44.5%	55.5%	44.5%
1966	136,262	57,577	Snelling, Richard A.	78,669	Hoff, Philip H.	16	21,092 D	42.3%	57.7%	42.3%	57.7%
1964	164,199	57,576	Foote, Ralph A.	106,611	Hoff, Philip H.	12	49,035 D	35.1%	64.9%	35.1%	64.9%
1962	121,422	60,035	Keyser, F. Ray	61,383	Hoff, Philip H.	4	1,348 D	49.4%	50.6%	49.4%	50.6%
1960	164,632	92,861	Keyser, F. Ray	71,755	Niquette, Russell F.	16	21,106 R	56.4%	43.6%	56.4%	43.6%
1958	123,728	62,222	Stafford, Robert T.	61,503	Leddy, Bernard J.	3	719 R	50.3%	49.7%	50.3%	49.7%
1956	153,809	88,379	Johnson, Joseph B.	65,420	Branon, E. Frank	10	22,959 R	57.5%	42.5%	57.5%	42.5%
1954	114,360	59,778	Johnson, Joseph B.	54,554	Branon, E. Frank	28	5,224 R	52.3%	47.7%	52.3%	47.7%
1952	150,862	78,338	Emerson, Lee E.	60,051	Larrow, Robert W.	12,473	18,287 R	51.9%	39.8%	56.6%	43.4%
1950	87,155	64,915	Emerson, Lee E.	22,227	Moran, J. Edward	13	42,688 R	74.5%	25.5%	74.5%	25.5%
1948	120,183	86,394	Gibson, Ernest W., Jr.	33,588	Ryan, Charles F.	201	52,806 R	71.9%	27.9%	72.0%	28.0%
1946	72,044	57,849	Gibson, Ernest W., Jr.	14,096	Coburn, Berthold	99	43,753 R	80.3%	19.6%	80.4%	19.6%

POSTWAR VOTE FOR SENATOR

Year	Total Vote	Republican Vote	Republican Candidate	Democratic Vote	Democratic Candidate	Other Vote	Rep.-Dem. Plurality	Total Vote Rep.	Total Vote Dem.	Major Vote Rep.	Major Vote Dem.
1974	142,772	66,223	Mallary, Richard W.	70,629	Leahy, Patrick J.	5,920	4,406 D	46.4%	49.5%	48.4%	51.6%
1972s	71,348	45,888	Stafford, Robert T.	23,842	Major, Randolph T.	1,618	22,046 R	64.3%	33.4%	65.8%	34.2%
1970	154,899	91,198	Prouty, Winston L.	62,271	Hoff, Philip H.	1,430	28,927 R	58.9%	40.2%	59.4%	40.6%
1968	157,375	157,154	Aiken, George D.	—	—	221	157,154 R	99.9%	—	100.0%	—
1964	164,350	87,879	Prouty, Winston L.	76,457	Fayette, Frederick J.	14	11,422 R	53.5%	46.5%	53.5%	46.5%
1962	121,571	81,241	Aiken, George D.	40,134	Johnson, W. Robert	196	41,107 R	66.8%	33.0%	66.9%	33.1%
1958	124,442	64,900	Prouty, Winston L.	59,536	Fayette, Frederick J.	6	5,364 R	52.2%	47.8%	52.2%	47.8%
1956	155,289	103,101	Aiken, George D.	52,184	O'Shea, Bernard G.	4	50,917 R	66.4%	33.6%	66.4%	33.6%
1952	154,052	111,406	Flanders, Ralph E.	42,630	Johnston, Allan R.	16	68,776 R	72.3%	27.7%	72.3%	27.7%
1950	89,171	69,543	Aiken, George D.	19,608	Bigelow, James E.	20	49,935 R	78.0%	22.0%	78.0%	22.0%
1946	73,340	54,729	Flanders, Ralph E.	18,594	McDevitt, Charles P.	17	36,135 R	74.6%	25.4%	74.6%	25.4%

In 1968 the Republican candidate won both major party nominations. The 1972 election was held in January for a short term to fill a vacancy.

VERMONT

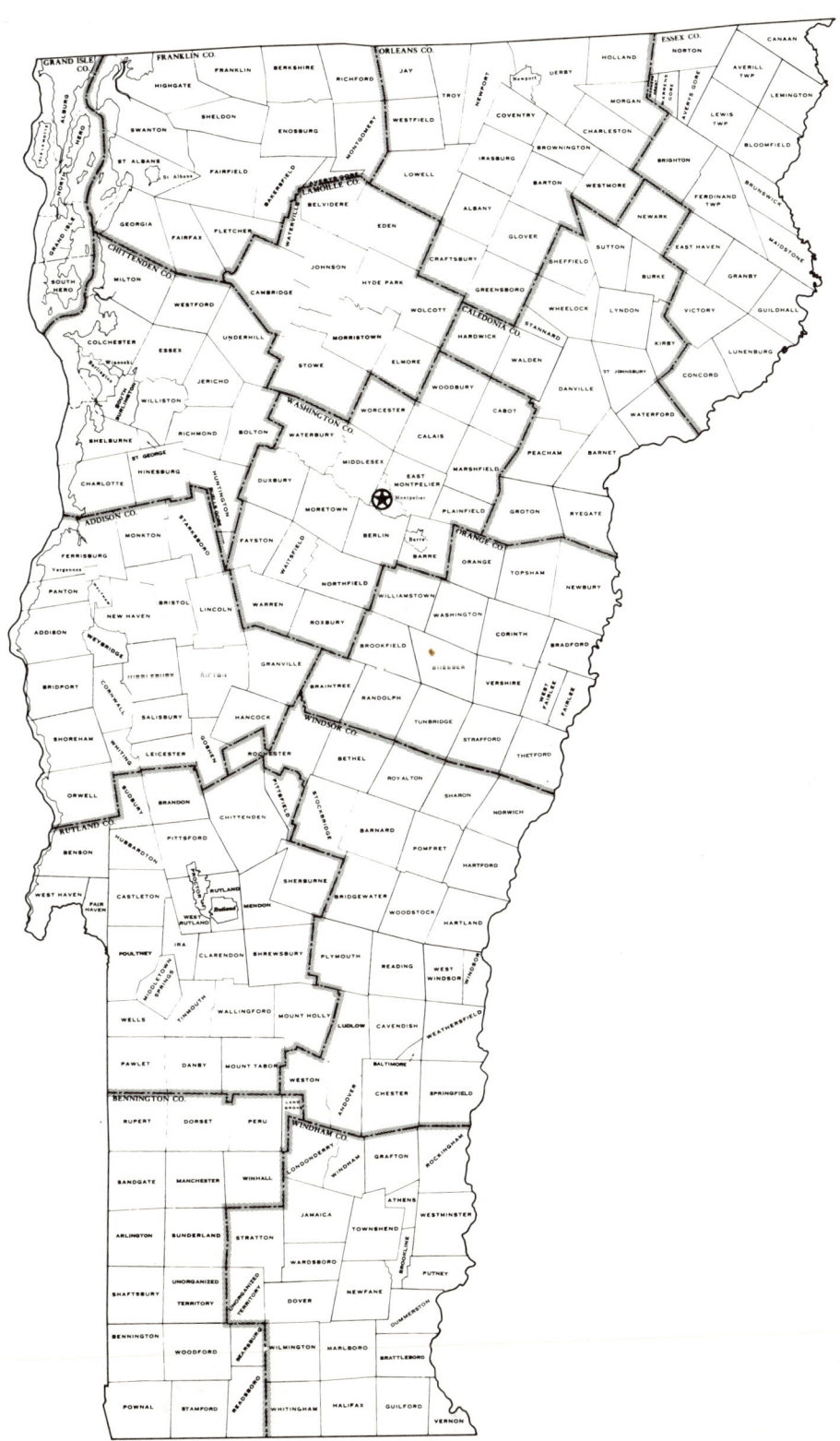

VERMONT

GOVERNOR 1974

1970 Census Population	County	Total Vote	Republican	Democratic	Other	Rep.-Dem. Plurality	Percentage Total Vote Rep.	Dem.	Major Vote Rep.	Dem.
24,266	ADDISON	7,764	3,490	3,876	398	386 D	45.0%	49.9%	47.4%	52.6%
29,282	BENNINGTON	9,011	3,291	5,204	516	1,913 D	36.5%	57.8%	38.7%	61.3%
22,789	CALEDONIA	6,868	2,808	3,897	163	1,089 D	40.9%	56.7%	41.9%	58.1%
99,131	CHITTENDEN	31,731	10,511	18,419	2,801	7,908 D	33.1%	58.0%	36.3%	63.7%
5,416	ESSEX	1,687	662	989	36	327 D	39.2%	58.6%	40.1%	59.9%
31,282	FRANKLIN	8,960	3,877	4,750	333	873 D	43.3%	53.0%	44.9%	55.1%
3,574	GRAND ISLE	1,523	574	879	70	305 D	37.7%	57.7%	39.5%	60.5%
13,309	LAMOILLE	4,464	2,230	2,016	218	214 R	50.0%	45.2%	52.5%	47.5%
17,676	ORANGE	6,211	2,888	3,086	237	198 D	46.5%	49.7%	48.3%	51.7%
20,153	ORLEANS	5,921	2,697	3,067	157	370 D	45.5%	51.8%	46.8%	53.2%
52,637	RUTLAND	16,298	6,463	9,022	813	2,559 D	39.7%	55.4%	41.7%	58.3%
47,659	WASHINGTON	16,651	5,447	10,242	962	4,795 D	32.7%	61.5%	34.7%	65.3%
33,476	WINDHAM	10,370	3,598	6,356	416	2,758 D	34.7%	61.3%	36.1%	63.9%
44,082	WINDSOR	13,697	5,136	8,039	522	2,903 D	37.5%	58.7%	39.0%	61.0%
444,732	TOTAL	141,156	53,672	79,842	7,642	26,170 D	38.0%	56.6%	40.2%	59.8%

VERMONT

GOVERNOR 1974

1970 Census Population	City/Town	Total Vote	Republican	Democratic	Other	Rep.-Dem. Plurality	Percentage Total Vote Rep.	Dem.	Major Vote Rep.	Dem.
10,209	BARRE CITY	3,506	997	2,415	94	1,418 D	28.4%	68.9%	29.2%	70.8%
6,509	BARRE TOWN	2,339	763	1,497	79	734 D	32.6%	64.0%	33.8%	66.2%
14,586	BENNINGTON TOWN	3,695	1,074	2,359	262	1,285 D	29.1%	63.8%	31.3%	68.7%
12,239	BRATTLEBORO	3,075	1,028	1,914	133	886 D	33.4%	62.2%	34.9%	65.1%
38,633	BURLINGTON	11,184	3,135	6,733	1,316	3,598 D	28.0%	60.2%	31.8%	68.2%
8,776	COLCHESTER	2,494	852	1,479	163	627 D	34.2%	59.3%	36.6%	63.4%
10,951	ESSEX TOWN	3,679	1,432	1,989	258	557 D	38.9%	54.1%	41.9%	58.1%
6,477	HARTFORD	1,527	570	933	24	363 D	37.3%	61.1%	37.9%	62.1%
6,532	MIDDLEBURY	1,900	754	1,041	105	287 D	39.7%	54.8%	42.0%	58.0%
8,609	MONTPELIER	3,166	1,069	1,925	172	856 D	33.8%	60.8%	35.7%	64.3%
5,501	ROCKINGHAM	1,788	374	1,372	42	998 D	20.9%	76.7%	21.4%	78.6%
19,293	RUTLAND CITY	5,507	1,875	3,336	296	1,461 D	34.0%	60.6%	36.0%	64.0%
8,082	ST. ALBANS CITY	2,633	1,244	1,318	71	74 D	47.2%	50.1%	48.6%	51.4%
8,409	ST. JOHNSBURY	2,393	788	1,556	49	768 D	32.9%	65.0%	33.6%	66.4%
10,032	SOUTH BURLINGTON	3,659	1,342	2,087	230	745 D	36.7%	57.0%	39.1%	60.9%
10,063	SPRINGFIELD	2,900	994	1,793	113	799 D	34.3%	61.8%	35.7%	64.3%
7,309	WINOOSKI	1,766	406	1,262	98	856 D	23.0%	71.5%	24.3%	75.7%

VERMONT

SENATOR 1974

1970 Census Population	County	Total Vote	Republican	Democratic	Other	Rep.-Dem. Plurality	Percentage Total Vote Rep.	Dem.	Major Vote Rep.	Dem.
24,266	ADDISON	7,838	3,844	3,646	348	198 R	49.0%	46.5%	51.3%	48.7%
29,282	BENNINGTON	8,999	4,289	4,393	317	104 D	47.7%	48.8%	49.4%	50.6%
22,789	CALEDONIA	6,919	3,959	2,786	174	1,173 R	57.2%	40.3%	58.7%	41.3%
99,131	CHITTENDEN	31,960	11,541	18,615	1,804	7,074 D	36.1%	58.2%	38.3%	61.7%
5,416	ESSEX	1,712	906	763	43	143 R	52.9%	44.6%	54.3%	45.7%
31,282	FRANKLIN	9,054	3,930	4,867	257	937 D	43.4%	53.8%	44.7%	55.3%
3,574	GRAND ISLE	1,499	651	797	51	146 D	43.4%	53.2%	45.0%	55.0%
13,309	LAMOILLE	4,489	2,513	1,760	216	753 R	56.0%	39.2%	58.8%	41.2%
17,676	ORANGE	6,474	3,801	2,359	314	1,442 R	58.7%	36.4%	61.7%	38.3%
20,153	ORLEANS	6,045	3,194	2,674	177	520 R	52.8%	44.2%	54.4%	45.6%
52,637	RUTLAND	16,451	7,817	7,932	702	115 D	47.5%	48.2%	49.6%	50.4%
47,659	WASHINGTON	16,874	6,985	9,169	720	2,184 D	41.4%	54.3%	43.2%	56.8%
33,476	WINDHAM	10,573	5,377	4,841	355	536 R	50.9%	45.8%	52.6%	47.4%
44,082	WINDSOR	13,885	7,416	6,027	442	1,389 R	53.4%	43.4%	55.2%	44.8%
444,732	TOTAL	142,772	66,223	70,629	5,920	4,406 D	46.4%	49.5%	48.4%	51.6%

VERMONT

SENATOR 1974

1970 Census Population	City/Town	Total Vote	Republican	Democratic	Other	Rep.-Dem. Plurality	Percentage Total Vote Rep.	Dem.	Major Vote Rep.	Dem.
10,209	BARRE CITY	3,517	1,198	2,219	100	1,021 D	34.1%	63.1%	35.1%	64.9%
6,509	BARRE TOWN	2,344	862	1,410	72	548 D	36.8%	60.2%	37.9%	62.1%
14,586	BENNINGTON TOWN	3,573	1,431	1,983	159	552 D	40.1%	55.5%	41.9%	58.1%
12,239	BRATTLEBORO	3,210	1,599	1,514	97	85 R	49.8%	47.2%	51.4%	48.6%
38,633	BURLINGTON	11,101	3,245	7,071	785	3,826 D	29.2%	63.7%	31.5%	68.5%
8,776	COLCHESTER	2,517	874	1,526	117	652 D	34.7%	60.6%	36.4%	63.6%
10,951	ESSEX TOWN	3,791	1,748	1,884	159	136 D	46.1%	49.7%	48.1%	51.9%
6,477	HARTFORD	1,552	801	722	29	79 R	51.6%	46.5%	52.6%	47.4%
6,532	MIDDLEBURY	1,911	868	962	81	94 D	45.4%	50.3%	47.4%	52.6%
8,609	MONTPELIER	3,169	1,390	1,680	99	290 D	43.9%	53.0%	45.3%	54.7%
5,501	ROCKINGHAM	1,802	671	1,089	42	418 D	37.2%	60.4%	38.1%	61.9%
19,293	RUTLAND CITY	5,528	2,403	2,892	233	489 D	43.5%	52.3%	45.4%	54.6%
8,082	ST. ALBANS CITY	2,635	1,124	1,462	49	338 D	42.7%	55.5%	43.5%	56.5%
8,409	ST. JOHNSBURY	2,403	1,262	1,097	44	165 R	52.5%	45.7%	53.5%	46.5%
10,032	SOUTH BURLINGTON	3,700	1,476	2,064	160	588 D	39.9%	55.8%	41.7%	58.3%
10,063	SPRINGFIELD	2,903	1,397	1,407	99	10 D	48.1%	48.5%	49.8%	50.2%
7,309	WINOOSKI	1,793	379	1,343	71	964 D	21.1%	74.9%	22.0%	78.0%

VERMONT

CONGRESS

CD	Year	Total Vote	Republican Vote	Candidate	Democratic Vote	Candidate	Other Vote	Rep.-Dem. Plurality	Total Vote Rep.	Total Vote Dem.	Major Vote Rep.	Major Vote Dem.
AL	1974	140,899	74,561	JEFFORDS, JAMES M.	56,342	*CAIN, FRANCIS J.	9,996	18,219 R	52.9%	40.0%	57.0%	43.0%
AL	1972	186,028	120,924	MALLARY, RICHARD W.	65,062	MEYER, WILLIAM H.	42	55,862 R	65.0%	35.0%	65.0%	35.0%
AL	1970	152,557	103,806	STAFFORD, ROBERT T.	44,415	O SHEA, BERNARD G.	4,336	59,391 R	68.0%	29.1%	70.0%	30.0%
AL	1968	157,133	156,956	*STAFFORD, ROBERT T.			177	156,956 R	99.9%		100.0%	
AL	1966	135,748	89,097	STAFFORD, ROBERT T.	46,643	RYAN, WILLIAM J.	8	42,454 R	65.6%	34.4%	65.6%	34.4%
AL	1964	163,452	92,252	STAFFORD, ROBERT T.	71,193	O SHEA, BERNARD G.	7	21,059 R	56.4%	43.6%	56.4%	43.6%
AL	1962	121,381	68,822	STAFFORD, ROBERT T.	52,535	RAYNOLDS, HAROLD	24	16,287 R	56.7%	43.3%	56.7%	43.3%
AL	1960	166,035	94,905	STAFFORD, ROBERT T.	71,111	MEYER, WILLIAM H.	19	23,794 R	57.2%	42.8%	57.2%	42.8%
AL	1958	122,702	59,536	ARTHUR, HAROLD J.	63,131	MEYER, WILLIAM H.	35	3,595 D	48.5%	51.5%	48.5%	51.5%
AL	1956	154,536	103,736	PROUTY, WINSTON L.	50,797	ST. AMOUR, CAMILLE	3	52,939 R	67.1%	32.9%	67.1%	32.9%
AL	1954	114,289	70,143	PROUTY, WINSTON L.	44,141	BOYLAN, JOHN J.	5	26,002 R	61.4%	38.6%	61.4%	38.6%
AL	1952	153,060	109,871	PROUTY, WINSTON L.	43,187	COMINGS, HERBERT B.	2	66,684 R	71.8%	28.2%	71.8%	28.2%
AL	1950	88,851	65,248	PROUTY, WINSTON L.	22,709	COMINGS, HERBERT B.	894	42,539 R	73.4%	25.6%	74.2%	25.8%
AL	1948	121,968	74,076	PLUMLEY, CHARLES A.	47,767	READY, ROBERT W.	125	26,309 R	60.7%	39.2%	60.8%	39.2%
AL	1946	73,066	46,985	PLUMLEY, CHARLES A.	26,056	CALDBECK, MATTHEW J.	25	20,929 R	64.3%	35.7%	64.3%	35.7%

VERMONT

1974 GENERAL ELECTION

In addition to the county-by-county figures, 1974 data are presented for selected Vermont communities. Since not all jurisdictions of the state are listed in this tabulation, statewide totals are shown only with the county-by-county statistics.

Governor   Other vote was 7,629 Liberty Union (Abbott); 13 scattered. The Democratic candidate was also the Independent Vermonters nominee and 2,428 of his votes were received as the IV candidate.

Senator   Other vote was 5,901 Liberty Union (Sanders); 19 scattered. The Democratic candidate was also the Independent Vermonters nominee and 3,504 of his votes were received as the IV candidate.

Congress   Vermont has elected a single Representative at-large during the entire postwar period. An asterisk indicates endorsing vote included. Other vote was 9,961 Liberty Union (Parenti); 35 scattered.

1974 PRIMARIES

SEPTEMBER 10 REPUBLICAN

Governor   23,738 Walter L. Kennedy; 13,901 Harry R. Montague; 4,667 T. James Lannon; 478 scattered.

Senator   27,221 Richard W. Mallary; 16,479 Charles R. Ross; 2,265 T. Serse Ambrosini; 61 scattered.

Congress   Contested as follows:

  AL   18,573 James M. Jeffords; 16,345 Madeline B. Harwood; 11,453 John S. Burgess; 60 scattered.

SEPTEMBER 10 DEMOCRATIC

Governor   18,498 Thomas P. Salmon; 3,537 John F. Reilly; 86 scattered.

Senator   19,801 Patrick J. Leahy; 3,703 Nathaniel Frothingham; 97 scattered.

Congress   Contested as follows:

  AL   9,415 Francis J. Cain; 3,384 Margaret A. Lucenti; 3,004 John J. Welch; 2,804 Francis J. Esposito; 2,623 Dennis J. Morrisseau; 1,426 Peter Diamondstone; 105 scattered.

VIRGINIA

GOVERNOR
Mills E. Godwin (R). Elected 1973 to a four-year term. Previously elected 1965 as a Democrat.

SENATORS
Harry Flood Byrd, Jr. (I). Elected 1970 to a six-year term. Previously elected 1966 as a Democrat to fill out term vacated by the resignation of Senator Harry Flood Byrd; had been appointed November 1965 to fill this same vacancy.

William L. Scott (R). Elected 1972 to a six-year term.

REPRESENTATIVES
1. Thomas N. Downing (D)
2. G. W. Whitehurst (R)
3. David Satterfield (D)
4. Robert W. Daniel (R)
5. W. C. Daniel (D)
6. M. Caldwell Butler (R)
7. J. Kenneth Robinson (R)
8. Herbert E. Harris (D)
9. William C. Wampler (R)
10. Joseph L. Fisher (D)

POSTWAR VOTE FOR GOVERNOR

Year	Total Vote	Republican Vote	Republican Candidate	Democratic Vote	Democratic Candidate	Other Vote	Rep.-Dem. Plurality	Total Vote Rep.	Total Vote Dem.	Major Vote Rep.	Major Vote Dem.
1973	1,035,495	525,075	Godwin, Mills E.	—	—	510,420	525,075 R	50.7%	—	100.0%	—
1969	915,764	480,869	Holton, Linwood	415,695	Battle, William C.	19,200	65,174 R	52.5%	45.4%	53.6%	46.4%
1965	562,789	212,207	Holton, Linwood	269,526	Godwin, Mills E.	81,056	57,319 D	37.7%	47.9%	44.1%	55.9%
1961	394,490	142,567	Pearson, H. Clyde	251,861	Harrison, Albertis	62	109,294 D	36.1%	63.8%	36.1%	63.9%
1957	517,655	188,628	Dalton, Ted	326,921	Almond, J. Lindsay	2,106	138,293 D	36.4%	63.2%	36.6%	63.4%
1953	414,025	183,328	Dalton, Ted	226,998	Stanley, Thomas B.	3,699	43,670 D	44.3%	54.8%	44.7%	55.3%
1949	262,350	71,991	Johnson, Walter	184,772	Battle, John S.	5,587	112,781 D	27.4%	70.4%	28.0%	72.0%
1945	168,783	52,386	Landreth, S. Floyd	112,355	Tuck, William M.	4,042	59,969 D	31.0%	66.6%	31.8%	68.2%

POSTWAR VOTE FOR SENATOR

Year	Total Vote	Republican Vote	Republican Candidate	Democratic Vote	Democratic Candidate	Other Vote	Rep.-Dem. Plurality	Total Vote Rep.	Total Vote Dem.	Major Vote Rep.	Major Vote Dem.
1972	1,396,268	718,337	Scott, William L.	643,963	Spong, William B.	33,968	74,374 R	51.4%	46.1%	52.7%	47.3%
1970	946,751	145,031	Garland, Ray	295,057	Rawlings, George C.	506,663	150,026 D	15.3%	31.2%	33.0%	67.0%
1966	733,879	245,681	Ould, James P.	429,855	Spong, William B.	58,343	184,174 D	33.5%	58.6%	36.4%	63.6%
1966s	729,839	272,804	Traylor, Lawrence M.	389,028	Byrd, Harry Flood, Jr.	68,007	116,224 D	37.4%	53.3%	41.2%	58.8%
1964	928,363	176,624	May, Richard A.	592,260	Byrd, Harry Flood	159,479	415,636 D	19.0%	63.8%	23.0%	77.0%
1960	622,820	—	—	506,169	Robertson, A. Willis	116,651	506,169 D	—	81.3%	—	100.0%
1958	457,640	—	—	317,221	Byrd, Harry Flood	140,419	317,221 D	—	69.3%	—	100.0%
1954	306,510	—	—	244,844	Robertson, A. Willis	61,666	244,844 D	—	79.9%	—	100.0%
1952	543,516	—	—	398,677	Byrd, Harry Flood	144,839	398,677 D	—	73.4%	—	100.0%
1948	386,178	118,546	Woods, Robert	253,865	Robertson, A. Willis	13,767	135,319 D	30.7%	65.7%	31.8%	68.2%
1946	252,863	77,005	Parsons, Lester S.	163,960	Byrd, Harry Flood	11,898	86,955 D	30.5%	64.8%	32.0%	68.0%
1946s	248,962	72,253	Woods, Robert	169,680	Robertson, A. Willis	7,029	97,427 D	29.0%	68.2%	29.9%	70.1%

One each of the 1966 and 1946 elections was for a short term to fill a vacancy. In 1970 Harry Flood Byrd, Jr., the Independent candidate, polled 506,633 votes (53.5% of the total vote) and won the election with a 211,576 plurality.

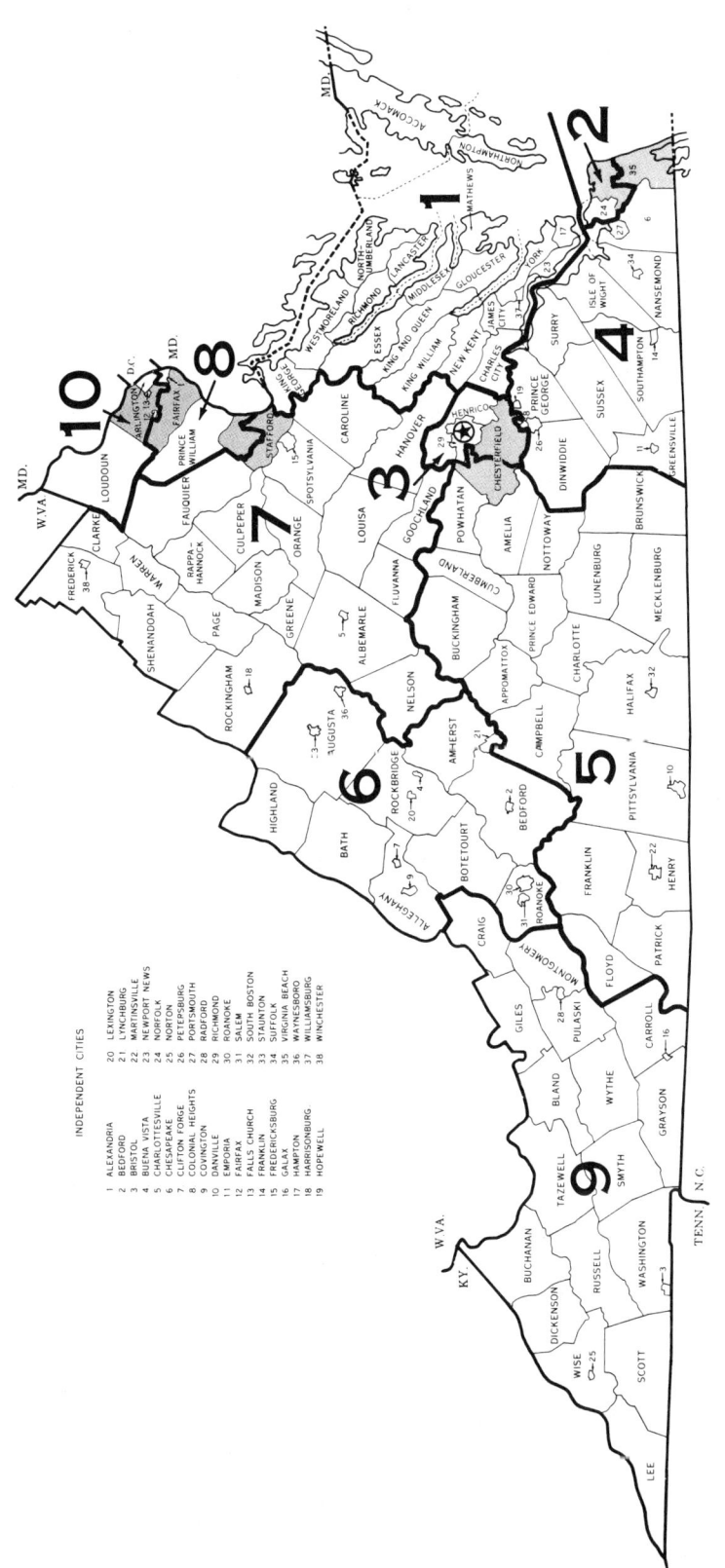

VIRGINIA

GOVERNOR 1973

1970 Census Population	County	Total Vote	Republican	Independent	Other	Rep.-Ind. Plurality	Percentage Total Vote Rep.	Ind.	Major Vote Rep.	Ind.
29,004	ACCOMACK	7,700	3,632	4,066	2	434 I	47.2%	52.8%	47.2%	52.8%
37,780	ALBEMARLE	9,957	5,225	4,732		493 R	52.5%	47.5%	52.5%	47.5%
12,461	ALLEGHANY	2,995	1,180	1,813	2	633 I	39.4%	60.5%	39.4%	60.6%
7,592	AMELIA	2,201	1,277	924		353 R	58.0%	42.0%	58.0%	42.0%
26,072	AMHERST	4,899	2,846	2,052	1	794 R	58.1%	41.9%	58.1%	41.9%
9,784	APPOMATTOX	2,640	1,699	941		758 R	64.4%	35.6%	64.4%	35.6%
174,284	ARLINGTON	38,230	18,817	19,406	7	589 I	49.2%	50.8%	49.2%	50.8%
44,220	AUGUSTA	8,497	5,132	3,356	9	1,776 R	60.4%	39.5%	60.5%	39.5%
5,192	BATH	1,344	555	789		234 I	41.3%	58.7%	41.3%	58.7%
26,728	BEDFORD	5,003	2,678	2,324	1	354 R	53.5%	46.5%	53.5%	46.5%
5,423	BLAND	1,430	765	665		100 R	53.5%	46.5%	53.5%	46.5%
18,193	BOTETOURT	3,949	1,857	2,092		235 I	47.0%	53.0%	47.0%	53.0%
16,172	BRUNSWICK	3,954	1,950	2,003	1	53 I	49.3%	50.7%	49.3%	50.7%
32,071	BUCHANAN	5,939	2,083	3,856		1,773 I	35.1%	64.9%	35.1%	64.9%
10,597	BUCKINGHAM	3,085	1,533	1,551	1	18 I	49.7%	50.3%	49.7%	50.3%
43,319	CAMPBELL	9,930	6,991	2,939		4,052 R	70.4%	29.6%	70.4%	29.6%
13,925	CAROLINE	3,133	1,246	1,887		641 I	39.8%	60.2%	39.8%	60.2%
23,092	CARROLL	4,768	2,542	2,226		316 R	53.3%	46.7%	53.3%	46.7%
6,158	CHARLES CITY	1,320	335	984	1	649 I	25.4%	74.5%	25.4%	74.6%
11,551	CHARLOTTE	3,312	1,752	1,560		192 R	52.9%	47.1%	52.9%	47.1%
76,855	CHESTERFIELD	22,275	15,868	6,407		9,461 R	71.2%	28.8%	71.2%	28.8%
8,102	CLARKE	1,729	1,144	584	1	560 R	66.2%	33.8%	66.2%	33.8%
3,524	CRAIG	958	357	601		244 I	37.3%	62.7%	37.3%	62.7%
18,218	CULPEPER	3,839	2,401	1,438		963 R	62.5%	37.5%	62.5%	37.5%
6,179	CUMBERLAND	2,005	987	1,018		31 I	49.2%	50.8%	49.2%	50.8%
16,077	DICKENSON	5,770	2,140	3,628	2	1,488 I	37.1%	62.9%	37.1%	62.9%
25,046	DINWIDDIE	4,442	1,893	2,547	2	654 I	42.6%	57.3%	42.6%	57.4%
7,099	ESSEX	1,582	1,023	559		464 R	64.7%	35.3%	64.7%	35.3%
455,021	FAIRFAX COUNTY	97,438	50,583	46,843	12	3,740 R	51.9%	48.1%	51.9%	48.1%
26,375	FAUQUIER	4,450	2,827	1,623		1,204 R	63.5%	36.5%	63.5%	36.5%
9,775	FLOYD	2,013	1,048	965		83 R	52.1%	47.9%	52.1%	47.9%
7,621	FLUVANNA	1,567	836	731		105 R	53.4%	46.6%	53.4%	46.6%
26,858	FRANKLIN COUNTY	5,907	2,250	3,655	2	1,405 I	38.1%	61.9%	38.1%	61.9%
28,893	FREDERICK	4,583	2,644	1,934	5	710 R	57.7%	42.2%	57.8%	42.2%
16,741	GILES	4,353	1,769	2,584		815 I	40.6%	59.4%	40.6%	59.4%
14,059	GLOUCESTER	3,704	1,900	1,802	2	98 R	51.3%	48.7%	51.3%	48.7%
10,069	GOOCHLAND	2,868	1,500	1,368		132 R	52.3%	47.7%	52.3%	47.7%
15,439	GRAYSON	3,379	1,530	1,849		319 I	45.3%	54.7%	45.3%	54.7%
5,248	GREENE	1,191	567	624		57 I	47.6%	52.4%	47.6%	52.4%
9,604	GREENSVILLE	2,470	1,032	1,438		406 I	41.8%	58.2%	41.8%	58.2%
30,076	HALIFAX	5,119	2,869	2,250		619 R	56.0%	44.0%	56.0%	44.0%
37,479	HANOVER	11,226	7,649	3,576	1	4,073 R	68.1%	31.9%	68.1%	31.9%
154,364	HENRICO	46,093	33,415	12,641	37	20,774 R	72.5%	27.4%	72.6%	27.4%
50,901	HENRY	9,635	4,107	5,525	3	1,418 I	42.6%	57.3%	42.6%	57.4%
2,529	HIGHLAND	704	441	263		178 R	62.6%	37.4%	62.6%	37.4%
18,285	ISLE OF WIGHT	5,235	2,400	2,833	2	433 I	45.8%	54.1%	45.9%	54.1%
17,853	JAMES CITY	4,406	2,129	2,277		148 I	48.3%	51.7%	48.3%	51.7%
5,491	KING AND QUEEN	1,320	553	767		214 I	41.9%	58.1%	41.9%	58.1%
8,039	KING GEORGE	1,552	810	742		68 R	52.2%	47.8%	52.2%	47.8%
7,497	KING WILLIAM	1,991	1,089	900	2	189 R	54.7%	45.2%	54.8%	45.2%
9,126	LANCASTER	3,185	1,760	1,424	1	336 R	55.3%	44.7%	55.3%	44.7%
20,321	LEE	6,105	2,820	3,285		465 I	46.2%	53.8%	46.2%	53.8%
37,150	LOUDOUN	8,698	4,787	3,908	3	879 R	55.0%	44.9%	55.1%	44.9%
14,004	LOUISA	3,192	1,574	1,616	2	42 I	49.3%	50.6%	49.3%	50.7%
11,687	LUNENBURG	2,701	1,574	1,127		447 R	58.3%	41.7%	58.3%	41.7%
8,638	MADISON	1,910	1,029	877	4	152 R	53.9%	45.9%	54.0%	46.0%
7,168	MATHEWS	2,550	1,375	1,155	20	220 R	53.9%	45.3%	54.3%	45.7%
29,426	MECKLENBURG	6,080	3,825	2,255		1,570 R	62.9%	37.1%	62.9%	37.1%
6,295	MIDDLESEX	1,822	1,050	772		278 R	57.6%	42.4%	57.6%	42.4%
47,157	MONTGOMERY	9,871	4,924	4,936	11	12 I	49.9%	50.0%	49.9%	50.1%
11,702	NELSON	2,181	1,051	1,127	3	76 I	48.2%	51.7%	48.3%	51.7%
5,300	NEW KENT	1,555	715	840		125 I	46.0%	54.0%	46.0%	54.0%
14,442	NORTHAMPTON	3,840	1,728	2,111	1	383 I	45.0%	55.0%	45.0%	55.0%
9,239	NORTHUMBERLAND	2,599	1,394	1,204	1	190 R	53.6%	46.3%	53.7%	46.3%
14,260	NOTTOWAY	3,962	2,162	1,800		362 R	54.6%	45.4%	54.6%	45.4%

VIRGINIA

GOVERNOR 1973

1970 Census Population	County	Total Vote	Republican	Independent	Other	Rep.-Ind. Plurality	Percentage Total Vote Rep.	Ind.	Major Vote Rep.	Ind.
13,792	ORANGE	2,700	1,485	1,215		270 R	55.0%	45.0%	55.0%	45.0%
16,581	PAGE	3,552	1,720	1,832		112 I	48.4%	51.6%	48.4%	51.6%
15,282	PATRICK	2,679	1,284	1,394	1	110 I	47.9%	52.0%	47.9%	52.1%
58,789	PITTSYLVANIA	10,421	5,733	4,681	7	1,052 R	55.0%	44.9%	55.1%	44.9%
7,696	POWHATAN	2,126	1,215	908	3	307 R	57.1%	42.7%	57.2%	42.8%
14,379	PRINCE EDWARD	3,819	2,263	1,552	4	711 R	59.3%	40.6%	59.3%	40.7%
29,092	PRINCE GEORGE	2,752	1,226	1,526		300 I	44.5%	55.5%	44.5%	55.5%
111,102	PRINCE WILLIAM	15,603	8,159	7,441	3	718 I	52.3%	47.7%	52.3%	47.7%
29,564	PULASKI	6,510	3,149	3,361		212 I	48.4%	51.6%	48.4%	51.6%
5,199	RAPPAHANNOCK	1,136	633	503		130 R	55.7%	44.3%	55.7%	44.3%
5,841	RICHMOND COUNTY	1,795	1,091	702	2	389 R	60.8%	39.1%	60.8%	39.2%
67,339	ROANOKE COUNTY	17,786	9,357	8,409	20	948 R	52.6%	47.3%	52.7%	47.3%
16,637	ROCKBRIDGE	3,059	1,492	1,566	1	74 I	48.8%	51.2%	48.8%	51.2%
47,890	ROCKINGHAM	10,522	5,983	4,538	1	1,445 R	56.9%	43.1%	56.9%	43.1%
24,533	RUSSELL	7,467	3,109	4,358		1,249 I	41.6%	58.4%	41.6%	58.4%
24,376	SCOTT	5,671	2,612	3,059		447 I	46.1%	53.9%	46.1%	53.9%
22,852	SHENANDOAH	6,046	3,614	2,427	5	1,187 R	59.8%	40.1%	59.8%	40.2%
31,349	SMYTH	6,374	2,932	3,438	4	506 I	46.0%	53.9%	46.0%	54.0%
18,582	SOUTHAMPTON	4,149	2,117	2,031	1	86 R	51.0%	49.0%	51.0%	49.0%
16,424	SPOTSYLVANIA	3,727	1,507	2,220		713 I	40.4%	59.6%	40.4%	59.6%
24,587	STAFFORD	4,538	1,996	2,542		546 I	44.0%	56.0%	44.0%	56.0%
5,882	SURRY	1,911	745	1,166		421 I	39.0%	61.0%	39.0%	61.0%
11,464	SUSSEX	3,320	1,512	1,807	1	295 I	45.5%	54.4%	45.6%	54.4%
39,816	TAZEWELL	7,132	3,455	3,676	1	221 I	48.4%	51.5%	48.5%	51.5%
15,301	WARREN	3,703	1,719	1,981	3	262 I	46.4%	53.5%	46.5%	53.5%
40,835	WASHINGTON	8,209	4,086	4,123		37 I	49.8%	50.2%	49.8%	50.2%
12,142	WESTMORELAND	2,662	1,461	1,201		260 R	54.9%	45.1%	54.9%	45.1%
35,947	WISE	7,426	2,966	4,460		1,494 I	39.9%	60.1%	39.9%	60.1%
22,139	WYTHE	4,771	2,803	1,968		835 R	58.8%	41.2%	58.8%	41.2%
33,203	YORK	8,092	3,918	4,174		256 I	48.4%	51.6%	48.4%	51.6%

VIRGINIA

GOVERNOR 1973

1970 Census Population	City	Total Vote	Republican	Independent	Other	Rep.-Ind. Plurality	Percentage Total Vote Rep.	Percentage Total Vote Ind.	Major Vote Rep.	Major Vote Ind.
110,938	ALEXANDRIA	19,379	8,647	10,720	12	2,073 I	44.6%	55.3%	44.6%	55.4%
6,011	BEDFORD	1,537	923	614		309 R	60.1%	39.9%	60.1%	39.9%
14,857	BRISTOL	2,292	1,258	1,033	1	225 R	54.9%	45.1%	54.9%	45.1%
6,425	BUENA VISTA	1,272	596	676		80 I	46.9%	53.1%	46.9%	53.1%
38,880	CHARLOTTESVILLE	9,767	4,600	5,162	5	562 I	47.1%	52.9%	47.1%	52.9%
89,580	CHESAPEAKE	20,928	7,977	12,946	5	4,969 I	38.1%	61.9%	38.1%	61.9%
5,501	CLIFTON FORGE	1,457	684	773		89 I	46.9%	53.1%	46.9%	53.1%
15,097	COLONIAL HEIGHTS	4,323	3,011	1,311	1	1,700 R	69.7%	30.3%	69.7%	30.3%
10,060	COVINGTON	2,301	917	1,384		467 I	39.9%	60.1%	39.9%	60.1%
46,391	DANVILLE	12,699	8,466	4,233		4,233 R	66.7%	33.3%	66.7%	33.3%
5,300	EMPORIA	1,611	934	677		257 R	58.0%	42.0%	58.0%	42.0%
21,970	FAIRFAX CITY	4,298	2,336	1,959	3	377 R	54.4%	45.6%	54.4%	45.6%
10,772	FALLS CHURCH	2,968	1,425	1,543		118 I	48.0%	52.0%	48.0%	52.0%
6,880	FRANKLIN CITY	1,886	964	922		42 R	51.1%	48.9%	51.1%	48.9%
14,450	FREDERICKSBURG	3,397	1,593	1,804		211 I	46.9%	53.1%	46.9%	53.1%
6,278	GALAX	1,521	771	750		21 R	50.7%	49.3%	50.7%	49.3%
120,779	HAMPTON	22,791	9,925	12,861	5	2,936 I	43.5%	56.4%	43.6%	56.4%
14,605	HARRISONBURG	3,969	2,491	1,478		1,013 R	62.8%	37.2%	62.8%	37.2%
23,471	HOPEWELL	5,364	2,894	2,470		424 R	54.0%	46.0%	54.0%	46.0%
7,597	LEXINGTON	1,579	893	683	3	210 R	56.6%	43.3%	56.7%	43.3%
54,083	LYNCHBURG	13,421	8,833	4,584	4	4,249 R	65.8%	34.2%	65.8%	34.2%
19,653	MARTINSVILLE	5,234	2,876	2,358		518 R	54.9%	45.1%	54.9%	45.1%
35,166	NANSEMOND	8,870	3,725	5,143	2	1,418 I	42.0%	58.0%	42.0%	58.0%
138,177	NEWPORT NEWS	28,176	13,165	15,007	4	1,842 I	46.7%	53.3%	46.7%	53.3%
307,951	NORFOLK	51,973	17,852	34,118	3	16,266 I	34.3%	65.6%	34.4%	65.6%
4,001	NORTON	1,091	538	553		15 I	49.3%	50.7%	49.3%	50.7%
36,103	PETERSBURG	9,938	4,308	5,628	2	1,320 I	43.3%	56.6%	43.4%	56.6%
110,963	PORTSMOUTH	27,056	8,724	18,327	5	9,603 I	32.2%	67.7%	32.3%	67.7%
11,596	RADFORD	3,111	1,446	1,664	1	218 I	46.5%	53.5%	46.5%	53.5%
249,621	RICHMOND CITY	58,502	28,137	30,328	37	2,191 I	48.1%	51.8%	48.1%	51.9%
92,115	ROANOKE CITY	19,726	8,912	10,807	7	1,895 I	45.2%	54.8%	45.2%	54.8%
21,982	SALEM	5,375	2,758	2,610	7	148 R	51.3%	48.6%	51.4%	48.6%
6,889	SOUTH BOSTON	1,812	1,227	585		642 R	67.7%	32.3%	67.7%	32.3%
24,504	STAUNTON	5,390	3,482	1,908		1,574 R	64.6%	35.4%	64.6%	35.4%
9,858	SUFFOLK	2,673	1,599	1,074		525 R	59.8%	40.2%	59.8%	40.2%
172,106	VIRGINIA BEACH	38,243	17,910	20,327	6	2,417 I	46.8%	53.2%	46.8%	53.2%
16,707	WAYNESBORO	4,423	2,829	1,590	4	1,239 R	64.0%	35.9%	64.0%	36.0%
9,069	WILLIAMSBURG	2,425	1,334	1,091		243 R	55.0%	45.0%	55.0%	45.0%
14,643	WINCHESTER	4,718	3,149	1,568	1	1,581 R	66.7%	33.2%	66.8%	33.2%
4,648,494	TOTAL	1,035,495	525,075	510,103	317	14,972 R	50.7%	49.3%	50.7%	49.3%

VIRGINIA

CONGRESS

CD	Year	Total Vote	Republican Vote	Candidate	Democratic Vote	Candidate	Other Vote	Rep.-Dem. Plurality	Total Vote Rep.	Total Vote Dem.	Major Vote Rep.	Major Vote Dem.
1	1974	58,474			58,338	DOWNING, THOMAS N.	136	58,338 D		99.8%		100.0%
1	1972	129,218	28,310	WELLS, KENNETH D.	100,901	DOWNING, THOMAS N.	7	72,591 D	21.9%	78.1%	21.9%	78.1%
2	1974	82,299	49,369	WHITEHURST, G. W.	32,923	RICHARDS, ROBERT R.	7	16,446 R	60.0%	40.0%	60.0%	40.0%
2	1972	108,482	79,672	WHITEHURST, G. W.	28,803	BURLAGE, L. CHARLES	7	50,869 R	73.4%	26.6%	73.4%	26.6%
3	1974	72,996			64,627	SATTERFIELD, DAVID	8,369	64,627 D		88.5%		100.0%
3	1972	102,679			102,523	SATTERFIELD, DAVID	156	102,523 D		99.8%		100.0%
4	1974	101,748	48,032	DANIEL, ROBERT W.	36,489	SCHLITZ, LESTER E.	17,227	11,543 R	47.2%	35.9%	56.8%	43.2%
4	1972	122,159	57,520	DANIEL, ROBERT W.	45,776	GIBSON, ROBERT E.	18,863	11,744 R	47.1%	37.5%	55.7%	44.3%
5	1974	52,751			52,459	DANIEL, W. C.	292	52,459 D		99.4%		100.0%
5	1972	83,819			83,772	DANIEL, W. C.	47	83,772 D		99.9%		100.0%
6	1974	101,463	45,805	BUTLER, M. CALDWELL	27,350	PUCKETT, PAUL	28,308	18,455 R	45.1%	27.0%	62.6%	37.4%
6	1972	137,650	75,189	BUTLER, M. CALDWELL	53,928	ANDERSON, WILLIS M.	8,533	21,261 R	54.6%	39.2%	58.2%	41.8%
7	1974	103,100	54,267	ROBINSON, J. KENNETH	48,611	GILLIAM, GEORGE H.	222	5,656 R	52.6%	47.1%	52.7%	47.3%
7	1972	134,634	89,120	ROBINSON, J. KENNETH	45,513	WILLIAMS, MURAT	1	43,607 R	66.2%	33.8%	66.2%	33.8%
8	1974	92,082	38,997	PARRIS, STANFORD E.	53,074	HARRIS, HERBERT E.	11	14,077 D	42.4%	57.6%	42.4%	57.6%
8	1972	136,099	60,446	PARRIS, STANFORD E.	51,444	HORAN, ROBERT F.	24,209	9,002 R	44.4%	37.8%	54.0%	46.0%
9	1974	133,969	68,183	WAMPLER, WILLIAM C.	65,783	HORNE, CHARLES J.	3	2,400 R	50.9%	49.1%	50.9%	49.1%
9	1972	136,470	98,178	WAMPLER, WILLIAM C.	36,000	CHRISTIAN, ZANE DALE	2,292	62,178 R	71.9%	26.4%	73.2%	26.8%
10	1974	125,304	56,649	BROYHILL, JOEL T.	67,184	FISHER, JOSEPH L.	1,471	10,535 D	45.2%	53.6%	45.7%	54.3%
10	1972	179,778	101,138	BROYHILL, JOEL T.	78,638	MILLER, HAROLD O.	2	22,500 R	56.3%	43.7%	56.3%	43.7%

VIRGINIA

Under Virginia's local government system a number of urban areas — 39 in 1973, 38 in 1974 — are organized as cities independent of county authority. The number of these cities is subject to change and their boundaries alter from year to year.

1973 GENERAL ELECTION

Governor   Mills E. Godwin (R) was the only official party nominee. Henry Howell (Independent) appeared on the ballot and received 510,103 votes. Other vote was scattered. As there was no Democratic candidate, voting data by counties and independent cities are presented in a Republican-Independent-Other form.

1974 GENERAL ELECTION

Congress   Other vote was scattered in CD's 1, 2, 5, 7, 8, 9. In other CD's as follows:

CD 3   7,574 Independent (Ogden); 795 scattered.
CD 4   17,224 Independent (Harris); 3 scattered.
CD 6   26,466 Independent (Saunders); 1,832 Independent (McGay); 10 scattered.
CD 10   1,465 Independent (Speh); 6 scattered.

1973 PRIMARIES

JUNE 12 REPUBLICAN

Governor   None. Candidate nominated by convention.

JUNE 12 DEMOCRATIC

Governor   None. No candidate.

1974 PRIMARIES

JUNE 11 REPUBLICAN

Congress   Candidates unopposed or nominated by convention in seven CD's. No candidates in CD's 1, 3 and 5.

JUNE 11 DEMOCRATIC

Congress   Candidates unopposed or nominated by convention in eight CD's. Contested as follows:

CD 8   7,578 Herbert E. Harris; 3,815 Frank E. Mann; 3,023 Richard L. Saslaw.
CD 10   10,788 Joseph L. Fisher; 7,764 Rufus Phillips; 5,648 Martha V. Pennino; 1,391 Dennis Gregg.

WASHINGTON

GOVERNOR
Daniel J. Evans (R). Re-elected 1972 to a four-year term. Previously elected 1968, 1964.

SENATORS
Henry M. Jackson (D). Re-elected 1970 to a six-year term. Previously elected 1964, 1958, 1952.

Warren G. Magnuson (D). Re-elected 1974 to a six-year term. Previously elected 1968, 1962, 1956, 1950, 1944.

REPRESENTATIVES
1. Joel Pritchard (R)
2. Lloyd Meeds (D)
3. Don Bonker (D)
4. Mike McCormack (D)
5. Thomas S. Foley (D)
6. Floyd V. Hicks (D)
7. Brock Adams (D)

POSTWAR VOTE FOR GOVERNOR

Year	Total Vote	Republican Vote	Republican Candidate	Democratic Vote	Democratic Candidate	Other Vote	Rep.-Dem. Plurality	Total Vote Rep.	Total Vote Dem.	Major Vote Rep.	Major Vote Dem.
1972	1,472,542	747,825	Evans, Daniel J.	630,613	Rosellini, Albert D.	94,104	117,212 R	50.8%	42.8%	54.3%	45.7%
1968	1,265,355	692,378	Evans, Daniel J.	560,262	O'Connell, John J.	12,715	132,116 R	54.7%	44.3%	55.3%	44.7%
1964	1,250,274	697,256	Evans, Daniel J.	548,692	Rosellini, Albert D.	4,326	148,564 R	55.8%	43.9%	56.0%	44.0%
1960	1,215,748	594,122	Andrews, Lloyd J.	611,987	Rosellini, Albert D.	9,639	17,865 D	48.9%	50.3%	49.3%	50.7%
1956	1,128,977	508,041	Anderson, Emmett T.	616,773	Rosellini, Albert D.	4,163	108,732 D	45.0%	54.6%	45.2%	54.8%
1952	1,078,497	567,822	Langlie, Arthur B.	510,675	Mitchell, Hugh B.	—	57,147 R	52.6%	47.4%	52.6%	47.4%
1948	883,141	445,958	Langlie, Arthur B.	417,035	Wallgren, Mon C.	20,148	28,923 R	50.5%	47.2%	51.7%	48.3%

POSTWAR VOTE FOR SENATOR

Year	Total Vote	Republican Vote	Republican Candidate	Democratic Vote	Democratic Candidate	Other Vote	Rep.-Dem. Plurality	Total Vote Rep.	Total Vote Dem.	Major Vote Rep.	Major Vote Dem.
1974	1,007,847	363,626	Metcalf, Jack	611,811	Magnuson, Warren G.	32,410	248,185 D	36.1%	60.7%	37.3%	62.7%
1970	1,066,807	170,790	Elicker, Charles W.	879,385	Jackson, Henry M.	16,632	708,595 D	16.0%	82.4%	16.3%	83.7%
1968	1,236,063	435,894	Metcalf, Jack	796,183	Magnuson, Warren G.	3,986	360,289 D	35.3%	64.4%	35.4%	64.6%
1964	1,213,088	337,138	Andrews, Lloyd J.	875,950	Jackson, Henry M.	—	538,812 D	27.8%	72.2%	27.8%	72.2%
1962	943,229	446,204	Christensen, Richard G.	491,365	Magnuson, Warren G.	5,660	45,161 D	47.3%	52.1%	47.6%	52.4%
1958	886,822	278,271	Bantz, William B.	597,040	Jackson, Henry M.	11,511	318,769 D	31.4%	67.3%	31.8%	68.2%
1956	1,122,217	436,652	Langlie, Arthur B.	685,565	Magnuson, Warren G.	—	248,913 D	38.9%	61.1%	38.9%	61.1%
1952	1,058,735	460,884	Cain, Harry P.	595,288	Jackson, Henry M.	2,563	134,404 D	43.5%	56.2%	43.6%	56.4%
1950	744,783	342,464	Williams, Walter	397,719	Magnuson, Warren G.	4,600	55,255 D	46.0%	53.4%	46.3%	53.7%
1946	660,342	358,847	Cain, Harry P.	298,683	Mitchell, Hugh B.	2,812	60,164 R	54.3%	45.2%	54.6%	45.4%

WASHINGTON

Districts Established April 21, 1972

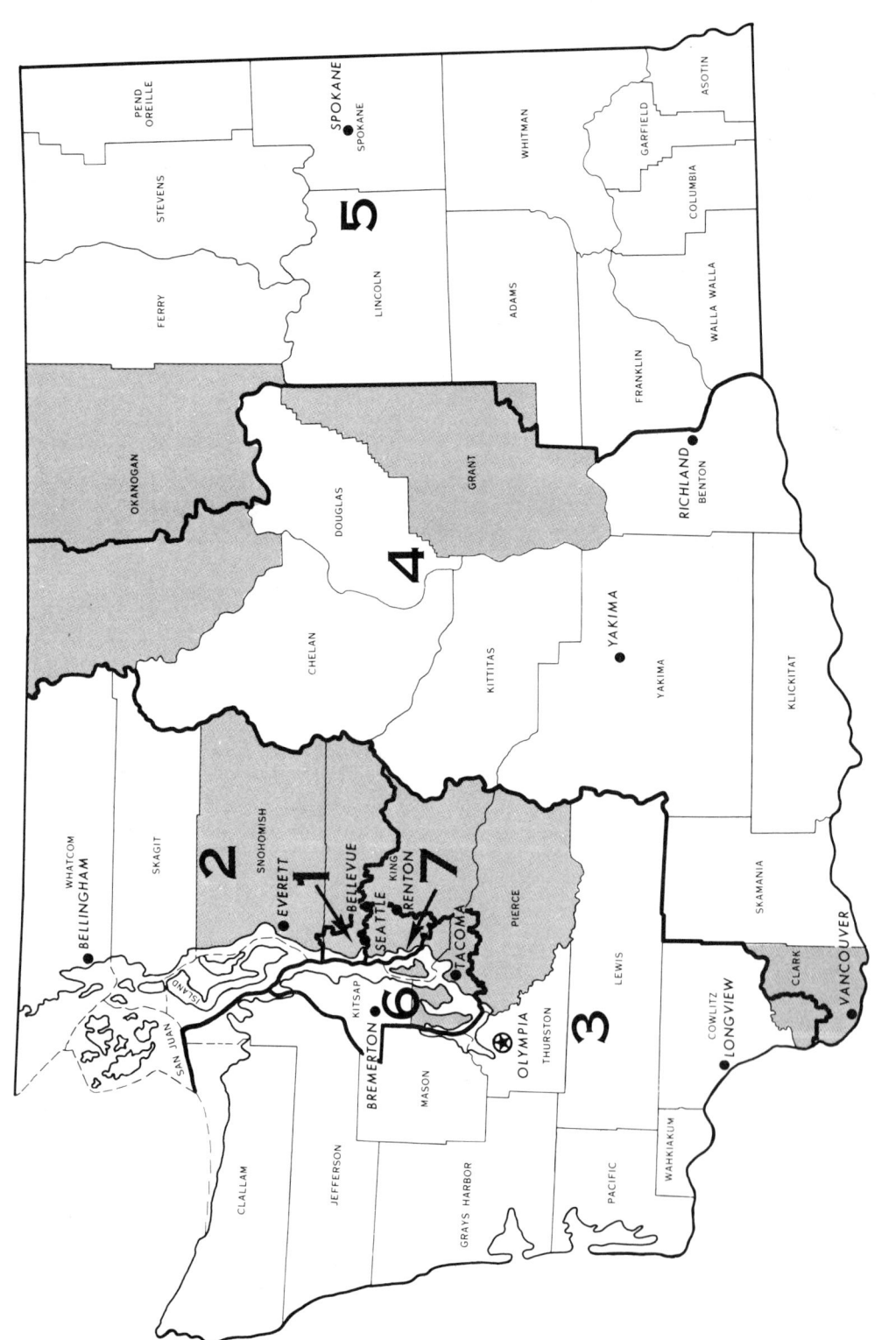

WASHINGTON

SENATOR 1974

1970 Census Population	County	Total Vote	Republican	Democratic	Other	Rep.-Dem. Plurality	Total Vote Rep.	Total Vote Dem.	Major Vote Rep.	Major Vote Dem.
12,014	ADAMS	2,998	1,534	1,327	137	207 R	51.2%	44.3%	53.6%	46.4%
13,799	ASOTIN	4,271	1,338	2,877	56	1,539 D	31.3%	67.4%	31.7%	68.3%
67,540	BENTON	22,464	8,194	13,743	527	5,549 D	36.5%	61.2%	37.4%	62.6%
41,355	CHELAN	14,406	6,945	7,092	369	147 D	48.2%	49.2%	49.5%	50.5%
34,770	CLALLAM	11,899	3,942	7,552	405	3,610 D	33.1%	63.5%	34.3%	65.7%
128,454	CLARK	40,053	10,315	28,200	1,538	17,885 D	25.8%	70.4%	26.8%	73.2%
4,439	COLUMBIA	1,645	839	797	9	42 R	51.0%	48.4%	51.3%	48.7%
68,616	COWLITZ	19,420	5,277	13,542	601	8,265 D	27.2%	69.7%	28.0%	72.0%
16,787	DOUGLAS	5,858	2,767	3,013	78	246 D	47.2%	51.4%	47.9%	52.1%
3,655	FERRY	1,224	429	744	51	315 D	35.0%	60.8%	36.6%	63.4%
25,816	FRANKLIN	6,879	2,439	4,271	169	1,832 D	35.5%	62.1%	36.3%	63.7%
2,911	GARFIELD	1,257	572	675	10	103 D	45.5%	53.7%	45.9%	54.1%
41,881	GRANT	10,534	4,500	5,541	493	1,041 D	42.7%	52.6%	44.8%	55.2%
59,553	GRAYS HARBOR	18,995	4,945	13,500	550	8,555 D	26.0%	71.1%	26.8%	73.2%
27,011	ISLAND	8,602	4,105	4,351	146	246 D	47.7%	50.6%	48.5%	51.5%
10,661	JEFFERSON	4,301	1,367	2,782	152	1,415 D	31.8%	64.7%	32.9%	67.1%
1,156,633	KING	342,838	117,935	212,177	12,726	94,242 D	34.4%	61.9%	35.7%	64.3%
101,732	KITSAP	33,464	8,089	24,371	1,004	16,282 D	24.2%	72.8%	24.9%	75.1%
25,039	KITTITAS	6,915	2,321	4,397	197	2,076 D	33.6%	63.6%	34.5%	65.5%
12,138	KLICKITAT	4,262	1,185	2,989	88	1,804 D	27.8%	70.1%	28.4%	71.6%
45,467	LEWIS	15,174	5,999	8,630	545	2,631 D	39.5%	56.9%	41.0%	59.0%
9,572	LINCOLN	4,293	2,248	1,992	53	256 R	52.4%	46.4%	53.0%	47.0%
20,918	MASON	7,925	2,639	5,025	261	2,386 D	33.3%	63.4%	34.4%	65.6%
25,867	OKANOGAN	7,732	2,840	4,624	268	1,784 D	36.7%	59.8%	38.0%	62.0%
15,796	PACIFIC	5,497	1,387	4,027	83	2,640 D	25.2%	73.3%	25.6%	74.4%
6,025	PEND OREILLE	2,424	997	1,374	53	377 D	41.1%	56.7%	42.0%	58.0%
411,027	PIERCE	100,400	32,701	65,284	2,415	32,583 D	32.6%	65.0%	33.4%	66.6%
3,856	SAN JUAN	2,662	1,223	1,374	65	151 D	45.9%	51.6%	47.1%	52.9%
52,381	SKAGIT	18,494	7,689	10,145	660	2,456 D	41.6%	54.9%	43.1%	56.9%
5,845	SKAMANIA	2,150	509	1,587	54	1,078 D	23.7%	73.8%	24.3%	75.7%
265,236	SNOHOMISH	70,290	27,932	39,634	2,724	11,702 D	39.7%	56.4%	41.3%	58.7%
287,487	SPOKANE	78,274	35,753	39,833	2,688	4,080 D	45.7%	50.9%	47.3%	52.7%
17,405	STEVENS	6,829	3,082	3,600	147	518 D	45.1%	52.7%	46.1%	53.9%
76,894	THURSTON	31,366	9,890	20,614	862	10,724 D	31.5%	65.7%	32.4%	67.6%
3,592	WAHKIAKUM	1,516	353	1,057	106	704 D	23.3%	69.7%	25.0%	75.0%
42,176	WALLA WALLA	12,012	5,746	6,071	195	325 D	47.8%	50.5%	48.6%	51.4%
81,950	WHATCOM	27,713	11,592	14,845	1,276	3,253 D	41.8%	53.6%	43.8%	56.2%
37,900	WHITMAN	10,330	5,150	4,977	203	173 R	49.9%	48.2%	50.9%	49.1%
144,971	YAKIMA	40,481	16,858	23,177	446	6,319 D	41.6%	57.3%	42.1%	57.9%
3,409,169	TOTAL	1,007,847	363,626	611,811	32,410	248,185 D	36.1%	60.7%	37.3%	62.7%

WASHINGTON

CONGRESS

		Total	Republican		Democratic		Other	Rep.-Dem.	Percentage Total Vote		Major Vote	
CD	Year	Vote	Vote	Candidate	Vote	Candidate	Vote	Plurality	Rep.	Dem.	Rep.	Dem.
1	1974	156,021	108,391	PRITCHARD, JOEL	44,655	KNEDLIK, W. R.	2,975	63,736 R	69.5%	28.6%	70.8%	29.2%
1	1972	213,941	107,581	PRITCHARD, JOEL	104,959	HEMPELMANN, JOHN	1,401	2,622 R	50.3%	49.1%	50.6%	49.4%
2	1974	136,544	53,157	REED, RONALD C.	81,565	MEEDS, LLOYD	1,822	28,408 D	38.9%	59.7%	39.5%	60.5%
2	1972	190,081	75,181	REAMS, BILL	114,900	MEEDS, LLOYD		39,719 D	39.6%	60.4%	39.6%	60.4%
3	1974	154,270	58,774	KRAMER, A. LUDLOW	93,980	BONKER, DON	1,516	35,206 D	38.1%	60.9%	38.5%	61.5%
3	1972	185,497	62,564	MCCONKEY, R. C.	122,933	HANSEN, JULIA BUTLER		60,369 D	33.7%	66.3%	33.7%	66.3%
4	1974	144,198	59,249	PAXTON, FLOYD	84,949	MCCORMACK, MIKE		25,700 D	41.1%	58.9%	41.1%	58.9%
4	1972	187,405	89,812	BLEDSOE, STEWART	97,593	MCCORMACK, MIKE		7,781 D	47.9%	52.1%	47.9%	52.1%
5	1974	136,698	48,739	GAGE, GARY G.	87,959	FOLEY, THOMAS S.		39,220 D	35.7%	64.3%	35.7%	64.3%
5	1972	185,322	34,742	PRIVETTE, CLARICE	150,580	FOLEY, THOMAS S.		115,838 D	18.7%	81.3%	18.7%	81.3%
6	1974	132,754	37,400	NALLEY, GEORGE M.	95,354	HICKS, FLOYD V.		57,954 D	28.2%	71.8%	28.2%	71.8%
6	1972	175,263	48,914	LOWRY, THOMAS C.	126,349	HICKS, FLOYD V.		77,435 D	27.9%	72.1%	27.9%	72.1%
7	1974	120,440	34,847	PRITCHARD, RAYMOND	85,593	ADAMS, BROCK		50,746 D	28.9%	71.1%	28.9%	71.1%
7	1972	164,324	19,889	FREEMAN, J. J.	140,307	ADAMS, BROCK	4,128	120,418 D	12.1%	85.4%	12.4%	87.6%

WASHINGTON

1974 GENERAL ELECTION

Senator — Other vote was 19,871 American Independent (Goosman); 8,176 Socialist Workers (Fraenzl); 4,363 U.S. Labor (Ruckert).

Congress — Other vote was U.S. Labor in CD's 2 (Roberts) and 3 (Olafson); 1,759 Socialist Workers (Lovgren) and 1,216 U.S. Labor (Dolbeare) in CD 1.

1974 PRIMARIES

SEPTEMBER 17 REPUBLICAN

Senator — 103,616 Jack Metcalf; 31,193 Jesse Chiang; 13,738 Donald C. Knutson; 8,491 June Riggs; 7,840 Richard E. Van Horn; 4,989 James H. Liedke.

Congress — Unopposed in three CD's. Contested as follows:

- CD 2   15,360 Ronald C. Reed; 8,847 Frank Sybrandy.
- CD 4   17,872 Floyd Paxton; 5,179 Robert B. Keene.
- CD 5   12,116 Gary G. Gage; 6,739 William Lewis.
- CD 7   9,932 Raymond Pritchard; 5,122 Glenn D. Frederick; 2,661 Sam Maccarone.

SEPTEMBER 17 DEMOCRATIC

Senator — 288,038 Warren G. Magnuson; 23,438 John Patric.

Congress — Unopposed in two CD's. Contested as follows:

- CD 1   8,575 W. R. Knedlik; 4,441 John W. Nelson; 4,267 Carl V. Holman; 1,765 Jay H. Wagner; 1,470 Paul Gumbel; 1,340 Daniel Metnick.
- CD 3   24,234 Don Bonker; 22,028 Robert C. Bailey; 11,171 Robert Corcoran; 6,665 R. C. McConkey; 1,931 Richard O. Hansen; 1,199 Eugene Messer.
- CD 4   34,388 Mike McCormack; 12,335 Jim Martin.
- CD 5   42,428 Thomas S. Foley; 4,453 Gene Kraft; 2,777 Clarice Privette.
- CD 6   40,433 Floyd V. Hicks; 12,629 Byron Brady; 2,811 C. E. Stevens.

WEST VIRGINIA

GOVERNOR
Arch A. Moore (R). Re-elected 1972 to a four-year term. Previously elected 1968.

SENATORS
Robert C. Byrd (D). Re-elected 1970 to a six-year term. Previously elected 1964, 1958.

Jennings Randolph (D). Re-elected 1972 to a six-year term. Previously elected 1966, 1960, and in 1958 to fill out term vacated by the death of Senator Matthew M. Neely.

REPRESENTATIVES
1. Robert H. Mollohan (D)
2. Harley O. Staggers (D)
3. John M. Slack (D)
4. Ken Hechler (D)

POSTWAR VOTE FOR GOVERNOR

Year	Total Vote	Republican Vote	Republican Candidate	Democratic Vote	Democratic Candidate	Other Vote	Rep.-Dem. Plurality	Total Vote Rep.	Total Vote Dem.	Major Vote Rep.	Major Vote Dem.
1972	774,279	423,817	Moore, Arch A.	350,462	Rockefeller, John D.	—	73,355 R	54.7%	45.3%	54.7%	45.3%
1968	743,845	378,315	Moore, Arch A.	365,530	Sprouse, James M.	—	12,785 R	50.9%	49.1%	50.9%	49.1%
1964	788,582	355,559	Underwood, Cecil H.	433,023	Smith, Hulett C.	—	77,464 D	45.1%	54.9%	45.1%	54.9%
1960	827,420	380,665	Neely, Harold E.	446,755	Barron, W. W.	—	66,090 D	46.0%	54.0%	46.0%	54.0%
1956	817,623	440,502	Underwood, Cecil H.	377,121	Mollohan, Robert H.	—	63,381 R	53.9%	46.1%	53.9%	46.1%
1952	882,527	427,629	Holt, Rush D.	454,898	Marland, William C.	—	27,269 D	48.5%	51.5%	48.5%	51.5%
1948	768,061	329,309	Boreman, Herbert	438,752	Patteson, Okey L.	—	109,443 D	42.9%	57.1%	42.9%	57.1%

POSTWAR VOTE FOR SENATOR

Year	Total Vote	Republican Vote	Republican Candidate	Democratic Vote	Democratic Candidate	Other Vote	Rep.-Dem. Plurality	Total Vote Rep.	Total Vote Dem.	Major Vote Rep.	Major Vote Dem.
1972	731,841	245,531	Leonard, Louise	486,310	Randolph, Jennings	—	240,779 D	33.5%	66.5%	33.5%	66.5%
1970	445,623	99,658	Dodson, Elmer H.	345,965	Byrd, Robert C.	—	246,307 D	22.4%	77.6%	22.4%	77.6%
1966	491,216	198,891	Love, Francis J.	292,325	Randolph, Jennings	—	93,434 D	40.5%	59.5%	40.5%	59.5%
1964	761,087	246,072	Benedict, Cooper P.	515,015	Byrd, Robert C.	—	268,943 D	32.3%	67.7%	32.3%	67.7%
1960	828,292	369,935	Underwood, Cecil H.	458,355	Randolph, Jennings	2	88,420 D	44.7%	55.3%	44.7%	55.3%
1958	644,917	263,172	Revercomb, Chapman	381,745	Byrd, Robert C.	—	118,573 D	40.8%	59.2%	40.8%	59.2%
1958s	630,677	256,510	Hoblitzell, John D.	374,167	Randolph, Jennings	—	117,657 D	40.7%	59.3%	40.7%	59.3%
1956s	805,174	432,123	Revercomb, Chapman	373,051	Marland, William C.	—	59,072 R	53.7%	46.3%	53.7%	46.3%
1954	593,329	268,066	Sweeney, Tom	325,263	Neely, Matthew M.	—	57,197 D	45.2%	54.8%	45.2%	54.8%
1952	876,573	406,554	Revercomb, Chapman	470,019	Kilgore, Harley M.	—	63,465 D	46.4%	53.6%	46.4%	53.6%
1948	763,888	328,534	Revercomb, Chapman	435,354	Neely, Matthew M.	—	106,820 D	43.0%	57.0%	43.0%	57.0%
1946	542,768	269,617	Sweeney, Tom	273,151	Kilgore, Harley M.	—	3,534 D	49.7%	50.3%	49.7%	50.3%

One of the elections in 1958 and that in 1956 were for short terms to fill vacancies.

WEST VIRGINIA

Districts Established March 6, 1971

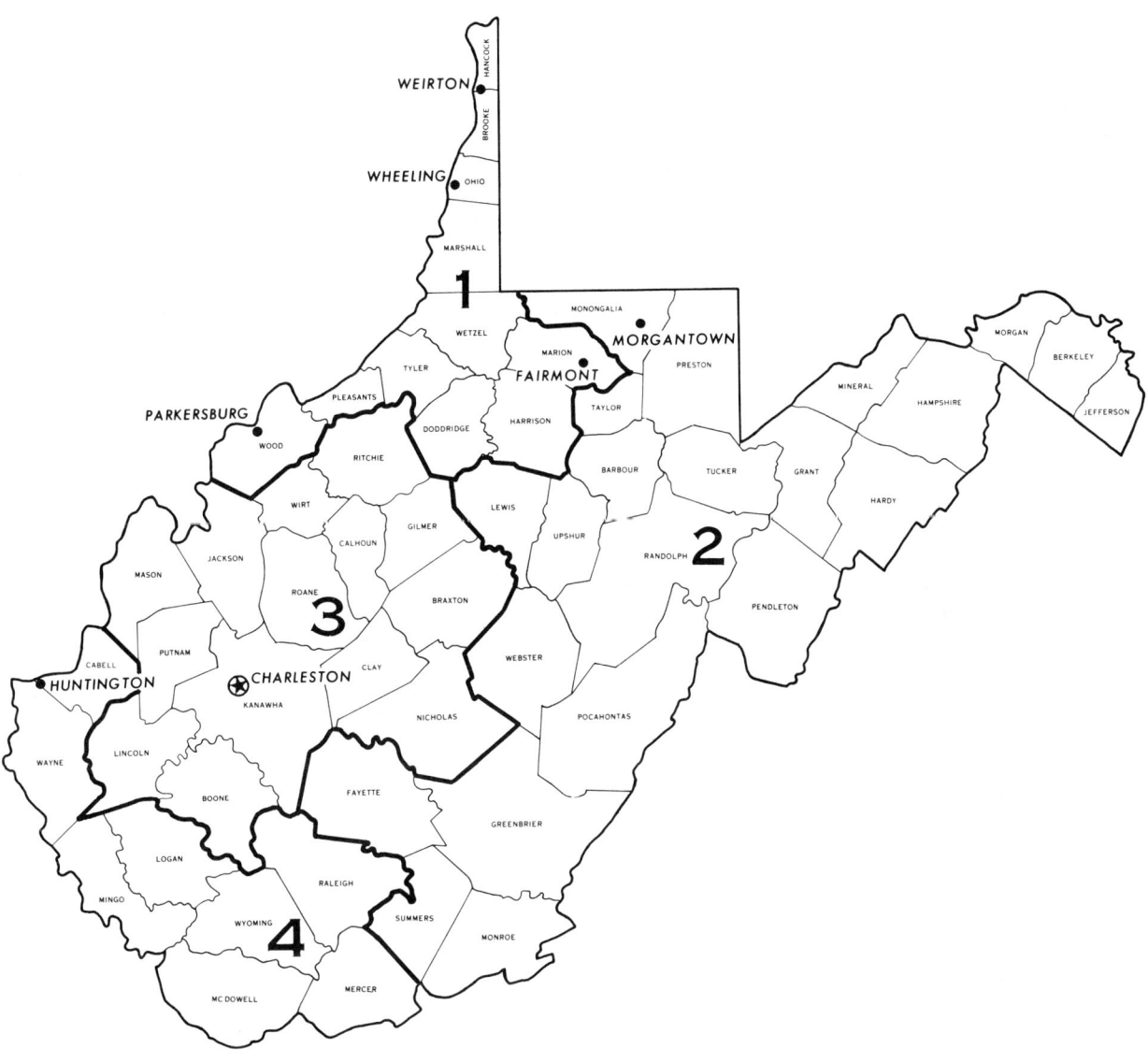

WEST VIRGINIA

CONGRESS

CD	Year	Total Vote	Republican Vote	Republican Candidate	Democratic Vote	Democratic Candidate	Other Vote	Rep.-Dem. Plurality	Total Vote Rep.	Total Vote Dem.	Major Vote Rep.	Major Vote Dem.
1	1974	121,423	48,966	LAURITA, JOE	72,457	MOLLOHAN, ROBERT H.		23,491 D	40.3%	59.7%	40.3%	59.7%
1	1972	187,336	57,274	KAPNICKY, GEORGE E.	130,062	MOLLOHAN, ROBERT H.		72,788 D	30.6%	69.4%	30.6%	69.4%
2	1974	114,462	40,779	LOY, WILLIAM H.	73,683	STAGGERS, HARLEY O.		32,904 D	35.6%	64.4%	35.6%	64.4%
2	1972	183,235	54,949	DIX, DAVID	128,286	STAGGERS, HARLEY O.		73,337 D	30.0%	70.0%	30.0%	70.0%
3	1974	113,209	35,623	LARCAMP, WILLIAM L.	77,586	SLACK, JOHN M.		41,963 D	31.5%	68.5%	31.5%	68.5%
3	1972	185,787	67,441	HIGGINS, T. DAVID	118,346	SLACK, JOHN M.		50,905 D	36.3%	63.7%	36.3%	63.7%
4	1974	66,420			66,420	HECHLER, KEN		66,420 D		100.0%		100.0%
4	1972	164,842	64,242	NEAL, JOE	100,600	HECHLER, KEN		36,358 D	39.0%	61.0%	39.0%	61.0%

WEST VIRGINIA

1974 GENERAL ELECTION

Congress

1974 PRIMARIES

MAY 14 REPUBLICAN

Congress   Unopposed in two CD's. No candidate in CD 4. Contested as follows:

  CD 1   15,596 Joe Laurita; 11,614 Alfred Clark.

MAY 14 DEMOCRATIC

Congress   Unopposed in two CD's. Contested as follows:

  CD 1   45,175 Robert H. Mollohan; 6,661 Howard L. Shackelford.
  CD 3   36,986 John M. Slack; 14,196 Paul J. Kaufman; 9,786 Darrell V. McGraw.

WISCONSIN

GOVERNOR
Patrick J. Lucey (D). Re-elected 1974 to a four-year term. Previously elected 1970.

SENATORS
Gaylord A. Nelson (D). Re-elected 1974 to a six-year term. Previously elected 1968, 1962.

William Proxmire (D). Re-elected 1970 to a six-year term. Previously elected 1964, 1958, and in August 1957 to fill out term vacated by the death of Senator Joseph R. McCarthy.

REPRESENTATIVES
1. Les Aspin (D)
2. Robert Kastenmeier (D)
3. Alvin Baldus (D)
4. Clement J. Zablocki (D)
5. Henry S. Reuss (D)
6. William A. Steiger (R)
7. David R. Obey (D)
8. Robert J. Cornell (D)
9. Robert W. Kasten (R)

POSTWAR VOTE FOR GOVERNOR

Year	Total Vote	Republican Vote	Republican Candidate	Democratic Vote	Democratic Candidate	Other Vote	Rep.-Dem. Plurality	Total Vote Rep.	Total Vote Dem.	Major Vote Rep.	Major Vote Dem.
1974	1,181,976	497,195	Dyke, William D.	628,639	Lucey, Patrick J.	56,142	131,444 D	42.1%	53.2%	44.2%	55.8%
1970	1,343,160	602,617	Olson, Jack B.	728,403	Lucey, Patrick J.	12,140	125,786 D	44.9%	54.2%	45.3%	54.7%
1968	1,689,738	893,463	Knowles, Warren P.	791,100	LaFollette, Bronson C.	5,175	102,363 R	52.9%	46.8%	53.0%	47.0%
1966	1,170,173	626,041	Knowles, Warren P.	539,258	Lucey, Patrick J.	4,874	86,783 R	53.5%	46.1%	53.7%	46.3%
1964	1,694,887	856,779	Knowles, Warren P.	837,901	Reynolds, John W.	207	18,878 R	50.6%	49.4%	50.6%	49.4%
1962	1,265,900	625,536	Kuehn, Philip G.	637,491	Reynolds, John W.	2,873	11,955 D	49.4%	50.4%	49.5%	50.5%
1960	1,728,009	837,123	Kuehn, Philip G.	890,868	Nelson, Gaylord A.	18	53,745 D	48.4%	51.6%	48.4%	51.6%
1958	1,202,219	556,391	Thomson, Vernon W.	644,296	Nelson, Gaylord A.	1,532	87,905 D	46.3%	53.6%	46.3%	53.7%
1956	1,557,788	808,273	Thomson, Vernon W.	749,421	Proxmire, William	94	58,852 R	51.9%	48.1%	51.9%	48.1%
1954	1,158,666	596,158	Kohler, Walter J.	560,747	Proxmire, William	1,761	35,411 R	51.5%	48.4%	51.5%	48.5%
1952	1,615,214	1,009,171	Kohler, Walter J.	601,844	Proxmire, William	4,199	407,327 R	62.4%	37.3%	62.6%	37.4%
1950	1,138,148	605,649	Kohler, Walter J.	525,319	Thompson, Carl W.	7,180	80,330 R	53.2%	46.2%	53.6%	46.4%
1948	1,266,139	684,839	Rennebohm, Oscar	558,497	Thompson, Carl W.	22,803	126,342 R	54.1%	44.1%	55.1%	44.9%
1946	1,040,444	621,970	Goodland, Walter	406,499	Hoan, Daniel W.	11,975	215,471 R	59.8%	39.1%	60.5%	39.5%

The term of office for Wisconsin's Governor was increased from two to four years effective with the 1970 election.

POSTWAR VOTE FOR SENATOR

Year	Total Vote	Republican Vote	Republican Candidate	Democratic Vote	Democratic Candidate	Other Vote	Rep.-Dem. Plurality	Total Vote Rep.	Total Vote Dem.	Major Vote Rep.	Major Vote Dem.
1974	1,199,495	429,327	Petri, Thomas E.	740,700	Nelson, Gaylord A.	29,468	311,373 D	35.8%	61.8%	36.7%	63.3%
1970	1,338,967	381,297	Erickson, John E.	948,445	Proxmire, William	9,225	567,148 D	28.5%	70.8%	28.7%	71.3%
1968	1,654,861	633,910	Leonard, Jerris	1,020,931	Nelson, Gaylord A.	20	387,021 D	38.3%	61.7%	38.3%	61.7%
1964	1,673,776	780,116	Renk, Wilbur N.	892,013	Proxmire, William	1,647	111,897 D	46.6%	53.3%	46.7%	53.3%
1962	1,260,168	594,846	Wiley, Alexander	662,342	Nelson, Gaylord A.	2,980	67,496 D	47.2%	52.6%	47.3%	52.7%
1958	1,194,678	510,398	Steinle, Roland J.	682,440	Proxmire, William	1,840	172,042 D	42.7%	57.1%	42.8%	57.2%
1957s	772,620	312,931	Kohler, Walter J.	435,985	Proxmire, William	23,704	123,054 D	40.5%	56.4%	41.8%	58.2%
1956	1,523,356	892,473	Wiley, Alexander	627,903	Maier, Henry W.	2,980	264,570 R	58.6%	41.2%	58.7%	41.3%
1952	1,605,228	870,444	McCarthy, Joseph R.	731,402	Fairchild, Thomas E.	3,382	139,042 R	54.2%	45.6%	54.3%	45.7%
1950	1,116,135	595,283	Wiley, Alexander	515,539	Fairchild, Thomas E.	5,313	79,744 R	53.3%	46.2%	53.6%	46.4%
1946	1,014,594	620,430	McCarthy, Joseph R.	378,772	McMurray, Howard J.	15,392	241,658 R	61.2%	37.3%	62.1%	37.9%

The 1957 election was held in August for a short term to fill a vacancy.

WISCONSIN

Districts Established November 20, 1971

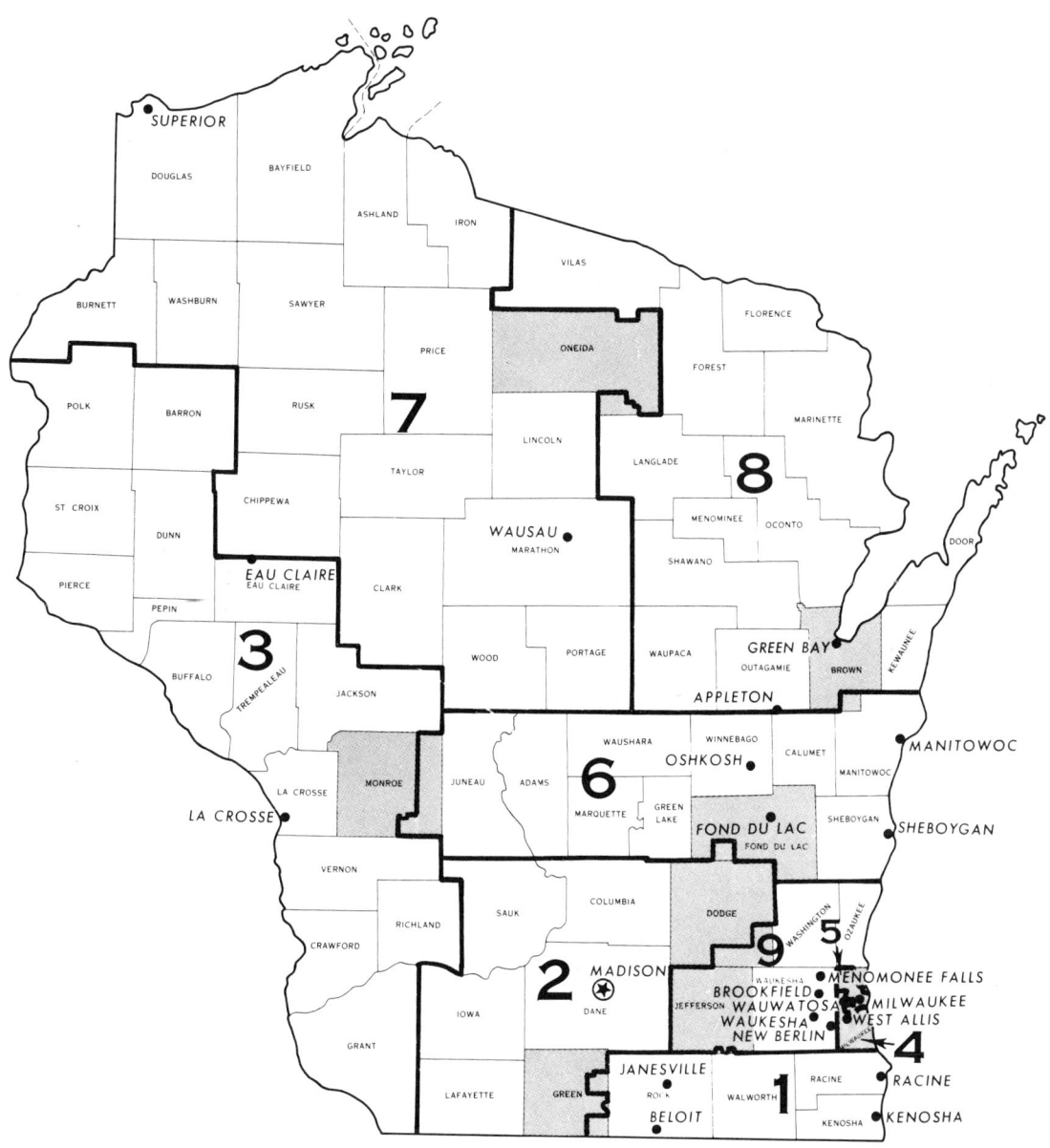

County with two or more Congressional Districts.

WISCONSIN

GOVERNOR 1974

1970 Census Population	County	Total Vote	Republican	Democratic	Other	Rep.-Dem. Plurality	Total Vote Rep.	Total Vote Dem.	Major Vote Rep.	Major Vote Dem.
9,234	ADAMS	3,230	1,675	1,444	111	231 R	51.9%	44.7%	53.7%	46.3%
16,743	ASHLAND	4,696	1,525	3,028	143	1,503 D	32.5%	64.5%	33.5%	66.5%
33,955	BARRON	8,696	3,784	4,709	203	925 D	43.5%	54.2%	44.6%	55.4%
11,683	BAYFIELD	3,909	1,358	2,447	104	1,089 D	34.7%	62.6%	35.7%	64.3%
158,244	BROWN	44,483	20,591	21,323	2,569	732 D	46.3%	47.9%	49.1%	50.9%
13,743	BUFFALO	4,691	1,974	2,596	121	622 D	42.1%	55.3%	43.2%	56.8%
9,276	BURNETT	3,123	931	2,137	55	1,206 D	29.8%	68.4%	30.3%	69.7%
27,604	CALUMET	8,341	3,945	4,073	323	128 D	47.3%	48.8%	49.2%	50.8%
47,717	CHIPPEWA	12,440	4,566	7,054	820	2,488 D	36.7%	56.7%	39.3%	60.7%
30,361	CLARK	8,704	3,445	4,439	820	994 D	39.6%	51.0%	43.7%	56.3%
40,150	COLUMBIA	12,205	7,178	4,798	229	2,380 R	58.8%	39.3%	59.9%	40.1%
15,252	CRAWFORD	5,027	2,268	2,665	94	397 D	45.1%	53.0%	46.0%	54.0%
290,272	DANE	84,233	28,580	50,648	5,005	22,068 D	33.9%	60.1%	36.1%	63.9%
69,004	DODGE	19,872	11,055	8,268	549	2,787 R	55.6%	41.6%	57.2%	42.8%
20,106	DOOR	7,352	4,088	3,021	243	1,067 R	55.6%	41.1%	57.5%	42.5%
44,657	DOUGLAS	12,152	2,611	9,275	266	6,664 D	21.5%	76.3%	22.0%	78.0%
29,154	DUNN	7,956	3,289	4,191	476	902 D	41.3%	52.7%	44.0%	56.0%
67,219	EAU CLAIRE	19,462	7,563	10,717	1,182	3,154 D	38.9%	55.1%	41.4%	58.6%
3,298	FLORENCE	1,007	392	579	36	187 D	38.9%	57.5%	40.4%	59.6%
84,567	FOND DU LAC	23,331	12,105	9,901	1,325	2,204 R	51.9%	42.4%	55.0%	45.0%
7,691	FOREST	2,160	769	1,215	176	446 D	35.6%	56.3%	38.8%	61.2%
48,398	GRANT	14,806	8,861	5,445	500	3,416 R	59.8%	36.8%	61.9%	38.1%
26,714	GREEN	8,221	5,699	2,422	100	3,277 R	69.3%	29.5%	70.2%	29.8%
16,878	GREEN LAKE	4,928	3,292	1,410	226	1,882 R	66.8%	28.6%	70.0%	30.0%
19,306	IOWA	5,417	3,372	1,937	108	1,435 R	62.2%	35.8%	63.5%	36.5%
6,533	IRON	2,172	653	1,329	190	676 D	30.1%	61.2%	32.9%	67.1%
15,325	JACKSON	4,325	2,182	2,073	70	109 R	50.5%	47.9%	51.3%	48.7%
60,060	JEFFERSON	17,709	9,498	7,770	441	1,728 R	53.6%	43.9%	55.0%	45.0%
18,455	JUNEAU	5,944	3,602	2,223	119	1,379 R	60.6%	37.4%	61.8%	38.2%
117,917	KENOSHA	26,333	8,698	16,708	927	8,010 D	33.0%	63.4%	34.2%	65.8%
18,961	KEWAUNEE	5,923	2,921	2,424	578	497 R	49.3%	40.9%	54.6%	45.4%
80,468	LA CROSSE	25,500	14,124	10,843	533	3,281 R	55.4%	42.5%	56.6%	43.4%
17,456	LAFAYETTE	5,567	3,653	1,838	76	1,815 R	65.6%	33.0%	66.5%	33.5%
19,220	LANGLADE	6,583	2,820	3,475	288	655 D	42.8%	52.8%	44.8%	55.2%
23,499	LINCOLN	8,776	4,186	4,199	391	13 D	47.7%	47.8%	49.9%	50.1%
82,294	MANITOWOC	23,960	9,523	11,802	2,635	2,279 D	39.7%	49.3%	44.7%	55.3%
97,457	MARATHON	27,980	12,414	13,265	2,301	851 D	44.4%	47.4%	48.3%	51.7%
35,810	MARINETTE	11,455	5,226	5,870	359	644 D	45.6%	51.2%	47.1%	52.9%
8,865	MARQUETTE	3,421	2,106	1,211	104	895 R	61.6%	35.4%	63.5%	36.5%
2,607	MENOMINEE	568	63	472	33	409 D	11.1%	83.1%	11.8%	88.2%
1,054,262	MILWAUKEE	224,913	69,989	141,383	13,541	71,394 D	31.1%	62.9%	33.1%	66.9%
31,610	MONROE	7,981	4,594	3,234	153	1,360 R	57.6%	40.5%	58.7%	41.3%
25,553	OCONTO	7,704	3,876	3,458	370	418 R	50.3%	44.9%	52.8%	47.2%
24,427	ONEIDA	7,840	3,786	3,661	393	125 R	48.3%	46.7%	50.8%	49.2%
119,356	OUTAGAMIE	31,115	13,417	16,494	1,204	3,077 D	43.1%	53.0%	44.9%	55.1%
54,421	OZAUKEE	18,037	8,393	8,791	853	398 D	46.5%	48.7%	48.8%	51.2%
7,319	PEPIN	1,989	661	1,272	56	611 D	33.2%	64.0%	34.2%	65.8%
26,652	PIERCE	8,234	2,969	5,048	217	2,079 D	36.1%	61.3%	37.0%	63.0%
26,666	POLK	8,397	2,879	5,380	138	2,501 D	34.3%	64.1%	34.9%	65.1%
47,541	PORTAGE	12,989	3,962	8,185	842	4,223 D	30.5%	63.0%	32.6%	67.4%
14,520	PRICE	4,405	1,912	2,309	184	397 D	43.4%	52.4%	45.3%	54.7%
170,838	RACINE	40,348	15,215	23,999	1,134	8,784 D	37.7%	59.5%	38.8%	61.2%
17,079	RICHLAND	5,257	3,344	1,844	69	1,500 R	63.6%	35.1%	64.5%	35.5%
131,970	ROCK	32,269	14,415	17,077	777	2,662 D	44.7%	52.9%	45.8%	54.2%
14,238	RUSK	4,784	1,817	2,780	187	963 D	38.0%	58.1%	39.5%	60.5%
34,354	ST. CROIX	9,653	3,191	6,260	202	3,069 D	33.1%	64.9%	33.8%	66.2%
39,057	SAUK	10,846	6,626	3,919	301	2,707 R	61.1%	36.1%	62.8%	37.2%
9,670	SAWYER	3,484	1,584	1,808	92	224 D	45.5%	51.9%	46.7%	53.3%
32,650	SHAWANO	8,507	4,685	3,353	469	1,332 R	55.1%	39.4%	58.3%	41.7%
96,660	SHEBOYGAN	31,597	11,988	18,951	658	6,963 D	37.9%	60.0%	38.7%	61.3%
16,958	TAYLOR	4,485	1,743	2,422	320	679 D	38.9%	54.0%	41.8%	58.2%
23,344	TREMPEALEAU	6,895	2,983	3,787	125	804 D	43.3%	54.9%	44.1%	55.9%
24,557	VERNON	7,617	4,339	3,160	118	1,179 R	57.0%	41.5%	57.9%	42.1%
10,958	VILAS	5,218	2,948	2,054	216	894 R	56.5%	39.4%	58.9%	41.1%
63,444	WALWORTH	15,890	8,377	7,109	404	1,268 R	52.7%	44.7%	54.1%	45.9%

WISCONSIN

GOVERNOR 1974

1970 Census Population	County	Total Vote	Republican	Democratic	Other	Rep.-Dem. Plurality	Percentage Total Vote Rep.	Dem.	Major Vote Rep.	Dem.
10,601	WASHBURN	3,796	1,400	2,298	98	898 D	36.9%	60.5%	37.9%	62.1%
63,839	WASHINGTON	17,867	7,382	9,799	686	2,417 D	41.3%	54.8%	43.0%	57.0%
231,365	WAUKESHA	64,656	28,030	33,630	2,996	5,600 D	43.4%	52.0%	45.5%	54.5%
37,780	WAUPACA	9,704	5,815	3,542	347	2,273 R	59.9%	36.5%	62.1%	37.9%
14,795	WAUSHARA	4,360	2,660	1,487	213	1,173 R	61.0%	34.1%	64.1%	35.9%
129,934	WINNEBAGO	36,061	17,908	16,068	2,085	1,840 R	49.7%	44.6%	52.7%	47.3%
65,362	WOOD	18,420	7,722	8,833	1,865	1,111 D	41.9%	48.0%	46.6%	53.4%
4,417,933	TOTAL	1,181,976	497,195	628,639	56,142	131,444 D	42.1%	53.2%	44.2%	55.8%

WISCONSIN

SENATOR 1974

1970 Census Population	County	Total Vote	Republican	Democratic	Other	Rep.-Dem. Plurality	Total Vote Rep.	Total Vote Dem.	Major Vote Rep.	Major Vote Dem.
9,234	ADAMS	3,235	1,217	1,958	60	741 D	37.6%	60.5%	38.3%	61.7%
16,743	ASHLAND	4,899	1,339	3,474	86	2,135 D	27.3%	70.9%	27.8%	72.2%
33,955	BARRON	8,981	2,892	5,938	151	3,046 D	32.2%	66.1%	32.8%	67.2%
11,683	BAYFIELD	4,005	1,076	2,871	58	1,795 D	26.9%	71.7%	27.3%	72.7%
158,244	BROWN	45,007	20,882	23,074	1,051	2,192 D	46.4%	51.3%	47.5%	52.5%
13,743	BUFFALO	4,898	1,517	3,280	101	1,763 D	31.0%	67.0%	31.6%	68.4%
9,276	BURNETT	3,204	752	2,412	40	1,660 D	23.5%	75.3%	23.8%	76.2%
27,604	CALUMET	8,492	4,573	3,792	127	781 R	53.9%	44.7%	54.7%	45.3%
47,717	CHIPPEWA	12,524	2,950	8,948	626	5,998 D	23.6%	71.4%	24.8%	75.2%
30,361	CLARK	8,984	2,558	5,785	641	3,227 D	28.5%	64.4%	30.7%	69.3%
40,150	COLUMBIA	12,198	4,918	7,168	112	2,250 D	40.3%	58.8%	40.7%	59.3%
15,252	CRAWFORD	4,966	1,587	3,294	85	1,707 D	32.0%	66.3%	32.5%	67.5%
290,272	DANE	85,298	21,887	62,548	863	40,661 D	25.7%	73.3%	25.9%	74.1%
69,004	DODGE	19,781	8,993	10,586	202	1,593 D	45.5%	53.5%	45.9%	54.1%
20,106	DOOR	7,418	3,791	3,544	83	247 R	51.1%	47.8%	51.7%	48.3%
44,657	DOUGLAS	12,932	2,017	10,798	117	8,781 D	15.6%	83.5%	15.7%	84.3%
29,154	DUNN	8,200	2,303	5,608	289	3,305 D	28.1%	68.4%	29.1%	70.9%
67,219	EAU CLAIRE	19,951	5,423	13,811	717	8,388 D	27.2%	69.2%	28.2%	71.8%
3,298	FLORENCE	1,035	396	622	17	226 D	38.3%	60.1%	38.9%	61.1%
84,567	FOND DU LAC	24,160	13,767	9,836	557	3,931 R	57.0%	40.7%	58.3%	41.7%
7,691	FOREST	2,328	715	1,520	93	805 D	30.7%	65.3%	32.0%	68.0%
48,398	GRANT	14,724	6,057	8,226	441	2,169 D	41.1%	55.9%	42.4%	57.6%
26,714	GREEN	8,087	3,476	4,572	39	1,096 D	43.0%	56.5%	43.2%	56.8%
16,878	GREEN LAKE	4,881	2,963	1,720	198	1,243 R	60.7%	35.2%	63.3%	36.7%
19,306	IOWA	5,387	2,156	3,155	76	999 D	40.0%	58.6%	40.6%	59.4%
6,533	IRON	2,235	553	1,631	51	1,078 D	24.7%	73.0%	25.3%	74.7%
15,325	JACKSON	4,378	1,480	2,847	51	1,367 D	33.8%	65.0%	34.2%	65.8%
60,060	JEFFERSON	17,498	6,771	10,504	223	3,733 D	38.7%	60.0%	39.2%	60.8%
18,455	JUNEAU	5,958	2,315	3,391	252	1,076 D	38.9%	56.9%	40.6%	59.4%
117,917	KENOSHA	26,002	6,663	18,797	542	12,134 D	25.6%	72.3%	26.2%	73.8%
18,961	KEWAUNEE	6,095	2,546	3,375	174	829 D	41.8%	55.4%	43.0%	57.0%
80,468	LA CROSSE	25,410	9,642	15,511	257	5,869 D	37.9%	61.0%	38.3%	61.7%
17,456	LAFAYETTE	5,877	2,228	3,585	64	1,357 D	37.9%	61.0%	38.3%	61.7%
19,220	LANGLADE	6,448	2,119	4,137	192	2,018 D	32.9%	64.2%	33.9%	66.1%
23,499	LINCOLN	8,894	3,298	5,310	286	2,012 D	37.1%	59.7%	38.3%	61.7%
82,294	MANITOWOC	24,452	9,462	13,462	1,528	4,000 D	38.7%	55.1%	41.3%	58.7%
97,457	MARATHON	29,185	9,771	17,482	1,932	7,711 D	33.5%	59.9%	35.9%	64.1%
35,810	MARINETTE	11,858	4,824	6,851	183	2,027 D	40.7%	57.8%	41.3%	58.7%
8,865	MARQUETTE	3,340	1,598	1,680	62	82 D	47.8%	50.3%	48.7%	51.3%
2,607	MENOMINEE	630	115	490	25	375 D	18.3%	77.8%	19.0%	81.0%
1,054,262	MILWAUKEE	229,331	69,508	153,525	6,298	84,017 D	30.3%	66.9%	31.2%	68.8%
31,610	MONROE	7,875	3,216	4,589	70	1,373 D	40.8%	58.3%	41.2%	58.8%
25,553	OCONTO	8,330	3,783	4,377	170	594 D	45.4%	52.5%	46.4%	53.6%
24,427	ONEIDA	7,916	3,241	4,498	177	1,257 D	40.9%	56.8%	41.9%	58.1%
119,356	OUTAGAMIE	32,714	15,527	16,439	748	912 D	47.5%	50.3%	48.6%	51.4%
54,421	OZAUKEE	17,929	7,879	9,596	454	1,717 D	43.9%	53.5%	45.1%	54.9%
7,319	PEPIN	2,065	499	1,517	49	1,018 D	24.2%	73.5%	24.8%	75.2%
26,652	PIERCE	8,303	2,142	6,027	134	3,885 D	25.8%	72.6%	26.2%	73.8%
26,666	POLK	8,814	2,238	6,485	91	4,247 D	25.4%	73.6%	25.7%	74.3%
47,541	PORTAGE	13,117	3,309	9,469	339	6,160 D	25.2%	72.2%	25.9%	74.1%
14,520	PRICE	4,496	1,593	2,773	130	1,180 D	35.4%	61.7%	36.5%	63.5%
170,838	RACINE	40,080	12,564	26,904	612	14,340 D	31.3%	67.1%	31.8%	68.2%
17,079	RICHLAND	5,292	2,403	2,848	41	445 D	45.4%	53.8%	45.8%	54.2%
131,970	ROCK	32,781	11,324	21,063	394	9,739 D	34.5%	64.3%	35.0%	65.0%
14,238	RUSK	4,904	1,277	3,477	150	2,200 D	26.0%	70.9%	26.9%	73.1%
34,354	ST. CROIX	10,014	2,476	7,457	81	4,981 D	24.7%	74.5%	24.9%	75.1%
39,057	SAUK	11,017	5,191	5,729	97	538 D	47.1%	52.0%	47.5%	52.5%
9,670	SAWYER	3,489	1,276	2,162	51	886 D	36.6%	62.0%	37.1%	62.9%
32,650	SHAWANO	8,773	4,488	3,683	602	805 R	51.2%	42.0%	54.9%	45.1%
96,660	SHEBOYGAN	31,763	11,072	20,421	270	9,349 D	34.9%	64.3%	35.2%	64.8%
16,958	TAYLOR	4,659	1,390	3,016	253	1,626 D	29.8%	64.7%	31.5%	68.5%
23,344	TREMPEALEAU	7,069	1,969	4,986	114	3,017 D	27.9%	70.5%	28.3%	71.7%
24,557	VERNON	7,740	3,241	4,409	90	1,168 D	41.9%	57.0%	42.4%	57.6%
10,958	VILAS	5,368	2,420	2,801	147	381 D	45.1%	52.2%	46.4%	53.6%
63,444	WALWORTH	16,165	6,990	8,973	202	1,983 D	43.2%	55.5%	43.8%	56.2%

WISCONSIN

SENATOR 1974

1970 Census Population	County	Total Vote	Republican	Democratic	Other	Rep.-Dem. Plurality	Percentage Total Vote Rep.	Dem.	Major Vote Rep.	Dem.
10,601	WASHBURN	3,949	1,078	2,783	88	1,705 D	27.3%	70.5%	27.9%	72.1%
63,839	WASHINGTON	18,038	7,366	10,365	307	2,999 D	40.8%	57.5%	41.5%	58.5%
231,365	WAUKESHA	64,214	26,370	36,373	1,471	10,003 D	41.1%	56.6%	42.0%	58.0%
37,780	WAUPACA	9,860	5,231	4,096	533	1,135 R	53.1%	41.5%	56.1%	43.9%
14,795	WAUSHARA	4,370	2,405	1,828	137	577 R	55.0%	41.8%	56.8%	43.2%
129,934	WINNEBAGO	36,297	16,403	18,640	1,254	2,237 D	45.2%	51.4%	46.8%	53.2%
65,362	WOOD	18,928	5,868	11,798	1,262	5,930 D	31.0%	62.3%	33.2%	66.8%
4,417,933	TOTAL	1,199,495	429,327	740,700	29,468	311,373 D	35.8%	61.8%	36.7%	63.3%

WISCONSIN

CONGRESS

CD	Year	Total Vote	Republican Vote	Republican Candidate	Democratic Vote	Democratic Candidate	Other Vote	Rep.-Dem. Plurality	Total Vote % Rep.	Total Vote % Dem.	Major Vote % Rep.	Major Vote % Dem.
1	1974	116,191	34,288	SMITH, LEONARD W.	81,902	ASPIN, LES	1	47,614 D	29.5%	70.5%	29.5%	70.5%
1	1972	190,937	66,665	STALBAUM, MERRILL E.	122,973	ASPIN, LES	1,299	56,308 D	34.9%	64.4%	35.2%	64.8%
2	1974	144,453	50,890	MILLER, ELIZABETH T.	93,561	KASTENMEIER, ROBERT	2	42,671 D	35.2%	64.8%	35.2%	64.8%
2	1972	217,318	68,167	KELLY, J. MICHAEL	148,136	KASTENMEIER, ROBERT	1,015	79,969 D	31.4%	68.2%	31.5%	68.5%
3	1974	150,028	71,171	THOMSON, VERNON W.	76,668	BALDUS, ALVIN	2,189	5,497 D	47.4%	51.1%	48.1%	51.9%
3	1972	206,356	112,905	THOMSON, VERNON W.	91,953	THORESEN, WALTER	1,498	20,952 R	54.7%	44.6%	55.1%	44.9%
4	1974	116,995	27,818	COLLISON, LEWIS D.	84,768	ZABLOCKI, CLEMENT J.	4,409	56,950 D	23.8%	72.5%	24.7%	75.3%
4	1972	197,072	45,003	MROZINSKI, PHILLIP D.	149,078	ZABLOCKI, CLEMENT J.	2,991	104,075 D	22.8%	75.6%	23.2%	76.8%
5	1974	81,361	16,293	MORRIES, MILDRED A.	65,060	REUSS, HENRY S.	8	48,767 D	20.0%	80.0%	20.0%	80.0%
5	1972	164,654	33,627	VAN HECKE, FREDERICK	127,273	REUSS, HENRY S.	3,754	93,646 D	20.4%	77.3%	20.9%	79.1%
6	1974	145,660	86,652	STEIGER, WILLIAM A.	51,571	SIMENZ, NANCY J.	7,437	35,081 R	59.5%	35.4%	62.7%	37.3%
6	1972	198,610	130,701	STEIGER, WILLIAM A.	63,643	ADAMS, JAMES A.	4,266	67,058 R	65.8%	32.0%	67.3%	32.7%
7	1974	148,172	43,558	BURGER, JOSEF	104,468	OBEY, DAVID R.	146	60,910 D	29.4%	70.5%	29.4%	70.6%
7	1972	215,612	80,207	O KONSKI, ALVIN E.	135,385	OBEY, DAVID R.	20	55,178 D	37.2%	62.8%	37.2%	62.8%
8	1974	146,840	66,889	FROEHLICH, HAROLD V.	79,923	CORNELL, ROBERT J.	28	13,034 D	45.6%	54.4%	45.6%	54.4%
8	1972	201,643	101,634	FROEHLICH, HAROLD V.	97,795	CORNELL, ROBERT J.	2,214	3,839 R	50.4%	48.5%	51.0%	49.0%
9	1974	146,871	77,733	KASTEN, ROBERT W.	66,071	ADELMAN, LYNN S.	3,067	11,662 R	52.9%	45.0%	54.1%	45.9%
9	1972	208,892	128,230	DAVIS, GLENN R.	76,585	FINE, RALPH A.	4,077	51,645 R	61.4%	36.7%	62.6%	37.4%

WISCONSIN

1974 GENERAL ELECTION

Governor — Other vote was 33,528 American (Upham); 12,203 Cut Taxes and Legalizing Lottery (Crazy Jim); 5,159 Socialist (Hart); 3,617 Communist (Blair); 1,513 Socialist Labor (Cozzini); 122 scattered. Early uncorrected canvass gave the following state-wide totals: 497,189 Republican; 12,107 Cut Taxes and Legalizing Lottery; 5,113 Socialist; 1,492 Socialist Labor.

Senator — Other vote was 24,003 American (McFarren); 5,396 Lowering the Property Tax (Blenski); 69 scattered.

Congress — Other vote was scattered in CD's 1, 2, 5, 7, 8. In other CD's as follows:

CD 3   2,153 American (Ellison); 36 scattered.
CD 4   4,404 American (Jahnke); 5 scattered.
CD 6   7,432 American (LeRoy); 5 scattered.
CD 9   3,037 American (Quirk); 30 scattered.

1974 PRIMARIES

SEPTEMBER 10 REPUBLICAN

Governor — William D. Dyke, unopposed.

Senator — 130,523 Thomas E. Petri; 22,714 James A. Sigl.

Congress — Unopposed in eight CD's. Contested as follows:

CD 9   22,749 Robert W. Kasten; 17,054 Glenn R. Davis.

SEPTEMBER 10 DEMOCRATIC

Governor — 259,001 Patrick J. Lucey; 72,113 Edmond Hou-Seye.

Senator — Gaylord A. Nelson, unopposed.

Congress — Unopposed in six CD's. Contested as follows:

CD 3   14,826 Alvin Baldus; 13,370 Theodore Fetting; 6,520 Thomas C. Stanton; 2,336 Charles Collins.
CD 8   21,458 Robert J. Cornell; 16,957 Donald R. Zuidmulder.
CD 9   18,201 Lynn S. Adelman; 12,000 G. Sam Davis.

SEPTEMBER 10 AMERICAN

Governor — William H. Upham, unopposed.

Senator — Gerald L. McFarren, unopposed.

Congress — Unopposed in all CD's in which candidates were entered.

WYOMING

GOVERNOR
Ed Herschler (D). Elected 1974 to a four-year term.

SENATORS
Clifford P. Hansen (R). Re-elected 1972 to a six-year term. Previously elected 1966.

Gale McGee (D). Re-elected 1970 to a six-year term. Previously elected 1964, 1958.

REPRESENTATIVE
At-Large. Teno Roncalio (D)

POSTWAR VOTE FOR GOVERNOR

Year	Total Vote	Republican Vote	Republican Candidate	Democratic Vote	Democratic Candidate	Other Vote	Rep.-Dem. Plurality	Total Vote Rep.	Total Vote Dem.	Major Vote Rep.	Major Vote Dem.
1974	128,386	56,645	Jones, Dick	71,741	Herschler, Ed	—	15,096 D	44.1%	55.9%	44.1%	55.9%
1970	118,257	74,249	Hathaway, Stan	44,008	Rooney, John J.	—	30,241 R	62.8%	37.2%	62.8%	37.2%
1966	120,873	65,624	Hathaway, Stan	55,249	Wilkerson, Ernest	—	10,375 R	54.3%	45.7%	54.3%	45.7%
1962	119,268	64,970	Hansen, Clifford P.	54,298	Gage, Jack R.	—	10,672 R	54.5%	45.5%	54.5%	45.5%
1958	112,537	52,488	Simpson, Milward L.	55,070	Hickey, J. J.	4,979	2,582 D	46.6%	48.9%	48.8%	51.2%
1954	111,438	56,275	Simpson, Milward L.	55,163	Jack, William	—	1,112 R	50.5%	49.5%	50.5%	49.5%
1950	96,959	54,441	Barrett, Frank A.	42,518	McIntyre, John J.	—	11,923 R	56.1%	43.9%	56.1%	43.9%
1946	81,353	38,333	Wright, Earl	43,020	Hunt, Lester C.	—	4,687 D	47.1%	52.9%	47.1%	52.9%

POSTWAR VOTE FOR SENATOR

Year	Total Vote	Republican Vote	Republican Candidate	Democratic Vote	Democratic Candidate	Other Vote	Rep.-Dem. Plurality	Total Vote Rep.	Total Vote Dem.	Major Vote Rep.	Major Vote Dem.
1972	142,067	101,314	Hansen, Clifford P.	40,753	Vinich, Mike	—	60,561 R	71.3%	28.7%	71.3%	28.7%
1970	120,486	53,279	Wold, John S.	67,207	McGee, Gale	—	13,928 D	44.2%	55.8%	44.2%	55.8%
1966	122,689	63,548	Hansen, Clifford P.	59,141	Roncalio, Teno	—	4,407 R	51.8%	48.2%	51.8%	48.2%
1964	141,670	65,185	Wold, John S.	76,485	McGee, Gale	—	11,300 D	46.0%	54.0%	46.0%	54.0%
1962s	119,372	69,043	Simpson, Milward L.	50,329	Hickey, J. J.	—	18,714 R	57.8%	42.2%	57.8%	42.2%
1960	138,550	78,103	Thomson, E. Keith	60,447	Whitaker, Ray	—	17,656 R	56.4%	43.6%	56.4%	43.6%
1958	114,157	56,122	Barrett, Frank A.	58,035	McGee, Gale	—	1,913 D	49.2%	50.8%	49.2%	50.8%
1954	112,252	54,407	Harrison, William H.	57,845	O'Mahoney, Joseph C.	—	3,438 D	48.5%	51.5%	48.5%	51.5%
1952	130,097	67,176	Barrett, Frank A.	62,921	O'Mahoney, Joseph C.	—	4,255 R	51.6%	48.4%	51.6%	48.4%
1948	101,480	43,527	Robertson, Edward V.	57,953	Hunt, Lester C.	—	14,426 D	42.9%	57.1%	42.9%	57.1%
1946	81,557	35,714	Henderson, Harry B.	45,843	O'Mahoney, Joseph C.	—	10,129 D	43.8%	56.2%	43.8%	56.2%

The election in 1962 was for a short term to fill a vacancy.

WYOMING

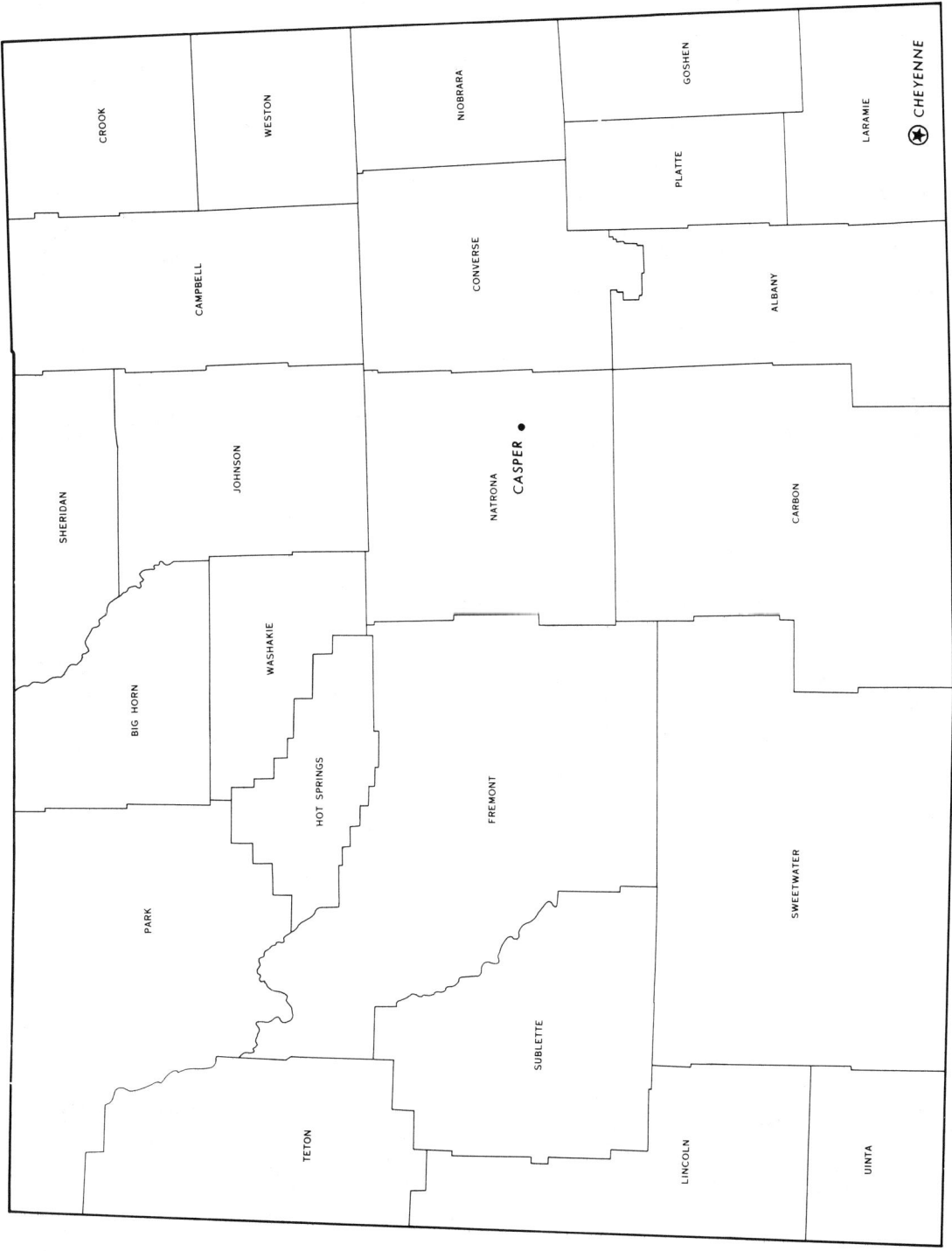

WYOMING

GOVERNOR 1974

1970 Census Population	County	Total Vote	Republican	Democratic	Other	Rep.-Dem. Plurality	Percentage Total Vote Rep.	Dem.	Major Vote Rep.	Dem.
26,431	ALBANY	8,843	2,258	6,585		4,327 D	25.5%	74.5%	25.5%	74.5%
10,202	BIG HORN	3,660	2,044	1,616		428 R	55.8%	44.2%	55.8%	44.2%
12,957	CAMPBELL	3,580	1,632	1,948		316 D	45.6%	54.4%	45.6%	54.4%
13,354	CARBON	5,387	1,899	3,488		1,589 D	35.3%	64.7%	35.3%	64.7%
5,938	CONVERSE	2,635	1,474	1,161		313 R	55.9%	44.1%	55.9%	44.1%
4,535	CROOK	1,897	1,124	773		351 R	59.3%	40.7%	59.3%	40.7%
28,352	FREMONT	9,387	4,355	5,032		677 D	46.4%	53.6%	46.4%	53.6%
10,885	GOSHEN	4,559	2,368	2,191		177 R	51.9%	48.1%	51.9%	48.1%
4,952	HOT SPRINGS	2,106	885	1,221		336 D	42.0%	58.0%	42.0%	58.0%
5,587	JOHNSON	2,576	1,570	1,006		564 R	60.9%	39.1%	60.9%	39.1%
56,360	LARAMIE	21,356	8,055	13,301		5,246 D	37.7%	62.3%	37.7%	62.3%
8,640	LINCOLN	3,798	1,356	2,442		1,086 D	35.7%	64.3%	35.7%	64.3%
51,264	NATRONA	19,262	10,035	9,227		808 R	52.1%	47.9%	52.1%	47.9%
2,924	NIOBRARA	1,442	926	516		410 R	64.2%	35.8%	64.2%	35.8%
17,752	PARK	6,760	3,708	3,052		656 R	54.9%	45.1%	54.9%	45.1%
6,486	PLATTE	2,836	1,458	1,378		80 R	51.4%	48.6%	51.4%	48.6%
17,852	SHERIDAN	7,742	3,574	4,168		594 D	46.2%	53.8%	46.2%	53.8%
3,755	SUBLETTE	1,672	866	806		60 R	51.8%	48.2%	51.8%	48.2%
18,391	SWEETWATER	7,778	1,564	6,214		4,650 D	20.1%	79.9%	20.1%	79.9%
4,823	TETON	2,796	1,656	1,140		516 R	59.2%	40.8%	59.2%	40.8%
7,100	UINTA	2,900	911	1,989		1,078 D	31.4%	68.6%	31.4%	68.6%
7,569	WASHAKIE	3,061	1,678	1,383		295 R	54.8%	45.2%	54.8%	45.2%
6,307	WESTON	2,353	1,249	1,104		145 R	53.1%	46.9%	53.1%	46.9%
332,416	TOTAL	128,386	56,645	71,741		15,096 D	44.1%	55.9%	44.1%	55.9%

WYOMING

CONGRESS

CD	Year	Total Vote	Republican Vote	Candidate	Democratic Vote	Candidate	Other Vote	Rep.-Dem. Plurality	Total Vote Rep.	Dem.	Major Vote Rep.	Dem.
AL	1974	126,933	57,499	STROOCK, TOM	69,434	RONCALIO, TENO		11,935 D	45.3%	54.7%	45.3%	54.7%
AL	1972	146,299	70,667	KIDD, WILLIAM	75,632	RONCALIO, TENO		4,965 D	48.3%	51.7%	48.3%	51.7%
AL	1970	116,304	57,848	ROBERTS, HARRY	58,456	RONCALIO, TENO		608 D	49.7%	50.3%	49.7%	50.3%
AL	1968	123,313	77,363	WOLD, JOHN S.	45,950	LINFORD, VELMA		31,413 R	62.7%	37.3%	62.7%	37.3%
AL	1966	119,426	62,984	HARRISON, WILLIAM H.	56,442	CHRISTIAN, AL		6,542 R	52.7%	47.3%	52.7%	47.3%
AL	1964	139,175	68,482	HARRISON, WILLIAM H.	70,693	RONCALIO, TENO		2,211 D	49.2%	50.8%	49.2%	50.8%
AL	1962	116,474	71,489	HARRISON, WILLIAM H.	44,985	MANKUS, LOUIS A.		26,504 R	61.4%	38.6%	61.4%	38.6%
AL	1960	134,331	70,241	HARRISON, WILLIAM H.	64,090	ARMSTRONG, H. T.		6,151 R	52.3%	47.7%	52.3%	47.7%
AL	1958	111,780	59,894	THOMSON, E. KEITH	51,886	WHITAKER, RAY		8,008 R	53.6%	46.4%	53.6%	46.4%
AL	1956	120,128	69,903	THOMSON, E. KEITH	50,225	O CALLAGHAN, JERRY		19,678 R	58.2%	41.8%	58.2%	41.8%
AL	1954	108,771	61,111	THOMSON, E. KEITH	47,660	TULLY, SAM		13,451 R	56.2%	43.8%	56.2%	43.8%
AL	1952	126,720	76,161	HARRISON, WILLIAM H.	50,559	ROSE, ROBERT R.		25,602 R	60.1%	39.9%	60.1%	39.9%
AL	1950	93,348	50,865	HARRISON, WILLIAM H.	42,483	CLARK, JOHN B.		8,382 R	54.5%	45.5%	54.5%	45.5%
AL	1948	97,464	50,218	BARRETT, FRANK A.	47,246	FLANNERY, L. G.		2,972 R	51.5%	48.5%	51.5%	48.5%
AL	1946	79,438	44,482	BARRETT, FRANK A.	34,956	MCINTYRE, JOHN J.		9,526 R	56.0%	44.0%	56.0%	44.0%

WYOMING

1974 GENERAL ELECTION

Governor   An early uncorrected canvass gave the Democratic vote in Albany county as 6,858 and the Democratic statewide total as 72,014.

Congress

1974 PRIMARIES

AUGUST 20 REPUBLICAN

Governor   15,502 Dick Jones; 14,688 Malcolm Wallop; 14,217 Roy Peck; 14,014 Clarence Brimmer.

Congress   Contested as follows:

AL   38,428 Tom Stroock; 8,917 Carl A. Johnson; 3,302 Al Hamburg.

AUGUST 20 DEMOCRATIC

Governor   19,997 Ed Herschler; 15,255 Harry E. Leimback; 7,674 John J. Rooney.

Congress   Unopposed at-large.

DISTRICT OF COLUMBIA

GOVERNMENT
The District of Columbia is governed by a Mayor and a City Council of thirteen.

MAYOR
Walter E. Washington (D). Elected 1974 to a four-year term.

DELEGATE
Walter E. Fauntroy (D)

POSTWAR VOTE FOR MAYOR

| | | | | | | | | | Percentage | | | |
| | | | | | | | | | Total Vote | | Major Vote | |
Year	Total Vote	Republican Vote	Candidate	Democratic Vote	Candidate	Other Vote	Rep.-Dem. Plurality		Rep.	Dem.	Rep.	Dem.
1974	105,183	3,703	Champion, Jackson R.	84,676	Washington, Walter E.	16,804	80,973 D		3.5%	80.5%	4.2%	95.8%

POSTWAR VOTE FOR DELEGATE

| | | | | | | | | | Percentage | | | |
| | | | | | | | | | Total Vote | | Major Vote | |
Year	Total Vote	Republican Vote	Candidate	Democratic Vote	Candidate	Other Vote	Rep.-Dem. Plurality		Rep.	Dem.	Rep.	Dem.
1974	104,014	9,166	Phillips, William R.	66,337	Fauntroy, Walter E.	28,511	57,171 D		8.8%	63.8%	12.1%	87.9%
1972	159,612	39,487	Chin-Lee, William	95,300	Fauntroy, Walter E.	24,825	55,813 D		24.7%	59.7%	29.3%	70.7%
1971	116,635	29,249	Nevius, John A.	68,166	Fauntroy, Walter E.	19,220	38,917 D		25.1%	58.4%	30.0%	70.0%

The 1971 election was for a short term to the end of the 92nd Congress.

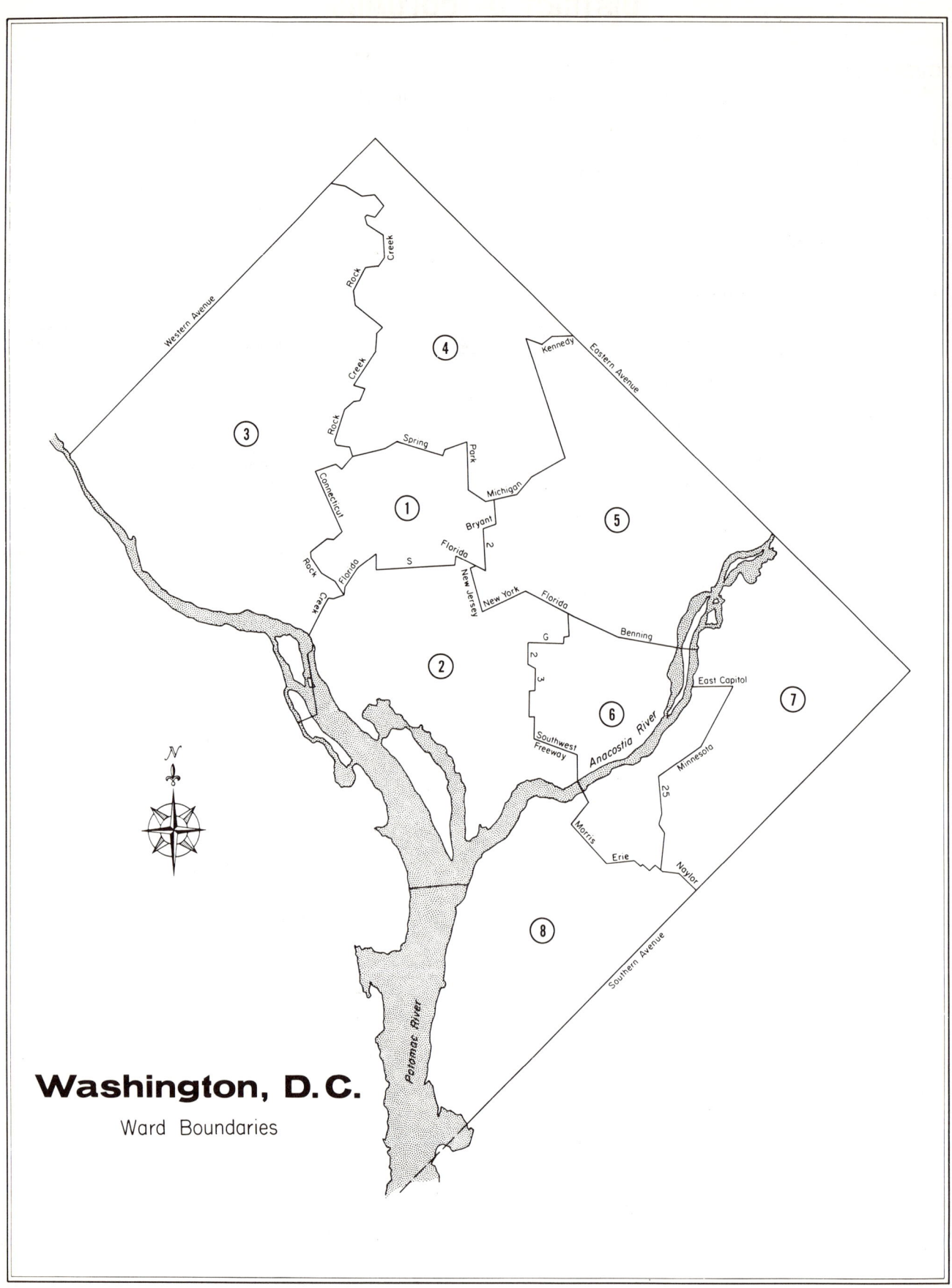

DISTRICT OF COLUMBIA

MAYOR 1974

1970 Census Population	Ward	Total Vote	Republican	Democratic	Other	Rep.-Dem. Plurality	Percentage Total Vote		Percentage Major Vote	
							Rep.	Dem.	Rep.	Dem.
94,215	WARD 1	10,458	309	7,942	2,207	7,633 D	3.0%	75.9%	3.7%	96.3%
94,076	WARD 2	10,456	571	7,715	2,170	7,144 D	5.5%	73.8%	6.9%	93.1%
94,719	WARD 3	22,920	1,561	17,803	3,556	16,242 D	6.8%	77.7%	8.1%	91.9%
94,193	WARD 4	18,545	386	15,302	2,857	14,916 D	2.1%	82.5%	2.5%	97.5%
94,679	WARD 5	14,026	256	12,005	1,765	11,749 D	1.8%	85.6%	2.1%	97.9%
95,192	WARD 6	9,991	292	7,995	1,704	7,703 D	2.9%	80.0%	3.5%	96.5%
95,019	WARD 7	12,773	234	11,043	1,496	10,809 D	1.8%	86.5%	2.1%	97.9%
94,417	WARD 8	6,014	94	4,871	1,049	4,777 D	1.6%	81.0%	1.9%	98.1%
756,510	TOTAL	105,183	3,703	84,676	16,804	80,973 D	3.5%	80.5%	4.2%	95.8%

DISTRICT OF COLUMBIA

DELEGATE 1974

1970 Census Population	Ward	Total Vote	Republican	Democratic	Other	Rep.-Dem. Plurality	Percentage Total Vote		Percentage Major Vote	
							Rep.	Dem.	Rep.	Dem.
94,215	WARD 1	10,376	686	6,961	2,729	6,275 D	6.6%	67.1%	9.0%	91.0%
94,076	WARD 2	10,327	1,149	5,911	3,267	4,762 D	11.1%	57.2%	16.3%	83.7%
94,719	WARD 3	22,652	5,695	8,082	8,875	2,387 D	25.1%	35.7%	41.3%	58.7%
94,193	WARD 4	18,479	503	13,684	4,292	13,181 D	2.7%	74.1%	3.5%	96.5%
94,679	WARD 5	13,807	394	10,592	2,821	10,198 D	2.9%	76.7%	3.6%	96.4%
95,192	WARD 6	9,803	366	6,969	2,468	6,603 D	3.7%	71.1%	5.0%	95.0%
95,019	WARD 7	12,601	284	9,594	2,723	9,310 D	2.3%	76.1%	2.9%	97.1%
94,417	WARD 8	5,969	89	4,544	1,336	4,455 D	1.5%	76.1%	1.9%	98.1%
756,510	TOTAL	104,014	9,166	66,337	28,511	57,171 D	8.8%	63.8%	12.1%	87.9%

DISTRICT OF COLUMBIA

1974 GENERAL ELECTION

Mayor   Other vote was 7,514 Independent (Harris); 2,985 D. C. Statehood (Ellis); 2,143 Socialist Workers (Bailey); 1,319 Independent (Grant); 2,843 scattered.

Delegate   Under legislation enacted in 1970, the District of Columbia elects a single non-voting Delegate to serve in Congress. Other vote was 21,874 Independent (Banks); 3,039 D. C. Statehood (Wood); 1,813 U.S. Labor (Pennington); 1,539 Independent (Dabney); 246 scattered.

1974 PRIMARIES

MAY 7 REPUBLICAN AND DEMOCRATIC

Delegate   The D. C. Board of Elections canceled the May 7 primaries as only one candidate from each of the recognized political parties filed nominating petitions. These candidates so nominated were declared winners.

SEPTEMBER 10 REPUBLICAN

Mayor   Jackson R. Champion, unopposed.

SEPTEMBER 10 DEMOCRATIC

Mayor   50,746 Walter E. Washington; 42,395 Clifford Alexander; 99 scattered.